教育部哲学社会科学系列发展报告
MOE Serial Reports on Developments in Humanities and Social Sciences

中国公司治理与发展报告2013

China Corporate Governance and Development Report 2013

主　编　李维安

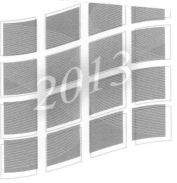

北京大学出版社
PEKING UNIVERSITY PRESS

图书在版编目(CIP)数据

中国公司治理与发展报告.2013/李维安主编.—北京:北京大学出版社,2014.10
(教育部哲学社会科学系列发展报告)
ISBN 978-7-301-25064-8

Ⅰ.①中… Ⅱ.①李… Ⅲ.①上市公司—企业管理—研究报告—中国—2013 Ⅳ.①F279.246

中国版本图书馆 CIP 数据核字(2014)第 256464 号

书　　　名：中国公司治理与发展报告 2013
著作责任者：李维安　主编
责　任　编　辑：黄炜婷
标　准　书　号：ISBN 978-7-301-25064-8/F·4086
出　版　发　行：北京大学出版社
地　　　　址：北京市海淀区成府路 205 号　100871
网　　　　址：http://www.pup.cn
电　子　信　箱：em@pup.cn　　　　QQ:552063295
新　浪　微　博：@北京大学出版社　@北京大学出版社经管图书
电　　　　话：邮购部 62752015　发行部 62750672　编辑部 62752926
　　　　　　　出版部 62754962
印　　刷　　者：北京大学印刷厂
经　　销　　者：新华书店
　　　　　　　730 毫米×980 毫米　16 开本　38 印张　703 千字
　　　　　　　2014 年 10 月第 1 版　2014 年 10 月第 1 次印刷
定　　　　价：89.00 元

未经许可,不得以任何方式复制或抄袭本书之部分或全部内容。
版权所有,侵权必究
举报电话:010-62752024　电子信箱:fd@pup.pku.edu.cn

编委会名单

主　　席　陈清泰
委　　员　（按姓氏拼音排序）
　　　　　安青松　陈靖涵　高　闯　李新春　李维安　林润辉
　　　　　宁向东　沈艺峰　宋　敏　谭力文　徐向艺　薛有志
　　　　　张新民　郑海航　周　建

项目组名单

首席专家　李维安
主要成员　程新生　李建标　马连福　武立东　戴文涛　郝　臣
　　　　　薛有志　陈仕华　张宏亮

基 金 支 持

教育部哲学社会科学发展报告项目　　项目号:11JBG007

长江学者和创新团队发展计划资助项目　　项目号:IRT0926

序　言

对于中国企业来说，公司治理改革是企业变革的核心，可以说中国企业改革走过了以公司治理为主线的三十余年。如果以沪深交易所的成立作为中国上市公司治理实践的真正开始，这期间上市公司治理也大致经历了导入公司治理理念、引入公司治理模式与原则、构建公司治理结构与机制、关注公司治理有效性等阶段。体现在《中国公司治理原则》（2001 年）、《独立董事制度指导意见》（2001 年 8 月）与《中国上市公司治理准则》（2002 年 1 月）的颁布，新《公司法》和《证券法》（2005 年 10 月）的出台，证监会《关于提高上市公司质量的意见》（2005 年 10 月）以及《关于开展加强上市公司治理专项活动有关事项的通知》（2007 年 3 月 19 日）的发布，等等。经过这些年的探索与实践积累，我们在公司治理方面已取得一些成效：相关法律法规政策体系逐渐形成，多层次治理监管体系逐步搭建，上市公司治理水平不断提高，基本形成"治理有所依、治理有所约、治理有所得"的良好局面。尽管中国上市公司治理起步晚于国外，但在走过建立治理结构、完善治理机制等以搞好公司治理为重点的前两步之后，目前中国上市公司治理已经进入到以有效性为核心的重要改革阶段，例如已经设立的提名委员会是否能够真正提名，这也是中国公司治理要走的第三步。其中，公司治理评价是非常重要的环节，因为通过评价及时发现治理中存在的问题，是提高治理有效性的关键。

《中国公司治理与发展报告》立足于我们长期以来在公司治理及其评价方面取得的研究成果，对上市公司状况开展评价，并以指数形式反映中国上市公司治理及其发展状况。本报告在 2012 年报告的基础上进行了相关拓展与创新。原有的环境、成长、治理、内控、投资者关系管理、创新等六篇的内容进行了更新，增加了对新出现现象和问题的分析和论述。在此基础上，2013 年的报告还增加了第七篇——社会责任篇的内容。企业社会责任在备受关注的同时也常常被纳入到公司治理领域进行讨论。无论是从利益相关者理论，还是股东至上理论出发，社会责任都与公司治理有着重要关联，因此本报告也将社会责任披露引入到上市公司信息披露的系统。本报告在对公司治理及社会责任的相关研究进行理论回顾的基础上，构建了以中国上市公司为样本的社会责任信息披露评价指标体系，并运用该体系对2012—2013年中国上市公司的社会责任披露情况进行了系统评价。

伴随着中国企业改革的深化和公司治理由行政型向经济型转型，中国的公司治理改革已经到了如何完善治理有效性的关键节点。对于中国企业而言，公司治理改革是企业改革、不断提高竞争力的核心内容。而中国的公司治理又嵌入在特定的社会环境中，依托于中国的经济形势、政策空间以及社会环境逐渐产生并发展。所以我们认为，在当前形势下，提升治理有效性应当注意以下问题。

其一，政府监管部门要弱化行政干预，在既定法律法规的框架下加强监管，减少甚至杜绝通过行政干预制造市场局势的状况。同时，政府监管部门还要加大对违法违规行为的打击力度，加强对信息披露的指引。其二，要推动企业从被动合规向主动合规迈进，引导投资者进行价值投资。同时，要更加注重证券公司、基金公司、非上市公司、跨国公司的治理，关注这些新型治理难题，寻求突破和创新。其三，要真正落实投资者关系管理过程中的责任主体，建立并完善公司投资者关系管理制度。具体做法可以包括强化外部监管，健全相关法律法规；开展投资者教育，强化投资者风险意识，等等。其四，创新在一定程度上牵引着治理机制的完善，公司治理创新也是企业创新的一个重要部分。针对创新过程中存在的政策体系、研发经费、人力资本等问题，本报告认为应采取社会和企业双兼顾的策略，培育我国企业的创新能力。其五，企业履行社会责任的积极性更多地来自外部环境的压力或影响，可能包括股东或其他利益相关者的监督约束压力，市场竞争的压力，以及外部经营环境的影响。因此，提高企业对社会责任的关注力度，还需要充分发挥政府作用，加大对企业的监督约束力度，积极营造有利于企业关注社会责任的市场环境。

随着全面深化改革进程的不断推进，我国的公司治理建设也将面临越来越多的新问题，这也对我们提出了新的要求。本报告基于我们多年来的公司治理评价实践与经验，旨在探索前沿理论，分析和讨论实务性问题，以为政府监管部门、市场主体和高校研究机构的学者和实务界人士提供参考和帮助。

最后，感谢教育部社科司、中国上市公司协会提供的大力支持。感谢北京大学出版社为报告的出版付出的辛勤努力。尽管我们试图做的更好，但仍会有不足之处，敬请读者提供宝贵意见，以便我们做进一步的修改与完善。

李维安
2014 年 10 月

目 录

第一篇　环境篇——中国公司治理发展环境分析 …… 1
  1　中国公司治理的现状与问题 …… 3
  2　宏观经济与社会环境 …… 25
  3　资本市场发展与现状 …… 55

第二篇　成长篇——公司成长状况与成长风险分析 …… 67
  1　中国上市公司成长总体状况 …… 69
  2　中国上市公司发展能力分析 …… 79
  3　中国上市公司发展风险分析 …… 88
  4　中国上市公司营运能力分析 …… 106
  5　中国上市公司盈利能力分析 …… 117
  6　中国上市公司现金流量能力分析 …… 128
  7　投资状况 …… 137

第三篇　治理篇——公司治理评价、分析与完善 …… 147
  1　公司治理改革、公司治理评价与治理指数 …… 149
  2　中国上市公司治理指数研发与构成 …… 157
  3　中国上市公司治理评价 …… 174
  4　各板块上市公司治理评价 …… 204
  5　基于公司治理指数的实证研究 …… 227
  6　结论与建议 …… 232

第四篇　投资者关系管理篇——投资者关系评价与分析 …… 237
  1　投资者关系管理概述 …… 239

2　中国上市公司 IRII^{NK} 总体状况评价 ……………………………… 248
   3　主板上市公司 IRII^{NK} 总体状况评价 ……………………………… 265
   4　上市金融机构 IRII^{NK} 总体状况评价 ……………………………… 299
   5　中小企业板上市公司 IRII^{NK} 总体状况评价 ……………………… 307
   6　创业板上市公司 IRII^{NK} 总体状况评价 ………………………… 317
   7　投资者关系管理存在的问题与政策建议 …………………………… 325

第五篇　内部控制篇——企业内部控制评价与上市公司内控质量　331
   1　内部控制评价与评价指数 …………………………………………… 333
   2　中国上市公司内部控制评价结果与分析 …………………………… 364
       附录 ……………………………………………………………………… 382

第六篇　创新篇——企业创新分析报告　…………………………………… 473
   1　企业创新理论概述 …………………………………………………… 475
   2　企业创新评价体系 …………………………………………………… 497
   3　我国企业创新现状、问题、对策 …………………………………… 509

第七篇　社会责任篇——对社会责任报告的分析　………………………… 533
   1　社会责任概述 ………………………………………………………… 535
   2　我国上市公司社会责任评价 ………………………………………… 539
   3　我国上市公司社会责任报告存在的问题与建议 …………………… 577

参考文献 ……………………………………………………………………… 580

第一篇　环境篇
——中国公司治理发展环境分析

1 中国公司治理的现状与问题

1.1 中国公司治理现状

1.1.1 中国上市公司总体特征

根据证监会统计,截至 2012 年年底中国境内上市公司共有 2 494 家,其中 B 股 107 家。境外上市公司(H 股)2012 年共有 179 家,较 2011 年增加了 4.68%。A、B、H 股市场发行股票总股本为 38 395.00 亿股,较 2011 年的 36 095.52 亿股增加了 6.37%。股票总市值为 230 357.62 亿元,较 2011 年的 214 758.10 亿元增加了 7.26%,在 2011 年总市值大幅缩水后有一定幅度的反弹。如表 1-1 所示。

表 1-1 中国上市公司基本情况

	2011 年(年底)	2012 年(年底)	比 2011 年(年底)
境内上市公司数(A、B 股)(家)	2 342	2 494	6.49%
境内上市外资股(B 股)(家)	108	107	−0.93%
境外上市公司数(H 股)(家)	171	179	4.68%
股票总发行股本(亿股)	36 095.52	38 395.00	6.37%
其中:流通股本(亿股)	28 850.26	31 339.60	8.63%
股票市价总值(亿元)	214 758.10	230 357.62	7.26%
其中:股票流通市值(亿元)	164 921.30	181 658.26	10.15%

资料来源:证监会统计数据。

根据南开大学公司治理研究中心发布的 2013 年中国公司治理指数(CCGI^{NK}),有效样本为 2 470 家,其中主板 1 414,含金融机构 38 家;主板非金融机构 1 376 家;中小企业板 701 家,含金融机构 3 家;创业板 355 家。[①] 样本公司的行业、地区分布及市场板块构成见表 1-2、表 1-3 与表 1-4。

1. 样本公司行业分布情况

从样本行业分布情况来看,最近几年评价中各行业样本所占比例保持了较稳

---

① 截止到 2013 年 4 月 30 日公布的公开信息(公司网站、巨潮资讯网、中国证监会、沪深证券交易所网站等)以及色诺芬 CCER 数据库、国泰安 CSMAR 数据库,依据信息齐全以及不含异常数据两项样本筛选的基本原则,最终确定样本。

定的趋势,而且制造业样本的比例最高,占60.32%,相比较2012年的61.13%略有下降;其他各行业样本公司数量相比2012年也各有升降,但样本公司总数为2 470家,较2012年增加了142家。

表1-2 样本公司的行业构成

行业	公司数	比例(%)
农、林、牧、渔业	45	1.82
采掘业	62	2.51
制造业(合计)	1 490	60.32
其中:食品、饮料	95	3.85
纺织、服装、皮毛	76	3.08
木材、家具	12	0.49
造纸、印刷	45	1.82
石油、化学、塑胶	261	10.57
电子	152	6.15
金属、非金属	198	8.02
机械、设备、仪表	478	19.35
医药、生物制品	148	5.99
其他制造业	25	1.01
电力、煤气及水的生产和供应业	75	3.04
建筑业	52	2.11
交通运输仓储业	78	3.16
信息技术业	201	8.14
批发和零售贸易业	127	5.14
金融、保险业	41	1.66
房地产业	129	5.22
社会服务业	81	3.28
传播与文化产业	37	1.50
综合类	52	2.11
合计	2 470	100.00

资料来源:南开大学公司治理数据库。

2. 样本公司地区分布情况

近年来上市公司的地区分布比例没有太大变化,从不同地区样本数量及所占比例看,经济发达地区的广东省(366家,占样本公司的14.82%)、浙江省(241家,占样本公司的9.76%)、江苏省(232家,占样本公司的9.39%)、北京市(218家,占样本公司的8.83%）、上海市（198家，占样本公司的8.02%）、山东省（151家，占样本公司的6.11%）占有数量最多，而西部欠发达地区的贵州省、内蒙古、宁夏、青海省和西藏占样本量少，其中青海省最少，为10家，反映出经济发展水平与上市公司数量存在一定的关系。

表1-3 样本公司的地区分布

地区	公司数	比例(%)	地区	公司数	比例(%)
北京	218	8.83	湖北	83	3.36
天津	38	1.54	湖南	73	2.96
河北	47	1.90	广东	366	14.82
山西	33	1.34	广西	30	1.21
内蒙古	23	0.93	海南	26	1.05
辽宁	66	2.67	重庆	38	1.54
吉林	38	1.54	四川	90	3.64
黑龙江	32	1.30	贵州	21	0.85
上海	198	8.02	云南	28	1.13
江苏	232	9.39	西藏	10	0.40
浙江	241	9.76	陕西	38	1.54
安徽	78	3.16	甘肃	25	1.01
福建	86	3.48	青海	10	0.40
江西	33	1.34	宁夏	12	0.49
山东	151	6.11	新疆	40	1.62
河南	66	2.67	合计	2 328	100.00

资料来源：南开大学公司治理数据库。

3. 样本公司市场板块分布情况

2004年6月我国中小企业板揭幕，中小企业板是深圳证券交易所为了鼓励自主创新而专门设置的中小型公司聚集板块。2009年10月我国创业板正式启动，创业板是主板之外的专为暂时无法在主板上市的中小企业和新兴公司提供融资途径和成长空间的证券交易市场，是对主板市场的有效补给，在资本市场中占据着重要的位置。2013年的评价中对样本公司按照市场板块类型进行详细划分，其中57.25%的样本公司来自于主板，共1 414家；中小企业板701家，占28.38%；创业板355家，占14.37%；另有41家金融、保险业公司，占1.66%。

表 1-4　样本公司的市场板块构成

市场板块类型	公司数	比例(%)
主板	1 414	57.25
中小企业板	701	28.38
创业板	355	14.37
金融、保险业	41	1.66

资料来源:南开大学公司治理数据库。

1.1.2　公司治理总体现状

根据南开大学公司治理研究中心发布的 2013 年中国公司治理指数报告,我们可以看出,2013 年度公司治理指数平均值为 60.76。2008 年、2009 年、2010 年、2011 年、2012 年和 2013 年治理指数平均值分别为 57.69、57.62、59.09、60.28、60.60 和 60.76。对比连续几年来的中国上市公司的总体治理状况,总体治理水平呈现逐年提高的趋势,但 2009 年出现了拐点,指数平均值低于 2008 年但高于以前各年度,从 2010 年起,公司治理指数平均值超过了 2008 年的 57.69,呈现逐年上升的趋势。各年公司治理评价各级指数的比较见表 1-5。

表 1-5　中国公司治理评价指数

治理指数	2008 年	2009 年	2010 年	2011 年	2012 年	2013 年
公司治理指数	57.69	57.62	59.09	60.28	60.60	60.76
股东治理指数	58.06	59.23	59.81	64.56	61.20	62.89
董事会治理指数	57.43	57.88	60.33	60.81	61.21	61.74
监事会治理指数	54.84	55.97	56.17	57.17	57.35	57.38
经理层治理指数	57.40	55.53	57.21	57.81	57.27	57.21
信息披露指数	62.36	61.85	63.43	63.02	63.14	63.18
利益相关者治理指数	53.43	52.94	54.83	56.47	63.23	61.46

资料来源:南开大学公司治理数据库。

在几个分指数当中,股东治理指数相对于 2012 年的 61.20,上升为 62.89;董事会治理指数呈现显著的逐年上升趋势,作为公司治理核心的董事会建设得到加强,继 2010 年首次突破了 60 之后,2011 年和 2012 年继续增长达 60.81 和 61.21,2013 年指数均值达到 61.74;新公司法加强了监事会的职权,监事会治理状况明显提高,平均值从 2007 年的 52.93 提高到 2013 年的 57.38;经理层治理状况从 2008 年开始,连续两年呈现下跌趋势,2011 年相较于 2010 年有所提高后,连续两年下跌,2013 年降到 57.21;信息披露状况呈现出较稳定的趋势,从 2008 年到 2013 年的信息披露指数平均值依次为 62.36、61.85、63.43、63.02、63.14 和 63.18;利益相关者问题逐步引起上市公司的关注,一直保持着稳步提高的趋势,尤其是从 2010 年起指数均值提高明显,其中 2012 年的指数均值较 2011 年提高了 6.76,达 63.23,但 2013 年又下降到 61.46。

1.1.3 股东治理

股东治理指数的平均值为 62.89,股东治理评价的三个二级指标——独立性、中小股东权益保护和关联交易的平均值分别为 63.43、56.05 和 69.47(见表 1-6)。

表 1-6 股东治理指数

项目	平均值
股东治理指数	62.89
独立性	63.43
中小股东权益保护	56.05
关联交易	69.47

资料来源:南开大学公司治理数据库。

样本公司按控股股东性质分组样本中,国有控股和民营控股公司仍然占据较大的比例,合计比例 97.36%。如表 1-7 所示,民营控股上市公司股东治理指数要高于国有控股上市公司,二级指标中的独立性指标和关联交易指标都远高于国有上市公司,分别高 11.47 和 9.97,中小股东保护指标则是国有控股上市公司高于民营控股上市公司。对三级指标作进一步的分析发现,民营上市公司在上市公司高管及董事独立性、经营性资金占用、关联担保、经营性和资产类关联交易等重要指标上的表现都要好于国有上市公司。相比 2012 年,2013 年国有控股上市公司在中小股东保护上提升明显。

表 1-7 国有控股上市公司与民营上市公司股东治理比较

控股股东性质	公司数	比例(%)	股东治理指数	独立性指数	中小股东保护指数	关联交易指数
国有	1 038	42.02	59.97	56.93	57.59	63.86
民营	1 367	55.34	65.20	68.40	54.97	73.83

资料来源:南开大学公司治理数据库。

由于路径依赖,在早期,我国上市公司中国有上市公司占据绝大多数。随着国有企业改革以及资本市场的发展,民营上市公司数量逐步增多,国有上市公司所占的比例逐年减少(见图 1-1)。如表 1-8 所示,从 2002 年到 2012 年,实际控制人为政府的国有上市公司的比重由 78.46% 下降到 40.93%。中国上市公司股权结构发生的变化主要受到外部治理环境变化的影响,在中国经济转型过程中,从 20 世纪 90 年代中期开始民营经济的发展加快,使民营上市公司的数量增加较快;

2005年开始的股权分置改革解决了国有股、国有法人股等的上市流通问题,既降低了国有股的比重,又在一定程度上强化了上市公司股权分散化的趋势(李维安等,2013)。我国公司治理正由行政型治理向经济型治理转变。

表1-8 国有中国上市公司占比变化

年度	公司数	国有上市公司数量	国有上市公司占比(%)
2002	1 193	936	78.46
2003	1 257	932	74.14
2004	1 345	945	70.26
2005	1 342	929	69.23
2006	1 420	923	65.00
2007	1 521	937	61.60
2008	1 575	952	60.44
2009	1 721	959	55.72
2010	2 072	990	47.78
2011	2 301	987	42.89
2012	2 426	993	40.93

资料来源:CCER数据库。

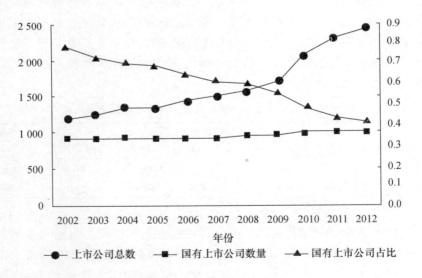

图1-1 中国上市公司数量变化情况

再看中国上市公司的股权结构,近年来我国上市公司股权结构呈现分散的趋势,上市公司第一大股东持股比例、前五大股东持股比例均呈现下降的趋势。与此同时,第一大股东的控制能力也有所下降,表现为 Z 指数(第一大股东持股比例/第二大股东持股比例)下滑,Herfindahl_5 指数基本保持平稳,中小股东制衡大股东的能力有所增强。见表 1-9。尽管如此,我国上市公司的股权结构仍然较为集中,大股东与中小股东之间的利益冲突依然是当前上市公司面临的主要问题。

表 1-9　中国上市公司股权结构变化

年度	第一大股东持股比例(%)	CR_5	Z 指数	Herfindahl_5
2007	36.01	0.5198	16.7972	0.1705
2008	36.34	0.5179	17.8627	0.1729
2009	36.62	0.5220	16.3262	0.1757
2010	36.50	0.5355	14.7090	0.1776
2011	36.28	0.5442	13.4373	0.1765
2012	36.86	0.5600	13.5035	0.1837

注:样本上市公司剔除了金融类上市公司以及相关数据缺失的观测值。

资料来源:CCER 数据库。

2013 年度是民营企业取得绝对优势的一年,无论是综合绩效排名还是各分项指标排名,民营企业都占据了绝大多数。《2013 年中国上市公司市值管理绩效报告》显示,在综合绩效前 20 名中民营企业占 15 位,占比达 75%。同时,民营上市公司的价值创造绩效得分在 2013 年度创出了 43.39 分的 7 年来最好成绩,此外,民营上市公司的价值关联度指标也达到了 77.24 分的高分,同样为 7 年来最好成绩。

纵观国企,则呈现出"大投入小产出"的市值财富创造模式特征。截至 2012 年 12 月 31 日,国有控股企业集中了 A 股市场 87.95% 的总资产和 82.33% 的净资产,实现了 A 股市场 85.21% 的营收和 85.22% 的净利润,是 A 股上市公司毋庸置疑的主力军。

然而,在 2013 年度市值管理绩效排名中,国有控股企业的表现与其主力军地位相差甚远,尤其是央企控股公司下滑明显。数据显示,2013 年度上市公司市值管理综合绩效排名中,央企已退出前 10。本年度央企最好名次仅在第 16 名,为近 7 年来最差成绩。此外,在综合管理绩效排名倒数前 10 名中,出现了中国远洋、中国中铝、中国中冶 3 家央企身影,这同样是 7 年来首次出现。另外,25 家央企在综合绩效排名后 100 名之列,这一数据也创出近 7 年来的最高值。

中国上市公司市值管理研究中心对比了 6 年前的部分核心指标发现,6 年前,国有控股企业的估值水平与民营企业相比,只有市盈率输给了后者,低 22.74%,其市销率和市净率水平则双双胜出,分别比后者高出 7.14% 和 14.55%。6 年后,国有控股企业在市盈率、市净率和市销率三大估值指标上已经全部输给民营企业,差距分别扩大了 36.9、34.6 和 62.7 个百分点。

市值管理绩效民进国退的现象与经济周期和产业景气度变化密切相关。钢铁、航空运输、汽车零部件、高速公路、机场等基础性行业,受周期性波动影响较大,产能过剩现象突出,这类重资产型企业又大多以国有控股企业为主。而中小板和创业板公司的产业分布则主要是在电子信息、生物医药、现代农业、消费品等行业,优秀的行业龙头依然具有良好的成长性。①

1.1.4 董事会治理

董事会治理指数的平均值为 61.74。从董事会治理的五个主要因素来看,董事会组织结构指数得分最高,平均值为 68.70;董事权利与义务指数的平均值次之,为 63.71,比 2012 年略有下降;独立董事制度指数和董事薪酬指数位于中间,其平均值分别为 60.63 和 59.30;董事会运作效率指数的平均值最低,为 58.44,但相对于 2012 年略有上升(见表 1-10)。

表 1-10 董事会治理指数

项目	平均值
董事会治理指数	61.74
董事权利与义务	63.71
董事会运作效率	58.44
董事会组织结构	68.70
董事薪酬	59.30
独立董事制度	60.63

资料来源:南开大学公司治理数据库。

从董事会的结构来看,近年来董事会规模较为稳定,2012 年董事的平均人数约为 9 人。中国证监会 2001 年发布的《关于在上市公司建立独立董事制度的指导意见》和 2002 年颁布的《上市公司治理准则》均指出上市公司应该建立独立董事制度。《指导意见》还指出,在 2003 年 6 月 30 日前,上市公司董事会成员中应当至少包括三分之一独立董事。从表 1-11 中可以看出,独立董事的平均人数在 3—4 人之间,所占比例大于三分之一,并且呈上升趋势。从董事长和总经理的设置状况看,我国上市公司董事长和总经理一般分设,这种两职分离有助于充分发挥总经理的积极性和董事会的决策职能,强化董事会对总经理的监督。但 2007—2012 年连续六年上市公司董事长与总经理两职合一比例上升,2012 年的两职合一公司的比例达到 24.80%。在激励方面,从表 1-11 中可以看出,中国上市公司

---

① 《2013 年度中国上市公司市值管理绩效报告》,中国资本证券网。

越来越重视对董事的激励,表现为领取的报酬有所增加,董事持股增加。董事会前三名董事薪酬平均值为 1 522 539 元。

表 1-11 董事会特征

	董事长总经理两职合一(%)	董事人数	独立董事人数	独立董事所占比例(%)	董事持股数量	董事前三薪酬
2007	15.56	9.40	3.34	35.53	5 184 724	1 017 671
2008	15.73	9.27	3.33	35.92	9 274 973	1 019 405
2009	18.26	9.15	3.31	36.12	10 904 432	1 106 441
2010	21.74	11.40	3.95	34.65	16 125 760	2 208 610
2011	24.66	8.99	3.28	36.52	27 016 182	1 443 767
2012	24.80	8.96	3.28	37.02	32 431 765	1 522 539

资料来源:国泰安数据库。

《上市公司治理准则》第五十二条指出,上市公司董事会可以按照股东大会的有关决议,设立战略、审计、提名、薪酬与考核等专门委员会。专门委员会成员全部由董事会组成,其中,审计委员会、提名委员会、薪酬与考核委员会中独立董事应占多数并担任召集人,审计委员会中至少应有一名独立董事是会计专业人士。此后国资委针对董事会建设共出台了 16 个指导文件,按照该准则的要求,我国上市公司董事会专门委员会设置比重开始增加,2012 年我国绝大多数上市公司设置了四个专门委员会(见表 1-12)。董事会专门委员会设置比重的增加有助于充分发挥董事会的决策、监督等职责。近几年来,董事会会议次数较为稳定。

表 1-12 董事会专门委员会设立情况

	年度董事会会议次数	审计委员会	薪酬与考核委员会	战略委员会	提名委员会
2007	9.4729	0.8966	0.8815	0.6893	0.6419
2008	9.6249	0.9905	0.9803	0.8107	0.7805
2009	8.3786	0.9965	0.9814	0.8655	0.8416
2010	8.7274	0.9986	0.9908	0.8726	0.8598
2011	9.3986	0.9970	0.9884	0.9032	0.8714
2012	9.3451	0.9991	0.9970	0.9313	0.9162

资料来源:南开大学公司治理数据库。

国有控股上市公司在董事会运作效率、董事会组织结构、独立董事制度方面超过民营控股上市公司,而民营控股上市公司在董事权利与义务、董事薪酬方面的得分超过国有控股上市公司(见表 1-13)。

表1-13　国有控股上市公司与民营上市公司董事会治理比较

控股股东性质	董事会治理指数	董事权利与义务	董事会运作效率	董事会组织结构	董事薪酬	独立董事制度
国有	61.56	62.79	59.28	69.11	57.34	60.70
民营	61.87	64.48	57.78	68.39	60.79	60.55

资料来源：南开大学公司治理数据库。

根据上述统计，目前中国董事会治理情况主要表现为：(1) 在证监会和交易所的强制合规的改革浪潮下，上市公司在明显需要合规的部分做出了较大力度的改进，例如，在董事会人数、董事会内部薪酬、审计、战略诸委员会设计、独立董事比例等方面上市公司都做出了合规完善，这是治理指数中董事会组织结构部分有一定提升且得分最高的一个重要原因。(2) 在独立董事方面，首先，上市公司的独立董事制度往往趋向同质化。很多上市公司对独立董事制度的接受是被动和消极的，其选聘独立董事也只是为了符合证监会和交易所的合规性要求而非自身完善公司治理的内在需要。其次，独立董事不独立。我国上市公司独立董事候选人的提名主要由控股股东控制或其控制的董事会选任，在独立董事聘任过程中董事会提名委员会往往形同虚设，造成独立董事独立性不强。最后，独立董事问责机制缺失。公司一旦发生问题，很少见到上市公司独立董事被问责的。独立董事受过监管部门和交易所处罚的比例很低；处罚形式以警告、通报批评、公开谴责等声誉机制进行处罚的居多，以罚款形式处罚的少，交易所没有罚款的案例，证监会5年间仅对36人处以罚款。当然，中国公司治理正在由"消极守规"到"主动合规"的转变过程中，上市公司在强制规定之外的实质性的董事权力、义务以及履责方面，仍有提升的空间。从提升治理监督有效性来看，治理监督机制的被动合规是制约董事会和监事会治理有效性的重要因素，应改革治理监督模式，完善独立董事制度，厘清独立董事和监事会的职责边界，强化独立董事和监事会的履职保障和问责机制。

1.1.5　监事会治理

监事会治理指数的平均值为57.38。从监事会指数的三个主要因素来看，样本公司监事会运行状况指数平均值为67.90；监事会规模结构指数平均值为49.85；监事会胜任能力指数平均值为55.88（见表1-14）。

表1-14　监事会治理指数

项目	平均值
监事会治理指数	57.38
运行状况	67.90
规模结构	49.85
胜任能力	55.88

资料来源：南开大学公司治理数据库。

《公司法》规定,有限责任公司设立监事会,其成员不得少于三人,股东人数较少或者规模较小的有限责任公司可以设立一两名监事;股份有限公司设监事会,其成员不得少于三人。此外,还规定监事会应该包括股东代表和适当比例的公司职工代表,其中职工代表的比例不得低于三分之一。从表1-15中可以看出,我国上市公司监事会规模平均水平整体上呈现缩小趋势,且平均水平高于三人的最低限制。《公司法》规定,监事会每六个月至少召开一次会议,我国上市公司年度监事会会议次数满足该规定,且会议次数总体呈现增加的趋势。一方面,这种增加可以视为监事会行为强度的增加,有助于发挥监事会的监督职能;另一方面,这种会议次数的增加也可能只是形式上的增加,并不能有效发挥其治理功能(李维安等,2013)。在监事激励方面,监事持股数量逐年增加,说明上市公司越来越重视对监事会的股权激励。但我国上市公司监事普遍存在专业资格与其履行职责所需能力不相称的矛盾,而且随着现代公司的复杂化、专业化和现代化,对监事的专业知识也提出了更高的要求。目前中国上市公司的监事会中监事的胜任能力指标相对较低,监事的专业性仍需提高。

表1-15 监事会特征

	监事会会议次数	监事人数	监事持股数量
2007	4.47	4.06	251 347
2008	4.91	4.00	344 058
2009	4.65	3.93	412 853
2010	4.97	3.84	711 222
2011	5.43	3.76	1 029 763
2012	5.58	3.72	1 002 267

资料来源:南开大学公司治理数据库。

国有控股上市公司的监事会治理要好于民营上市公司,从分指数看,国有控股上市公司的两项分指数要高于民营上市公司,分别是规模结构指数和胜任能力指数,说明国有控股的中国上市公司监事会治理的各方面都比较完善,可能原因是国有控股上市公司的最终控制人国资委,更倾向于利用监事会作为治理公司的一种手段。但2013年,民营控股上市公司的运行状况要好于国有控股上市公司。见表1-16。

表 1-16　国有控股上市公司与民营上市公司监事会治理比较

控股股东性质	数量	比例(%)	监事会治理指数	运行状况	规模结构	胜任能力
国有	1 038	42.02	59.47	65.21	55.49	58.53
民营	1 367	55.34	55.82	70.10	45.57	53.85

资料来源：南开大学公司治理数据库。

虽然，新《公司法》强化了监事会的职权，监事会治理状况明显提高，但我国上市公司监事会由于制度以及实践中存在一定的缺陷，在公司治理中没有充分发挥应有的作用与功能。监事会的规模结构仍旧是制约监事会治理有效性的关键因素，组织架构及人员配备尚不完善。很多上市公司监事会人数偏少，甚至有的监事会人数接近下限，表明监事会在组织架构方面存在不足。随着上市公司规模愈发庞大、业务日趋复杂，如果监事会没有足够的人员，就难以对董事及公司的其他成员实施有效监督。此外，要规范监事会治理，还要特别强化监事会的职能，使其真正发挥监督作用，成为上市公司规范运营的防火墙。为完善监事会制度，可以通过引进新的治理主体，扩大监事会规模来创新监事会制度，让更多的利益相关者参与进来，使监事会不再成为大股东的附属物。这样，既为监事会与独立董事的协调提供了契机，还可以采取直接通过监事会提名独立董事的方式，实现独立董事事实上的独立性(王世权,2011)。从监事会监督功能来看，可以尝试厘清经理人与监事会对会计事务的控制权，授予监事会符合其本原性质的权利，以负责监控企业的注册会计师审计事务。从而，提高监事会的运行状况、规模结构以及胜任能力等指标，综合提高监事会治理水平。

1.1.6　经理层治理

中国上市公司的经理层治理指数平均值为 57.21。从经理层评价的三个主因素层面来看，样本公司经理层任免制度指数平均值为 61.44；执行保障指数的平均值为 63.33；激励与约束机制指数平均值为 48.07。相比较上一年度，经理层指数略有下降，其中经理层激励约束指数平均值继续提高，比去年增加 1.22，但任免制度指数和执行保障指数较去年分别下降了 0.40 和 1.17。样本公司经理层总体治理状况呈现平稳微降趋势，激励约束机制相对任免和执行保障制度得到较大改善(见表 1-17)。

表 1-17　经理层治理指数

项目	平均值
经理层治理指数	57.21
任免制度	61.44
执行保障	63.33
激励约束	48.07

资料来源：南开大学公司治理数据库。

国有控股上市公司和民营上市公司的经理层治理指数分别为 55.82 和 58.26，民营上市公司的经理层治理总体状况要好于国有控股上市公司，且差距进一步加大。从分指数看，民营上市公司的激励约束指标得分 52.59，远远超过国有控股上市公司的 42.28。任免制度和执行保障两个指标，国有控股上市公司得分较高，分别为 61.65 和 65.37（见表 1-18）。

表 1-18　国有控股上市公司与民营上市公司经理层治理比较

控股股东性质	经理层治理指数	任免制度	执行保障	激励约束
国有	55.82	61.65	65.37	42.28
民营	58.26	61.22	61.69	52.59

资料来源：南开大学公司治理数据库。

从图 1-2 可以看出，2012 年中国 A 股上市公司总经理的平均薪酬为 64.28 万元，且近几年来上市公司总经理的薪酬持续保持增长，但 2012 年上市公司总体净利润零增长。除了与股价表现关系不密切外，总经理们的薪酬似乎也不太受公司

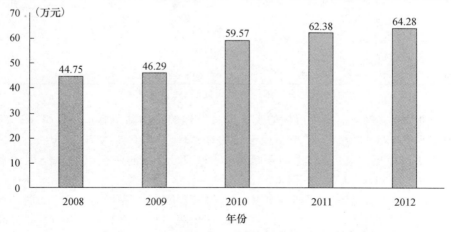

图 1-2　2008—2012 年 A 股上市公司总经理平均薪酬情况
资料来源：第一财经日报《财商》、第一财经研究院、尚道管理咨询公司。

业绩影响。这反映了中国上市公司经理层的激励制度设计不合理,无法起到有效激励的作用。《2012年上市公司总经理薪酬榜》显示,公司所在的行业以及公司规模对总经理薪酬影响最为明显,而公司的净利润对总经理薪酬影响系数较小,常年亏损却仍拿高薪的总经理不在少数。行业一直是决定上市公司总经理薪酬的第一要素,金融、保险业总经理的薪酬水平历来最高,2012年平均薪酬为227.06万元;其次是房地产业,2012年房地产业总经理平均薪酬为102.84万元;排名第三的是传播与文化行业,2012年总经理平均薪酬为74.88万元;平均薪酬最低的是农林牧渔业,2012年总经理平均薪酬仅38.72万元(见表1-19)。

表1-19 不同行业总经理薪酬情况

行业	公司数	2012年薪酬均值(万元)	2011年薪酬均值(万元)	薪酬升降
金融、保险业	41	227.06	274.87	降
房地产业	130	102.84	97.02	升
传播与文化行业	33	74.88	63.87	升
批发和零售贸易	127	74.44	75.84	降
采掘业	60	73.64	65.24	升
建筑业	49	66.12	62.68	升
社会服务业	80	65.49	54.9	升
交通、运输仓储业	77	64.07	59.23	升
综合类	51	62.43	61.89	升
信息科技业	199	59.28	60.6	降
制造业	1480	56.82	53.39	升
电力、煤气与水的生产与供应业	71	53.04	44.78	升
农、林、牧、渔业	46	38.72	41	降
总计	2444	64.26	62.38	

资料来源:第一财经日报《财商》、第一财经研究院、尚道管理咨询公司。

分板块来看,深市主板市场的474位总经理的平均薪酬最高,为73.83万元;其次是拥有924只股票的沪市主板市场的总经理,平均薪酬为70.56万元;然后是深市中小板市场的总经理,平均薪酬为56.11万元;而创业板市场总经理的平均薪酬最少,为50.93万元(见图1-3)。

目前,中国上市公司经理层任免体现为"双轨制"。在国有企业,特别是具有较高监管级别的国有企业如央企,经理层任免更多体现出行政型特征,许多高管的任免由组织部决定,存在高管行政晋升通道,高管具有和政府公务员类似的晋升激励。而在民营上市公司,经理层的任免则体现出经济型治理特征,按照市场

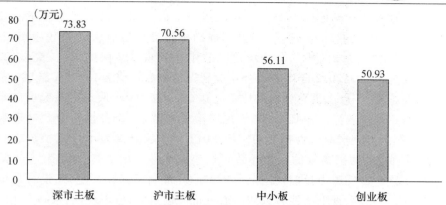

图 1-3 2008—2012 年 A 股上市公司总经理平均薪酬情况
数据来源：第一财经日报《财商》、第一财经研究院、尚道管理咨询公司。

化规则,根据经理层业绩和股东或董事会意见来任免。因此,上市公司经理层治理反映在激励和约束方面,也呈现出"双轨"特征:部分高管具有晋升激励,试图通过"晋升锦标赛"来获取更高的地位,薪酬对他们而言并非是最强的激励因素,而来自上级行政部门的约束是更强有力的约束。对于另一部分高管而言,公司业绩是重要的约束条件,市场化的薪酬和期权激励也是有效的激励手段。一些最新的趋势包括:在高管薪酬制定方面,最新的研究表明,我国的高管薪酬不仅取决于所处的企业的业绩以及行业状况,而且具有明显的参照点效应。

1.2 中国公司发展和治理面临的问题
1.2.1 治理的有效性问题

伴随着我国企业改革的逐步深化和公司治理转型,我国企业的公司治理结构和机制建设明显改善。从中国公司治理研究院连续发布十年的公司治理指数可以发现,我国公司治理水平整体呈上升趋势,平均值从 2003 年的 48.96 提高到 2013 年的 60.76,公司治理建设进步明显,治理质量大幅提升。然而,尽管上市公司治理水平呈提升趋势,但是治理有效性偏低已成为突出问题。

从我国企业导入公司治理的过程可以发现,经过监管部门和企业的共同努力,上市公司治理结构与机制建设已取得明显成效,为公司治理有效性的建设搭建了基本的架构。如果缺少这些架构,公司治理有效性建设就会丧失基础,公司治理的进一步完善也将成为镜花水月。但是如果不在治理结构和机制建设的基础上进一步推动治理有效性的提升,公司治理这一系统性工程就可能演变成"烂尾楼"工程,前期辛辛苦苦推进的公司治理建设以及取得的丰硕成果也将毁于一旦。

公司治理有效性偏低的根源在于我们的资本市场和公司治理建设还没有建立"投资者是上帝"的理念和基石,没有形成回报投资者的理念。在"中国上市公司治理指数"之"股东治理"三个分指数中,"中小股东权益保护指数"最低,2012年平均值仅为50.93;2012年度上市公司股利支付率的均值为13.75%,1589家上市公司未实施现金分红,占总样本的比重高达68.26%,中小股东权益保护已经成为制约股东治理有效性的短板。在"经理层治理指数"三个分指数中,"经理激励约束"则是制约经理层有效性提升的短板,2012年平均值仅为46.85,缺少有效的治理机制以制衡、约束高管的行为导致了近年来证券市场上高管套现、非正常离职等现象。这些都反映出目前我国上市公司治理机制还存在不足,还没有从仅仅考虑如何在中小股东身上圈钱转到如何通过价值创造回报投资者的重心上来。

欲推动公司治理建设由结构、机制到有效性的转变,进一步提升公司治理质量,应该从以下几个方面着手:首先,要强化回报投资者的理念,夯实上市公司价值创造的基础和公司治理建设的基石,为公司治理有效性的提升创造条件。其次,强化中小股东权益保护,完善分红制度,加强对现金分红的分类指导与监督,将现金分红与再融资挂钩。再次,修改相关规定,完善独立董事制度,充分发挥独立董事在公司治理有效性建设中的重要作用。复次,从治理高管行为入手,构建应对创业板上市公司高管套现、非正常离职等现象的有效机制,延长高管持股锁定期和保荐机构督导期。最后,进一步强化外部监管的重要作用,强化监管的内容和力度,推动公司治理建设的动态优化。

在公司治理有效性建设的新阶段,治理监督的有效性是其关键环节。在我国公司治理结构中,监督架构的设置是最多的,但实践效果不佳。由此,如何在多年结构和机制建设的基础上,重塑治理的监督模式,探索解决实践中独立董事和监事会间职能不协调甚至相互抵消可能潜伏的治理风险,就成为提升公司治理有效性的关键问题。从国际上看,治理的监督模式设计主要有单层制下的独立董事制度和双层制下的监事会,其区别是监督职能主要是放在董事会内部(外部董事、独立董事)还是外部(监事会),核心运作机制依靠正式规则还是非正式关系。而在中国企业改革初期,由于经济转型背景下经济型治理体系的缺失,为了防范企业改革陷入"一放就乱"的局面,在公司治理改革中特别注重监督机制(如改革中先派监事会)的建设,并借鉴其他国家在监督机制建设方面的经验做法。具体而言,就是在公司治理改革的进程中,既借鉴了德国和日本的监事会制度,也引进了英美的独立董事制度。这种双重监督模式设计的目的,是进一步强化公司的监督体系,以确保我国公司治理改革的顺利推进和决策科学化目标的实现。理论上看,独立董事和监事会在监督职能分工上可能出现两种情况:第一,职能重叠,监事会充当第二道防线;第二,职责分工明确,相互协作,共同完成监督目标,即监事会分担部分董事会监督职能。不管哪种情况,要实现双重监督的协作效应,均需具备一些基本的前提条件:职责边界是否清晰、各自履职情况、能否协同运转、与外部治理环境的匹配。如果具备相应条件且能发挥协同效应,才有可能实现 $1+1 \geq 2$ 的效果。中国双重监督制度设计的初衷,是试图发挥独立董事和监事会的多重监督及协作效应。这种制度安排对于转型期我国企业改革的顺利推进发挥了重要作用。但在关系型治理发挥重要作用的转型实践中,正式制度设计功效的发挥很大程度上取决于关系型治理机制的重塑。由于与双重监督体系相配套的关系型治理机制的滞后,加上二者职能界定模糊交叉、履职保障和可操作性不强等因素,使得双重监督机制的作用受限甚至相互掣肘,协同效应更难以发挥。中国公司治理指数表明,在职能界定模糊且交叉情况下,独立董事和监事会本身运行效率不高,甚至存在职能不协调而相互抵消并潜伏治理风险等问题。此外,在全球化背景下,一批中国企业纷纷赴海外上市,部分企业同时实现多地上市。其中,单纯在境外上市(如 H 股、N 股等)的公司按照当地规则不必设监事会,而境内外同时上市(如 A+H 等)的公司,则既有单层制下的独立董事制度,亦有双层制下的监事会制度。治理评价显示,相对而言,同时上市比仅在内地上市公司治理质量高。这可能与境外监管规则对董事会监管严格、董事会职能明确,而内地上市公司董事会部分监督职能外移到监事会、但二者职能边界模糊有关。这表明,只要职能边界清晰,独立董事和监事会的监督职能是可以相互替代的。

为了推动公司治理有效性建设、进一步夯实价值创造的基础:第一,应树立正确的治理理念和治理思维,这是深化我国公司治理改革的关键。在实践中,应强调公司治理的"过程"思维和"多元化"思维,注重顶层设计和"疏""统"并举。第二,从提升股东治理有效性来看,应落实投资者回报,继续引导上市公司建立合理、持续的分红机制,推动中小股东和机构投资者参与治理。第三,从提升治理监督有效性来看,治理监督机制的被动合规是制约董事会和监事会治理有效性的重要因素,应改革治理监督模式,完善独立董事制度,厘清独立董事和监事会的职责边界,强化独立董事和监事会的履职保障和问责机制。第四,从提升经理层治理有效性来看,缺少行之有效的激励约束机制影响了经理层治理有效性的提升,应充分运用监管部门的"硬权力"和企业自身的"软权力",强调经理层激励的长期性和动态性。第五,从提升中小企业板和创业板上市公司治理有效性来看,应树立"过程"思维,治理高管行为的同时,借力中小股东和机构投资者,推动公司治理建设的动态优化。第六,治理监管应着眼于顶层设计,将分类监管和重点监管相结合,推动第三方治理,倡导公司治理最佳实践,为资本市场输入支持价值投资的正能量。

1.2.2 金融机构的治理风险

2008年爆发的全球金融危机再一次将完善金融机构公司治理的关键性摆在世人面前,由于金融机构当事人在激励与约束上的不匹配、权利与责任上的不对称等,以及监管者对金融机构治理风险的识别滞后、防范失当,缺乏公司治理层面制约的金融产品创新终为各国实体经济带来了巨大的灾难。

自改革开放以来,我国国有控股金融机构的公司治理经历了一个从无到有、从建立到逐步完善的过程。以国有控股银行为例,从2003年开始,国家为原有兼具政策功能和财政功能的国有商业银行进行了注资和不良资产剥离,明确了投资主体,制定了股改方案,引入了战略投资者,并最终走向证券市场实现上市。正是由于我国国有控股金融机构自2003年以来在公司治理内外部机制方面的建设和改善,才导致本次金融危机对我国金融系统的整体冲击程度有限。

然而,近来金融机构的治理改革再次被推到了舆论的风口浪尖。银行高管落马事件频发,从光大银行、建设银行、中国银行,到最近的中国农业银行和中国邮政储蓄银行都发生过类似事件。通常,国有大银行股改上市告一段落后,应进入治理的更深层改革,但金融危机后我们放缓了银行改革的步伐,以原有的行政型监管为代表的外部治理无法适应上市银行的经济型治理机制,累积了公司治理风险,银行高管落马事件的频发就成为具有显示度的爆发点。这些问题的根源,在于当前我国金融机构治理正处于行政型与经济型治理并存阶段加大了治理风险(李维安,2012)。要从根本上防范这种风险,需要从金融机构治理改革的顶层设计入手,这需要先认清金融机构行政型治理的制度症结在哪里。在我国,政府兼具多种角色,集公共管理职能、监督职能、出资人职能于一身。这种三位一体的机制实际上无法达到"九龙治水"的结果,反而使得政府无论作为公共管理部门的财政部还是作为监管部门的银监会、证监会和保监会,都超越了自己的职能,即"政监资不分"。政府的多元角色虽然有其历史必然性,但随着治理改革的深入,其弊端也愈加凸显。金融机构的健康关系到整个社会的稳定与经济的良好发展,因此,金融机构最大、最根本的风险是治理风险。而金融机构的治理目标不仅在于保护投资者的利益,更在于减少市场体系风险和保持金融体系的稳定性,确保金融服务于实体经济。政府三位一体的角色,不仅不利于实体经济的普遍受益,还会增加金融机构自身的治理风险,如打通了政府自利行为的"任督二脉"、对国企贷款存在软约束、为金融高管的腐败提供滋生的温床等等。因此,金融机构治理改革的方向是,推进金融机构由行政型治理向经济型治理转变,转变政府三位一体的角色,由"政监资不分"到"政监资分开"——政监分开(李维安,2012)。

进一步来看地方金融机构,政府干预的影响更为直接和明显。在我国的金融体系中,地方金融机构一直被视为弱势群体,但近年来已成长为一股不可忽视的力量。特别是伴随着国有大型金融机构的垂直化管理,地方金融机构越发成为地方经济发展的重要推动力。截至2011年年末,我国城市商业银行144家,总资产为99 845亿元,占银行业金融机构的9%;同时,城市商业银行在促进银行业竞争、支持中小企业融资、推动地方经济发展等方面起到了至关重要的作用。但长期以来,地方金融机构一直受困于地方政府的干预,导致大量不良贷款,累积了大量的风险。要进行地方金融机构治理改革,削弱地方金融机构的治理风险,首先要明确政府干预的动机,在行政性治理模式下,官员能够出于自身动机很好地融入到作为干预主体的政府之中,政府的各种行为实质上是官员动机的体现(钱先航等,2012)。

具体到官员与地方金融机构的关系上,我国的地方官员有能力也有动力来干预其资源配置。一方面,地方金融机构的控股股东通常为地方政府相关部门,且地方政府掌控着地方金融机构的人事任免权。另一方面,改革开放以来,地方官员之间的"晋升锦标赛"使得GDP被空前重视,而金融资源无疑是官员拉动经济增长、实现晋升的有力工具。此外,随着金融体制的改革,国有大型金融机构的独立性大大提高,债务融资又受制于《预算法》,此时地方官员必然会利用地方金融机构这一平台,基于政治考虑引导其资源的配置(李维安,2012)。钱先航等(2012)的研究表明,地方官员的晋升压力会影响其包括贷款量、期限结构、行业分布等在内的贷款行为,且是形成不良贷款的重要因素;地方官员的来源、任期、去向、更替等治理特征也会影响城商行的贷款投放。这意味着,地方金融机构的行为与地方官员的治理息息相关,因此,要实现地方金融机构的健康发展,完善地方官员治理将是关键所在,目前的改革主要应从增加地方官员干预难度和弱化干预动力两方面着手。对于前者,首先是要推进由"行政型治理"向"经济型治理"模式的转变。地方官员能够直接干预金融机构的原因在于,行政型治理背景下,地方金融机构的高管主要由地方组织部门"自上而下"地任命,因此,实现董事会"自下而上"的任免、监督高管人员的经济型治理,能够增加官员干预金融机构的难度。近期中央和监管部门主要通过设立金融综合改革实验区、重组地方金融机构等途径推进地方金融改革,这对于地方金融机构的发展具有战略性意义。其次是要减少官员董事的派出,正是通过官员董事,地方政府才能实现对金融机构的直接控制;即使政府控股情况下,派出专业的非官员董事也将有助于地方金融机构的稳健经营。最后是要加强金融机构的内部治理,构建完备的风险控制等机制。弱化干预动力方面,正如我们强调的那样,核心所在是要完善官员治理,因此就需要践行科学发展观,修正单纯关注经济增长的官员考核机制,代之以综合性考评体系,实现从"为数量增长而竞争"到"为科学发展而竞争"的转变。事实上,我们的研究表明,在官员考核中增加环境、民生等指标的比重,的确能够抑制城商行的不良贷款。显然,弱化地方官员的干预动力,能够从源头上解决政府的过度干预问题。从这个意义上讲,完善地方官员的晋升、考核等治理机制将是实现地方金融机构可持续发展的治本之策。

1.2.3 家族企业转型与代际传承

在我国公司治理的转型过程中,家族企业正在经历由家族治理向现代公司治理的转型。民营企业发展过程中,创始人发挥了重要的作用,从最初的创业者到经营管理者再到治理者,创始人经历一系列角色的转变。与之相伴的是,民营企业公司治理的不断发展和完善。在创业及成长初期,企业主要是被治理的角色,即对企业治理结构与机制的设计主要是符合国家相关法律法规的要求,企业创始人实际上是被动的"合规者"。当企业成长并引入其他投资者和经营者后,企业创始人的治理角色由被动"合规者"向主动"治理者"转变,即要通过设计合理的公司治理制度,实现对整个企业的管控,而创始人或团队将更多关注于战略和投资等重大事宜(李维安等,2013)。

然而在转型的过程中,民营企业却经常会因为处理不当,产生内耗,经历转型之痛。由于转型往往与业务关系调整以及引入新的投资者有关,因而会要求调整利益关系,致使转型过程出现冲突。一些家族企业在由家族治理向现代公司治理转型过程中,出现转型"地震"的情况,如真功夫、土豆网、赶集网等等(李维安,2011)。

企业成长的不同阶段适时构建相应的现代公司治理机制,对家族企业的持续成长至关重要。家族企业将家族和企业两个系统契合,形成独特的"亲缘治理"模式。以家族为核心的治理模式存在众多的不确定性,家族企业内部存在错综复杂的亲缘关系,特别是在治理转型的关键时期容易出现治理负效应放大引起的地震。为此,在"去家族化"的过程中,需要处理好下列问题:选择适当的时机进行家族与企业之间的重组;随着企业的发展,进行控制权与股权结构的重组;处理好股权结构中人力资本与货币资本的关系;设置合理的创始人减持和退出机制,做到既不伤亲情又能保证企业控制权的稳定;实现经营权和所有权分离,做到一方逐渐退出,另一方以合理的价格受让,或者双方采用分割而治的方式传承家族企业;家族企业内部的委托代理关系的合理安排;职业经理人的引入与控制权的合理配置;家族因素与非家族因素在治理框架内的合理平衡;家族企业中利益相关者的利益如何体现;家族企业之外的家族内部关系处理和副作用的预防;处理好高度集权与"家长式"管理问题等(李维安,2011)。这些治理问题如果处理不当,不但会制约家族企业的进一步发展,甚至会危及企业自身的生存。

近年来,家族企业在转型过程中面临另一个至关重要的问题——代际传承,这也是家族企业公司治理和家族治理融合的关键。据统计,我国民营企业总数已占全国企业总数的96%,其中85.4%是家族企业,而家族企业一代创始人的平均年龄已达52岁,在未来5至10年里,民企特别是家族企业将普遍面临交班、传承问题。血缘继承和职业经理人继承的争论也逐渐被学术界和实业界所关注。

目前家族企业倾向于经营权内部传递,将经营权控制在由血缘、亲缘和姻缘为纽带组成的家族成员手中,决策程序按家族程序进行(李维安,2001),如鲁伟鼎(鲁冠球之子)成为万象集团的总裁,徐永安(徐文荣之子)担任横店集团的董事长。家族企业之所以要保留对企业的控制,关键在于这种家族治理模式对企业的稳定性和内部可控性是有效的(李维安等,2013)。但是这种模式在交接过程中也存在危机,主要包括:内耗危机,在家族权利转移中,受雇管理阶层受到家族成员的威胁利诱,或卷入家族矛盾漩涡中,或作为"内部人"挪用企业财产;分裂危机,多个家族企业继承人争夺家族企业的财富和权力时可能出现某位家族成员带领自己的追随者另立门户;丧失控制权危机,当家族成员意见不一致时出现非家族成员的第三方联合出资夺取企业控制权(李维安等,2009)。

家族企业代际传承的另一个问题是家族企业主的交班意愿和第二代接班人意愿的匹配问题。《中国家族企业发展报告》显示,在考虑过"子女接班问题"的企业主中,占最大比重的是希望"子女接班管理本企业",占24.9%;该意愿在50岁以上的企业主中更为鲜明,占41.7%。详见表1-20。

表1-20 企业主交班意愿情况

		企业主	50岁以上企业主
您是否考虑过子女接班问题	让子女接班管理本企业	757(24.9%)	367(41.7%)
	子女不要在本企业工作	479(15.8%)	116(13.2%)
	让子女继承股权,但不要在本企业工作	315(10.4%)	78(8.9%)
	只给子女一笔生活费	105(3.5%)	25(2.8%)
	其他	34(1.1%)	9(1.0%)
	目前没有考虑这个问题	1 346(44.3%)	286(32.5%)

资料来源:中国民(私)营经济研究会家族企业研究课题组,《中国家族企业发展报告》,北京:中信出版社,2011年,第29页。

如果将企业主的传承意愿划分为"交班"和"不交班",将二代的传承意愿划分为"接班"和"不接班",可以对两代人的接班意愿做一个企业比较。如表1-21所示,企业主不愿意交班而子女也不希望接班的情况占比重最大,达到了46.8%。可见,较大比例的家族企业在未来面临着交接问题。

表1-21　家族企业两代人交接班意愿契合情况

子女意愿		企业主意愿		合计
		交班	不交班	
子女意愿	接班	480(22.7%)	567(26.8%)	1 047(49.6%)
	不接班	77(3.7%)	989(46.8%)	1 066(50.5%)
合计		557(26.4%)	1 556(73.7%)	2 113(100%)

资料来源：中国民（私）营经济研究会家族企业研究课题组，《中国家族企业发展报告》，北京：中信出版社，2011年，第30页。

对于家族企业而言，公司治理机制需在合规的前提下充分发挥效用，在接班人选择上要防止"亲缘"替代公司治理制度安排，避免在代际传承过程中家族治理负效应引发的地震。民营企业由家族治理向现代公司治理转型是企业发展壮大的必然要求，改善股权结构，规范公司治理机制，突破"去家族化"的瓶颈，是控制权平稳过渡，企业顺利传承的保障。

而且，民营企业作为国民经济的中坚力量，且许多是上市的公众公司，其传承不再是家族的家事，民营企业接班人的选择要以是否有能力推动企业发展，为社会创造价值为标准。然而，以能力为标杆，不代表一味推崇职业经理人继承，家族企业子女如果有能力，那么他们继承企业未尝不可，甚至是更好的人选。目前，由于职业经理人制度尚不完善，民营企业更倾向于让其子女接班，在此情形下，培养其子女的能力显得尤为重要，需要引起民营企业的重视。接班人才能是多维的，既包括管理能力，也包括一些特殊资产，例如企业家精神、与政府的关系、性格、人格魅力等。民营企业创始人提前让位，在能力尚足时让子女接任，如新希望集团前董事长刘永好，有利于子女能力的培养和特殊资产的传承。

2 宏观经济与社会环境

公司治理的外部治理机制,包括资本市场、司法裁判、非正式监督等,都是社会体系中的一部分,是许多"制度"有机组合而成的大环境中的一部分。公司的内部治理机制也是在特定的社会系统中生存发展并深受公司外部环境的制约。内外部治理机制的交互作用与相互关系,不但受社会环境的制约,也体现着社会环境的基本特征。

因此,中国的公司治理机制,是依托于中国的经济形势、政策空间以及社会环境而产生和发展的。宏观经济形势决定了中国企业所面对的市场环境,市场化进程和规制体制的改革决定了中国公司治理转型发展的制度基础,社会环境改变着中国公司治理的目标方向并推动其持续改进。

2.1 国内外经济环境

整个2012年到2013年上半年,在紧缩政策和欧债危机的影响下,经济形势整体表现为滞胀。中央政府的经济工作重点在提升经济增长速度,与此同时完善经济结构、提升经济增长质量,兼顾增长与公平和民生需求。

2.1.1 国内经济形势

1. 经济增长和财政状况

2012年,全年国内生产总值519 322亿元,比上年增长7.8%。其中,第一产业增加值52 377亿元,增长4.5%;第二产业增加值235 319亿元,增长8.1%;第三产业增加值231 626亿元,增长8.1%。第一产业增加值占国内生产总值的比重为10.1%,第二产业增加值比重为45.3%,第三产业增加值比重为44.6%。① 在2013年,GDP增速保持平稳,一季度GDP初步核算为118 855亿元,比去年同期增长7.7%。但是,我国人均可支配收入增幅高于GDP增幅。全年农村居民人均纯收入7917元,比上年增长13.5%,扣除价格因素,实际增长10.7%;城镇居民人均可支配收入24 565元,比上年增长12.6%,扣除价格因素,实际增长9.6%;2012年,全年全国公共财政收入117 210亿元,比上年增加13 335亿元,增长12.8%;其

---

① 本文数据未加特殊引用说明的,均来自国家统计局网站,中华人民共和国2012年国民经济和社会发展统计公报。

中税收收入100 601亿元,增加10 862亿元,增长12.1%。2013年上半年,一季度,全国公共财政收入32 034亿元,同比增长6.9%。其中,中央财政收入14 606亿元,同比下降0.2%;地方本级财政收入17 428亿元,同比增长13.7%。但是,一季度,全国公共财政支出27 037亿元,增长12.1%,其中,狭义民生支出在一季度支出占比达到37.77%。由于经济增速的放缓,2013年财政收支形势可能比预想的更为严峻。① 在这一过程中,上市公司对经济增长和财税收入的贡献日益显著,2012年,全年上市公司通过境内市场累计筹资5 841亿元,比上年减少939亿元。其中,首次公开发行A股154只,筹资1 034亿元,减少1 791亿元;A股再筹资(包括配股、公开增发、非公开增发、认股权证)2 093亿元,减少155亿元;上市公司通过发行可转债、可分离债、公司债筹资2 713亿元,增加1 006亿元;全年公开发行创业板股票74只,筹资351亿元。2012年中国深沪两市上市A股总市值定格在22.91万亿元,较上年增长1.55万亿元,增幅为7.25%。从A股市场结构来看,不同所有制、行业和市场板块的上市公司市值表现各有千秋。民营企业显示出较为强劲的活力,1 373家民营上市公司市值总量为53 896亿元,较2011年增长10.81%,平均市盈率水平较2011年回升了23.47%,达30.62倍,其估值水平回升幅度和市值规模增长幅度均超过中央国企和地方国企;周期性行业与非周期性行业市值增幅差别突出,前者市值增幅明显低于市场平均水平,后者市值则大幅增长;创业板市值占比增速放缓,深圳主板虽未增容,但市值占比不降反升;大市值地区市值表现落后,中西部地区市值活力明显落后于沿海地区。上市公司总市值占全年GDP的44.11%,与上年基本持平。② 截至2013年4月27日,共有2 469家公司发布2012年年报,累计实现营业收入24.48万亿元,同比增长11.62%;相当于全年GDP的47.14%,这一比例较2011年有较大增长。累计实现归属上市公司股东净利润1.96万亿元,同比微增2.6%,相当于GDP总量的3.77%;以已公布年报的上市公司3.806万亿的总股本计算,这些上市公司平均每股收益0.546元,较2011年有所下滑。2013年一季度的季报已有2 384家上市公司公布,它们累计实现营业收入5.21万亿元,同比增长10.1%;实现净利润3 364.3亿元,同比增长12.12%。③ 有相关资料显示,2012年上市公司实际缴税22 233亿元,比上年增加17%,缴税额比净利润多14%。把A股中的银行和保险公司剔除之后,净利润变成了8 913亿元(约减少55%),比上年下降12%,当期实缴税金16 953亿元,比上年增加12%。据Wind数据显示,2008年至2012年5年间,A股上市公司当

---

① 证券之星网站资料,http://stock.stockstar.com/JC2013041800001016.shtml。
② 中国上市公司市值管理研究中心,《2012年中国A股市值年度报告》,http://www.cs.com.cn/ssgs/hyzx/201301/t20130130_3844477.html。
③ 东方财富网专题报道,http://finance.eastmoney.com/news/73389,20130427288544143.html。

期支付的各项税费年均复合增长率为17%,近两年则加速至20%。① 如果这一数据可靠的话,则上市公司2012年承担了全年财政收入的18.96%,比上年增长约5%,且相当于全年税收收入的22.10%,较去年增加7%。上市公司在各省经济增长中继续扮演重要角色,且呈现相互依赖的关系:越是经济发达的地区,上市公司数量就越多,总市值在GDP中所占比重就越高。例如,一项研究表明,创业板企业的数量与地区GDP总量成正比,以广东为例,广东省2010年GDP总量位居全国省级行政单位的首位,而创业板34家,也位居全国最前列,创业板总市值达1 544.95亿元,占全年GDP的3.3975%。上海2010年人均GDP位列全国首位,也拥有全国第二大创业板群体,且市值占GDP的2.287%,北京的创业板企业市值占地区生产总值的10%左右。

2. 货币供给与投资

在货币供给方面,年末广义货币供应量(M2)余额为97.4万亿元,比上年末增长13.8%;狭义货币供应量(M1)余额为30.9万亿元,增长6.5%;流通中现金(M0)余额为5.5万亿元,增长7.7%。年末全部金融机构本外币各项存款余额94.3万亿元,比年初增加11.6万亿元,其中人民币各项存款余额91.8万亿元,增加10.8万亿元。全部金融机构本外币各项贷款余额67.3万亿元,增加9.1万亿元,其中人民币各项贷款余额63.0万亿元,增加8.2万亿元。全年社会融资规模为15.8万亿元,按可比口径计算,比上年多2.9万亿元。与2011年央行多次上调存款准备金率和基础利率的情况相比,2012年以来央行对存款准备金和基础利率的调整频数降低,且均呈下调态势,表明央行在审慎地考虑更积极和稳健的、以增长为导向的货币政策。具体而言,央行在2012年2月24日和5月18日两次下调存款准备金率各0.5个百分点,保持银行体系流动性合理充裕;分别于6月8日、7月6日两次下调金融机构人民币存贷款基准利率:其中,1年期存款基准利率由3.5%下降到3%,累计下调0.5个百分点;1年期贷款基准利率由6.56%下降到6%,累计下调0.56个百分点。②

在投资方面,2012年全年全社会固定资产投资374 676亿元,比上年增长20.3%,扣除价格因素,实际增长19.0%。其中,固定资产投资(不含农户)364 835亿元,增长20.6%;农户投资9 841亿元,增长8.3%。东部地区投资151 742亿元,比上年增长16.5%;中部地区投资87 909亿元,增长24.1%;西部地区投资88 749亿元,增长23.1%;东北地区投资41 243亿元,增长26.3%。2013

---

① 中国会计网引述巴曙松教授数据,专题报道 http://www.canet.com.cn/news/swzx/201305/08-298728.html。
② 上述数据引自2011年及2012年上半年中国人民银行金融统计数据报告。

年 1—4 月，全社会累计固定资产投资 91 319.18 亿元，同比增长 20.6%，其中，国有企业投资 28 701.00 亿元，房地产投资 19 180.14 亿元。①

  房地产价格仍然是国民经济中最令人关注的话题之一，也是固定资产投资和消费领域极具社会影响力的公共政策问题。2012—2013 年地产价格调整导向仍以限制房价过快上涨为目的，限制手段仍集中在管控需求方面，典型措施是"限购令"。为遏制房价过快上涨，2013 年 4 月，为贯彻 2010 年国务院发布的《关于坚决遏制部分城市房价过快上涨的通知》，各地出台实施细则，重点在于遏制第二套房的交易，已有 49 个地级以上城市实施"限购令"。如北京规定对拥有两套及以上住房的本市户籍家庭暂停售房，连续 5 年（含）以上在本市缴纳社保或个税的非本市户籍家庭限购 1 套住房，对二手地产交易征收高达 20% 的税费。但是，房地产市场仍然高企，地产价格和地产企业的开发投资活动依旧上扬。2012 年全年房地产开发投资 71 804 亿元，比上年增长 16.2%。其中，住宅投资 49 374 亿元，增长 11.4%；办公楼投资 3 367 亿元，增长 31.6%；商业营业用房投资 9 312 亿元，增长 25.4%。2013 年 1—5 月，全国房地产开发投资 26 798 亿元，同比名义增长 20.6%，增速比 1—4 月份回落 0.5 个百分点。其中，住宅投资 18 363 亿元，增长 21.6%，增速提高 0.3 个百分点，占房地产开发投资的比重为 68.5%，5 月份，房地产开发景气指数（简称"国房景气指数"）为 97.26，比上月回落 0.09 点。不过，住房保障措施也在稳步推进，2012 年全年新开工建设城镇保障性安居工程住房 781 万套（户），基本建成城镇保障性安居工程住房 601 万套。70 个大中城市新建商品住宅销售价格月环比上涨的城市个数年末为 54 个。② 1—5 月份，商品房销售面积 39 118 万平方米，同比增长 35.6%，增速比 1—4 月份回落 2.4 个百分点；总体来看销售业绩还在增长，地产价格也自 2012 年 6 月就一直上扬。地产市场的高企也带动房地产上市公司的业绩在经济总体压力较大的情况下稳定增长，2012 年 152 家房地产上市公司每股收益（EPS）为 0.49 元（期末股本摊薄，整体法），排名 23 个行业的第六名，归属母公司股东的净利润合计的同比增长率为 14.91%，排名 23 个行业的第四名。截至 2012 年年底，房地产上市公司经营状况略有转好，存货周转率和总资产周转率均有上升，同比分别增长了 1.48% 和 0.27%。2012 年毛利率有一定下降达 37.35%，比 2011 年回落 1.69 个百分点。2012 年房地产上市公司在毛利率下降的同时能保持利润的增长得益于公司加强费用的控制，进入 2013 年一季度，房地产上市公司业绩同比出现较为明显上升。据 Wind 资讯数据统计，

---

① 国家统计局，2013 年月度数据，http://www.stats.gov.cn/tjsj/jdsj/t20130531_402901943.htm。
② 国家统计局数据，引自新浪地产网新闻，http://cz.house.sina.com.cn/news/2013-06-11/09073250560.shtml。

按申万分类的152家房地产上市公司2013年一季度实现总营业收入1 014.445亿元,同比上涨40.72%;实现净利润123.641亿元,同比上涨29.25%;每股收益0.079元,同比上涨22.29%;每股净资产3.70元,同比增长7.80%。一季度销售的毛利率为37.7%,较2012年同期的40.59%有所下降。总体上,房地产市场两极分化的分流格局已经奠定,大型房企在全国市场上占据主导地位,而中小型房企和地方企业只能转向依赖地区特殊优势和差异化经营思路。①

3. 消费与进出口

全年社会消费品零售总额210 307亿元,比上年增长14.3%,扣除价格因素,实际增长12.1%。按经营地统计,城镇消费品零售额182 414亿元,增长14.3%;乡村消费品零售额27 893亿元,增长14.5%。按消费形态统计,商品零售额186 859亿元,增长14.4%;餐饮收入额23 448亿元,增长13.6%。2013年1—4月,社会消费品零售总额73 050.3亿元,同比增长12.5%,4月增速比上月增长0.2个百分点。2月销售额增长照例是来自一个春节带来的高峰,但近期持平中有所上升。

在进出口贸易方面,2012年全年货物进出口总额38 668亿美元,比上年增长6.2%。其中,出口20 489亿美元,增长7.9%;进口18 178亿美元,增长4.3%。进出口差额(出口减进口)2 311亿美元,比上年增加762亿美元。全年非金融类对外直接投资额772亿美元,比上年增长28.6%。今年一季度,我国外贸进出口总值6.12万亿元人民币(折合9 746.7亿美元),扣除汇率因素后同比增长13.4%。其中出口3.2万亿人民币(折合5 088.7亿美元),增长18.4%;进口2.9万亿人民币(折合4 658亿美元),增长8.4%;贸易顺差2 705亿人民币(折合430.7亿美元),而去年同期我国贸易顺差仅为2.1亿美元。② 从中可以看出,我国贸易出口有极大增长,进口相对缩小,贸易复苏迹象明显。另一项证据是,我国加工贸易进出口3 230.2亿美元,增长6%,占我国外贸总值的33.1%。加工贸易项下顺差842.6亿美元,收窄3.6%。③ 由此可见,我国逆转了2010年以来进口增幅大于出口增幅的趋势,贸易顺差再次扩大,一方面提高了人民币升值压力,另一方面也给出口拉动的经济增长带来了复苏的希望。海关总署发言人认为,出口的极大增长,应该归因于我国出口结构的升级、出口环境的改善、出口政策的支持以及出口企业信心的提振。从结构上看,2013年一季度,我国机电产品出口2 985.4亿美元,增长18.1%,占我国外贸出口总值的58.7%。同期,服装、纺织品、鞋类、

---

① 证券之星新闻数据,综合wind数据库数据,http://stock.stockstar.com/JC2013050700001430.shtml。
② 中国海关总署数据,http://finance.qq.com/a/20130410/004540.htm。
③ 中国海关总署数据,http://finance.qq.com/a/20130410/004540.htm。

家具、塑料制品、箱包和玩具等7大类劳动密集型产品合计出口970亿美元,增长21.8%,占我国外贸出口总值的19.1%。① 因此,我国出口仍然呈现技术密集型产品和劳动密集型产品比翼齐飞的局面,但更具备技术含量的产品已经占据主导地位。值得注意的是,进出口特别是出口贸易中,上市公司占据了多数有重大影响力和竞争力的产品品牌。

4. 通货膨胀

2012年到2013年上半年,我国的通胀威胁仍然存在,但发展趋势趋于平稳,与经济增长相对乏力相匹配,但CPI过高的隐忧始终是存在的。反映这一趋势有三个重要指标,就是居民消费价格指数(CPI)、生产者物价指数(PPI)以及采购经理指数(PMI)。2012年全年居民消费价格比上年上涨2.6%,其中食品价格上涨4.8%。固定资产投资价格上涨1.1%。工业生产者出厂价格下降1.7%。工业生产者购进价格下降1.8%。农产品生产者价格上涨2.7%。食品价格上涨4.8%,居住价格上涨2.1%,位居2012年价格涨幅的前两位。所有消费细项中,仅有交通和通信价格有0.1%的同期下滑。2013年居民消费价格依旧上涨,但趋势趋缓,显示出温和的通货膨胀,2013年5月份全国居民消费价格总水平同比上涨2.1%。② 2013年的生产者物价指数缓步降低,2013年4月份,全国工业生产者出厂价格同比下降2.6%,环比下降0.6%。工业生产者购进价格同比下降2.7%,环比下降0.6%。1—4月平均,工业生产者出厂价格同比下降2.0%,工业生产者购进价格同比下降2.1%。工业生产者购进价格中,黑色金属材料类价格同比下降5.5%,燃料动力类价格下降4.8%,有色金属材料及电线类价格下降4.7%,化工原料类价格下降3.8%,农副产品类价格上涨1.0%。工业生产者出厂价格中,生产资料价格同比下降3.5%,影响全国工业生产者出厂价格总水平下降约2.68个百分点。其中,采掘工业价格下降8.2%,原材料工业价格下降4.8%,加工工业价格下降2.5%。生活资料价格同比上涨0.3%,影响全国工业生产者出厂价格总水平上涨约0.07个百分点。其中,食品价格上涨0.6%,衣着价格上涨1.3%,一般日用品价格上涨0.1%,耐用消费品价格下降0.6%。③ 生产资料价格下降而生活资料产品价格上涨的分叉格局成因尚有待考察。2013年4月,制造业PMI指数为50.6,比上月降低0.3%,非制造业PMI中的商务活动指数为54.5,比上月降低1.1%。这一指标反映经济增长的信心是存在的,但较为微弱,且存在下滑趋势,有可能预示着下半年经济增长的困局。

---

① 中国海关总署数据,http://finance.qq.com/a/20130410/004540.htm。
② 综合国家统计局月度数据得出,http://www.stats.gov.cn/。
③ 国家统计局数据,转引自中国轻工业网,http://www.clii.com.cn/news/content-378859.aspx。

5. 宏观经济主要特征及其对治理的影响

根据以上数据,可以总结 2012 年到 2013 年上半年国内宏观经济形势的主要特征。第一,经济增长速度放缓;第二,在拉动经济的三驾马车中,投资仍然占据主导地位,进出口贸易增长速度正在恢复,居民消费和消费能力有所上扬;第三,房地产业在短期回落后持续上扬,通货膨胀率平稳增长,货币政策稳中放宽;第四,财政收入增速下降、国企利润下降,财富分配更多向国民倾斜。

宏观经济环境是影响中国公司治理的特征及其发展的深层次因素之一。中国公司治理机制的建立,有赖于资本市场的建立与发展,以及金融体制的改革与创新。而推动这一切的根本因素,在于持续的经济增长,以及维持或阻碍经济增长、制造或平复经济波动的各种宏观经济动因。金融危机的冲击和接踵而来的欧债危机等严峻的国际经济与金融形势,给全球金融机构的治理敲响了警钟,也使得中国的上市公司在资本市场和产品市场上都面临更大的不确定性。过去一年半以来,中国的宏观经济形势已从高通胀转向了平稳通胀状态,外需重新启动,内需也在投资拉动下有一定增长,信贷又开始宽松,应对经济增长乏力的措施频频出台,这进一步给中国的资本市场带来了一些利好的环境,也给经营形势日渐紧迫的公司带来了机遇。在国际金融形势动荡、经济形势稳中趋降的过程中,国外投行在 2011 年频频狙击一些赴境外上市的公司,这些公司过去潜藏的公司治理问题浮上水面,在资本市场上造成了重大的声誉和投资损失;但是,近两年来,中国概念股重新得到了国际证券市场的认可,2013 年 6 月兰亭集势成功登陆纳斯达克,再次启动了中国股票在美国证券市场的征途。新一代的上市公司,无论是在中国还是海外,都应该秉持相应证券市场的治理准则,不存在侥幸心理,从形式合规到实质合规,完成治理质量的切实提升。

2.1.2 国际经济形势

1. 国外主要经济体的经济增长

2012 年到 2013 年上半年,次贷危机和欧债危机的余波正在消散,世界经济正在缓步复苏,但不同地区增长的力度不同,增长绩效仍然值得改进。根据国际货币基金组织的预测,2012 年全球产出按购买力平价计算将达到 81.37 万亿美元,其实际增长率大约为 3.2%,低于 2011 年的 4.0%。[①] 其中,美国 2012 年总体实际经济增长率经商务部初步估算,为 2.2%,比 2011 年高 0.4 个百分点,总量则达到 15.83 万亿美元。美国在 2012 年四季度出现负增长,这是 2009 年以来首次出现

---

① 国际货币基金组织《2013 年 1 月世界经济展望》对增长率的估测乘以 2011 年全球 PPP 计算的 GDP 得出。

季度负增长。① 3月6日,欧盟统计局发布数据显示,欧元区2012年国内生产总值(GDP)同比下降0.6%,四季度GDP环比下降0.6%,同比下降0.9%;欧盟2012年GDP同比下降0.5%,四季度GDP环比下降0.4%,同比下降0.6%。② 欧洲三个主要经济体德国、英国和法国在2012年的GDP总量约为3.4万亿、2.5万亿和2.6万亿美元,经济增长率为0.7%、-0.3%和0.4%③,欧元区的葡萄牙、塞浦路斯等国经济出现1%以上的负增长,欧债危机持续拖累了欧元区经济。欧洲总体失业率已经达到了11.9%。④ 2012年第四季度日本实际国内生产总值(GDP)环比下滑0.1%,换算成年率下降0.4%,这是日本经济连续第三个季度出现负增长⑤,但总体上日本经济出现了全年约1.9%的正增长。新兴经济体的增长也在趋缓。根据国际货币基金组织的预测,2012年亚洲新兴工业化经济体的经济增长率为1.8%,低于2011年的4.0%,略高于先进经济体。亚洲新兴经济体的经济增长已然落后于其他新兴经济体,例如中东欧和独联体2012年的增长率据预测将达到1.8%和3.6%,而撒哈拉以南非洲的新兴经济体将达到4.8%,非洲的经济开始有着前所未有的突出表现。⑥ 新兴经济体中最引人关注的仍然是金砖四国的表现。2012年,巴西的经济增长率下调为1.27%。⑦ 印度2012年国民经济生产总值的增长率估计在7.5%—8.5%之间,其增长呈现明显放缓迹象。⑧ 2012年俄罗斯宏观经济形势总体向好,延续恢复性增长趋势。据美国中央情报局数据,俄罗斯GDP为2.5万亿美元,占全球GDP的3%,位居第6位,仅次于美国、中国、印度、日本和德国;而经济增速居全球96位,为3.6%。俄罗斯人均GDP为17 700美元,居世界71位,全球平均人均GDP为12 500美元。⑨

  2013年上半年,美国经济加速恢复增长,美国商务部公布的数据显示,2013年第一季度美国实际国内生产总值按年率计算增长2.5%,表现好于上季度

---

① 中国日报援引美国商务部数据,http://www.chinadaily.com.cn/hqcj/gjcj/2013-02-04/content_8213158.html。
② 财政部国际财讯数据,http://afdc.mof.gov.cn/pdlb/wgcazx/201303/t20130307_758924.html。
③ 世界经理人网的数据,http://data.icxo.com/htmlnews/2013/03/19/1450379.htm。
④ 财政部国际财讯数据,http://afdc.mof.gov.cn/pdlb/wgcazx/201306/t20130607_907587.html。
⑤ 财政部国际财讯数据,http://www.mof.gov.cn/zhengwuxinxi/guojijiejian/201302/t20130216_733158.html。
⑥ 国际货币基金组织世界经济展望,http://www.imf.org/external/chinese/pubs/ft/weo/2013/update/01/pdf/0113c.pdf。
⑦ 中华人民共和国商务部援引巴西央行消息,http://www.mofcom.gov.cn/aarticle/i/jyjl/l/201212/20121208475850.html。
⑧ http://www.foods1.com/content/1488100/。
⑨ 中国日报援引俄罗斯报数据,http://www.chinadaily.com.cn/hqgj/jryw/2013-02-27/content_8362335.html。

0.4%的增速。① 2013年6月5日，欧盟统计局发布数据显示，欧元区一季度国内生产总值（GDP）同比下降1.1%，环比下降0.2%。其中，家庭消费支出同比下降1.2%，环比上升0.1%；政府消费支出同比和环比分别下降0.6%和0.1%；固定资本形成总额同比和环比分别下降5.5%和1.6%；出口贸易同比上涨0.7%，环比下降0.8%；进口贸易同比和环比分别下降1.6%和1.1%。日本在2013年上半年的国内生产总值约为12 685.19亿美元，比上年同期的14 916.92亿美元减少2 231亿美元，但增长率达到3.5%②，虽然企业界仍对经济景气普遍悲观③，但经济增长仍然超出预期。新兴经济体和发展中经济体的增长出现动荡，金砖四国的增长步伐不一。巴西2013年GDP增长将降至3.5%，工业生产增长率2013年将增长3.75%；外贸顺差2013年从155.2亿美元调整为156亿美元；外国直接投资2013年预期从595亿美元调整为600亿美元。

2. 国外主要经济体的投资、消费、财政与就业

2012年到2013年上半年宏观经济的形势是由各个发达国家和新兴经济体的投资、消费以及财政、就业等形势造成的。就美国而言，2013年上半年美国经济的一个显著特征是补库存现象，与2012年年底企业大量积压库存的去库存压力大相比，补库存压力反映了企业投资方面的信心，也反映了经济增长的更高前景。美国的房地产市场已经有了较大起色，比起2011—2012年来有所改善，2013年4月的最新数据表明，FHFA的购买房价指数（HPI）跳升1.3%，是该指数22年历史上最大的单月涨幅；同比上升至7.2%，是7年来的最高点。成屋和新屋销售4月都出现上涨。在此基础上，美国居民的消费信心和财税状况有所好转，彭博社的报道称，经济最大组成部分将持续提升信心，彭博社消费者舒适度指数在截至2013年4月21日结束的一周中为负的29.9点，维持在近五年的最高水平。

对于欧元区而言，失业成为困扰经济增长的一个重大问题，根据安信国际转引欧盟统计局的研报数据，2月份欧元区17国失业率升至12%，1月份失业率也从11.9%上升至12.0%，这是自1995年有记录以来的最高水平。其中，年轻人失业率为23.5%，年轻人失业情况最严重的仍是西班牙和希腊，失业率分别高达55.7%和59.3%，葡萄牙和意大利也分别达38.2%和37.8%。失业率居高不下且集中于南欧国家，表明欧债危机仍然深刻地拖累着南欧乃至整个欧洲的经济。整体来看，2013年1—3月，欧元区综合PMI、制造业PMI和服务业PMI逐月下滑，三项指标一季度均值分别为47.3%、47.5%和47.3%。但是，因1月份欧元区

---

① 中国行业研究网援引美国商务部数据，http://www.chinairn.com/news/20130524/141524279.html。
② http://tieba.baidu.com/p/2334435399。
③ http://forex.hexun.com/2013-04-01/152715612.html。

PMI 指数出现较为明显的上升,一季度综合 PMI、制造业 PMI 和服务业 PMI 均值都好于 2012 年四季度。①

日本经济的戏剧性事件是"安倍经济学"的实践,这一宏观管理措施实质上是日元贬值的人为通货膨胀,黑田东彦执行这一政策的措施是大量购买国债(达到 70 万亿日元的年货币供给量),同时大力刺激通货膨胀。表面上看日本经济在此宽松刺激下有一定增长,但其长期效果仍然需要观察。变相的量化宽松政策对只占日本 GDP1.5% 的净出口作用可能明显,但对整体经济没有太大作用,反而可能引发进口的成本高企,并造成周边经济体的反击。

新兴经济体的 PMI 指数有所上涨,出口环境略显宽松但工业产出并不乐观,内部需求无法启动,增长动力实际上依旧匮乏。事实上,全球宏观经济整体上处于温和通胀状态,除了中国以外,有影响力的经济体大部分处于小幅通胀和紧缩中,世界经济增长前景面临波动,并没有大幅增长的动力,各国的宽松政策正在酝酿。

3. 欧债危机后续

2012 年到 2013 年世界经济仍然受到欧债危机的拖累。欧债危机肇源于希腊等南欧国家不断恶化的财政状况和欧元区制度设计本身的缺陷,并由希腊逐渐扩散到意大利、西班牙、葡萄牙等南欧国家,在西进之后,又转向东进,处于南北分裂状态的塞浦路斯共和国也陷入了债务危机。塞浦路斯债务危机成为欧债危机的新焦点,塞浦路斯的危机的突出表现也是银行业陷入严重的债务危机,股价暴跌,亏损严重,急需外部力量直接注资才能渡过危机,塞浦路斯已经面临挤兑风潮。随后欧盟三驾马车在最后一刻与塞浦路斯政府达成协议,给予救助,而这一救助模式将塞浦路斯纳入欧洲稳定机制,并采用了一个特别的方法:直接注资问题成员国银行,并直接购买问题成员国债券。作为交换,塞浦路斯也必须承担改革义务,包括降低财政赤字,改革银行系统,加强经济增长。

但是,处在欧洲稳定机制救助下的国家有 5 国,而并非每个国家都能接受苛刻的救援条件,这使得欧债危机进一步演化成政治危机。意大利贝尔萨尼组阁失败导致意大利总统不得不继续寻求打破僵局,而葡萄牙政府表示紧缩财政和流动性的做法导致了经济、就业和投资的急剧下滑,无以为继。更严重的是,更多的国家可能相继陷入债务危机,并拖累欧盟三驾马车,下一个可能陷入危机的国家是斯洛文尼亚,而塞浦路斯的模式并不为市场所接受。欧债危机是得到解决,还是导致欧盟的总崩溃和混乱,还值得进一步观察。

---

① 摘自安信国际研报。

4. 国际经济形势对中国公司治理的影响

国际经济形势深刻地影响着中国公司治理。第一,欧债危机和美国增长乏力导致以出口为主要业务的中国上市公司经营业绩和财务状况恶化。更严重的是,欧美国家为保护深陷危机中的本国企业,以及获得选民支持,设置了更多壁垒,贸易歧视和争端日益加剧,例如,欧盟和中国在 2013 年 6 月形成了贸易争端,对光伏产品征收惩罚性关税,而中国则以调查葡萄酒作为反击,两败俱伤的贸易战目前陷入僵持状态。第二,在全球经济低迷情况下,我国企业海外融资也越发艰难。2012 年中国共有 23 家公司在美国被摘牌或退市,全球资本市场的不景气致使去年中国企业在境外 IPO 融资规模也出现大幅下滑,2012 年共有 71 家企业在境外资本市场 IPO,累计融得资金 645.9 亿元,数量及金额同比分别减少 32.4% 和 49.2%。其中 58 家中国企业登陆我国香港资本市场,融资约 631.6 亿元;6 家企业登陆德国法兰克福证券交易所,3 家企业登陆英国资本市场,2 家企业登陆美国资本市场,1 家企业登陆澳大利亚证券交易所,1 家企业登陆新加坡证券交易所。① 第三,业绩恶化的局势考验了中国的公司治理。面对严酷的竞争局面,中国上市公司需要进一步加强公司治理,规避海外投资者对中国企业公司治理的质疑,同时在经营战略上要转向有自主知识产权和核心竞争力的发展方向,需要审慎评估跨国经营的治理和经营风险,弥补制度落差,用技术实力和行业集体行动来回击壁垒。这些举措需要公司董事会的战略委员会切实发挥作用,独立董事在战略规划和战略审计方面发挥专业能力与资源渠道作用,也需要董事们通过网络来发挥资源配置与知识整合汇聚的作用。这一切都要求中国公司治理在董事履责、高管激励和股东的支持作用方面做出实质性的改进。第四,国外经济形势的恶化也在考验中国的公司治理合规水平以及产业链治理、网络治理水平。例如,在欧盟对光伏产品发动倾销控诉时,需要作为光伏产业龙头的中国上市公司进行有组织的应诉。光伏产业上市公司的内部治理结构是否足够合规,财务数据是否经得起审查和监管,将决定中国光伏上市公司是否有胆量进行应诉。而这些恰恰成为中国企业能否应对壁垒的关键。而有组织的应诉,需要具有良好治理的行业组织进行力量整合,需要治理最完善、业绩最高的若干上市公司作为第一行动集团来发起,更需要良好的网络治理、供应链治理和社会治理。这就对中国的网络和产业链治理水平的提高提出了挑战和机遇。

2.2 规制与市场化

公司治理机制本身是中国规制改革和市场化进程的一个部分,它是在国企监

---

① 数据引自中财网,http://www.cfi.net.cn/p20130101000093.html。

管运营机制变革和资本市场监管体制改进过程中逐步完善建立起来的。目前,作为中国上市公司的主体,国有或国有控股上市公司正处在行政型治理向经济型治理的转型过程中,而影响这一进程的根本决定因素是中国的行政体制改革。规制体制的改革如财税体制改革、金融体制改革、国企监管体制改革和资本市场监管体制改革等,都推动了中国整体宏观经济秩序的改进,也促进了资本市场的发展,推动了上市公司治理从形式合规到实质合规的进程,并影响了非上市公司的治理优化。

规制改革过程本质上是市场化进程。市场化进程是中国诸多制度的有机结合,是政府与企业关系、政府与市场关系以及市场主体间关系变革的一个系统化概括。公司治理机制只有嵌入在中国市场化进程之中,受到市场化机制整体支撑和制约,良好的市场体制才更有可能催生经济型公司治理,而市场化环境的不平衡发展是不同地区和不同时点上公司治理不同特征的一个重要渊源。直至今日,政府与市场、政府与社会的复杂关系,仍然是塑造中国上市公司治理机制及其特征的重要变量。

2012年以来,政治与法律环境进一步改善,经济体制改革稳步推进,重点仍然延续过去转变政府职能、完善法律体系和提高执法效率等举措,在经济体制方面更导向市场化,但政府干预和国有企业的作用,仍然是整个体制中非常重要的方面。

2.2.1 政治与法律环境

1. 政府机构和职能改革

行政、司法和财税体制改革的进程是从1982年开始的,其主要内容可以概括为机构改革、政府职能转型、法制化建设、税制改革以及地方政府激励体制改革等,这些改革持续到了现在,并在反思中持续推进。在机构改革方面,根据党的十八大和十八届二中全会精神,深化国务院机构改革和职能转变。《第十二届全国人民代表大会第一次会议关于国务院机构改革和职能转变方案的决定(草案)》于2013年3月14日被批准通过。被广为关注的是铁道部撤销,将其拟定铁路发展规划和政策的行政职能归入交通运输部,将其他部分政府职能如制定铁道技术标准、行业规制等归入国家铁路局,划入交通运输部,而将企业职能组建成一个超大型的国企——中国铁路总公司。卫生部和计生委合并,组建国家卫生与计划生育委员会,而将人口政策、人口发展战略制定等职能归入发改委。将国务院食品安全委员会办公室的职责、国家食品药品监督管理局的职责、国家质量监督检验检疫总局的生产环节食品安全监督管理职责、国家工商行政管理总局的流通环节食品安全监督管理职责整合,组建国家食品药品监督管理总局。将国家新闻出版总署、国家广播电影电视总局的职责整合,组建国家新闻出版广播电影电视总局,并加挂国家版权局的牌子。重新组建国家海洋局,将现国家海洋局及其中国海监、公安部边防海警、农业部中国渔政、海关总署海上缉私警察的队伍和职责整合,重新组建国家海洋局,由国土资源部管理。主要职责是,拟订海洋发展规划,实施海上维权执法,监督管理海域使用、海洋环境保护等。国家海洋局以中国海警局名义开展海上维权执法,接受公安部业务指导。重组国家能源局,将现国家能源局、国家电力监管委员会的职责整合,重新组建国家能源局,由国家发展和改革委员会管理。主要职责是,拟订并组织实施能源发展战略、规划和政策,研究提出能源体制改革建议,负责能源监督管理等,不再保留电监会。改革之后,国务院正部级机构减少4个,其中组成部门减少2个,副部级机构增减相抵数量不变。改革后,除国务院办公厅外,国务院设置组成部门25个。

在政府职能转型方面,中国不断推进政府职能转变,从管理型的政府转向服务型的政府,施政理念从管理转向了公共服务。政府职能改革在2012—2013年确立的重点和原则是:处理好政府与市场、政府与社会、中央与地方的关系,深化行政体制改革,减少审批和收费,发挥市场的资源配置作用和社会力量在社会治理中的作用,注重完善制度机制,加快形成权界清晰、分工合理、权责一致、运转高效、法治保障的国务院机构职能体系,总体上体现了有目的的放权和注重实效的施政的思想。主要措施包括:下放行政审批权力,改革机构设置,整合机构职能,完善政府管理和社会服务体制,推动组织社会力量来完成社会治理,等等。

政府机构调整和职能理念转变的结果是提高了行政效率、减少了行政过程带来的交易成本。这方面突出的表现是大力改革行政审批制度,大幅减少行政审批。2002年到2012年,我国取消了2 497项行政审批,占原有行政审批总数的69.3%,剩余的行政审批程序不断被清理和简并。此外,在2013年3月制定的《国务院机构改革和职能转变方案》中,国务院提出了机构改革和职能转变在近两年来需要完成的一系列任务,其中2013年要完成的任务就有29项,2014年完成的任务28项,2015年完成的任务11项,2016年完成的任务4项。

政府职能改革,推动了公司治理机制的完善。首先,银监会、证监会、保监会、国资委等部门的建立,形成了公司治理的外部正式治理机制,这些部门不断推出公司治理合规方面的规制措施,是中国公司治理机制完善的重要外部力量。例如,证监会在2012—2013年制定了一系列上市公司指引,体现了公司治理问题的社会诉求和发展趋势,对社会责任信息披露、内部控制机制建立与披露以及发行定价过程中的信息披露与治理改进等进行了规定。国资委和保监会等对其监管的央企、金融机构和其他国企的内部治理结构进行了完善,推动了央企和各级地方国企进行公司治理改革,并接受公司治理理念的培训。其次,政府职能转向公共服务,为产品市场和要素市场创造了良好的发展环境,市场的健康发展,形成了对公司治理的倒逼机制,推动企业根据利益相关者的诉求和社会对于公司治理正当性和合法性的定义而调适其公司治理机制建构和公司治理行为。行政改革也通过降低行政成本、提高政府效率的方式,为公司治理机制的自主完善提供了条件。

但目前,政府仍然身兼股东、规制者等多重身份,仍然拥有重要的行政资源、强力的行政权力,握有资本、土地等多种重要资源的配置权,行政手段仍是完成政府目标的最直接、最低成本且有效的手段。这导致政府仍可能根据自身目标与意志进行规制改革,这种改革经常能响应治理发展的趋势,而有时却形成了市场化、经济型治理机制中的例外。政府动用行政规制手段的股东行为,形成了中国公司治理的一大特色。

2. 财税与地方政府激励体制改革

财税体制改革伴随着中国的改革开放历程,并对目前的政府行政体制和宏观经济体制造成了深远的影响。经过1980到1990年代的一系列改革,基本形成了一定意义上的财政联邦主义,提高了地方建设积极性,有力地促进了中国的经济增长。1994年的分税制改革奠定了今天的财税分配格局,之后至今的税收改革聚焦于具体税种和税率的调整,方向是减轻企业和个人税收负担,使得税收负担和征税过程更合理化。目前,最主要的工作是营业税改增值税。从2011年起在上海交通运输业试行营业税改增值税,并新增11%和6%两档低税率。2012年8月1日以来,在上海、北京、天津、重庆和其他省和计划单列市的交通运输业与现代服务业中,开展了营业税改增值税的试点。发改委在2013年的深化经济体制改革工作会议上指出,"营改增"是当前财税体制改革的重头戏,要按照国务院的要求,进一步扩大试点范围,精心组织实施。各地要着眼于提高财政资金使用效率,积极推进预算制度改革,重点是优化支出结构,更多地向民生倾斜,完善预算公开机制,让社会和老百姓更有效地监督财政收支。稳步推进消费税、房产税、资源税相关改革。

与之同时,国家在进一步推进减少行政审批、降低行政费用的改革,2013年年初国务院发布《关于取消和下放一批行政审批项目等事项的决定》。在该决定中,国务院取消和下放了一批行政审批项目等事项,共计117项。其中,取消行政审批项目71项,下放管理层级行政审批项目20项,取消评比达标表彰项目10项,取消行政事业性收费项目3项;取消或下放管理层级的机关内部事项和涉密事项13项(按规定另行通知)。另有16项拟取消或下放的行政审批项目是依据有关法律设立的,国务院将依照法定程序提请全国人民代表大会常务委员会修订相关法律规定。①

2012—2013年,政府激励维持了既有体制,以政绩考核和晋升激励为主,但新一任政府上任后,传达出进一步转变政府职能、简放权力的政策信号。李克强总理在国务院机构职能转变动员电视电话会议上强调要简政放权,转变职能,创新管理,激发市场创造活力和发展内生动力。总理指出,要贯彻落实党的十八届二中全会和国务院第一次全体会议精神,要处理好政府与市场、政府与社会的关系,把该放的权力放掉,把该管的事务管好,激发市场主体创造活力,增强经济发展内生动力,把政府工作重点转到创造良好发展环境、提供优质公共服务、维护社会公平正义上来。在这次讲话上,将行政项目审批权力下放乃至取消作为转变政府职能目前的主要具体举措,政府在公共服务方面的职能将集中在"保基本",非基本的公共服务领域,则更多发挥市场和社会组织作用,同时严控过剩产能的扩张。根据这一要求,地方政府将简放权力、推进职能转变也作为政绩的一类,有所推进,例如,西藏对643个行政审批项目进行精简或调整。通过此次精简调整后,西藏对行政审批项目的精简调整率累计达到81%。通过这次精简调整,西藏区(中)直各单位共保留行政审批项目333项,减少60%。

财税改革和政府激励体制改革的结果,是在我国形成一个"共利性政府"。一方面,政府有较强的行政能力,实施宏观调控,提供公共服务,另一方面,政府也注意规范自身行为,限制侵权、渎职等"掠夺之手"。政府与市场、政府与社会的这些默契,在近两年来也仍然得到了一定的维持,但新的趋势和有待重视和解决的现象也在出现,一个突出的问题是地方债务风险。根据彭博社对中国231个地方政府在2011年12月10日发行的债券、票据和商业票据的统计显示,债务总额已达3.96万亿元人民币(约合6222亿美元),大部分债务都来自银行贷款,债务规模已经超过了欧洲救助资金的规模。根据中国国家审计署2012年6月发布的数据显示,6576个实体(包含地方政府、地方国企和中央直管国企)的总债务额为4.97万亿元人民币,231个地方政府的债务占据整体债务总额的75%。部分银行向地方政府发放的贷款数额巨大,建行向113个实体(地方政府和企业)提供了贷款,规模达2500亿元。在2012年6月,该行曾对规模达5800万元地方政府贷款进行了展期。前一数据仅相当于后者的43%。目前建行还有3410亿元的贷款平台额度没有使用。② 地方政府的巨额债务,一方面来自中央批准的近2000亿地方债务发放额度,一方面来自地方政府对全国商业银行实际的影响力,以及对城市商业银行的巨大直接影响力。来自南开大学中国公司治理研究院的一项研究表明,

---

① 中华人民共和国发改委体制改革半月动态,2013年5月15日—5月30日。
② 阿里巴巴资讯援引彭博社等数据,http://info.1688.com/detail/1025508619.html。

晋升压力会通过增加中长期贷款、增加房地产贷款、提高集中度的途径形成不良贷款，且在官员考核中增加环境、民生指标能够有效抑制不良贷款的累积。地方政府债务与地方政府的土地财政共同构成地方政府的重要财源，而这二者累积的金融风险和通货膨胀风险，已经构成了中国整体宏观经济的重要风险。

3. 法制与法治建设

法律渊源和法系特征，是公司治理体系及其绩效差异的重要根源。我国属于类似大陆法系的国家，法制建设是我国改革开放以来的一项重大变革，法制建设和法治的发展，改变了过去纯粹依靠行政命令和领导意志的行政方式，实现了依法执政。在立法方面，2011年3月10日，吴邦国委员长在十一届全国人大四次会议上所作的全国人大常委会工作报告中宣布，到2010年年底，"中国特色社会主义法律体系已经形成"。截至2011年12月底，中国除通过了现行宪法外，还制定了现行有效的法律239件，行政法规714件，地方性法规、自治条例、单行条例8 921件。在2012—2013年，中国新制定了若干部法律，并对一些法律作出了重要修正，包括在民事诉讼法中增加公益诉讼、修改刑事诉讼法增加保障人权的条款，目前还在对8部法律进行审议。中国逐渐形成了各方面都有法可依的局面。司法改革方面，从2004年开始，中国启动了统一规划部署和组织实施的大规模司法改革，从民众反映强烈的突出问题和影响司法公正的关键环节入手，按照公正司法和严格执法的要求，完善司法机关的机构设置、职权划分和管理制度，健全司法体制。中国司法改革走向整体统筹、有序推进的阶段。从2008年开始，中国启动了新一轮司法改革，司法改革进入重点深化、系统推进的新阶段。[①] 在执法方面，不断加强执法力度，改革执法体制和执法理念，取得了较好的进展，2012年，全国法院收案1 872 554件，同比增加4.08%；结案1 590 418件，同比增加4.97%。其中，刑事案件收案737 712，同比增加20.43%，民商事案件合计5 579 231件，同比增加12.99%。刑事结案667 976件，同比增加20.78%，民商事结案4 789 647，同比增加14.11%。[②] 最高人民检察院统计表明，2008年至2012年，检察院共起诉走私、传销、制售假币、金融诈骗等破坏市场经济秩序犯罪嫌疑人290 730人。积极参与打击侵犯知识产权和制售假冒伪劣商品专项行动，起诉54 205人。共立案侦查各类职务犯罪案件165 787件，涉及218 639人，其中县处级以上国家工作人员13 173人（含厅局级950人、省部级以上30人）。加大惩治行贿犯罪力度，对19 003名行贿人依法追究刑事责任。严肃查处执法司法不公背后的职务犯罪，立案侦查行政执法人员36 900人、司法工作人员12 894人。会同有关部门追缴赃款

---

① 《中国的司法改革》白皮书。
② 最高人民法院2012年1—9月人民法院执行案件情况统计，http://www.court.gov.cn/qwfb/sfsj/。

赃物计553亿元,抓获在逃职务犯罪嫌疑人6 220人。① 中纪委通过"双规"制度,有效参与到对党政干部的监督管理中,形成了对职务犯罪的强大威慑。

中国法制建设的成就和法治水平的提升,加强了公共安全,为防范资本市场、金融体制上的犯罪,提供了有效的机制。2012年以来,公司治理方面的立法工作主要是在已经基本完成的法律体系框架内进行修正和解释,法律更多让位于更灵活、更专业的规制,而规制政策的出台为公司的内部治理、资本市场的治理机制等奠定了更完整的框架。法制建设的完善,提供了最强有力的、最基本的外部正式治理机制,使得股东和投资者的权益能在一定程度上得到更好的维护,迫使公司内部治理机制走向形式合规。但是,法律执行方面的问题,已然成为未来资本市场和公司治理机制发展更迫切的问题。目前,司法与行政工作更加重视资本市场、公司治理等方面的现实问题,例如,2012—2013年,最高人民法院多次发布关于资本市场内幕交易等犯罪的司法解释,并对破产法、公司法等的具体执行多次作出司法解释和批示。

2.2.2 经济体制改革的进程与现状

我国经济体制的改革,可以从四个方面予以把握。首先,我国城市经济体制改革肇源于所有制改革。国企改革是中国现代企业制度建设和资本市场建设的基石,也是中国现代公司治理制度的重要基础。非公经济的发展是市场经济多元主体的基本保障。其次,价格机制改革是建立市场经济的核心内容。市场化的价格形成机制是我国市场化改革的重要标志。再次,资本市场和金融体制改革,是公司治理机制建设赖以生存的直接基础,资本市场监管体制变革是外部正式治理制度的主体。最后,对外开放带来了国外投资者先进的投资和治理理念,自然资源规制改革也影响了许多关键基础部门的国有企业的治理。

1. 国企与民企的改革与发展

在所有制改革方面,形成了公有制为主体、多种所有制并存的格局。公有制方面主要是推动国企改革。自20世纪末调整国有企业战略布局以来,我国采取改组、联合、兼并、租赁、承包经营和股份合作制、出售等形式放开搞活国有中小企业,并组建大型企业集团。国企改革使得大型国有企业集中于能源、资源、电信、金融等关乎国计民生的核心行业,掌控了国民经济命脉,形成了行业内寡头竞争格局,实现了政企分离,部分企业建立了现代公司治理特别是集团治理结构。可以说,国企改革是中国国企公司治理机制构建和完善的历程,是完善公司治理的重要动因,而国有企业的治理完善,又成为整个社会企业治理机制完善的标杆。

---

① 中华人民共和国首席大检察官曹建明代表最高人民检察院在全国人大第十二届第一次会议上的工作报告。

国有企业建立治理机制,形式上更为合规,而实际运用上更具独特的、更深层次的治理规则。目前全国国有企业改制面超过90%,中央企业及其下属企业改制面由2002年的30.4%提高到72.1%。截至2012年年底,国有控股上市公司共953家,占我国A股上市公司数量的38.5%,市值合计13.71万亿元,占A股上市公司总市值的51.4%。国有企业及其资产成为证券市场的主力。国有企业改革也推动了治理机制的变革,国资委自2004年在宝钢等7家企业中实行董事会规范试点,国务院于2007年规定央企上缴合并报表利润的8%,作为给予股东的"红利"。国企改革使得国企拥有空前强大的技术和资金实力。2012年1—12月,国有企业累计实现营业总收入423 769.6亿元,同比增长11%。其中,中央企业(包括中央管理企业和部门所属企业,下同)累计实现营业总收入260 558.5亿元,同比增长10.5%。中央管理企业累计实现营业总收入223 461.3亿元,同比增长9.5%。地方国有企业累计实现营业总收入163 211.1亿元,同比增长11.6%。2012年1—12月,国有企业累计实现利润总额21 959.6亿元,同比下降5.8%。国有企业累计实现净利润16 068亿元,其中归属于母公司所有者的净利润11 148亿元。中央企业累计实现利润总额15 045.4亿元,同比下降0.4%。其中,中央管理企业累计实现利润总额12 240.8亿元,同比下降0.6%。地方国有企业累计实现利润总额6 914.2亿元,同比下降15.8%。2012年1—12月,国有企业应交税费33 496.3亿元,同比增长6.6%。中央企业累计应交税费25 250.7亿元,同比增长8.3%,其中,中央管理企业累计应交税费17 607.8亿元。地方国有企业累计应交税费8 245.6亿元,同比增长1.7%。2012年1—12月,国有企业成本费用总额为406 570.3亿元,同比增长12.3%。其中,营业成本同比增长12.3%,销售费用、管理费用、财务费用同比分别增长11.9%、10.3%和33.5%。销售净利率为3.8%,比去年同期下降0.8个百分点。净资产收益率为5.9%,比去年同期下降1.3个百分点。成本费用利润率为5.4%,比去年同期下降1个百分点。中央企业销售净利率、净资产收益率和成本费用利润率分别为4.2%、7.2%和6.1%,地方国有企业分别为3.2%、4.2%和4.4%。2012年1—12月,国有企业存货同比增长15.6%。存货周转率为3.9次,比去年同期下降0.1次。应收账款周转率为12.5次,比去年同期下降1.6次。平均总资产周转率为0.5次,与2011年同期持平。[①]

在完善国企股份制改造、集团化改组等企业制度建设的同时,国家也在完善国企监管体制,于2003年建立了国资委。目前国有企业管理体制是由国资委集中负责、其他若干部委职能交叉的管理体制。117家央企由国资委直接管理,国有资产运营公司从资本纽带关系上对国企进行运营,国资委对500多家大中型国有

[①] 中华人民共和国国资委,2012年1—12月全国国有及国有控股企业经济运行情况。

企业也有巡视监管的权力,地方各级国资委对地方直属国企承担管理权责。国资委成为推动国有企业公司治理,特别是内部治理、集团治理的重要力量。2012—2013年,国企改革的举措集中于国有企业重组改组以及国有资产监管体制改革方面,例如,国资委完善国企治理,继续精简中央直属企业,将华星集团、乐凯公司等企业归并入其他企业,组建成立中国电力建设集团有限公司、中国能源建设集团有限公司;2012年3月1日,首钢和通钢兼并重组,工信部要求加快推进首钢和通钢的实质性重组。重组后的通钢要按照有关要求完善公司法人治理结构,构建现代企业制度。对央企治理机制在投资方面的作用进行强化,颁布《中央企业境外国有资产监督管理暂行办法》和《中央企业境外国有产权管理暂行办法》,既对中央企业境外国有资产监管制度作出较为完整的规定,又对境外经营中普遍存在且易引发国有资产流失的个人代持股权、离岸公司监管、外派人员薪酬等特殊业务提出了规范要求,填补了国企境外投资的规制制度空白,扩大中央国有资本经营预算实施范围。

除国资委外,中组部仍然对部分国企特别是央企的董事长、总经理等拥有任免权,央企高管均有相应的副部级以上行政级别。在资本市场上,央行、财政部、银监会、证监会、保监会等对国有企业特别是国有上市公司有一定的监管权,对其在证券市场上的交易行为可以予以规制。在产品和服务市场上,国有企业要受到发改委、电监会等机构的规制,其定价、重组、并购、投资等业务需要国家批准。

我国民营企业已经成长为国民经济重要的力量,涌现出一大批技术和资金实力强大的企业集团,在资本市场中也成为重要的构成部分。国家工商总局近日公布数据,截至2013年3月底,我国实有企业1 374.88万户,同比增长0.61%。其中,私营企业1 096.67万户,增长1.01%,占企业总数的近80%。个体工商户实有4 062.92万户,增长0.09%。农民专业合作社实有73.06万户,增长6.04%。① 2012年规模以上工业民营企业利润之和为18 172亿元,同比增长20%。② 深沪两市中约有超过400家民营上市公司,大部分是买卖上市,77家赴香港上市,11家在纳斯达克上市。但是,民营企业的发展受制于自身基础条件和政策环境,大部分民营企业资本规模小,技术较为落后,经营模式以代工加工为主,缺乏竞争力。它们的融资成本较高、机会较少,受到市场准入限制和大型国企、外企竞争的挤压,盈利能力和治理规范性都亟待提高。

---

① 发改委半月改革动态,2013年4月16日—30日 http://www.chinareform.org.cn/Explore/news/201305/t20130507_166497.htm。
② 国家统计局规模以上工业企业统计数据,http://search.10jqka.com.cn/snapshot/news/2d0800adf693cdec.html?qs=cl_news_ths&ts=2。

2. 价格体制与资本市场

价格体制变革是中国市场经济建设的核心内容之一。经过1988年的价格闯关和1992年的价格并轨,中国逐渐从计划定价、双轨制过渡到了市场定价。1993年,占零售商品总额95%以上的商品的价格已经放开,生产资料和农副产品销售额的85%以上商品价格放开。截至2012年,除天然气、燃油、教材、部分重要药品、军品装备、部分化肥、爆炸器材等13类商品实行政府定价以外,其余商品均实现了完全市场化定价或在政府指导价下的市场定价。

资本市场和金融体系改革是中国市场经济建设中的又一重要内容。目前,我国已经形成了由股票、债券、金融衍生品等市场组成的资本市场体系,金融监管制度和运作机制也日益完善。市场的倒逼机制,推动了投资者和社会各界对公司治理合规的关注,也使得越来越多的企业为适应资本市场规则,逐步建立完善的董事会结构、内控体制、信息披露制度和投资者权益保护机制。资本市场的发展也推动了机构投资者积极参与公司治理。

目前,中国资本市场和金融系统的监管机构包括中国人民银行、银监会、证监会、保监会等,发改委、财政部、商务部等也具有监管、制定法规等职能。总体上看,资本市场和金融系统监管的目标是保护投资者权益、活跃资本市场、扩大资本市场规模、提高资本市场制度的效率与交易主体的治理水平。

2012—2013年,总的改革思路是推进国有控股金融企业改革,同时发展小型金融企业和多种金融模式,继续推进汇率和利率形成机制改革,同时,防范债务和信贷风险。2013年的政府工作报告指出,要深入推进国有控股大型金融机构改革,规范发展小型金融机构,健全服务小型微型企业和"三农"的体制机制。推动实施银行业新监管标准。推进建立存款保险制度。深化政策性金融机构改革。健全完善新股发行制度和退市制度,强化投资者回报和权益保护。积极发展债券市场。推进保险业改革发展。深化利率市场化改革。稳步推进人民币资本项目可兑换,扩大人民币在跨境贸易和投资中的使用。2013年证监会和保监会的改革则重视防范风险,提高证券和保险企业的治理水平,同时改进市场机制。例如,2013年4月,证监会发布了《关于进一步完善证券公司缴纳证券投资者保护基金有关事项的补充规定》,下调证券公司缴纳证券投资者保护基金比例。2013年6月,证监会发布了改革股票发行定价的意见书,在询价、配售比例、配售自由度、信息披露等方面做出了建设性的修改。保监会发布部分投资产品偿付能力监管标准。近日,保监会发布《保险公司偿付能力报告编报规则——问题解答第15号:信用风险评估方法和信用评级》等5项问题解答。[①]

[①] 发改委半月改革动态,2013年3月15日和4月15日。

2.2.3 市场化水平和经济体制整体特征

从规制改革的进程与现状可以看出,中国目前的整体经济体制是在国家强有力行政调控下的市场经济体制。一方面,中国拥有强有力的行政机构,政府拥有较强的行政权力,对市场运行的规制制定握有相当的主动权,对相关政策的制定与调整拥有较大的权责,甚至可以直接动用行政手段对企业并购、经理人任免等经营管理行为作出调整。本质上,政府将全国视为一盘棋,根据政府施政方针,动用行政权力和手段对经济事务进行调控。另一方面,中国市场经济框架基本建成,产品、服务、资本、人才等市场基本完备,资本市场交易品种日益增多,交易制度不断完善。产品和服务的销售、要素资源的配置等基本实现市场化定价。企业的产品和服务销售、经营管理、投融资基本都借助市场来完成。因此,政府调控基本借助于市场,有时作为市场参与者,有时作为监管和服务者,政府既可以利用在企业中的股权,通过股东行为来决定企业内的管理和经营方针、建立和改变治理机制,进而推动企业完成政府规划的社会目标,也可以通过行政手段影响市场主要参数,或制定市场运行规则,甚至直接推动国有企业或国家控制下的资源的配置与流动,来间接地完成政府目标。

中国现行经济体制的核心关系是政府与市场、政府与企业的关系。政府既是市场的参与者,也是市场的干预者、调控者和裁决者。政府是国企的股东,也是代表全国人民行使国企管理权的机构。总体上,政府在面对市场和企业时,有着无可辩驳的强势地位。政府出于其目标,动用凌驾于市场之上的行政手段,或改变资源配置、规则机制等来影响市场的做法,屡见不鲜,在达到一定的公共目标的同时,也造成了不良影响。这一趋势,在近两年来并没有改变,反而随着刺激经济任务的迫切和国进民退的浪潮而有所强化。政府的理念与举措,是中国公司治理机制与行为特征的重要决定因素,它既是中国公司治理优化的推动者,又是内幕交易、大股东侵占、资本市场定价和交易机制缺陷、高管任免与薪酬决定等诸多问题的一个影响因素。

我们可以用市场化指数,来综合评价中国的市场化水平。1997年,全国各省市场化指数的算术平均为4.01分,而在2007年,该值增长到7.5分。在各省中,上海、浙江和广东市场化程度最高。十多年来,中国市场化在非国有经济发展、市场中介组织发育以及产品市场发育三方面进展较大,分别都有4.78分、4.00分和3.85分的提高,而在要素市场发育和政府与市场关系方面进展滞后,只提升了2.95分和2.39分,市场化指数与GDP增长率正相关。2011年发布的最新数据更新至2009年,市场化进程高居榜首的是浙江,达到11.16分,超过10分的省份依次是浙江、江苏、上海和广东。在分项得分中,2009年的政府与市场关系得分和非国有经济发展得分相比2008年,不是上升了,而是下降了,特别是政府干预等得分有明显的降低。仅在农民减负、政府规模缩减方面得分有所提高。这些数据说明，中国市场化改革整体取得了较高进展，在农民减负、政府机构调整方面有切实进步，但在政府职能实质性转变方面还存在滞后，而最大的市场化滞后问题还是在于政府和市场的关系，问题聚焦在政府强力干预的意愿与手段方面。

市场化进程的变化，深刻地影响了中国的公司治理的发展。中国国有企业公司治理目前的基本发展趋势，是由行政型治理向经济型治理转变。经济型治理机制的建设是一个系统工程，它不仅是监管体制和治理机制的变革，更是资本市场运行机制、产品市场价格和竞争机制、金融管理体制以及行政管理体制等多个体制耦合下的变革。正是在市场化不断推进的浪潮中，中国公司治理不断去行政化，在产品市场和资本市场发展的倒逼之下，依托发达的资本市场和配套的经理人、法务等市场，逐渐建立完善经济型治理结构。

2.3 社会环境
2.3.1 学界与媒体

一般认为，现代公司治理机制源于欧美国家。而欧美国家之所以能逐步建立和完善现代公司治理机制，不仅是由于其先行发达起来的产品市场和资本市场，也不仅是由于完善的宪政和司法、监管体系，而且还在于其植根于民族文化、宗教和社会体制中的共享信念。公司治理的核心精神在于相互制衡的契约基础上的诚信、信任与互惠，这种精神部分来源于西方国家的新教和天主教伦理，部分来源于西方国家的契约和法治精神，也来源于资本市场历经反复动荡而后逐渐形成的稳健而不乏创造性破坏的治理和管理理念。信念的渐变、理念的推广、机制的完善均离不开学界先导性的思考与坚持不懈的教化。正如凯恩斯所言，"每一个执行者都认为自己完全不受制于任何见解，事实上他不过是某个思想家的奴隶"。

从某种意义上说，中国公司治理的发展是学界首先倡导的。早在改革开放之初，许多学者参与到股份制改革和建立现代企业制度的争论中来，中央级的智囊专家为国有企业的股份制改造和建立现代企业制度，贡献了重要的观点，直接影响了政策的制定。现代公司治理理念很大程度上是由学术界导入实务界的，而学术界对治理理念的持续更新也不断推动实务中的治理规则的制定。以南开大学公司治理研究中心为代表的学界，率先开始制定中国公司治理的准则，开发中国上市公司治理水平的评价指数。2012年，连续发布了公司治理评价指数，并推出了中国公司治理与发展报告，系统总结了2012年之前的公司治理理论与实务发展。南开大学公司治理研究中心等机构的研究与推广活动形成了良好的示范作用，北京大学、清华大学、北京师范大学、中国社科院、南京大学、厦门大学、中山大学等院校相继成立公司治理研究机构，推出了国企治理指数、投资者保护指数、财务治理指数等分项指数。

在学界和监管机构、业界的共同努力下,公司治理的相关指引和规范得到了权威部门的制定,上市公司的公司治理被强制合规,多项规范公司治理的规定得到实施,公司治理机制的加强甚至进入最高决策层的视野,成为资本市场发展的改革方向。在进一步的治理机制完善和治理培训过程中,学界发挥了重要作用。例如,南开大学公司治理研究中心连续推出公司治理指数,召开了七届公司治理国际研讨会,并与国资委、证监会、保监会等机构合作,对国企高管、监事、董事等进行了持续的培训,对若干国有参股控股的大型保险公司、部分央企的内部治理机制进行了规划。通过和世界银行的合作,南开大学公司治理研究中心在天津、成都等地持续进行了公司治理培训师培训,先后培训公司治理培训师超过200人,这些培训师分布在注册会计、教育科研、上市公司董秘办等岗位,并持续进行了公司治理的教育与宣传,影响甚大。

目前,针对金融危机后的治理转型新方向和新机制,学界又展开了充分的研讨,这些研讨包括对公司治理中的行为因素如过度自信、决策偏差等的探讨,对政治关联、行政型公司治理转型、政府股东行为的关注,对跨国经营中的治理风险和治理边界的考察,对非正式治理机制与内部治理机制交互作用的重视等。这些理论探索也必将进一步推动公司治理理念与机制的发展。总体上看,学者是治理理念的先行者,是治理问题解决方案的领路人,是全社会公司治理理念的倡导者,也是公司治理规制决策的参与者,这些身份,决定了学界是中国公司治理发展至关重要的整体环境要素。

在转型经济国家,由于正式制度缺失,或正式制度的执行成本过高,非正式制度一定程度上替代了正式制度,发挥着越来越多的替代性的治理作用。非正式制度中发挥重要作用的制度之一是媒体监督机制,媒体对公司治理机制的提升作用,得到了国际学术界的认可。例如,Joe 等(2009)、Dyck 等(2008)均发现,媒体的负面报道迫使公司采取了改善治理的行为。在美国,许多财务丑闻的揭发要归功于媒体的曝光,正是媒体敏锐的发现和追踪引发了司法机构的持续介入和公众的不断关注。例如,《财富》杂志对安然公司股价的质疑,就是安然丑闻爆发的导火索之一。

在我国,媒体正发挥着与日俱增的监督作用,成为外部治理中除规制机构和司法机构以外的最有效率的监督机制之一。早在 2001 年,由《财经》杂志率先发文质疑的银广夏事件,通过媒体不断跟进和质疑,最终引发证监会介入,从而暴露了新中国股市历史上罕见的财务造假丑闻。此后,在蓝田股份、ST 科苑、三九医药、杭萧钢构等重大的违规和造假事件中,也都出现了媒体积极报道的现象。根据醋卫华和李培功(2012)的研究,2001—2006 年共有 96 个被公开处罚的违规案件,其中58个得到了媒体事先的负面报道。媒体予以负面报道的违规案例数占所有违规案例数的比重,在这六年间平均为60.42%,最高的一年达到了90%。同时,有62.83%的涉案金额和69%以上的涉案人士处于被媒体负面报道的案例中。这些数据表明,中国媒体正在以越来越积极的态度报道上市公司的各类消息特别是负面新闻,并勇于在事前进行报道,再持续跟进。媒体监督的重要性已经非常突出。

媒体监督总体上起到了改善公司治理、遏制和暴露违规行为的目标。有研究表明,媒体的曝光迫使被关注的公司作出了增加独立董事比例、更换CEO等行为。以入选《董事会》杂志50家治理最差公司的中国上市公司作为样本的一项研究表明,被负面报道的上市公司作出了整改公司治理机制的行动,被负面报道的频率越高,改正的可能性越大,同时控制权私人收益也越少。负面报道和曝光对公司治理的各项机制和事务也有改进提升作用。例如,权小峰和吴世农(2011)发现媒体报道能有效遏制管理层的盈余操纵行为,媒体关注与管理层盈余操纵和应计误定价呈负向的关系。还有研究表明媒体监督能有效识别公司的会计舞弊和其他违规行为,并予以及时的关注。媒体关注很大程度上影响了公司的社会责任行为,引发了社会责任与公司治理的冲突,如在万科捐款案例中,捐款数量的多少不仅受制于股东的意见,也受到以媒体为代表的社会意见的责难。媒体的关注也影响了投资者情绪,造成了市场波动,通过影响股价和持续披露信息来影响控制权交易市场。李常青和熊艳(2012)等发现了这方面的媒体关注偏差。

媒体关注和改善公司治理的机制由媒体自身动机和媒体的中介作用两部分构成。媒体报道公司治理事件既是出于新闻道德的敏感性,也是出于媒体自身发展的考虑。我国已经建成市场经济体系,虽然许多媒体是事业单位,但基本都是按照企业化制度运营。媒体必须关注其新闻的影响力以及媒体自身的声誉,只有及时、深入和震撼性的新闻报道才能引发受众关注和支持,进而获得美誉和市场。有足够关注度的媒体,才有足够的广告与征订收入。财经类媒体固然对公司治理相关问题予以专业性的报道,综合性媒体也会出于竞争读者的需求,在其财经版面上进行跟踪报道或引述,因而我国各类媒体在报道公司负面新闻时没有显著差异。自然,由于媒体依靠广告生存,媒体也就有可能受到企业影响,避免丧失广告客户。但我国媒体数量日增,互联网飞速发展,公司丑闻很容易被曝光,而率先曝光收获的声誉和关注可能更能弥补广告收入或收买收入的增加,权衡之下一般总是有媒体进行报道。媒体影响公司治理的主要中介机制是声誉机制和政府介入机制。一方面媒体报道影响了企业本身在资本市场和产品市场的形象,引发投资者的谴责和撤离,造成市场份额的丧失,其董事会和经理层也会蒙受指责和损失;另一方面媒体报道会引起监管部门注意,使得监管部门介入调查,并加大违规行为受处罚的可能性和强度。综合相关研究可以看出,超过50%的我国上市公司违规案件是在媒体事先进行负面报道之后才由证监会等机构介入的。相关研究也表明,媒体还是影响高管的薪酬、经理层的任免等的因素。

媒体影响公司治理的机制是嵌入在整个社会环境中的,它也深受我国整体社会环境的影响。由于市场经济的发展,媒体体现主流社会价值和民意的特征开始显现,而相关企业和部门公信力不足的社会公意、一定程度的新闻管制和报道困难反而激发了新闻媒体走向勇于质疑的职业习惯,以此获取声誉、市场和正义感的满足。这导致了媒体对公司违规案件的报道和监督力度逐渐加大。另一方面,企业正在通过资本联系和政治联系"摆平"媒体,政治联系是企业干预媒体报道的主要途径。有较强政治资源的企业,通过动用政府力量和关系,能一定程度上影响媒体的报道。醋卫华和李培功(2012)的实证研究表明,政治联系显著地降低了公司被媒体负面报道的可能性。

2012—2013年,学界、媒体和资本市场力量联合在公司治理和中国资本市场发展方面的最具有影响力的实际行动,是央视财经50指数的推出,央视财经50指数是由深圳证券信息有限公司和中央电视台财经频道宣布的指数,于2012年6月6日发布,指数代码为"399550",简称"央视50",这一指数被称为中国的道琼斯指数和日经指数。指数基日为2010年6月30日,基点为2563.07点。央视财经50指数从"成长、创新、回报、公司治理、社会责任"5个维度对上市公司进行评价,每个维度选出10家、合计50家A股公司构成样本股。在指数中,5个维度具有相同的初始权重,均为20%。在维度内,单只样本股的权重不超过30%。南开大学中国公司治理研究院、中央财经大学、复旦大学等研究机构共同努力,为该指数的多个维度评价和股票筛选提供学理支持,其中公司治理维度选用南开治理指数进行评价,充分体现了学术研究的实用价值和市场价值。目前,该指数运行良好,得到了媒体和投资者的普遍关注,被认为具有颠覆性意义。

2.3.2 社会责任

企业社会责任环境是社会对公司行为合法性的认知与期待的集中反映。公司是一个与外界环境进行资源和信息的交流并据此生存和发展的组织,社会各方面的利益相关者对公司行为的合法性直接影响到利益相关者对企业的支持与排斥,也影响到企业的盈利乃至生存。大体上,社会对企业的责任期待包括企业对社会责任的认知管理,企业对客户和投资者的责任,企业对政府、员工和社区的责任以及企业对环境保护所负有的责任等四个方面。中国社科院经济学部企业社会责任研究中心制定中国企业社会责任发展指数时,也是将中国企业的社会责任划分为责任管理、市场责任、社会责任和环境责任四个方面进行考察。责任管理包括企业对社会责任的认识、对企业社会责任的组织保障以及对利益相关者的沟通、守法合规等内容，内含有责任治理、责任推进、责任沟通和守法合规四个二级指标。而在市场责任中主要考虑对客户、伙伴和股东的责任，社会责任中考虑对政府、员工和社区的影响，环境责任考虑全面的环保管理、节约资源能源以及减少排污。这些内容中，与治理息息相关的是责任的管理、市场责任以及对政府、员工和环境的责任。

随着中国社会的发展，人们越来越重视产品质量安全、生态环境和生物多样性保护、员工利益以及社区利益等。这些社会要求推动企业从治理层面重视社会责任，其主要机制包括媒体监督、学界呼吁以及监管机构推动等几个方面，近年来媒体大量曝光企业生产中的产品责任问题以及环境责任问题，如三鹿奶粉事件、紫金矿业污染事件等，给上市公司带来了压力，使得上市公司有必要从治理层面入手，完善产品和环境责任的内部控制。为了督促企业切实履行社会责任，交易所制定了鼓励和引导上市公司社会责任信息披露的相关规定，从而使上市公司的社会责任披露不仅仅是受社会和媒体关注的对象，而且也是一个被监管机构建议和倡导的治理措施。目前，上市公司社会责任报告的发布分为强制性和自愿性两类。基于沪深两交易所要求，对深市"深证100"成分股公司、沪市"公司治理板块"、金融类公司以及境内外同时上市的公司强制要求发布社会责任报告。其余上市公司实行自愿性的社会责任信息披露。上交所规定社会责任信息披露需以单独报告形式发布。

根据2012年8月证券时报公布的《中国上市公司社会责任信息披露研究报告》（摘要），2012年1月1日至4月30日期间，中国A股上市公司中产生了592份公开披露的社会责任报告，这比2011年同期的531份增长了11.49%。其中，沪市主板的社会责任公开披露报告占全部报告的59.29%，证明了在沪市主板所受的社会责任治理约束更严格。中小板企业披露社会责任报告的上升幅度最大，为92份。金融保险业和采掘业所公布的报告占行业全部上市公司的比重分别达到97.5%和57.14%。2012年，新增发布社会责任报告的公司共计88家，其中深市主板公司12家，中小板公司33家，创业板公司5家，沪市主板公司38家。在新增的88份报告中，有强制发布要求的公司报告35份，自愿发布53份。统计显示，2012年金融保险业、采掘业和交通运输仓储业发布社会责任报告的公司占行业内公司总数的比例位列前三，分别达到97.50%、57.14%和49.37%；传播与文化产业所占比例最低，仅有14.81%。2012年，中国内地31个省级行政单位均有报告发布。2012年，发布报告数量最多的三个省/市分别是北京市、广东省和福建省，其在报告总数中所占比例分别是13.34%、12.50%和9.63%。排名居后的省份分别是内蒙古自治区、宁夏回族自治区、甘肃省和西藏自治区。发布社会责任报告的公司占本省上市公司数量比例最高的五个省/市是福建省、青海省、云南省、北京市和天津市,比例分别达到71.25%、50%、50%、40.10%和37.84%。2012年,新增发布社会责任报告的公司共计88家,其中深市主板公司12家,中小板公司33家,创业板公司5家,沪市主板公司38家。在新增的88份报告中,有强制发布要求的公司报告35份,自愿发布53份。2012年,27家公司中止发布社会责任报告。其中,深市主板11家,沪市主板6家,中小板8家,此外,有两家公司今年终止上市。中止发布报告的公司均无强制披露要求。

2.3.3 投资者信念与行为

投资者的理念与行为模式,决定了投资者整体上在资本市场的策略,这些策略直接影响了上市公司的市场价值与融资成本,从而构成了对上市公司的重大约束,一定程度上塑造了上市公司的治理理念和价值观。某种意义上可以说,有什么样的投资者,就有什么样的公司治理。一批专注价值投资、勇于进行股东诉讼的投资者,必然有助于督促上市公司建立完善的治理机制。

中国的投资者主要包括个人投资者和机构投资者两部分。其中,个人投资者占据了资本总数的82%。中国拥有世界最大规模的投资者群体,2012年年初中国股市拥有1.65亿投资者,但根据2007年的数据,这些账户中持有股票的比率约为30%,而其中又有60%—70%左右的投资账户现金和证券价值在一百万元以下,且有60%以上的账户平均持股时间不超过3个月。从这一数据可以看出,中国的投资者特别是个人投资者,明显是以赚取股票差价的短期利益为主的投资者,且单个投资者资金实力普遍很小,活跃度并不高。

高度分散而注重短线利益的个人投资者,面临着集体行动的难题。他们无法发起有效的集体行动,不能团结成统一的力量来维护中小股东权益,极少出现股东诉讼;他们试图搭大股东的便车,甚至往往通过揣测"庄家"的持仓策略来预判股价波动。这就导致了中国个人投资者从众心理和从众行为明显,在大幅涨跌中往往紧跟趋势,造成了股价更大幅度的波动。在股价上涨时,中国个人投资者呈现风险偏好特征,表现出较高的过度自信,而在股价下跌时,中国个人投资者往往厌恶风险,过度"自卑",表现出较为明显的损失厌恶倾向。中国个人投资者的信息搜集能力和处理分析能力普遍不强,在注重技术分析的同时,较容易受到内幕消息的影响。中国个人投资者的行为模式中,赌徒谬误与热手效应并存,个人投资者既可能根据过去股票的走势和目前的优异表现而盲目建仓,也可能自认为股价被低估而吃进,最终都遭遇损失。

中国的机构投资者主要包括公募和私募基金、社保基金、证券投行、财务公司、信托投资公司、QFII等,其中公募基金是机构投资者中的主力。到2012年,我国约有69家基金公司,管理基金914只,管理的资产2.19万亿元,私募基金约有1万亿元的资产规模,社保和保险各占基金总额约15%。基金持有约1.29万亿元市值，约占整个深沪市场流通市值的 7.82%。合格境外机构投资者（QFII）共获批 135 家，持有深沪流通总市值的 1.09%。① 2012 年，新基金发行 255 只，新基金募资总量达到 6 400 亿元，远超 2011 年的 2 555 亿元，创历史新高。2013 年，我国证券市场新增基金总数 90 只，其中债券型基金 45 只、偏股型基金 28 只、货币型基金 10 只、保本型基金 2 只、QDII 基金 5 只。然而，这次看上去宏大的规模扩张背后存在多种隐忧，102 只偏股型基金平均首募规模仅为 6.48 亿元，远低于 2011 年约 10 亿元的水平。2012 年公募基金规模只小幅增加。从 2007 年年末达到 3 万亿元的巅峰后，公募基金整体规模便一直徘徊在 2 万亿—2.5 万亿元之间，2012 年相比 2011 年年末略有提升，但截至三季度也仅为 2.4 万亿元（2011 年年末为 2.17 亿元），且其主要增量来源于大量固定收益类产品。新基金发行"大跃进"中的另一个硬伤是，2012 年"迷你型"新基金层出不穷。数据显示，2012 年以来首募规模 5 亿元以下的小型基金共有 69 只，其中 4 亿元以下有 48 只，3 亿元以下的有 20 只，最小者只有 1.79 亿元。② 我国机构投资者行为在证券市场中的行为仍然表现出高度的从众行为。有研究表明，中国证券投资基金的从众行为指数约为 8.94，十分显著，远高于美国同期水平。宋军和吴冲锋（2003）的研究表明，证券分析师和股评家也具有明显的从众倾向。由于基金经理人对声誉、投资者信任的重视以及专业分析能力的局限，基金基本采用和其他基金类似的策略，力保业绩不低于同行平均水平，不追求差异化投资的高额利润。基金虽然总体比例和规模不高，业绩也较为惨淡，但仍有较强的市场操控力，通过若干基金的联合，可以对股价形成坐庄式的干预。这导致基金普遍持有类似的仓位，同时制造行情，跑赢大盘。

　　中国机构投资者参与公司治理的作用仍然存在争议。中国机构投资者中的一部分开始在公司治理中发挥作用，通过进入董事会参与战略决策、更换管理层等，并对信息披露、盈余操纵等行为进行了干预；而更多的另一部分机构投资者仍倾向于短期投资，没有兴趣和能力参与公司治理，在重大事项上集体失声，甚至许多机构投资者与控股股东合谋，分享控制权私人收益，损害中小股东利益。不作为甚至不当作为的机构投资者，加上无力亦没有意愿参加公司治理的个人投资者，给上市公司的治理造成了相对宽松的局面。

　　目前，反映投资者信心的指数有新财富投资者信心指数、第一财经·国海富兰克林基金中国投资者信心指数以及嘉实中国基金投资者信心指数、耶鲁—CCER 中国投资者信心指数等。投资者信心代表着投资者对整个资本市场的看

---

① 数据引自《2011 年中国证监会年报》。
② 来自上海证券报的数据，http://paper.cnstock.com/html/2013-06/13/node_3.htm。

法,代表着投资者对资本市场健康程度和上市公司治理机制完善程度的总体评价。2013年3月的新财富投资者信心指数显示,机构投资者信心指数为78,较上月下降4%;券商分析师信心指数为67,较上月下降12%;个人投资者信心指数为55,较上月下降8%。三大分类投资者信心指数均呈现下降趋势,机构投资者仍为最乐观群体。预计2013年3月上证综指将上涨的全部投资者加权比例为78%,较上月下降16个百分点。从受访主体分类指数看,投资者信心指数变动不大,基本延续上月判断,券商分析师较上月乐观情绪下降。预计未来6个月上证综指将上涨的全部投资者加权比例为86%,停止近两个月以来的连续上升趋势,较上月下降10个百分点。其中,个人投资者为98%,与上月持平;机构投资者为86%,较上月下降13个百分点;券商分析师为63%,较上月下降24个百分点。投资者对2013年二、三季度行情仍有期待。① 2012年11月第一财经·国海富兰克林基金中国投资者信心指数为48.50,较上月下跌2.20个百分点,再次跌破50临界点,其中宏观指数、即期指数和预期指数分别为51.46、42.87和51.17,三大分类指数均出现环比下跌。② 总体上,投资者信心随着股市震荡而震荡,目前处于较低的水平。

2.4 政策建议

在宏观经济领域,目前仍然要防范的是过高的通货膨胀,需要防止工业品、消费品价格和房价过高过快增长。但是,由于长期形成的结构性特征,我国经济仍然处在一放松就过热,一过热就紧缩,一紧缩就衰退,一衰退就放松的循环之中。短期内难以走出困境,政策稍有不慎就会有进入滞胀或者衰退的威胁。因此,在政策调控方面,要继续限制房屋投机性交易,适时开展房屋方面的税收试点,提高拆迁补偿力度。这些措施将能有力地推动资本向制造业等行业集中,从地产业等行业中分离,为证券市场扩容提供机会。而更繁荣的资本市场,必然要求更健全、有效的治理机制,从而生成外部的倒逼机制来推动公司治理有效性提升。在货币政策方面,坚持稳健的适度宽松的货币政策,加强流动性管理,把适度增长的信贷额度转向支持农村、中小企业、节能减排等方面,推动利率形成的市场化改革。要放开金融市场准入,鼓励民间金融创新,完善民间金融监管机制,推行普惠金融,大力推动金融资本向民营企业的分配力度。这些举措将推动民营企业快速发展,为多种所有制企业打造公平、平等和公正的要素市场待遇和竞争环境。只有在更平等的要素市场、产品和服务市场环境中,多种所有制的企业才可能获得共同发

---

① 新财富网数据:http://www.xcf.cn/newfortune/qianyan/201303/t20130320_420584.htm。
② 同花顺网报道:http://news.10jqka.com.cn/20121210/c531455007.shtml。

展,在发展中不断引入利益相关主体,完善治理机制,提高治理有效性。

更重要的是要对深层次问题进行长远的规划:调整产业结构,在保持劳动力密集型产业稳定的同时,大力发展高新技术产业,扩大对 R&D 的投入,促进传统产业高级化,加强企业集聚力量,鼓励企业走出去,通过并购增强技术和市场力量。鼓励民间资本投资,放宽民间资本的市场准入,健全国有企业治理机制,增加垄断之外的国企盈利能力。国有企业的治理机制完善是中国公司治理完善的重点和难点之一,只有让国有企业成为真正脱离行政型治理的自主经济主体,让国有企业在激烈的市场竞争中提升竞争力,才能真正倒逼国有企业提高治理有效性,真正重视投资者权益,建立切实可行、实质合规、遵循市场规律的内部治理机制,包括自主选聘合格经理人、对经理人进行合理的经济激励、独立董事和监事会发挥实际作用等。

在政治和法律环境方面,可以减少政府行政干预力度,降低政府对资源的配置能力。提高政府的公共服务能力,建设完善的政府信息化平台。减少和改善审批程序,将发行审核制改革为发行注册制,创办企业由先审后证改为先证后审,实施更多的注册制,进一步简化行政手续,简放审批权力,引入更多的公共服务水平监督。健全绿色 GDP 执行考核机制。防范地方债务危机,逐步化解潜在的地方财政风险和金融系统风险。在改善地方财政收支状况的同时,逐渐减少卖地收入的比重,使土地转让价格更趋于市场化。继续完善市场化定价机制改革,通过引入民间资本进入更多公共服务和自然垄断领域来降低成本、提升效率。在司法执法方面继续修订相关法律,特别是针对金融衍生品等资本市场发展的新事物制定法律法规。政治体制的完善与改革是解决中国公司治理问题的关键环节,只有在政府职能转型、政府治理思维与模式转变、政府结构完善的基础上,中国企业特别是国有企业的行政型治理问题才能得到根本解决。政府切实进行服务型政府建设,放弃不必要的干预和权力,推动市场按其自身规律和平等、公正要求运行,才能真正使所有经济主体自主演化和完善治理机制,从形式合规走向实质合规,建立适合中国情境、符合现代企业运作特征、具有高度有效性的治理机制。

最后,在社会环境方面,可以考虑加大对媒体舆论监督的保护力度,支持媒体发挥舆论监督作用。对投资者积极引导,鼓励价值投资理念,打击坐庄操纵行为,逐步强制规范社会责任、内部控制等信息披露。加强食品安全监督,防范食品安全风险,保护员工利益。加强公司治理的理念宣传,使治理理念更加深入人心。

3 资本市场发展与现状

3.1 我国资本市场现状
3.1.1 货币供给、汇率与利率

2013年以来,由于美国政府债务谈判问题和退出量化宽松货币政策仍有大量的不确定性以及欧元区债务危机导致经济的持续衰退的影响,世界经济复苏前景不乐观且存在较大的不确定性,因此自一季度以来,我国央行采取了相对宽松的货币政策,货币投放和信贷规模增加明显。截至2013年6月月末,我国广义货币余额(M2)为105.45万亿元,与去年同期相比增长14.0%,增速比上年末高0.2个百分点,其中外汇占款和贷款增加较多。狭义货币余额(M1)为31.36万亿元,同比增长9.1%,增速明显回升,比上年末高2.6个百分点,与我国2013年经济稳定增长的态势吻合。2013年第二季度我国所有金融机构本外币各项存款余额为103.6万亿元,同比增长14.1%,其中外币存款余额为4415亿美元,增速放缓,比去年同期少增988亿美元。2013年上半年社会融资规模为10.15万亿元,比上年同期多2.38万亿元,创历史最高水平。

在汇率方面,2013年以来人民币持续小幅升值,汇率预期总体平稳。2013年年初,人民币对美元汇率中间价为6.2855元左右,到10月初,人民币对美元汇率中间价下降为6.1452元,预计随着我国经济的缓慢复苏和美国债务危机谈判的缓和,人民币对美元中间价还会有小幅的下跌,但是会保持基本稳定,贬值概率微小。根据国际清算银行的数据,2013年上半年人民币名义有效汇率升值5.89%;2005年人民币汇率形成机制改革以来至2013年6月,人民币名义有效汇率升值30.47%,实际有效汇率升值39.28%。

存款准备金率方面,自2012年5月18日央行宣布下调0.5个百分点,大型金融机构调整至20%,中小金融机构调整至16.5%以后,至2013年10月份再无动作。公开市场操作方面央行举措频繁,主要是回购交易,仅在2013年第一季度央行累计开展逆回购操作约1.34万亿元,开展正回购操作2530亿元,直到10月份,央行回购发行力度才有所放松;而央票方面,截至2013年10月19日已停发41周,最近的一期1年期央票发行于2011年12月27日,3月期央票发行于2011年12月22日。在利率方面,2013年以来央行存贷款基准利率无变动,金融机构存贷

款利率总体有所下降,3月份非金融企业及其他部门贷款加权平均利率为6.65%,比年初下降0.19个百分点,票据融资加权平均利率4.62%,比年初下降1.17个百分点,从利率浮动情况来看,执行下浮、基准利率的贷款占比有所下降,执行上浮利率的贷款占比上升,3月份一般贷款中执行下浮、基准利率的贷款占比分别为11.44%和23.79%,比年初分别下降2.72个和2.31个百分点,执行上浮利率的贷款占比为64.77%,比年初上升5.03个百分点。

3.1.2 证券市场

我国目前已经形成了由股票市场、债券市场、金融衍生品市场等组成的资本市场体系,形成了包括中国人民银行、政策性银行、商业银行、保险公司、券商投行、贷款公司和投资公司等多元化主体的金融体系,市场运行机制和监管机制得到进一步的完善。截至2013年年底,我国拥有两个证券交易所(上海证券交易所和深圳证券交易所)、4家期货交易所(郑州期货交易所、大连商品交易所、郑州商品交易所和中国金融期货交易所)。建立了包括主板、创业板、证券公司代办股份交易系统等在内的多层次的证券市场体系,提供股票(A股、B股、H股)、债券、股指和商品期货、权证、基金、金融衍生品等多种产品的交易业务。

中国证券市场是一个不断发展的过程:如QFII制度(2003年)的建立、股权分置的改革(2005年)、QDII的出台(2006年)、中小板(2004年)和创业板(2009年)的建立、股权交易所的建立(2008年首家)、融资融券和股指期货交易业务的推出(2010年)、新三板(2006年)及其扩容(2012年)等。截至2013年8月,我国股市发行股票市价总值为23万亿元,比去年同期下降0.07%,居世界第三位。从融资额看,中国股市截至2013年8月共有2 465家公司发行了A股股票,融资额5 073.08亿元,其中深交所融资279.35亿美元、上交所融资157.2亿美元,分别居于世界主要交易所的第3和第6位,此外2011年中国还有1 800亿元人民币的债券融资。从交易额看,截至2013年8月中国股市总成交金额为31.5万亿元、日均成交1 294.93亿元。截至2013年8月,A、B股境内上市公司数共有2 489家,B股境内上市公司数为107家,H股境外上市公司数为179家,A、B、H股发行总股本40万亿股,比去年同期增长4.36%。

我国债券市场自20世纪90年代建立以来,发展十分迅速。目前我们债券市场主要由银行间市场、交易所市场和证券经营机构柜台市场三部分组成,其中银行间市场一家独大,根据央行2013年1月份的数据显示,银行间债务市场托管量占债务市场托管量的95.4%。银行间市场是在人民银行和商业银行、券商投行等机构之间进行债券交易的市场,主要债券品种是国债、公司债、企业债等。根据2013年3月央行公布的《2013年一季度货币政策执行报告》,今年一季度银行间债券市场累计达成21.7万亿元,日均成交3 616亿元,同比增长48.5%,增幅较大,从交易主体看,净买入方主要是中资大型银行和外资金融机构,中资中小银行则是净卖出方。在交易所市场上,国债托管量占据了80%—90%的份额,公司债和企业债份额约10%。截至2012年我国债券市场总额约为19万亿元,国债6.5万亿,金融债7.5万亿,信用债务5万亿,信用债占GDP比重不到10%。银行间市场每天成交800亿元左右,其中最多是中期票据500亿元,短期融资券150亿—200亿元左右,企业债150亿元左右。从发行量看,今年一季度国债发行额2 634亿元,比去年同期增长455亿元,金融债为6 039亿元,比去年同期减少456亿元,公司信用类债券10 795亿元,比去年同期增长4 054亿元,增幅较大,银行托管了超过50%的债券总额。① 我国债务市场发展迅速的同时,也对我国政府的监管实践提出了很高的要求,目前来说,我国债务市场存在的主要问题是一方面有一些债务品种,比如国债处于被行政分割的状态。许多政府机构比如财政部、央行、税务总局、证监会等等都在债务市场扮演了不同且重要的角色,这些政府机构相互之间如何互动协调管理整个债务市场以及不同债务市场之间交流的问题仍然没有得到很好的解决,而我国债务市场飞速发展的现实又使得如何建立统一的债券市场这一问题的解决更加迫切。

中国金融衍生品市场分为金融期货市场、金融期权市场、金融远期市场和金融互换市场。我国金融期货及衍生品的创新起步较晚,2010年4月才引进股指期货交易,但是发展势头迅猛。截至2013年9月全国期货市场共有34个交易品种,覆盖了农产品、金属、化工等国民经济主要领域,分布在4家期货交易所里进行交易,分别是大连商品交易所、上海期货交易所、郑州商品交易所和中国金融期货交易所。根据证监会公布的全国期货交易统计数据显示,从2013年1月至8月底,我国4家期货交易所成交量为14.2亿张,成交金额达185.6万亿元。期货市场是市场经济发展到一定程度的产物,在分散风险,优化资源配置,促进实体行业发展方面起到重要作用,在现代市场经济中举足轻重,我国期货市场已经在一定程度上服务了我国国民经济的发展,并成为国家决策机构进行宏观调控的一个重要参考和方法。我国期货市场目前主要存在的问题有:第一,市场上交易品种太少,不能满足我国经济发展的需求。与世界其他国家相比,目前我国GDP大约相当于美国20世纪90年代的水平,而那时的美国期货市场有74个交易品种,印度的现代期货市场也仅仅经过了十多年的发展,目前已经有60多个交易品种,相较于我国的GDP规模和经济发展水平,目前我国期货市场还远远不能满足需求,存在较大的拓展空间。第二,期货公司服务面窄且盈利模式单一,发展水平落后。目前期货市场的市场主体以个人投资者为主,中小企业基本缺席,同时期货公司利润来

---

① 数据引自证券之星网站,http://bond.stockstar.com/IG2012032000005383.shtml。

源主要是佣金，信息咨询、交割等服务还不能创造价值，单一的盈利模式使得各个期货公司经营同质化导致利润微薄，无法吸引高端人才，使得整个行业竞争能力和创新能力不足。第三，处理国际市场复杂状况的能力不足，不能为我国相关行业赢得足够尊重。2012年相关统计数据表明，我国已经成为世界第一的出口国家，GDP规模居世界第二位，同时我国也是钢铁、矿石、石油、煤炭等大宗商品和战略商品的主要消费国家，与此同时这些商品的全球定价权主要集中在欧美国家，我国期货市场争取国际定价权的能力不足，加上国际商品价格波动剧烈的现实，对我国相关行业的发展造成了严重的损失和负担。

3.1.3 银行体系

截至 2012 年年底，我国银行业金融机构共有法人机构 3 724 家，从业人员 336.2 万人。其中包括两家政策性银行及国家开发银行，5 家大型综合性商业银行，12 家全国性股份制银行，144 家城商行，337 家农村商业银行，147 家农村合作银行，1 927 家农信社，1 家邮政储蓄银行，4 家金融资产管理公司，42 家外资法人金融机构，7 家信托公司，150 家企业集团财务公司，20 家金融租赁公司，5 家货币经纪公司，16 家汽车金融公司，4 家消费金融公司，800 家村镇银行，14 家贷款公司以及 49 家农村资金互助社。目前我国已经完成了中央银行的独立化改革，推进四家国有大型商业银行的治理完善和整体上市，提升了国有大型银行的资本充足率，逐渐建立了国有银行和股份制银行并存，资本负债表状况较为良好的银行体系，建立了央行、银监会等共同协作的银行业监管体系，扩大了对中小企业、小微企业的信贷支持。我国逐渐放开了外汇市场管制，持续推动汇率浮动的市场化改革，近年来我国跨境人民币业务发展较快。据初步统计，2013 年第一季度银行累计办理跨境贸易人民币结算业务 10 039.2 亿元，同比增长 72.3%。2013 年 3 月 26 日，我国央行与巴西央行签定了规模为 1 900 亿元人民币/600 亿里亚尔的货币互换协议。4 月 10 日，我国与澳大利亚分别在中国银行间外汇市场和澳大利亚外汇市场同时推出人民币对澳大利亚元直接交易，形成人民币对澳大利亚元直接汇率，同时我国银行间外汇市场引入直接交易做市商，改进人民币对澳大利亚元的中间价形成方式，促进了人民币和澳大利亚在双边贸易和投资中的使用，为人民币走向世界舞台积累了宝贵的经验。6 月 22 日，央行与英格兰银行签订了规模为 2 000 亿元/200 亿英镑的货币互换协议，此举实现了人民币在国际主要央行范围内的"零突破"。9 月 12 日，央行与阿尔巴尼亚银行签署了中阿双边本币互换协议，协议商定两国在三年内互换规模 20 亿人民币/358 亿亚列克的货币。10 月 11 日，我国央行与欧洲中央银行签署了规模为 3 500 亿元/450 亿欧元的货币互换协议。此外，截至 10 月份我国央行与东盟签署的双边本币互换协议金额总额累计达 14 000 亿元，人民币的国际化进程取得了丰硕的成果。

而在国内方面,截至 2012 年年底我国银行业金融机构境内外合计本外币资产总额为 133.6 万亿元,负债总计 125.0 万亿元,其中大型商业银行资产总额 60 万亿元,股份制商业银行资产总额 23.5 万亿元,城市商业银行资产总额 11.4 万亿元。中国内地商业银行不良贷款率为 0.9%,总额约为 4 564 多亿元,次级债 1 960 亿元,资本充足率和核心资本充足率分别为 12.9% 和 10.4%。这一资产负债水平显示银行业改革后中国商业银行良好的资本实力。另外,我国加快完善了汇率和利率的形成机制和稳步推进利率形成市场化改革,汇率的浮动机制改革和升值工作进入到实质性的阶段。

3.1.4 2013 年以来的改革发展

2013 年以来,我国资本市场在进一步推进资本市场体制改革、保护消费者和规范市场投资主体、完善产品结构和治理水平以及引进境外投资者方面有了良好的发展。在行政审批制度改革方面,2013 年 5 月国务院发布了《关于取消和下放一批行政审批项目等事项的规定》,《规定》取消行政审批项目 71 项,下放管理层级行政审批项目 20 项,取消评比达标表彰项目 10 项,取消行政事业性收费项目 3 项;取消或下放管理层级的机关内部事项和涉密事项 13 项。

在保护消费者和规范市场投资主体方面,2013 年 6 月 7 日我国央行发布了《支付机构客户备付金存管办法》,旨在保护消费者合法权益,从严管理客户备付金的存放和使用。2012 年国资委发布了《关于国有企业改制重组中积极引入民间投资的指导意见》,允许民营企业以多种资本方式和出资形式参与国企重组,在国企的增股、上市和交易中可以引入民间资本。2013 年 5 月保监会颁布了《关于修改〈保险经纪机构监管规定〉的决定》(保监会令 2013 年第 6 号)、《关于修改〈保险专业代理机构监管规定〉的决定》(保监会令 2013 年第 7 号),同时印发《关于进一步明确保险专业中介机构市场准入有关问题的通知》(保监中介〔2013〕号)。两个《决定》将设立保险专业代理公司、保险经纪公司注册资本金的要求提高至 5 000 万元人民币,注册资本金不足人民币 5 000 万元的,只允许申请在注册地所在省(自治区、直辖市)及已经设有分支机构的省(自治区、直辖市)设立分支机构。2013 年 6 月证监会、保监会联合发布了《保险机构销售证券投资基金管理暂行规定》,要求我国境内经保监会批准设立的保险公司、保险经纪公司和保险代理公司必须具备相应的条件才能开展基金的销售和相关业务。证监会修改并发布了《开放式证券投资基金销售费用管理规定》,规定依据《证券投资基金法》并经中国证监会注册的公开募集开放式证券投资基金可以在产品设计时采用多种收费模式和收费水平,基金销售机构可以根据自身服务进行差异化收费,鼓励各市场参与主体进行差异化的市场化竞争。

同月,证监会公布《非银行金融机构开展证券投资基金托管业务暂行规定》,对非银行金融机构开展基金托管业务的有关问题予以了明确规范。《暂行规定》共十九条,规定了非银行金融机构开展基金托管业务的准入条件、申请材料要求以及审核程序与方式等。在基金托管职责履行、内控制度建设方面,非银行金融机构托管人与银行托管人一样,均应遵守《基金法》、《证券投资基金托管业务管理办法》相关规定。针对非银行金融机构的经营现状与业务特点,《暂行规定》从保护基金持有人角度出发,强调了资产独立、业务隔离、信息保密、从业人员管理、结算职责、风险准备金制度等方面的要求,并对监督管理和处罚方面做出相应规定。

3.2 资本市场监管现状

3.2.1 监管机构与体制

我国资本市场的监管体系由三个层次组成,第一层次是以《宪法》、《公司法》、《证券法》、《会计法》、《注册会计师法》等法律为代表的法律监管体系,第二层次是中国证监会及其分支机构为主组成的行政监管体系,第三个层次是证券业协会、注册会计师协会以及各证券经营机构的行业自律和自我监管体系。这个系统对于提升我国公司治理的水平,起到了重要的作用。正如相关研究指出的,法律对于专业性较强而需要大量日常事前监管的行业,其影响力是有限的,即法律存在不完备性,因此规制是更有力、更专业和更能做到日常事前或事中监督,然而一个规模庞大的资本市场所需要的监管工作量,仅仅依靠规制是远远不能完成的。行业自律从影响行业准入和声誉的角度影响公司治理的外部机制,对资本市场的监管工作起到了良好的补充作用。这三个层次的监管体系相互补充和监督,为我国资本市场的良性发展起到了保驾护航的作用。

我国的资本市场法律监管体制初步完善。证券市场法律监管体制,按照所依据的法律法规类型,主要包括如下三类。第一是法律类,这是依据《公司法》、《证券法》、《基金法》等对市场和市场主体进行的监管。第二是行政法规类,主要包括依照《期货交易管理条例》、《证券公司监督管理条例》、《证券公司风险处置条例》等进行行政监管。第三则是部门规章制度和规范性文件类,其中部门规范和规章共有76件,证券期货规范性文件共有479件。[①] 按照针对的市场发行与交易业务分类,可以分为境内发行制度(包括发行审核制度和保荐制度)、发行审核委员会制度、询价制度、在主板和创业板公开发行上市制度、再融资(包括增发、配股、可转债、非公开发行股票等)制度、境外发行上市制度、交易制度、登记结算制度和市场监控制度。按照信息披露、控制与公司治理分类,则包括上市公司强制性信息

---

① 本节数据均来自证监会统计资料、证监会信息公开栏目。

披露制度、独立董事制度、内部控制制度、股权激励制度、并购重组制度等。此外还有针对证券公司的分类监管和风险控制制度等。总体上看,我国资本市场初步形成了结构完善、能有效提升市场与公司治理水平的法律监管体制。

目前,我国资本市场的行政监管机构包括中国人民银行、银监会、证监会、保监会等,发改委、财政部、商务部等也具有部分监管、制定法规等职能。证监会在规范资本市场运行、构建新兴市场和交易规则、提升治理水平、打击非法交易、保护投资者权益等方面有主要的权责,负责对股票、债券、权证、基金、衍生品等交易的监管和对证券、基金公司等机构的规制。其下设非上市公众公司监管部、期货监管(一、二)部、创业板监管部、市场监管部、机构监管部、基金监管部、上市公司监管部、稽查总队、稽查局等部门。银监会主要规制银行为主的各类其他金融机构的日常运营、治理、投融资、安全和风险控制等行为,并审核金融机构的并购、业务拓展等行为。保监会负责对保险业企业的规制。中国人民银行、外汇管理局等机构负责执行利率调整、公开市场业务等关键货币政策,并就国内金融和国际金融的基本制度、价格参数、经营行为、风险控制与治理等进行指导和建设。

3.2.2 监管的主要措施与特征

2013年5月24日国务院批转了发改委关于2013年深化经济体制改革重点工作意见,其中给出了本年度我国资本市场体制改革工作的意见:(1)稳步推进利率市场化改革。逐步扩大存贷利率浮动制度,建立健全市场基准利率体系。完善人民币汇率形成机制,充分发挥市场供求在汇率形成中的基础性作用,稳步推动人民币资本项目可兑换,建立合格境内个人投资者境外投资制度,研究推动符合条件的境外机构在境内发行人民币债券。(2)完善场外股权交易市场业务规则体系,扩大中小企业股份转让系统试点范围。健全投资者尤其中小投资者权益保护政策体系,推进煤炭、铁矿石、原油等大宗商品期货和国债期货市场建设。(3)推进制定存款保险制度实施方案,建立健全金融机构经营失败风险补偿和分担机制,形成有效的风险处置和市场退出机制。加快和规范发展民营金融机构和面向小微企业、"三农"的中小金融机构。

在推动人民币利率市场化改革、扩大存贷利率浮动制度方面,2013年7月20日我国央行决定全面放开金融机构贷款利率管制。具体措施包括取消金融机构贷款利率0.7倍的下限、取消票据贴现利率管制,改变贴现利率在再贴现利率基础上加点确定的方式、取消对农村信用社贷款利率上限的规制等。贷款利率管制政策的取消,有利于市场化利率的形成,提高市场主体的自主定价能力。

在完善人民币汇率形成机制方面,2013年上半年我国央行与境外货币当局开展双边本币互换交易4 720亿元人民币,境外货币当局共动用93.22亿元人民币。上半年,人民币对美元汇率保持稳定,对欧元、日元等其他国际主要货币双向波动。6月末人民币对欧元、日元汇率中间价分别为1欧元兑8.0536元人民币、100日元兑6.2607元人民币,分别较上年末升值3.28%和16.68%。

在稳步推动人民币资本项目可兑换,建立合格境内投资者境外投资制度,研究推动符合条件的境外投资机构在境内发行人民币债券方面,2013年上半年央行开始推动实施QFII和QDII制度。2013年上半年批准建立52家QFII机构境内投资额度60.2亿美元,批准13家QDII机构境外投资额度62.8亿美元,调减7家QDII机构境外投资额度60亿美元。

2013年3月证监会公布了《人民币合格境外机构投资者境内证券投资试点办法》,为进一步扩大资本市场开放,对人民币合格境外机构投资者(简称RQFII)相关法规做修改,扩大RQFII试点,主要修改内容包括:(1)扩大试点机构类型。此次修改RQFII法规后,境内商业银行、保险公司等香港子公司或注册地及主要经营地在香港地区的金融机构将可以参与试点。(2)放宽投资范围限制。修改后的法规放宽了对RQFII的资产配置限制,允许机构根据市场情况自主决定产品类型。此外,修订的法规明确了RQFII投资范围和持股比例等相关要求,简化了申请文件,便利试点机构的投资运作。截至2013年上半年,我国央行批准37家RQFII机构境内投资额度379亿元人民币。

在完善场外股权交易市场业务规则体系,扩大中小企业股份转让系统试点范围方面,2013年2月2日我国证监会发布了《全国中小企业股份转让系统有限责任公司管理暂行办法》,该《办法》对全国中小企业股份转让系统、全国中小企业股份转让系统有限责任公司及挂牌公司的法律地位、职能、组织结构和自律监管职责做出了明确的规定。

健全投资者尤其中小投资者权益保护政策体系,证监会于2013年1月份正式公布《非上市公司公众监管办法》的配套规则——《非上市公众公司监管指引第1号—信息披露》、《非上市公众公司监管指引第2号—申请文件》和《非上市公众公司监管指引第3号—章程必备条款》,旨在促进中小企业发展,保护投资者合法权益;在推进煤炭、铁矿石、原油等大宗商品期货和国债期货市场建设方面,2013年9月16日证监会宣布批准上海期货交易所上市石油沥青期货合约。上海期货交易所将根据市场状况和各项准备工作的进展情况,适时挂牌石油沥青期货合约。10月,证监会批准大连商品交易所上市鸡蛋期货合约,以进一步健全农产品期货品种体系,满足现货企业的实际需求。

在加快和规范发展民营金融机构和面向小微企业、"三农"的中小金融机构方面,2013年7月5日,国务院发布了《关于金融支持经济结构调整和转型升级的指导意见》,明确提出应当扩大民间资本进入金融业,尝试由民间资本发起设立自担风险的民营银行、金融租赁公司和消费金融公司等金融机构,9月银监会发布了

《中国银监会关于进一步做好小微企业金融服务工作的指导意见》,规定各银行业金融机构在商业可持续和有效控制风险的前提下,要单列年度小微企业信贷计划,并确立了"两个不低于"的目标即小微企业贷款增速不低于各项贷款平均增速,增量不低于上年同期。

此外,2013年9月27日国务院批准发布了《中国(上海)自由贸易试验区总体方案》。《方案》明确了试验区建设的主要任务措施。一是加快政府职能转变。积极探索建立与国际高标准投资和贸易规则体系相适应的行政管理体系,推进政府管理由注重事先审批转为注重事中、事后监管。提高行政透明度,完善投资者权益有效保障机制,实现各类投资主体的公平竞争。二是扩大投资领域开放。选择金融、航运、商贸、文化等服务领域扩大开放。探索建立负面清单管理模式,逐步形成与国际接轨的外商投资管理制度。改革境外投资管理方式,支持试验区内各类投资主体开展多种形式的境外投资。三是推进贸易发展方式转变。积极培育贸易新型业态和功能,推动贸易转型升级。深化国际贸易结算中心试点,鼓励企业统筹开展国际国内贸易,实现内外贸一体化发展。提升国际航运服务能级。四是深化金融领域开放创新。加快金融制度创新,建立与自由贸易试验区相适应的外汇管理体制,促进跨境融资便利化。推动金融服务业对符合条件的民营资本和外资金融机构全面开放,鼓励金融市场产品创新。五是完善法制保障。各部门要支持试验区深化改革试点,及时解决试点过程中的制度保障问题。上海市要通过地方立法,建立与试点要求相适应的试验区管理制度。9月29日,中国(上海)自由贸易试验区举行挂牌仪式,标志着中国(上海)自由贸易区正式启动运作。36家中外企业获颁证照,首批入驻试验区。

2013年8月7日,商务部、外交部、公安部等九部门发布《对外投资合作和对外贸易领域不良信用记录试行办法》的通知,规定在对外经济合作领域和对外贸易领域如企业有违反《办法》中相关规定的行为,将被列入不良信用记录"黑名单"。《办法》规定对外投资合作相关违反行为包括不尊重当地风俗习惯、宗教信仰和生活习惯,不遵守当地劳动法规导致重大劳资纠纷,破坏当地生态环境,威胁当地公共安全等行为。对外贸易相关违反活动包括以欺骗或者其他不正当手段获取、伪造、变造或者买卖对外贸易经营者备案登记证明;以欺骗或其他不正当手段获取、伪造、变造、买卖或者盗窃原产地证书、进出口许可证、进出口配额证明或者其他进出口证明文件;伪造、变造、非法使用、买卖进出口货物原产地标记保护标志或者虚假标注原产地标记等行为。

3.3 政策建议

根据新制度经济学代表人物诺斯的观点，要理解世界上现存的各种制度，从历史角度研究其制度路径是非常重要的。中国是一个有着漫长威权统治历史的国家，自秦始皇一统中国，并使用专业官僚管理国家事务以来，已经过去了两千余年。这种威权统治的历史传统深刻影响了中国社会的方方面面，塑造了我们今天看到的中国社会现状。尽管新中国成立伊始，国家的管理者曾经采取了社会运动方式在内的激进的变革措施，但是几十年过去之后，这些变革措施目前看来并不成功，究其原因就在于历史惯性是非常强大的。改革开放以来，我国资本市场经历了从最开始由农民自主的经济活动刺激发展，其后地方政府迅速介入并通过制定各种法规引导资本市场发展获得主导权，最后由中央政府接过主导权，从全局统筹规划我国资本市场的未来发展前景三个阶段。依赖于政府干预这种强有力的资源配置手段，我国资本市场在初期发展获益良多，随着我国资本市场的规模进一步增大和结构进一步精细，行政干预这种手段越来越显现出不足，具体而言，作为行政干预主体的政府官员越来越不可能及时地理解和指导日益专业精细发展的资本市场各种活动，因而行政干预越来越不能够取得良好的效果，然而在另一个方面，政府机构又是我国资本市场上最大和最主要的权威，资本市场各个主体和相关利益者已经建立了关于政府机构主导权威的根深蒂固的信念，并且更为重要的是，他们会预期到资本市场的其他人和机构也会拥有这样的共同信念，这种资本市场参与主体的共同信念才是我国大政府传统以及各种外来政策水土不服的根本原因。历史已经证明了，对这样一种社会共同信念的粗暴破坏会导致灾难性的后果。因此针对我国资本市场的现状，我们提出政策建议如下：

第一，引导提升资本市场治理水平，是筹划资本市场未来发展工作的重点。首先，相关政府部门要改变以往的工作作风，改变过分依赖行政干预的局面，更多地针对资本市场各参与主体制定提高公司治理水平方面的法律法规以及政策要求，减少根据既定意图来制定政策从而制造市场局势的状况。依据法律，加大对违法违规行为的打击，扩大信息披露的指引。其次，在公司治理机制变革方面，要注意既有公司治理的实质性完善，推动企业从被动合规向主动合规迈进，引导投资者价值投资。同时要更注重证券公司、基金公司、金融机构、非上市公司、国际公司、赴海外上市公司、证交所等的治理，关注这些新型治理难题，取得更大进步。

第二，进一步提高我国资本市场的开放程度和国际化水平，通过国际间的交流和竞争提高我国资本市场的自主治理能力和话语权争夺能力。在这方面的工作，近两年来实际已经展开，包括央行频频与世界其他国家签订货币互换协议，证监会、保监会等制定政策法规引进境外投资者和引导境内投资走向世界等等。然而一方面这些工作都是由政府部门主导的,另一方面,我国资本市场在世界市场并未取得应有的地位。未来的工作需要进一步地放开政府行政保护,让资本市场相关主体学会并适应国际交易,进一步放开境外投资者的入境投资限制,建立股市交易的国际板块,吸引外资在中国境内直接上市。

第二篇 成长篇
——公司成长状况与成长风险分析

1 中国上市公司成长总体状况

2012年是我国"十二五"规划的第二年,世界范围内经济增长还面临许多不稳定因素。我国经济走势在2012年呈现出"前落后稳"的态势,但是总体来看,我国经济增长仍面临较大下行压力。在经历了2009年一轮大的投资与增长之后,2012年我国上市公司实现了平稳增长,而随着原材料、劳动力、土地等企业要素成本的上升以及人民币的逐渐升值,企业的盈利能力呈下降趋势。剔除金融业与极端值公司后,中国上市公司2012年营业收入平均增长了12.13%,略低于2011年可比公司24.76%的水平,营业利润平均降低19.95%,远低于2011年增长7.18%的水平,净利润也比上年下降10.66%。从公司成长的风险来看,总体上处于较高水平,上市公司平均的资产负债率为81.67%,明显高于标准值50%,几乎是2011年的2倍,企业的总体流动性较好,流动比率达到3.15,远高于公认的最优值2,上市公司具有较强的付息能力,利息保障倍数将近25.66,但公司的负债风险也值得警惕,上市公司的负债大部分为短期负债,比例占总负债的82%。从营运能力来看,2012年中国上市公司处于较低水平,营业周期中位数达到171天,比2011年有较大幅度的上升,期间费用率平均达到18.79%,处于较高水平。从盈利能力来看,出现了公司与股东获利能力的分化,企业盈利能力较强,而股东盈利能力较弱,销售净利率和净资产收益率分别达到了8%和6%,普通股获利率却为-4%。从现金流量来看,企业自由现金流量充足(平均每家公司达到4.61亿元,中位数为1.26亿元),而股权自由现金流量匮乏(平均每家公司为-9.46亿元,中位数为-0.815亿元)。

本篇从中国上市公司发展能力、风险状况、营运能力、盈利能力、现金流量与投资状况六个方面分析中国上市公司2012年的成长状况。在本篇的第2—7章中,还将从行业层面、地区层面、股东层面与控制人层面深入分析中国上市公司不同群组的成长状况。

所有数据均来源于截至2012年年末中国上市公司公开公布的年报,并借助国泰君安数据库取得了一些指标。样本包括A股主板公司、中小板公司和创业板公司。

1.1 总体发展能力

我们采用营业收入增长率来测度公司的发展速度,用营业利润增长率、净利润增长率、净资产收益率增长率和每股收益增长率来测度公司的发展质量,用资本积累率与固定增长率测度公司的增长动力,用经营活动产生的现金流量增长率测度公司发展中的现金获取能力,用可持续增长率测度公司预期下年的最优增长程度,各指标的计算如下:

营业收入增长率 = (本期营业收入 - 上期营业收入)/上期营业收入

营业利润增长率 = (本期营业利润 - 上期营业利润)/上期营业利润

净利润增长率 = (本期净利润 - 上期净利润)/上期净利润

基本每股收益增长率 = (本期基本每股收益 - 上期基本每股收益)/上期基本每股收益

净资产收益率增长率 = (本期净资产收益率 - 上期净资产收益率)/上期净资产收益率

可持续增长率 = 销售净利率 × 总资产周转率 × 留存收益率 × 期初权益期末总资产乘数

固定资产增长率 = (本期期末固定资产 - 上期期末固定资产)/上期期末固定资产

资本积累率 = (本期期末股东权益 - 上期期末股东权益)/上期期末股东权益

每股经营活动产生的现金流量净额增长率 = (本期每股经营活动产生的现金流量净额 - 上期每股经营活动产生的现金流量净额)/期初每股经营活动产生的现金流量净额

经营活动产生的现金流量净额增长率 = (本期经营活动产生的现金流量净额 - 上期经营活动产生的现金流量净额)/上期经营活动产生的现金流量净额

从总体上看,2012年中国上市公司成长维持了2009年投资带动效应下的较高成长,但已显现疲态,公司获取利润的能力下降,现金流量也呈下降态势,预计2013年中国上市公司较优的收入增长率平均在8%左右。

具体来看,2012年营业收入和营业利润分别比上年平均增长了12.13%和下降了19.95%,净利润比上年下降10.66%。盈利能力也出现了大幅下降,每股收益与净资产收益率都比2011年有较大下降,分别下降21.89%和24.91%,公司每股及总体经营活动产生的现金流量净额变化均不明显,分别比上年下降0.18%和上升6.8%。受益于国家宏观投资政策的鼓励和公司收益增长的带动,2012年中国上市公司固定资产保持较高的增长势头,2012年增长29.02%,但是资本积累率相较2011年有所下降,仅达到14.12%的水平。2012年上市公司发展能力的各项指标见表 2-1。

根据中国上市公司目前的发展能力、资源状况与融资约束,在保持公司健康成长的前提下,2013 年预计营业收入的可持续增长率为 7.93%,比 2012 年有一定程度的下降。

表 2-1　2012 年中国上市公司发展能力

	平均值	中位数	标准差	最小值	最大值	观测数
营业收入增长率	0.1213	0.0541	0.4817	-1.0000	10.0695	2 237
营业利润增长率	-0.1995	0.0000	1.4009	-19.4706	11.3707	2 237
净利润增长率	-0.1066	0.0000	1.1533	-11.0997	9.7916	2 237
基本每股收益增长率	-0.2189	-0.1387	1.0388	-11.1607	9.2000	2 236
净资产收益率增长率	-0.2491	-0.0982	1.1786	-12.8960	9.3228	2 237
可持续增长率	0.0793	0.0532	0.1427	-0.1788	4.6503	2 251
固定资产增长率	0.2902	0.0652	0.8707	-0.7755	16.5039	2 251
资本积累率	0.1412	0.0531	0.5273	-3.4682	10.2649	1 997
每股经营活动产生的现金流量净额增长率	-0.0018	0.0000	1.5266	-12.8778	9.7373	2 237
经营活动产生的现金流量净额增长率	0.0681	0.0000	1.7323	-13.4553	9.8497	2 237

1.2　风险状况

公司成长与风险相伴随,充分分析公司成长与发展中面临的风险并采用相应的应对措施,才能实现公司成长的安全性与持续性。

对于上市公司的风险水平分析,我们主要采用了 11 个指标,分别是:流动比率、速动比率、现金余额、现金比率、资产负债率、利息保障倍数、长期资产适合率、流动负债比率、财务杠杆系数、经营杠杆系数、综合杠杆系数。其中,

流动比率 = 流动资产/流动负债

速动比率 = (流动资产 - 存货)/流动负债

现金比率 = 现金及现金等价物期末余额/流动负债

这三个指标用来衡量的是企业的短期偿债能力,比率越高,偿债能力越强,企业的风险水平也越低。现金余额表示的是企业的资产流动性,现金余额越大,说明企业的流动性越强,风险越小。

利息保障倍数 = (净利润 + 所得税 + 财务费用)/财务费用

长期资产适合率 = (权益 + 长期负债)/(固定资产 + 长期投资)

资产负债率 = 负债总额/资产总额

流动负债比率＝流动负债合计/负债合计
财务杠杆＝（利润总额＋财务费用）/利润总额
经营杠杆＝（营业收入－营业成本）/（利润总额＋财务费用）
综合杠杆＝（营业收入－营业成本）/利润总额

利息保障倍数、长期资产适合率以及资产负债率衡量的是企业的长期偿债能力的指标。利息保障倍数越大，说明企业支付利息费用的能力越强，企业风险越小；长期资产适合率从企业资源配置结构方面反映了企业的偿债能力，指标数值较高比较好，但过高也会带来融资成本增加的问题，长期资产适合率指标为100%较好；资产负债率对于债权人来说越低越好，如果此指标过高，债权人可能遭受损失，当资产负债率大于100%，表明公司已经资不抵债，对于债权人来说风险非常大（长期偿债能力）；流动负债比率越高，说明公司对短期资金的依赖性越强，企业风险水平相对越低。财务杠杆、经营杠杆和综合杠杆分别代表财务风险、经营风险与总风险，杠杆系数越大，风险越高。2012年上市公司风险状况的各项指标如表2-2。

总体来看，中国上市公司的短期偿债风险比2011年有所下降，2012年中国上市公司的平均现金余额达到17.96亿元，相比上年（10.6亿元）增长约7%，代表公司短期偿债风险核心指标的流动比率达到3.15，高于最优值2，也高于2011年平均3.06的水平。

从长期偿债风险来看，2012年中国上市公司处于较低水平，2012年资产负债率为81.67%，2011年为43.31%。由于盈利能力上升，公司的利息偿付风险有所下降，2012年利息保障倍数为25.66，是2011年的2.6倍。长期资产适合率变化较大，2011年为6.01，2012年为12.39。

值得注意的是，中国上市公司1年以内的短期性负债占总负债的比率有所下降，2011年占84.37%，2012年下降为81.67%。代表公司财务风险、经营风险和总风险的三大杠杆系数（财务杠杆系数、经营杠杆系数、综合杠杆系数）较2011年相比略有上升，2011年分别为1.00、1.48、3.13，因此，表现为整体风险水平的提升。

表2-2 2012年中国上市公司风险状况

	平均值	中位数	标准差	最小值	最大值
流动比率	3.1459	1.7378	5.0563	0.1820	34.3769
速动比率	3.1362	1.4171	4.7408	0.1036	31.4381
现金余额（亿元）	17.9644	13.7442	0.9647	0.0106	368.4061
现金比率	1.5080	0.5776	3.7586	0.0044	24.1613
资产负债率	0.8167	0.4394	0.5239	0.0110	1.8973

（续表）

	平均值	中位数	标准差	最小值	最大值
利息保障倍数	25.6556	13.6911	32.5439	-14.3272	307.3897
长期资产适合率	12.3891	3.3118	16.0693	-0.8061	12.7883
流动负债比率	0.8167	0.9042	0.2140	0.0000	1.0000
财务杠杆系数	1.1707	1.0663	1.5941	-0.4436	8.2463
经营杠杆系数	1.6307	1.4893	2.4290	-3.3952	12.1609
综合杠杆系数	3.8602	2.4366	3.5637	-5.7890	35.1263

1.3 营运能力分析

公司要想获得良好的成长，需要有出色的资产管理能力与营运水平，进行中国上市公司营运能力分析可以理解公司在资产管理与成本费用管理方面的优劣，进而可以深入分析公司成长的动力与短板。

我们选择应收账款周转率、应收账款周转天数、存货周转率、存货周转天数、营业周期、流动资产周转率、长期资产周转率、总资产周转率、营业成本率、成本费用利润率、期间费用率、销售费用率和管理费用率共13个指标来分析上市公司总体的营运能力。

应收账款周转率 = 营业收入/本年应收账款平均余额

存货周转率 = 营业成本/本年存货平均余额

营业周期 = 存货周转天数 + 应收账款周转天数

流动资产周转率 = 营业收入/本年流动资产的平均余额

长期资产周转率 = 营业收入/本年长期资产的平均余额

总资产周转率 = 营业收入/本年总资产的平均余额

营业成本率 = 营业成本/营业收入

成本费用利润率 = 成本、费用总额/利润总额

期间费用率 = (管理费用 + 销售费用 + 财务费用)/营业收入

销售费用率 = 销售费用/营业收入

管理费用率 = 管理费用/营业收入

2012年上市公司营运能力各项指标如表2-3。从应收账款的回收期来看，2012年平均为72天，比2011年的68天延长了4天，说明中国上市公司平均收款期在增加，应收账款的回收速度变缓，企业出现收款困难的状况。

从存货周转情况来看，2012年形势也不容乐观，平均存货周转期达到239天，相比2011年的222天增加了17天，说明中国上市公司2012年存货积压情况比较严重。

与应收账款回收期及存货占压期相对应的是公司营业周期的拉长,由 2011 年的 255 天增长到 2012 年的 292 天,可见中国上市公司的流动资产的管理能力在下降,这既与 2012 年生产景气程度下降、物价上升较快有关,也与内需不振、出口困难有一定联系。

从成本费用管理水平来看,2012 年相对 2011 年略有下降,代表上市公司成本管理水平与产品盈利能力的营业成本率略有上升,2011 年为 72.38%,2012 年为 72.71%,但上升幅度不大。

期间费用率变化较大,由 2011 年的 16.86% 上升到 2011 年的 18.79%,期间费用中管理费用率略有上升,由 2011 年的 9.14% 上升到 2012 年的 10.08%。这主要是由于物价水平上涨及员工成本上升所致,考虑 2012 年的物价涨幅,中国上市公司费用管理处于较优状态。

表 2-3 2012 年中国上市公司营运能力

	平均	中位数	标准差	最小值	最大值	观测数
应收账款周转率	64.9133	7.3359	317.9590	0.3890	8 764.8991	2 468
应收账款周转天数	72	50	79	0	938	2 437
存货周转率	8.3671	3.6884	22.2184	0.0059	327.1659	2 437
存货周转天数	239	99	546	1	7 763	2 421
营业周期	292	171	458	0.03	4 662	2 453
流动资产周转率	1.3470	1.0243	1.2173	0.0100	16.3842	2 455
长期资产周转率	2.7940	1.6775	4.8069	0.0262	75.4940	2 430
总资产周转率	0.6762	0.5559	0.5098	0.0083	4.3163	2 432
营业成本率	0.7271	0.7622	0.1833	0.0369	1.6875	2 367
成本费用利润率	0.1458	0.0874	0.2651	−1.4167	2.9993	2 456
期间费用率	0.1879	0.1469	0.1573	0.0088	2.0895	2 456
销售费用率	0.0679	0.0413	0.0792	0.0000	0.5882	2 394
管理费用率	0.1008	0.0808	0.0887	0.0022	0.9187	2 437

1.4 盈利能力

公司成长的表现是营业收入与市场份额的上升,而成长的结果是企业盈利水平与盈利能力的提升。没有盈利能力提升的成长是粗放式、外延式成长,而伴随盈利能力提升的成长才是高质量、内涵式的成长,是一种真正的发展。

对于上市公司来说,其盈利能力有两种含义,一是公司本身的盈利能力,二是公司股东的获利能力,这二者缺一不可。

根据2012年我国上市公司的实际,我们从以下13个指标对各行业进行盈利能力分析:营业毛利率、营业利润率、销售净利率、资产报酬率、总资产净利润率(ROA)、净资产收益率(ROE)、投入资本回报率、长期资本收益率、市盈率、市净率、股利分派率、普通股获利率、托宾Q值。

营业毛利率 = 营业毛利额/营业净收入

营业利润率 = 营业利润/营业收入

销售净利率 = 净利润/销售收入

资产报酬率 = 息税前利润/资产平均总额

总资产净利润率(ROA) = 净利润/资产平均总额

净资产收益率(ROE) = 净利润/期末股东权益余额

投入资本回报率 = (净利润 + 财务费用)/(资产总计 − 流动负债 + 应付票据 + 短期借款 + 一年内到期的长期负债)

长期资本收益率 = (利润总额 + 利息费用)/(长期负债平均值 + 所有者权益平均值)

市盈率 = 期末股价/年度每股盈余(EPS)

市净率 = 期末每股股价/每股净资产

股利分派率 = 普通股每股现金股利/每股收益

普通股获利率 = (每股股息 + 期末股票市价 − 期初股票市价)/期末每股市价

托宾Q值 = 期末市场价值/期末总资产

其中公司的期末市场价值 = 股权市价 + 净债务市值,非流通股用流通股市价代替。

2012年上市公司盈利能力各项指标如表2-4所示,从2012年来看,中国上市公司的盈利能力有所下降,而股东获利能力下降较大。具体来看,营业利润率上升0.023个百分点,投入资本回报率上升0.42个百分点,除此之外,公司的营业毛利率、销售净利率、资产报酬率、总资产净利润率及净资产收益率都有所下降,分别由2011年的27.32%、10.09%、7.34%、5.38%和8.12%下降为2012年的27.29%、8.43%、6.34%、4.52%和6.12%。

2012年股东收益经历一个较小幅度的上涨,虽然股利分派率由2011年的34.53%上升到2012年的45.38%,所有上市公司平均的普通股获利率为 −4.39%(2011年为 −37.37%),较上年上升约33个百分点。

平均市盈率由2011年的54.6倍上升到2012年的79.9倍,虽然高市盈率意味着投资者对公司未来发展的认同,但是目前我国股市尚处于初级阶段,庄家肆意拉抬股价,造成市盈率较高的局面,市场风险较大,说明我国上市公司的估值水平尚不合理。股东对上市公司成长预期的托宾Q值也由2011年的2.03下降到

2012 年的 1.88,说明股东对未来的估值及成长预期在降低。

表 2-4 2012 年中国上市公司盈利能力

	平均	中位数	标准差	最小值	最大值	观测数
营业毛利率	0.2729	0.2378	0.1834	−0.6875	0.9631	2 427
营业利润率	0.0971	0.0670	1.0140	−9.4479	38.1315	2 427
销售净利率	0.0843	0.0681	0.3566	−8.9108	5.0692	2 464
资产报酬率	0.0634	0.0553	0.1254	−1.3515	4.1009	2 470
总资产净利润率(ROA)	0.0452	0.0383	0.1240	−1.3470	4.0910	2 470
净资产收益率(ROE)	0.0612	0.0740	0.4207	−18.7188	1.1284	2 434
投入资本回报率	0.2297	0.0810	4.6237	−44.4923	218.9019	2 428
长期资本收益率	0.1214	0.0927	1.4182	−19.0835	65.8939	2 403
市盈率	79.9709	31.0000	214.8404	0.6447	3 740.0000	2 250
市净率	2.6930	2.3074	1.9633	0.6025	35.1765	601
股利分派率	0.4538	0.1876	2.8036	0.0000	113.7931	2 470
普通股获利率	−0.0439	−0.0630	0.3088	−0.7991	2.1714	2 447
托宾 Q 值	1.8795	1.3043	5.0252	0.2888	172.4931	2 470

1.5 现金流量能力

现金流量是公司成长的另一个表现,现金之于企业如同血液之于人体,是公司成长的源泉与成长的营养。我们使用企业自由现金流、股权自由现金流、每股经营活动的现金净流量及每股现金净流量四个指标来测度中国上市公司的现金流量能力。

企业自由现金流 = 净利润 + 利息费用 + 非现金支出 − 营运资本追加 − 资本性支出

股权自由现金流 = 净利润 + 非现金支出 − 营运资本追加 − 资本性支出 − 债务本金偿还 + 新发行债务

每股经营活动的现金净流量 = 经营活动的现金净流量/总股数

每股现金净流量 = 现金及现金等价物的净增加额/总股数

企业自由现金流代表企业所获得的总现金流量中,除营运资本与资本性支出约束外,企业可以自由使用的现金流量,其值越大,表示企业获得现金流量的能力越强,企业现金流量可自由支配程度越高,企业现金使用的自由裁量权越大。股权自由现金流代表企业所获得的总现金流量中,除营运资本、资本性支出及债务约束外,企业能够自由使用的现金流量,这部分现金流量代表股东可以自由要求与支配的部分,其值越大,表示企业可用于股利分配或其他自由支出的能力越强。每股经营活动的现金净流量及每股现金净流量分别表示每股获取经营性现金的能力及获取总现金的能力。

2012年上市公司现金流量状况各项指标如表2-5所示,2012年企业自由现金流量有较大上升,由2011年平均的2.595亿元上升到2012年的4.613亿元,股权自由现金流量下降明显,2011年为-7.09亿元,2012年为-9.46亿。2012年企业获取现金流量的能力有所上升,每股经营活动的现金流量由2011年的0.1771元上升到2012年的0.3997元,但是,每股现金净流量却是有所下降,由2011年的0.301元下降到2012年的0.094元。造成上述状况的主要原因,一是企业应收账款与存货周转速度加快,盈利能力增强,营业利润上升,经营活动现金净流量增加,二是企业投资扩张,带来自由现金流量的下降,因而出现每股经营活动现金流量上升而每股现金流量下降的现象。

表2-5 2012年中国上市公司现金流量状况

	平均	中位数	标准差	最小值	最大值	观测数
企业自由现金流(亿元)	4.6129	1.2627	20.0338	-71.75	268.95	2 440
股权自由现金流(亿元)	-9.4626	-0.8153	51.9781	-556.75	705.16	2 453
每股经营活动现金净流量(元)	0.3998	0.2864	1.0894	-4.29	17.39	2 449
每股现金净流量(元)	0.0943	-0.0234	1.0894	-4.26	7.01	2 442

1.6 投资状况

投资是公司成长的基础,是构成公司未来成长的重要支撑要素。分析中国上市公司的投资状况可以从另一个侧面反映公司的成长潜力与成长动力。

在分析我国上市公司投资状况时,我们采用了以下五个指标:新增金融性投资、新增固定资产投资、新增无形资产投资、现金再投资比率和现金满足投资比率。其中:

新增金融性投资=新增交易性金融资产+新增可供出售金融资产+新增持有至到期投资+新增长期股权投资

新增固定资产投资=新增固定资产

新增无形资产投资=新增无形资产+新增研发支出

现金再投资比率=(经营活动现金净流量-现金股利-利息支出)/(固定资

产原值+对外投资+营运资金)

现金满足投资比率=近5年经营现金流量净额之和/近5年资本支出、存货增加、现金股利之和

现金再投资比率越高,表明企业可用于再投资在各项资产的现金越多,企业再投资能力强;反之,则表示企业再投资能力弱。一般而言,凡现金再投资比率达到8%—10%的,即被认为是一项理想的比率。

现金满足投资比率是指经营活动现金流量与资本支出、存货购置及发放现金股利的比率,它反映经营活动现金满足主要现金需求的程度,用于衡量企业维持或扩大生产经营规模的能力。该比率越大,说明企业资金自给率越高,企业发展能力越强。如果现金满足投资比率大于或等于1,表明企业经营活动所形成的现金流量足以应付各项资本性支出、存货增加和现金股利的需要,不需要对外筹资;若该比率小于1,说明企业来自经营活动的现金不足以供应目前营运规模和支付现金股利的需要,不足的部分需要靠外部筹资补充。

2012年上市公司投资状况各项指标如表2-6所示。2012年上市公司固定资产投资下降,无形资产投资上升,金融性投资大幅上升。现金再投资比率下降而现金满足投资比率有所上升。说明企业现金持有量下降,而由于投资意愿降低,现金满足投资比率反而上升。

表2-6 2012年中国上市公司投资状况

	平均	求和	中位数	标准差	最小值	最大值	观测数
新增金融性投资(亿元)	11.3968	20 901.7821	0.0274	133.5366	-26.9271	3 149.4200	1 834
新增固定资产投资(亿元)	-1.3628	-3 347.0533	0.0000	21.4221	-893.9400	118.9944	2 456
新增无形资产投资(亿元)	0.7893	1 904.6747	0.0325	5.9387	-22.5845	167.8801	2 413
现金再投资比率	0.0266		0.0743	2.6757	-114.8017	37.1305	2 469
现金满足投资比率	0.4157		0.0002	13.6021	-329.0135	409.6643	2 469

下面,我们从不同侧面详细分析2012年中国上市公司的成长状况。

2 中国上市公司发展能力分析

本部分,我们将分行业、分地区、分第一大股东持股比例与最终控制人性质分析中国上市公司的发展水平与发展能力。

2.1 中国上市公司分行业的发展能力分析

我们根据中国证监会行业分类,分 13 个大的行业对中国上市公司分行业的发展能力与发展水平进行分析,其中制造业按二级代码又分为 10 个子行业进行分析。表 2-7 列示了中国上市公司分行业的发展指标。图 2-1—图 2-6 列示了上市公司核心发展指标中增长最快与最慢的三个产业。

从图 2-1 可以看出,纺织与服装业、信息技术业和交通运输业的营业收入增长率较高,分别达到 46.68%、42.80% 和 34.36%。纺织和服装业由于成本较低,消费群体多,并且目前消费者个性化需求增加,导致服装的附加值提高。当代社

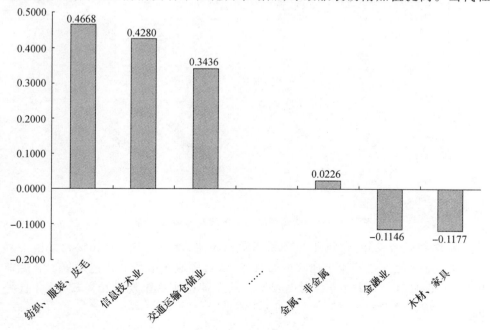

图 2-1 公司平均营业收入增长率最高与最低的行业

会,各种活动的竞争归根到底是信息的竞争,信息的重要性水平大幅度提高,信息技术行业中的收入很大程度上由信息带来。对交通运输业来说,国家政策的放宽,资金流通性强,营业收入增长率较高。

同时,我们看到,木材、家具行业的营业收入增长率最低,这是因为随着技术的发展,这些基础性作业很大程度上被机器所取代,导致木材家具行业的市场份额缩小,营业收入最低。金融业由于其风险性较大,并且对消费群体有一定的要求,导致其营业收入增长率较低。

与营业收入增长相对应,纺织服装和信息技术业的营业利润率也得到较快增长,分别为56.26%和46.69%,居于行业前列。同样地,金融业由于其营业收入增长率较低导致其营业利润也较低。如图2-2所示。

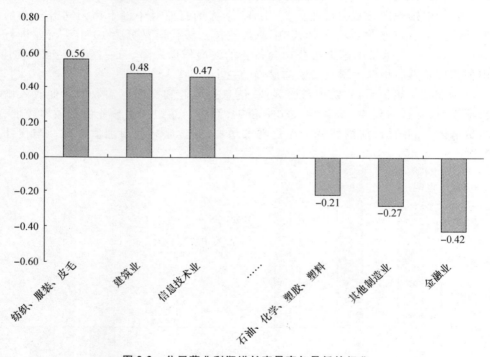

图2-2 公司营业利润增长率最高与最低的行业

除纺织服装业外,建筑业的净利润增长较快,增长达到43.26%。这很大程度上是得益于近几年国家土地政策的改变,以及房地产市场的快速发展。金融业由于其风险性较大,因而净利润也较低。批发零售业由于规模相对较小,并且处于行业下游,因而净利润很低。如图2-3所示。

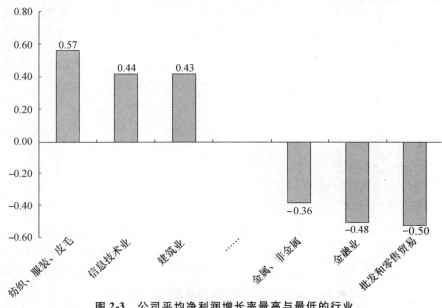

图 2-3　公司平均净利润增长率最高与最低的行业

可持续增长率表明公司在受到资金约束条件下第二年可以增长的最高比率,从图 2-4 中可以看到,纺织业、金融业与建筑业受到资金约束较少,可以在上年的基础上保持较快增长。木材家具业处于逐渐退市的阶段,可持续增长率较低。农林牧渔业受技术、市场约束大,同时由于国家相关政策的限制,成长预期较低,可持续增长率不高。

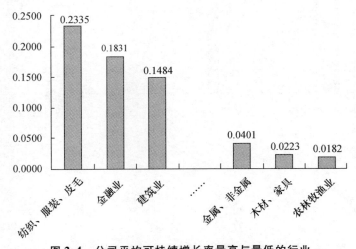

图 2-4　公司平均可持续增长率最高与最低的行业

在较高的利润增长支撑下,纺织服装业与信息技术业的资本积累能力较强,而利润增长乏力的、出口获利能力下降的木材家具业资本积累率最低。如图2-5所示。

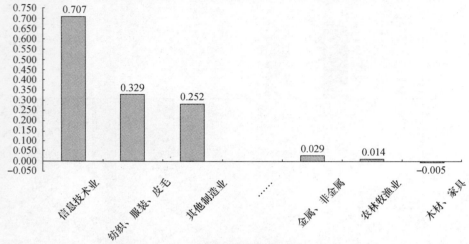

图2-5　公司平均资本积累率最高与最低的行业

从经营现金流的增长情况来看,服装与交通业增长较快,而金属业出现了较大的负增长。如图2-6所示。

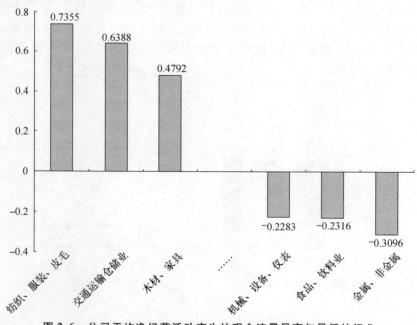

图2-6　公司平均净经营活动产生的现金流量最高与最低的行业

表 2-7 2012 年中国上司公司分行业发展水平的均值

（单位：%）

	营业收入增长率	营业利润增长率	净利润增长率	基本每股收益增长率	净资产收益率增长率	可持续增长率	固定资产增长率	资本积累率	每股经营活动产生的现金流量净额增长率	经营活动产生的现金流量净额增长率
农林牧渔业	14.38	20.30	15.00	-5.13	-1.51	1.82	-15.60	1.37	1.25	1.25
采掘业	9.07	-11.72	-9.69	-30.32	-13.37	6.45	34.30	4.42	-8.23	3.25
制造业	11.52	0.98	-1.89	-13.25	-15.32	8.26	25.18	13.63	-7.89	6.18
其中：食品、饮料业	12.45	-13.93	-2.78	-9.58	-21.32	5.92	-2.79	27.93	-22.63	-23.16
纺织、服装、皮毛	46.68	56.26	57.07	20.33	18.83	23.35	5.05	32.94	31.88	73.55
木材、家具	-11.77	6.31	-11.76	-34.52	-12.97	2.23	58.78	-0.45	30.44	47.92
造纸、印刷	13.27	-7.83	1.31	-20.53	-9.69	8.49	5.62	16.16	-20.88	5.44
石油、化学、塑胶、塑料	5.76	-21.36	-10.82	-20.80	-22.09	6.24	32.77	8.88	-3.43	2.39
电子	8.12	-19.60	-10.86	-22.05	-18.96	6.16	29.71	10.60	-12.98	-4.15
金属、非金属	2.26	23.10	-35.97	-13.68	-47.95	4.01	25.40	2.92	-35.49	-30.96
机械、设备、仪表	9.64	-19.82	-7.48	-16.01	-14.01	8.03	51.03	8.68	-37.52	-22.83
医药、生物制品	17.30	5.74	4.29	-2.42	-9.73	9.87	21.06	14.97	-0.42	7.47
其他制造业	18.15	-26.93	0.59	-22.81	-3.15	6.62	26.61	28.19	22.29	24.99
电力、煤气及水的生产和供应业	15.78	4.86	4.95	-1.99	-9.08	7.81	11.70	13.02	34.49	42.12
建筑业	32.78	48.12	43.26	9.09	25.38	14.84	42.18	14.46	-10.74	16.04
交通运输仓储业	34.36	-18.29	-2.21	-60.31	-18.78	7.14	16.58	20.93	54.02	63.88
信息技术业	42.80	46.69	43.63	34.19	-22.84	12.93	8.99	70.67	-3.97	32.49
批发和零售贸易	13.12	9.04	-49.85	-55.39	-59.85	10.75	20.37	19.37	-0.54	2.66
金融业	-11.46	-41.53	-48.17	-44.81	-57.02	18.31	0.00	12.62	-12.35	-12.35
房地产业	16.11	19.94	-4.71	-9.62	-17.17	9.69	65.37	9.36	-18.98	-17.76
社会服务业	19.57	25.21	9.24	-4.09	-1.87	10.54	11.92	14.70	-8.35	-8.00
传播与文化产业	14.82	11.58	3.76	-14.03	-5.19	9.82	0.74	8.69	2.90	30.34
综合类	26.42	-16.90	-5.79	-2.35	-20.91	6.37	7.29	13.34	5.66	7.29

2.2 中国上市公司分地区的发展能力分析

由于地区市场、金融、经济等发展的差异,中国上市公司发展能力存在地域上的差异。我们按省(市、自治区,以下统一简称省份)划分,分为31省份(港澳台除外)进行分析。

表2-8列示了中国上市公司分省份间的发展水平及发展差异。从市场开拓能力来看,吉林、黑龙江、广东这些省份的营业收入增长率最高,分别为2.22、1.94和1.35,主要原因是这些省份的营业收入基点较低,加之有丰富的资源储备与较低的人力资源成本,实现了较快增长。

从净利润来看,在31个省份中,有19个省份利润比去年下滑,12个省份净利润比去年有所增长。其中增长较快的是辽宁、内蒙古、重庆这三个省份。这三个省份自然资源较为丰富,投资机会相对较多,有较低的运输成本、人力资源成本与土地成本,故其净利润的增长率相对较高。而云南、天津、山西三个省份上市公司的净利润下降程度较大。

从现金的充足性与现金获取能力来看,福建、云南和安微最高,较低的是黑龙江、山西和宁夏都出现了负增长。

2.3 中国上市公司按第一大股东持股比例分类的发展能力分析

按照第一大股东持股比例,我们把上市公司划分为四类,分别为持股比例小于20%、持股比例大于等于20%且小于40%、持股比例大于等于40%且小于60%和持股比例大于等于60%。表2-9列示了不同控股类型的上市公司的发展水平。

从表2-9中可以看出,不同大股东持股比例的上市公司,持股比例与其营业收入密切相关,持股比例越大,营业收入增长率越高,当然,由于风险的原因,导致营业利润与营业收入有不一致的地方。同时,持股比例越大,公司在获取高收益的同时,承担的风险也就越大。从未来的增长能力来看,最高持股比例组上市公司的可持续增长能力最强,平均达到8.9%。

2.4 中国上市公司按最终控制人分类的发展能力分析

不同控制人类型会对公司的发展能力与发展水平产生影响,我们按国有控股、民营控制、外资控股和集体控股对中国上市公司发展状况进行分析,由于社团控股、职工持股会控股与无控制人公司数量较少,我们把这些公司合为一类,统称为其他。表2-10列示了分析的结果。

表 2-8　2012 年中国上市公司分地区发展水平

	营业收入增长率	营业利润增长率	净利润增长率	基本每股收益增长率	净资产收益率增长率	可持续增长率	固定资产增长率	资本积累率	每股经营活动产生的现金流量净额增长率	经营活动产生的现金流量净额增长率
安徽	0.0959	-0.6158	0.0932	-0.3315	-0.1157	0.0237	0.4374	0.1255	1.3202	1.4987
北京	0.2625	-0.2354	-0.2522	-0.6818	-0.8908	0.1005	0.2355	0.1722	0.7981	0.8820
福建	0.2290	-0.4499	-0.2718	-0.5593	-0.5339	0.0657	0.2564	0.1220	1.6969	1.9079
甘肃	0.4820	0.1931	0.1982	-0.1816	-0.1599	0.0821	0.5103	0.6859	0.4496	0.3666
广东	1.3529	0.9860	0.3242	0.6105	-0.2706	0.0767	0.5709	0.1682	0.9857	1.2112
广西	0.4050	0.1064	-0.5279	-0.9650	-1.4998	0.0400	0.0995	0.0847	-0.0868	-0.0324
贵州	0.1428	-0.4121	0.0525	0.0313	-0.1225	0.1134	0.3600	0.2832	0.0764	0.0894
海南	0.1002	-0.1780	-1.2775	-1.7828	-1.5278	0.0901	0.1674	0.3615	0.2718	0.1296
河北	0.2515	0.5822	0.0153	-1.9472	-0.5695	0.0782	1.8035	0.1737	0.0383	-0.0511
河南	0.2153	-2.2287	-0.3384	0.3326	-0.7629	0.0667	0.3118	0.1305	0.2234	0.5376
黑龙江	1.9443	0.8515	0.1384	1.0006	2.1527	0.0749	0.1348	2.9414	-0.4416	-0.3660
湖北	0.4253	-0.1530	-1.7381	-0.6229	-2.4930	0.0964	0.2449	0.3038	0.1223	0.2044
湖南	0.0901	-0.0835	-1.0960	-0.9038	-1.4745	0.0770	0.3239	-0.9649	-0.2079	-0.2829
吉林	2.2258	-1.6459	-0.2502	-0.7766	-0.4940	0.0649	0.3089	0.4531	3.0321	0.1049
江苏	0.0604	-2.5947	-0.9761	-1.1748	-1.4264	0.0691	0.3009	0.0689	0.3960	0.3705
江西	0.3478	-0.1780	-0.3363	-0.4747	-1.6887	0.0709	0.2829	0.1923	0.8027	1.1198
辽宁	0.5246	-0.3220	7.5094	0.4317	-2.0615	0.0708	0.1368	2.8133	-2.2534	-0.2103
内蒙古	0.3700	-0.1200	1.8458	0.0545	1.4503	0.1019	0.1641	0.1581	0.3189	0.3995
宁夏	-0.0348	-0.4547	-0.3999	0.5094	-0.5722	0.0336	0.5356	0.2484	-1.3128	-1.2627

(续表)

	营业收入增长率	营业利润增长率	净利润增长率	基本每股收益增长率	净资产收益率增长率	可持续增长率	固定资产增长率	资本积累率	每股经营活动产生的现金流量净额增长率	经营活动产生的现金量净额增长率
青海	0.0925	-0.6294	-0.9942	-0.8006	-0.4535	0.0380	0.5736	0.0750	-0.1320	-0.2370
山东	0.0760	-0.7770	-1.2276	-1.2781	-1.2689	0.0799	0.3764	0.1885	0.6606	0.8406
山西	0.2302	-1.1964	-2.4264	0.1138	0.3784	0.0834	0.1897	2.8658	-0.6574	-0.8105
陕西	0.3139	-0.5138	0.5237	0.3698	0.8423	0.0491	0.1397	0.1455	-0.0991	-0.0604
上海	0.1154	1.9524	0.1953	-0.4712	-0.5013	0.0847	0.4040	0.2818	-0.0342	-0.2256
四川	0.7540	0.7110	0.6919	2.7097	0.4105	0.1177	0.2667	0.1820	-0.4262	-0.2294
天津	0.0868	2.4860	-2.9857	-4.4853	-3.5405	0.0695	0.2392	0.0700	0.4439	0.5054
西藏	0.0900	-0.9508	-0.9058	-0.5887	-1.0862	0.0628	0.0259	0.1390	0.2546	0.3414
新疆	0.0868	-0.9397	-1.4430	-1.3831	-1.9434	0.0676	0.2318	0.1474	-0.0218	0.0058
云南	0.1333	-1.6138	-1.9729	-2.8505	-1.0312	0.0429	0.0974	0.0126	1.5172	1.5454
浙江	0.0574	-0.5270	-0.8587	-0.4119	-1.0052	0.0745	0.3096	0.1129	0.0202	-0.0597
重庆	0.1987	1.5833	1.0694	0.1068	0.7766	0.0856	0.2753	0.1275	0.4712	0.5600

表 2-9　2012 年中国上市公司按第一大股东持股比例分类的发展水平

	持股比例<20%	20%≤持股比例<40%	40%≤持股比例<60%	持股比例≥60%
营业收入增长率	0.1080	0.1068	0.1414	0.1234
营业利润增长率	0.2799	-0.4906	-0.3913	-0.0978
净利润增长率	-0.0839	-0.1427	-0.6473	-0.4633
基本每股收益增长率	-0.1621	-0.1346	-0.7877	-0.6927
净资产收益率增长率	-0.1536	-0.4034	-0.9401	-0.8454
可持续增长率	0.0867	0.0794	0.0745	0.0890
固定资产增长率	0.1382	0.3013	0.3709	0.3823
资本积累率	0.1545	0.2991	0.0295	0.1337
每股经营活动产生的现金流量净额增长率	-0.0432	0.8731	0.6067	0.2186
经营活动产生的现金流量净额增长率	0.0148	0.9074	0.6846	0.3544

从表 2-10 可以看出,综合来看,外资控股公司的增长能力与增长质量相对较高,相对上年,外资公司营业收入平均增长 10.79%,净利润平均增长了 5.22%,净利润与营业收入实现了同步增长,这些公司追求的是规模与效益的平衡增长。集体控股公司的增长能力较弱,而增长质量也比较低下,表现在营业收入仅增长了 2.28%,而净利润反比上年下滑了 45.84%,即这些公司在规模扩张的同时,没有实现利润的同步增长。

国有公司和民营公司占上市公司大多数,总体来看,这些公司虽具有较强的市场开拓能力与业务扩张能力,但成长质量较低。国有与民营公司的营业收入都在增长,但净利润却在下降。

表 2-10　2012 年中国上市公司按最终控制人分类的发展水平

	国有控股	民营控股	外资控股	集体控股	其他
营业收入增长率	0.8769	0.2274	0.1079	0.0228	0.1057
营业利润增长率	-0.2830	0.0059	-0.0162	-0.4023	-0.0988
净利润增长率	-0.6014	-0.3416	0.0522	-0.4584	0.0916
基本每股收益增长率	-0.3069	-0.4060	-0.1582	-0.3874	-0.1209
净资产收益率增长率	-0.9110	-0.5045	-0.3265	-0.5503	-0.0610
可持续增长率	0.0770	0.0784	0.0653	0.0575	0.1144
固定资产增长率	0.2387	0.4750	0.1903	0.0501	0.1984
资本积累率	0.2257	0.1455	0.0960	0.0804	0.2890
每股经营活动产生的现金流量净额增长率	0.9370	0.2298	0.3819	0.3552	0.2092
经营活动产生的现金流量净额增长率	0.9763	0.5758	0.5684	0.3794	0.2647

3 中国上市公司发展风险分析

我们仍然分行业、分地区、分第一大股东持股比例和分最终控制人类型具体分析不同类型群体上市公司的风险状况。由于金融业风险的特殊性,本部分在分析时予以剔除。

3.1 中国上市公司分行业的发展风险分析

图2-7—图2-11列示了风险最高与最低的三个行业,表2-11综合列示了不同行业的流动性风险、长期偿债风险、财务风险、经营风险和综合风险状况。

我们首先分析不同行业的流动性风险。现金(包括现金等价物,下同)多少是公司流动性强弱的重要标志,如图2-7所示,平均现金持有量最大的是传播与文化产业类公司,平均每个公司拥有29亿元的现金余额。居于第二位的是制造业,为22亿元,农、林、牧、渔业现金最为匮乏,期末平均每家公司仅持有8亿元现金,电力煤气及水的生产和供应业现金也不充足,每家公司仅持有10亿元现金。造成这种状况一方面是因为不同行业公司的规模不同,另一方面也与行业盈利能

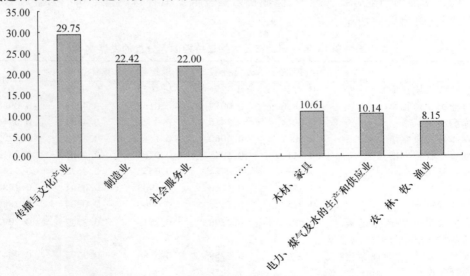

图2-7 公司平均现金持有量最多与最少的行业(单位:亿元)

力、产品市场的地位、产品价格趋势有关。制造业公司的平均现金持有量居于第二位,由于其对资金的依赖性比较强,而且开发活动周期比较长,经营风险较大,需要保持较高的现金余额降低风险。而农林牧渔行业属于国民经济的基础性行业,利润率低,往往具有增产不增收的特点,市场调议价能力较弱,现金回收期长,回款率低,当然这个行业一般规模较小,而且很多产品都有即产即销的特点,所以其需要的现金余额较少。

流动资产对流动负债保障能力最低的行业是建筑业,信息技术业的流动性风险较低,无论是现金比率、流动比率还是速动比率都处于较高水平。现代信息技术更新换代快,企业随时都可能在竞争中失败,因此该企业持有较多现金,以应对竞争的变化和技术发展的不确定性(见图2-8)。

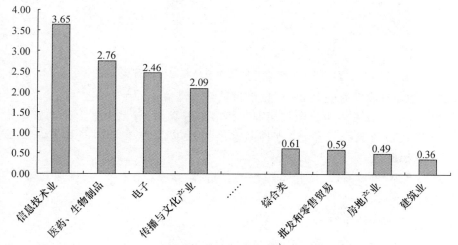

图2-8　公司平均现金比率最高与最低的行业

资产负债率是表示公司长期偿债风险的最常用指标,这个指标既具有鲜明的行业特点(如房地产业负债率普遍较高),同时又能展示公司资金来源结构的稳定性,资产负债率越高,表示长期偿债与破产风险越大,一般认为50%的负债比率是较优的。图2-9显示了负债率最高与最低的三个行业。

综合类和房地产业的负债率较高,与其行业特点与发展模式有关,房地产业负债率较高与其政府背景有关,一方面是需要大量的投资,另一方面在政府地产调控和政策约束下,企业盈利能力受限,因而不得不依靠外部贷款维持增长。

机械、设备、仪表由于有高利润作保证,其利润对利息的保障程度较高,达到85倍,次之是农、林、牧、渔业,而农、林、牧、渔业利息保障程度较高不是由于其高利润,而是负债及贷款较少所致。建筑业由于其高负债低收益率的特征,其利息负担较重,利息保障倍数也仅有9倍多一点。主要从事小商品生产的其他制造业

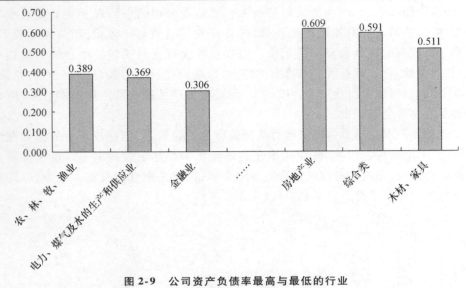

图 2-9　公司资产负债率最高与最低的行业

和造纸印刷业利息负担也较重,利息偿付风险较高。

长期资产适合率表明公司长期资产的占用资金中,有多少是由长期资金来源(包括长期负债与股东权益)来支撑。这个指标越高,则表明其长期偿债风险越小,增长越稳健。

从图 2-10 可以看出,增长最稳健的是机械、设备、仪表业,采掘业和金融业,

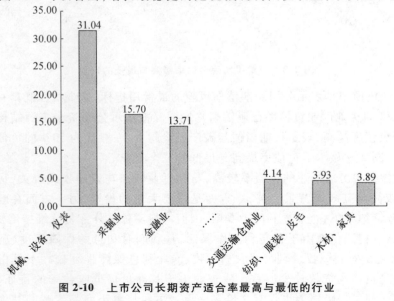

图 2-10　上市公司长期资产适合率最高与最低的行业

机械、设备、仪表业的资产适合率较高的原因是公司资金主要来自银行长期借款，而其资产中大部分为存货类资产，而长期资产较少，采掘业资金主要来源于自有资金，且这些长期性资金数量较大所致。木材、家具业及交通运输仓储业（如高速公路）的资产结构中大部分为长期性资产，因而适合率较低。结合流动负债比率分析可以更好地理解这些行业的特征，交通运输仓储业虽然负债率较高且长期资产适合率较低，但负债结构比较稳定，主动负债中大多为长期性负债。

杠杆程度代表公司增长的风险及利润增长对营业收入增长的敏感性，高杠杆意味着公司在市场较好、营业收入增加的情况下，利润增长有更大的幅度，相反在市场萎缩期，公司利润可能面临较大的下降风险，利润受市场影响更大，也更具有波动性。

从图 2-11 中可见，信息技术业、其他制造业及社会服务业受市场的影响最大，利润波动性风险也最大，而造纸、印刷业，综合类及交通运输与仓储业利润增长会比较稳定，受市场的影响较小，综合风险较低。

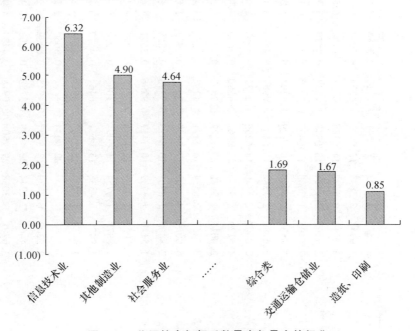

图 2-11　公司综合杠杆系数最大与最小的行业

表 2-11 2012 年中国上市公司分行业的发展风险

	流动比率	速动比率	现金余额(亿元)	现金比率	资产负债率	利息保障倍数	长期资产适合率	流动负债比率	财务杠杆系数	经营杠杆系数	综合杠杆
农、林、牧、渔业	2.8823	1.9222	8.1541	1.2612	0.3888	49.9449	4.8514	0.8068	1.2566	4.2081	2.2480
采掘业	3.0947	2.7883	12.9961	1.6573	0.4043	4.0070	15.7761	0.7793	0.9444	1.4907	2.1983
制造业	3.2544	2.5442	14.9385	1.4751	0.4700	16.8455	9.4069	0.8219	1.2141	1.5886	3.7691
其中:食品、饮料业	2.9565	2.1424	15.0043	1.4833	0.4519	5.3868	4.4265	0.8584	0.8889	1.8613	4.1036
纺织、服装、皮毛	2.5405	1.7600	12.8027	0.9212	0.4290	19.3396	3.9257	0.8142	2.0085	1.2668	4.6367
木材、家具	3.6520	2.8049	10.6129	1.9191	0.5108	1.5969	3.8883	0.7056	1.7360	1.2764	4.6260
造纸、印刷	2.6989	2.1382	16.5403	0.9987	0.4545	6.1223	5.1055	0.8051	0.0520	1.5664	-0.8590
石油、化学、塑胶、塑料	2.8907	2.3346	18.6255	1.2621	0.4567	8.4617	13.6718	0.8316	1.8897	1.7449	4.1886
电子	4.6129	3.9173	20.2261	2.4580	0.4655	7.0805	13.5858	0.8421	0.8326	1.7523	3.8958
金属、非金属	2.0613	1.5940	20.1222	0.7837	0.4937	6.3294	8.3480	0.8234	1.7217	1.3240	4.2186
机械、设备、仪表	3.2457	2.6534	16.2421	1.4202	0.4583	85.4602	31.0399	0.8218	0.8415	1.4172	4.0252
医药、生物制品	5.0051	4.2709	17.6639	2.7646	0.4973	21.0526	5.1762	0.8370	0.8361	2.1797	3.9559
其他制造业	2.8805	1.8261	10.8473	0.7398	0.4828	7.6247	4.9017	0.8797	1.3345	1.4972	4.8993
电力、煤气及水的生产和供应业	1.5110	1.3787	10.1417	0.9296	0.3691	7.6231	9.8108	0.8207	3.0806	0.6941	4.0426
建筑业	1.5000	1.0105	12.8316	0.3609	0.3912	9.1779	9.5525	0.8182	1.1834	1.2857	3.8716
交通运输仓储业	1.8879	1.6754	11.5094	1.1063	0.3930	8.9263	4.1395	0.7787	1.1207	1.1353	1.6733
信息技术业	5.9475	5.4538	15.9611	3.6464	0.4679	15.7618	4.5365	0.8327	0.8375	1.6388	6.3184
批发和零售贸易	1.4438	1.0274	15.5387	0.5919	0.4272	8.8890	5.2630	0.7641	0.8079	2.4218	3.3841
金融业	—	—	22.0034	—	0.3060	2.2153	13.7132	0.7558	—	—	—
房地产业	2.2209	0.8430	13.8037	0.4945	0.6089	6.2937	4.5623	0.7997	1.1421	1.6069	2.6508
社会服务业	2.4467	2.1244	22.4199	1.3153	0.4668	16.4654	6.0019	0.8045	0.8656	1.7411	4.6417
传播与文化产业	3.6701	3.3038	29.7508	2.0918	0.4433	4.4409	5.0483	0.7513	0.4469	0.8158	2.2950
综合类	1.8451	1.3599	10.6601	0.6146	0.5913	26.5590	8.1790	0.7959	1.2793	1.4564	1.6855

3.2 中国上市公司分地区的发展风险分析

由于不同地域经济发展水平、市场完善程度、投资机会、金融市场发育程度及其他条件不同,不同地区上市公司所面临的发展风险也存在一定的差异。

图 2-12—2-16 列示了发展风险最高与最低的四个省份,表 2-12 列示了不同省份的流动性风险、长期偿债风险、财务风险、经营风险和综合风险状况指标。

我们首先分析不同地区的流动性风险。

从现金余额来看,辽宁、新疆、浙江与山西公司的现金余额较多,而江西、云南、西藏与青海公司的现金持有余额较少(如图 2-12 所示)。

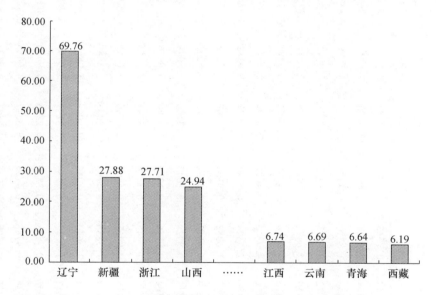

图 2-12 公司平均现金持有额最多与最少的省份(单位:亿元)

从现金对流动负债的保障程度来看,北京等经济发达省份的短期负债偿付风险较低,而宁夏、云南等经济欠发达地区的短期负债偿付风险较高。值得一提的是山西省上市公司的平均现金持有余额虽然较大,但其流动负债也较多,其现金比率在全部 31 个省份中排名倒数第二,值得警惕(如图 2-13 所示)。

表 2-12 2012 年中国上市公司分地区的发展风险

	流动比率	速动比率	现金余额（亿元）	现金比率	资产负债率	利息保障倍数	长期资产适合率	流动负债比率	财务杠杆系数	经营杠杆系数	综合杠杆
安徽	1.9956	1.5522	12.6530	0.7513	0.4683	4.3482	9.5593	0.8222	0.8968	1.4940	3.3647
北京	4.4667	3.9112	18.3373	2.5837	0.4076	13.9033	9.8147	0.7617	0.8676	1.2289	4.1023
福建	3.3729	2.5743	14.8548	1.3310	0.4621	14.9765	5.5991	0.8171	1.1413	1.5001	3.0593
甘肃	2.0441	1.4935	14.0672	0.8553	0.3982	7.0478	8.0043	0.8534	1.1125	2.1672	2.4687
广东	3.7907	3.1821	18.0819	2.0496	0.6912	11.6578	2.0514	0.8157	0.8436	1.2640	3.2967
广西	1.7489	1.2505	8.2323	0.6810	0.4982	5.9196	30.7394	0.7399	1.9244	1.5096	4.8386
贵州	6.2038	5.7133	8.6452	4.0225	0.4621	0.2702	5.1925	0.8629	-0.0281	2.3895	1.4271
海南	4.5558	3.7905	11.2784	2.5308	0.5286	3.6927	5.9182	0.7869	1.4770	1.6863	3.0268
河北	3.6149	2.7427	20.2865	1.6082	0.4164	2.7962	7.7145	0.8564	1.4028	1.8502	4.2955
河南	2.5314	1.9884	12.2579	1.0512	0.4432	11.9620	6.6009	0.7928	1.3782	0.9901	3.3271
黑龙江	1.8670	1.3978	10.1345	0.6328	0.3048	8.2106	5.5648	0.8457	1.8576	5.7001	3.0995
湖北	2.5278	1.8489	8.3504	0.9756	0.4349	7.2680	6.9926	0.8420	1.4868	1.5785	4.9157
湖南	2.8128	2.3176	16.8576	1.2345	0.4776	7.8791	32.1496	0.8491	1.0010	4.3513	3.7022
吉林	3.1560	2.4205	12.8125	0.9467	0.4607	42.6286	4.6241	0.8295	3.3873	2.6445	5.8480
江苏	3.2388	2.6434	16.8808	1.5856	0.4293	160.8853	6.6581	0.8379	0.9838	1.1593	3.7694
江西	2.9916	2.3845	6.7363	1.6642	0.4059	12.4069	13.9861	0.8531	0.8930	1.7870	2.5883
辽宁	2.3540	1.8093	69.7612	1.0217	0.4659	5.3199	7.0190	0.7896	1.7805	0.9795	4.9939
内蒙古	1.8756	1.4491	10.0901	0.7508	0.3879	16.2353	4.9950	0.8357	1.6191	1.8111	1.9043
宁夏	1.5062	1.1196	12.1078	0.4788	0.4133	9.8647	4.0336	0.8276	0.6717	0.8240	1.5838
青海	1.5654	1.1480	6.6371	0.5795	0.3375	71.8821	7.0376	0.7880	1.1149	2.2092	0.0415

（续表）

	流动比率	速动比率	现金余额（亿元）	现金比率	资产负债率	利息保障倍数	长期资产适合率	流动负债比率	财务杠杆系数	经营杠杆系数	综合杠杆
山东	2.8843	2.3130	13.6288	1.2614	0.4382	9.4327	5.7741	0.8179	0.6659	1.2922	1.8810
山西	1.4786	1.0603	24.9409	0.5053	0.3907	7.5371	10.7734	0.8164	3.7714	1.5389	4.8782
陕西	2.5678	1.9995	10.3686	1.0054	0.4339	8.0812	5.3595	0.8152	1.2334	2.9236	5.3592
上海	3.3953	2.7715	16.4921	1.6755	0.2981	15.4535	14.7153	0.8192	0.8744	1.2323	3.1316
四川	2.0291	1.5708	11.9732	0.8675	0.4233	5.6043	8.1054	0.8300	1.3007	2.0063	4.5034
天津	2.7014	1.9746	13.7159	1.1737	0.4261	11.6746	5.6673	0.7375	1.0870	1.2763	2.6285
西藏	2.4391	2.0324	6.1896	1.1114	0.3522	4.2595	4.9681	0.8006	1.5818	2.5191	7.8217
新疆	1.8116	1.3397	27.8810	0.6271	0.4146	17.1170	6.3497	0.8029	1.5905	1.6403	2.8152
云南	1.6393	1.0597	6.6907	0.5572	0.4477	6.1084	4.9189	0.8693	2.2513	3.5238	10.3960
浙江	3.1063	2.4420	27.7094	1.3654	0.4560	10.8664	5.2753	0.8202	1.3076	1.6925	5.6875
重庆	3.1267	2.6080	6.8448	1.7544	0.4234	3.6465	5.9816	0.8515	1.5903	2.2277	3.9258

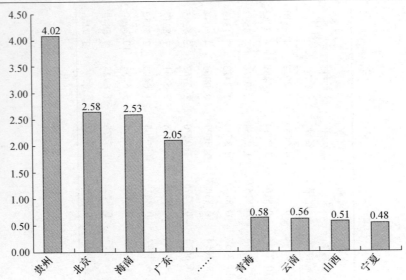

图 2-13 公司平均现金比率最高与最低的省份

从流动比率与速动比率分析,也存在大致相同的结果。贵州与北京牢牢占据前 2 名的位置,短期偿债风险极低,宁夏、云南等省份排名垫底,其流动比率不足 2,面临较大的短期债务偿付风险。

图 2-14 显示了负债率最高与最低的四个省份。

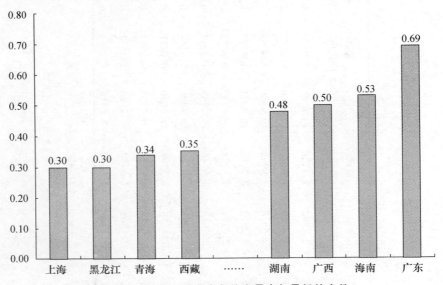

图 2-14 公司平均资产负债率最高与最低的省份

上海、黑龙江等地区的上市公司具有比较稳定的资本结构,负债结构比较合理,这些地区企业经营比较稳健,因而公司长期偿债风险较低。而广东、海南、湖南和广西地区的上市公司的资本来源中负债较多,过度依赖负债,尤其是银行借款,造成资产负债率较高,长期负债偿付风险较高,甚至具有破产风险。

另外,公司利息负担较高的四个省份是贵州、海南、河北与安徽,其利息保障倍数都不到5倍,这些地区的上市公司的负债率偏高,且大部分为有息的银行借款,而这些省份的上市公司盈利能力有限,因而利息负担较重。

长期资产适合率表明公司长期资产的占用资金中,有多少是由长期资金来源(包括长期负债与股东权益)来支撑。这个指标越高,则表明其长期偿债风险越小,增长越稳健。图2-15列示了增长最稳健与风险最高的8个省份。

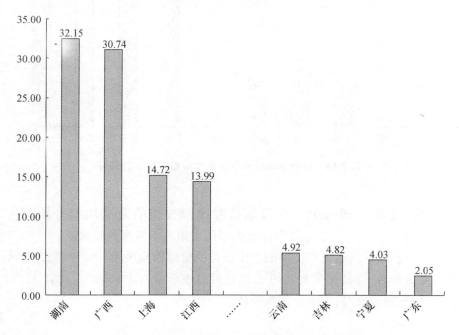

图2-15 公司平均长期资产适合率最高与最低的省份

杠杆程度代表公司增长的风险及利润增长对营业收入增长的敏感性,高杠杆意味着公司在市场较好、营业收入增加的情况下,利润增长有更大的幅度,相反在市场萎缩期,公司利润可能面临较大的下降风险,利润受市场影响更大,也更具有波动性。

从图 2-16 可见,云南、西藏、吉林、浙江等省份上市公司受市场的影响最大,利润波动性风险也最大,而青海、贵州、宁夏等省份上市公司的利润增长比较稳定,受市场的影响较小,综合风险较低。

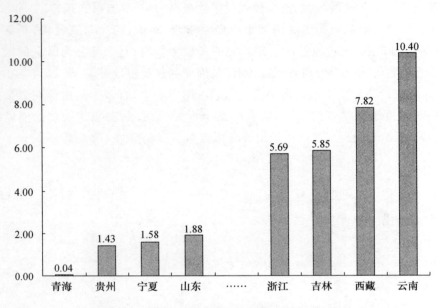

图 2-16　公司平均综合杠杆系数最高与最低的省份

3.3　中国上市公司按第一大股东持股比例分类的发展风险分析

表 2-13 列示了不同股东持股比例类型的上市公司发展风险状况。

首先分析不同持股比例类型的上市公司的短期偿债风险。如图 2-17 所示,从现金持有量来看,持股比例最高组上市公司的现金持有余额较大,达到 32.77 亿元,当持股比例较低时,现金余额也较低。

表 2-13　2012 年中国上市公司按第一大股东持股比例分类的发展风险

	流动比率	速动比率	现金余额（亿元）	现金比率	资产负债率	利息保障倍数	长期资产适合率	流动负债比率	财务杠杆系数	经营杠杆系数	综合杠杆
持股比例<20%	2.3304	1.8125	32.7718	0.9684	0.5123	12.7357	0.1222	0.8403	1.3139	1.8633	5.0804
20%≤持股比例<40%	3.3591	2.7629	17.2040	1.6828	0.4564	41.6257	19.2656	0.8144	1.2735	1.5581	3.8733
40%≤持股比例<60%	3.1759	2.5639	16.5853	1.5330	0.4440	12.7477	8.8800	0.8128	1.0218	1.5819	3.4459
持股比例≥60%	3.0060	2.3872	13.7812	1.3044	0.4783	11.4122	8.1860	0.8092	1.0212	1.8298	3.6019

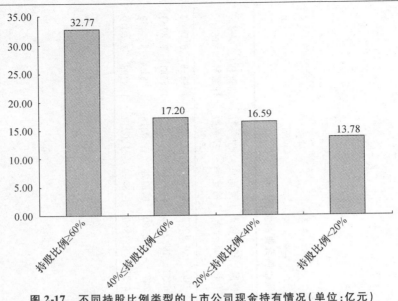

图 2-17 不同持股比例类型的上市公司现金持有情况（单位：亿元）

虽然持股比例最高组的现金余额较大，但现金余额相对于短期负债来看，却居于中等水平，为 1.30 倍，持股比例小于 20% 的上市公司，其短期偿债风险较大，所持有的现金是短期负债的 0.97 倍，持股比例最低组的现金保障能力最弱（如图 2-18 所示）。

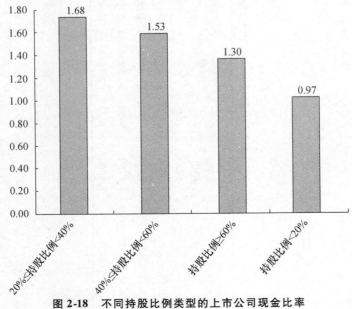

图 2-18 不同持股比例类型的上市公司现金比率

在长期偿债风险方面出现了有趣的现象,第一大股东持股比例小于20%的上市公司,其负债率较高,达到51%,但这一群体上市公司的利息保障倍数居中,接近13倍,说明这些上市公司负债率较高,偿债能力居中,偿债风险居于较高水平。而持股比例在40%到60%之间的上市公司的利息负但较重,虽然其负债率较低,但相对于其盈利能力来看,利息支付的比重依然较高(如图2-19,2-20)。

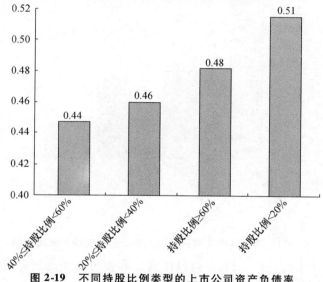

图2-19　不同持股比例类型的上市公司资产负债率

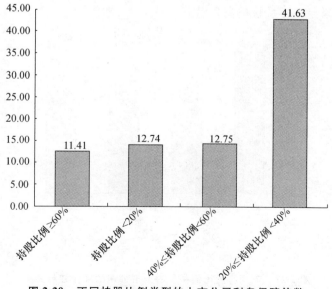

图2-20　不同持股比例类型的上市公司利息保障倍数

从图 2-21 中可以看到，第一大股东持股比例在 20% 到 40% 的上市公司资金来源与资金使用的匹配程度高，而持股比例在 20% 以下公司的资金使用最为激进，存在一定的风险。

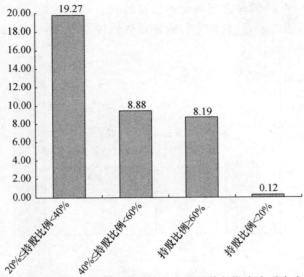

图 2-21　不同持股比例类型的上市公司的长期资产适合率

从综合杠杆来看，第一大股东持股比例在 40% 与 60% 之间公司的利润波动风险最小，综合杠杆系数在 3.5 左右，而持股比例在其他部分的上市公司其利润波动风险较大，综合杠杆系数都在 3 以上。

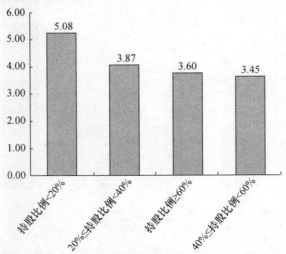

图 2-22　不同持股比例类型的上市公司的综合杠杆系数

3.4 中国上市公司按最终控制人分类的发展风险分析

由于最终控制人具有不同的融资能力、不同的发展战略,其类型会对公司的发展风险产生较大的影响。我们从三个方面分析最终控制人的发展风险,一是流动性风险,二是长期偿债与利息支付风险,三是利润波动风险。

流动性风险我们重点分析现金余额与现金比率。

从现金的持有量来看,外资控股与民营控股公司的现金最为充沛,单一公司的平均现金余额达到20亿元左右,集体和其他类控股公司的现金余额较小。从现金比率来看,其他类控股公司的流动负债保障能力最强,现金余额是流动负债的2.39倍,民营公司也较高,达到2倍,国有控股与集体控股公司保障程度较低,集体类公司为0.66倍,国有控股类型公司仅为0.63倍(如图2-23,2-24所示)。

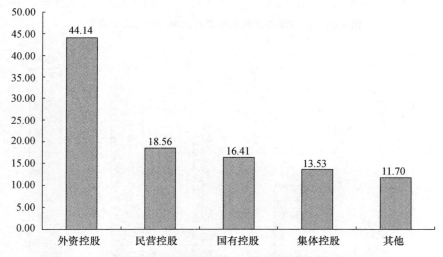

图2-23 不同最终控制人类型的上市公司的现金余额(单位:亿元)

长期偿债风险与利息支付风险我们以资产负债率和利息保障倍数来表示,如图2-25,图2-26所示。

资本结构比较稳定和保守的上市公司类别是国有控股类和集体控股类上市公司,外资控股和其他控股类上市公司的还本付息压力较大,国有与民营控股类上市公司则具有较好的利息偿付能力。

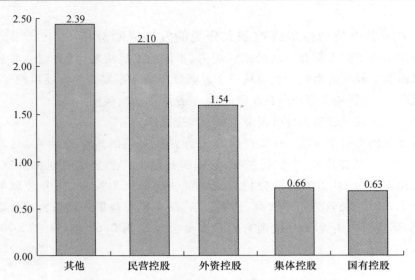

图 2-24 不同最终控制人类型的上市公司的现金比率

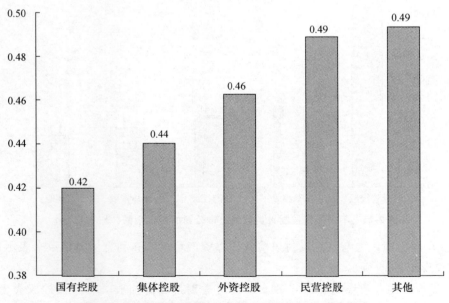

图 2-25 不同最终控制人类型的上市公司的资产负债率

从上市公司的杠杆风险来看,国有控股类上市公司的利润波动风险较高,受政策影响更大,其他类控股公司则有较低的利润波动风险(如图 2-27 所示)。

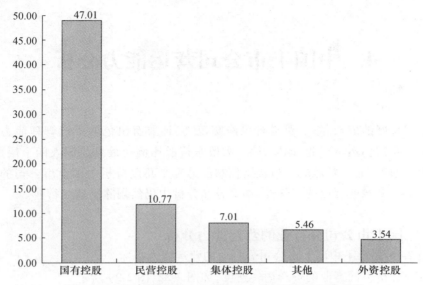

图 2-26 不同最终控制人类型的上市公司的利息保障倍数

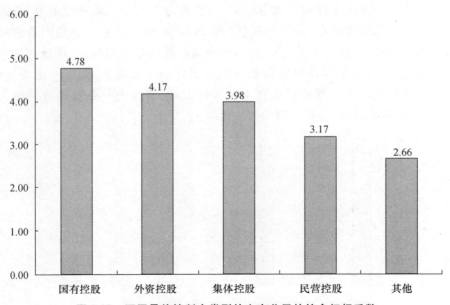

图 2-27 不同最终控制人类型的上市公司的综合杠杆系数

4 中国上市公司营运能力分析

公司良好的成长,除了要进行风险防范外,还要有出色的资产管理能力与营运水平。我们仍然从行业、地域、第一大股东持股比例与最终控制人四个层面,从资产周转速度、成本管理能力与费用控制能力三个角度分析中国上市公司的营运能力。由于金融业营运的特殊性,本部分在分析中仍然剔除了这一行业。

4.1 中国上市公司分行业的营运能力分析

表 2-14 列示了中国上市公司分行业的营运能力指标。

首先分析不同行业的资产周转速度,如图 2-28,图 2-29 所示。

批发和零售贸易的应收账款周转速度最快,应收账款的回收期仅有 18 天,主要是由于这些行业大多倾向于现款交易,应收资金占压少。农林牧渔业、食品饮料业具有相似的经营特点,其应收账款的回收期在 30 天左右。房地产业的应收账款周转天数最长,达 131 天之多,这是由房地产业销售特点决定,房地产销售大多采取按揭形式,从取得首付款到收到银行支付的全部房款,需要一定的时间。信息技术业的应收账款周转期也在 100 天以上,说明这个行业虽然盈利能力较强,但账款回收速度慢,存在一定的收款风险。

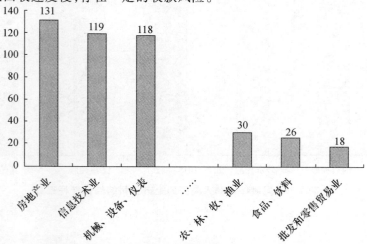

图 2-28 公司平均应收账款周转天数最长与最短的行业

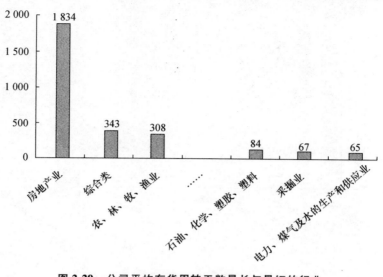

图 2-29 公司平均存货周转天数最长与最短的行业

存货周转天数最长的行业依然是房地产业,房地产业的存货从生产到交付周期达到 5 年多时间,开发周期较长,综合类及农林牧渔业的存货周期也比较长,农林牧渔业存货周期长是与农产品的生产特点有关,其存货的生产与成熟期较长。电力、煤气及水的生产和供应业,采掘业,石化塑料业的存货周期最短,都在 90 天以内。电力、煤气及水的生产和供应业与城市基础设施以及居民生活起居息息相关,存货周转较快。采掘业产品具有卖方市场的特征,产销两旺,存货周期短;石油、化学、塑胶、塑料业属于商品流通行业,由于消费需求较大,因而存货周期较其他行业为短;总之,存货周转较短是由这些行业产品特点决定的。

综合来看,房地产业、综合类与农林牧渔业的经营周期最长,而电力、煤气及水的生产和供应业、批发零售贸易业与采掘业经营周期最短(如图 2-30)。

其次我们分析各行业的成本管理能力,如图 2-31 所示。

营业成本率可以反映公司的成本管理水平,同时也反映公司的产品的竞争力与产品盈利能力。医药生物制品业营业成本率较低,更大程度上是由于这个行业产品的附加值较高、成本相对较低带来的;社会服务业(如宾馆、旅游)的营业成本率较高是由于其资源投入特征决定的,这个行业的资源投入大多为间接性费用,因而其营业成本率低但期间费用率较高;信息技术业软投入较多,具有高附加值的特征,营业成本率较低但具有较高的毛利率。建筑业产品附加值较低,营业成本占比较大,金属非金属业与石化行业的营业成本率较高是由于这些行业市场竞争严重、产业结构雷同、产品同质性较高引起的,而这些行业也基本上属于经济体系中的夕阳行业。

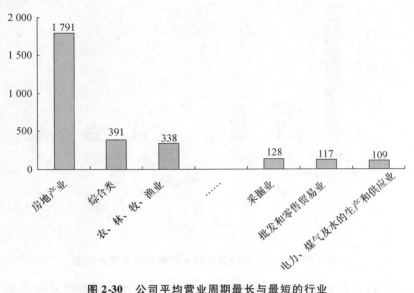

图 2-30 公司平均营业周期最长与最短的行业

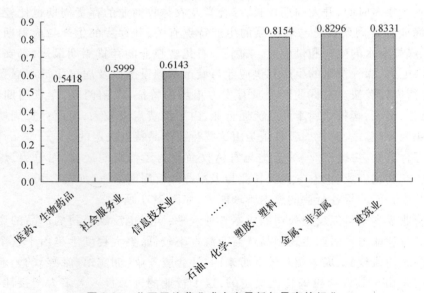

图 2-31 公司平均营业成本率最低与最高的行业

最后我们分析各行业的费用控制水平,如图 2-32,图 2-33 所示。

从期间费用率来看,医药生物制品业、信息技术业与社会服务业的费用水平较高,并与这些行业较低的营业成本率形成鲜明的对照,医药生物制品业与信息技术业较高的期间费用水平与这些行业高额的研发投入有关系，也同劳动力密集型的行业特点有关。研发费用摊销会加大期间费用，而人力资本成本较高也是这一行业的特点，而人力资源费用大部分计入了公司的期间费用。社会服务业期间费用较高主要是由于这些行业主要以间接性投入为主，而这些行业的管理费用率也处于较高的水平。

期间费用率和管理费用率都处于低位的行业是建筑业与批发和零售贸易业，主要原因是这些行业的投入主要以直接的劳动力投入为主，总部无论是管理人员还是管理性支出都较少所致。金属与非金属业的期间费用较低，而木材家具业的管理费用率较低。

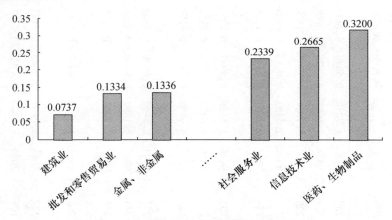

图 2-32　公司平均期间费用率最低与最高的行业

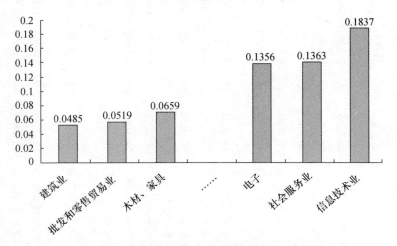

图 2-33　公司平均管理费用率最低与最高的行业

表 2-14　2012 年中国上市公司分行业的营运能力

	应收账款周转率	应收账款周转天数	存货周转率	存货周转天数	营业周期	流动资产周转率	长期资产周转率	总资产周转率	营业成本率	成本费用利润率	期间费用率	销售费用率	管理费用率
农、林、牧、渔业	28.7391	30	3.1050	308	338	1.0432	1.7288	0.5824	0.7837	0.1002	0.1790	0.0535	0.0972
采掘业	92.1794	62	20.8441	67	128	2.1674	1.5908	0.7920	0.6940	0.2982	0.1371	0.0251	0.0998
制造业	40.8045	62	5.0149	157	220	1.3393	2.7016	0.7309	0.7428	0.1236	0.1863	0.0775	0.0925
其中:食品、饮料业	186.8961	26	4.7375	229	255	1.8842	2.5153	0.9713	0.6738	0.1987	0.2158	0.1219	0.0800
纺织、服装、皮毛	17.4944	44	4.5666	192	236	1.3265	2.2207	0.7485	0.7696	0.0875	0.1714	0.0772	0.0783
木材、家具	18.2022	47	3.4397	148	195	1.0418	1.8128	0.5947	0.7711	0.0882	0.1592	0.0753	0.0659
造纸、印刷	9.7762	54	3.8385	160	214	1.1870	1.4255	0.5914	0.7865	0.2257	0.1799	0.0513	0.0957
石油、化学、塑胶、塑料	80.9337	44	7.9120	84	128	1.7307	1.9800	0.7895	0.8154	0.0706	0.1404	0.0387	0.0812
电子	5.0252	101	8.9478	130	232	1.0041	2.3407	0.6030	0.7538	0.0886	0.1915	0.0466	0.1356
金属、非金属	54.6096	61	5.5087	111	172	1.7263	2.1897	0.8459	0.8296	0.0626	0.1336	0.0376	0.0723
机械、设备、仪表	8.2184	119	3.6080	165	283	0.9651	2.3982	0.6285	0.7376	0.1231	0.1805	0.0696	0.1053
医药、生物制品	11.6312	62	3.9235	198	260	1.1181	1.8870	0.6318	0.5418	0.2528	0.3200	0.1946	0.1174
其他制造业	15.2584	69	3.6664	158	227	1.4093	8.2463	0.9046	0.7487	0.0384	0.1715	0.0618	0.0936
电力、煤气及水的生产和供应业	18.5434	44	58.5863	65	109	2.2065	0.5820	0.4103	0.7732	0.1645	0.1596	0.0150	0.0664
建筑业	5.6512	101	12.6159	201	303	1.0134	5.8663	0.7838	0.8331	0.0878	0.0737	0.0086	0.0485

（续表）

	应收账款周转率	应收账款周转天数	存货周转率	存货周转天数	营业周期	流动资产周转率	长期资产周转率	总资产周转率	营业成本率	成本费用利润率	期间费用率	销售费用率	管理费用率
交通运输仓储业	73.5021	43	48.5672	190	231	1.7992	0.9331	0.4276	0.6868	0.3633	0.1589	0.0142	0.0863
信息技术业	7.6299	119	35.9226	121	255	1.8842	2.5153	0.9713	0.6738	0.1987	0.2158	0.1219	0.0800
批发和零售贸易	259.2701	18	12.5049	99	117	2.4250	8.3582	1.4931	0.8105	0.0796	0.1334	0.0707	0.0519
金融业													
房地产业	214.9681	131	0.5108	1834	1791	0.3149	3.8137	0.2489	0.6352	0.2240	0.1768	0.0366	0.1131
社会服务业	48.6320	60	13.8521	196	254	1.5210	3.4278	0.6432	0.5999	0.2226	0.2339	0.0787	0.1363
传播与文化产业	30.8257	58	14.7858	89	144	1.2639	5.4634	0.6297	0.6703	0.1433	0.2137	0.0857	0.1116
综合类	32.1273	51	12.5120	343	391	1.1931	1.8814	0.5451	0.7746	0.2008	0.2019	0.0433	0.1168

4.2 中国上市公司分地区的营运能力分析

我们仍然从资产周转速度、成本管理能力和费用控制水平三个方面分析不同地区上市公司的营运能力与管理水平。

首先分析不同地区上市公司的资产周转速度,如图 2-34,图 2-35 所示。

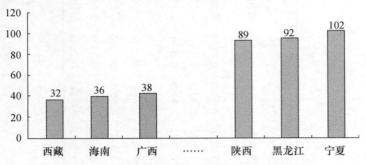

图 2-34 上市公司应收账款周转天数最低与最高的省份

西藏、海南与广西上市公司的应收账款回收期较短,平均在 40 天以内,而宁夏、黑龙江、陕西上市公司的回收期较长,都超过了 80 天。

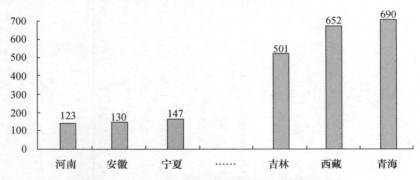

图 2-35 上市公司存货周转天数最低与最高的省份

从存货周期速度来看,河南、安徽与宁夏的存货周转较快,在 150 天以内,而青海、西藏与吉林的存货积压比较严重,其周转期都在 400 天以上,青海甚至接近 2 年。

从综合营业周期来看,安徽、山西与河南的上市公司经营运转良好,平均在 180 天左右,而青海、西藏与吉林的上市公司营业周期较长,青海省上市公司甚至超过 700 天(如图 2-36)。

其次,我们分析不同省份上市公司成本管理能力,如图 2-37 所示。

营业成本率较高的是宁夏、江西等省份,而北京、贵州与青海较低,成本管理能力较强。

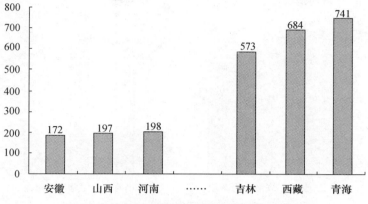

图 2-36　上市公司营业周期最长与最短的省份

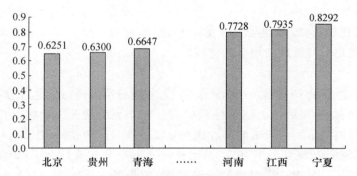

图 2-37　上市公司营业成本率最低与最高的省份

最后分析不同地区的费用控制水平,如图 2-38,图 2-39 所示。

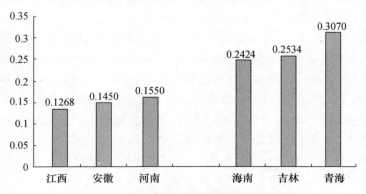

图 2-38　上市公司期间费用率最低与最高的省份

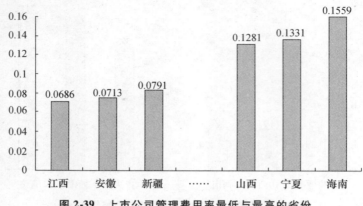

图 2-39 上市公司管理费用率最低与最高的省份

从费用控制能力来看,江西省上市公司无论是期间费用还是管理费用,占收入的比例都比较低,安徽也处于较低水平,而海南与宁夏上市公司管理控制水平较低,期间费用率与管理费用率都比较高。

4.3 中国上市公司按第一大股东持股比例分类的营运能力分析

下面我们分析在第一大股东持股比例存在差异的情况下中国上市公司营运能力情况,我们把第一大股东的持股比例分成了四个区间,持股比例小于20%,持股比例大于等于20%且小于40%,持股比例大于等于40%且小于60%,持股比例大于等于60%。从表2-15中我们能够看到,应收账款周转率在持股比例为第四区间时达到最高,在第一、二区间时较低,第一大股东的持股比例越高,有可能对企业的监控力度越大,应收账款的回收速度越快。同样,第四区间应收账款的周转天数最短,第二区间应收账款的周转天数最长。存货周转率在第四区间达到最大,在第一区间达到最小,存货周转天数在第四区间达到最长,在第二区间达到最短。营业周期同样是在第四区间达到最长,在第二区间达到最短。流动资产周转率在第四区间达到最大,在第二区间达到最小。长期资产周转率也是在第四区间达到最大,第一区间最小。同样,总资产周转率是在第四区间达到最大,在第一区间最小。营业成本率是在第三区间最大,在第四区间最小。成本费用利润率是在第一区间最小,在第四区间最大。期间费用率在第一区间最大,在第四区间最小。销售费用率是在第二区间最大,在第四区间最小。管理费用率是在第一区间最大,在第四区间最小。销售费用率和管理费用率的上升直接导致了期间费用率的升高。从上面的分析来看,持股比例越大,企业的营业能力有可能越低,这有可能是第一大股东的持股比例越小,其他股东对第一大股东的制约能力越强,越有利于企业效率的提高。

表 2-15 2012 年中国上市公司按第一大股东持股比例分类的营运能力

	持股比例 <20%	20%≤持股比例 <40%	40%≤持股比例 <60%	持股比例 ≥60%
应收账款周转率	41.8007	41.9986	72.9727	87.1198
应收账款周转天数	69	74	69	57
存货周转率	9.5272	23.6727	12.2326	60.0356
存货周转天数	229	218	223	291
营业周期	290	287	288	348
流动资产周转率	1.2765	1.2608	1.3499	1.5256
长期资产周转率	2.1328	2.7802	2.9885	3.4777
总资产周转率	0.6267	0.6735	0.7155	0.7512
营业成本率	0.7097	0.7092	0.7291	0.7002
成本费用利润率	0.0665	0.1362	0.1474	0.2179
期间费用率	0.2167	0.1931	0.1652	0.1397
销售费用率	0.0633	0.0689	0.0645	0.0522
管理费用率	0.1233	0.1086	0.0880	0.0783

4.4 中国上市公司按最终控制人分类的营运能力分析

下面我们分析当企业的最终控制人不同时,企业营运能力的情况。我们把中国上市公司的最终控制人分为国有、民营、外资、集体、社会团体、职工和无控制人七种类型。由于社会团体、职工或无控制人公司数量较少,我们合并为其他类进行分析。

从表 2-16 中可以发现,国有公司无论是资产管理能力、成本控制能力还是费用控制能力都要明显好于民营企业,但这两类公司的资产管理能力与成本控制能力却弱于外资控制企业,也弱于集体企业。

表 2-16 2012 年中国上市公司按最终控制人性质分类的营运能力

	国有控股	民营控股	外资控股	集体控股	其他
应收账款周转率	80.5606	41.6799	60.0999	14.5220	22.4843
应收账款周转天数	49	86	41	48	43
存货周转率	29.4403	16.8816	8.4762	6.2072	5.4140
存货周转天数	229	228	687	205	95
营业周期	276	311	592	253	134
流动资产周转率	1.6565	1.0797	1.5858	1.5807	0.7483

（续表）

	国有控股	民营控股	外资控股	集体控股	其他
长期资产周转率	2.6269	3.0091	4.3679	2.4703	0.8576
总资产周转率	0.7420	0.6559	0.8617	0.8499	0.3117
营业成本率	0.7548	0.6972	0.6992	0.7769	0.6043
成本费用利润率	0.1153	0.1512	0.1627	0.0782	0.5150
期间费用率	0.1623	0.1975	0.1773	0.1602	0.3963
销售费用率	0.0495	0.0778	0.0673	0.0704	0.0518
管理费用率	0.0840	0.1131	0.0950	0.0780	0.3148

5 中国上市公司盈利能力分析

上市公司的资产管理能力与营运水平是公司成长的过程表现,而其盈利能力是公司成长的结果表现。我们仍然从行业、地域、第一大股东持股比例与最终控制人四个层面,从营业利润率、资产利润率、股东盈利能力及企业未来盈利预期四个角度分析中国上市公司的盈利能力。对于金融业,除了营业毛利率外,我们对该行业的其他指标也进行了分析。

5.1 中国上市公司分行业的盈利能力分析

首先分析不同行业的盈利能力,图2-40—图2-47列示了中国上市公司分行业盈利能力各指标最强和最弱的行业。

从销售获利能力来看,在不考虑金融业的情况下,医药生物制品业毛利率最高,主要由于这些行业产品的高附加值特征,而社会服务业由于直接性成本较少,主要为折旧摊销等间接性费用,也具有较高的毛利率,信息技术业软投入较多,具有高附加值的特征,有较高的毛利率,达到近40%。竞争激烈,产品附加值较低的建筑业、金融与非金属业及石化塑料业的毛利率较低(如图2-40)。

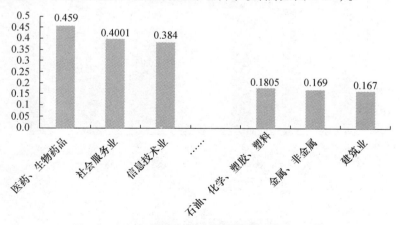

图2-40 上市公司营业毛利率最高与最低的行业

从营业净利润率来看,食品饮料业和综合类较高,金融、保险与证券业随着我国金融市场与资本市场的发展,其获利能力在逐渐增强。电子行业由于产品技术门槛较低、产品同质化现象严重、市场竞争激烈,造成负的销售净利率,出现行业亏损。传播与文化产业由于没有核心竞争力与盈利能力,其净利率较低,勉强盈利。石化塑料行业属于传统的低利率行业,销售净利率也比较低(如图2-41)。

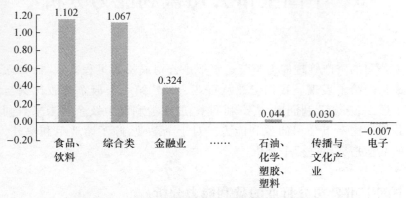

图2-41　上市公司销售净利率最高与最低的行业

从资产获利能力来看,采掘业、医药生物业与文化产业较强,而金融业虽然利润较高,但与庞大的资产规模相比,其资产盈利能力反而居于所有行业的最底层。当然,金融业由于较高的资产负债率,净资产比例较低,其净资产收益率处于较高的水平。采掘业的净资产收益率最高(见图2-42、图2-43)。

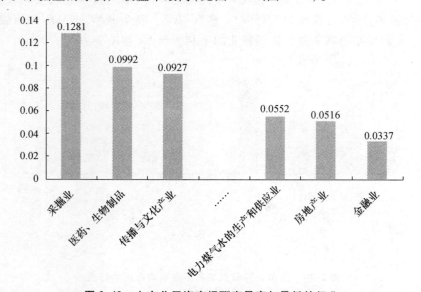

图2-42　上市公司资产报酬率最高与最低的行业

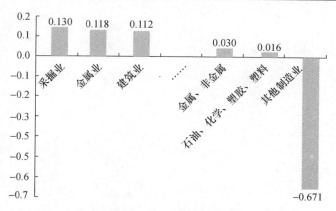

图 2-43　上市公司净资产收益率最高与最低的行业

从股利分配来看,比较慷慨的是农、林、牧、渔业,股利分配高达净利润 70% 以上,采掘业也较高,而恰恰这些行业大都属于国民经济的夕阳行业。传播与文化产业、建筑业、房地产业由于政策制约,获利能力较低,其股利分派率也很低(见图 2-44)。

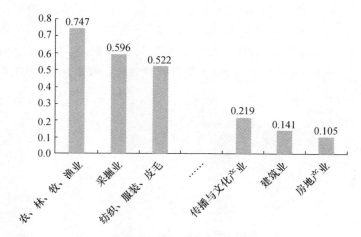

图 2-44　上市公司股利分派率最高与最低的行业

房地产业的普通股股东获利率最高,达 27%,金融业的普通股股东获利率也较高,相对来看造纸印刷业、信息技术业和文化传播产业最差,均为负值(见图 2-45)。

市盈率及托宾 Q 值既反映投资者对上市公司的估值的高低,同时又能指示投资者对公司未来成长的预期。从市盈率来看,其他制造业、木材家具业、综合类的估值水平最高,分别为 105 倍、96 倍和 94 倍,而传播与文化产业、建筑业及金融

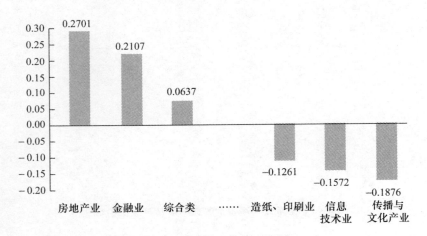

图 2-45　上市公司普通股获利率最高与最低的行业

业的估值水平偏低,都不足 40 倍。其中建筑业的估值最低,为 35 倍。托宾 Q 值最高的三个行业是其他制造业、信息技术业和医药生物制品业,这三个行业都非高成长性行业,也非利润增长最快的企业,但估值水平最高,反映的不仅仅是公司未来的成长预期,更多的可能是市场其他因素,如重组预期、市场炒作等。托宾 Q 值最低的是交通运输业、电力煤气及水的生产与供应业,这些行业中的公司大多是蓝筹股,收益稳定,发展平衡,估值水平也比较合理(见图 2-46、图 2-47)。

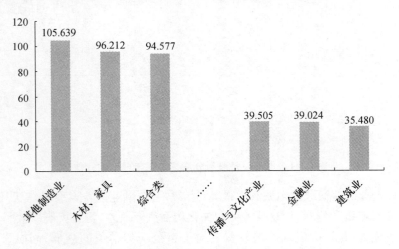

图 2-46　上市公司市盈率最高与最低的行业

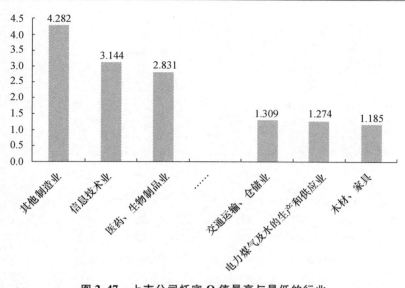

图 2-47　上市公司托宾 Q 值最高与最低的行业

5.2　中国上市公司分地区的盈利能力分析

不同地区上市公司由于规模、市场、金融、管理、资源等因素的影响,具有不同的盈利能力。

从销售获利能力来看,贵州、吉林和青海这三个省份上市公司盈利能力较强,贵州省上市公司的营业毛利率达到 37%,净利率也达到 12.7%,处于全国前列。吉林的上市公司虽然毛利率稍低(为 34%),但却有较高的销售净利率(为 15.3%)。青海省上市公司的盈利能力也较强,其毛利率与销售净利率分别居前三(见图 2-48、图 2-49)。

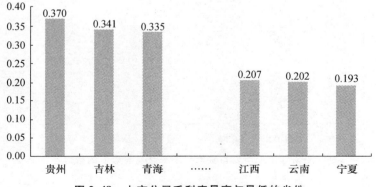

图 2-48　上市公司毛利率最高与最低的省份

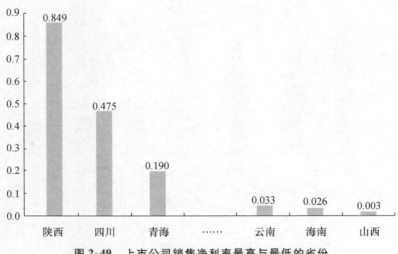

图 2-49 上市公司销售净利率最高与最低的省份

从总资产报酬率来看,陕西、南宁和青海这三个省市的上市公司领先,都在 9.5% 以上。而新疆、云南和海南三个省份总资产报酬率偏低,都不足 5%,说明这些省份在资产的运用效率上存在一定的问题。贵州、内蒙古与重庆三个省份上市公司的净资产收益率较高,贵州与内蒙古上市公司的净资产收益率都超过了 10%,青海、云南与广西的净资产收益率较低,都不足 3%,其中云南和广西为负值。值得注意的是,同为中西部欠发达省份,内蒙古上市公司的发展能力与盈利能力出现截然不同的态势,这可能与其自然资源现状有关(见图 2-50、图 2-51)。

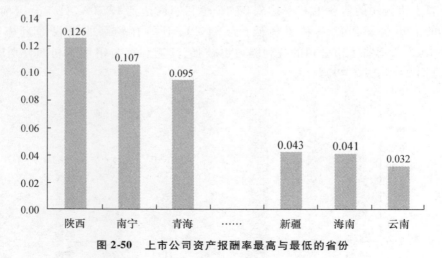

图 2-50 上市公司资产报酬率最高与最低的省份

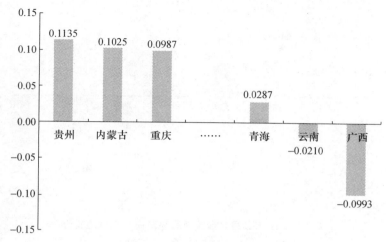

图 2-51　上市公司净资产收益率最高与最低的省份

从上市公司给予股东的回报来看,福建、江苏和云南公司较高,而贵州、海南与西藏上市公司的股利分派率都很低。2012 年各省份间的普通股获利率都小于 13%,浙江、宁夏和河南上市公司的普通股获利率均低于 -9%,这主要是由于中国股市的同涨同跌效应引起的(见图 2-52、图 2-53)。

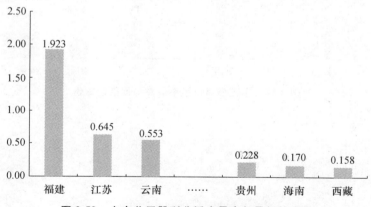

图 2-52　上市公司股利分派率最高与最低的省份

海南、青海与甘肃上市公司有着最高的市盈率,其中海南省上市公司的市盈率超过 150 倍,这与我国海南岛开发政策有关,使投资者对这个省份上市公司有较高的成长预期,而江西、山东和安徽上市公司的市盈率较低。重庆、山西和宁夏的托宾 Q 值较高(见图 2-54、图 2-55)。

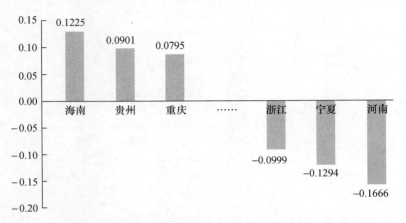

图 2-53　上市公司普通股获利率最高与最低的省份

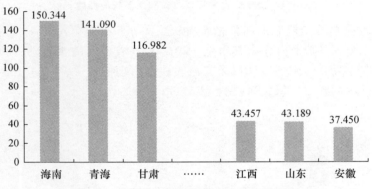

图 2-54　上市公司市盈率最高与最低的省份

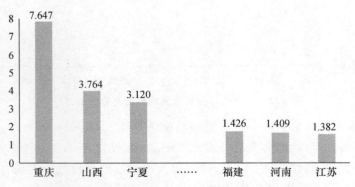

图 2-55　上市公司托宾 Q 值最高与最低的省份

5.3 中国上市公司按第一大股东持股比例分类的盈利能力分析

表 2-17 列示了不同持股比例的上市公司的盈利能力指标。

从资产收益率来看,除持股比例在 20% 以下组较低外,其他持股比例组上市公司相差不大。从股利分派率来看,第一大股东持股比例在 20%—40% 组的股利分派意愿最强,20% 组的分派意愿最弱。从外部投资者的估值来看,第一大股东持股比例越高,则其市盈率越低,表明外部投资者对其的风险预期越低,成长与收益预期也越低,如图 2-56—图 2-58 所示。

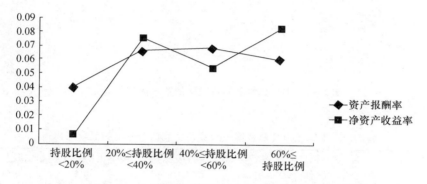

图 2-56 上市公司不同持股比例下资产收益率的变化

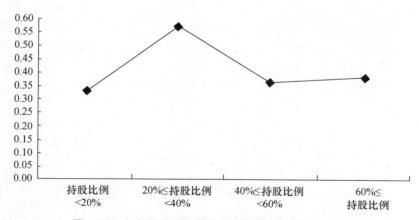

图 2-57 上市公司不同持股比例下股利分派率的变化

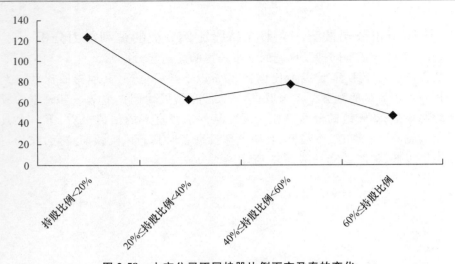

图 2-58　上市公司不同持股比例下市盈率的变化

表 2-17　中国上市公司按第一大股东持股比例分类的盈利能力

	持股比例 <20%	20%≤持股比例 <40%	40%≤持股比例 <60%	持股比例 ≥60%
营业毛利率	0.2548	0.2717	0.2652	0.2809
营业利润率	0.1555	0.0769	0.0871	0.1321
销售净利率	0.3754	0.1491	0.0853	0.1220
资产报酬率	0.0548	0.0647	0.0610	0.0771
总资产净利润率（ROA）	0.0337	0.0462	0.0443	0.0589
净资产收益率（ROE）	0.0037	0.0561	0.0756	0.1038
投入资本回报率	0.8650	0.1066	0.1547	0.1823
长期资本收益率	0.0204	0.1607	0.0970	0.1197
市盈率	89.2702	78.5987	66.3294	45.8897
市净率	2.3023	2.8764	2.5304	2.6553
股利分派率	0.2172	0.4515	0.5342	0.5048
普通股收益率	−0.0155	−0.0391	−0.0690	−0.0145
托宾 Q 值	2.8949	2.0552	1.4298	1.2305

5.4 中国上市公司按最终控制人分类的盈利能力分析

表 2-18 列示不同控股性质的上市公司的盈利能力指标。

表 2-18 中国上市公司按最终控制人分类的盈利能力

	国有控股	民营控股	外资控股	集体控股	其他
营业毛利率	0.2225	0.3031	0.2964	0.2679	0.2573
营业利润率	0.0866	0.1012	0.0973	0.0702	0.1195
销售利润率	0.1595	0.1522	0.0918	0.0571	0.1895
资产报酬率	0.0552	0.0696	0.0719	0.0630	0.0602
总资产净利润率（ROA）	0.0337	0.0539	0.0497	0.0420	0.0461
净资产收益率（ROE）	0.0579	0.0590	0.0770	0.0854	0.1038
投入资本回报率	0.2918	0.1860	0.1306	0.1067	0.1058
长期资本收益率	0.0933	0.1395	0.1029	0.1118	0.0854
市盈率	69.8746	76.2308	69.0686	57.7458	58.2221
市净率	2.6372	2.7661	2.2043	2.2603	2.3996
股利分派率	0.3546	0.5297	0.5598	0.6038	0.3599
普通股获利率	0.0134	-0.0876	-0.0647	0.0086	-0.0435
托宾 Q 值	1.6522	2.0824	1.7124	1.7917	1.4693

从营业利润率和资产收益率来看，其他组最高，而这个组的市盈率和托宾 Q 值最低。股利分派率最高的组是外资控股组，无论是资产回报还是成长预期，民营公司基本上都高于国有公司（见图 2-59）。

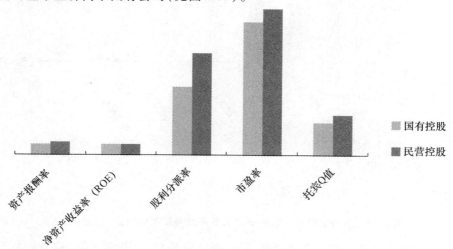

图 2-59 上市公司国有与民营公司的收益能力比较

6 中国上市公司现金流量能力分析

我们从企业自由现金流、股权自由现金流以及每股经营活动现金流和每股净现金流四个方面分析中国上市公司的现金流量能力。

6.1 中国上市公司分行业的现金流量能力分析

表2-19列示了中国上市公司分行业的现金流量能力指标。

从企业可自由支配的现金来看,电力、煤气及水的生产和供应业及石油、化学、塑胶、塑料的生产业较多,其中电力、煤气和水的生产和供应业上市公司平均每家公司具有25.53亿元的可支配自由现金流,房地产产业出现负值,可支配现金匮乏(见图2-60)。

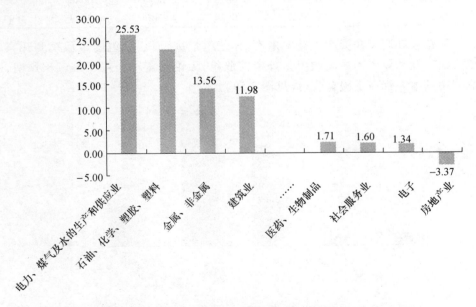

图2-60　上市公司企业自由现金流量最好与最差的行业(单位:亿元)

从股东可自由享有的现金来看,采掘服务业最高,采掘服务业、信息传播服务业、食品、饮料业的公司为正值,其他公司的股东可自由支配现金都为负值,最低的是建筑业,平均每家企业达到 -92.96 亿元,石油、化学、塑胶、塑料业和电力、煤气及水的生产和供应业排名也比较靠后(见图2-61)。

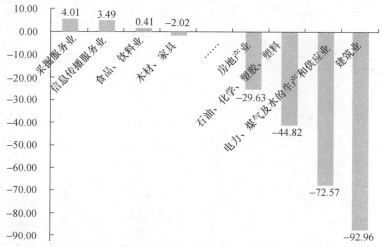

图 2-61　上市公司股权自由现金流量最好与最差的行业(单位:亿元)

从经营活动的现金获取能力来看,电力、煤气及水的生产和供应业居前,平均每家公司每股都可以获得1.18元的现金流量。而木材家具业、食品饮料业及批发和零售贸易业每股获得的现金比较少,最少的仅有0.59元(见图2-62)。

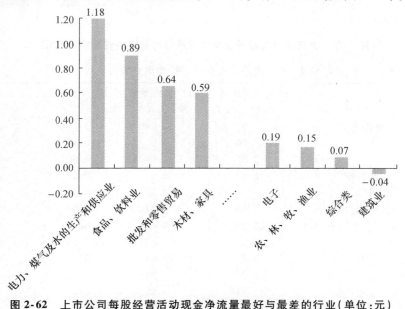

图 2-62　上市公司每股经营活动现金净流量最好与最差的行业(单位:元)

从净现金的获取能力来看,房地产业最高,达到 0.34 元,建筑业、批发和零售贸易业仍然居前,平均每家公司每股都可以获得 0.16 元以上的现金流量,而木材家具业、社会服务业、采掘服务业等出现了负值(见图 2-63)。

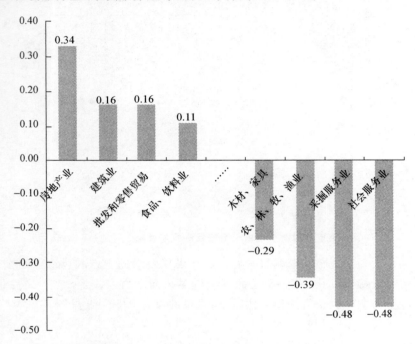

图 2-63 上市公司每股现金净流量最好与最差的行业(单位:元)

表 2-19 中国上市公司分行业现金流量状况

	企业自由现金流(亿元)	股权自由现金流(亿元)	每股经营活动现金净流量(元)	每股现金净流量(元)
农、林、牧、渔服务业	1.97	-2.28	0.15	-0.39
采掘服务业	3.06	4.01	0.30	-0.48
制造业	2.86	-7.19	0.36	-0.10
其中:食品、饮料业	6.87	0.41	0.89	0.11
纺织、服装、皮毛	2.56	-10.38	0.54	0.05
木材、家具	3.88	-2.02	0.59	-0.29
石油、化学、塑胶、塑料	22.25	-44.82	0.39	-0.17
电子	1.34	-8.87	0.19	-0.16
金属、非金属	13.56	-27.04	0.43	-0.14
机械、设备、仪表	2.57	-8.37	0.24	-0.11
医药、生物制品	1.71	-3.96	0.44	-0.05
其他制造业	3.54	-7.68	0.57	-0.04

（续表）

	企业自由现金流（亿元）	股权自由现金流（亿元）	每股经营活动现金净流量（元）	每股现金净流量（元）
电力、煤气及水的生产和供应业	25.53	-72.57	1.18	0.02
建筑业	11.98	-92.96	-0.04	0.16
交通运输仓储业	6.76	-11.46	0.49	-0.01
信息传播服务业	4.33	3.49	0.45	0.01
批发和零售贸易	3.27	-10.44	0.64	0.16
房地产业	-3.37	-29.63	0.20	0.34
社会服务业	1.60	-29.16	0.49	-0.48
传播与文化产业	1.97	0.68	0.30	-0.07
综合类	4.62	-12.38	0.07	0.02

6.2 中国上市公司分地区的现金流量能力分析

表2-20列示了中国上市公司分地区的现金流量能力指标。

从企业可自由支配的现金来看，北京、内蒙古与山西公司较多，其中北京上市公司平均每家公司具有26.83亿元的可支配自由现金流，而福建与天津的现金流量都为负值，黑龙江与海南也比较低（见图2-64）。

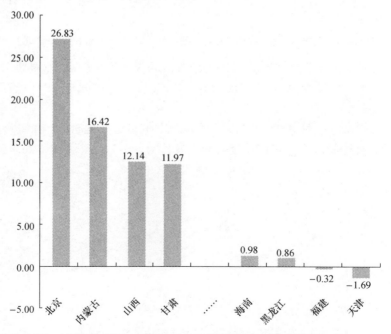

图2-64 上市公司企业自由现金流量最好与最差的省份（单位：亿元）

从股东可自由支配的现金来看,除了西藏,其他省份上市公司都为负值,最少的是辽宁、天津与云南,分别在 -18 亿元以下(见图 2-65)。

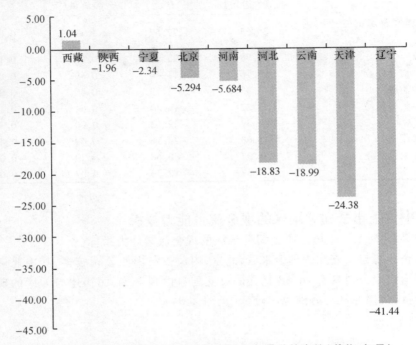

图 2-65　上市公司股权自由现金流量最好与最差的省份(单位:亿元)

贵州、内蒙古与北京上市公司每股经营活动现金流量较高,而陕西、天津与海南上市公司较低,最低的陕西省仅为 0.07 元,与最高的贵州(1.13 元)相差近 16 倍(见图 2-66)。

从每股现金净流量来看,贵州、辽宁与北京上市公司较高,而青海、江苏与湖南省上市公司较低,且都为负值,最低的青海省为 -0.31 元(见图 2-67)。

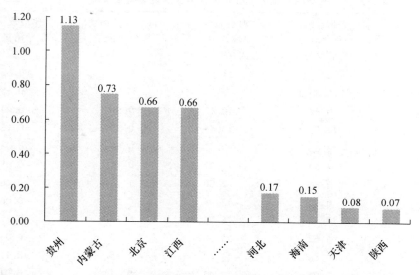

图 2-66　上市公司每股经营活动现金净流量最好与最差的省份（单位：元）

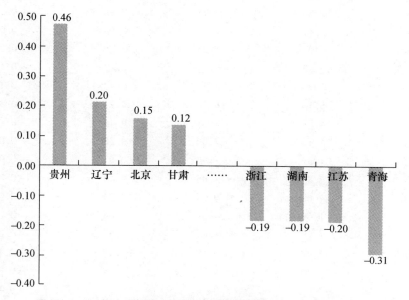

图 2-67　上市公司每股现金净流量最好与最差的省份（单位：元）

表 2-20　中国上市公司分地区的现金流量状况

	企业自由现金流（亿元）	股权自由现金流（亿元）	每股经营活动现金净流量（元）	每股现金净流量（元）
安徽	6.13	-11.52	0.42	0.02
北京	26.83	-5.29	0.66	0.15
福建	-0.32	-10.12	0.51	0.04
甘肃	11.97	-13.45	0.35	0.12
广东	3.62	-9.45	0.60	0.06
广西	4.59	-13.72	0.19	-0.08
贵州	2.86	-7.90	1.13	0.46
海南	0.98	-12.91	0.15	-0.06
河北	10.50	-18.83	0.17	-0.12
河南	4.62	-5.68	0.42	-0.04
黑龙江	0.86	-17.43	0.35	0.11
湖北	2.04	-14.42	0.47	-0.01
湖南	4.41	-15.06	0.35	-0.19
吉林	4.75	-9.69	0.34	0.03
江苏	2.36	-7.91	0.32	-0.20
江西	5.47	-17.74	0.66	0.06
辽宁	9.04	-41.44	0.50	0.20
内蒙古	16.42	-9.11	0.73	-0.10
宁夏	2.79	-2.34	0.40	-0.19
青海	8.10	-16.10	0.21	-0.31
山东	4.83	-8.35	0.46	-0.04
山西	12.14	-7.09	0.36	0.02
陕西	1.37	-1.96	0.07	-0.05
上海	9.83	-13.06	0.43	-0.01
四川	4.66	-9.68	0.26	0.01
天津	-1.69	-24.38	0.08	-0.07
西藏	7.93	1.04	0.30	-0.06
新疆	4.49	-6.59	0.29	-0.13
云南	5.50	-18.99	0.29	-0.04
浙江	2.85	-6.91	0.49	-0.19
重庆	3.55	-5.79	0.36	-0.03

6.3 中国上市公司分第一大股东和控制人的现金流量能力分析

从第一大股东不同的持股比例来看,如表 2-21 所示,持股比例在 60% 以上的上市公司,其每股现金流量的获取能力最强,企业自由现金流也比较充足,但其股权自由现金流为负值且最低,说明这些公司债务负担较重。持股比例在 20% 以下的上市公司的自由现金流是最低的。

表 2-21　中国上市公司按第一大股东持股比例分类的现金流量状况

	企业自由现金流(亿元)	股权自由现金流(亿元)	每股经营活动现金净流量(元)	每股现金净流量(元)
持股比例 < 20%	1.32	-3.00	0.61	0.07
20% ≤ 持股比例 < 40%	2.43	-6.49	0.36	-0.01
40% ≤ 持股比例 < 60%	9.02	-8.87	0.45	-0.07
持股比例 ≥ 60%	17.33	-14.51	0.61	-0.08

从最终控制人来看,如表 2-22 所示,国有控制公司企业自由现金流和每股现金净流量都最高,而民营公司每股现金净流量最低,所有类型公司的股权自由现金流量都为负值。国有控股公司无论是企业自由现金流,还是每股获取现金流量的能力都高于民营控股公司,但其股权自由现金流低于民营公司,说明国有公司还本付息压力更大(见图 2-68)。

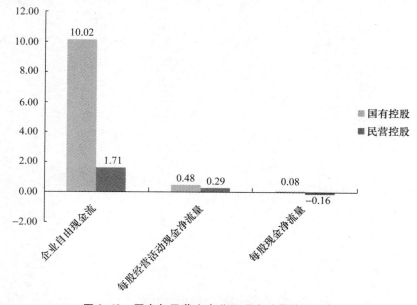

图 2-68　国有与民营上市公司现金流量能力比较

表 2-22　中国上市公司按最终控制人分类的现金流量状况

	企业自由现金流（亿元）	股权自由现金流（亿元）	每股经营活动现金净流量（元）	每股现金净流量（元）
国有控股	10.02	-16.67	0.48	0.08
民营控股	1.71	-4.47	0.29	-0.16
外资控股	5.87	-10.57	0.39	-0.04
集体控股	2.00	-2.77	0.59	0.22
其他	3.55	-0.20	1.14	0.07

7 投资状况

2012年,我国上市公司新增金融性投资、新增固定资产投资、新增无形资产投资、现金再投资率和现金满足投资比率的均值分别为11.3968亿元、-1.3628亿元、0.7893亿元、0.0266和0.4157。其中新增金融性资产投资均值最高,这与2012年我国金融市场的发展及经济结构调整有关,整个社会的固定资产投资意愿及行为在降低。值得关注的是,现金再投资比率和现金满足投资比率都偏低,远远没有达到要求,意味着中国上市公司可用现金再投资状况不容乐观,来自经营活动的现金不足。

7.1 中国上市公司分行业投资状况分析

我们按照证监会行业分类标准将中国上市公司按照行业分组,并分行业对上市公司样本总体进行描述性统计,结果如图2-69—图2-72及表2-23所示。

对新增金融性资产投资进行分析时,我们发现金融业的新增金融资产投资最多,这是其行业特性决定的,金融业的资金大部分投资都投向金融资产,这与2011年类似。新增金融资产投资较高的行业还有采掘业和建筑业,采掘行业利润率较高,较高的利润为其金融资产投资提供了支持,建筑业由于本年固定资产建设投资乏力,其资金一部分流向了金融领域。社会服务业、木材家具业和农林牧渔业的新增金融资产投资较少,这是因为这些行业为传统行业,其行业运营大都与金融无关。

新增固定资产投资排在前三位的是木材家具业、纺织服装皮毛业和传播与文化业。木材家具业和纺织服装业为传统的制造业,其固定资产投资较高是消费增长的带动而引起的。新增固定资产投资排在后三位的是采掘业、金融业和交通运输仓储业,这些行业的投资更多投向金融类资产(见图2-69)。

新增无形资产投资排在前三位的是采掘业、建筑业以及电力煤气及水的生产和供应业。采掘业、建筑业以及电力煤气及水的生产和供应业的土地矿权购买和技术改革使得其在无形资产上的投资高于其他行业。排在后三位的是房地产业、造纸印刷业和纺织服装业,这些行业均属于劳动密集型产业,对技术要求不高,因此行业对无形资产的投资也不多(见图2-70)。

现金再投资比率排在前三位的是纺织服装业、社会服务业和金属非金属业,这些企业的现金流量满足下一年度再投资的能力较强。排在后三位的是建筑业、

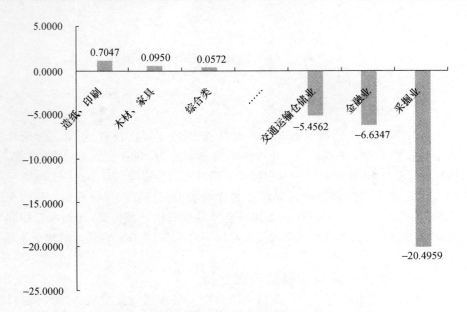

图 2-69 上市公司新增固定资产投资最多与最少的行业(单位:亿元)

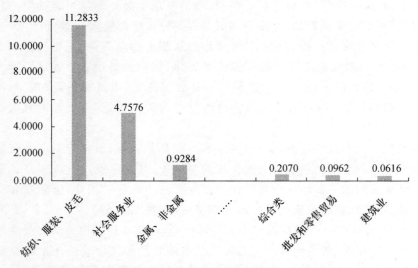

图 2-70 上市公司新增无形资产投资最多与最少的行业(单位:亿元)

批发零售贸易业和综合类(见图 2-71)。

现金满足投资比率排在前三位的是建筑业、信息技术业和传播与文化产业,这些行业净现金流量多,投资需求少,高额的现金流入能够满足其投资需求。而

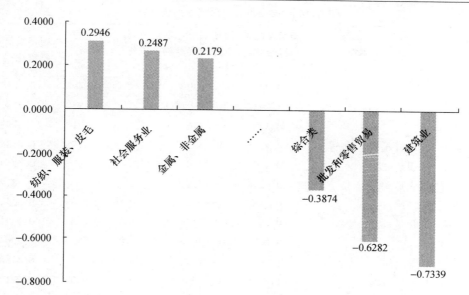

图 2-71　上市公司现金再投资比率最大与最小的行业

现金满足投资比率排在最后三位的是其他制造业、金属非金属业和综合类,其他制造业主要是小商品的生产和制造业,其受出口不利影响,现金流量能力较低,现金流量不能满足投资需求,金属非金属业及综合类由于盈利水平较低,现金流获取能力弱,其现金满足投资需求也较低(见图 2-72)。

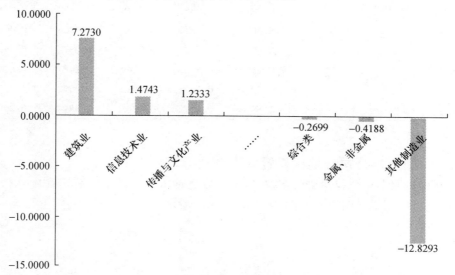

图 2-72　上市公司现金满足投资比率最大与最小的行业

表 2-23　中国上市公司分行业投资状况

	新增金融性资产投资（亿元）	新增固定资产投资（亿元）	新增无形资产投资（亿元）	现金再投资比率	现金满足投资比率
农、林、牧、渔业	0.0014	-0.2939	0.2537	0.0498	-0.1045
采掘业	3.0932	-20.4959	11.2833	0.1953	0.2187
制造业	0.5781	-0.1816	0.3526	0.1310	-1.0288
其中：食品、饮料业	0.4378	-0.3585	0.3459	0.1195	0.8589
纺织、服装、皮毛	0.4395	-0.2268	0.2070	0.2946	0.4278
木材、家具	0.0546	0.0950	0.2522	0.2037	0.3872
造纸、印刷	0.3867	0.7047	0.0962	0.0743	0.3354
石油、化学、塑胶、塑料	0.2978	-0.3387	0.2716	0.0754	0.5141
电子	0.5077	-0.1461	0.2259	0.0035	0.2064
金属、非金属	1.7583	-1.2229	0.6671	0.2179	-0.4188
机械、设备、仪表	1.2046	-0.0350	0.4623	0.0632	0.2717
医药、生物制品	0.3124	-0.1696	0.3611	0.0623	-0.0410
其他制造业	0.3819	-0.1179	0.6371	0.1957	-12.8293
电力、煤气及水的生产和供应业	2.7032	-4.7620	0.9284	0.1984	0.9749
建筑业	2.7136	-1.5165	4.7576	-0.7339	7.2730
交通运输仓储业	2.4051	-5.4562	0.7442	-0.0807	0.3868
信息技术业	0.2315	-2.1967	0.3133	0.0506	1.4743
批发和零售贸易	0.8829	-0.3651	0.6118	-0.6282	0.7167
金融业	516.3025	-6.6347	0.8365	-0.0905	0.0000
房地产业	0.4056	-0.0604	0.0616	0.0572	0.3339
社会服务业	0.2195	-0.5327	0.3249	0.2487	0.6793
传播与文化产业	0.6959	-0.1631	0.6512	0.0000	1.2333
综合类	1.8797	0.0572	0.4963	-0.3874	-0.2699

7.2　中国上市公司分地区投资状况分析

我们按照上市公司注册所在省、自治区或直辖市对中国上市公司样本总体进行分组统计，结果如图 2-73—图 2-77 及表 2-24 所示。

数据显示,注册地在发达地区北京、福建和上海公司新增金融性资产投资列前三名,后三名为注册在欠发达地区的江西、宁夏和西藏的公司。注册地在湖北、吉林和山东的公司新增固定资产投资相对最多,安徽、甘肃和北京的公司新增固定资产为负值且最低。注册地在山西、北京和云南的公司新增无形资产投资平均值分别为 7.82 亿元、2.55 亿元和 1.66 亿元,是新增无形资产投资的前三名,后三名为上海、广西和陕西,其新增无形资产投资平均值都没超过 1 亿元(见图 2-73、图 2-74、图 2-75)。

另外,现金再投资比率平均值最高的三个地区是四川、重庆和山东,这三个地区可用于再投资现金多,企业再投资能力强;而注册在黑龙江、浙江和上海的公司现金再投资比率低,现金再投资能力差。现金满足投资比率最高的三个地区分别是辽宁、西藏和江西,最低的三个地区是山西、青海和湖北(见图 2-76,图 2-77)。

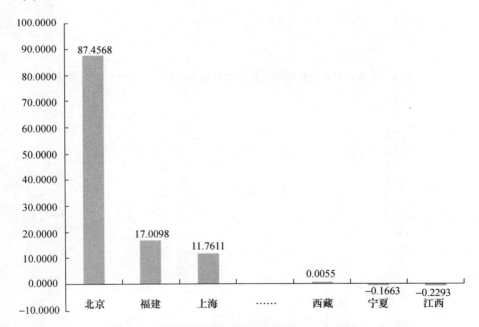

图 2-73 上市公司平均新增金融性资产投资最多与最少的省份(单位:亿元)

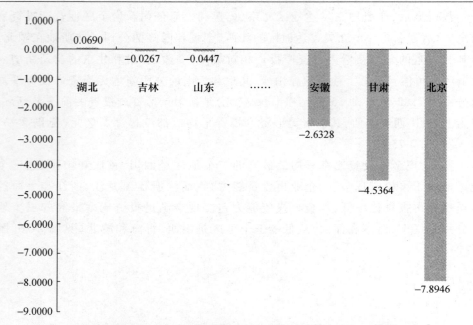

图 2-74　上市公司平均新增固定资产投资最多与最少的省份（单位：亿元）

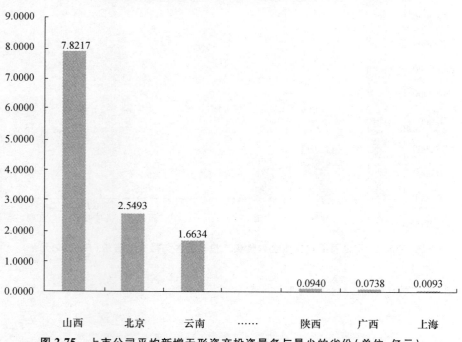

图 2-75　上市公司平均新增无形资产投资最多与最少的省份（单位：亿元）

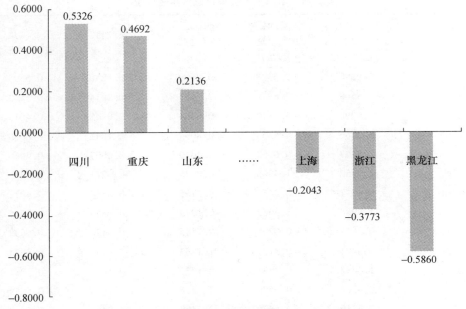

图 2-76 上市公司现金再投资比率最大与最小的省份

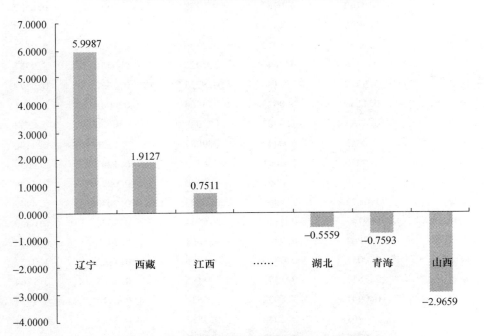

图 2-77 上市公司现金满足投资比率最大与最小的省份

表 2-24 中国上市公司分地区投资状况

	新增金融性资产投资（亿元）	新增固定资产投资（亿元）	新增无形资产投资（亿元）	现金再投资比率	现金满足投资比率
安徽	1.0090	-2.6328	0.6599	0.1239	0.5503
北京	87.4568	-7.8946	2.5493	0.0614	0.3502
福建	17.0098	-1.1110	0.9364	0.0745	0.4016
甘肃	0.3166	-4.5364	0.8094	0.1041	0.6060
广东	5.8507	-0.6353	0.4010	0.0907	0.2066
广西	2.9752	-1.4303	0.0738	0.0271	0.4340
贵州	0.1571	-0.0464	0.2785	0.0565	0.4011
海南	1.9928	-1.3552	0.1914	0.0353	0.5055
河北	0.5657	-0.6295	0.7545	0.0178	0.6632
河南	0.3405	-0.3477	1.1203	0.1190	0.3074
黑龙江	1.4482	-0.3595	0.1725	-0.5860	0.7081
湖北	0.8364	0.0690	0.5236	0.1013	-0.5559
湖南	0.8310	-0.1649	0.7350	0.0368	0.5020
吉林	0.9760	-0.0267	0.7273	-0.0128	0.6537
江苏	3.4793	-0.4538	0.2538	0.0500	0.2854
江西	-0.2293	-0.1073	0.2209	0.1410	0.7511
辽宁	0.5323	-0.4540	0.3922	0.0556	5.9987
内蒙古	3.5322	-0.7136	0.8775	0.1352	0.5179
宁夏	-0.1663	-0.0625	0.3964	-0.0045	0.3361
青海	0.2793	-1.9903	0.1982	-0.0026	-0.7593
山东	1.2063	-0.0447	0.9007	0.2136	0.4190
山西	1.0020	-1.6091	7.8217	-0.1282	-2.9659
陕西	5.3319	-1.0062	0.0940	-0.0025	0.4484
上海	11.7611	-1.9083	0.0093	-0.2043	0.4947
四川	0.9141	-0.4517	1.5524	0.5326	0.0860
天津	0.7862	-0.0978	0.5064	0.1437	0.2483
西藏	0.0055	-0.0706	0.1286	0.1803	1.9127
新疆	2.7657	-0.7393	0.3186	0.1168	0.1764
云南	0.0941	-1.8002	1.6634	0.0112	0.1034
浙江	2.3761	-0.2040	0.3553	-0.3773	0.2694
重庆	1.8767	-0.9388	0.3619	0.4692	0.1453

7.3 中国上市公司分第一大股东和最终控制人投资状况分析

我们按照上市公司第一大股东持股比例对样本总体进行分组统计,具体做法是,把第一大股东持股比例分为4组:20%以下、20%—40%、40%—60%和60%以上,统计结果见表2-25。

数据显示,第一大股东持股比例最高组的金融性资产投资与无形资产投资最高,平均每家公司分别为36.4亿元和2.2亿元,其现金流量充足,满足投资的比率较高。但这一组的固定资产持有量每家公司平均下降6.5亿元,表明其固定资产投资下降程度最大,主要是金融资产的挤占效应。第一大股东持股比例介于20%到40%之间的上市公司,无论是金融性资产投资,还是无形资产投资都比较低,其现金流量不佳,在现金满足投资方面处于最低水平。从公司的无形资产投资来看,随着第一大股东持股比例的上升,其无形资产的投资意愿和行为越强,并且其现金满足投资的状况越好。

表 2-25　中国上市公司按第一大股东持股比例分类的投资状况均值分析

	新增金融性资产投资（亿元）	新增固定资产投资（亿元）	新增无形资产投资（亿元）	现金再投资比率	现金满足投资比率
持股比例<20%	13.9018	-0.2293	0.3085	0.0648	0.4389
20%≤持股比例<40%	5.0116	-0.6377	0.4066	-0.0075	0.1378
40%≤持股比例<60%	11.9053	-1.3127	1.0890	0.0242	0.3115
持股比例≥60%	36.4101	-6.5196	2.2024	0.1460	2.0680

最后,我们按照上市公司最终控制人性质对上市公司样本总体进行分组,并分别进行了描述性统计,需要指出的是:我们将CSMAR数据库中社会团体控股、职工持股会控股和其他无控制人的情况归属于其他情况,最终分为5类:国有控股、民营控股、外资控股、集体控股和其他,具体结果如表2-26所示。

统计中,国有控股上市公司和民营控股上市公司数量最多,共同占据了上市公司总数的近95%。国有控股公司和其他控股公司的金融性资产投资最高,平均每家上市公司分别达到17亿元和103亿元,而其他类型上市公司金融性资产投资最大,平均每家公司超过100亿元,主要是受国有银行类上市公司的影响,这些公司由于没有实际控制人而被列入其他类型。由于金融性投资的挤占效应,这两类公司的固定资产投资也最低。从无形资产投资来看,国有控股公司的无形资产增加最多,超过非国有公司的3倍以上,主要是这些公司凭借与政府的关系或者政府的支持,取得了较多的土地使用权。从现金再投资比率和现金满足投资比率来看,除集体类公司略好一些外,其他各类型控制人公司相差不大。

表 2-26 中国上市公司按最终控制人性质分类的投资状况

	新增金融性资产投资（亿元）	新增固定资产投资（亿元）	新增无形资产投资（亿元）	现金再投资比率	现金满足投资比率
国有控股	16.5577	-2.8126	1.3224	-0.0685	0.4655
民营控股	0.3418	-0.2175	0.4263	0.0951	0.3711
外资控股	0.6193	-0.0885	0.3078	0.0995	0.5522
集体控股	0.4723	-0.0547	0.0877	0.1927	0.7670
其他	102.7711	-3.0090	0.4344	0.0298	0.3591

第三篇 治理篇
——公司治理评价、分析与完善

1 公司治理改革、公司治理评价与治理指数

1.1 中国公司治理改革发展沿革

三十多年来,全球公司治理研究的关注主体已由英美日德等主要发达国家,扩展到转轨和新兴市场国家。在中国企业改革的足印里,现代企业制度、公司化、法人治理结构、公司治理机制等等已经成为人们耳熟能详的改革标识。中国企业改革,走过了以公司治理为主线的三十多年,可以说公司治理是企业变革的核心。企业改革的大前提往往是经济体制首先发生变化,1978年之前中国实行的是计划经济体制,之后陆续进行了一系列改革,最后市场经济体制建立。伴随中国经济体制转型,公司治理也正在从行政型治理向经济型治理转型,这是中国公司治理改革的主线;治理转型过程中,中国公司治理也在经历着从"形似"到"神似"的升华过程。回顾这三十余年的中国经济和企业的发展,我们可以将这三十余年的公司治理实践分为观念导入、结构构建、机制建立和日臻完善四个阶段。

第一阶段:公司治理的观念导入阶段(1978—1992年)。1978年中共十一届三中全会以后,中国经济体制开始由计划经济向有计划的商品经济转变,国家逐步下放和扩大国营企业的自主权,在国有企业的经营管理上,由单一的政府直接管理转变为政府直接管理和企业适度自主经营相结合的"双轨制管理"。企业的称谓开始由"国营"逐步转变为"国有"(赵国英,2009)。企业在完成指令性计划的同时,可以自主开发市场,经批准可以投资开办企业。1984年开始,国有企业内部管理体制由党委领导下的厂长(经理)负责制逐步转变为厂长(经理)负责制,并于1987年进入全面实施阶段。1988年正式颁布《中华人民共和国全民所有制工业企业法》,确定了全民所有制企业的法人地位,结束了全民所有制企业法律地位不明确的状况。始于1978年的中国国有企业改革,在经过扩大企业经营自主权、利改税、承包经营责任制和转换企业经营机制改革后,到1990年代初中期,企业经营管理人员尤其是经理人员获取了过大的不受约束与控制的权力。在消除行政型治理,但尚未建立经济型治理的过程中出现了内部人控制(Insider Control)问题,许多学者认为是中国当时的法人治理结构不完善,企业内部缺乏对经营管理人员有效的制衡机制造成的。基于这样的背景,从解决内部人控制入手展开法人治理结构的搭建与完善,属于探索性的治理实践,从观念上开始导入公司治理,但

这一阶段对公司治理的认识还局限于法人治理结构层面,搞法人治理结构更多是为实现制衡的目的,即制衡"一把手"。

第二阶段:公司治理结构构建阶段(1993—1998年)。1993年中共十四届三中全会《关于建立社会主义市场经济体制若干问题的决定》指出,国有企业改革的方向是建立产权明晰、权责明确、政企分开、管理科学的现代企业制度,但文件中还没有直接讲公司治理问题。随着两个交易所的先后设立,1993年4月,国务院发布了《股票发行与交易管理暂行条例》;同年6月,证监会制定了《公开发行股票公司信息披露实施细则》,信息披露是公司治理方面的重要内容之一。1994年7月,《公司法》正式实施,从法律上对规范股份有限公司的设立和运作,以及股票的发行和上市做出了明确规定,特别是明确了三会治理结构;《公司法》出台前,股份公司的设立及其股票的发行和上市,主要是依据原国家经济体制改革委员会1992年5月制定和实施的《股份有限公司规范意见》和国务院1993年4月发布和执行的《股票发行与交易管理暂行条例》。1998年4月,两个交易所推出特别处理(Special Treatment,缩写为ST)制度,2007年东北高速(600003)成为首家因公司治理问题被ST的公司。1998年通过的《证券法》中关于投资者权益、持续信息披露和对经营者约束等规定均为公司治理内容。通过上述内容分析,我们不难看出,这一阶段的公司治理已经实现了由观念导入到结构构建的转变,特别是《公司法》的正式推出,使公司治理实践有了现实的主体和法律基础,因为按照《中华人民共和国全民所有制工业企业法》注册的企业,不存在董事会、监事会等治理问题。尽管这一阶段有了《公司法》这一根本制度,但在治理实践上,各公司多数只是满足《公司法》的基本要求而搭建了公司治理基本架构,治理机制没有很好地发挥作用,最明显的证据就是各公司章程与工商部门提供的范例相似性极高,董事会和监事会也多数局限于开开会,从"形"上符合治理的要求,更多强调的是治理的合规性。这一阶段过程中,如何处理好新三会与老三会的关系还没有找到合适的解决办法(卢昌崇,1994)。

第三阶段:公司治理机制建立阶段(1999—2002年)。如果以1999年中共十五届四中全会《中共中央关于国有企业改革和发展若干重大问题的决定》为标志,中国公司治理实践进入一个新的阶段,即相对深入阶段,开始注重治理机制的建立。《决定》指出公司制是现代企业制度的一种有效组织形式,而法人治理结构是公司制的核心,这是中国第一次在文件中正式提到法人治理结构概念。为了保证董事会的独立性和更好地保护中小股东权益,2001年8月中国证监会推出《关于在上市公司建立独立董事制度的指导意见》,正式导入英美公司治理模式中的独立董事制度,实现了监事会和独立董事的双重监督。2002年1月证监会和国家经贸委联合发布了《中国上市公司治理准则》,使上市公司的治理有章可循。股权结构是公司治理的基础,2002 年出台的《合格境外机构投资者境内证券投资管理暂行办法》(即 QFII 制度),以及随后出台的《外国投资者对上市公司战略投资管理办法》、《关于外国投资者并购境内企业的规定》、《关于上市公司股权分置改革试点有关问题的通知》等规定,都从完善公司股权层面来进行探索。

第四阶段:公司治理日臻完善阶段(2003 年至今)。2003 年中共十六届三中全会通过的《中共中央关于完善社会主义市场经济体制若干问题的决定》,明确提出不但要搞公司治理,而且要完善公司治理。同年,国务院国资委成立,之后各地方国资委相继成立,结束了中国国有企业"多龙治水"的局面,使国有企业出资人这一主体得到明确。为全面深入贯彻落实《国务院关于推进资本市场改革开放和稳定发展的若干意见》,证监会 2005 年推出《关于提高上市公司质量意见》的"二十六条",其中第三条对上市公司治理进行了明确规定。随着公司治理实践的深入,实践当中出现的一些治理问题需要以法的形式对其进行总结,2005 年进行了《公司法》的修改,2006 年实施的新《公司法》在完善公司治理基本制度方面有颇多建树。2007 年 3 月,证监会发文《关于开展加强上市公司治理专项活动有关事项的通知》,拉开了公司治理专项活动的序幕,使中国上市公司治理状况得到进一步改善。纵观中国企业发展的历史,可以看出中国企业改革的"宝"押在了股份制上,始于 2004 年的中国央企董事会试点改革已初具规模,截至 2012 年年初,117 家大型国有独资公司中已有 40 家引入董事会制度,使国有企业治理水平得到显著提高。与上一阶段公司治理实践相比,这一阶段的重要性不言而喻,该治理阶段主要是围绕如何建立治理机制,除了完善《公司法》、《证券法》等法律,还有《上市公司治理准则》、《国务院关于推进资本市场改革开放和稳定发展的若干意见》、《关于提高上市公司质量意见的通知》、《公开发行股票公司信息披露实施细则》、《上市公司章程指引》等具体的规章制度,在实现公司治理"形"似的基础上,探索如何发挥公司治理机制的有效作用,改革的目标不但要实现治理的"形"似,还要"神"似。

1.2 公司治理评价与治理指数
1.2.1 公司治理评价的意义

股市的健康发展需要四个条件:一是宏观经济的基本面要好;二是上市公司质量要高;三是投资者的成熟度和理性度要高;四是监管要适度、有效(成思危,2009)。公司治理评价源于人们对公司价值的关注。除了公司绩效评价,越来越多的投资者开始关注公司治理状况,因为公司治理是公司质量最重要的方面。完善的公司治理机制对于保证市场秩序具有十分重要的作用,公司治理改革已经成为全球性的焦点问题。近二十年来,全球公司治理研究的关注主体由以美国为主逐步扩展到英美日德等主要发达国家,而最近几年已扩展到转轨和新兴市场国家。研究内容也随之从治理结构与机制的理论研究,扩展到治理模式与原则的实务研究;目前治理质量与治理环境倍受关注,研究重心转移到公司治理评价和治理指数。公司治理经过三十多年的探索与积累,已取得一些成效:相关法律法规政策体系的形成,治理有所依;多层次治理监管体系的搭建,治理有所约;上市公司治理水准逐渐提高,治理有所得。尽管中国上市公司治理起步晚于国外,但已经走过建立治理结构,俗称搭架子以及搞好治理机制的两步;而目前,中国上市公司治理进入到了以质量为核心的改革发展重要阶段,仅仅建立治理结构和机制是不够的,更重要的是实现治理的有效性,例如已经设立的提名委员会,是否能真正提名,这是我们治理要走的第三步。这其中,公司治理评价又是非常重要的环节,通过评价及时发现治理存在的问题,进而提高治理有效性。

公司治理研究的重要任务之一就是探讨如何建立一套科学完善的公司治理评价系统。通过系统的运行,一方面为投资者提供投资信息,另一方面可以掌握公司治理的现状,观察与分析公司在利益相关者权益保护、公司治理结构与治理机制建设等方面的现状与问题,促进提高公司治理质量及公司价值。公司治理理论界以及实务界迫切需要了解以下问题:中国公司治理的质量如何,如何规范股东大会以及怎样才能确保公司的独立性,董事会如何运作才能形成完善的决策与监督机制,采用何种激励与约束机制才能有效降低代理成本并促使代理人为公司长期发展而努力,决定公司治理质量的主要因素有哪些,公司治理存在哪些风险及其程度如何,对投资者及其他利益相关者的利益有何影响,公司治理机制的建立与完善如何影响公司绩效,解决上述问题的核心是建立一套适应中国公司治理环境的公司治理评价系统和评价指数,用以掌握中国公司的治理结构与治理机制完善状况、公司治理风险的来源、程度与控制,并进一步观察与分析中国公司在控股股东行为、董事会运作、经营层激励约束、监事会监督以及信息披露等方面的现状、存在的风险和治理绩效等。其重要意义具体来说包括:

第一,有利于政府监管,促进资本市场的完善与发展。公司治理指数反映了公司治理水平,详细编制并定期公布公司治理指数,能够使监管部门及时掌握其监管对象的公司治理结构与治理机制的运行状况,从而在信息反馈方面确保其监管有的放矢。同时,有利于证券监管部门及时掌握中国公司治理状况以及相关的准则、制度等的执行情况。利用该系统,证券监管部门可以及时了解其监管对象在控股股东行为、董事会、监事会、高管人员的选聘与激励约束机制以及信息披露与内部控制等方面的建立与完善程度以及可能存在的公司治理风险等,有利于有效发挥监管部门对于公司的监管作用。

第二,有利于形成公司强有力的声誉制约并促进证券市场质量的提高。基于融资以及公司持续发展的考虑,公司必须注重其在证券市场以及投资者中的形象。公司治理评价系统的建立,可以对公司治理的状况进行全面、系统、及时的跟踪,从而形成强有力的声誉制约。定期将评价的结果公布,弥补了中国企业外部环境约束较弱的缺陷。由于公司治理评价状况的及时公布而产生的信誉约束,将促使公司不断改善公司治理状况,最大限度地降低公司治理风险,因而有利于证券市场质量的提高,强化信用。公司的信用是建立在良好的公司治理结构与治理机制的基础之上的,一个治理状况良好的公司必然具有良好的企业信用。不同时期公司治理指数的动态比较,反映了公司治理质量的变动状况,因而有利于形成动态声誉制约。

第三,有利于公司科学决策与监控机制的完善和诊断控制。公司治理指数使公司(被评价对象)能够及时掌握本公司治理的总体运行状况以及公司在控股股东行为、董事会、监事会、经理层等方面的治理状况以及信息披露、内部控制状况,及时对可能出现的问题进行诊断,有针对性地采取措施,从而确保公司治理结构与治理机制处于良好的状态中,进而提高公司决策水平和公司竞争力。定期的公司治理评价信息,将使管理当局及时地掌握公司治理潜在的风险,并采取积极的措施降低与规避监控风险;利用公司治理评价所提供的公司治理质量、公司治理风险的全面信息,可以了解其投资对象,为科学决策提供信息资源。例如,公司治理计分卡的应用有助于指导公司科学决策。

第四,为投资者投资提供鉴别工具并指导投资。及时量化的公司治理指数,能够使投资者对不同公司的治理水平与风险进行比较,掌握拟投资对象在公司治理方面的现状与可能存在的风险。同时根据公司治理指数、风险预警与公司治理成本以及公司治理绩效的动态数列,可以判断投资对象公司治理状况与风险的走势及其潜在投资价值,从而提高决策水平。传统上投资者主要分析投资对象的财务指标,但财务指标具有局限性。建立并定期公布公司治理指数,将促进信息的公开,降低信息不对称性,提高决策科学性。例如,成立于1992年的LENS投资管理公司的投资选择原则是从财务评价和公司治理评价两个角度找出价值被低估和可以通过公司治理提高价值的公司。美国机构投资者服务公司与英国富时还建立起了公司治理股价指数,为其会员提供公司治理咨询服务。再比如,韩国也建立了公司治理股价指数。

第五,有利于建立公司治理实证研究平台,提高公司治理研究水平。中国公司治理指数使公司治理的研究由理论层面的研究具体到量化研究和实务研究,有利于解决公司治理质量、公司治理风险、公司治理成本与公司治理绩效度量这些科学问题。公司治理评价过程中的一系列调查研究的成果是顺利开展对公司治理实证研究的重要数据资源。这一平台的建立,将使公司治理理论研究与公司治理实践得以有机结合,进一步提高公司治理理论研究对公司治理实践的指导作用。

1.2.2 国内外主要的公司治理评价系统

国内外对公司治理评价与指数的研究经历了公司治理的基础理论研究、公司治理原则与应用研究、公司治理评价系统与治理指数研究的过程,并由商业机构的公司治理评价发展到非商业性机构的公司治理评价。中外学者对公司治理评价的关注是基于满足公司治理实务发展的需要,尤其是机构投资者的需要。

公司治理评价萌芽于1950年杰克逊·马丁德尔提出的董事会绩效分析,随后一些商业性的组织也推出了公司治理状况的评价系统。最早的规范性公司治理评价研究是由美国机构投资者协会在1952年设计的正式评价董事会的程序,随后出现了公司治理诊断与评价的系列研究成果,如 Salmon(1993)提出诊断董事会的22个问题;1998年标准普尔公司(Standard & Poor's)创立公司治理服务系统,该评价系统于2004年进行了修订;1999年欧洲戴米诺(Deminor)推出戴米诺公司治理评价系统;2000年亚洲里昂证券(Credit Lyonnais Securities Asia,缩写为CLSA)推出里昂公司治理评价系统;2003年南开大学中国公司治理研究院(原南开大学公司治理研究中心)李维安教授率领的南开大学中国公司治理研究院评价课题组推出中国第一个全面系统的公司治理评价系统,即中国上市公司治理评价系统,并于2004年公布《中国公司治理评价报告》,同时发布中国上市公司治理指数(China Corporate Governance Index of Nankai University,缩写为 $CCGI^{NK}$)。

美国机构投资者服务公司(Institutional Shareholder Services)还建立了全球性的公司治理状况数据库,为其会员提供公司治理服务;另外还有布朗斯威克(Brunswick Warburg)、ICLCG(Institute of Corporate Law and Corporate Governance)、ICRA(Information and Credit Rating Agency)、世界银行公司评价系统、泰国公司治理评价系统、韩国公司治理评价系统、日本公司治理评价系统(CGS、JCGIndex)以及台湾公司治理与评等系统等。详细情况见表3-1。

表3-1 国内外主要公司治理评价系统

公司治理评价机构或个人	评价内容
杰克逊·马丁德尔	社会贡献、对股东的服务、董事会绩效分析、公司财务政策
标准普尔(S&P)	所有权结构、利益相关者的权利和相互关系、财务透明度和信息披露、董事会结构和程序
戴米诺(Deminor)	股东权利与义务、接管防御的范围、信息披露透明度、董事会结构
里昂证券(CLSA)	管理层的约束、透明度、小股东保护、独立性、公平性、问责性、股东现金回报以及公司社会责任

(续表)

公司治理评价机构或个人	评价内容
美国机构投资者服务组织(ISS)	董事会及其主要委员会的结构、组成,公司章程和制度,公司所属州的法律,管理层和董事会成员的薪酬,相关财务业绩,"超前的"治理实践,高管人员持股比例,董事的受教育状况
戴维斯和海德里克 DVFA	股东权利、治理委员会、透明度、公司管理以及审计
布朗斯威克(Brunswick Warburg)	透明度、股权分散程度、转移资产/价格、兼并/重组、破产、所有权与投标限制、对外部人员的管理态度、注册性质
公司法与公司治理机构(ICLCG)	信息披露、所有权结构、董事会和管理层结构、股东权利、侵吞(Expropriation)风险、公司的治理历史
信息和信用评级代理机构(ICRA)	所有权结构、管理层结构(含各董事委员会的结构)、财务报告和其他披露的质量、股东利益的满足程度
宫岛英昭、原村健二、稻垣健一等日本公司治理评价体系(CGS)	股东权利、董事会,信息披露及其透明性三方面,考察内部治理结构改革对企业绩效的影响
日本公司治理研究所公司治理评价指标体系(JCGIndex)	以股东主权为核心,从绩效目标和经营者责任体制、董事会的机能和构成、最高经营者的经营执行体制以及股东间的交流和透明性四方面评价
泰国公司治理评价系统	股东权利、董事品质、公司内部控制的有效性
韩国公司治理评价系统	股东权利、董事会和委员会结构、董事会和委员会程序、向投资者披露和所有权的平等性
香港城市大学公司治理评价系统	董事会结构、独立性或责任;对小股东的公平性;透明度及披露;利益相关者角色、权利及关系;股东权利
台湾辅仁大学公司治理与评等系统	董(监)事会组成、股权结构、参与管理与次大股东、超额关系人交易、大股东介入股市的程度
GMI(Governance Metrics International)治理评价系统	透明度与披露(含内部监控)、董事会问责性、社会责任、股权结构与集中度、股东权利、管理人员薪酬、企业行为
世界银行治理评价系统	公司治理的承诺、董事会的结果和职能、控制环境和程序、信息披露与透明度、小股东的待遇
中国社会科学院世界经济与政治研究所公司治理研究中心	股东权利、对股东的平等待遇、公司治理中利益相关者的作用、信息披露和透明度、董事会职责、监事会职责
南开大学中国上市公司治理指数($CCGI^{NK}$)	控股股东、董事会、监事会、经理层、信息披露、利益相关者

资料来源:南开大学中国公司治理研究院 2013 年《中国公司治理评价报告》。

一般而言,公司治理评价系统具有以下四个共同特征:一是评价系统均是由一系列详细指标组成,且各个评价系统均包括了三个因素:股东权利、董事会结构及信息披露。二是在所有的评价系统中,评分特点是相同的。总体而言,较低的得分意味着较差的治理水平,反之意味着较好的治理状况。但也有两个例外,一个例外是 ICRA 评价系统,它使用相反的评分方法,公司治理评级 CGR1 意味着最好的治理状况,公司治理评级 CGR6 意味着最低的治理水平;另一个例外是布朗斯威克的治理风险分析,它是以惩罚得分的形式来计算,得分越高,公司的治理风险越大。三是绝大多数评价系统都使用了权重评级方法,根据治理各要素重要程度的不同赋予不同的权重,从而计算出公司治理评价值。四是获取评价所需信息的方法是一致的,主要来自公开可获得信息,其他信息通过与公司关键员工的访谈而获得。不同评价系统的主要区别在于两个方面:第一,一些评价系统是用来评价某一个别国家公司的治理状况,例如 DVFA、布朗斯威克等,另一些评价系统则涉及多个国家的公司治理评价,如标准普尔、戴米诺和里昂证券评价系统包含了国家层次的分析,这些评价中使用的标准都很相似。第二,各评价系统在采用指标、评价指标构成以及关注重点方面都存在显著差异。如标准普尔以 OECD 公司治理准则、美国加州基金(CalPERS)等提出的公司治理原则以及国际上公认的对公司治理要求较高的指引、规则等制定评价指标体系,公司层面的评价包括所有权结构及其影响、利益相关者关系、财务透明与信息披露、董事会的结构与运作四个维度,而里昂证券的评价涉及管理层的约束、透明度、小股东保护、独立性、公平性、问责性、股东现金回报以及公司社会责任八个维度。

  公司治理评价的研究与应用,对公司治理实践具有指导意义。正如上述对不同评价系统的对比所看到的,不同的评价系统有不同的适用条件,中国公司的治理环境、治理结构和机制与国外有很大的差别,因而直接将国外评价系统移植到国内必将产生水土不服现象。只有借鉴国际经验,结合中国公司所处的法律环境、政治制度、市场条件以及公司本身的发展状况,设置具有中国特色的公司评价指标体系,并采用科学的方法对公司治理状况做出评价,才能正确反映中国公司治理状况。在实地调研和多次讨论的基础上,南开大学中国公司治理研究院评价课题组在 2003 年 4 月推出由 80 多个指标组成的中国上市公司治理评价指标体系,并在 2004 年 2 月正式发布有中国上市公司治理状况"晴雨表"之称的中国上市公司治理指数($CCGI^{NK}$),之后每年发布一次。中国上市公司治理指数,充分考虑了中国公司治理环境的特殊性。

2 中国上市公司治理指数研发与构成

2.1 中国上市公司治理指数研发历程

中国上市公司治理指数的研究发展呈现为渐进式的动态优化过程。具体来说,中国上市公司治理指数的形成经历了四个阶段。

第一阶段:研究并组织制定《中国公司治理原则》阶段。在中国经济体制改革研究会的支持下,南开大学中国公司治理研究院课题组于2001年推出的《中国公司治理原则》,被中国证监会《中国上市公司治理准则》以及太平洋经济合作理事会(Pacific Economic Cooperation Council,缩写为PECC)组织制定的《东亚地区治理原则》所吸收借鉴,为建立公司治理评价指标体系提供了参考性标准。

第二阶段:构建"中国上市公司治理评价指标体系"阶段。历时两年调研,2001年11月第一届公司治理国际研讨会提出《在华三资企业公司治理研究报告》。2003年4月,经反复修正,提出"中国上市公司治理评价指标体系",围绕公司治理评价指标体系,2003年11月第二届公司治理国际研讨会征求国内外专家意见,根据前期的研究结果和公司治理专家的建议,最终将公司治理指标体系确定为六个维度,具体包括股东治理指数、董事会治理指数、监事会治理指数、经理层治理指数、信息披露指数、利益相关者治理指数,合计80多个评价指标。

第三阶段:正式推出中国上市公司治理指数和《中国公司治理评价报告》阶段。基于评价指标体系与评价标准,构筑中国上市公司治理指数,2004年首次发布《中国公司治理评价报告》,报告应用中国上市公司治理指数第一次对中国上市公司进行大样本全面量化评价分析,之后每年度发布一次《中国公司治理评价报告》,持续至今。

第四阶段:中国上市公司治理评价系统应用阶段。在学术上,公司治理评价系统为课题、著作、文章等系列成果的研究提供了平台,课题组获得国家自然科学基金重点项目和国家社科重大招标项目支持,《中国公司治理评价报告》在商务印书馆、高等教育出版社以及国际出版社等出版。此外,还为监管部门、媒体等机构的治理工作提供支持,为企业提升治理水平提供指导。中国上市公司治理指数连续多年应用于"CCTV中国最具价值上市公司年度评选"。央视财经50指数(399550)于2012年6月6日在深圳证券交易所上市,央视财经50指数以创新、成长、回报、治理、社会责任等五个维度为考察标准,树立了价值投资新标杆,其中公司治理维度应用该评价系统。2008年接受国务院国资委委托,对央企控股公司治理状况进行评价,2007年接受中国保监会委托,基于该评价系统设计我国保险公司治理评价标准体系。该评价系统也应用于联合国贸易和发展会议对中国企业的公司治理状况抽样评价和世界银行招标项目,2007年10月30日至11月1日,应联合国贸易和发展会议邀请,李维安教授参加了在瑞士日内瓦召开的ISAR专家组第24届会议,并就《中国公司治理信息披露项目》做大会报告;应用于国务院国资委国有独资央企董事会建设与评价和国家发展和改革委员会委托项目推出的"中国中小企业经济发展指数"等研究。基于该系统,课题组构建中国公司治理指数数据库,研发中国公司治理股价指数,设计中国公司治理计分卡。

2.2　中国上市公司治理指数构成

基于中国上市公司面临的治理环境特点,南开大学中国公司治理研究院评价课题组在总结了公司治理理论研究、公司治理原则、各类公司治理评价系统以及大量实证研究、案例研究成果的基础上,在2003年设计出中国上市公司治理评价系统,2004年公布《中国公司治理评价报告》,同时发布中国上市公司治理指数。随后,于2004年、2005年加以优化,广泛征求各方面的意见,对六个维度评价指标进行适度调整。通过对上市公司治理评价的实证研究,对部分不显著性指标进行调整;通过对公司实施公司治理评价,不断检验系统的有效性并进行优化;引入新的公司治理研究思想,例如利益相关者;听取各方面的意见,广泛研讨;紧密关注治理环境变化,并及时反映到评价系统中。最终形成的治理评价指标体系见表3-2。指标体系是公司治理指数的根本,不同环境需要不同的公司治理评价指标体系,中国上市公司治理指数反映了中国市场的诸多重要特征。此评价指标体系基于中国上市公司面临的治理环境特点,侧重于公司内部治理机制,强调公司治理的信息披露、中小股东的利益保护、上市公司独立性、董事会的独立性以及监事会参与治理等,从股东治理、董事会治理、监事会治理、经理层治理、信息披露和利益相关者治理六个维度,设置19个二级指标,具体有80多个评价指标,对中国上市公司治理的状况做出全面、系统的评价。

表 3-2 中国上市公司治理指数评价指标体系

指数（目标层）	公司治理评价 六个维度（准则层）	公司治理评价各要素（要素层）
中国上市公司治理指数（CCGI^{NK}）	股东治理（CCGI^{NK}SH）	上市公司独立性
		上市公司关联交易
		中小股东权益保护
	董事会治理（CCGI^{NK}BOD）	董事权利与义务
		董事会运作效率
		董事会组织结构
		董事薪酬
		独立董事制度
	监事会治理（CCGI^{NK}BOS）	监事会运行状况
		监事会规模与结构
		监事胜任能力
	经理层治理（CCGI^{NK}TOP）	经理层任免制度
		经理层执行保障
		经理层激励约束
	信息披露（CCGI^{NK}ID）	信息披露可靠性
		信息披露相关性
		信息披露及时性
	利益相关者治理（CCGI^{NK}STH）	利益相关者参与程度
		利益相关者协调程度

资料来源：南开大学中国公司治理研究院"中国上市公司治理评价系统"。

2.3 中国上市公司治理分维度评价指标体系

2.3.1 中国上市公司股东治理评价指标体系

中国转轨时期经济的复杂性决定了上市公司控股股东行为的复杂性，对于中国上市公司控股股东行为外部性的分析，控制权的范围要从上市子公司拓展到包括上市子公司、控股股东及其他关联公司甚至整个集团，体现为控股股东对集团资源的控制程度。上市公司与其控股股东之间存在着种种关联，控股股东对上市公司的行为往往超越了上市公司的法人边界。从保护中小股东利益的视角来看，我们可以从四个层次来反映控股股东行为与股东治理状况。首先，股东的平等待遇。遵循"资本多数"的原则，控股股东往往能够对股东大会加以控制。控股股东通过制定股东大会程序、股东参与条件来提高中小股东参加股东大会的成本，限制了中小股东的参与程度，难以保障所有股东得到足够和及时的信息。通过衡量股东大会投票制度、股东的参与度，可以对控股股东是否存在影响股东大会的行为加以判断。其次，引发控股股东行为负外部性的体制性诱因。在中国国有企业股份制改造过程中，上市公司与其控股股东之间往往存在着"资产混同"，模糊了上市公司的法人财产边界，为控股股东滥用上市公司资源、损害中小股东等其他利益相关者的利益创造了条件。上市公司相对于控股股东独立与否，可以反映出引发控股股东侵害小股东行为的体制性诱因程度。再次，控股股东行为负外部性的制约机制。各国对中小股东权益的保护，主要是通过在股东大会上强化中小股东对股东大会召集、提议等的影响力，来限制控股股东的权利。2002年中国证监会和国家经贸委联合颁布的《中国上市公司治理准则》在保护股东权益、平等对待所有股东方面，做出了一些原则性的规定，成为《公司法》的有益补充。保护中小股东的制度是否健全、是否得到有效的实施，可以衡量在上市公司中是否形成制约控股股东行为、降低负外部性的有效机制。最后，控股股东行为负外部性的现实表现。上市公司的控股股东通过调动各子公司、关联公司的资源，可以实现集团整体利益的最大化，各公司间的有机协调、资源的互补，也可以发挥整个集团的"联合经济效应"；增强集团整体的竞争能力。但是，目前中国上市公司的控股股东存在着集团资源滥用的行为，体现在运营层面上是具有较强的负外部性，损害了中小股东的利益。

基于对股东行为特征的分析，我们构建了包括三个主因素层，合计11个指标的中国上市公司控股股东行为评价指标体系，见表3-3：

第一，上市公司独立性指标。由于法律法规的推出、监管的强化，以及上市公司自主治理水平的提高，上市公司在人员、业务、财务、资产、机构等方面的独立性得到了加强，但这种独立性大都停留在表面层次，上市公司相对股东单位的独立性仍需加强。我们对以下几个方面进行评价。首先，通过上市公司董事是否在控股股东处兼职来反映人员独立性情况。其次，通过主营业务是否重叠交叉来度量同业竞争，判断业务独立性情况。再次，通过计算从最终控制人到上市公司的控制链条层级的长度来判断现金流权与控制权分离程度；控制层级越长，最终控制人就越有可能通过金字塔式持股结构侵害中小股东利益。最后，通过观察控股股东是否将主业资产装入上市公司实现整体上市来进一步判断上市公司在人员、财务、经营上的独立性。

第二，中小股东权益保护指标。该部分重点判断上市公司对中小股东保护相关法律、法规及原则的实施情况，是否根据法律法规建立了相应的实施细则，是否通过实际行动有效维护中小股东的权益。通过上市公司是否建立了累积投票权制度并制定了相关实施细则，是否在股东大会中实行了网络投票，来衡量中小股东的意志能否在公司决策中得到体现，通过股东大会参与性衡量股东参与股东大会的积极性，通过募集资金是否变更、变更程序是否经股东大会批准、是否说明原因来度量上市公司是否滥用募集资金,通过现金股利派发规模和连续性来度量上市公司对股东的回报。

第三,关联交易指标。该部分通过控股股东是否无偿占用上市公司资金、上市公司是否为控股股东及其他关联方提供贷款担保、控股股东与上市公司间关联交易的规模等三个指标反映控股股东滥用关联交易的情况。

表 3-3　中国上市公司股东治理评价指标体系

主因素层	子因素层	说明
独立性	人员独立性	考察董事在股东单位兼职比例,分析上市公司决策层和管理层相对于控股股东的独立性,其在处理股东利益冲突时能否保持平衡
	同业竞争	考察上市公司与控股股东公司在主营业务上是否存在重叠交叉
	控制层级	考察从最终控制人到上市公司的控制链条层级的长度,控制层级越长,导致现金流权与控制权分离,最终控制人就越有可能通过金字塔式持股结构侵害中小股东利益
	整体上市	考察上市公司控股股东是否实行了整体上市,整体上市可以起到避免同业竞争、理顺上市公司上下游产业关系、大量减少关联交易的积极效应
中小股东权益保护	股东大会投票制度	考察上市公司是否建立了累积投票权制度,制定了实施细则,是否在股东大会中实行了网络投票,衡量中小股东的意志能否在公司决策中得到体现
	股东大会参与性	考察股东参与股东大会的积极性,上市公司是否让尽可能多的股东参加大会
	募集资金使用情况	考察募集资金是否变更,变更程序是否经股东大会批准,是否说明原因
	现金股利分配	考察上市公司通过现金股利对投资者回报的规模及长期连续性
关联交易	关联方资金占用	考察关联方是否通过占用上市公司货币资金、欠付上市公司应收货款等手段损害中小股东利益
	关联担保	考察上市公司是否为大股东或其附属企业解决债务融资问题,以上市公司的名义为其贷款提供担保
	经营类和资产类关联交易	考察上市公司及控股股东是否通过日常经营类、股权类和资产类关联交易进行利润操作,获取控制权收益

资料来源:南开大学中国公司治理研究院"中国公司治理评价系统"。

2.3.2　中国上市公司董事会治理评价指标体系

董事会是公司治理的核心。作为股东和经理之间的连接纽带,董事会既是股东的代理人,又是经理人员的委托人和监督者,在公司的战略发展、重大决策方面发挥着至关重要的作用,是完善治理结构,优化治理机制的关键环节。董事会治理水平直接决定着公司潜在的治理风险以及长远发展。国内外相继爆发的安然、世通、德隆、创维等公司治理丑闻也验证了这一点。因此,董事会一方面要积极领导公司为投资者创造更多的财富,在资本市场上争取到充足的资本,服务好投资者这个"上帝",另一方面还要关注消费者的利益和需求,在产品市场上获取消费者的支持和信任,服务好消费者这个"上帝",从而实现公司的持续发展。通过对上市公司的董事会治理进行评价,无疑会推动中国上市公司董事会治理的改善与优化,从而为董事会建设提供系统性的制度保障。

董事会治理评价的开展可以从董事会履职基础层面,延伸至董事会结构完善及机制优化层面,最终体现在董事会在公司行为以及治理风险防范中发挥的重要作用。在现代公司的双重委托代理问题下,董事会是否能够抑制管理层对股东利益偏离的机会主义行为,是否能够克制控股股东的利益攫取行为而实现全部股东的财富最大化,在一定程度上取决于董事会职能边界及权利配属等基本理论问题是否能够明晰化。在实践层面,董事会的薪酬制定权利、提名权利、针对董事会议案的异议权利等在很多情况下也被"剥夺",导致董事职能的虚化问题。董事会结构建设是董事会治理提升的基础,但仅具有完善的董事会治理结构还远不能实现董事会的高效运作,结构建设向机制优化的转型是提升现阶段中国上市公司董事会治理质量的关键环节。从关注董事会规模、董事会会议次数、董事会专业委员会设立情况、董事的专业背景等角度转向董事会议案决议、独立董事意见内容、董事会会议质量、董事团队氛围、董事会专业委员会履职状况等方面是现有研究面临的较大挑战。科学决策是董事会治理的重要目标,董事会在对公司行为的影响中扮演了重要的角色。完善的董事会治理结构、高效的董事会治理机制推动了公司科学的投融资决策、生产经营决策,并保证了公司财务质量的高水平。董事会作为公司治理的核心,其关键职责在于防范各种可能的治理风险。董事会应以治理风险防范为导向,建立适当的风险控制结构和机制,有效识别和控制公司运营中面临的各种治理风险,防止治理风险的累积和爆发。探讨治理风险导向的董事会治理机制和风险防控机制,搭建嵌入治理风险的董事会治理分析框架对于董事会治理研究具有重要的意义。

在已有评价指标体系和有关评价研究成果的基础上,结合中国上市公司董事会治理现状,以董事诚信、勤勉义务为核心,董事会治理评价指标体系从董事权利与义务、董事会运作效率、董事会组织结构、董事薪酬、独立董事制度五个维度,构筑了一套包括 24 个指标的中国上市公司董事会治理评价指标体系,并以此为标准对上市公司董事会治理状况进行评价分析,见表 3-4。

第一,董事权利与义务。董事在公司的权利结构中具有特定的法律地位,同时还需承担特定的法律责任和义务。董事的来源、履职状况等会对董事权利与义务的履行状况产生重要的影响,从而在一定程度上决定了董事会治理的质量。对董事权利与义务状况进行的评价有助于提升董事会治理的质量。董事权利与义务主要考察董事来源、培训、履职的诚信勤勉情况等。董事权利与义务的评价指标主要包括：董事权力与义务状态；董事赔偿责任制度；股东董事比例；董事年龄构成；董事专业背景；董事在外单位的任职情况。

第二，董事会运作效率。董事会作为公司的核心决策机构，承担着制定公司战略并对经理层实施有效监督的责任。董事会的运作效率直接决定着董事会职责的履行状况以及公司目标的实现程度。高效率的董事会运作有助于董事会更好地履行职责，制定更科学的公司发展规划，更有效率地监督管理人员，从而提升公司的持续价值创造能力。董事会运作效率主要考察董事会运作状况，以反映董事会功能与作用的实现状态。董事会运作效率的评价指标主要包括：董事会规模；董事长与总经理的两权分离状态；董事与高管的职位重合情况；董事会成员的性别构成；董事会会议情况。

第三，董事会组织结构。董事会组织结构界定了董事会内部分工与协作的方式、途径等。董事会专门委员会的设立情况、董事的兼任情况等都会影响到董事会的运作。只有董事会内部权责分明、组织健全，才能保证董事会职责的履行。合理的董事会组织结构是董事会高效运转的前提。董事会组织结构主要考察董事会领导结构和专门委员会运行状况。董事会组织结构的评价指标主要包括：董事会战略委员会的设置；审计委员会的设置；薪酬与考核委员会的设置；提名委员会的设置；其他专门委员会的设置。

第四，董事薪酬。公司的董事承担着制定公司战略决策和监督管理人员的责任，并且要履行勤勉义务和诚信义务。在赋予董事责任和义务的同时，给予董事合适的薪酬至关重要。具有激励效果的薪酬组合能够促进董事提高自身的努力程度，提高董事履职的积极性，促使董事与股东利益的趋同，并最终提升公司的核心竞争力。董事薪酬主要考察董事激励约束状况，包括短期激励和长期激励。董事薪酬的评价指标主要包括：董事薪酬水平；董事薪酬形式；董事绩效评价标准的建立情况。

第五，独立董事制度。独立董事制度为上市公司的董事会引入了具有客观立场的独立董事。这些独立董事独立于上市公司，与上市公司之间没有利益关联，在一定程度上能够客观地发表见解，从而保护公司投资者的利益。在中国"一股独大"的股权结构下，需要建立独立董事制度来保证董事会的独立性以及决策的科学性。独立董事制度主要考察公司董事会的独立性及独立董事的职能发挥状况。独立董事制度的评价指标主要包括：独立董事的专业背景；独立董事兼任情况；独立董事比例；独立董事激励和独立董事履职情况。

表 3-4 中国上市公司董事会治理评价指标体系

主因素层	子因素层	说明
董事权利与义务	董事的权利与义务状态	考察董事权利与义务清晰界定的程度
	董事赔偿责任制度	考察董事的责任履行
	股东董事比例	考察具有股东背景董事的比例
	董事年龄构成	考察董事年龄情况,尤其是大龄董事
	董事专业背景	考察董事的专业背景
	董事在外单位的任职情况	考察董事义务履行的时间保障
董事会运作效率	董事会规模	考察董事会人数情况
	董事长与总经理的两权分离状态	考察董事长与总经理的兼任情况
	董事与高管的职位重合情况	考察董事与高管的兼任情况
	董事会成员性别构成	考察董事会中女性董事的比例情况
	董事会会议情况	考察董事会的工作效率
董事会组织结构	战略委员会的设置	考察战略委员会的设置
	审计委员会的设置	考察审计委员会的设置
	薪酬与考核委员会的设置	考察薪酬与考察委员会的设置
	提名委员会的设置	考察提名委员会的设置
	其他专门委员会的设置	考察其他专门委员会的设置
董事薪酬	董事薪酬水平	考察董事报酬水平的激励约束状况
	董事薪酬形式	考察董事报酬结构的激励约束状况
	董事绩效评价标准的建立情况	考察董事绩效标准的建立
独立董事制度	独立董事专业背景	考察独立董事的专业背景
	独立董事兼任情况	考察独立董事在外单位的任职情况
	独立董事比例	考察董事会独立性
	独立董事激励	考察独立董事激励约束状况
	独立董事履职情况	考察独立董事参加会议情况

资料来源:南开大学中国公司治理研究院"中国公司治理评价系统"。

2.3.3 中国上市公司监事会治理评价指标体系

监事会是上市公司的专设监督机关,完善监事会的监督机制是提高公司治理质量,降低治理风险的关键。从各国公司立法看,尽管对监事会这一履行监督职责的机构称谓不同,有的称为监察人,也有的称为监察役等,但在本质和功能上并无大的差别。中国《公司法》规定,监事会是由股东会选举产生的,履行监督公司业务执行状况以及检查公司财务状况的权力机关。监事会主要职权包括:监督权,监事会有权检查公司业务执行状况以及公司财务状况;弹劾权,监事会有权对违反法律、行政法规、公司章程或者股东大会决议的董事、高级管理人员提出罢免的建议;股东大会的召集权与主持权,监事会有权提议召开临时股东大会会议,在董事会不履行公司法规定的召集和主持股东大会会议职责时召集和主持股东大会会议;提案权,监事会有权向股东大会会议提出提案;起诉权,监事会有权对违反诚信义务的董事、高级管理人员提起诉讼。监事会作为公司内部专门行使监督权的常设监督机构,是公司内部治理结构与机制的一个重要组成部分。监事会监督权的合理安排及有效行使,是防止董事和高管独断专行、保护股东投资权益和公司债权人权益的重要措施。但目前中国上市公司现状是监事会功能不彰,效力不显,监事不独立,未能发挥应有的监督作用,致使监事会在现实中成为花瓶一只。因此,有必要对上市公司的监事会治理状况进行评价,使中国监事会逐步趋于健全与完善。基于此,我们从监事会运行状况、监事会结构与规模和监事胜任能力三个方面对中国上市公司监事会参与治理的状况进行了评价。

对于监事会治理评价问题的研究,目前国内外基本上处于空白阶段,造成这种现状的原因是多方面的:首先,英美为代表的公司治理模式中没有监事会。处于国际主流地位的以英、美为代表的"一元模式"的公司治理结构中,没有设置监事会,但这并不意味着没有监督机制,其监控主要是通过董事会中下设相关委员会和其中的外部独立董事以及外部市场来实现的。这是与英、美国家公众持股公司的股东人数众多、股权高度分散的现状相适应的,由于不可能由各个股东分别或共同监督,大量股东使得代理成本成为一个严重的问题,而且由于搭便车问题的存在,单个股东进行监督的动力不足。因此借助"外脑"力量,即引入外部独立董事对于克服内部利益掣肘不失为明智选择。同时,英美两个国家的经理人市场也比较发达,能够对经营者实施较强的外部监督。因此,尽管国际上一些知名公司治理评价公司,如标准普尔、戴米诺、里昂证券等都已推出了自身的公司治理评价体系,但其中均未单独涉及监事会评价问题。其次,中国上市公司治理模式的现实状况。从公司治理结构的角度看,中国公司治理模式更接近于大陆法系的"二元模式",即在股东大会之下设立与董事会相独立的监事会。在国际上以"二元模式"为典型代表的德、日等国的监事会与两国证券市场不是很发达、管理层在企业中居于支配性地位为基本特征的公司治理状况相适应。德国实行董事会和监事会分设的双层制,其中监事会具有较强的监督职能。德国《股份法》规定,公司必须有双层制的董事会结构,即管理委员会和监事会,前者负责公司的日常事务,由担任公司实际职务的经理人员组成;后者是公司的控制主体,负责任命管理委员会的成员并且审批公司的重大决策,并监督其行为,但不履行具体的管理职能。日本的监事会制度既不同于美、英的单层制,也与德国的双层制有些许不同。在日本,董事会与监事会是并列的机构,二者均由股东大会选举产生,后者对前者进行监督。这些与中国监事会在性质和职权上有着诸多差异,使得来自"二元模式"国家的监事会评价的参考价值也极为有限。最后,监事会治理评价没有受到足够重视。国内一些证券机构(如海通证券、大鹏证券)在进行中国上市公司治理评价体系研究过程中，主要集中在股东大会治理评价研究（反映在股权结构、股权集中度和股东大会召开情况等方面）、董事会治理评价研究（反映在董事会规模、董事会运作和董事的激励约束等方面）以及信息披露状况方面的评价研究（反映在信息披露的完整性、准确性和有效性），对监事会的评价几乎没有涉及。

对于监事会运行状况评价研究的欠缺，使我们难以判断作为上市公司三会之一的监事会在公司治理中是否发挥了应有的作用，其治理状况的改进与完善对于提高上市公司治理水平是否发挥着重要的作用，是否如有些专家认为的那样，在嫁接了国外的独立董事制度后，监事会已不再重要甚至是多余的。源于此，考虑监事会在中国公司治理结构中的特殊地位，充分借鉴国际上不同公司治理模式中内部监督经验，结合中国上市公司自身环境条件及改革进程，设计出一套能够客观评价上市公司监事会治理状况的指标体系具有重要的理论与现实意义。在中国上市公司中，监事会作为公司内部的专职监督机构，以出资人代表的身份行使监督权力，对股东大会负责。公司监事会的性质决定了它不得进行公司业务活动，对外也不代表公司开展业务。例如，德国《股份法》规定：监事会成员不得"同时隶属于董事会和监事会"。中国《公司法》规定董事、经理和财务负责人不得兼任监事，也是为了实现公司权责明确、管理科学、激励和约束相结合的内部管理体制。这种规定是为了保证监事会行使监督权的专一目标。监事会的基本职能是以董事会和总经理为主要监督对象，监督公司的一切经营活动以及财务状况，在监督过程中，随时要求董事会和经理人员纠正违反公司章程的越权行为。对监事会治理的评价我们以"有效监督"为目标，遵循科学性、可行性和全面性的原则，从运行状况、结构规模和胜任能力三个方面，设计了包括11个指标的中国上市公司监事会治理评价指标体系，见表3-5。

第一，运行状况。监事会是否真正发挥作用以及发挥作用的程度是我们关注的焦点，即监事会是否召开过监事会会议，召开过多少次，其次数高于、等于还是低于中国《公司法》所规定的召开次数。据此，我们设计了监事会会议次数来衡量监事会运行状况。

第二，结构规模。良好的监事会结构与规模是监事会有效运行的前提条件，为了保证监事会行使监督权的有效性，首先监事会在规模上应该是有效的，其次是监事会成员的构成上也应该有效。为此，我们设计了监事会人数和职工监事设置情况来反映监事会结构与规模状况。

第三，胜任能力。有了结构与机制后，没有具体的要素，整个监事会系统也无法正常运转。监事胜任能力包括监事会主席胜任能力和其他监事胜任能力两个方面。由于上市公司是一个占有庞大经济资源的复杂的利益集团，要求监事应具有法律、财务、会计等方面的专业知识或工作经验，具有与股东、职工和其他利益相关者进行广泛交流的能力。监事的学历和年龄等对其开展相应工作的胜任能力也具有重要的影响。监事持股有利于调动其履职的积极性。依据上述思路,我们设置了监事会主席职业背景、监事会主席学历、监事会主席年龄、监事会主席持股状况来评价监事会主席胜任能力;设置了其他监事职业背景、其他监事年龄、其他监事学历以及其他监事持股状况指标来评价其他监事胜任能力。

表 3-5　中国上市公司监事会治理评价指标体系

主因素层	子因素层	说明
运行状况	监事会会议次数	考察监事会履行工作职能的基本状况
结构规模	监事会人数	考察监事会履行监督职能的人员基础
	职工监事设置情况	考察监事会代表职工行使监督权力的情况
胜任能力	监事会主席职业背景	考察监事会主席职业背景对其胜任能力的影响
	监事会主席学历	考察监事会主席学历对其胜任能力的影响
	监事会主席年龄	考察监事会主席年龄对其胜任能力的影响
	监事会主席持股状况	考察监事会主席持股状况对其胜任能力的影响
	其他监事职业背景	考察监事职业背景对其胜任能力的影响
	其他监事学历	考察监事学历对其胜任能力的影响
	其他监事年龄	考察监事年龄对其胜任能力的影响
	其他监事持股状况	考察监事持股状况对其胜任能力的影响

资料来源:南开大学中国公司治理研究院"中国公司治理评价系统"。

2.3.4　中国上市公司经理层治理评价指标体系

经理层治理评价是从客体视角对上市公司经理层治理状况进行的评价。标准普尔公司治理服务系统、戴米诺公司治理评价系统、里昂证券公司治理评估系统等国际上大多数公司治理评价系统中都将经理层治理作为其重要的维度。ISS、ICLG、ICRA、GMI 在对公司治理状况进行考察时,也将经理层治理作为其核心因素。

南开大学中国公司治理研究院在设置上市公司治理评价指标系统的一开始,就将经理层评价作为一个重要维度,主要从任免制度、执行保障和激励机制三个维度评价中国上市公司经理层治理状况。经理层治理指数由包括 9 个评价指标的三个主因素构成,见表 3-6。

第一,经理层任免制度。在经理层治理评价系统中,我们选择高管层行政度、两职设置及高管稳定性作为评价公司经理层任免制度的指标。随着上市公司高管人员选聘制度化程度提高以及高管变更频度的加大,我们强化了高管稳定性的指标评价。

第二,执行保障机制。经理层的执行保障评价包括高管构成、双重任职和CEO设置三个具体评价指标。

第三,激励与约束机制。我们从薪酬水平、薪酬结构和持股比例三方面来评测经理层激励与约束程度。

表3-6 中国上市公司经理层治理评价指标体系

主因素层	子因素层	说明
经理层任免制度	高管层行政度	考察经理层任免行政程度
	两职设置	考察总经理与董事长的兼职状况
	高管稳定性	考察经理层的变更状况
执行保障机制	高管构成	考察经理层资格学历状况
	双重任职	考察经理层成员的兼职状况
	CEO设置	考察经理层中CEO设置状况
激励与约束机制	薪酬水平	考察经理层薪酬激励水平
	薪酬结构	考察经理层激励的动态性
	持股比例	考察经理层长期激励状况

资料来源:南开大学中国公司治理研究院"中国公司治理评价系统"。

2.3.5 中国上市公司信息披露评价指标体系

"阳光是最有效的消毒剂,电灯是最有效的警察"。一个资本市场的信息透明度越高,资本市场的有效性就越强,投资者就越容易做出有效的投资决策。如果信息是透明的,投资者就可以在事前进行合理的判断,事后可以进行更好的监督,投资者可以选择到合适的投资或者融资项目,而管理人员也可以得到他们所需的资金。但是投资者和经理人之间的信息不对称会使投资者的闲置资金与投资机会之间的配置无法实现,使资本市场的配置功能失效。由于信息的不完备,投资者往往根据市场的平均水平估计公司投资项目的投资收益,对于优质项目来说,融资成本过高,这将造成公司的融资约束。Myers和Majluf(1984)认为当投资者低估企业的融资证券价值,而管理者无法将一个好的投资机会正确传递给外部投资者时,投资项目将会被搁置。在更为极端的情况下,债券市场上还会出现"信贷配给",即借款人愿意以市场平均利率支付利息,但仍然无法筹集到所需要的全部资金(Stiglitz和Weiss,1981;Gale和Hellwig,1985)。通过信息披露缓解了信息不对称,投资者能够更加准确地估计证券价值和项目的风险,对于有良好的投资机会的公司,投资者在购买证券时会要求一个较低的风险溢价,从而降低公司的融资成本;而对于项目风险较高的公司来说,投资者在购买证券时会要求一个较高的风险溢价来弥补其可能遭受的损失,从而提高公司的融资成本。信息的披露还有利于投资者在投资后对管理层进行监督。投资者所处的信息劣势使得一般投资者难以掌握企业内部充分而真实的信息或者无力支付了解这些信息所需的成本而难以实现对代理问题的有效监督。于是,当投资者不能对自己的投资做到完全的监督,而他们又意识到经理人员会有代理问题时,他们对投资将保持谨慎的态度。这也会导致资本市场的运行低效。

南开大学公司治理评价系统中的信息披露评价体系针对信息披露可靠性、相关性、及时性进行评价,在借鉴相关研究成果的基础上,以科学性、系统性和信息披露评价的可行性等原则为指导,以国际公认的公司治理原则、准则为基础,借鉴、综合考虑中国《公司法》、《证券法》、《上市公司治理指引》,比照《公开发行证券的公司信息披露内容与格式准则第2号(2011年修订)》、《企业会计准则》、《公开发行股票公司信息披露实施细则》等有关上市公司的法律法规设计了包括三个主因素层,合计17个指标的中国上市公司信息披露评价指标体系,见表3-7。

第一,信息披露的可靠性。可靠性指一项计量或叙述与其所要表达的现象或状况的一致性。可靠性是信息的生命,要求公司所公开的信息能够准确反映客观事实或经济活动的发展趋势,而且能够按照一定标准予以检验。但信息的可靠性具有相对性和动态性,相对可靠性体现了历史性,而且相对可靠性向绝对可靠性接近。一般情况下,作为外部人仅通过公开信息是无法完全判断上市公司资料可靠性的,但是可以借助上市公司及其相关人员违规历史记录等评价信息的披露判断可靠性。从信息传递角度讲,监管机构和中介组织搜集、分析信息,并验证信息可靠性,这种检验结果用于评价信息披露可靠性是可行的、合理的。信息披露可靠性的评价指标主要包括:年度财务报告是否被出具非标准无保留意见;近三年公司是否有违规行为;公司是否有负面报道。

第二,信息披露的及时性。信息披露的及时性是指信息要在失去影响决策的功能之前提供给决策者。信息除了具备真实完整特征之外,还要有时效性。由于投资者、监管机构和社会公众与公司内部管理人员在掌握信息的时间上存在差异,为解决获取信息的时间不对称性可能产生的弊端,信息披露制度要求公司管理当局在规定的时期内依法披露信息,减少有关人员利用内幕信息进行内幕交易的可能性,增强公司透明度,降低监管难度,有利于规范公司管理层经营行为,保护投资者利益;从公众投资者来看,及时披露的信息可以使投资者做出理性的价值判断和投资决策;从上市公司本身来看,及时披露信息使公司股价及时调整,保证交易的连续和有效,减少市场盲动。信息披露及时性采用年度报告是否及时披露这一唯一评价指标。

第三,信息披露的相关性。信息披露相关性则要求上市公司必须公开所有法定项目的信息,不得忽略、隐瞒重要信息,使信息使用者了解公司治理结构、财务状况、经营成果、现金流量、经营风险及风险程度等,从而了解公司全貌、事项的实质和结果。信息披露的相关性包括形式上的完整和内容上的齐全。信息披露相关性的评价指标主要包括:公司战略是否充分披露;公司治理结构是否充分披露;竞争环境是否充分披露;产品和服务市场特征是否充分披露;盈利预测的信息是否充分披露;经营风险和财务风险是否充分披露;公司社会责任方面是否充分披露;员工培训计划和费用是否充分披露;对外投资项目是否充分披露;业务分布是否充分披露;控股公司及参股公司经营情况是否充分披露;关联交易是否充分披露;资产负债表日后事项是否披露。

表3-7 中国上市公司信息披露评价指标体系

主因素层	子因素层	说明
信息披露可靠性	是否被出具非标准无保留意见	考察公司财务报告的合法性和公允性
	违规行为	考察公司在近三年是否有违规行为
	有无负面报道	考察是否有媒体对公司进行负面报道
信息披露及时性	年度报告是否及时披露	考察信息是否在失去影响决策的功能之前提供给决策者
信息披露相关性	公司战略	考察是否充分披露了有关战略的信息
	公司治理结构	考察是否充分披露了有关治理结构的信息
	公司竞争环境分析	考察是否充分披露了有关竞争环境的信息
	产品和服务市场特征	考察是否充分披露了有关产品和服务市场特征的信息
	盈利预测的信息	考察是否充分披露了盈利预测的信息
	公司风险	考察是否充分披露了有关的经营和财务风险的信息
	公司社会责任	考察是否充分披露了有关社会责任的信息
	员工培训计划和费用	考察是否充分披露了有关员工培训计划和费用的信息
	对外投资项目	考察是否充分披露了有关对外投资项目的信息
	业务分布信息	考察是否充分披露了有关业务分布的信息
	控股及参股公司经营情况	考察是否充分披露了有关控股及参股公司经营情况信息
	关联交易	考察是否充分披露了有关关联交易的信息
	资产负债表日后事项	考察是否充分披露了有关资产负债表日后事项的信息

资料来源:南开大学中国公司治理研究院"中国公司治理评价系统"。

2.3.6 中国上市公司利益相关者治理评价指标体系

1980年代之前,企业的经营宗旨多被认为是股东利益最大化,公司治理研究的问题主要是围绕如何建立合理的激励和约束机制,将代理人的道德风险问题降至最低限度,最终达到公司价值最大化。1963年,斯坦福大学一个研究小组(Stanford Research Institute,缩写为SRI)提出了利益相关者(Stakeholders),指那些没有其支持,组织就无法生存的群体(Freeman等,1983)。但在当时管理学界并未引起足够的重视。20世纪80年代以后,随着企业经营环境的变化,股东、债权人、员工、消费者、供应商、政府、社区居民等利益相关者的权益受到企业经营者的关注,公司在经营管理中对利益相关者的关注日益提高,消费者维权运动、环境保护主义及其他社会活动取得了很大的影响,公司对员工、社区及公共事业关注力度大大提高,公司治理也由传统的股东至上的"单边治理"模式演化为利益相关者"共同治理"模式。Blair(1996)认为,公司应是一个社会责任的组织,公司的存在是为社会创造财富。公司治理改革的要点在于:不应把更多的权利和控制权交给股东,"公司管理层应从股东的压力中分离出来,将更多的权利交给其他的利益相关者"。李维安等(2005)指出,所谓公司治理是指,通过一套包括正式或非正式的、内部或外部的制度或机制来协调公司与所有利益相关者之间的利益关系,以保证公司决策的科学化,从而最终维护公司各方面的利益的一种制度安排。公司治理的主体不仅局限于股东,而是包括股东、债权人、雇员、顾客、供应商、政府、社区等在内的广大公司利益相关者。目前,在公司治理中充分考虑利益相关者的权益,鼓励利益相关者适当参与公司治理已经成为广为接受的观点。

虽然目前利益相关者问题在公司治理研究中居于重要地位,但国内外涉及并强调利益相关者的公司治理评价体系并不多。标准普尔公司治理评价指标体系中涉及了"金融相关者",但仅仅指股东,并未涉及其他利益相关者。里昂证券公司的治理评价体系主要关注公司透明度、对管理层的约束、董事会的独立性和问责性、对中小股东的保护等方面,涉及债务规模的合理控制以及公司的社会责任,一定程度上注意到了利益相关者问题。而戴米诺公司和国内海通证券的公司治理评价体系则没有具体涉及利益相关者问题。南开大学中国公司治理原则研究课题组于2001年《〈中国公司治理原则(草案)〉及其解说》一文中指出,中国公司必须构筑以股东、经营者、职工、债权人、供应商、客户、社区等利益相关者为主体的共同治理机制,保证各利益相关者作为平等的权利主体享受平等待遇,并在构建中国公司治理评价体系中,将利益相关者治理纳入进来。南开大学中国公司治理研究院根据利益相关者在公司治理中的地位与作用,并且考虑到评价指标的科学性、可行性、完整性,设计了包括利益相关者参与性指标和协调性指标两大部分的中国上市公司利益相关者评价指标体系。其中利益相关者参与性指标分为:公司员工参与程度;中小股东参与和权益保护程度;公司投资者关系管理。利益相关者协调性指标包括:公司社会责任履行;公司和监督管理部门的关系;公司诉讼与仲裁事项,详见表3-8。

第一,利益相关者参与程度。利益相关者参与性指标主要评价利益相关者参与公司治理的程度和能力,较高的利益相关者参与程度和能力意味着公司对利益相关者权益保护程度和决策科学化程度的提高。公司员工参与程度:员工是公司极其重要的利益相关者,在如今人力资本日益受到关注的情况下,为员工提供有效途径参与公司的重大决策和日常经营管理,有利于增强员工的归属感,提高员工忠诚度并激励员工不断实现更高的个人目标和企业目标。我们用职工持股比例这个指标来考察职工的持股情况,这是公司员工参与公司治理的货币资本和产权基础,员工持股计划也是对员工进行产权激励的重要举措。我们通过这个指标来考察公司员工参与公司治理的程度。中小股东参与和权益保护程度:在少数控股股东在公司中占有绝对的支配地位时,中小股东作为弱势群体,往往由于种种原因,如参与公司治理的成本高等,无法参与公司决策的公司治理实践,并且自身权益常常受到侵害。为考察公司对中小股东参与和权益保护的程度,我们设立以下三个指标:累积投票制度的采用;网上投票制度的采用;代理投票制度的采用,即是否采用征集投票权办法。公司投资者关系管理:投资者关系管理是指公司通过及时的信息披露,加强与投资者之间的沟通与交流,从而形成公司与投资者之间良好的关系,实现公司价值最大化。在中国,上市公司投资者关系管理体系还处于发展阶段。我们设置如下指标考察上市公司的投资者关系管理状况:公司网站的建立与更新:考察公司投资者关系管理信息的披露与交流渠道的建立与通畅状况;公司投资者关系管理制度及其执行:考察公司投资者关系管理制度建设以及是否由专人或专门的部门负责投资者关系管理。设有专门的投资者关系管理制度和投资者关系管理部门有利于促进投资者关系管理工作的持续有效开展。

第二,利益相关者协调程度。利益相关者协调性指标考察公司与由各利益相关者构成的企业生存和成长环境的关系状况和协调程度,它主要包括以下三个分指标。公司社会责任履行状况:重视企业社会责任,关注自然环境的保护和正确处理与社区、社会的关系,是企业追求长远发展的必备条件。在此,主要通过如下两个指标考察公司社会责任的履行状况:公司公益性捐赠支出,可以考察上市公司对社会及所处社区的贡献;公司环境保护措施,反映上市公司对所处自然环境的关注与保护。公司和监督管理部门的关系:企业从事合法经营,必须履行相应的法律责任,因此协调并正确处理公司和其监管部门的关系至关重要。我们通过对罚款支出和收入的量化处理,考察上市公司和其所处的监督管理环境及其中各主体要素的和谐程度。公司诉讼与仲裁事项:通过考察公司诉讼、仲裁事项的数目及其性质,可以考察上市公司和股东、供应商、客户、消费者、债权人、员工、社区、政府等利益相关者的和谐程度。

表3-8 中国上市公司利益相关者治理评价指标体系

主因素层	子因素层	说明
利益相关者参与程度	公司员工参与程度	考察职工的持股情况
	公司中小股东参与和权益保护程度	考察上市公司中小股东参与程度和权益保护程度
	公司投资者关系管理	考察公司网站的建立与更新状况和公司投资者关系管理制度建设情况
利益相关者协调程度	公司社会责任履行	考察上市公司社会责任的履行和披露情况、上市公司对所处自然环境的关注与保护
	和公司监督管理部门的关系	考察上市公司和其所处的监督管理环境的和谐程度,涉及上市公司和一部分利益相关者的关系状况
	公司诉讼与仲裁事项	考察上市公司和股东、供应商、客户、消费者、债权人、员工、社区、政府等利益相关者的和谐程度

资料来源:南开大学中国公司治理研究院"中国公司治理评价系统"。

3 中国上市公司治理评价

3.1 中国上市公司治理评价样本基本情况

3.1.1 历年来评价样本基本概况

自 2004 年发布中国上市公司治理指数以来,南开大学中国公司治理研究院公司治理评价课题组先后进行了 15 564 个样本的公司治理评价,2004 年的评价样本量为 1 149 家,2004—2009 年评价样本数量比较稳定,从 2010 年开始,随着上市公司数量的增加,评价样本数量逐年显著增加,总样本数量从 2009 年的 1 261 家增加到 2013 年的 2 470 家。需要说明的是,监管部门相关政策要求上市公司每年 4 月底前公布上一年的年报,因此 2004 年发布的中国上市公司治理指数数据实际上反映的是 2003 年上市公司的实际状况,以此类推。详见图 3-1。

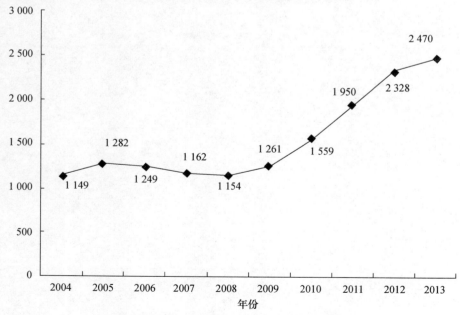

图 3-1 中国上市公司治理评价历年样本数量
资料来源:南开大学公司治理数据库。

表 3-9 为中国上市公司治理评价历年样本的行业分布状况,总体上来看,制造业行业上市公司占样本总体的比例最高,而且最近几年的增长速度也较快;其他行业样本比例相对较低,但是其中的信息技术业、房地产业、批发和零售贸易业样本数量快速增长。

表 3-9 中国上市公司治理评价历年样本的行业分布

行业	2004	2005	2006	2007	2008	2009	2010	2011	2012	2013
农、林、牧、渔业	27	34	31	27	26	28	37	42	42	45
采掘业	20	21	21	19	18	23	34	44	59	62
制造业(合计)	668	733	714	665	649	694	910	1 159	1 396	1 489
其中:食品、饮料	48	52	53	53	54	52	61	81	92	95
纺织、服装、皮毛	52	56	52	47	49	48	68	66	71	75
木材、家具	2	2	2	2	2	2	6	8	11	12
造纸、印刷	23	26	25	22	21	22	33	38	41	45
石油、化学、塑胶、塑料	131	142	139	125	116	132	169	203	251	262
电子	37	42	40	40	37	42	71	115	135	152
金属、非金属	114	118	113	111	104	112	140	160	190	198
机械、设备、仪表	180	197	195	181	173	185	240	346	437	477
医药、生物制品	68	83	81	72	79	84	96	122	143	148
其他制造业	13	15	14	12	14	15	26	20	25	25
电力、煤气及水的生产和供应业	48	56	57	51	55	59	64	68	74	75
建筑业	22	25	25	23	27	26	34	39	48	52
交通运输仓储业	49	55	54	55	49	55	64	74	75	78
信息技术业	70	81	81	70	68	78	96	146	181	201
批发和零售贸易业	80	89	89	78	82	87	91	102	123	127
金融、保险业	9	10	1	8	27	27	27	35	41	42
房地产业	40	51	52	51	55	69	75	115	129	129
社会服务业	36	37	37	35	33	37	48	56	75	81
传播与文化产业	8	10	9	9	7	10	10	17	34	38
综合类	72	80	78	71	58	68	69	53	51	51
合计	1 149	1 282	1 249	1 162	1 154	1 261	1 559	1 950	2 328	2 470

资料来源:南开大学公司治理数据库。

表 3-10 为中国上市公司治理评价历年样本的控股股东性质分布状况,按照控股控股性质可以将上市公司分为国有控股、集体控股、民营控股、社会团体控股、

外资控股、职工持股会控股和其他类型,从结构上来看国有控股和民营控股上市公司构成中国上市公司的主体,占绝大多数,2011 年民营控股上市公司数量首次超过了国有控股上市公司。

表 3-10 中国上市公司治理评价历年样本的控股股东性质分布

行业	2004 年	2005 年	2006 年	2007 年	2008 年	2009 年	2010 年	2011 年	2012 年	2013 年
国有控股	850	914	901	787	779	852	950	900	1 019	1 038
集体控股	25	22	13	10	20	4	12	32	25	25
民营控股	238	304	313	337	320	368	568	983	1 246	1 367
社会团体控股	5	20	4	4	4	3	3	3	1	1
外资控股	7	9	6	7	13	24	16	26	24	25
职工持股会控股	9	11	12	14	13	4	10	6	7	7
其他类型	15	2	0	3	5	6	0	0	6	7
合计	1 149	1 282	1 249	1 162	1 154	1 261	1 559	1 950	2 328	2 470

资料来源:南开大学公司治理数据库。

表 3-11 为中国上市公司治理评价历年样本的地区分布状况,可以看出上市公司主要分布在经济发达省份地区,例如广东省、浙江省、江苏省、北京市和上海市等。而在青海省、西藏、宁夏等经济欠发达地区,上市公司数量相对较少,截至目前这些地区上市公司总量均不超过 20 家。

表 3-11 中国上市公司治理评价历年样本的地区分布

省份	2004 年	2005 年	2006 年	2007 年	2008 年	2009 年	2010 年	2011 年	2012 年	2013 年
北京	77	80	78	77	83	90	112	158	187	208
天津	22	23	22	21	22	24	27	34	35	36
河北	27	32	32	30	26	29	32	40	48	49
山西	23	22	22	22	22	26	26	30	31	31
内蒙古	15	19	19	20	16	16	19	18	24	26
辽宁	45	51	47	47	42	45	49	54	66	71
吉林	30	33	32	30	29	31	33	32	40	41
黑龙江	25	33	30	25	23	24	24	27	33	34
上海	117	137	130	117	134	135	147	161	184	192
江苏	74	80	83	75	74	79	115	161	216	234
浙江	65	71	70	62	71	74	125	183	216	234
安徽	35	41	42	36	40	43	54	65	75	76
福建	37	41	38	34	33	37	53	70	87	93

（续表）

省份	2004年	2005年	2006年	2007年	2008年	2009年	2010年	2011年	2012年	2013年
江西	16	22	22	18	20	21	26	29	32	34
山东	62	72	71	63	66	68	92	116	142	149
河南	29	28	28	30	26	28	37	51	63	66
湖北	50	59	57	50	52	57	58	69	80	82
湖南	35	41	41	35	36	41	46	55	69	73
广东	126	135	130	137	115	139	193	281	336	365
广西	20	20	20	21	18	22	25	24	29	30
海南	18	20	20	18	17	20	21	20	27	28
重庆	26	26	26	25	21	25	27	30	35	37
四川	56	62	62	59	52	57	68	78	94	97
贵州	12	14	14	12	13	14	17	19	20	21
云南	18	21	20	19	21	20	27	28	29	29
西藏	7	8	7	7	6	8	8	9	10	10
陕西	26	26	23	20	20	25	28	34	36	38
甘肃	16	19	18	16	15	17	18	20	25	25
青海	7	9	9	7	6	9	10	8	10	10
宁夏	11	11	11	11	10	11	10	10	12	12
新疆	22	26	25	18	25	26	32	36	37	39
合计	1 149	1 282	1 249	1 162	1 154	1 261	1 559	1 950	2 328	2 470

资料来源：南开大学公司治理数据库。

表3-12为中国上市公司治理评价历年样本的市场和行业板块分布状况，从市场板块来看，主板上市公司是评价样本的主体，特别是在2010年之前，2010年我们开始关注中小企业板上市公司治理状况，并导入大样本的中小企业板上市公司作为评价对象，同时进行了中小企业板上市公司治理状况的专门分析，2011年开始导入创业板上市公司作为评价对象，因此主板、中小企业板和创业板上市公司构成了公司治理评价样本的市场板块。考虑到金融机构治理的特殊性，我们将金融、保险业上市公司单独作为一个板块来进行分析，金融保险业上市公司主要分布在主板市场，从2008年开始有很少的公司分布在中小企业板。

表 3-12 中国上市公司治理评价历年样本的市场板块分布

行业	2004 年	2005 年	2006 年	2007 年	2008 年	2009 年	2010 年	2011 年	2012 年	2013 年
主板	1 149	1 282	1 249	1 150	1 153	1 260	1 287	1 275	1 391	1 414
中小企业板	—	—	—	12	1	1	272	523	651	701
创业板	—	—	—	—	—	—	—	152	286	355
金融、保险业	9	10	1	8	27	27	27	35	41	42
其中:主板	9	10	1	8	26	26	26	33	39	39
中小企业板	—	—	—	—	1	1	1	2	2	3
合计	1 149	1 282	1 249	1 162	1 154	1 261	1 559	1 950	2 328	2 470

资料来源:南开大学公司治理数据库。

3.1.2 2013 年样本来源及选取

2013 年编制中国上市公司治理指数的样本来源于截止到 2013 年 4 月 30 日公布的公开信息(公司网站、巨潮资讯网、中国证监会、沪深证券交易所网站等)以及色诺芬 CCER 数据库、国泰安 CSMAR 数据库,根据信息齐全以及不含异常数据两项样本筛选的基本原则,我们最终确定有效样本为 2 470 家,其中主板 1 414 家,含金融机构 39 家,主板非金融机构 1 375 家;中小企业板 701 家,含金融机构 3 家;创业板 355 家。样本公司的行业、控股股东性质及省份构成见表 3-13、表 3-14 与表 3-15。需要说明的是,考虑到金融机构、中小企业板和创业板公司治理的特殊性,我们进行了单独分析,主板和中小企业板中的金融机构单独组成一个板块,这样总体评价样本为 2 470 家,主板 1 375 家,中小企业板 698 家,创业板 355 家,金融、保险行业板块 42 家,见表 3-16,各板块详细分析见后面有关章节。2004—2012 年评价样本选取原则同上,所以后面对历年来的样本选择不再加以说明。

3.1.3 2013 年样本行业分布情况

从样本行业分布情况来看,最近几年评价中各行业中样本所占比例保持了较稳定的趋势,而且制造业样本的比例最高。2013 年,制造业样本占 60.30%,相比较 2012 年的 60.00% 略有上升;其他各行业样本公司数量相比 2012 年也均有一定水平的增加,见表 3-13。

表 3-13 2013 年样本公司的行业构成

行业	公司数	比例(%)
农、林、牧、渔业	45	1.82
采掘业	62	2.51
制造业(合计)	1 489	60.30
其中:食品、饮料	95	3.85

(续表)

行业	公司数	比例(%)
纺织、服装、皮毛	75	3.04
木材、家具	12	0.49
造纸、印刷	45	1.82
石油、化学、塑胶、塑料	262	10.61
电子	152	6.15
金属、非金属	198	8.02
机械、设备、仪表	477	19.31
医药、生物制品	148	5.99
其他制造业	25	1.01
电力、煤气及水的生产和供应业	75	3.04
建筑业	52	2.11
交通运输仓储业	78	3.16
信息技术业	201	8.14
批发和零售贸易业	127	5.14
金融、保险业	42	1.70
房地产业	129	5.22
社会服务业	81	3.28
传播与文化产业	38	1.54
综合类	51	2.06
合计	2 470	100.00

资料来源:南开大学公司治理数据库。

3.1.4 2013年样本控股股东分布情况

按控股股东性质分组样本中,国有控股和民营控股公司仍然占据较大的比例,合计比例97.37%,相较于2012年的97.30%提高0.07%,变化不大,见表3-14。

表3-14 2013年样本公司的控股股东构成

控股股东性质	公司数	比例(%)
国有控股	1 038	42.02
集体控股	25	1.01
民营控股	1 367	55.35
社会团体控股	1	0.04
外资控股	25	1.01
职工持股会控股	7	0.28
其他类型	7	0.28
合计	2 470	100.00

资料来源:南开大学公司治理数据库。

就国有控股和民营控股公司所占比例的变化趋势来看,2013年度国有控股公司比例相较于2012年略有下降,而民营控股公司比例延续持续上升的态势。在2013年评价中,国有控股有1 038家,比例42.02%;2012年评价中有1 019家,比例为43.77%;2011年评价中有900家,比例为46.15%;2010年评价中有950家,比例为60.94%;2009年评价中有852家,比例为67.57%;2008年评价中有779家,比例为67.50%;2007年评价中有787家,比例为67.73%;2006年评价中有901家,比例为72.14%;2005年评价中有914家,比例为71.29%;2004年评价中有850家,比例为73.98%。较之前几年的样本数量,2013年、2012年和2011年国有控股公司的比例均不足50%。民营控股公司在2013年评价中有1 367家,比例为55.35%;在2012年评价中有1 246家,比例为53.52%;2011年评价中有983家,比例为50.41%;2010年评价中有568家,比例为36.43%;2009年评价中有368家,比例为29.18%;2008年评价中有320家,比例为27.73%;2007年评价中有337家,比例为29.00%,而在2006年评价中有313家,比例为25.06%;2005年评价中有304家,比例为23.71%;在2004年评价中有238家,比例为20.71%。继2011年、2012年后,民营控股公司的比例再次超过国有控股公司。外资控股、集体控股、职工持股、社会团体控股公司样本所占比例较小。

3.1.5　2013年样本地区分布情况

近年来上市公司的地区分布比例没有太大变化,从不同地区占样本数量、比例看,经济发达地区的广东省(365家,占样本公司的14.79%)、江苏省(234家,占样本公司的9.47%)、浙江省(234家,占样本公司的9.47%)、北京市(208家,占样本公司的8.42%)、上海市(192家,占样本公司的7.77%)、山东省(149家,占样本公司的6.03%)占有数量最多,而西部欠发达地区的甘肃省、贵州省、宁夏、青海省和西藏占样本量少,其中青海省和西藏最少,仅为10家,反映出经济发展水平与上市公司数量存在一定的关系(见表3-15)。

表3-15　2013年样本公司的省份构成

省份	公司数	比例(%)	省份	公司数	比例(%)
北京	208	8.42	湖北	82	3.32
天津	36	1.46	湖南	73	2.96
河北	49	1.98	广东	365	14.79
山西	31	1.26	广西	30	1.21
内蒙古	26	1.05	海南	28	1.13
辽宁	71	2.87	重庆	37	1.50
吉林	41	1.66	四川	97	3.93

（续表）

省份	公司数	比例(%)	省份	公司数	比例(%)
黑龙江	34	1.38	贵州	21	0.85
上海	192	7.77	云南	29	1.17
江苏	234	9.47	西藏	10	0.40
浙江	234	9.47	陕西	38	1.54
安徽	76	3.08	甘肃	25	1.01
福建	93	3.77	青海	10	0.40
江西	34	1.38	宁夏	12	0.49
山东	149	6.03	新疆	39	1.58
河南	66	2.67	合计	2 470	100.00

资料来源：南开大学公司治理数据库。

3.1.6 2013 年样本的市场板块分布情况

在中国，资本市场的板块按照上市对象不同大体可以分为主板市场、中小企业板市场和创业板市场。其中，主板市场自 1990 年上海和深圳证券交易所营业以来便一直存在。2004 年 6 月中国中小企业板揭幕，中小企业板是深圳证券交易所为了鼓励自主创新而专门设置的中小型公司聚集板块。2009 年 10 月中国创业板正式启动，创业板是主板之外的专为暂时无法上市的中小企业和新兴公司提供融资途径和成长空间的证券交易市场，是对主板市场的有效补给，在资本市场中占据着重要的位置。同时考虑到金融、保险业公司治理的特殊性，这一行业的公司也被单独列为一个板块。这样，2013 年的评价中对样本公司按照市场和行业板块类型进行详细划分，其中 55.67% 的样本公司来自于主板，共 1 375 家；中小企业板 698 家，占 28.26%；创业板 355 家，占 14.37%；另有 42 家金融、保险业公司，占 1.70%（见表 3-16）。

表 3-16　2013 年样本公司的市场板块构成

板块类型	公司数	比例(%)
主板	1 375	55.67
中小企业板	698	28.26
创业板	355	14.37
金融、保险业	42	1.70
合计	2 470	100.00

资料来源：南开大学公司治理数据库。

3.2 中国上市公司治理评价
3.2.1 中国上市公司治理总体分析

在 2013 年评价样本中,中国上市公司治理指数平均值为 60.76,较 2012 年的 60.60 提高 0.16。如表 3-17 所示,2013 年公司治理指数最大值为 70.35,较 2012 年的 71.82 和 2011 年的 73.61 有所下降;最小值为 48.07,高于 2011 年的 46.57,2010 年的 45.40,低于 2012 年的 48.09;样本的标准差为 3.67,相较于 2012 年的 3.95 有所下降。指数分布图见图 3-2。

表 3-17 2013 年中国上市公司治理指数描述性统计

统计指标	公司治理指数
平均值	60.76
中位数	60.97
标准差	3.67
方差	13.50
偏度	-0.20
峰度	-0.20
极差	22.28
最小值	48.07
最大值	70.35

资料来源:南开大学公司治理数据库。

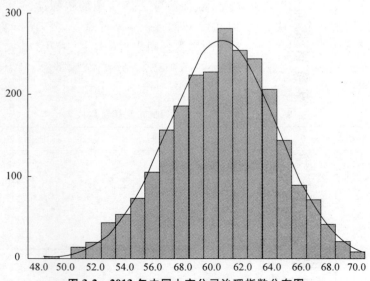

图 3-2 2013 年中国上市公司治理指数分布图
资料来源:南开大学公司治理数据库。

在 2 470 家样本公司中,没有 1 家达到 CCGI^{NK} Ⅰ 和 CCGI^{NK} Ⅱ,有 2 家达到了 CCGI^{NK} Ⅲ 水平(2012 年有 3 家公司达到了 CCGI^{NK} Ⅲ 水平);达到 CCGI^{NK} Ⅳ 的有 1 475 家,占全样本的 59.72%,较 2012 年的 56.87% 有显著的提高;处于 CCGI^{NK} Ⅴ 的公司有 989 家,占样本的 40.04%,与 2012 年的 42.78% 相比,有显著下降的趋势;有 4 家上市公司的治理指数在 50 以下,占全部样本的 0.16%,较 2012 年的 0.21% 有所下降(2011 年为 0.67%,2010 年为 3.33%)(见表 3-18)。

表 3-18 2013 年中国上市公司治理指数等级分布

公司治理指数等级与指数区间		公司治理指数等级分布	
		公司数	比例(%)
CCGI^{NK} Ⅰ	90—100	—	—
CCGI^{NK} Ⅱ	80—90	—	—
CCGI^{NK} Ⅲ	70—80	2	0.08
CCGI^{NK} Ⅳ	60—70	1475	59.72
CCGI^{NK} Ⅴ	50—60	989	40.04
CCGI^{NK} Ⅵ	50 以下	4	0.16
合计		2 470	100.00

资料来源:南开大学公司治理数据库。

3.2.2 中国上市公司治理各维度分析

1. 中国上市公司股东治理评价

2013 年度 2 470 家中国上市公司股东治理指数的平均值为 62.89,中位数为 63.51,最小值为 31.04,最大值为 84.42,标准差为 9.24。股东治理指数基本服从正态分布。股东治理评价的三个二级指标——独立性、中小股东权益保护和关联交易的平均值分别为 63.43、56.05 和 69.47。公司之间的差距较大,独立性、中小股东权益保护和关联交易的极差分别达到了 91、82 和 67。股东治理指数及其三项二级指标的描述性统计情况如表 3-19 所示。

表 3-19 2013 年中国上市公司股东治理总体状况描述性统计

项目	平均值	中位数	标准差	极差	最小值	最大值
股东治理指数	62.89	63.51	9.24	53.38	31.04	84.42
独立性	63.43	66.00	18.07	91.00	6.00	97.00
中小股东权益保护	56.05	56.50	12.74	82.00	7.20	89.20
关联交易	69.47	71.00	13.57	67.00	18.00	85.00

资料来源:南开大学公司治理数据库。

从 2004—2013 连续十年上市公司股东治理指数的发展趋势看,股东治理指数呈现出总体上升趋势,从 2004 年的 56.47 上升到 2013 年的 62.89,提高了 6.42。股东治理指数从 2005 年的 56.10 逐年上升到 2011 年 64.56,并达到最近十年来的最大值,2012 年有了大幅下降,2013 年又上升到了 62.89,比 2012 年提高了 1.69,但仍低于 2011 年的 64.56。

2004—2008 年,独立性较好,其中 2007 年平均值最高,为 89.24;中小股东权益保护从 2004 年的 37.50 上升到 2008 年的 48.43;关联交易波动较大。从 2009 年开始,独立性、中小股东权益保护和关联交易三个二级指标开始变得稳定。独立性指标在 2009 年有较大幅度的下降后,2010 年和 2011 年小幅回升,2012 年又有一定程度的下降,2013 年则略有上升。中小股东权益保护指标的波动性相对较小,在经历了 2009 年的下降后,2010 年和 2011 年逐步回升,2012 年有了一定幅度的下降,2013 年又有较大幅度的上升。关联交易指标在 2009 年有较大的上升以后,2010 年小幅回落,2011 年有较大幅度的提升,但 2012 年降低了 4.31,2013 年与上年相比基本持平。可以看出,2013 年股东治理指数的上升主要是由中小股东权益保护大幅上升造成的,而该指标上升的主要原因是现金股利的表现相比 2012 年有较大的提高(见表 3-20)。

表 3-20　中国上市公司股东治理指数描述性统计十年比较

年份	股东治理指数	独立性	中小股东权益保护	关联交易
2004	56.47	89.24	37.50	59.04
2005	56.10	66.26	50.37	56.75
2006	56.57	65.33	51.78	56.98
2007	57.32	89.24	50.39	48.28
2008	58.06	87.24	48.43	53.10
2009	59.23	61.53	46.85	70.45
2010	59.81	63.81	50.55	67.06
2011	64.56	66.27	53.55	74.70
2012	61.20	63.37	50.93	70.39
2013	62.89	63.43	56.05	69.47

资料来源:南开大学公司治理数据库。

2. 中国上市公司董事会治理评价

2013 年中国上市公司样本量为 2 470 家,董事会治理指数的平均值为 61.74,中位数为 61.78,标准差为 2.09。从董事会治理的五个主要因素来看,董事会组织结构指数最高,平均值为 68.70;董事权利与义务指数的平均值次之,为 63.71;独立董事制度指数和董事薪酬指数位于中间,其平均值分别为60.63和59.30;董事会运作效率指数的平均值最低,为58.44。

从董事会分指数的公司间差异情况来看,上市公司在董事会组织结构、董事薪酬、董事权利与义务指数方面的差异程度较大,其标准差分别为5.91、5.68和4.68;而在独立董事制度、董事会运作效率方面,上市公司之间的差异程度较小,其标准差分别为3.84和3.08(见表3-21)。

表3-21　2013年中国上市公司董事会治理总体状况描述性统计

项目	平均值	中位数	标准差	极差	最小值	最大值
董事会治理指数	61.74	61.78	2.09	13.72	54.53	68.25
董事权利与义务	63.71	63.63	4.68	25.50	49.24	74.74
董事会运作效率	58.44	58.58	3.08	24.75	39.14	63.88
董事会组织结构	68.70	70.81	5.91	32.19	51.50	83.69
董事薪酬	59.30	58.08	5.68	26.77	50.50	77.27
独立董事制度	60.63	60.85	3.84	25.00	48.73	73.73

资料来源:南开大学公司治理数据库。

董事会治理指数的平均水平在2004—2013年期间呈现出不断上升的趋势,主要体现在董事权利与义务、董事会组织结构、董事薪酬、独立董事制度指数等方面,其平均水平在十年期间均呈现出了不断提升的态势。具体而言,董事权利与义务指数的平均水平在2004—2011年期间不断提升,但是在2012年度出现回落,2013年仍略有下降,最大值出现在2011年,为66.43;董事会运作效率指数的均值在十年期间波动性较大,2009年达到最大值63.16,而后连续三年呈现出下降趋势,2013年略有回升;董事薪酬指数的均值在十年期间先上升,后下降,而后连续四年呈现出上升的趋势(见表3-22)。

表3-22　中国上市公司董事会治理指数描述性统计十年比较

年份	董事会治理指数	董事权利与义务	董事会运作效率	董事会组织结构	董事薪酬	独立董事制度
2004	52.60	44.38	62.42	47.81	48.49	59.37
2005	53.15	46.04	59.17	46.29	45.86	56.59
2006	55.35	53.26	59.41	55.83	44.79	57.03
2007	55.67	53.62	59.74	55.80	45.76	57.17
2008	57.43	60.06	58.24	56.05	56.60	57.33
2009	57.88	61.63	63.16	60.36	47.55	57.38
2010	60.33	65.09	57.66	67.94	55.56	58.82

年份	董事会治理指数	董事权利与义务	董事会运作效率	董事会组织结构	董事薪酬	独立董事制度
2011	60.81	66.43	57.40	68.38	57.14	58.88
2012	61.21	65.17	57.19	68.52	58.50	59.97
2013	61.74	63.71	58.44	68.70	59.30	60.63

资料来源：南开大学公司治理数据库。

3. 中国上市公司监事会治理评价

2013年中国上市公司样本量为2 470家，监事会治理指数的平均值为57.38，标准差为7.16，监事会治理指数基本服从正态分布。从监事会指数的三个主要因素来看，样本公司监事会运行状况指数平均值为67.90；监事会规模结构指数平均值为49.85；监事会胜任能力指数平均值为55.88（见表3-23）。

表3-23 2013年中国上市公司监事会治理总体状况描述性统计

项目	平均值	中位数	标准差	极差	最小值	最大值
监事会治理指数	57.38	56.30	7.16	38.81	38.75	77.56
运行状况	67.90	70.00	15.20	50.00	30.00	80.00
规模结构	49.85	40.00	13.95	50.00	30.00	80.00
胜任能力	55.88	55.80	6.05	57.58	17.27	74.85

资料来源：南开大学公司治理数据库。

从2004—2013年连续十年监事会治理指数的发展趋势看（见表3-24），其平均值呈现总体上的上升趋势，特别是2006年以来更是显示出逐年上升的态势；三个分指数中，监事会运行状况指数十年间都呈现出总体上升趋势，从2004年的58.16提高到2013年的67.90；监事会规模结构指数波动较大，在2009年达到峰值，2010年有所下降，2013年监事会规模指数低于2012年和2011年；监事会胜任能力指数自2004年至今有较大提高，2013年平均值与2012年持平，为55.88，远远高于2004年的41.32。

表3-24 中国上市公司监事会治理指数描述性统计十年比较

年份	监事会治理指数	监事会运行状况	规模与结构	监事胜任能力
2004	50.48	58.16	53.06	41.32
2005	51.75	55.02	52.11	48.60
2006	50.93	50.48	43.05	59.21
2007	52.93	59.50	51.52	48.71
2008	54.84	62.44	51.85	51.33

(续表)

年份	监事会治理指数	监事会运行状况	规模与结构	监事胜任能力
2009	55.97	64.65	54.32	50.19
2010	56.17	64.74	52.56	52.44
2011	57.17	65.92	50.94	55.90
2012	57.35	67.80	49.86	55.88
2013	57.38	67.90	49.85	55.88

资料来源：南开大学公司治理数据库。

4. 中国上市公司经理层治理评价

2013年上市公司的经理层治理指数最高值为76.51，最低值为38.65，平均值为57.21，标准差为5.97。从经理层评价的三个主因素层面来看，样本公司经理层任免制度指数平均值为61.44，样本标准差为5.27；执行保障指数的平均值为63.33，样本标准差9.46，极差最大；激励与约束机制指数平均值为48.07，样本标准差为14.16，样本离散程度最大（见表3-25）。

表3-25　2013年中国上市公司经理层治理总体状况描述性统计

项目	平均值	中位数	标准差	极差	最小值	最大值
经理层治理指数	57.21	56.93	5.97	37.86	38.65	76.51
任免制度	61.44	61.25	5.27	36.67	43.33	80.00
执行保障	63.33	63.33	9.46	66.00	26.00	92.00
激励约束	48.07	44.29	14.16	64.29	20.00	84.29

资料来源：南开大学公司治理数据库。

表3-26列明了2004年至2013年连续十年中国上市公司经理层治理状况与趋势特征。从2004年至2013年连续十年经理层治理指数的发展趋势显示，中国上市公司经理层治理状况总体上有上升趋势，从2004年的54.60上升到2013年的57.21。2010年以后，经理层治理指数呈现出稳定的态势，一直在57—58区间波动。三个分指数中，任免制度和执行保障指数呈现一定的随机波动性，激励与约束指数相对于任免指数和执行保障较低，但是呈现出逐年提高的趋势，2004年仅为38.89，2013年激励约束指数平均值达48.07。

表3-26　中国上市公司经理层治理指数描述性统计十年比较

年份	经理层治理指数	任免制度	执行保障	激励约束
2004	54.60	65.23	61.46	38.89
2005	54.80	64.18	62.72	39.35

（续表）

年份	经理层治理指数	任免制度	执行保障	激励约束
2006	55.22	63.99	63.84	39.74
2007	57.88	67.48	65.82	42.21
2008	57.40	65.65	65.49	42.84
2009	55.53	62.63	66.27	39.77
2010	57.21	62.90	64.60	45.64
2011	57.81	65.39	64.98	44.67
2012	57.27	61.84	64.50	46.85
2013	57.21	61.44	63.33	48.07

资料来源：南开大学公司治理数据库。

5. 中国上市公司信息披露评价

2013年中国上市公司样本量为2 470家，信息披露指数的平均值为63.18，标准差为9.27，信息披露指数基本服从正态分布。从标准差来看信息披露总体水平较为集中，上市公司之间的信息披露差距较小，但极差为49.49，信息披露最好和最差的公司仍存在较大差距。从信息披露的三个主要因素来看，中国上市公司信息披露的可靠性、相关性和及时性的平均值依次为62.11、61.94和65.83，信息披露的及时性表现最好，各指标之间的差异不大；从标准差来看，可靠性分散程度最大，上市公司信息披露的可靠程度存在较大差异；从极差来看，信息披露最好和最差的公司在可靠性、相关性和及时性方面都存在非常大的差距（见表3-27）。

表3-27　2013年中国上市公司信息披露总体状况描述性统计

统计指标	信息披露指数	可靠性	相关性	及时性
平均值	63.18	62.11	61.94	65.83
中位数	62.05	59.99	59.92	65.92
标准差	9.27	17.89	10.09	10.59
极差	49.49	54.60	61.57	62.73
最小值	35.93	34.98	23.34	24.60
最大值	85.41	89.98	84.91	87.33

资料来源：南开大学公司治理数据库。

从2004—2013连续十年信息披露指数的发展趋势看，信息披露指数呈现出总体上升的趋势，从2004年的62.20上升到2013年的63.18，信息披露的可靠性、相关性和及时性指数也呈现出总体上升，但存在一定的波动性（见表3-28）。2013年信息披露水平较2012年有所提升，三个分指数中，相关性指数和可靠性指数较

2012年有所提升,及时性指数有小幅度下降。

表3-28 中国上市公司信息披露指数描述性统计十年比较

年份	信息披露指数	可靠性	相关性	及时性
2004	62.20	60.50	59.64	68.16
2005	62.25	63.20	58.99	64.25
2006	62.76	63.18	60.92	64.04
2007	61.66	62.66	59.97	62.02
2008	62.36	62.80	60.53	63.74
2009	61.85	62.66	60.14	62.48
2010	63.43	63.53	61.68	65.05
2011	63.02	61.99	61.84	65.58
2012	63.14	62.09	61.84	65.84
2013	63.18	62.11	61.94	65.83

资料来源:南开大学公司治理数据库。

6. 中国上市公司利益相关者治理评价

2013年中国上市公司样本量为2 470家,利益相关者治理指数的均值为61.46,标准差为10.46,利益相关者治理指数基本服从正态分布(见表3-29)。从利益相关者治理指数的两个主要因素来看,样本公司利益相关者参与程度较低,平均值为48.72;利益相关者协调程度较高,平均值为77.05。

表3-29 2013年中国上市公司利益相关者治理总体状况描述性统计

项目	平均值	中位数	标准差	极差	最小值	最大值
利益相关者治理指数	61.46	60.84	10.46	63.05	29.20	92.25
利益相关者参与程度	48.72	48.00	15.65	68.00	22.00	90.00
利益相关者协调程度	77.05	78.00	10.88	65.00	35.00	100.00

资料来源:南开大学公司治理数据库。

从2004—2013年连续多年的发展趋势看(见表3-30),利益相关者治理指数前五年平均值总体上呈现逐年上升的趋势,2009年拐点之后,逐年上升到2012年的63.22,达到历史最高水平,与2012年相比2013年有所下降。这表明一方面利益相关者参与机制日益完善,但仍有反复,没有形成常态。另一方面,上市公司越来越重视履行对利益相关者的社会责任,提高利益相关者协调程度。从利益相关者治理的两个分指数来看,利益相关者参与程度2004年到2012年呈现逐年上升的态势,但2013年有所降低,这主要是由于上市公司健全网络投票、累积投票等投票机制,加强中小股东参与公司治理程度,同时通过完善投资者关系管理制度,向机构投资者等利益相关者披露了更多的信息,提高了利益相关者参与程度。同时也反映了,这些机制虽然建立,但实施过程中仍有反复,没有形成常态。利益相关者协调程度十年来均值都在60以上,2013年达到77.05。这表明中国上市公司在合规经营的基础上,能够充分重视与顾客、供应商、政府、社区居民等利益相关者之间的关系,勇于承担社会责任,加强环保,与利益相关者的和谐程度较高。

表 3-30　中国上市公司利益相关者治理指数描述性统计十年比较

年份	利益相关者治理指数	利益相关者参与程度	利益相关者协调程度
2004	51.12	37.43	67.85
2005	50.95	38.88	65.72
2006	52.61	42.69	64.72
2007	53.08	43.01	65.40
2008	53.43	43.49	65.58
2009	52.94	43.95	63.93
2010	54.83	45.59	66.13
2011	56.47	47.68	67.22
2012	63.22	52.01	76.93
2013	61.46	48.72	77.05

资料来源:南开大学公司治理数据库。

3.2.3　中国上市公司治理分行业分析

表3-31是对中国上市公司治理分行业的描述统计分析。以平均值而言,2013年评价中信息技术业的公司治理指数位居第一,达到62.02。其次为金融、保险业,建筑业,制造业和社会服务业等。公司治理指数平均值最低的是综合类,平均值为58.87;房地产业为59.40;传播与文化产业也较低,指数平均值为59.51。总体描述说明,就公司治理总体状况而言,行业间存在一定的差异;相比较之前几年的评价,2013年评价中各行业的公司治理指数排名发生了一定的变化。表3-32为中国上市公司各个行业的年度比较分析,结果显示信息技术业,农、林、牧、渔业,房地产业,建筑业,传播与文化产业和制造业上市公司治理指数十年期间提高幅度均在10.00%以上,社会服务业、综合类、批发和零售贸易业、交通运输仓储业上市公司治理指数提高幅度均在9.00%以下,特别是交通运输仓储业,仅为5.71%。

表 3-31　2013 年中国上市公司治理指数按行业分组的描述性统计

行业	公司数	比例（%）	平均值	中位数	标准差	极差	最小值	最大值
农、林、牧、渔业	45	1.82	60.30	60.00	3.47	17.47	51.39	68.85
采掘业	62	2.51	60.32	60.48	3.08	12.87	53.88	66.75
制造业（合计）	1 489	60.28	60.92	61.21	3.66	21.02	49.33	70.35
其中：食品、饮料	95	3.85	60.54	60.58	3.88	19.66	49.33	68.99
纺织、服装、皮毛	75	3.04	59.31	59.01	3.54	16.30	51.27	67.57
木材、家具	12	0.49	61.12	61.18	2.87	11.10	55.50	66.60
造纸、印刷	45	1.82	61.10	61.56	3.80	18.18	52.17	70.35
石油、化学、塑胶、塑料	262	10.61	60.70	61.08	4.13	19.17	50.58	69.76
电子	152	6.15	61.69	62.06	3.48	16.77	53.22	69.99
金属、非金属	198	8.02	60.99	61.28	3.56	17.25	51.77	69.02
机械、设备、仪表	477	19.31	61.04	61.31	3.38	17.86	52.30	70.16
医药、生物制品	148	5.99	61.04	61.43	3.71	19.49	49.61	69.10
其他制造业	25	1.01	60.86	60.83	3.49	12.62	55.28	67.90
电力、煤气及水的生产和供应业	75	3.04	60.21	60.26	3.82	17.83	50.70	68.54
建筑业	52	2.11	61.71	61.44	3.23	13.18	54.24	67.43
交通运输仓储业	78	3.16	60.39	60.62	3.18	17.91	49.46	67.36
信息技术业	201	8.14	62.02	62.34	3.59	18.67	51.12	69.79
批发和零售贸易业	127	5.14	59.67	59.36	3.17	16.32	50.71	67.03
金融、保险业	42	1.70	61.81	62.20	3.46	17.76	50.95	68.71
房地产业	129	5.22	59.40	59.16	3.90	19.19	48.07	67.26
社会服务业	81	3.28	60.72	60.92	3.78	16.50	53.10	69.61
传播与文化产业	38	1.54	59.51	60.42	3.63	11.93	53.08	65.01
综合类	51	2.06	58.87	58.98	4.06	16.31	51.38	67.69
合计	2 470	100	60.76	60.97	3.67	22.28	48.07	70.35

资料来源：南开大学公司治理数据库。

表 3-32 中国上市公司治理指数分行业年度比较

行业	2004 年	2005 年	2006 年	2007 年	2008 年	2009 年	2010 年	2011 年	2012 年	2013 年
农、林、牧、渔业	53.85	53.25	54.99	56.49	56.75	56.20	56.94	59.16	60.03	60.30
采掘业	55.32	58.04	61.06	56.91	57.95	59.17	60.58	60.20	60.10	60.32
制造业	55.10	55.28	55.95	56.99	57.67	57.55	58.97	60.54	60.85	60.92
电力、煤气及水的生产和供应业	54.83	57.20	58.56	57.99	58.49	58.49	59.95	60.01	59.65	60.21
建筑业	55.38	55.32	56.73	56.94	57.58	58.59	59.61	60.67	60.55	61.71
交通运输仓储业	57.13	56.22	57.74	58.47	59.03	59.53	60.86	59.83	60.50	60.39
信息技术业	54.66	55.25	55.13	55.49	56.93	57.02	58.98	61.37	62.24	62.02
批发和零售贸易业	55.04	55.41	56.49	56.60	57.08	56.63	58.18	58.97	59.58	59.67
金融、保险业	56.26	55.94	52.37	59.09	61.47	61.41	63.76	63.34	63.61	61.81
房地产业	53.19	54.04	54.86	56.89	57.53	57.48	58.66	58.24	57.87	59.40
社会服务业	55.79	55.93	56.60	56.82	58.29	57.48	59.39	60.23	60.34	60.72
传播与文化产业	53.48	55.12	55.50	56.85	56.78	56.47	60.13	61.06	60.34	59.51
综合类	54.24	53.80	54.34	54.81	56.27	56.49	58.08	58.05	58.21	58.87
合计	55.02	55.28	56.08	56.85	57.68	57.62	59.09	60.28	60.60	60.76

资料来源：南开大学公司治理数据库。

3.2.4 中国上市公司治理分控股股东性质分析

表3-33的描述性统计显示,样本中数量较少的是"社会团体控股"、"职工持股会控股"、"集体控股"、"外资控股"几类,分别有1家、7家、25家和25家公司;"国有控股"和"民营控股"样本量较多,分别有1 038家和1 367家。

就样本平均值而言,外资控股的治理指数平均值最高,为63.96,其次为民营控股和社会团体控股,分别为63.75和60.59。集体控股指数平均值为59.99,国有控股指数平均值为58.49。职工持股会控股的指数均值最低,为55.27。民营控股上市公司治理指数平均值大于国有控股上市公司。

表3-33 2013年中国上市公司治理指数按控股股东性质分组的描述性统计

最终控制人性质	公司数	比例(%)	平均值	中位数	标准差	极差	最小值	最大值
国有控股	1038	42.02	58.49	60.11	9.66	63.05	29.20	92.25
集体控股	25	1.01	59.99	60.04	9.20	33.35	42.24	75.59
民营控股	1367	55.34	63.75	61.29	10.53	60.95	29.65	90.60
社会团体控股	1	0.04	60.59	59.81	0.00	0.00	60.59	60.59
外资控股	25	1.01	63.96	61.09	9.53	34.11	45.84	79.95
职工持股会控股	7	0.28	55.27	60.93	6.52	21.35	44.95	66.30
其它类型	7	0.28	58.92	57.62	11.45	35.25	36.39	71.65
合计	2 470	100.00	60.76	60.97	3.67	22.28	48.07	70.35

资料来源:南开大学公司治理数据库。

表3-34为公司治理分控股股东性质年度比较分析结果,可以看出国有和民营上市公司治理指数均呈现出总体上升的态势,但是民营控股上市公司治理指数提高幅度在2011—2013年期间大于国有控股上市公司。国有控股上市公司治理指数十年期间提高了8.58%,而民营控股上市公司十年期间提高了13.80%。

3.2.5 中国上市公司治理分地区分析

与往年情况类似,经济发达地区广东省、江苏省、浙江省、北京市和上海市占有的样本数量最多,其中广东省最多,为365家,江苏省达234家公司,浙江省有234家,北京市和上海市分别有208家和192家;而西部欠发达地区的青海省、西藏、宁夏占样本量少,其中西藏和青海省最少,仅为10家,反映出经济活跃水平与上市公司数量的关系。各地区公司治理指数分析结果详见表3-35。

在表3-35中的第三列数据(上市公司数量在总体比例)与第四列数据(上市公司治理指数均值)之间存在较高的正相关性,说明经济发达地区的上市公司治理状况要好于经济欠发达地区的情况。北京市、广东省、浙江省、河南省、江苏省、福建省的公司治理指数平均值均超过总样本平均值60.76,依次为61.96、61.70、

表 3-34　中国上市公司治理指数分控股股东性质年度比较

最终控制人性质	2004 年	2005 年	2006 年	2007 年	2008 年	2009 年	2010 年	2011 年	2012 年	2013 年
国有控股	55.36	55.71	56.61	57.35	58.23	57.66	59.17	59.96	59.72	60.11
集体控股	55.93	57.59	55.54	54.68	56.72	56.37	60.79	62.67	60.08	60.04
民营控股	53.86	53.98	54.62	55.81	56.45	57.61	58.90	60.49	61.36	61.29
社会团体控股	54.12	43.50	—	56.35	54.30	56.25	—	—	58.91	59.81
外资控股	56.07	55.58	58.22	57.37	55.58	58.70	55.91	58.07	64.46	61.09
职工持股会控股	53.63	54.21	53.57	55.77	60.12	56.94	60.72	60.86	60.80	60.93
其他类型	53.66	53.92	55.00	55.07	56.27	56.47	59.59	59.91	54.29	57.62
合计	55.04	55.41	56.49	56.60	57.08	56.63	58.18	58.97	59.58	59.67

资料来源：南开大学公司治理数据库。

61.55、61.42、61.31、61.02,而吉林省、西藏、黑龙江省、青海省、海南省和宁夏的治理指数均在 59 以下,分别为 58.79、58.42、58.34、58.16、58.06 和 57.67。

表 3-35　2013 年中国上市公司治理指数按地区分组的描述性统计

省份	公司数	比例(%)	平均值	中位数	标准差	极差	最小值	最大值
北京	208	8.42	61.96	62.20	3.34	16.50	53.29	69.79
天津	36	1.46	60.34	61.08	3.84	15.64	49.46	65.09
河北	49	1.98	60.07	60.27	4.06	18.25	50.70	68.96
山西	31	1.26	59.10	57.86	3.46	15.19	54.57	69.76
内蒙古	26	1.05	59.03	59.93	3.33	11.77	52.35	64.12
辽宁	71	2.87	59.87	59.88	3.87	17.66	51.32	68.98
吉林	41	1.66	58.79	59.46	3.20	13.28	51.90	65.18
黑龙江	34	1.38	58.34	59.08	4.24	18.38	50.71	69.09
上海	192	7.77	60.12	60.79	4.08	19.49	50.67	70.16
江苏	234	9.47	61.31	61.60	3.51	16.75	52.48	69.22
浙江	234	9.47	61.55	61.41	3.02	16.75	51.89	68.64
安徽	76	3.08	60.67	60.91	3.36	16.92	50.62	67.54
福建	93	3.77	61.02	61.57	3.17	16.26	54.09	70.35
江西	34	1.38	60.64	60.18	3.35	13.88	55.29	69.17
山东	149	6.03	60.68	60.79	3.84	18.22	51.39	69.61
河南	66	2.67	61.42	61.93	3.85	20.39	48.07	68.46
湖北	82	3.32	59.52	59.40	3.31	15.59	51.49	67.08
湖南	73	2.96	60.61	60.69	3.45	16.07	51.42	67.49
广东	365	14.79	61.70	62.07	3.49	18.86	51.12	69.99
广西	30	1.21	59.34	59.01	4.15	16.80	49.61	66.41
海南	28	1.13	58.06	58.07	3.77	16.31	51.38	67.69
重庆	37	1.50	60.19	60.55	4.35	16.59	52.51	69.10
四川	97	3.93	60.52	60.99	3.82	16.35	51.77	68.12
贵州	21	0.85	60.73	59.86	3.56	12.38	55.58	67.95
云南	29	1.17	60.51	60.90	3.23	13.67	53.38	67.05
西藏	10	0.40	58.42	58.34	2.56	8.28	53.95	62.23
陕西	38	1.54	59.80	60.51	3.83	13.96	52.60	66.56
甘肃	25	1.01	59.11	58.66	3.08	11.17	54.12	65.09
青海	10	0.40	58.16	58.16	4.40	13.71	53.04	66.75
宁夏	12	0.49	57.67	57.88	3.52	12.83	49.33	62.16
新疆	39	1.58	60.58	60.09	3.35	17.07	52.17	69.25
合计	2 470	100.00	60.76	60.97	3.67	22.28	48.07	70.35

资料来源:南开大学公司治理数据库。

表 3-36 为分地区的中国上市公司治理指数的年度比较分析,重庆市、广东省、福建省、贵州省、湖南省、四川省和天津市近十年来公司治理指数提升幅度均在 11.00% 以上,宁夏、辽宁省、河南省、浙江省、湖北省、北京市和甘肃省的公司治理指数提升幅度也在 10.00% 以上,而青海省、上海市、陕西省、海南省、西藏和广西的近十年来的提升幅度均在 7.00% 以下,其中广西在 5% 以下。

表 3-36 中国上市公司治理指数分省份年度比较

省份	2004年	2005年	2006年	2007年	2008年	2009年	2010年	2011年	2012年	2013年
北京	56.29	56.66	58.05	57.83	58.78	58.60	59.99	61.39	61.63	61.96
天津	54.28	56.45	57.53	56.42	57.57	58.25	59.14	59.71	60.11	60.34
河北	56.13	56.83	56.67	57.13	57.55	57.22	57.65	60.72	60.06	60.07
山西	54.95	54.49	56.19	57.66	57.47	57.90	57.42	59.18	59.61	59.10
内蒙古	55.16	55.19	55.72	56.08	57.90	57.46	57.14	57.40	57.75	59.03
辽宁	54.08	54.35	55.31	56.46	57.57	57.30	58.99	58.82	59.39	59.87
吉林	53.66	53.35	54.64	55.59	56.12	57.19	58.35	57.76	58.99	58.79
黑龙江	54.19	53.87	53.24	54.86	57.06	54.99	56.45	58.02	57.82	58.34
上海	56.35	55.74	57.34	57.48	57.23	57.60	58.52	59.71	59.69	60.12
江苏	57.28	56.93	56.95	57.20	57.77	58.89	59.15	60.36	61.19	61.31
浙江	55.68	56.93	56.19	58.09	57.50	58.85	60.42	61.14	62.04	61.55
安徽	55.67	56.62	56.57	56.99	58.28	57.68	59.84	60.88	60.24	60.67
福建	53.44	54.25	56.30	57.53	58.15	58.41	59.96	60.52	61.12	61.02
江西	55.29	54.29	56.94	57.04	58.54	58.77	59.25	59.67	59.47	60.64
山东	55.39	55.35	55.98	57.00	57.80	57.69	58.96	60.21	60.89	60.68
河南	55.56	56.08	57.33	57.93	58.13	57.96	59.71	60.98	61.19	61.42
湖北	53.98	55.37	55.59	56.98	57.67	57.40	59.36	60.10	59.90	59.52
湖南	54.15	54.17	55.29	56.67	57.91	57.03	58.79	60.33	60.38	60.61
广东	53.58	55.17	55.37	56.62	58.74	58.09	60.39	61.24	61.71	61.70
广西	56.62	56.10	56.46	56.27	57.45	56.59	58.56	60.31	59.24	59.34
海南	54.84	52.08	51.88	55.09	55.33	55.53	55.74	57.72	57.61	58.06
重庆	52.14	53.64	55.57	56.43	57.65	55.53	56.96	58.63	59.19	60.19
四川	54.16	53.84	54.91	55.77	57.49	56.49	58.50	59.91	59.98	60.52
贵州	53.45	54.17	56.60	57.27	57.44	57.54	59.50	59.70	59.92	60.73
云南	55.62	57.27	59.23	56.51	58.71	58.46	60.04	61.85	60.88	60.51
西藏	55.61	53.72	55.33	56.24	54.83	54.76	56.60	56.39	58.47	58.42
陕西	56.25	55.29	55.26	55.53	56.09	55.13	57.21	59.34	59.45	59.80
甘肃	53.72	52.65	53.52	54.98	55.18	56.53	57.14	58.54	58.21	59.11
青海	54.42	54.58	53.01	55.52	58.07	55.27	57.01	58.15	58.25	58.16

(续表)

省份	2004年	2005年	2006年	2007年	2008年	2009年	2010年	2011年	2012年	2013年
宁夏	51.96	53.50	54.15	55.35	56.02	56.37	55.70	60.15	57.92	57.67
新疆	55.52	53.74	56.41	57.39	57.00	57.84	58.78	58.80	59.59	60.58
合计	55.02	55.28	56.08	56.85	57.68	57.62	59.09	60.28	60.60	60.76

资料来源:南开大学公司治理数据库。

3.2.6 中国上市公司治理分市场板块分析

在2013年评价中,按照市场板块对样本公司进行划分,其中创业板治理指数位居首位,均值达62.93;中小企业板为62.22;金融、保险业为61.81;而同2012年一样,主板公司的治理指数仍然最低,为59.43,见表3-37。

表3-37 2013年中国上市公司治理指数按市场板块分组的描述性统计

市场板块类型	公司数	比例(%)	平均值	中位数	标准差	极差	最小值	最大值
主板	1 375	55.67	59.43	59.51	3.54	22.09	48.07	70.16
中小企业板	698	28.26	62.22	62.32	3.22	18.93	51.42	70.35
创业板	355	14.37	62.93	63.13	2.80	15.04	54.74	69.79
金融、保险业	42	1.70	61.81	62.20	3.46	17.76	50.95	68.71
合计	2 470	100.00	60.76	60.97	3.67	22.28	48.07	70.35

资料来源:南开大学公司治理数据库。

1. 中国中小企业板上市公司治理分析

2013年度公司治理样本中共有698家中小企业板上市公司,其治理指数描述性统计见表3-38。其中,公司治理指数的平均值为62.22,中位数为62.32,最小值为51.42,最大值为70.35,标准差为3.22。

从公司治理评价的六个分指数来看,中小板上市公司的股东治理指数、董事会治理指数、监事会治理指数、经理层治理指数、信息披露指数和利益相关者治理指数的平均值分别为66.61、62.00、56.04、58.18、63.86和67.44。其中,中小板上市公司利益相关者治理指数最高,股东治理指数和信息披露指数较高,而董事会治理指数和经理层治理指数较低,监事会治理水平最低。监事会治理成为中小上市公司治理水平提升的短板。利益相关者治理指数在中小板上市公司中的差异较大,标准差为9.38。

与2012年评价结果相比,公司治理指数略有下降,这主要是因为信息披露指数和利益相关者指数有较大幅度下降。而股东治理指数、董事会治理指数、监事会治理指数、经理层治理指数则出现不同程度的上升。

表 3-38　2013 年中国中小企业板上市公司治理指数描述性统计

项目	平均值	中位数	标准差	极差	最小值	最大值
公司治理指数	62.22	62.32	3.22	18.93	51.42	70.35
股东治理指数	66.61	67.67	8.20	49.02	35.40	84.42
董事会治理指数	62.00	61.95	1.88	10.76	56.83	67.59
监事会治理指数	56.04	55.41	6.15	33.61	39.00	72.60
经理层治理指数	58.18	58.90	6.35	35.43	40.84	76.27
信息披露指数	63.86	62.28	8.66	39.34	44.28	83.62
利益相关者治理指数	67.44	67.65	9.38	50.91	41.34	92.25

资料来源:南开大学公司治理数据库。

从年度比较来看,中小企业板公司治理在 2007—2012 年期间呈现出逐年上升趋势,2013 年略有回落,为 62.22,详见表 3-39。

表 3-39　中国中小企业板上市公司治理指数年度比较

年份	公司治理指数	股东治理指数	董事会治理指数	监事会治理指数	经理层治理指数	信息披露指数	利益相关者治理指数
2007	61.06	59.88	58.93	50.45	59.70	71.13	63.52
2010	61.39	65.19	60.56	54.66	59.79	66.49	59.48
2011	62.13	69.45	60.90	55.91	59.60	65.44	60.23
2012	63.09	66.38	61.48	55.84	57.65	66.33	72.77
2013	62.22	66.61	62.00	56.04	58.18	63.86	67.44

资料来源:南开大学公司治理数据库。

2. 中国创业板上市公司治理分析

自 2011 年起,中国公司治理研究院持续关注创业板上市公司治理状况,2013 年继续对创业板上市公司治理评价进行专门研究。本年度共有 355 家创业板上市公司样本,公司治理指数的平均值为 62.93,中位数为 63.12,最小值为 54.74,最大值为 69.79,标准差为 2.80(见表 3-40)。

从创业板上市公司治理的六个分指数来看,股东治理指数、董事会治理指数、监事会治理指数、经理层治理指数、信息披露指数和利益相关者治理指数的平均值分别为 69.71、61.50、56.63、61.62、62.29 和 67.09。其中股东治理指数最高,接近 70;而监事会治理指数偏低,尚不足 60,成为创业板上市公司治理水平提升的短板。

表 3-40 2013 年中国创业板上市公司治理指数描述性统计

项目	平均值	中位数	标准差	极差	最小值	最大值
公司治理指数	62.93	63.12	2.80	15.05	54.74	69.79
股东治理指数	69.71	70.44	7.03	44.84	39.44	84.28
董事会治理指数	61.50	61.63	2.17	11.23	55.34	66.57
监事会治理指数	56.63	55.92	4.54	31.93	39.45	71.38
经理层治理指数	61.62	62.52	4.80	25.06	46.64	71.70
信息披露指数	62.29	60.64	7.78	32.91	47.65	80.56
利益相关者治理指数	67.09	67.20	8.81	48.20	38.80	87.00

资料来源:南开大学公司治理数据库。

从年度比较来看,创业板公司治理指数自创业板推出以来,一直处于较高水平,而且比较稳定,2012 年的平均值为 63.63,比 2011 年提高了 0.34,2013 年平均值比 2012 年降低了 0.70(见表 3-41)。

表 3-41 中国创业板上市公司治理指数年度比较

年份	公司治理指数	股东治理指数	董事会治理指数	监事会治理指数	经理层治理指数	信息披露指数	利益相关者治理指数
2011	63.29	71.63	60.90	53.93	60.29	68.73	62.84
2012	63.63	70.94	61.69	55.47	59.32	66.97	67.86
2013	62.93	69.71	61.50	56.63	61.62	62.29	67.09

资料来源:南开大学公司治理数据库。

3. 中国上市金融机构治理分析

金融机构在经营目标、代理关系、监管压力等方面与一般公司具有较大的差别。这些差别导致了金融机构公司治理中存在着许多不同于一般公司的特征。因此,将金融机构与一般公司分开,单独讨论其公司治理特性是有必要的。

2013 年,国内金融类上市公司共有 42 家,比 2012 年增加一家。除宁波银行(002142)、山西证券(002500)两家公司外,西部证券(002673)成为了第三家在中小板上市的金融类公司,而其他金融类上市公司均在主板上市。42 家样本中超过一半集中在北京、上海、广东三个省份,其中北京 12 家,上海 6 家,广东 5 家。控股股东性质方面,42 家金融机构样本中,有 33 家为国有控股,3 家为民营控股,集体控股和外资控股各 2 家,还有 2 家为其他类型。此外,42 家样本中,银行类上市公司占 16 家,证券类占 18 家,保险类 5 家,其他类 3 家。

表 3-42 给出了中国上市金融机构治理指数及各分指数的描述性统计情况,可以看出,2013 年度金融行业的公司治理指数平均值为 61.81,中位数为 62.20,标

准差为 3.46,最小值为 50.95,最大值为 68.71。

表 3-42 2013 年中国上市金融机构治理指数总体描述性统计

项目	平均值	中位数	标准差	极差	最小值	最大值
公司治理指数	61.81	62.20	3.46	17.76	50.95	68.71
股东治理指数	67.29	68.64	8.22	39.60	39.44	79.04
董事会治理指数	64.11	64.30	1.56	5.79	61.10	66.90
监事会治理指数	65.84	66.20	6.57	26.04	49.22	75.25
经理层治理指数	57.54	57.03	5.39	28.18	42.52	70.70
信息披露指数	57.20	55.98	7.79	36.10	45.90	81.99
利益相关者治理指数	60.26	62.02	10.47	47.15	36.39	83.55

资料来源:南开大学公司治理数据库。

表 3-43 给出了金融业和非金融业公司治理指数和各分指数的描述性统计对比,从对比中可以看出,从均值意义上讲,无论是总指数,还是各项分指数,金融机构的公司治理状况总体优于非金融行业的上市公司。尤其是在股东治理方面、董事会治理方面和监事会治理方面,金融机构的治理状况都大幅度优于非金融行业上市公司,从而导致公司治理指数的平均值也高于非金融机构上市公司。但利益相关者方面,金融机构的指数偏低。

表 3-43 2013 年中国金融业与非金融行业上市公司治理指数描述性统计比较

项目	分组	样本	平均值	中位数	标准差	极差	最小值	最大值
公司治理指数	非金融	2 470	60.76	60.97	3.67	22.28	48.07	70.35
	金融业	42	61.81	62.20	3.46	17.76	50.95	68.71
股东治理指数	非金融	2 470	59.11	59.56	8.40	51.84	31.04	82.88
	金融业	42	67.29	68.64	8.22	39.60	39.44	79.04
董事会治理指数	非金融	2 470	61.74	61.78	2.09	13.72	54.53	68.25
	金融业	42	64.11	64.30	1.56	5.79	61.10	66.90
监事会治理指数	非金融	2 470	57.38	56.30	7.16	38.81	38.75	77.56
	金融业	42	65.84	66.20	6.57	26.04	49.22	75.25
经理层治理指数	非金融	2 470	55.57	37.86	5.35	38.56	55.57	76.51
	金融业	42	57.54	57.03	5.39	28.18	42.52	70.70
信息披露指数	非金融	2 470	63.18	62.05	9.27	49.49	35.93	85.41
	金融业	42	57.20	55.98	7.79	36.10	45.90	81.99
利益相关者治理指数	非金融	2 470	61.46	60.84	10.46	63.05	29.20	92.25
	金融业	42	60.26	62.02	10.47	47.15	36.39	83.55

资料来源:南开大学公司治理数据库。

从整体趋势上讲,上市金融机构的公司治理水平在后危机时期得到了显著提高,2010年指数平均值达到了63.76,远高于2009年的61.41。2010年、2011年和2012年上市金融机构整体样本的公司治理指数平均值则为63.76、63.34和63.44,处在一个稳定的水平,在2013年又下降到了61.81,见表3-44。

表3-44　中国金融机构上市公司治理指数年度比较

年份	公司治理指数	股东治理指数	董事会治理指数	监事会治理指数	经理层治理指数	信息披露指数	利益相关者治理指数
2008	61.47	66.87	65.10	62.89	61.03	58.11	52.82
2009	61.41	72.58	58.96	61.62	59.05	62.99	51.94
2010	63.76	69.00	66.28	63.44	60.34	64.80	56.33
2011	63.34	69.42	63.34	65.13	58.91	65.24	56.90
2012	63.44	69.47	63.00	63.76	58.93	65.37	59.53
2013	61.81	67.29	64.11	65.84	57.54	57.20	60.26

资料来源:南开大学公司治理数据库。

3.2.7　中国上市公司治理年度比较分析

各年公司治理总、分指数的比较见表3-45。2013年度公司治理指数平均值为60.76。对比连续几年来的中国上市公司的总体治理状况,总体治理水平呈现逐年提高的趋势,但2009年出现了拐点,指数平均值低于2008年但高于以前各年度,从2010年起,公司治理指数平均值超过了2008年的57.68,呈现逐年上升的趋势,见图3-3。在几个分指数当中,股东治理指数2013年的数值为62.89,相对于2012年的61.20,提高了1.69;由于董事会建设得到了强化,董事会治理指数呈现逐年稳步上升态势,继2010年首次突破了60之后,2013年继续增长达到61.74;新公司法加强了监事会的职权,监事会治理状况明显提高,平均值从2008年的54.84提高到2009年的55.97,从2010年的56.17到2011年的57.17,再到2012年的57.35,2013年监事会指数均值进一步提高到57.38;经理层治理状况呈现出较稳定的趋势,从2008到2013年的信息披露指数平均值依次为57.40、55.53、57.21、57.81、57.27和57.21;信息披露状况经历2010年的拐点后,呈现增长趋势,2013年平均值达到63.18,为六个分指数中均值最高的一个;利益相关者问题逐步引起上市公司的关注,一直保持着稳步提高的趋势,尤其是从2010年起指数均值提高明显,但2013年的指数均值较2012年略有下降。

表 3-45 中国上市公司治理指数历年比较

年份	公司治理指数	股东治理指数	董事会治理指数	监事会治理指数	经理层治理指数	信息披露指数	利益相关者治理指数
2004	55.02	56.47	52.60	50.48	54.60	62.20	51.12
2005	55.28	56.10	53.15	51.75	54.80	62.25	50.95
2006	56.08	56.57	55.35	50.93	55.22	62.76	52.61
2007	56.85	57.32	55.67	52.93	57.88	61.66	53.08
2008	57.68	58.06	57.43	54.84	57.40	62.36	53.43
2009	57.62	59.23	57.88	55.97	55.53	61.85	52.94
2010	59.09	59.81	60.33	56.17	57.21	63.43	54.83
2011	60.28	64.56	60.81	57.17	57.81	63.02	56.47
2012	60.60	61.20	61.21	57.35	57.27	63.14	63.22
2013	60.76	62.89	61.74	57.38	57.21	63.18	61.46

资料来源:南开大学公司治理数据库。

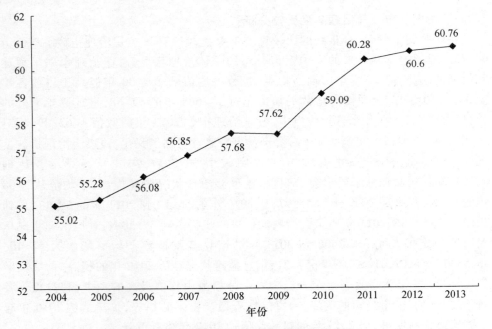

图 3-3 中国上市公司治理指数趋势分析

资料来源:南开大学公司治理数据库。

3.2.8 中国上市公司治理 100 佳分析

本部分将 2013 评价样本中公司治理指数排名前 100 位的公司(100 佳)与其

他样本进行比较,分析100佳的行业、地区和第一大控股类型分布,以及100佳公司的相对绩效表现。如表3-46的描述性统计显示,100佳上市公司平均治理指数为68.09,较2012年的68.46有所下降,100佳上市公司中最高治理指数为70.35,最低为67.03,极差为3.32。与表3-45的对比显示,我们不难发现,100佳上市公司的各级治理指数的平均值都明显高于总样本。此外,公司治理100佳行业分布表明,从绝对数量看,制造业所占数量最多,达62家;其次是信息技术业,有15家;电力、煤气及水的生产和供应业,有6家;社会服务业,有5家;农、林、牧、渔业和房地产业各有3家;金融、保险业,有2家;建筑业、交通运输仓储业、批发和零售贸易业和综合类各有1家公司进入100佳;传播与文化产业和采掘业没有公司进入100佳。从100佳占行业样本数量比例来看,电力、煤气及水的生产和供应业的比例最高,为8.00%;其次为信息技术业,为7.46%;而批发和零售贸易业的100佳所占比例比较低。从绝对数量看,公司治理100佳集中分布在民营控股上市公司中。100佳上市公司中,最终控制人性质为民营控股的占74家,较2012年减少了9家;其次为国有控股上市公司,有24家,为2012年的2倍;外资控股为2家;而集体控股、社会团体控股、职工持股会控股的公司今年没有1家进入100佳。从相对比例来看,外资控股样本中的100佳比例最高,其次是民营控股。在100佳的上市公司中,广东省有21家,江苏省12家,北京市有12家。其中,广东省在2012年和2011年评价中入选100佳的公司数目也是最多的地区。天津市、内蒙古、吉林省、广西、西藏、陕西省、甘肃省、青海省、宁夏均没有入选100佳的上市公司。这些地区当中,西藏、青海省和宁夏等在以往的评价过程中,入选100佳的上市公司数量也较少。从相对数来看,贵州省比例最高,为9.52%,重庆市为8.11%,河南省为7.58%,山东省为6.71%,河北省为6.12%;而浙江省、黑龙江省、江西省、辽宁省、安徽省、湖北省、新疆、湖南省均在3%以下。限于篇幅,此部分相关表格未报告。

表3-46 2013年中国上市公司治理100佳治理指数描述性统计

统计指标	公司治理指数	股东治理指数	董事会治理指数	监事会治理指数	经理层治理指数	信息披露指数	利益相关者治理指数
平均值	68.09	73.21	63.12	60.16	64.27	74.70	74.03
中位数	67.93	73.66	63.11	58.29	64.84	75.08	74.70
标准差	0.82	6.02	1.85	6.49	4.19	4.84	8.28
极差	3.32	32.44	10.07	25.82	23.94	22.91	40.06
最小值	67.03	51.84	58.04	49.85	52.57	59.07	52.19
最大值	70.35	84.28	68.11	75.67	76.51	81.98	92.25

资料来源:南开大学公司治理数据库。

4 各板块上市公司治理评价

4.1 主板上市公司治理评价

4.1.1 主板上市公司治理评价样本来源及选取

2013年评价中按照市场板块划分样本公司,其中根据信息齐全以及不含异常数据两项样本筛选的基本原则,我们最终确定主板上市公司有效样本为1 375家。样本公司的行业、控股股东性质及省份构成见表3-47、表3-48与表3-49。本部分主要进行1 375家主板非金融机构样本的分析。从样本行业分布情况来看,最近几年评价中各行业中样本所占比例保持了较稳定的趋势,2013年仍然是制造业样本的比例最高,占52.65%,较2012年的54.44%下降了1.79%。

表3-47 2013年主板上市公司治理评价样本行业构成

行业	公司数	比例(%)
农、林、牧、渔业	26	1.89
采掘业	49	3.56
制造业	724	52.65
其中:食品、饮料	61	4.44
纺织、服装、皮毛	44	3.20
木材、家具	5	0.36
造纸、印刷	20	1.45
石油、化学、塑胶、塑料	132	9.60
电子	49	3.56
金属、非金属	112	8.15
机械、设备、仪表	208	15.13
医药、生物制品	86	6.25
其他制造业	7	0.51
电力、煤气及水的生产和供应业	71	5.16
建筑业	30	2.18
交通运输仓储业	68	4.95

（续表）

行业	公司数	比例(%)
信息技术业	63	4.58
批发和零售贸易业	101	7.35
房地产业	122	8.87
社会服务业	46	3.35
传播与文化产业	25	1.82
综合类	50	3.64
合计	1 375	100.00

资料来源:南开大学公司治理数据库。

按控股股东性质分组的样本中,国有控股和民营控股公司仍然占据较大的比例,合计比例为97.16%。国有控股公司在2013年评价样本中有881家、比例为64.07%,相对于2012年提高了2.16%;民营控股公司在2013年评价样本中有455家,比例为33.09%,相对于2012年下降了2.86%。外资控股、集体控股、职工持股会控股和社会团体控股公司样本所占比例较小。

表3-48　2013年主板上市公司治理评价样本控股股东构成

控股股东性质	公司数	比例(%)
国有控股	881	64.07
集体控股	17	1.24
民营控股	455	33.09
社会团体控股	14	1.02
外资控股	7	0.51
职工持股会控股	1	0.07
合计	1 375	100.00

资料来源:南开大学公司治理数据库。

近年来上市公司的地区分布比例没有太大变化,从不同地区占样本数量、比例看,经济发达地区的广东省(139家,占样本公司的10.11%)、上海市(131家,占样本公司的9.53%)、北京市(105家,占样本公司的7.64%)、江苏省(97家,占样本公司的7.05%)、浙江省(79家,占样本公司的5.75%)、山东省(74家,占样本公司的5.38%)占有数量较多,而西部欠发达地区的甘肃省、贵州省、宁夏、青海省和西藏占样本量最少(其中西藏最少,没有突破双数,为8家),反映出经济发展水平与上市公司数量存在一定的关系。

表 3-49 2013 年主板上市公司治理评价样本省份构成

省份	公司数	比例(%)	省份	公司数	比例(%)
北京	105	7.64	湖北	61	4.44
天津	25	1.82	湖南	42	3.05
河北	33	2.40	广东	139	10.11
山西	26	1.89	广西	23	1.67
内蒙古	21	1.53	海南	23	1.67
辽宁	49	3.56	重庆	29	2.11
吉林	33	2.40	四川	66	4.80
黑龙江	31	2.25	贵州	15	1.09
上海	131	9.53	云南	20	1.45
江苏	97	7.05	西藏	8	0.58
浙江	79	5.75	陕西	27	1.96
安徽	44	3.20	甘肃	19	1.38
福建	49	3.56	青海	9	0.65
江西	24	1.75	宁夏	11	0.80
山东	74	5.38	新疆	26	1.89
河南	36	2.62	合计	1 375	100.00

资料来源:南开大学公司治理数据库。

4.1.2 主板上市公司治理总体分析

在 2013 年评价样本中,主板上市公司治理指数平均值为 59.43,较 2012 年的 58.68 上升了 0.75。2013 年公司治理指数最大值为 70.16,最小值为 48.07,见表 3-50 和图 3-4。

表 3-50 2013 年主板上市公司治理指数描述性统计

统计指标	公司治理指数
平均值	59.43
中位数	59.51
标准差	3.54
方差	12.51
偏度	-0.05
峰度	-0.16
极差	22.09
最小值	48.07
最大值	70.16

资料来源:南开大学公司治理数据库。

在 1 375 家样本公司中,没有 1 家达到 CCGI^{NK} Ⅰ 、CCGI^{NK} Ⅱ,达到 CCGI^{NK} Ⅲ 的

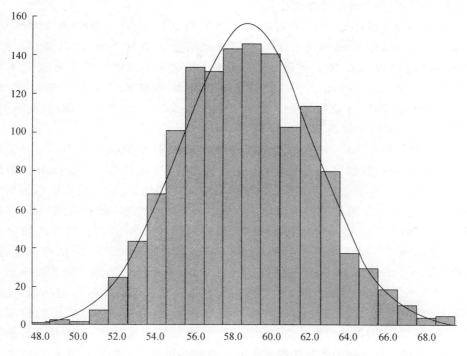

图 3-4 2013 年主板上市公司治理指数分布图

有 1 家,占全部样本的 0.07%;达到 CCGI^{NK} Ⅳ 的有 621 家,占全部样本的 45.16%,较 2012 年的 34.84% 有显著的提高;处于 CCGI^{NK} Ⅴ 的公司有 749 家,占样本的 54.47%,与 2012 年的 64.79% 相比,有显著的下降;有 4 家上市公司的治理指数在 50 以下,占全部样本的 0.29%,小于 2012 年的 0.37%(见表 3-51)。

表 3-51 2013 年主板上市公司治理指数等级分布

公司治理指数等级		公司治理指数等级分布	
		公司数	比例(%)
CCGI^{NK} Ⅰ	90—100	—	—
CCGI^{NK} Ⅱ	80—90	—	—
CCGI^{NK} Ⅲ	70—80	1	0.07
CCGI^{NK} Ⅳ	60—70	621	45.16
CCGI^{NK} Ⅴ	50—60	749	54.47
CCGI^{NK} Ⅵ	50 以下	4	0.29
合计		1 375	100.00

资料来源:南开大学公司治理数据库。

4.1.3 主板上市公司治理年度比较

2013年度主板上市公司公司治理指数平均值为59.43。2008年、2009年、2010年、2011年和2012年主板上市公司治理指数平均值分别为57.59、57.53、58.50、59.05和58.68。对比连续几年的主板上市公司的总体治理状况,治理水平总体上呈现出上升的趋势,其中2009年出现了拐点,指数平均值低于2008年但高于以前各年度,2012年指数低于2011年但高于其他各年度,2013年继续保持增长趋势,相对于2012年提高0.75。

在几个分指数当中,股东治理指数为59.11,相比较2012年的56.41显著提高;董事会治理指数也呈显著的逐年上升趋势,2013年比2012年提高0.67,继续保持在60以上,作为公司治理核心的董事会建设得到加强;新公司法加强了监事会的职权,监事会治理状况明显提高,平均值从2008年的54.65提高到2009年的55.85,到2010年的56.34,再到2011年的57.87,2012年监事会治理指数突破58,增加到58.28,2013年略有下降,为57.99;经理层治理状况从2008年开始,连续两年呈现下跌趋势,2011年达到56.73后,2012年经理层治理指数又回落到与2010年持平,2013年继续下降,为55.57;信息披露状况呈现出较稳定的趋势,从2008年到2013年的信息披露指数平均值依次为62.46、61.82、62.75、61.25、60.73和63.24,2013年的平均值显著提高,为2008年以来最高;利益相关者治理指数有所提高,利益相关者问题逐步引起上市公司的关注,2013年相对于2012年的57.76略有下降。各年公司治理评价各级指数的比较见表3-52。

表3-52 主板上市公司治理指数历年比较

治理指数	2008年	2009年	2010年	2011年	2012年	2013年
公司治理指数	57.59	57.53	58.50	59.05	58.68	59.43
股东治理指数	57.85	58.93	58.46	61.51	56.41	59.11
董事会治理指数	57.24	57.86	60.15	60.69	60.92	61.59
监事会治理指数	54.65	55.85	56.34	57.87	58.28	57.99
经理层治理指数	57.31	55.45	56.59	56.73	56.59	55.57
信息披露指数	62.46	61.82	62.75	61.25	60.73	63.24
利益相关者治理指数	53.44	52.96	53.79	54.10	57.76	57.02

资料来源:南开大学公司治理数据库。

4.1.4 主板上市公司股东治理分析

2013年度1 375家主板上市公司股东治理指数的平均值为59.11,中位数为59.56,最小值为31.04,最大值为82.88,标准差为8.40。股东治理指数基本服从正态分布。股东治理评价的三个二级指标——独立性、中小股东权益保护和关联交易的平均值分别为 57.24、53.91 和 65.25,中小股东权益保护最低。独立性、中小股东权益保护和关联交易的极差分别达到了 85.00、76.90 和 67.00,表明二级指标公司间的差距较大。股东治理指数及其三项二级指标的描述性统计如表 3-53 所示。

表 3-53　2013 年主板上市公司股东治理指数描述性统计

项目	平均值	中位数	标准差	极差	最小值	最大值
股东治理指数	59.11	59.56	8.40	51.84	31.04	82.88
独立性	57.24	61.00	17.76	85.00	6.00	91.00
中小股东权益保护	53.91	53.60	13.01	76.90	11.60	88.50
关联交易	65.25	66.00	13.77	67.00	18.00	85.00

资料来源:南开大学公司治理数据库。

4.1.5　主板上市公司董事会治理分析

2013 年中国上市公司主板市场非金融类公司样本量为 1 375 家,董事会治理指数的平均值为 61.59,中位数为 61.60,最大值为 68.25,最小值为 54.53。2013 年度主板上市公司董事会治理的平均水平较 2012 年度提升了 0.67。从董事会治理的五个主要因素来看,董事会组织结构指数最高,平均值为 68.69;董事权利与义务指数的平均值次之,为 63.15;独立董事制度指数位居第三,其平均值为 60.86;董事会运作效率和董事薪酬指数的平均值相对较低,分别为 59.10 和 57.75。从公司董事会治理质量的差异情况来看,2013 年度中国主板上市公司董事会治理指数的标准差为 2.13。公司间董事会治理质量的差异主要表现在董事会组织结构、董事薪酬、董事权利与义务指数方面,其标准差分别为 6.34、5.30 和 4.22;而公司在独立董事制度和董事会运作效率方面的差异相对较小,其标准差分别为 3.90 和 2.85(见表 3-54)。

表 3-54　2013 年主板上市公司董事会治理指数描述性统计

项目	平均值	中位数	标准差	极差	最小值	最大值
董事会治理指数	61.59	61.60	2.13	13.72	54.53	68.25
董事权利与义务	63.15	62.87	4.22	25.50	49.24	74.74
董事会运作效率	59.10	59.59	2.85	24.75	39.14	63.88
董事会组织结构	68.69	70.81	6.34	25.75	51.50	77.25
董事薪酬	57.75	57.57	5.30	26.77	50.50	77.27
独立董事制度	60.86	60.85	3.90	25.00	48.73	73.73

资料来源:南开大学公司治理数据库。

4.1.6 主板上市公司监事会治理分析

2013年中国上市公司主板市场非金融类公司样本量为1 375家。监事会治理指数的平均值为57.99,标准差为7.93,监事会治理指数基本服从正态分布,见表3-55。从监事会指数的三个主要因素来看,样本公司监事会运行状况指数平均值为64.56;监事会规模结构指数平均值为52.97;监事会胜任能力指数平均值为57.38。

表3-55　2013年主板上市公司监事会治理指数描述性统计

项目	平均值	中位数	标准差	极差	最小值	最大值
监事会治理指数	57.99	57.01	7.93	38.81	38.75	77.56
运行状况	64.56	70.00	16.82	50.00	30.00	80.00
规模结构	52.97	40.00	14.82	40.00	40.00	80.00
胜任能力	57.38	57.60	5.76	55.35	18.60	73.95

资料来源:南开大学公司治理数据库。

4.1.7 主板上市公司经理层治理分析

2013年样本主板上市公司的经理层治理指数最高值为76.51,最低值为38.56,平均值为55.57,标准差为5.35。从经理层评价的三个主因素来看,样本公司经理层任免制度指数平均值为61.62,样本标准差为5.12;执行保障指数的平均值为64.80,样本标准差为9.83;激励与约束机制平均值为42.09,样本标准差为11.35,样本离散程度和离差最大。相比较上一年度,主板经理层治理指数降低了1.02,其中经理层任免制度指数平均值比去年降低了0.77,而执行保障指数较去年降低了2.88,激励约束指数较去年增加了0.33。主板样本公司经理层总体治理状况呈现平稳微降趋势,其中激励约束机制得到改善(见表3-56)。

表3-56　2013年主板上市公司经理层治理指数描述性统计

项目	平均值	中位数	标准差	极差	最小值	最大值
经理层治理指数	55.57	56.93	5.35	37.86	38.56	76.51
任免制度	61.62	61.25	5.12	30.42	43.33	73.75
执行保障	64.80	63.33	9.83	66.00	26.00	92.00
激励约束	42.09	44.29	11.35	64.29	20.00	84.29

资料来源:南开大学公司治理数据库。

4.1.8 主板上市公司信息披露分析

2013年中国上市公司主板市场非金融类公司样本量为1 375家,信息披露指数的平均值为63.24,标准差为9.86,信息披露指数基本服从正态分布。从标准差来看信息披露总体水平较为集中,上市公司之间的信息披露差距较小,但极差为

49.49,信息披露最好和最差的公司仍存在较大差距。从信息披露的三个主要因素来看,主板上市公司信息披露的可靠性、相关性和及时性的平均值依次为61.63、62.99和65.62,信息披露的及时性表现最好,各指标之间的差异不大;从标准差来看,可靠性分散程度最大,上市公司信息披露的可靠程度存在较大差异;从极差来看,信息披露最好和最差的公司在可靠性、相关性和及时性方面都存在非常大的差距(见表3-57)。

表3-57　2013年主板上市公司信息披露指数描述性统计

项目	平均值	中位数	标准差	极差	最小值	最大值
信息披露指数	63.24	62.74	9.86	49.49	35.93	85.41
可靠性	61.63	58.45	18.44	54.93	34.98	89.91
相关性	62.99	60.77	10.61	54.50	30.41	84.91
及时性	65.62	66.88	11.80	62.73	24.60	87.33

资料来源:南开大学公司治理数据库。

4.1.9　主板上市公司利益相关者治理分析

2013年中国上市公司主板市场非金融类公司样本量为1 375家,利益相关者治理指数的均值为57.02,标准差为9.08,利益相关者治理指数基本服从正态分布。从利益相关者治理指数的两个主要因素来看,样本公司利益相关者参与程度较低,平均值为42.22;利益相关者协调程度较高,平均值为75.12(见表3-58)。

表3-58　2013年主板上市公司利益相关者治理指数描述性统计

项目	平均值	中位数	标准差	极差	最小值	最大值
利益相关者治理指数	57.02	56.69	9.08	56.15	29.20	85.35
利益相关者参与程度	42.22	37.00	12.85	65.00	22.00	87.00
利益相关者协调程度	75.12	77.00	11.67	65.00	35.00	100.00

资料来源:南开大学公司治理数据库。

4.2　中小企业板上市公司治理评价

4.2.1　中小板公司治理总体分析

2013年度公司治理样本中共有698家中小企业板上市公司,其治理评价指数描述性统计见表3-59。其中,公司治理指数的平均值为62.22,中位数为62.32,最小值为51.42,最大值为70.35,标准差为3.22。从公司治理评价的六个分指数来看,中小企业板上市公司的股东治理指数、董事会治理指数、监事会治理指数、经理层治理指数、信息披露指数和利益相关者治理指数的平均值分别为66.61、

62.00、56.04、58.18、63.86 和 67.44。其中,中小企业板上市公司利益相关者治理指数最高,股东治理指数和信息披露指数较高,而董事会治理指数和经理层治理指数较低,监事会治理水平最低。监事会治理成为中小上市公司治理水平提升的短板。利益相关者治理指数在中小企业板上市公司中的差异较大,标准差为 9.38。与 2012 年评价结果相比,公司治理总指数略有下降,这主要因为信息披露指数和利益相关者指数有较大幅度下降。而股东治理指数、董事会治理指数、监事会治理指数、经理层治理指数则出现不同程度的上升。

表 3-59 2013 年中小企业板上市公司治理指数描述性统计

项目	平均值	中位数	标准差	极差	最小值	最大值
公司治理总指数	62.22	62.32	3.22	18.93	51.42	70.35
股东治理指数	66.61	67.67	8.20	49.02	35.40	84.42
董事会治理指数	62.00	61.95	1.88	10.76	56.83	67.59
监事会治理指数	56.04	55.41	6.15	33.61	39.00	72.60
经理层治理指数	58.18	58.90	6.35	35.43	40.84	76.27
信息披露指数	63.86	62.28	8.66	39.34	44.28	83.62
利益相关者治理指数	67.44	67.65	9.38	50.91	41.34	92.25

资料来源:南开大学公司治理数据库。

4.2.2 中小企业板上市公司股东治理分析

从股东治理评价的三个主要因素来看,样本公司独立性、中小股东权益保护和关联交易的平均值分别为 69.04、58.87 和 73.14,其中,独立性、中小股东权益保护比上一年度有所提升,关联交易比上一年度有所下降。股东治理指数主要得益于独立性和关联交易指数较高。样本公司中小股东权益保护方面指数最低,独立性指数公司间差异最大,极差为 74.00,标准差为 16.25。如何切实强化中小股东权益保护机制是中小上市公司提升股东治理水平的关键。股东治理指数三项分指标的描述性统计情况如表 3-60 所示。

表 3-60 2013 年中小企业板上市公司股东治理指数描述性统计

项目	平均值	中位数	标准差	极差	最小值	最大值
股东治理指数	66.61	67.67	8.20	49.02	35.40	84.42
独立性	69.04	75.00	16.25	74.00	23.00	97.00
中小股东权益保护	58.87	59.40	11.78	82.00	7.20	89.20
关联交易	73.14	75.00	11.81	67.00	18.00	85.00

资料来源:南开大学公司治理数据库。

4.2.3 中小企业板上市公司董事会治理分析

从董事会治理的五个主要因素来看,样本公司董事会组织结构指数的平均值为70.02,在董事会治理分指数中表现最好,说明我国大多数中小上市公司已经建立了相对比较完善的专门委员会,并发挥了一定作用。公司董事权利与义务指数平均值为63.37,在中小企业板上市公司的董事会治理中表现相对较好。董事薪酬指数均值为60.82,独立董事制度指数为60.19。董事会运作效率指数最低,平均值为57.81。与2012年相比,董事会治理指数的改善主要得益于董事会运作效率、董事会组织结构和独立董事制度指数的提高,说明我国中小企业板上市公司在运作效率、结构安排和独立性方面得到改善。今后如何进一步强化激励约束机制并使董事尽职尽责,是董事会治理提高的关键(见表3-61)。

表3-61　2013年中小企业板上市公司董事会治理指数描述性统计

项目	平均值	中位数	标准差	极差	最小值	最大值
董事会治理指数	62.00	61.95	1.88	10.76	56.83	67.59
董事权利与义务	63.37	63.38	4.93	25.50	49.24	74.74
董事会运作效率	57.81	57.82	3.09	15.66	48.23	63.88
董事会组织结构	70.02	70.81	2.59	25.75	51.50	77.25
董事薪酬	60.82	60.60	5.77	25.25	50.50	75.75
独立董事制度	60.19	59.84	3.73	21.46	49.74	71.21

资料来源:南开大学公司治理数据库。

4.2.4 中小企业板上市公司监事会治理分析

2013年中小企业板上市公司监事会治理指数的三个分项情况见表3-62。从监事会指数的三个主要因素来看,样本公司的监事会运行指数表现最好,平均值为70.50;监事会的胜任能力指数水平表现较好,平均值为53.47;而监事会结构指数水平最低,平均值只有46.20。监事会的机构及履职能力仍是今后建设的重点。

表3-62　2013年中小企业板上市公司监事会治理指数描述性统计

项目	平均值	中位数	标准差	极差	最小值	最大值
监事会治理指数	56.04	55.41	6.15	33.61	39.00	72.60
规模结构	46.20	40.00	11.84	40.00	40.00	80.00
运行状况	70.50	70.00	12.91	50.00	30.00	80.00
胜任能力	53.47	53.10	5.73	53.23	17.27	70.50

资料来源:南开大学公司治理数据库。

4.2.5 中小企业板上市公司经理层治理分析

2013年中小企业板上市公司经理层治理指数的三个分项情况见表3-63。从经理层的三个主要评价维度来看,经理层任免制度指数平均值为61.03,是经理层治理中表现最好的一个因素。中小企业板上市公司的经理层激励约束指数表现最差,平均值只有54.65,且各机构间差距较大,标准差为14.67。此外,执行保障指数均值为59.21。经理层治理整体上均有待提高。

表3-63 2013年中小企业板上市公司经理层治理指数描述性统计

项目	平均值	中位数	标准差	极差	最小值	最大值
经理层治理指数	58.18	58.90	6.35	35.43	40.84	76.27
任免制度	61.03	60.00	6.23	34.29	45.71	80.00
执行保障	59.21	60.00	9.18	55.00	30.00	85.00
激励约束	54.65	57.86	14.67	57.14	27.14	84.29

资料来源:南开大学公司治理数据库。

4.2.6 中小企业板上市公司信息披露分析

从信息披露的三个主要因素来看,中小企业板上市公司信息披露的可靠性、相关性和及时性的平均值依次为63.41、60.67、67.66,其中信息披露及时性表现最好,而信息披露的相关性表现最差。从极差来看,信息披露最好和最差的公司在可靠性和相关性方面都存在非常大的差距(见表3-64)。

表3-64 2013年中小企业板上市公司信息披露指数描述性统计

项目	平均值	中位数	标准差	极差	最小值	最大值
信息披露指数	63.86	62.28	8.66	39.34	44.28	83.62
可靠性	63.41	59.99	17.55	54.90	35.07	89.98
相关性	60.67	59.20	9.30	56.97	23.34	80.31
及时性	67.66	69.12	9.11	40.51	43.03	83.54

资料来源:南开大学公司治理数据库。

4.2.7 中小企业板上市公司利益相关者治理分析

2013年中小企业板上市公司利益相关者治理指数比2012年有较大幅度下降,从72.77下降到67.44。从利益相关者治理指数的两个主要因素来看,中小企业板上市公司的利益相关者参与程度有较大幅度下降,均值为56.42,利益相关者协调程度略有提高,均值为80.91;从极差来看,利益相关者参与程度的离散情况明显高于利益相关者的协调程度。利益相关者治理指数两个方面的描述性统计情况如表3-65所示。

表 3-65　2013 年中小企业板上市公司利益相关者治理指数描述性统计

项目	平均值	中位数	标准差	极差	最小值	最大值
利益相关者治理指数	67.44	67.65	9.38	50.91	41.34	92.25
利益相关者参与程度	56.42	60.00	14.73	68.00	22.00	90.00
利益相关者协调程度	80.91	82.00	9.44	54.00	46.00	100.00

资料来源:南开大学公司治理数据库。

4.2.8　中小企业板上市公司控股股东性质与公司治理

对于 698 家中小企业板上市公司样本,从其控股股东看,国有控股为 109 家,其治理指数平均值为 62.06;集体控股公司 5 家,其治理指数平均值为 63.52;民营控股 577 家,治理指数平均值为 62.23;外资控股 7 家,治理指数平均值为 63.10。民营控股公司所占比重最高,其次是国有控股。从治理指数平均值来看,集体控股公司治理水平最高,外资控股略高于民营控股公司,而国有控股公司则最低(见表 3-66)。

表 3-66　中小企业板上市公司按控股股东性质分组治理指数描述性统计

控股股东性质	数量	比例%	平均值	中位数	标准差	极差	最小值	最大值
国有控股	109	15.62	62.06	61.68	3.37	15.00	54.25	69.25
集体控股	5	0.72	63.52	64.15	3.16	7.49	59.40	66.89
民营控股	577	82.66	62.23	62.36	3.19	18.93	51.42	70.35
外资控股	7	1.00	63.10	63.91	2.99	9.47	57.12	66.59
合计	698	100.00	62.22	62.32	3.22	18.93	51.42	70.35

资料来源:南开大学公司治理数据库。

4.2.9　中小企业板上市公司地区分布与公司治理

从地区分布来看,698 家中小企业板上市公司中,广东省、浙江省和江苏省最多,分别有 145、118 和 92 家。而新疆和宁夏最少,各仅有 1 家。从公司治理指数平均值水平来看,重庆市、贵州省和北京市较高,分别为 66.06、64.04 和 63.64;宁夏、天津和西藏较低,分别为 53.04、59.53 和 59.95(见表 3-67)。

表 3-67　中小企业板上市公司按地区分组治理指数描述性统计

省份	数量	公司治理指数	股东治理指数	董事会治理指数	监事会治理指数	经理层治理指数	信息披露指数	利益相关者治理指数
北京	38	63.64	67.02	62.95	57.23	64.23	61.70	70.33
天津	6	59.53	58.68	61.12	56.31	53.91	63.99	62.47
河北	10	62.73	66.70	61.67	54.76	61.69	63.21	69.49
山西	2	63.40	67.66	60.77	57.60	61.60	62.12	74.15
内蒙古	2	60.83	60.53	62.55	56.85	55.37	64.75	64.39

(续表)

省份	数量	公司治理指数	股东治理指数	董事会治理指数	监事会治理指数	经理层治理指数	信息披露指数	利益相关者治理指数
辽宁	12	62.35	68.44	62.19	53.91	59.30	64.30	65.79
吉林	6	60.94	69.71	61.13	53.26	60.46	57.90	64.07
黑龙江	2	63.27	73.71	60.26	50.89	55.82	68.40	71.92
上海	27	62.30	66.63	62.09	53.83	59.87	65.40	65.30
江苏	92	62.19	66.91	61.53	54.47	56.51	65.66	68.83
浙江	118	62.05	65.76	62.05	55.67	57.58	65.24	66.02
安徽	25	62.78	66.62	62.36	55.84	60.53	64.74	66.64
福建	31	62.31	68.49	61.74	54.36	56.93	65.67	66.93
江西	7	61.78	59.64	61.90	55.89	58.44	66.20	68.68
山东	57	62.15	67.18	61.33	55.65	58.50	63.36	68.08
河南	22	63.29	67.66	62.40	59.30	59.19	64.13	68.62
湖北	10	61.05	63.90	61.95	54.45	60.43	61.00	64.44
湖南	19	61.54	65.34	61.98	57.77	57.22	63.27	63.75
广东	145	62.12	67.46	62.42	56.36	57.57	62.42	67.72
广西	6	62.37	70.92	62.58	51.94	60.81	62.29	65.56
海南	3	60.29	65.22	62.47	62.63	52.02	58.12	63.55
重庆	3	66.06	73.93	63.22	55.32	62.52	70.01	71.98
四川	23	62.53	65.83	61.88	58.33	59.34	62.27	69.52
贵州	5	64.04	66.67	61.84	62.37	58.95	65.69	71.34
云南	7	60.95	61.94	60.51	63.38	51.29	64.78	65.69
西藏	2	59.95	70.43	62.57	58.99	57.12	52.48	59.84
陕西	3	62.04	62.13	60.77	66.59	53.41	63.14	70.10
甘肃	4	61.20	60.45	62.14	53.42	57.49	61.87	74.00
宁夏	1	53.04	61.24	59.31	53.86	43.99	51.65	46.45
新疆	1	60.57	59.84	58.93	55.57	58.83	65.48	64.50
合计	9	61.84	63.55	61.90	61.64	55.42	62.97	67.54

资料来源：南开大学公司治理数据库。

4.3 创业板上市公司治理评价

4.3.1 创业板上市公司治理总体分析

自2011年起，中国公司治理研究院持续关注创业板上市公司治理状况，2013年继续对创业板上市公司治理评价进行专门研究。本年度共有355家创业板上市公司样本,公司治理指数的平均值为62.93,中位数为63.12,最小值为54.74,最大值为69.79,标准差为2.80。从创业板上市公司治理的六个分指数来看,股东治理指数、董事会治理指数、监事会治理指数、经理层治理指数、信息披露指数和利益相关者治理指数的平均值分别为69.71、61.50、56.63、61.62、62.29和67.09。其中股东治理指数最高,接近70;而监事会治理指数偏低,尚不足60,成为创业板上市公司治理水平提升的短板(见表3-68)。

表3-68 2013年创业板上市公司治理指数描述性统计

项目	平均值	中位数	标准差	极差	最小值	最大值
公司治理指数	62.93	63.12	2.80	15.05	54.74	69.79
股东治理指数	69.71	70.44	7.03	44.84	39.44	84.28
董事会治理指数	61.50	61.63	2.17	11.23	55.34	66.57
监事会治理指数	56.63	55.92	4.54	31.93	39.45	71.38
经理层治理指数	61.62	62.52	4.80	25.06	46.64	71.70
信息披露指数	62.29	60.64	7.78	32.91	47.65	80.56
利益相关者治理指数	67.09	67.20	8.81	48.20	38.80	87.00

资料来源:南开大学公司治理数据库。

4.3.2 创业板上市公司股东治理分析

股东治理评价三个主要影响因素独立性、中小股东权益保护和关联交易的平均值分别为75.31、58.45和78.17。其中独立性和关联交易的指数相对较高,而中小股东权益保护方面指数最低;因此创业板上市公司在提升股东治理水平时应当首先注重切实强化中小股东权益保护机制。其中,各样本公司之间独立性和中小股东权益保护两项分指标差距较大,样本公司独立性最大值为97.00,而最小值仅23.00;中小股东权益保护最大值为83.20,最小值仅为14.00;两项分指标极差和标准差都很大。股东治理指数三项分指标的描述性统计情况如表3-69所示。

表3-69 2013年创业板上市公司股东治理指数描述性统计

项目	平均值	中位数	标准差	极差	最小值	最大值
股东治理指数	69.71	70.44	7.03	44.84	39.44	84.28
独立性	75.31	79.00	12.63	74.00	23.00	97.00
中小股东权益保护	58.45	58.53	12.08	69.20	14.00	83.20
关联交易	78.17	80.00	9.23	51.00	34.00	85.00

资料来源:南开大学公司治理数据库。

4.3.3 创业板上市公司董事会治理分析

创业板上市公司董事会治理的五个主要影响因素中最高的是董事权利与义

务,平均值为 66.58,说明创业板上市公司中董事的作用在一定程度上得以体现,但是相比较往年,该指标的优势明显降低。同时,董事会组织结构也较高,反映出我国大多数创业板上市公司已经建立了相对比较完善的董事会组织结构,并能够发挥一定作用。最低的是董事会运作效率,为 56.98,可见在提升董事会治理水平时需要在静态的结构之外注重加强动态的运作效率。具体指标的描述性统计情况如表 3-70 所示。

表 3-70 2013 年创业板上市公司董事会治理指数描述性统计

项目	平均值	中位数	标准差	极差	最小值	最大值
董事会治理指数	61.50	61.63	2.17	11.23	55.34	66.57
董事权利与义务	66.58	67.17	4.93	22.47	52.27	74.74
董事会运作效率	56.98	57.57	3.21	16.41	47.47	63.88
董事会组织结构	65.26	70.81	7.21	32.19	51.50	83.69
董事薪酬	62.18	62.62	5.11	25.25	50.50	75.75
独立董事制度	60.44	59.84	3.57	18.44	51.76	70.20

资料来源:南开大学公司治理数据库。

4.3.4 创业板上市公司监事会治理分析

监事会治理状况具体指标如表 3-71 所示,监事会治理分指数一直以来是各分指数中的短板,并且三项分指标的差距较大。其中监事会运行状况指数最高,达到 75.15,且该指标中位数和最大值相等,可见一半以上公司监事会运行状况良好。各公司规模结构指数普遍偏低,平均值仅为 43.48,说明创业板公司监事会的结构有待加强和完善。

表 3-71 2013 年创业板上市公司监事会治理指数描述性统计

项目	平均值	中位数	标准差	极差	最小值	最大值
监事会治理指数	56.63	55.92	4.54	31.93	39.45	71.38
运行状况	75.15	80.00	7.96	50.00	30.00	80.00
规模结构	43.48	40.00	8.98	40.00	40.00	80.00
胜任能力	53.91	53.70	5.29	25.90	43.80	69.70

资料来源:南开大学公司治理数据库。

4.3.5 创业板上市公司经理层治理分析

经理层治理的各个影响因素差别较小,其中最高的是执行保障指标,为 64.79;最低的是激励约束指标,为 58.90,并且激励约束指标各公司间差距较大,标准差达到 10.79,可见各公司在激励约束方面还有待进一步完善(见表 3-72)。

表 3-72　2013 年创业板上市公司经理层治理指数描述性统计

项目	平均值	中位数	标准差	极差	最小值	最大值
经理层治理指数	61.62	62.52	4.80	25.06	46.64	71.70
任免制度	61.64	61.11	3.42	25.55	45.56	71.11
执行保障	64.79	65.00	7.51	41.67	40.00	81.67
激励约束	58.90	62.86	10.79	52.86	30.00	82.86

资料来源：南开大学公司治理数据库。

4.3.6　创业板上市公司信息披露分析

样本公司信息披露指数及其三个影响因素的均值普遍较高，都在 60 以上，并且各指标差别很小，说明目前各公司都非常重视信息披露，能够及时向社会公开相关信息。但是各指标的标准差普遍偏高，可见样本公司之间的差别也很大。相比较其他指标，信息披露的相关性最低，创业板上市公司需要注意提高披露信息的相关性（见表 3-73）。

表 3-73　2013 年创业板上市公司信息披露指数描述性统计

项目	平均值	中位数	标准差	极差	最小值	最大值
信息披露指数	62.29	60.64	7.78	32.91	47.65	80.56
可靠性	62.60	63.25	16.02	53.74	35.42	89.16
相关性	60.72	60.86	9.10	55.55	24.76	80.31
及时性	63.46	63.33	7.25	33.01	48.23	81.24

资料来源：南开大学公司治理数据库。

4.3.7　创业板上市公司利益相关者治理分析

从利益相关者治理的两个主要因素来看，创业板上市公司的利益相关者参与程度和协调程度平均值分别为 59.07 和 76.89。其中，利益相关者参与程度的标准差较大，说明创业板上市公司利益相关者的参与水平差别较大，有些公司在该指标方面有待进一步提升（见表 3-74）。

表 3-74　2013 年创业板上市公司利益相关者治理指数描述性统计

项目	平均值	中位数	标准差	极差	最小值	最大值
利益相关者治理指数	67.09	67.20	8.81	48.20	38.80	87.00
利益相关者参与程度	59.07	60.00	15.01	68.00	22.00	90.00
利益相关者协调程度	76.89	76.00	7.81	41.00	50.00	91.00

资料来源：南开大学公司治理数据库。

4.3.8　创业板上市公司控股股东性质与公司治理

本年度 355 家创业板上市公司样本中，民营控股比重最大，共 332 家，占比

93.52%，其公司治理总指数均值为 63.02；集体控股 1 家，占比 0.28%，公司治理总指数均值为 60.47；国有控股公司有 15 家，占比 4.52%，公司治理总指数均值为 61.81；社会团体控股公司 1 家，占比 0.28%，公司治理总指数为 61.09；外资控股公司 2 家，占比 0.56%，公司治理总指数均值为 61.60；其他类型控股 4 家，占比 1.13%，公司治理总指数均值为 61.52。民营控股公司数量最大，并且公司治理指数均值最高，说明其公司治理状况优于其他控股股东性质的公司；而其他控股股东性质的公司之间治理指数没有明显差异。具体情况见表 3-75。

表 3-75 2013 年创业板上市公司按控股股东性质分组治理指数描述性统计

控股股东性质	数量	比例(%)	平均值	中位数	标准差	极差	最小值	最大值
国有控股	15	4.52	61.81	62.22	3.54	10.56	56.20	66.76
集体控股	1	0.28	60.47	60.47	0.00	0.00	60.47	60.47
民营控股	332	93.52	63.02	63.18	2.78	15.05	54.74	69.79
社会团体控股	1	0.28	61.09	61.09	0.00	0.00	61.09	61.09
外资控股	2	0.56	61.60	61.61	1.76	2.49	60.36	62.85
其他类型控股	4	1.13	61.52	60.79	2.64	6.10	59.21	65.31
合计	355	100.00	62.93	63.12	2.80	15.05	54.74	69.79

资料来源：南开大学公司治理数据库。

4.3.9 创业板上市公司地区分布与公司治理

从地区分布来看，本年度 355 家创业板上市公司样本中，广东省、北京市和江苏省数量最多，分别为 76 家、53 家和 42 家。广西、宁夏、青海省和西藏没有一家公司进入样本。从治理指数平均值水平来看，云南省最高，达到 66.84，而贵州省最低，为 58.05，成为唯一一个均值低于 60 的省份。具体分布见表 3-76。

表 3-76 2013 年创业板上市公司按地区分组治理指数描述性统计

省份	数量	公司治理指数	股东治理指数	董事会治理指数	监事会治理指数	经理层治理指数	信息披露指数	利益相关者治理指数
安徽	7	62.66	69.02	60.66	59.14	58.77	60.42	71.75
北京	53	63.02	69.39	62.04	58.46	62.93	60.40	66.36
福建	11	62.11	71.39	61.77	56.76	62.96	59.53	60.02
甘肃	2	62.01	71.04	62.40	54.35	63.45	55.59	67.25
广东	76	63.09	70.78	61.80	55.92	61.63	61.96	67.83
贵州	1	58.05	66.24	62.29	54.74	62.65	49.30	51.74
海南	2	61.24	67.24	61.48	60.89	57.22	57.79	65.43
河北	5	64.17	73.00	62.09	57.34	63.91	63.38	66.11
河南	8	65.60	75.99	61.56	56.56	62.12	68.71	69.73

（续表）

省份	数量	公司治理指数	股东治理指数	董事会治理指数	监事会治理指数	经理层治理指数	信息披露指数	利益相关者治理指数
黑龙江	1	60.90	69.84	60.76	57.18	58.63	59.15	60.30
湖北	11	61.72	68.63	59.67	57.84	60.54	61.97	62.24
湖南	11	63.66	69.74	61.26	56.83	63.32	64.34	67.30
吉林	1	62.49	70.84	56.51	52.99	62.56	70.59	59.39
江苏	42	62.50	68.55	61.63	55.93	61.16	62.17	66.42
江西	3	60.77	64.63	58.48	56.53	55.40	67.30	61.73
辽宁	8	63.30	71.55	59.30	57.95	59.96	62.97	71.53
内蒙古	3	61.51	61.11	61.72	58.64	61.89	62.09	63.38
山东	18	62.40	66.18	61.24	55.69	59.30	64.87	67.81
山西	2	62.74	62.12	62.91	56.94	59.69	62.53	74.92
陕西	6	64.11	68.81	62.57	59.76	61.26	63.55	71.03
上海	28	62.92	69.50	60.86	56.35	63.01	62.03	67.06
四川	7	63.74	70.59	61.90	56.66	59.40	65.09	70.64
天津	5	63.32	71.67	62.34	56.25	60.55	62.97	67.21
新疆	3	62.93	69.70	61.69	56.66	61.60	62.29	67.06
云南	1	66.84	75.08	65.28	63.48	67.54	57.51	77.70
浙江	36	62.64	69.85	61.56	54.73	61.10	62.65	66.68
重庆	4	65.98	75.00	60.57	57.40	63.96	69.37	71.14
合计	355	62.93	69.71	61.50	56.63	61.62	62.29	67.09

资料来源：南开大学公司治理数据库。

4.4 上市金融机构治理评价

4.4.1 上市金融机构治理总体分析

金融机构在经营目标、代理关系、监管压力等方面与一般公司具有较大的差别。这些差别导致了金融机构公司治理中存在着许多不同于一般公司的特征。因此，将金融机构与一般公司分开，单独讨论其公司治理特性是有必要的。2013年，在国内上市的金融类上市公司共有42家，比2012年增加一家。除宁波银行（002142）、山西证券（002500）两家公司外，西部证券（002673）成为了第三家在中小企业板上市的金融类公司，而其他金融类上市公司均在主板上市。42家样本中超过一半集中在北京、上海、广东三个省市，其中北京12家，上海6家，广东5家。控股股东性质方面，42家金融机构样本中，有33家为国有控股，3家为民营控股，集体控股和外资控股各2家，还有2家为其他类型。此外，42家样本中，银行类上市公司占16家，证券类占18家，保险类5家，其他类3家。表3-77给出了金融业公司治理指数及各分指数的描述性统计，可以看出，2013年度金融行业的公司治理指数平均值为 61.81,中位数为 62.20,标准差为 3.46,最小值为 50.95,最大值为 68.71。

表 3-77 2013 年上市金融机构治理指数描述性统计

指数	平均值	中位数	标准差	极差	最小值	最大值
公司治理指数	61.81	62.20	3.46	17.76	50.95	68.71
股东治理指数	67.29	68.64	8.22	39.60	39.44	79.04
董事会治理指数	64.11	64.30	1.56	5.79	61.10	66.90
监事会治理指数	65.84	66.20	6.57	26.04	49.22	75.25
经理层治理指数	57.54	57.03	5.39	28.18	42.52	70.70
信息披露指数	57.20	55.98	7.79	36.10	45.90	81.99
利益相关者治理指数	60.26	62.02	10.47	47.15	36.39	83.55

资料来源:南开大学公司治理数据库。

前表 3-43 给出了金融业和非金融业公司治理指数和各分指数的描述性统计对比,从对比中可以看出,从均值意义上讲,金融机构的公司治理状况总体优于非金融行业的上市公司。在各项分指数中,除了信息披露指数和利益相关者指数之外,金融机构均高于非金融机构。尤其是在股东治理方面、董事会治理方面和监事会治理方面,金融机构的治理状况都大幅度优于非金融行业上市公司,从而导致公司治理指数的平均值也高于非金融机构上市公司。

4.4.2 上市金融机构股东治理分析

表 3-78 给出了 2013 年金融行业 42 家样本股东治理评价方面的各指标的描述性统计,从表中可以看出,股东治理评价方面,关联交易指数平均值最高,为 73.17,中小股东权益保护指数平均值最低,为 58.83,独立性指数介于两者之间,平均值为 72.43。股东治理指数的平均值为 67.29,标准差为 8.22。

表 3-78 2013 年上市金融机构股东治理指数描述性统计

项目	平均值	中位数	标准差	极差	最小值	最大值
股东治理指数	67.29	68.64	8.22	39.60	39.44	79.04
独立性	72.43	71.00	10.20	44.00	45.00	89.00
中小股东权益保护	58.83	59.55	11.23	50.56	34.00	84.56
关联交易	73.17	75.00	11.20	57.00	28.00	85.00

资料来源:南开大学公司治理数据库。

4.4.3 上市金融机构董事会治理分析

表 3-79 给出了 2013 年金融业 42 家样本董事会治理方面的描述性统计,从表中可以看出,平均值意义上讲,董事会的组织结构得分最高,平均值达到了 76.12,

董事会运作效率得分最低,平均值只有59.64。董事会治理总指数的平均值为64.11,标准差为1.56,表明金融机构在董事会治理评价方面的差异比较小。

表 3-79　2013 年上市金融机构董事会治理指数描述性统计

项目	平均值	中位数	标准差	极差	最小值	最大值
董事会治理指数	64.11	64.30	1.56	5.79	61.10	66.90
董事权利与义务	63.29	63.38	4.03	19.70	54.04	73.73
董事会运作效率	59.64	59.84	2.33	9.34	54.54	63.88
董事会组织结构	76.12	77.25	2.13	6.44	70.81	77.25
董事薪酬	60.46	60.60	3.79	21.21	50.50	71.71
独立董事制度	62.21	61.86	4.68	19.95	50.75	70.70

资料来源:南开大学公司治理数据库。

4.4.4　上市金融机构监事会治理分析

表 3-80 给出了 2013 年 42 家样本监事会治理方面的描述性统计,从表中可以看出,监事会的运行状况指数最高,平均值为 72.86。监事会的规模结构和胜任能力得分相近,分别为 62.14 分和 63.53 分。同时,不同金融类公司的监事会规模结构差异较大,样本的标准差为 14.94。监事会治理指数的平均值为 65.84,标准差为 6.57。

表 3-80　2013 年上市金融机构监事会治理指数描述性统计

项目	平均值	中位数	标准差	极差	最小值	最大值
监事会治理指数	65.84	66.20	6.57	26.04	49.22	75.25
运行状况	72.86	70.00	9.18	50.00	30.00	80.00
规模结构	62.14	60.00	14.94	50.00	30.00	80.00
胜任能力	63.53	63.48	4.53	19.95	54.90	74.85

资料来源:南开大学公司治理数据库。

4.4.5　上市金融机构经理层治理分析

表 3-81 给出了 2013 年 42 家样本经理层治理方面的描述性统计,从表中可以看出,平均值意义上讲,经理层三个维度差异巨大,最高的执行保障平均值达到了71.21,而最低的激励约束维度,平均值只有42.82。经理层治理指数也偏低,平均值为57.54,标准差较小,只有5.39,表明金融类上市公司在经理层治理评价方面差异较小。

表 3-81　2013 年上市金融机构经理层治理指数描述性统计

项目	平均值	中位数	标准差	极差	最小值	最大值
经理层治理指数	57.54	57.03	5.39	28.18	42.52	70.70
任免制度	60.82	61.67	5.04	21.11	48.89	70.00
执行保障	71.21	70.00	8.98	48.67	38.00	86.67
激励约束	42.82	40.00	10.48	48.57	27.14	75.71

资料来源：南开大学公司治理数据库。

4.4.6　上市金融机构信息披露分析

表 3-82 给出了 2013 年 42 家样本信息披露方面的描述性统计，从表中可以看出，平均值意义上讲，信息披露的相关性和及时性两个维度比较接近，平均值分别为 59.18 和 62.20，标准差相差也不大。可靠性水平比较低，均值为 51.96，同时方差也比较大。信息披露指数的平均值达到了 57.20，标准差为 7.79。

表 3-82　2013 年上市金融机构信息披露指数描述性统计

项目	平均值	中位数	标准差	极差	最小值	最大值
信息披露指数	57.20	55.98	7.79	36.10	45.90	81.99
可靠性	51.96	44.94	16.47	53.51	35.30	88.81
相关性	59.18	59.09	9.20	40.04	40.27	80.31
及时性	62.20	62.80	9.97	35.00	46.36	81.36

资料来源：南开大学公司治理数据库。

4.4.7　上市金融机构利益相关者治理分析

表 3-83 给出了 2013 年 42 家样本公司利益相关者治理方面的描述性统计，从表中可以看出，平均值意义上讲，利益相关者治理两个维度之间差异较大，平均值之差超过了 20.00，利益相关者的协调程度明显优于参与程度。利益相关者治理指数的平均值达到了 60.26，标准差为 10.47。

表 3-83　2013 年上市金融机构利益相关者治理指数描述性统计

项目	平均值	中位数	标准差	极差	最小值	最大值
利益相关者治理指数	60.26	62.02	10.47	47.15	36.39	83.55
参与程度	45.95	48.00	14.64	53.00	22.00	75.00
协调程度	77.64	80.50	11.97	50.00	47.00	97.00

资料来源：南开大学公司治理数据库。

4.4.8　上市金融机构控股股东性质与公司治理

按照控股股东性质分组，上市金融机构的控股性质可以分为五种：国有、民营、外资、集体控股和其他类型。表 3-84 给出了按最终控制人性质分组的金融机构治理指数统计指标对比,从表中可以看出,在平均值意义上讲,外资控股金融机构公司治理指数最高,国有控股和民营控股次之,集体控股和其他类型的公司治理水平相对较低。

表 3-84　2013 年上市金融机构分控股股东性质的公司治理比较

控股股东性质	样本数	平均值	中位数	标准差	极差	最小值	最大值
国有控股	33	62.07	62.21	2.45	10.08	56.83	66.91
集体控股	2	59.40	59.40	3.05	4.31	57.25	61.56
民营控股	3	61.97	63.85	7.85	15.36	53.35	68.71
外资控股	2	65.20	65.20	3.34	4.72	62.84	67.56
其他类型	2	56.18	56.18	7.40	10.46	50.95	61.41
合计	42	61.81	62.20	3.46	17.76	50.95	68.71

资料来源:南开大学公司治理数据库。

4.4.9　上市金融机构地区分布与公司治理

按照金融机构所属地区分组,大部分的上市金融机构集中于北京市、上海市、广东省等经济发达地区,所以我们仅比较这三个地区金融机构的治理状况,如表 3-85 所示。从表中可以看出,均值意义上讲,广东省金融机构公司治理指数最高,北京市次之,而上海市金融机构公司治理水平相对较弱。

表 3-85　2013 年上市金融机构分地区的公司治理比较

省份	样本数	平均值	中位数	标准差	极差	最小值	最大值
北京	12	62.76	62.64	3.03	11.88	56.83	68.71
上海	6	61.00	62.66	4.99	13.41	50.95	64.36
广东	5	63.80	64.49	3.24	8.70	58.86	67.56

资料来源:南开大学公司治理数据库。

4.4.10　上市金融机构业务性质与公司治理

按照金融机构不同业务性质分组,金融机构可以分为证券公司、银行、保险公司以及包括信托和投资公司在内的其他金融机构。表 3-86 给出了这四类金融机构公司治理指数的描述性统计,可以看出,平均值意义上讲,银行类金融机构的公司治理水平较高,其平均值达到了 63.22;证券类和保险类金融机构次之,均值分别为 61.66 和 61.92;其他金融机构最低,均值仅为 54.98。

表 3-86　2013 年上市金融机构分银行与非银行的公司治理比较

行业	样本数	平均值	中位数	标准差	极差	最小值	最大值
银行	16	63.22	63.10	3.01	11.88	56.83	68.71
证券	18	61.66	62.20	2.65	9.66	57.25	66.91
保险	5	61.92	61.41	1.70	4.30	60.06	64.36
其他	3	54.98	53.35	5.04	9.68	50.95	60.63

资料来源：南开大学公司治理数据库。

4.4.11　上市金融机构治理年度比较

从整体趋势上讲，上市金融机构的公司治理水平在 2013 年出现了下降。2009 年上市金融机构整体样本的公司治理指数平均值为 61.41，2010 年、2011 年和 2012 年上市金融机构整体样本的公司治理指数平均值则为 63.76、63.34 和 63.44，处在一个稳定的水平，在 2013 年又下降到了 61.81（见表 3-87）。

表 3-87　上市金融机构治理指数年度比较

年份	样本数	平均值	中位数	标准差	极差	最小值	最大值
2009	27	61.41	61.80	3.08	13.82	52.41	66.23
2010	27	63.76	64.83	3.77	14.29	53.86	68.15
2011	35	63.34	63.32	3.30	16.08	54.37	70.44
2012	41	63.44	63.27	2.43	13.10	56.53	69.63
2013	42	61.81	62.20	3.46	17.76	50.95	68.71

资料来源：南开大学公司治理数据库。

5 基于公司治理指数的实证研究

5.1 国内基于公司治理指数开展的相关研究

5.1.1 基于公司治理总指数的相关研究

南开大学中国公司治理研究院公司治理评价课题组(2003)的研究从公司治理实务需求的角度出发,追溯公司治理实务与理论研究发展历程,在此基础上对国际著名公司治理评价系统进行了比较,并提出了适合中国公司治理环境的公司治理评价指标体系——中国上市公司治理指数$CCGI^{NK}$。$CCGI^{NK}$以指数的形式,通过对公司治理影响因素的科学量化,全面、系统、连续地反映上市公司治理状况。在借鉴了国外一流公司治理评价指标体系、充分考虑中国公司治理特殊环境的基础上,中国上市公司治理指数从股东权益、董事会、监事会、经理层、信息披露、利益相关者6个纬度,构建了包括6个一级指标、20个二级指标、80个三级指标的评价体系。

在中国上市公司治理指数的基础上,学者展开了各种富有实际意义的研究。例如,南开大学中国公司治理研究院公司治理评价课题组(2004)在对模型的稳定性与可靠性检验的基础上,对中国上市公司治理状况进行了实证分析。研究结果表明:股权结构是决定公司治理质量的关键因素,国有股一股独大不利于公司治理机制的完善;良好的公司治理将使公司在未来具有较高的财务安全性、有利于公司盈利能力的提高,投资者愿意为治理状况好的公司支付溢价。李维安和唐跃军(2006)发现,上市公司治理指数对总资产收益率、每股净资产、加权每股收益、每股经营性现金流量、总资产周转率、总资产年度增长率、财务预警值均有显著的正面影响,这表明拥有良好的公司治理机制有助于提升企业的盈利能力、股本扩张能力、运营效率、成长能力,有助于增强财务弹性和财务安全性。公司治理中所涉及的控股股东治理、董事会治理、经理层治理、信息披露、利益相关者治理、监事会治理机制,在很大程度上决定了上市公司是否能够拥有一套科学的决策制定机制与决策执行机制,而这将对公司业绩和公司价值产生直接而深远的影响。

除了南开大学中国公司治理研究院的中国上市公司治理指数之外,国内的许多其他学者也在公司治理指数构建和相关研究方面做出了有益的尝试。例如,白重恩、刘俏和陆洲等(2005)综合考虑了公司内、外部治理机制,运用主元因素分析法集合八个指标构建了公司治理指数(G指数)。并通过实证研究发现,治理水平高的企业其市场价值也高;投资者愿为治理良好的公司付出相当可观的溢价。郝臣(2009)聚焦于公司的股东、董事会、监事会、经理层的治理特征,运用因素分析法,构建了公司治理指数,基于指数研究结果表明,当期公司治理具有相对价值相关性和较低的增量价值相关性,而前期公司治理只具有相对价值相关性,ST公司的治理价值相关性原理与一般上市公司存在差异。上述结论说明我国投资者在投资决策时已经开始考虑公司治理因素。

5.1.2 基于公司治理不同纬度指数的相关研究

除公司治理总体指标外,国内学者对于国内公司的董事会、监事会、经理层和利益相关者的治理指标进行了专门的研究。李维安和张耀伟(2005)基于中国上市公司治理指数中董事会治理维度的相关指标进行了实证分析。结果显示:第一,控股股东性质、行业因素会对董事会治理水平产生一定的影响,民营企业具有显著的治理优势;第二,公司治理绩效与董事会治理水平之间呈现一种倒U曲线关系。李维安和王世权(2005)在对现有监事会评价理论与实践回顾基础上,结合中国自身环境条件及改革进程,设计了中国上市公司监事会治理绩效评价指标体系,并且利用调研数据,对上市公司监事会治理水平进行了评价与实证研究。结果显示,监事会治理总体水平较低,不同行业、不同企业性质之间的治理水平存在着很大差别,大股东的持股比例亦对监事会治理的有效性具有显著影响。李维安和张国萍(2005)在对国内外经理层治理评价进行评述的基础上,从经理层视角构建中国上市公司经理层治理评价指数,并藉此从任免制度、执行保障、激励约束机制三个基本维度以及第一大股东不同性质等多视角对931家中国上市公司样本进行治理状况实证研究。同时,构造上市公司综合绩效评价体系,从最优化和安全性两个视角考察公司效能,并对两个评价指数进行综合相关性研究和回归研究。评价结果显示,经理层治理状况总体偏低,各主因素得分有较大的差异,经理层治理水平的改善有利于治理绩效的提高。李维安和唐跃军(2005)设置了利益相关者治理评价指标考察中国上市公司利益相关者参与公司治理和利益相关者权益的保护状况,并构建了利益相关者治理指数。进一步的实证研究表明,利益相关者治理指数对每股收益(EPS)、净资产收益率(ROE)、股本扩张能力(NAPS)均有显著的正面影响,这表明上市公司良好的利益相关者治理机制和较高的利益相关者治理水平有助于增强公司的盈利能力,进而提升包括股本扩张能力在内的企业成长与发展潜力。同时,利益相关者治理机制所涉及的5个方面对企业业绩和企业价值也存在重要影响。因此,他们建议在公司治理中考虑利益相关者的权益,鼓励利益相关者适当而有效地参与公司治理和管理。

5.2 国外基于公司治理指数开展的相关研究

5.2.1 基于学者构建的公司治理指数的相关研究

国外最早的公司治理评价研究可追溯到20世纪50年代。1950年,杰克逊·马丁德尔提出了董事会绩效分析。1952年,美国机构投资者协会设计出了第一套正式评价董事会的程序。但直到1990年代末,公司治理评价研究才真正引起学术界和实务界的关注。Gompers,Ishii和Metrick(2003)构建的G指数被认为在公司治理评价研究领域具有里程碑的意义。他们把美国投资者责任研究中心(Investor Responsibility Research Center,简称IRRC)提出的24项公司治理条款从延缓敌意收购的战术、投票权、董事/管理层保护、其他接管防御措施以及国家法律五个维度加以区分,并根据公司的实际情况对这些条款进行赋值,然后把每项条款的得分进行加总从而形成G指数。G指数越高表示股东权利越小。他们依据G指标对样本公司分组并进行了对比。实证结果表明,股东权利与公司价值呈现正相关关系。Bebchuk,Cohen和Ferrell(2004,2009)在深入分析G指数中24项公司治理条款的基础上,选出了能够充分反映股东投票权限制以及敌意收购防御的六项重要条款,并进行0或1的赋值,构建了壕沟指数(Entrenchment Index,简称E指数)。E指数主要涵盖交错选举董事条款(Staggered Board Provision)、股东修订公司章程的限制、"毒丸"计划、"金色降落伞"计划以及兼并和修订公司章程遵循绝对多数原则的规定等要素。他们利用IRRC的数据,证实了E指数与股票收益、公司价值(以托宾Q值来衡量)正相关。Cremers和Ferrell(2009)利用G指数和E指数,以IRRC等提供的数据检验了公司治理对公司价值以及股票收益率的影响,他们在控制公司固定效应和年度固定效应之后研究发现,G指数和E指数与公司价值之间存在显著的负相关性,也就是说良好的公司治理与股票收益率之间存在显著的正相关性。同时,随着市场对良好公司治理重要性认知的增强,股票收益率有所下降。Bebchuk,Cohen和Wang(2010)的实证研究则显示,1991—1999年G指数和E指数与异常股票收益正相关,而2001—2008年两者并没有表现出直接的显著关系,最后他们提出"学习假说"(learning hypothesis)来解释相关性消失现象。

5.2.2 基于评价机构构建的公司治理指数的相关研究

国外的许多评价机构也构建发布了各自的公司治理指数。例如,美国机构股东服务公司(ISS)依据董事会及其主要委员会的结构和组成、公司章程和制度、公司所属州的法律、管理层和董事薪酬、相关财务业绩、最佳公司治理实践、管理层持股比例、董事受教育水平等指标构建了公司治理指数。国际管理评级机构(GMI)的公司治理指数则更加侧重于信息透明度与披露(含内部监控)、董事会问责制、企业社会责任、股权结构与股权集中度、股东权利、管理层薪酬、公司行为等因素。Aggarwal 和 Williamson(2006)、Brown 和 Caylor(2006)利用 ISS 提供的公司治理评价得分,Ashbaugh-Skaife 和 Lafond(2006)、Derwall 和 Verwijmeren(2007)利用 GMI 提供的治理评价得分检验了公司治理与公司价值、股票收益、股权资本成本、财务风险等变量之间的关系,研究结果基本证实了公司治理对公司表现的积极作用。

5.3 中国上市公司治理与财务绩效

目前国外已经有众多的学者和机构构建了公司治理指数,并开展了基于指数的相关研究,这已经成为国际理论界和实务界的共同趋势。为了考察公司治理与公司绩效之间的相关性,我们选取了反映上市公司收益能力的 5 个财务指标,分别是每股收益(包括基本和加权平均)、营业利润率(营业利润/营业收入)、总资产利润率(净利润/总资产余额)以及投入资本回报率((净利润+财务费用)/(资产总计-流动负债+应付票据+短期借款+一年内到期的长期负债))。比较结果如表 3-88 所示,公司治理 100 佳上市公司的绩效指标均好于其他样本。

表 3-88 公司治理 100 佳公司绩效与其他样本的比较

分组	基本每股收益	加权平均每股收益	营业利润率	总资产利润率	投入资本回报率
100 佳	0.506	0.476	0.132	0.062	0.171
其他样本	0.333	0.343	0.096	0.043	0.113

资料来源:南开大学公司治理数据库。

5.4 中国上市公司治理与股票价格

中国公司治理股价指数 100(以下简称 CCGI100)遵循代表性、实用性等原则,借鉴国内外主要指数的编制经验,根据国际惯例编制而成。指数基期为 2004 年 12 月 31 日,基点为 1 000 点,充分考虑了市场流动性、规模等因素,从沪深 A 股市场中挑选 100 支治理较好的上市公司作为成份股编制而成。该指数的发布,不但为广大投资者研判上市公司治理状况提供直观标准,而且可为他们提供优质的投资标的物,有利于促进我国上市公司整体治理水平的提高,培养和引导广大投资者进行价值投资和理性投资。为直观展示指数的市场表现,我们对 CGSI100 与沪深 300、上证指数等大盘指数近 5 年的市场表现进行了对比(如图 3-5)。整体来看,CGSI100 的市场表现明显优于大盘指数,这一结果既是对我们公司治理评价体系科学性的肯定,也是对公司治理溢价结论的直接验证。

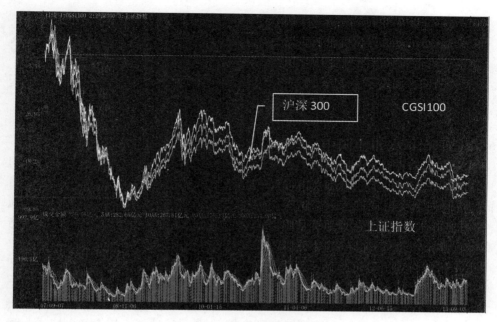

图 3-5　公司治理股价指数图

资料来源:南开大学公司治理数据库。

6 结论与建议

6.1 关于中国上市公司治理状况的主要结论

提高上市公司质量是治本之策,上市公司是股市的基石,必须提高上市公司质量,股市才能健康发展,这是一个基本的概念(成思危,2007)。对上市公司质量的评价有两个重要指标,一个是财务绩效,一个是作为财务绩效制度保障的公司治理。本章基于被誉为中国上市公司治理状况"晴雨表"的中国上市公司治理指数($CCGI^{NK}$),对中国上市公司2004—2013年的合计15 564个样本的治理状况进行了总体上、分维度、分控股股东性质、分地区和分市场板块的评价,从总体上把握中国上市公司治理的脉搏,评价结果显示最近十年,伴随着公司治理由行政型治理向经济型治理的转型,我国公司治理环境不断完善,围绕着规则、合规和问责进行的公司治理结构与机制建设不断深化,企业公司治理模式探索和创新更加积极,我国公司治理的合规性明显改善。中国上市公司治理水平整体上有了显著提高,但部分治理机制还有待完善,公司治理之路任重道远。具体来说,通过本章分析,关于中国上市公司治理可以得出如下十大结论:

第一,中国上市公司治理水平最近十年得到了快速提高,但还有待进一步提高。从时间序列比较来看,中国上市公司总体治理水平在2004—2008年多年连续提高的情况下,并历经2009年拐点之后,2010年和2011年总体治理水平得到回升,2013年在2012年的基础上继续上升,并达到历史最高水平。

第二,中国上市公司治理呈现出一定的行业、控股股东和地区差别。从行业比较分析来看,2013年评价排名中,信息技术业的公司治理指数位居第一;紧随其后的是金融、保险业、建筑业、制造业,社会服务业等,这些行业治理状况相对较好;而传播文化产业、综合类和房地产业上市公司治理水平总体仍然偏低。从控股股东性质比较分析来看,继2011年和2012年之后,2013年民营控股上市公司治理指数再次超过国有控股上市公司。从地区比较分析来看,北京市、广东省、浙江省、河南省、江苏省、福建省治理指数平均值最高;而吉林省、西藏、黑龙江省、青海省、海南省和宁夏治理指数排名比较靠后。

第三,中国上市公司治理在不同板块之间存在显著差异。从各个板块来看,2013年评价中创业板公司治理指数超过中小企业板,指数均值最高,为62.93;其次为中小企业板,其治理指数均值为 62.22;特殊行业板块的金融、保险业指数均值为 61.81;而主板公司的治理指数平均值最低,为 59.43。

第四,好的公司治理能够为公司带来更高的盈利能力和成长性。从样本分组比较来看,公司治理 100 佳的上市公司治理状况显著好于总体样本公司的治理状况,通过对两组样本财务指标的比较,发现无论是收益能力,还是成长性,100 佳均好于非 100 佳。

第五,随着股利支付水平的提高,中小股东权益保护日益改善。2013 年中国上市公司股东治理指数相比 2012 年有所提升,由 61.20 上升为 62.89,上升了 1.69。从二级指标来看,独立性和关联交易变化不大,中小股东权益保护上升了 5.12,股东治理的提升主要是由中小股东权益保护上的改善造成的,体现在现金股利支付上。现金股利支付率的平均值由 2012 年的 13.75% 大幅上升到 2013 年的 33.00%;2012 年有 1 589 家,占总样本 68.26% 的上市公司未实施现金分红,2013 年则有 1 411 家,占总样本 57.13% 的上市公司未实施现金分红。

第六,董事会运作效率是中国上市公司董事会治理的瓶颈。董事会治理指数的平均水平在 2004—2013 年期间呈现出不断上升的趋势,主要体现在董事会组织结构、独立董事制度指数方面,其平均水平在十年期间均呈现出不断提升的态势。2013 年度中国上市公司董事会治理指数的平均值为 61.74。董事会治理分指数的发展并不均衡:董事会组织结构、董事权利与义务指数的平均值较高;独立董事制度指数、董事薪酬指数的平均值居中;董事会运作效率指数的平均值最低。中国上市公司董事会组织结构的建设程度远高于董事会运作效率,提升董事会运作效率是改善中国上市公司董事会治理质量的关键环节。

第七,中国上市公司监事会治理逐年改善,总体上仍然偏低。从 2004—2013 年连续多年监事会治理指数的发展趋势看,呈现逐年上升的趋势,特别是 2006 年新《公司法》颁布以后,监事会职权得到强化,监事会治理指数的提高更加显著。2013 年中国上市公司样本量为 2 470 家,监事会治理指数的平均值为 57.38,在公司治理的六个维度中仍然处于较低水平。

第八,中国上市公司经理层激励约束机制一直是经理层治理的短板。中国上市公司经理层治理自 2004 年以来,没有较大的改进与提升。2013 年上市公司的经理层治理指数平均值为 57.21,经理层治理三个子维度经理层任免制度、执行保障和激励与约束机制的平均值分别为 61.44、63.33 和 48.07,激励约束机制不完善是制约上市公司经理层治理的主要方面。

第九,中国上市公司信息披露在中国上市公司治理各个维度中领先于其他五个维度。2004 年以来,中国上市公司信息披露指数呈现总体上升的趋势,并且平均值高于股东治理、董事会治理、监事会治理、经理层治理和利益相关者治理五个维度。2013年的信息披露以及三个子因素当中，及时性表现最好，其次为可靠性，最后为相关性。

第十，中国上市公司利益相关者治理水平得到了显著提高。利益相关者治理指数从2004年的51.12上升到2013年度的61.46，提高了20.23个百分点。

6.2 提升中国上市公司治理水平的对策建议

在中国经济改革的足印里，现代企业制度、公司化、法人治理结构、公司治理机制等等已经成为人们耳熟能详的改革标识。中国企业改革，走过了以公司治理为主线的三十多年，可以说公司治理变革是企业变革的核心。伴随公司治理理念的导入，独立董事制度的建立、股权分置改革的有序实施、新《公司法》的颁布、央企董事会和监事会制度建设等公司治理大事件标志着中国公司治理正处于改革发展的重要阶段。2004年到2013年的十年，中国的公司治理渐入佳境，从行政型治理到经济型治理是中国公司治理改革的总体路径或者方向。在监管部门和公司的共同努力下，上市公司治理水平由2004年的55.02提升到了2013年的60.76，提高了10.43个百分点。从分指数看，公司治理合规性明显改善，如董事会规模结构、监事会规模结构等指标较高，为公司治理有效性建设搭建了基本框架。但有效性依然偏低，例如中小股东权益保护、董事会运作效率、独立董事制度、经理层激励约束等仍有待进一步提高。主板公司治理有效性有所改善，但中小企业板、创业板、金融机构等板块出现下滑。这说明上市公司治理结构等治理合规性建设已经走到尽头，我国公司治理存在天花板效应。从这个意义上来说，2013年以及今后的十年是中国公司治理有效性提升的关键十年，提高公司治理有效性是公司治理未来发展的风向标。当然，如果缺少董事会、监事会等这些治理结构，公司治理有效性就会丧失基础，公司治理的进一步完善也将成为镜花水月。但是，如果不在治理结构和机制建设的基础上进一步推动治理有效性的提升，公司治理这一系统性工程就可能演变成为"烂尾楼"工程，前期辛辛苦苦推进的公司治理建设以及取得的丰硕成果也将毁于一旦。作为股票市场发展微观基础的公司质量一直是实务和理论界关注的热点问题，而在后危机时期，作为公司质量核心的上市公司治理质量则成了焦点。在当前经济结构转型的大背景下，治理有效性偏低已成为提升公司治理质量的关键问题。如何加快实现公司治理建设由合规性向有效性的转变，探讨新形势下的中国公司治理模式发展和最佳治理实践，成为公司治理领域中的主要议题，对这一主题的深入研讨对中国企业彻底摆脱金融危机阴影，寻找可持续发展的机遇具有重要的意义。完善的公司治理结构与机制是现代企业制度的基础，为此，针对中国上市公司治理有效性偏低的突出症结提出如下十大对策建议：

第一,强化回报投资者的理念,夯实上市公司价值创造的基础和公司治理建设的基石。我国资本市场和公司治理建设还没有建立"投资者是上帝"的理念,这是公司治理有效性偏低的根本原因所在。强化回报投资者理念,为公司治理有效性的提升创造条件。

第二,强化中小股东权益保护,完善分红制度。尽管目前现金分红比例和分红公司数近年来有上升的趋势,但总体来说分红比例和分红公司比例偏低,股东治理中的"中小股东权益保护指数"在其三个分指数中仍然最低,这些都反映出我国上市公司治理的基点不足。加强对现金分红的分类指导与监督,将现金分红与再融资挂钩。

第三,培育和谐的上市公司治理文化,避免给小股东带来"超额"损失。公司治理强调规则及合规,但公司治理的有效运作不能仅仅依靠硬性规则,还需强调软性规则——"和谐治理"。从现实情况来看,目前许多公司因为治理问题而产生争斗,甚至引发冲突,不仅不利于调和矛盾,而且会给广大中小股东利益带来巨大损失。

第四,提升董事会运作效率,突破上市公司董事会治理的瓶颈。上市公司董事会组织结构的建设程度远高于董事会运作效率,董事会运作效率指数的平均值最低,这是公司治理有效性偏低在董事会层面的具体体现,因此提升董事会运作效率是改善上市公司董事会治理质量的关键环节。

第五,完善独立董事制度,充分发挥独立董事在公司治理有效性建设中的重要作用。独立董事制度建设制约了董事会治理有效性的提升,应修改相关规定,完善独立董事制度,多元化独立董事来源,严格独立董事聘任制度,强调对公司经营和运作的实际作用。限制独立董事兼职情况,并完善独立董事激励考核制度及问责机制。

第六,改进上市公司经理层激励机制,真正调动经理层的积极性。经理层治理三个子维度经理层任免制度、执行保障和激励与约束机制中,经理激励与约束机制是经理层治理的短板。一方面,监管部门需要出台相关的监管政策,引导上市公司薪酬行为;另外,需要上市公司从优化薪酬结构入手,增加长期性激励机制。

第七,金融机构治理改革需要从顶层配套设计着手,避免金融机构治理风险的累积。我国金融机构治理正处于行政型和经济型并存阶段,加大了治理风险,要从根本上防范这种风险,摆在我们面前的就是深化治理改革,避不开的最大的困难是改革的顶层设计,其核心是转变政府"三位一体"的角色,未来顶层设计应该是基于"政监资"三分开的"出资人和监管两统一"的配套改革。

第八,建立一种正向的信号传递机制,彰显公司治理的价值所在。通过这种机制为证券市场创造价值,为资本市场开启价值导向的新机制,为近年来低迷的证券市场输入支持价值投资的正能量。要逐渐使投资者认识到:追求公司价值,要关注公司治理;注重长期投资,要参考治理指数。

第九,进一步强化外部监管的重要作用,推动公司治理建设的动态化。提高上市公司质量是治本之策,上市公司是股市的基石,必须提高上市公司质量,股市才能健康发展(成思危,2007)。公司治理是股市发展的微观制度基础,是公司质量的核心,因此需要强化监管的内容和力度,通过政府主导的治理模式逐步向第三方治理、公司自主治理、行业自律和政府监管"四位一体"治理模式演变,倡导治理最佳实践,在不断提升治理环境的同时,促进治理有效性。

第十,为创业板高成长提供制度保障,提高创业板治理的有效性,特别是高管治理方面。对于创业板上市公司而言,其治理起点高、标准高,但创业板上市公司治理存在被动合规现象,治理的有效性有待提升。需要构建应对高管套现、非正常离职等的有效机制,延长高管持股锁定期和保荐机构督导期。

第四篇 投资者关系管理篇
——投资者关系评价与分析

1 投资者关系管理概述

1.1 国内外投资者关系管理相关规定

无论是发达国家还是发展中国家,资本市场都是由极度不规范逐步走向成熟的。而投资者关系管理(Investors Relation Management,简称IRM)作为典型的市场经济产物,正是伴随着资本市场逐步成熟的过程而发展起来的。在过去的十多年中,资本市场发生了重大变化,信息传播的速度和方式也在不断地发展,全球金融力量结构发生了变化,投资者的投资观念也同样在转变,投资者也越来越受到重视。而且越来越多的上市公司意识到要保证融资渠道的畅通和公司的持续发展,就必须拥有长期稳定的投资者客户,建立与公众投资者之间良好的互动关系。经过几十年的发展,投资者关系的内涵在信息披露方面有了更丰富的延伸,在操作工具方面有了更为方便快捷的网络平台。

伦敦证券交易所2010年3月颁布的《投资者关系:实践指引》中指出,有效的投资者关系管理必须有董事会以及高管层的完全承诺和支持,并且需要在公司中形成一个投资者关系管理团队,并指定投资者关系工作的负责人,明确哪些任务在公司内部执行,哪些工作由公司的顾问负责。其中还指出公司应该定期分析股东名册,并分析公司股东与同行业公司股东的特点,并考虑投资者团体细分的主要决定因素,从而维持公司现有的投资者并识别潜在的投资者。指引中还明确了公司应该定期审查投资者关系战略,来衡量是否成功实现之前制定的目标,并识别公司面临的挑战,对投资者关系战略进行周期性调整,更重要的是让投资者关系对象——投资者、分析师以及媒体知道并理解公司的战略。

澳大利亚投资者关系协会2006年3月颁布了《上市公司投资者关系最佳实践指引》,致力于帮助公司管理层将公司信息传达给投资者和资本市场。其中指出投资者关系最佳实践,是由直接负责公司与其投资者沟通的高级投资者关系执行官(董秘)加盟打造,列举了一些国际最佳实践,并对上市公司投资者关系的目标做了如下规定:制定并持续更新信息披露政策和实践,熟知国内外的公司治理和信息披露规则的进展;向资本市场传达清晰、准确、可靠且具有一致性的上市公司信息,旨在使所有投资者获得做出合理决策所需全部的、公平的信息,最终使得上市公司长期的股票价格处于合理水平,此外还需与以下人员建立工作关系:分析师、投资者关系行业协会、监管部门、高管、金融媒体等,同时建立高质量的股东基础,保证公司可长期获得多样化的、低风险的资本,进而在资本市场为上市公司建立可信、可靠的形象。

全美投资者关系协会2004年制定的《投资者关系标准实践指引》中指出,公司营销股票的过程涉及定义目标市场,寻找可能感兴趣的投资者,还包括展示公司的历史信息和前景信息以便投资者做出信息充分的投资决策。公司信息可以通过公司公告,分析师答疑,投资者媒体,与分析师、投资者和媒体的会议交流获得。在这种框架下公司营销并不意味着出售公司股票,而是界定目标投资者,并以公司目前的和潜在的股票价值信息进行投资者教育,以便投资者能够做出训导有素的投资决策或正确的投资决策。公司营销的关键是准确、完全、透明的传达公司信息,并且随着改变而更新这些信息。而且美国证券交易委员会在2000年10月23日,要求上市公司贯彻实行公平披露规则,规则表示选择性的、非公开的信息披露影响到金融市场的诚信和公平,所有的投资者都有权利获得均等的市场信息。

香港证监会2012年6月颁布了《内部信息披露指引》,指引中对内部信息的范围、披露时间以及披露方式进行了规定,这对于香港地区上市公司的投资者关系活动也起到一定的规范作用。其中指出上市公司的内部信息是那些关于公司或公司股东与高管,以及公司股票或衍生产品的信息,通常那些参与公司股票交易的人并不了解这些内部信息,而且一旦这些信息对外披露就会严重影响公司的股票价格。在信息披露的时间方面,指引中指出任何内部信息泄露之后,上市公司必须尽快真实地向公众披露这些信息;而对于信息披露的方式则规定信息披露必须平等、及时、有效地向投资者披露内部信息。该指引中还指出公司的每个负责人必须经常采取一切合理方法来确保公司具备适当的保护措施,以防违背信息披露要求。

投资者关系管理作为一种规范的治理机制,在我国也逐渐受到关注并成为研究的对象。2005年,为了指导上市公司的投资者关系管理工作,将投资者的合法权益保护落到实处,证监会颁布了《上市公司与投资者关系工作指引》。该指引的出台在一定程度上增强了上市公司的信息透明度。而投资者关系管理中最为主要的环节就是上市公司与投资者、媒体的信息沟通。有效的信息沟通能够使投资者对上市公司的经营举动有直观的了解,使得上市公司的公众形象更为真切,从而得到投资者的青睐。

信息披露一直是上市公司与投资者沟通的有效渠道,为推进上市公司信息披露监管工作的公开化和透明化,2012年8月,上海证券交易所发布了关于清理并公开上市公司信息披露监管规范性文件的通知,并对上市公司信息披露监管规范性文件按照"信息披露监管业务规则"、"信息披露监管业务指南"两个类别进行了清理,并根据实践需要制定、修改或废止了部分规范性文件。

信息披露监管业务规则主要规定信息披露监管的业务要求和信息披露相关各方的权利义务,具有相对稳定性,主要包括上市公司信息披露、董事选任、董秘管理、独董备案及培训工作等方面的业务规则。信息披露监管业务指南主要针对法律、法规和证交所业务规则所规定的信息披露监管要求,就相关事项的业务流程或者操作要求进一步予以明确或者解释。根据工作需要,具体再细分为三类:一是日常信息披露工作备忘录,主要适用于公告申请表格、公告格式指引等日常业务;二是专项信息披露工作备忘录,即针对专项工作,如资产重组备忘录、定期报告备忘录;三是信息披露工作通知,主要适用于临时的事务性工作或者落实相关要求,如数据统计、信息填报等。

上交所声明上市公司应当深入了解和掌握上述信息披露监管规范性文件的清理情况,关注本次制定、修改或废止的部分规范性文件,切实做好信息披露工作。无论是出于制度环境、资本市场、法律法规的外部要求,还是出于公司自身发展的战略性需求,上市公司都有动力和义务做好信息披露工作,自愿积极地与投资者互动沟通。

目前,中国的投资者关系管理虽然已经取得了一定的发展,但与西方成熟市场经济国家相比,还只是刚刚起步。随着中国证券市场的进一步发展及不断规范,投资理念的转变,监管水平的提高,可以预计在不远的未来,IRM 将成为中国上市公司不断完善治理结构,加强与投资者及中介机构交流与沟通的有效管理工具,并将成为上市公司治理的重要组成部分。

1.2 投资者关系管理相关研究

投资者关系管理是一种有价值的管理活动,在国外已有几十年的实践发展历程,其主要动力来源于投资者对公司透明度及社会责任的要求(Laskin,2009)。然而,开展投资者关系管理到底能给公司和股东带来哪些价值呢?国内外学者对此进行了大量的理论与实证研究,总结起来,主要有以下三个方面。

1.2.1 投资者关系管理与股东保护

投资者关系管理的基本目标就是保护股东(即公司投资者),特别是中小股东的投资利益。在公司制下,由于代理问题的存在,中小股东作为公司的外部人,需要一种机制来控制管理层和控股股东等内部人对他们的"掠夺"。投资者关系管理作为内部控制者与外部投资者沟通信息的一种渠道,正好可以弥补股东大会、董事会机制"挤出"与"排斥"的缺陷,让中小股东能够及时了解公司的财务水平、战略方向与经营运作,以便适时地做出相应的决策。

基于股东保护的投资者关系管理理论可以分为契约论与法律论两种观点,它们的主要分歧在于"是否需要专门的法律来保护投资者的利益"。契约论的基本观点是:只要契约是完善的,执行契约的司法体系是有效的,那么投资者与公司签订契约就可达到保护自身利益的目的,并不需要专门的法律来保护投资者。其代表学者 Berglof(1994)等认为,可以不必依靠法律,通过以下四种机制就能达到理想的投资者保护水平:政府的强制干预、集中的投资者所有权、自身声誉维护和签订国际契约。法律论与此相反,他们认为法律体系在投资者保护方面至关重要,是决定投资者保护水平差异的最重要因素。LaPorta 等(1998)分析了 49 个国家投资者保护水平情况,发现法系差异决定了投资者保护水平差异。他们进一步分析了智利、德国、波兰和韩国的投资者保护法律和规范变革情况,发现法律规范的变化提高了投资者保护水平。因此,LaPorta 等(1998)认为必须完善投资者保护的相关法律框架,建立强有力的监管架构。

1.2.2 投资者关系管理与公司价值

投资者关系管理的最终目标是提高公司的市场价值。公司市场价值的衡量包括两个方面,其一是资本市场上的股票表现;其二是财务账簿上的会计绩效。

股票表现主要用股票价格和股价波动率来衡量。Brennan 和 Tamarouski(2002)在分析投资者关系管理与公司价值时发现,良好的投资者关系管理可以降低投资者获得信息的成本,从而提高资本市场上分析师对公司的判断准确性,进而降低股票的资本成本,提高公司的股票价格。李心丹等(2006)以中国资本市场为依据,通过建立投资者关系管理模型,构建了一整套评价指标体系,发现投资者关系管理水平与股价波动率呈显著负相关关系。Bushee 和 Miller(2012)对 210 家中小公司开展的投资者关系管理活动进行了研究,他们发现在 1998 年至 2004 年期间,较好的投资者关系管理能够带来较高的股票价格。

会计绩效主要用各种会计指标来衡量。马连福、陈德球和高丽(2007)研究发现,投资者关系管理作为上市公司的一项自主性治理机制,与公司价值(以托宾 Q 值来衡量)呈显著正相关。杨德明、王彦超和辛清泉(2007)通过引入 Shleifer 和 Wolfenzon 模型来讨论投资者关系管理与公司治理及公司业绩的关系,他们发现投资者关系管理能够通过公司治理的改善来提高公司的托宾 Q 值和资产收益率(ROA)。张宏亮和崔学刚(2009)也认为,投资者关系管理与公司的托宾 Q 值以及资产收益率(ROA)有显著的正相关关系。

1.2.3 投资者关系管理与关系营销

关系营销理论指出营销就是建立、保持和加强与顾客以及其他合作者的关系,以此使各方面的利益得到满足和融合,并且这个过程是通过信用和承诺来实现的。而有些学者则从更宽广的角度来认识关系营销,如 Gummesso(1994)认为,关系营销是指所有的旨在建立、发展和保持成功关系的一切活动。Morgan 和 Hunt(1994)把企业关系分为十种,包括企业与供货方、服务提供者、竞争者、非盈利组织、最终顾客、中间用户、雇员的关系及其各部门、各功能单元间关系和联合研究关系。而对于企业来说,最核心的关系是与投资者、顾客及内部雇员之间的关系。在产品市场上要吸纳的主要是客户,进行的是客户关系管理,而在资本市场吸纳的主要是投资者,进行的是投资者关系管理。

基于关系营销理论的投资者关系管理目前学者研究的不多,马连福、高丽和张春庆(2010)提出以互动沟通为核心的投资者关系管理,通过对机构投资者的营销可以显著影响公司的股票换手率和公司价值,公司营销的价值效应显著;机构投资者作为重要的营销中介,对公司营销的作用路径产生显著的中介效应,机构投资者的价值贡献率占公司营销价值的一半。Hoffmann 和 Fieseler(2012)考察了公司的六项非财务因素,分别是组织间利益相关者之间的关系,公司治理情况,公司社会责任履行情况,公司的声誉和品牌效应,管理质量,战略一致性。他们认为投资者关系管理贯穿于上述的六项非财务指标,如果一个公司的投资者关系管理做得不好,那么就会降低公司在资本市场上的影响力。显然,投资者关系管理在此也作为一种资本市场上的关系营销指标,决定了一个公司在资本市场上的价值。

1.3 实践中的投资者关系管理

1.3.1 雷士照明:创业者与投资者的控制权之争

2012 年 5 月 25 日,雷士照明发布公告,宣布创始人吴长江辞去公司所有职务,与此同时风险资本赛富亚洲创始合伙人阎焱接任董事长,这被外界认为是风险资本在和创始人争夺公司控制权中胜出。

雷士照明的案例中透露着中国民营企业的发展史,大多企业是靠个人、夫妻或家族白手起家,发展自由而快速。而随着民营企业的不断壮大,势必需要通过资本运营,谋求更大的发展。一方面,企业在发展过程中,由于扩大经营规模、提升产品的市场占有率,都需要资金的支持,而引入投资者无疑是较为有效的一种方式;另一方面,资本引入也是企业发展的战略需要,企业在机构投资者的帮助下,可以更好地实现现代化管理和规范化经营。对于创业者而言,融资稀释股份在所难免,通过上市、战略投资者引入、股权变革等途径,民营企业逐步迈入资本市场。如何做好投资者关系管理、处理好企业与投资者的互动关系、实现投资者与企业的共赢,是雷士照明乃至中国民营企业正在面临的问题。雷士照明案例为民营企业投资者关系管理提供了以下经验及借鉴意义:

(1) 尊重投资者。雷士照明的发展史代表了众多民营企业的发展路径。自 1998 年成立，随着业务的发展，雷士照明开始引入机构投资者。但资本的引入带给民营企业的不仅仅是大量的资金和广阔的市场，还有企业管理制度上的落后和弊端的显现。由创始人个人公司到公众公司的转变，由"个人独裁"到"制度管理"的转变成为了民营企业的转型之痛。作为创始人，吴长江应当保护投资者的知情权、尊重投资者。而投资者也要求吴长江回归雷士董事会后，需要向投资者澄清此前调查的一系列问题，包括涉嫌在未经董事会批准的情况下将两千万人民币的政府补助和一块土地转至自己公司名下、关联交易及涉嫌代替员工持股等，这在一定程度上反映出企业创始人尊重投资者信息知情权的重要性和必要性。

(2) 将投资者放在首位。作为一家上市公司，无论是大股东、董事会高层还是创业元老，应该把公众投资者的利益放在第一位作为底线，而不应把公众的上市公司当成战场。如果雷士在决策任何有关上市公司的重大事项时都充分考虑公众投资者的利益，或许不会出现如此激烈的内讧。自 5 月份"内讧"开始后，雷士照明的股价一直呈下跌态势，严重损害了中小投资者的利益。而作为创业者，在公司发展为上市公司后，创始人应当摆正自己的位置，致力于为投资者谋利，为公司品牌服务，而不能违背投资者利益，通过"绑架"供应商等行为，来为自己谋利。

(3) 保护各方利益相关者的利益。在整个事件中，各个参与主体都有着自己的诉求。软银赛富、施耐德希望按照自己的理念来经营企业；吴长江要保住创业的江山；公司中高层经理人力争不在施耐德的大清洗中出局；员工也希望能够职位稳定、在收入上有所保障；公司的其他利益相关者希望保全自己的利益。吴长江辞职之后，公司员工停产罢工，陆续有 170 余位员工及高管离开公司，员工的基本权益得不到保障；部分供应商停止供货，严重损害了公司的供应链；产量急剧下降，订单不能按时完成，这在很大程度上损害了公司利益相关者的权益。因此，如何保护各方面利益相关者的利益，是民营企业应当重视的问题。

1.3.2 格力电器：中小投资者与国有大股东的较量

2012 年 5 月 26 日，格力电器发布股东决议公告，披露格力电器大股东格力集团及其背后的珠海市国资委推荐的董事候选人周少强，遭到机构以及中小股东的反对，提名被否决，而由耶鲁大学和鹏华基金推荐的冯继勇则入选格力电器董事会。格力电器机构投资者与中小投资者否决国资委任命的董事、机构投资者联合推选董事的行为充分说明了我国上市公司仍以大股东意愿为主、不尊重中小投资者的现状以及中小投资者自我利益保护意识的觉醒，也为上市公司的公司治理、投资者关系管理提供了经验和借鉴。

（1）大股东将很难保持一股独大格局。周少强作为珠海市国资委委任的候选人，以格力集团总裁、党委书记身份参选格力电器董事，这被解读为大股东格力集团意欲增强对格力电器的控制。格力集团只持有格力电器18.22%的股份，却试图掌控整个格力电器，显然是极不合理的。在此案例中，以基金、QFII、券商等机构投资者为代表的中小股东"完胜"大股东，这在中国资本市场是不多见的。但随着中小投资者自身利益保护意识的增强，中小股东逐渐要求掌握话语权，大股东很难凭借大股东地位在公司为所欲为，大股东的行为唯有符合广大投资者的共同利益，才能得到投资者的支持。

（2）上市公司必须加强与投资者的互动沟通，充分考虑投资者利益。在2012年5月25号的股东大会投票之后，一些投资者表示对"选举周少强为公司第九届董事会董事"的议案投反对票是因为大股东不尊重流通股东的利益。也有多位个人股东表示大股东应该关注公司的成长，并且多关注小股东的诉求。由于上市公司在股东大会召开之前并没有做好与投资者的沟通工作，中小投资者意识到自己并没有得到"主人翁"地位待遇，加之大股东在董事会的席位占到三分之二之多，使得投资者认为自己的权益没有得到真正的保护，进而出现用脚投票的行为。因此，上市公司视投资者为上帝，加强与投资者之间的互动沟通非常重要。

（3）实现大小股东共赢格局。以往，面对上市公司一股独大的格局，中小投资者与大股东出现意见分歧时，通常只能选择用脚投票，结果往往是两败俱伤；而此次格力电器首开先河，令中小股东可以真正用手表决，群策群力，切实维护了中小投资者利益。中小投资者从上市公司的融资对象上升到公司治理层面，逐渐掌握话语权，使上市公司股份制改造的意义实至名归，上市公司不仅可以从资本市场中募集到货币资本，也可以整合更多的人力、智力资源，使公司治理结构更完善，资源配置更优化，发展模式更合理，最终提高公司价值，实现大股东和中小投资者的共赢。

1.4 投资者关系互动指数（IRII^{NK}）内涵

上市公司与投资者之间的沟通是投资者关系管理的极为关键的一点。IRM中的信息对外披露并非单向的交流，它实际上是建立双向交流的一个通道。公司有效的IRM意味着可以寻找和听取有吸引力的投资者意见，从而帮助管理层设计投资者需要的业绩测度指标。双向信息沟通的实质就是一种收益的交换，因此互动沟通过程在IRM中起着重要的桥梁作用。投资的本质是前瞻性的，IRM的目的就是对投资者产生一种恰当或真实的投资者预期，并且保持投资者对公司的信任，使复杂的公司尽可能变得简单，从而使投资者易于理解。与投资者的沟通是一种挑战,但也给公司提供了一种机会,公司可以不断地向投资者提供评估公司所需的信息,帮助投资者认清当前投资和新投资的预期收益。

投资者关系管理评价的研究与应用对 IRM 实践具有指导意义。通过比较不同评价主体设计的评价系统,我们发现不同国家不同时期的评价系统存在着很大的差异。为了科学地评价我国上市公司投资者关系活动情况,我们借鉴了国际经验,并充分考虑了我国 IRM 的实际发展,从投资者关系实务出发,设计了一套能够反映投资者关系实务前沿而且能够反映出中国特色的投资者关系评价指标体系——南开大学投资者关系互动指数(Investor Relations Interaction Index,简称 $IRII^{NK}$)。

$IRII^{NK}$ 的设计直指投资者关系最核心的内涵,也就是沟通。$IRII^{NK}$ 包括五个二级指标及其相应三级指标:沟通保障(董秘的任职/兼职情况、董秘或投资者关系获奖情况、董秘专业背景、设置专门的 IR 部门)、网络沟通(公司网站能否打开、网站投资者关系板块、网站有投资者信箱、网站设有投资者论坛/留言、附带常见性问题解答、网上路演/网络推介会/网上业绩说明会、网站附带投资者订阅服务、有无投资者互动平台、网站附带搜索功能、网站附带链接到第三方相关网站、网站附带视频\音频表达投资者信息、股东大会网络投票)、电话沟通(投资者专线电话、电话会议、电话咨询)、现场沟通(业绩说明会/报告会、投资者见面会、现场路演、分析师会议、媒体见面会/记者招待会、走访投资者、现场参观、反向路演)和沟通反馈(邮件反馈情况、接听电话频率、接待来访次数),具体见表4-1。

在指标设计的过程中,对于原始数据属于定性指标的,采用语义差别隶属赋值法,将定性指标定量化;原始数据属于定量指标的,通过多种无量纲化处理方法进行比较后,选择了结果最优的极小值的无量纲化方法进行数据处理。各级指标的权重由专家打分确定。共邀请了 15 位评分专家,其中包括企业投资者关系实务界专家 5 名,相关领域学者 5 名,公司治理和 IRM 研究方向在读博、硕士研究生 5 名;评分专家专业领域高度相关,年龄性别结构合理,每一指标均经过多人打分,最后权重取平均值,避免由于个体主观认知不同导致的评分差异。运用层次分析法,我们进一步确定 $IRII^{NK}$ 各级指标的权重,根据给定的各指标评估值和各类指标权重数,逐步逐层计算出南开大学投资者关系互动指数 $IRII^{NK}$。

表 4-1 IRII^{NK}指标体系设计

一级指标	二级指标	三级指标
投资者关系互动指数 IRII^{NK}	沟通保障	董秘的任职情况、兼职情况 董秘、投资者关系获奖情况 董秘专业背景 设置专门的IR部门
	网络沟通	公司网站能否打开 网站投资者关系板块（或股东天地等类似栏目） 网站有投资者信箱 网站设有投资者论坛、留言 附带常见性问题解答（针对投资者的FAQ） 网上路演（包括网络推介会、网上业绩说明会） 网站附带投资者订阅服务 有无投资者互动平台 网站附带搜索功能 网站附带链接到第三方相关网站 网站附带视频\音频表达投资者信息 股东大会网络投票
	电话沟通	投资者专线电话 电话会议 电话咨询
	现场沟通	业绩说明会\报告会、投资者见面会 现场路演 分析师会议 媒体见面会，记者招待会 走访投资者 现场参观 反向路演
	沟通反馈	邮件反馈情况 接听电话频率 接待来访次数

资料来源：南开大学中国公司治理研究院数据库。

2 中国上市公司 IRII^{NK} 总体状况评价

2.1 中国上市公司 IRII^{NK} 总体分析
2.1.1 样本来源及选取

本次编制的上市公司投资者关系互动指数的样本来源截止于2013年4月30日公布的公开信息(公司网站、巨潮咨询、投资者关系互动平台、沪深证券交易所网站等)以及北京色诺芬 CCER 数据库,国泰安 CSMAR 数据库,根据信息齐全以及不含异常数值两项样本筛选的基本原则,我们最终确定的有效样本为2 470家,其中主板非金融机构1 375家,金融机构42(含中小板)家,中小企业板701家,创业板355家。样本公司的行业、控股股东性质及省份构成见表4-2,表4-3与表4-4。需要说明的是考虑到不同板块投资者关系管理的特殊性,我们进行了单独分析,具体见后面章节。

从样本行业分布情况来看,制造业样本共1 490家,所占比例最高,为60.32%,详见表4-2。

表4-2 样本公司的行业构成

行业	公司数	比例(%)
农、林、牧、渔	45	1.82
采掘业	62	2.51
制造业	1 490	60.32
其中:食品、饮料	95	3.85
纺织、服装、皮毛	76	3.08
木材、家具	12	0.49
造纸、印刷	45	1.82
石油、化学、塑胶、塑料	260	10.53
电子	151	6.11
金属、非金属	199	8.06
机械、设备、仪表	479	19.39
医药、生物制品	148	5.99
其他制造业	25	1.01

(续表)

行业	公司数	比例(%)
电力、煤气及水的生产和供应业	75	3.04
建筑业	52	2.11
交通运输仓储业	78	3.16
信息技术业	201	8.14
批发和零售贸易	127	5.14
金融、保险业	42	1.70
房地产业	129	5.22
社会服务业	81	3.28
传播与文化产业	37	1.50
综合类	51	2.06
合计	2 470	100

资料来源:南开大学中国公司治理研究院数据库。

按控股股东性质分组样本中,国有控股和民营控股公司占据较大比例,合计比例94.94%。国有控股公司在2013年评价样本中有1 019家,比例为41.26%;民营控股公司有1 326家,比例为53.68%;外资控股、集体控股、职工控股、其他类型、社会团体控股公司样本所占比例较小,均在2%以下,具体见表4-3。

表4-3 样本公司的控股股东构成

控股股东性质	公司数	比例(%)
国有控股	1 019	41.26
民营控股	1 326	53.68
外资控股	49	1.98
集体控股	19	0.77
社会团体控股	2	0.08
职工持股会控股	7	0.28
其他	48	1.94
合计	2 470	100

资料来源:南开大学中国公司治理研究院数据库。

从不同地区占样本数量来看,属于经济发达地区的广东省(367家,占样本公司的14.86%)、浙江省(241家,占样本公司的9.76%)、江苏省(233家,占样本公司的9.43%)、北京市(215家,占样本公司的8.70%)、上海市(199家,占样本公司的8.06%)、山东省(150家,占样本公司的6.07%)所占样本数量最多,而西部欠发达地区的甘肃省、贵州省、青海省、西藏自治区占样本量少,其中西藏自治区最少,为10家,仅占样本总数的0.40%,反映出经济发展水平与上市公司数量存在一定的关系,具体见表4-4。

表4-4 样本公司的省份构成

省份	公司数	比例(%)	省份	公司数	比例(%)
安徽省	77	3.12	辽宁省	67	2.71
北京市	215	8.70	内蒙古	23	0.93
福建省	86	3.48	宁夏	12	0.49
甘肃省	24	0.97	青海省	10	0.40
广东省	367	14.86	山东省	150	6.07
广西	30	1.21	山西省	34	1.38
贵州省	21	0.85	陕西省	40	1.62
海南省	26	1.05	上海市	199	8.06
河北省	46	1.86	四川省	90	3.64
河南省	67	2.71	天津市	38	1.54
黑龙江省	32	1.30	西藏	10	0.40
湖北省	82	3.32	新疆	39	1.58
湖南省	74	3.00	云南省	28	1.13
吉林省	38	1.54	浙江省	241	9.76
江苏省	233	9.43	重庆市	38	1.54
江西省	33	1.34	合计	2 470	100

资料来源:南开大学中国公司治理研究院数据库。

2013年的评价中对样本公司按照市场板块类型进行详细划分,其中55.67%的样本公司来自于主板,共1 375家;中小企业板701家,占28.38%;创业板355家,占14.37%;另有42家金融、保险业公司,其中包含了中小板中的3家金融类上市公司,共占1.70%,具体见表4-5。

表4-5 样本公司的市场板块构成

市场板块类型	公司数	比例(%)
主板	1 375	55.67
中小企业板	701	28.38
创业板	355	14.37
金融、保险业	42	1.70
合计	2 470	100

资料来源:南开大学中国公司治理研究院数据库。

2.1.2 上市公司 IRII^{NK} 总体状况描述

在 2013 年评价样本中,上司公司投资者关系互动指数的平均值为 34.06,平均水平偏低,最大值为 78.94,最小值为 4.33,上市公司之间的投资者关系管理水平差异明显,具体见表 4-6。

表 4-6 中国上市公司 IRII^{NK} 描述性统计

统计指标	IRII^{NK}
平均值	34.06
中位数	34.16
标准差	9.01
方差	81.23
偏度	0.29
峰度	0.90
极差	74.61
最小值	4.33
最大值	78.94

资料来源:南开大学中国公司治理研究院数据库。

在 2 470 家样本公司中,没有公司达到 IRII^{NK} Ⅰ;有 17 家达到了 IRII^{NK} Ⅱ,达到 IRII^{NK} Ⅲ 的有 587 家,占样本的 23.77%,处于 IRII^{NK} Ⅳ 的公司有 1 731 家,占全部样本的 70.08%;有 135 家上市公司的投资者关系互动指数在 20 以下,占全部样本的 5.47%,见表 4-7。

表 4-7 中国上市公司 IRII^{NK} 等级分布

IRII^{NK} 等级		IRII^{NK} 等级分布	
		公司数	比例(%)
IRII^{NK} Ⅰ	80—100	0	0.00
IRII^{NK} Ⅱ	60—80	17	0.69
IRII^{NK} Ⅲ	40—60	587	23.77
IRII^{NK} Ⅳ	20—40	1 731	70.08
IRII^{NK} Ⅴ	20 以下	135	5.47
合计		2 470	100

资料来源:南开大学中国公司治理研究院数据库。

从投资者关系管理的不同维度来看,2 470 家上市公司的现场沟通和沟通反馈的平均值较低,分别为 9.42 和 10.35,成为上市公司投资者关系管理工作的短板,投资者关系互动指数的其他三个维度:沟通保障、网络沟通、电话沟通平均值相对较高,分别为 58.83、58.93 和 53.42,可以反映出上市公司与投资者开展互动沟通具备了一定的保障,而且网络沟通和电话沟通是上市公司采取的两种主要沟通方式,具体见表 4-8。

表 4-8 中国上市公司 $IRII^{NK}$ 分维度描述性统计

统计指标	沟通保障	网络沟通	电话沟通	现场沟通	沟通反馈
平均值	58.83	58.93	53.42	9.42	10.35
中值	59.06	60.87	45.85	11.66	7.70
标准差	23.38	13.38	17.47	11.34	13.84
方差	546.52	178.90	305.31	128.63	191.58
偏度	-0.46	-0.80	-0.19	2.63	1.85
峰度	-0.40	1.40	1.75	11.26	3.52
极差	100.00	88.64	100.00	100.00	90.03
最小值	0.00	7.48	0.00	0.00	0.00
最大值	100.00	96.11	100.00	100.00	90.03

资料来源:南开大学中国公司治理研究院数据库。

2.1.3 上市公司 $IRII^{NK}$ 总体状况年度比较评价

对比 2013 年与 2012 年的评价指标,可以发现主板上市公司评价样本 2012 年平均值为 31.78,2013 年平均值为 34.06,整体水平较去年平均值提高 2.28。评价样本中,上市公司投资者关系互动指数值超过 60 的公司达到了 17 家,投资者关系互动水平有显著的提升。但整体平均水平仍偏低,公司间投资者关系管理水平差异明显,见表 4-9 所示。

表 4-9 中国上市公司 $IRII^{NK}$ 年度比较

统计指标	$IRII^{NK}$—2012	$IRII^{NK}$—2013	差异(2013—2012)
平均值	31.78	34.06	2.28
中值	30.99	34.16	3.18
标准差	10.40	9.01	-1.39
方差	108.24	81.23	-27.01
偏度	0.42	0.29	-0.12
峰度	0.05	0.90	0.85
极差	71.38	74.61	3.23
最小值	8.06	4.33	-3.72
最大值	79.44	78.94	-0.50

资料来源:南开大学中国公司治理研究院数据库。

2.1.4 上市公司分行业 $IRII^{NK}$ 状况评价

本节按照国家行业分类标准,对上市公司评价样本所处的 13 个行业门类和制造业中的10个大类进行分组,对样本公司的投资者关系管理状况加以分析。

1. 总体描述

就平均值而言,投资者关系互动指数最高的是金融保险业,投资者关系互动指数平均值是47.01,其次为建筑业、信息技术业、电子业和其他制造业等。投资者关系互动指数平均值最低的行业为综合类,平均值为29.02;电力煤气及水的生产和供应业为31.20;传播与文化产业也比较低,指数平均值为31.69。总体描述说明就投资者关系互动指数总体状况而言,行业间存在一定的差异,如表4-10所示。

表4-10 按行业分组的 $IRII^{NK}$ 描述性统计

行业	公司数	平均值	中值	最小值	最大值	极差	标准差
农、林、牧、渔	45	34.64	33.92	12.96	56.64	43.67	8.39
采掘业	62	33.92	33.65	10.17	64.08	53.90	10.88
制造业	1490	33.98	34.53	0.00	0.00	0.00	0.00
其中:食品、饮料	95	33.89	33.85	14.34	52.58	38.24	8.44
纺织、服装、皮毛	76	33.08	32.18	14.99	56.51	41.52	8.51
木材、家具	12	33.08	33.38	21.99	45.75	23.76	7.14
造纸、印刷	45	32.70	33.92	17.83	48.97	31.14	7.57
石油、化学、塑胶	260	33.98	34.49	12.07	56.25	44.18	8.02
电子	151	35.15	36.12	13.67	61.58	47.91	9.01
金属、非金属	199	34.36	34.43	13.41	69.39	55.98	8.93
机械、设备、仪表	479	34.16	34.40	8.94	65.49	56.55	8.56
医药、生物制品	148	34.17	34.45	9.73	64.77	55.04	8.94
其他制造业	25	35.18	36.60	13.41	52.79	39.37	9.96
电力、煤气及水的生产和供应业	75	31.20	32.37	4.33	57.99	53.66	8.69
建筑业	52	38.98	37.02	22.30	65.41	43.11	10.80
交通运输仓储业	78	32.01	30.33	9.73	72.92	63.19	10.66
信息技术业	201	35.37	35.08	14.94	54.37	39.43	7.76
批发和零售贸易	127	33.10	32.58	12.96	57.94	44.98	8.77
金融、保险业	42	47.01	46.89	18.90	78.94	60.04	14.02
房地产业	129	32.08	32.66	14.20	55.49	41.29	8.49
社会服务业	81	32.54	34.35	14.20	49.53	35.33	8.28
传播与文化产业	37	31.69	32.03	13.89	47.60	33.70	6.71
综合类	51	29.02	28.49	14.68	50.10	35.42	7.03
合计	2470	34.06	34.16	4.33	78.94	74.61	9.01

资料来源:南开大学中国公司治理研究院数据库。

2. 具体分析与等级描述

从行业投资者关系互动指数平均值看,除了综合类之外,其余行业指数值均在30以上。其中农林牧渔业、金属非金属业、医药生物制品业、机械设备仪表业、石油化学塑胶业、采掘业、食品饮料业、批发和零售贸易业、木材家具业、纺织服装皮毛业、造纸印刷业、社会服务业、房地产业、交通运输仓储业、传播与文化业、电力煤气业等行业指标值介于30与35之间,金融业、建筑业、信息技术业、其他制造业以及电子业指标值达到了35以上。此外,结合各个行业中的投资者关系管理等级分布情况做以下说明。

在2013年的评价样本中,建筑业的52家公司中,有3家达到了$IRII^{NK}$ Ⅱ,19家属于$IRII^{NK}$ Ⅲ,30家处于$IRII^{NK}$ Ⅳ,没有处于$IRII^{NK}$ Ⅴ的样本公司,这也是建筑业平均值较高的原因。农林牧渔业的45家公司中,有12家达到了$IRII^{NK}$ Ⅲ,32家处于$IRII^{NK}$ Ⅳ,$IRII^{NK}$ Ⅴ的样本数量占该行业的样本总数的比重也比较低,仅有1家。62家采掘业样本中有1家达到了$IRII^{NK}$ Ⅱ,15家达到了$IRII^{NK}$ Ⅲ,42家处于$IRII^{NK}$ Ⅳ,4家处于$IRII^{NK}$ Ⅴ。投资者关系互动指数平均值最低的行业——综合类企业中,51家公司中有2家达到了$IRII^{NK}$ Ⅲ,45家处于$IRII^{NK}$ Ⅳ,4家处于$IRII^{NK}$ Ⅴ,具体见表4-11。

表4-11 按行业分组的$IRII^{NK}$等级分布

行业	$IRII^{NK}$ Ⅱ		$IRII^{NK}$ Ⅲ		$IRII^{NK}$ Ⅳ		$IRII^{NK}$ Ⅴ	
	公司数	比例(%)	公司数	比例(%)	公司数	比例(%)	公司数	比例(%)
农、林、牧、渔	—	—	12	2.04	32	1.30	1	0.04
采掘业	1	0.07	15	2.56	42	1.70	4	0.16
制造业	4	0.29	363	61.84	1045	42.31	—	—
其中:食品、饮料	—	—	25	4.26	65	2.63	5	0.20
纺织、服装、皮毛	—	—	18	3.07	53	2.15	—	—
木材、家具	—	—	1	0.17	11	0.45	5	0.20
造纸、印刷	—	—	6	1.02	37	1.50	2	0.08
石油、化学、塑胶	—	—	58	9.88	191	7.73	11	0.45
电子	1	0.07	40	6.81	101	4.09	9	0.36
金属、非金属	1	0.07	57	9.71	128	5.18	13	0.53
机械、设备、仪表	1	0.07	110	18.74	346	14.01	22	0.89
医药、生物制品	1	0.07	40	6.81	99	4.01	8	0.32
其他制造业	—	—	8	1.36	14	0.57	3	0.12

(续表)

行业	IRII^{NK} II		IRII^{NK} III		IRII^{NK} IV		IRII^{NK} V	
	公司数	比例(%)	公司数	比例(%)	公司数	比例(%)	公司数	比例(%)
电力、煤气及水的生产和供应业	—	—	10	1.70	58	2.35	7	0.28
建筑业	3	0.22	19	3.24	30	1.21	—	—
交通运输仓储业	2	0.15	11	1.87	58	2.35	7	0.28
信息技术业	—	—	58	9.88	135	5.47	8	0.32
批发和零售贸易	—	—	31	5.28	90	3.64	6	0.24
金融、保险业	7	0.28	22	3.75	12	0.49	1	0.04
房地产业	—	—	27	4.60	92	3.72	10	0.40
社会服务业	—	—	14	2.39	60	2.43	7	0.28
传播与文化产业	—	—	3	0.51	32	1.30	2	0.08
综合类	—	—	2	0.34	45	1.82	4	0.16
合计	17	0.69	587	23.77	1731	70.08	135	5.47

数据来源:南开大学中国公司治理研究院数据库。

2.1.5 上市公司分控股股东性质 IRII^{NK} 评价

我们将样本上市公司按照公司第一大股东最终控制人类型性质的不同,分为国有控股、民营控股、外资控股、集体控股、社会团体控股、职工持股会控股和其他七种类型,通过分析控股股东性质不同的样本上市公司投资者关系互动指数的数字特征,进一步探讨控股股东性质不同的上市公司投资者关系管理状况的差异。

1. 分控股股东性质的上市公司 IRII^{NK} 总体分析

表4-12 的描述性统计显示,样本中数量较少的是"社会团体控股"、"职工持股会控股"、"集体控股"几类,分别有2家、7家、19家。由于样本量较少,不具有统计上的可比性,我们只对其余几个分类进行具体比较和分析。

就样本平均值而言,其他类型的公司投资者关系沟通指数平均值最高,为 40.66;其次为民营控股类型,为 35.04,国有控股指数平均值为 32.53,职工持股上市公司的投资者关系沟通指数的平均值最低。

表 4-12 按控股股东性质分组的 $IRII^{NK}$ 描述性统计

控股股东性质	公司数	比例(%)	平均值	中值	最小值	最大值	极差	标准差
国有控股	1 019	41.26	32.53	31.77	4.33	78.94	74.61	9.41
民营控股	1 326	53.68	35.04	35.30	8.94	65.49	56.55	8.21
外资控股	49	1.98	34.12	35.45	14.99	49.55	34.56	9.07
集体控股	19	0.77	34.47	33.92	19.47	46.75	27.28	7.97
社会团体控股	2	0.08	29.41	29.41	18.90	39.91	21.02	14.86
职工持股会控股	7	0.28	25.28	26.92	14.20	32.58	18.38	6.17
其他	48	1.94	40.66	40.74	9.78	75.25	65.47	14.08
合计	2 470	100	34.06	34.16	4.33	78.94	74.61	9.01

资料来源:南开大学中国公司治理研究院数据库。

2. 分控股股东性质的上市公司 $IRII^{NK}$ 具体分析

考虑到国有和民营公司占据了评价样本的绝大部分比例(94.94%),因此只对这两种控制权类型的样本进行分析,其他类型的有关数据详见表 4-12 和表 4-13。

如表 4-12 所示,在 2013 年评价样本中,控股股东性质为国有控股的有 1 019 家公司,占样本比例为 41.26%,样本平均值为 32.53,标准差为 9.41。而根据表 4-13 的统计结果,国有控股样本中有 9 家达到 $IRII^{NK}$ Ⅱ,达到 $IRII^{NK}$ Ⅲ 的有 183 家,处于 $IRII^{NK}$ Ⅳ 的有 757 家,属于 $IRII^{NK}$ Ⅴ 级,即投资者关系互动指数在 20 以下的有 70 家上市公司。此外,在 2013 年评价样本中控股股东性质为民营控股的有 1 326 家公司,占样本总数的 53.68%,样本平均值为 35.04,标准差为 8.21。根据表 4-13 的统计结果,民营上市公司在评价样本中有 4 家达到 $IRII^{NK}$ Ⅱ,达到 $IRII^{NK}$ Ⅲ 的有 362 家,处于 $IRII^{NK}$ Ⅳ 的有 906 家,属于 $IRII^{NK}$ Ⅴ 级,即投资者关系互动指数在 20 以下的有 54 家上市公司。

表 4-13 按控股股东性质分组的 $IRII^{NK}$ 等级分布

控股股东性质	$IRII^{NK}$ Ⅱ		$IRII^{NK}$ Ⅲ		$IRII^{NK}$ Ⅳ		$IRII^{NK}$ Ⅴ	
	公司数	比例(%)	公司数	比例(%)	公司数	比例(%)	公司数	比例(%)
国有控股	9	0.37	183	7.41	757	30.65	70	2.83
民营控股	4	0.16	362	14.66	906	36.68	54	2.19
外资控股	—	—	—	0.57	32	1.30	3	0.12
集体控股	—	—	6	0.24	12	0.49	1	0.04
社会团体控股	—	—	—	—	1	0.04	1	0.04
职工持股会控股	—	—	—	—	5	0.20	2	0.08
其他	4	0.16	22	0.89	18	0.73	4	0.16
合计	17	0.69	587	23.77	1731	70.08	135	5.47

数据来源:南开大学中国公司治理研究院数据库。

2.1.6 上市公司分地区 $IRII^{NK}$ 评价

将2013年的2470家评价样本,按照注册地的不同分成31个省(直辖市、自治区)的分组样本,分析不同地区的样本公司投资者关系互动指数的分布特征,比较上市公司投资者关系管理状况的地区差异。

1. 按地区分组的上市公司 $IRII^{NK}$ 总体分析

经济发达地区广东省、上海市、北京市占的样本数量最多,其中广东省最多,为367家,北京市为215家,上海市达199家;而西部欠发达地区的宁夏回族自治区、青海省、西藏自治区占样本量少,其中西藏自治区最少,为10家,反映出经济活跃水平与上司公司数量的关系。

广东、青海、北京、浙江、四川、新疆等地的投资者关系互动指数平均值均超过35,依次为37.15、37.03、36.18、35.77、35.58、35.29,辽宁、黑龙江、内蒙古、西藏的 $IRII^{NK}$ 平均值均在30以下,分别为29.96、29.03、28.65、25.57。各地区投资者关系互动指数分析结果详见表4-14。

表4-14 按地区分组的 $IRII^{NK}$ 描述性统计

省份	公司数	比例(%)	平均值	中值	最小值	最大值	极差	标准差
安徽	77	3.12	34.91	35.43	13.31	51.35	38.04	8.03
北京	215	8.70	36.18	34.54	9.78	78.94	69.16	11.68
福建	86	3.48	34.66	35.16	16.72	54.49	37.77	8.06
甘肃	24	0.97	30.98	31.25	15.79	46.08	30.30	7.69
广东	367	14.86	37.15	37.20	9.73	75.25	65.52	8.79
广西	30	1.21	33.99	33.91	12.96	50.77	37.81	9.14
贵州	21	0.85	33.05	31.78	18.10	43.80	25.70	6.38
海南	26	1.05	31.94	33.09	14.68	46.92	32.25	8.52
河北	46	1.86	31.65	33.87	12.07	49.41	37.34	9.12
河南	67	2.71	33.06	34.02	14.70	51.06	36.36	8.79
黑龙江	32	1.30	29.03	29.54	15.63	42.57	26.94	6.31
湖北	82	3.32	31.50	31.22	13.41	50.00	36.59	8.09
湖南	74	3.00	33.03	32.58	15.52	47.47	31.95	7.71
吉林	38	1.54	30.86	31.42	15.15	46.09	30.94	8.74
江苏	233	9.43	33.95	33.92	8.94	68.77	59.84	8.98
江西	33	1.34	32.00	32.30	13.41	47.40	33.99	8.66
辽宁	67	2.71	29.96	30.87	9.73	47.79	38.05	9.63
内蒙古	23	0.93	28.65	28.86	17.86	38.96	21.10	5.86
宁夏	12	0.49	32.46	34.57	18.98	43.63	24.66	8.74

(续表)

省份	公司数	比例(%)	平均值	中值	最小值	最大值	极差	标准差
青海	10	0.40	37.03	36.75	24.98	52.36	27.39	8.23
山东	150	6.07	33.76	34.39	4.33	57.32	52.99	8.34
山西	34	1.38	32.39	33.23	17.71	45.61	27.90	7.16
陕西	40	1.62	33.22	33.90	16.10	56.44	40.33	7.68
上海	199	8.06	31.31	30.19	9.73	69.39	59.66	8.84
四川	90	3.64	35.58	35.67	15.92	52.58	36.66	7.83
天津	38	1.54	32.67	33.33	14.20	48.38	34.17	7.44
西藏	10	0.40	25.57	24.77	9.73	43.31	33.57	10.25
新疆	39	1.58	35.29	34.30	14.20	56.64	42.44	10.37
云南	28	1.13	33.38	33.24	20.47	46.83	26.35	6.37
浙江	241	9.76	35.77	36.17	14.70	65.49	50.79	8.13
重庆	38	1.54	31.67	32.21	15.79	47.85	32.07	7.69
合计	2 470	100	34.06	34.16	4.33	78.94	74.61	9.01

数据来源:南开大学中国公司治理研究院数据库。

2. 按地区分组的上市公司 $IRII^{NK}$ 具体分析

根据表4-14的描述性统计,就平均值而论,样本上市公司按省份分组的数据显示,各省存在一定差异,投资者关系互动指数最高的省份与最低的省份相比,相差11.58(最高广东37.15,最低西藏25.57)。投资者关系互动指数最高的三个省份分别是广东省、青海省和北京,投资者关系互动指数的平均值都在35以上;投资者关系互动指数最低的三个省份是黑龙江、内蒙古和西藏,指数均在30以下。

广东省样本公司中,3家达到了$IRII^{NK}$Ⅱ,131家达到了$IRII^{NK}$Ⅲ,223家处于$IRII^{NK}$Ⅳ,10家处于$IRII^{NK}$Ⅴ,其投资者关系互动指数平均值37.15,为最高值。青海省的样本中,3家的指数达到了$IRII^{NK}$Ⅲ,7家处于$IRII^{NK}$Ⅳ。北京市的样本公司中,有7家达到了$IRII^{NK}$Ⅱ,66家达到了$IRII^{NK}$Ⅲ,129家处于$IRII^{NK}$Ⅳ的水平,13家属于$IRII^{NK}$Ⅴ。注册地在西藏的上市公司中,仅有1家处于$IRII^{NK}$Ⅲ,7家处于$IRII^{NK}$Ⅳ,2家处于$IRII^{NK}$Ⅴ,详见表4-15。

表 4-15　按地区分组的 $IRII^{NK}$ 等级分布

省份	$IRII^{NK}$ II 公司数	比例(%)	$IRII^{NK}$ III 公司数	比例(%)	$IRII^{NK}$ IV 公司数	比例(%)	$IRII^{NK}$ V 公司数	比例(%)
安徽	—	—	22	0.89	51	2.06	4	0.16
北京	7	0.28	66	2.67	129	5.22	13	0.53
福建	—	—	26	1.05	57	2.31	3	0.12
甘肃	—	—	3	0.12	19	0.77	2	0.08
广东	3	0.12	131	5.30	223	9.03	10	0.40
广西	—	—	7	0.28	22	0.89	1	0.04
贵州	—	—	4	0.16	16	0.65	1	0.04
海南	—	—	4	0.16	19	0.77	3	0.12
河北	—	—	7	0.28	34	1.38	5	0.20
河南	—	—	17	0.69	43	1.74	7	0.28
黑龙江	—	—	2	0.08	27	1.09	3	0.12
湖北	—	—	13	0.53	63	2.55	6	0.24
湖南	—	—	17	0.69	54	2.19	3	0.12
吉林	—	—	7	0.28	26	1.05	5	0.20
江苏	3	0.12	46	1.86	169	6.84	15	0.61
江西	—	—	5	0.20	26	1.05	2	0.08
辽宁	—	—	12	0.49	43	1.74	12	0.49
内蒙古	—	—	—	—	21	0.85	2	0.08
宁夏	—	—	4	0.16	7	0.28	1	0.04
青海	—	—	3	0.12	7	0.28	—	—
山东	—	—	32	1.30	113	4.57	5	0.20
山西	—	—	3	0.12	30	1.21	1	0.04
陕西	—	—	4	0.16	34	1.38	2	0.08
上海	2	0.08	24	0.97	161	6.52	12	0.49
四川	—	—	25	1.01	63	2.55	2	0.08
天津	—	—	5	0.20	32	1.30	1	0.04
西藏	—	—	1	0.04	7	0.28	2	0.08
新疆	—	—	12	0.49	24	0.97	3	0.12
云南	—	—	4	0.16	24	0.97	—	—
浙江	2	0.15	75	3.04	158	6.40	6	0.24
重庆	—	—	6	0.24	29	1.17	3	0.12
合计	17	0.69	587	23.77	1731	70.08	135	5.47

数据来源:南开大学中国公司治理研究院数据库。

2.2 上市公司 IRII^{NK}100 佳

本节将 2013 年评价样本中投资者关系互动指数前 100 位的公司(100 佳)与其他样本进行比较,分析 100 佳的行业、地区和第一大控股类型分布,以及 100 佳公司的相对绩效表现。如表 4-16 的描述性统计显示,100 佳上市公司平均投资者关系互动指数为 55.43,最大值为 78.94,最小值为 49.19,极差为 29.75,表现明显好于其他公司。与前表的对比显示,100 佳上市公司的各级投资者关系互动指数的平均值都明显高于总样本。

表 4-16　IRII^{NK}100 佳描述性统计

项目	平均值	中值	最小值	最大值	极差	标准差
IRII^{NK}指数	55.43	52.99	49.19	78.94	29.75	6.54
沟通保障指数	76.58	85.88	26.81	100.00	73.19	18.97
网络沟通指数	70.40	70.29	30.80	96.11	65.31	11.69
电话沟通指数	75.50	70.30	0	100.00	100.00	20.95
现场沟通指数	37.66	34.40	11.66	100.00	88.34	24.02
沟通反馈指数	34.37	38.30	0	87.31	87.31	22.10

数据来源:南开大学中国公司治理研究院数据库。

2.2.1 分行业上市公司 IRII^{NK}100 佳评价分析

表 4-17 的投资者关系互动指数 100 佳行业分布表明,从绝对数量看,金融业所占数量最多,达 18 家;其次是机械设备仪表制造业有 14 家;石油化学塑胶业及建筑业,各有 9 家。而木材和家具行业,造纸和印刷行业,其他制造业以及传播和文化产业在本年度没有一家入选投资者关系互动指数 100 佳公司。

从相对数量来看,金融业入选比例最高,为 42.86%;其次是建筑业,为 17.31%;采掘业为 9.68%;农林牧渔业为 6.67%。在入选投资者关系互动指数 100 佳的公司中,电力煤气及水的生产和供应业,社会服务业及食品饮料业比例都较低,分别为 1.33%,1.23% 及 1.05%。

表 4-17　按行业分组的 IRII^{NK}100 佳描述性统计

行业	100 佳个数	行业中样本个数	比例(%)
农、林、牧、渔	3	45	6.67
采掘业	6	62	9.68
制造业	44	1 490	2.95
其中:食品、饮料	1	95	1.05
纺织、服装、皮毛	3	76	3.95

(续表)

行业	100佳个数	行业中样本个数	比例(%)
石油、化学、塑胶	9	260	3.46
电子	6	151	3.97
金属、非金属	6	199	3.02
机械、设备、仪表	14	479	2.92
医药、生物制品	4	148	2.70
其他制造业	1	25	4.00
电力、煤气及水的生产和供应业	1	75	1.33
建筑业	9	52	17.31
交通运输仓储业	4	78	5.13
信息技术业	7	201	3.48
批发和零售贸易	4	127	3.15
金融业	18	42	42.86
房地产业	2	129	1.55
社会服务业	1	81	1.23
综合类	1	51	1.96
合计	100	2 470	4.05

数据来源:南开大学中国公司治理研究院数据库。

2.2.2 分控股股东性质上市公司 IRII^{NK}100 佳评价分析

从绝对数量来看,投资者关系互动指数100佳集中分布在国有控股和民营控股的上市公司中。在100佳上市公司中,控股股东性质为国有控股的占46家;其次为民营控股上市公司有41家,外资控股有1家,其他控股有12家,集体控股、社团控股和职工控股的上市公司没有进入投资者关系互动指数100佳中。从相对比例来看,其他控股和国有控股的上市公司比例最高,分别为25.00%和4.51%;国有控股上市公司和民营控股上市公司入选比例分别为4.51%和3.09%,具体见表4-18。

表4-18 按控股股东性质分组的 IRII^{NK}100 佳描述性统计

控股股东性质	100佳个数	样本个数	比例(%)
国有控股	46	1 019	4.51
民营控股	41	1 326	3.09
外资控股	1	49	2.04
集体控股	0	19	0.00
职工持股会控股	0	2	0.00
社会团体控股	0	7	0.00
其他控股	12	48	25.00
合计	100	2 470	4.05

资料来源:南开大学中国公司治理研究院数据库。

2.2.3 分地区上市公司 IRII^{NK}100 佳评价分析

据表 4-19 的省份分布统计数据显示,在投资者关系互动指数 100 佳的上市公司中,北京市有 28 家,广东省有 24 家,江苏省有 8 家,上海有 7 家,浙江省有 6 家,四川省有 5 家,新疆维吾尔族自治区有 4 家,安徽省和福建省各有 3 家,陕西省有 2 家,河北省、河南省、湖北省和青海省各有 1 家,其余地区没有公司入选投资者关系互动指数 100 佳。

从相对数来看,北京市样本中入选投资者关系互动指数 100 佳的比例最高,为 13.02%;其次为新疆,比例为 10.26%;青海为 10.00%;广西为 6.67%;广东为 6.54%;四川为 5.56%。这些省份中北京市不仅样本个数较高,而且入选公司数量也最多,青海省虽然比例位列第二,但是在总样本中个数较低,显然,北京市上市公司投资者关系管理工作做得较好。入选投资者关系管理 100 佳比例最低的省份依次是:湖北省 1.22%,河南省 1.49%,河北省 2.17%。

表 4-19 IRII^{NK}100 佳的地区分布

省份	100 佳个数	样本个数	比例(%)
安徽省	3	77	3.90
北京市	28	215	13.02
福建省	3	86	3.49
广东省	24	367	6.54
广西	2	30	6.67
河北省	1	46	2.17
河南省	1	67	1.49
湖北省	1	82	1.22
江苏省	8	233	3.43
青海省	1	10	10.00
山东省	4	150	2.67
陕西省	2	40	5.00
上海市	7	199	3.52
四川省	5	90	5.56
新疆	4	39	10.26
浙江省	6	241	2.49
合计	100	2 470	100

数据来源:南开大学中国公司治理研究院数据库。

2.2.4 上市公司 IRII^{NK}100 佳与公司绩效

为了考察投资者关系互动水平与公司在资本市场表现之间的相关性,我们选取了反映上市公司市场表现的4个主要指标。其中,每股收益、每股净资产和账面市值比反映公司收益能力;换手率代表公司股票的活跃程度,同时也反映了投资者对于该公司股票的忠诚度,换手率越低,投资者忠诚度可能越高。

从表4-20来看,我国$IRII^{NK}$100佳上市公司的每股收益、每股净资产和账面市值比显著高于样本中的其他上市公司,这意味着良好的投资者关系互动机制有助于改善上市公司的财务状况,提升上市公司的业绩。而100佳上市公司的换手率显著低于其他样本公司,这说明$IRII^{NK}$较高的上市公司更易于维护长期的投资者关系,培养投资者忠诚度。关于100佳公司市场表现与其他公司的对比,仅涵盖了主要的几个指标进行了简单的T检验,说明的问题虽然直观但是有限,针对$IRII^{NK}$与公司在资本市场表现的关系还需进一步开展更深层次的实证研究。

表4-20　$IRII^{NK}$100佳公司市场表现与总样本的比较

项目	每股收益	每股净资产	账面市值比	换手率
总样本	0.35	1.36	0.85	5.10
100佳	0.60	2.44	0.91	3.46
T值	3.98	3.78	1.68	-3.26
T检验	显著1%	显著1%	显著5%	显著1%

数据来源:南开大学中国公司治理研究院数据库。

2.3　主要结论

从以上分析中不难发现我国上市公司$IRII^{NK}$平均值还比较低,仅为34.06,中位数为34.16;最大值为78.94,最小值是4.33,极差较大;大部分样本指数值集中于20—40之间,这说明我国上市公司投资者关系互动不足,IRM水平有待提升。

从行业比较分析来看,金融业、建筑业、信息技术业、其他制造业以及电子业指标值达到了35以上,投资者关系管理水平相对较高;综合类、电力煤气及水的生产和供应业、房地产业的投资者关系管理整体水平较低,投资者关系互动指数行业间的差异显著。

从控股股东性质来看,除去代表性不高的其他类公司,民营控股的上市公司的投资者关系互动指数平均值最高,为35.04,其次为集体控股和外资控股企业,国有控股企业低于前几类企业,投资者关系互动指数平均值为32.53,职工持股上市公司的投资者关系沟通指数的平均值最低。

从地区比较分析来看,广东的投资者关系管理水平最高,其次是青海和北京,而属于中西部地区的西藏、内蒙古和甘肃等地投资者关系互动指数较低,排名比较靠后。

从 $IRII^{NK}$ 100 佳的统计结果来看,除了金融、保险业之外,制造业中的机械设备仪表业公司所占数量最多,而建筑业上市公司入选比例最高;控股股东性质为国有控股的占 66 家;北京市的入选样本数量和入选比例均最高。

3 主板上市公司 IRII^{NK} 总体状况评价

3.1 主板上市公司 IRII^{NK} 总体状况描述

2013年评价中,按照市场板块划分样本公司,其中根据信息齐全以及不含异常数据两项样本筛选的基本原则,我们最终确定主板非金融机构上市公司的有效样本为1375家。主板上司公司投资者关系互动指数的平均值为31.07,平均水平偏低。上市公司之间的投资者关系管理水平差异明显,见表4-21所示。

表4-21 主板上市公司 IRII^{NK} 描述性统计

统计指标	IRII^{NK}
平均值	31.07
中值	30.22
标准差	9.11
方差	82.95
偏度	0.66
峰度	4.31
极差	68.59
最小值	4.33
最大值	72.92

资料来源:南开大学中国公司治理研究院数据库。

在1375家主板样本公司中,没有公司达到了 IRII^{NK} Ⅰ;有10家达到了 IRII^{NK} Ⅱ,达到 IRII^{NK} Ⅲ 的有193家,占样本的14.04%,处于 IRII^{NK} Ⅳ 的公司有1046家,占全部样本的76.07%;有126家上市公司的投资者关系互动指数在20以下,占全部样本的9.16%,见表4-22。

表 4-22　主板上市公司 $IRII^{NK}$ 等级分布

$IRII^{NK}$ 等级		$IRII^{NK}$ 等级分布	
		公司数	比例(%)
$IRII^{NK}$ I	80—100	0	0
$IRII^{NK}$ II	60—80	10	0.73
$IRII^{NK}$ III	40—60	193	14.04
$IRII^{NK}$ IV	20—40	1 046	76.07
$IRII^{NK}$ V	20 以下	126	9.16
合计		1 375	100

数据来源：南开大学中国公司治理研究院。

从投资者关系管理的不同维度来看，1 375 家上市公司的现场沟通和沟通反馈的平均值较低，分别为 7.47 和 7.19，成为上市公司投资者关系管理工作的短板，投资者关系互动指数的其他三个维度：沟通保障、网络沟通、电话沟通平均值相对较高，分别为 53.25、55.72 和 53.40，可以反映出上市公司与投资者开展互动沟通具备了一定的保障，而且网络沟通和电话沟通是上市公司采取的两种主要沟通方式，具体见表 4-23。

表 4-23　主板上市公司 $IRII^{NK}$ 分维度描述性统计

统计指标	沟通保障	网络沟通	电话沟通	现场沟通	沟通反馈
平均值	53.25	55.72	53.40	7.47	7.19
中值	57.27	57.02	45.85	0.00	0.00
标准差	23.85	14.48	19.29	12.60	12.60
方差	568.59	209.73	372.08	158.66	158.67
偏度	-0.21	-0.76	-0.25	2.86	2.15
峰度	-0.57	0.81	1.35	10.92	4.58
极差	100.00	88.64	100.00	100.00	75.07
最小值	0.00	7.48	0.00	0.00	0.00
最大值	100.00	96.11	100.00	100.00	75.07

资料来源：南开大学中国公司治理研究院数据库。

3.2　主板上市公司 $IRII^{NK}$ 总体状况年度比较评价

对比 2013 年与 2012 年的评价指标，可以发现主板上市公司评价样本 2012 年平均值为 28.56，2013 年平均值为 31.07，整体水平较去年平均值提高 2.51。评价样本中，上司公司投资者关系互动指数值超过 60 的公司达到了 10 家，相比去年的

3 家,有显著的提升。但整体平均水平仍偏低,公司间投资者关系管理水平差异明显,见表 4-24 所示。

表 4-24 主板上市公司 $IRII^{NK}$ 年度比较

统计指标	$IRII^{NK}$—2012	$IRII^{NK}$—2013	差异(2013—2012)
平均值	28.56	31.07	2.51
中值	27.44	30.22	2.78
标准差	8.87	9.11	0.24
方差	78.71	82.95	4.24
偏度	0.64	0.66	0.02
峰度	3.46	4.31	0.85
极差	58.22	68.59	10.37
最小值	6.98	4.33	-2.65
最大值	65.20	72.92	7.72

资料来源:南开大学中国公司治理研究院数据库。

3.3 主板上市公司 $IRII^{NK}$ 状况分组评价

3.3.1 主板上市公司分行业 $IRII^{NK}$ 状况评价

本节按照国家行业分类标准,对主板上市公司评价样本所处的 12 个行业门类和制造业中的 10 个大类进行分组,对样本公司的投资者关系管理状况加以分析。

1. 总体描述

以平均值而言,投资者关系互动指数最高的是建筑业,投资者关系互动指数平均值是 37.34,其次为农林牧渔业、采掘业、医药与生物制品业、食品与饮料业和房地产业等。投资者关系互动指数平均值最低的行业为制造业中的其他制造业,平均值为 24.13;造纸、印刷业为 27.27;综合类也比较低,指数平均值为 28.91。总体描述说明就投资者关系互动指数总体状况而言,行业间存在一定的差异,如表 4-25 所示。

表 4-25 按行业分组的主板上市公司 $IRII^{NK}$ 描述性统计

行业	公司数	比例(%)	平均值	中值	最小值	最大值	极差	标准差
农、林、牧、渔	26	1.89	33.35	30.91	12.96	56.64	43.68	9.43
采掘业	49	3.56	32.90	31.46	10.17	64.07	53.9	11.24
制造业	725	52.73	30.86	30.05	8.94	69.39	60.45	9.12
其中:食品、饮料	61	4.44	31.76	31.78	14.33	52.58	38.25	8.04

（续表）

行业	公司数	比例(%)	平均值	中值	最小值	最大值	极差	标准差
纺织、服装、皮毛	45	3.27	29.82	28.48	14.99	48.72	33.73	7.89
木材、家具	5	0.36	29.01	26.44	21.99	37.53	15.54	6.27
造纸、印刷	20	1.45	27.27	26.41	17.83	39.27	21.44	6.36
石油、化学、塑胶	130	9.45	30.90	30.77	12.07	52.36	40.29	8.23
电子	48	3.49	31.44	29.74	13.67	61.58	47.91	10.58
金属、非金属	113	8.22	31.34	30.12	13.41	69.39	55.98	9.55
机械、设备、仪表	210	15.27	30.61	29.45	8.94	65.49	56.55	9.49
医药、生物制品	86	6.25	31.98	31.97	9.73	64.77	55.04	9.97
其他制造业	7	0.51	24.13	26.58	13.41	33.90	20.49	8.01
电力、煤气及水的生产和供应业	71	5.16	30.82	31.77	4.33	57.99	53.66	8.71
建筑业	30	2.18	37.34	32.09	22.30	65.41	43.11	12.65
交通运输仓储业	68	4.95	31.18	29.48	9.73	72.92	63.19	11.04
信息技术业	63	4.58	31.13	30.66	14.94	50.88	35.94	8.11
批发和零售贸易	101	7.35	30.61	30.34	12.96	55.30	42.34	7.72
房地产业	122	8.87	31.62	31.84	14.20	55.49	41.29	8.48
社会服务业	46	3.35	29.46	27.66	14.20	49.53	35.33	8.43
传播与文化产业	24	1.75	30.02	30.51	13.89	43.72	29.83	6.47
综合类	50	3.64	28.91	28.42	24.68	50.10	25.42	7.05
合计	1375	100	31.07	30.22	4.33	72.92	68.59	9.11

资料来源：南开大学中国公司治理研究院数据库。

2. 具体分析与等级描述

从行业投资者关系互动指数平均值看，其他制造业、造纸与印刷、综合类、木材与家具、社会服务业、纺织服装与皮毛业在30以下；传播与文化产业、机械设备仪表业、批发和零售贸易业、电力煤气及水业、石油化学塑胶业、信息技术业、交通运输仓储业、金属与非金属业、电子业、房地产业、食品与饮料业、医药生物制品业在30与32之间；采掘业、农林牧渔业、建筑业在32以上。此外，结合各个行业中的投资者关系管理等级分布情况做以下说明。

在2013年的评价样本中，建筑业的30家公司中，有3家达到了$IRII^{NK}$ Ⅱ，6家属于$IRII^{NK}$ Ⅲ，21家处于$IRII^{NK}$ Ⅳ，没有处于$IRII^{NK}$ Ⅴ的样本公司，这也是建筑业平均值较高的原因。农林牧渔业的26家公司中，有6家达到了$IRII^{NK}$ Ⅲ，19家达到了$IRII^{NK}$ Ⅳ，$IRII^{NK}$ Ⅴ的样本数量占该行业的样本总数的比重也比较低，仅有1家。49家采掘业样本中有1家达到了$IRII^{NK}$ Ⅱ，8家达到了$IRII^{NK}$ Ⅲ，36家处于$IRII^{NK}$

Ⅳ,4家达到了IRII^{NK}Ⅴ。投资者关系互动指数平均值最低的行业,即其他制造业中,7家公司中有4家处于IRII^{NK}Ⅳ,3家达到了IRII^{NK}Ⅴ,而造纸与印刷业20家公司中仅有18家达到了IRII^{NK}Ⅳ,2家公司位于IRII^{NK}Ⅴ,具体见表4-26。

表4-26 按行业分组的主板上市公司IRII^{NK}等级分布

行业	IRII^{NK} Ⅱ		IRII^{NK} Ⅲ		IRII^{NK} Ⅳ		IRII^{NK} Ⅴ	
	公司数	比例(%)	公司数	比例(%)	公司数	比例(%)	公司数	比例(%)
农、林、牧、渔	—	—	6	0.44	19	1.38	1	0.07
采掘业	1	0.07	8	0.58	36	2.62	4	0.29
制造业	4	0.29	104	7.56	546	39.71	71	5.16
其中:食品、饮料	—	—	11	0.80	46	3.35	4	0.29
纺织、服装、皮毛	—	—	7	0.51	34	2.47	4	0.29
木材、家具	—	—	—	—	5	0.36	—	—
造纸、印刷	—	—	—	—	18	1.31	2	0.15
石油、化学、塑胶	—	—	18	1.31	103	7.49	9	0.65
电子	1	0.07	6	0.44	34	2.47	7	0.51
金属、非金属	1	0.07	19	1.38	80	5.82	13	0.95
机械、设备、仪表	1	0.07	26	1.89	162	11.78	21	1.53
医药、生物制品	1	0.07	17	1.24	60	4.36	8	0.58
其他制造业	—	—	—	—	4	0.29	3	0.22
电力、煤气及水的生产和供应业	—	—	8	0.58	56	4.07	7	0.51
建筑业	3	0.22	6	0.44	21	1.53	—	—
交通运输仓储业	2	0.15	9	0.65	50	3.64	7	0.51
信息技术业	—	—	11	0.80	45	3.27	7	0.51
批发和零售贸易	—	—	11	0.80	84	6.11	6	0.44
房地产业	—	—	23	1.67	89	6.47	10	0.73
社会服务业	—	—	—	—	35	2.55	7	0.51
传播与文化产业	—	—	1	0.07	21	1.53	2	0.15
综合类	—	—	4	0.29	44	3.20	2	0.15
合计	10	0.73	195	14.17	1046	76.08	124	9.03

资料来源:南开大学中国公司治理研究院数据库。

3.3.2 主板上市公司分控股股东性质IRII^{NK}评价

我们将样本上市公司按照公司第一大股东最终控制人类型性质的不同,分为国有控股、民营控股、外资控股、集体控股、社会团体控股、职工持股会控股和其他七种类型,通过分析控股股东性质不同的样本上市公司投资者关系互动指数的数字特征,进一步探讨控股股东性质不同的主板上市公司投资者关系管理状况的差异。

1. 分控股股东性质的主板上市公司 $IRII^{NK}$ 总体分析

表 4-27 的描述性统计显示,样本中数量较少的是"社会团体控股"、"职工持股会控股"、"其他"、"集体控股"、"外资控股"几类,分别有 1 家、7 家、18 家、11 家和 27 家公司。由于样本量较少,不具有统计上的可比性,我们只对其余几个分类进行具体比较和分析。

就样本平均值而言,社团控股的投资者关系沟通指数平均值最高,为 39.91;其次为集体控股和其他控股类型,分别为 33.51 和 31.59,国有控股指数平均值为 31.34,民营控股的平均值为 30.55,职工持股上市公司的投资者关系沟通指数的平均值最低。

表 4-27 按控股股东性质分组的主板上市公司 $IRII^{NK}$ 描述性统计

控股股东性质	公司数	比例(%)	平均值	中值	最小值	最大值	极差	标准差
国有控股	877	63.78	31.34	30.61	4.33	72.92	68.59	9.06
民营控股	434	31.56	30.55	29.45	8.94	65.49	56.55	9.14
外资控股	27	1.96	30.67	31.92	14.99	49.55	34.56	8.96
集体控股	11	0.80	33.51	31.87	19.47	46.75	27.28	8.80
社会团体控股	1	0.07	39.91	39.91	39.91	39.91	0.00	0.00
职工持股会控股	7	0.51	25.28	26.92	14.20	32.58	18.38	6.17
其他	18	1.31	31.59	32.44	9.78	49.19	39.41	11.57
合计	1375	100	31.07	30.22	4.33	72.92	68.59	9.11

资料来源:南开大学中国公司治理研究院数据库。

2. 分控股股东性质的主板上市公司 $IRII^{NK}$ 具体分析

考虑到国有和民营公司占据了评价样本的绝大部分比例(95.34%),我们只对这两种控制权类型的样本进行分析,其他类型的有关数据详见表 4-27 和表 4-28。

如表 4-27 所示,在 2013 年的评价样本中,控股股东性质为国有控股的有 877 家公司,占样本比例为 63.78%,样本平均值为 31.34,标准差为 9.06。而根据表 4-28 的统计结果,国有控股样本中有 6 家达到 $IRII^{NK}$ Ⅱ,达到 $IRII^{NK}$ Ⅲ 的有 117 家,处于 $IRII^{NK}$ Ⅳ 的有 685 家,属于 $IRII^{NK}$ Ⅴ 级,即投资者关系互动指数在 20 以下的有 69 家上市公司。此外,在 2013 年的评价样本中控股股东性质为民营控股的有 434 家公司,占样本总数的 31.56%,样本平均值为 30.55,标准差为 9.14。根据表 4-28 的统计结果,民营上市公司在评价样本中有 4 家达到 $IRII^{NK}$ Ⅱ,达到 $IRII^{NK}$ Ⅲ 的有

63家,处于$IRII^{NK}$ IV的有319家,属于$IRII^{NK}$ V级,即投资者关系互动指数在20以下的有48家上市公司。

表4-28 按控股股东性质分组的主板上市公司 $IRII^{NK}$ 等级分布

控股股东性质	$IRII^{NK}$ II		$IRII^{NK}$ III		$IRII^{NK}$ IV		$IRII^{NK}$ V	
	公司数	比例(%)	公司数	比例(%)	公司数	比例(%)	公司数	比例(%)
国有控股	6	0.44	117	8.51	685	49.82	69	5.02
民营控股	4	0.29	63	4.58	319	23.20	48	3.49
外资控股	—	—	4	0.29	20	1.45	3	0.22
集体控股			3	0.22	7	0.51	1	0.07
社会团体控股					1	0.07	—	—
职工持股会控股					5	0.36	2	0.15
其他			6	0.44	9	0.65	3	0.22
合计	10	0.73	193	14.04	1046	76.07	126	9.16

资料来源:南开大学中国公司治理研究院数据库。

3.3.3 主板上市公司分地区 $IRII^{NK}$ 评价

我们将2013年的1375家评价样本,按照注册地的不同分成31个省(直辖市、自治区)的分组样本,分析不同地区的样本公司投资者关系互动指数的分布特征,比较主板上市公司投资者关系管理状况的地区差异。

1. 按地区分组的主板上市公司 $IRII^{NK}$ 总体分析

经济发达地区广东省、上海市、北京市占的样本数量最多,其中广东省最多,为140家,上海市达137家,北京市为112家;而西部欠发达地区的宁夏回族自治区、青海省、西藏自治区占样本量少,其中西藏自治区最少,为8家,反映出经济活跃水平与上司公司数量的关系。

青海、广东、四川、新疆、安徽、浙江、广西、北京、陕西、湖南的投资者关系互动指数平均值均超过32,依次为37.28、34.18、34.18、33.81、32.89、32.83、32.6、32.46、32.21、32.06,只有西藏的 $IRII^{NK}$ 平均值在25以下,为21.55。各地区投资者关系互动指数分析结果详见表4-29。

表4-29 按地区分组的主板上市公司 $IRII^{NK}$ 描述性统计

省份	公司数	比例(%)	平均值	中值	最小值	最大值	极差	标准差
安徽	44	3.20	32.89	32.05	13.31	51.35	38.04	8.71
北京	112	8.15	32.46	30.29	9.78	65.41	55.63	11.94
福建	42	3.05	31.28	30.31	16.72	46.28	29.56	8.14

（续表）

省份	公司数	比例(%)	平均值	中值	最小值	最大值	极差	标准差
甘肃	18	1.31	29.30	27.75	15.79	46.08	30.29	7.89
广东	140	10.18	34.18	33.27	9.73	72.92	63.19	9.73
广西	23	1.67	32.60	30.77	12.96	50.77	37.81	9.57
贵州	15	1.09	31.43	31.70	18.10	40.12	22.02	5.41
海南	21	1.53	31.13	32.58	14.68	46.92	32.24	8.81
河北	31	2.25	28.35	27.80	12.07	48.31	36.24	8.82
河南	37	2.69	29.55	29.12	14.70	48.37	33.67	9.24
黑龙江	29	2.11	28.59	28.18	15.63	42.57	26.94	6.42
湖北	60	4.36	29.32	28.85	13.41	44.82	31.41	7.07
湖南	43	3.13	32.06	31.72	15.52	45.31	29.79	8.10
吉林	30	2.18	29.26	29.78	15.15	46.09	30.94	8.71
江苏	96	6.98	30.54	28.84	8.94	68.77	59.83	10.47
江西	23	1.67	28.55	28.09	13.41	42.62	29.21	7.31
辽宁	47	3.42	26.57	26.69	9.73	45.08	35.35	8.59
内蒙古	18	1.31	27.44	26.84	17.86	36.97	19.11	8.39
宁夏	11	0.80	31.44	31.24	18.98	40.75	21.77	9.27
青海	9	0.65	37.28	38.69	24.98	52.36	27.38	8.28
山东	75	5.45	30.53	29.85	4.33	57.32	52.99	7.82
山西	29	2.11	31.72	31.79	17.71	45.19	27.48	7.60
陕西	29	2.11	32.21	32.76	16.10	56.44	40.34	9.60
上海	137	9.96	28.55	27.56	9.73	69.39	59.66	7.48
四川	59	4.29	34.18	34.43	15.92	52.58	36.66	8.90
天津	27	1.96	31.49	29.40	14.20	48.38	34.18	8.68
西藏	8	0.58	21.55	24.00	9.73	29.46	19.73	3.39
新疆	26	1.89	33.81	30.84	14.20	56.64	42.44	7.72
云南	19	1.38	31.29	30.79	20.47	38.74	18.27	7.69
浙江	87	6.33	32.83	31.28	14.70	65.49	50.79	8.22
重庆	30	2.18	29.55	30.09	15.79	45.69	29.9	8.42
合计	1 375	100	31.07	30.22	4.33	72.92	68.59	9.11

资料来源：南开大学中国公司治理研究院数据库。

2. 按地区分组的主板上市公司 $IRII^{NK}$ 具体分析

根据表4-29的描述性统计显示，就平均值而论，样本上市公司按省份分组的数据显示，各省存在一定差异，投资者关系互动指数最高的省份与最低的省份相比,相差 15.73(最高青海 37.28,最低西藏 21.55)。投资者关系互动指数最高的三个省份分别是青海省、广东省和四川省,投资者关系互动指数的平均值都在 34 以上;投资者关系互动指数最低的三个省份是西藏、辽宁和内蒙古,指数均在 28 以下。

青海省 9 家样本公司中,3 家达到了 IRII^{NK} Ⅲ,6 家达到了 IRII^{NK} Ⅳ,其投资者关系互动指数平均值 37.28,为最高值。广东省的 140 家样本中,1 家的指数达到了 IRII^{NK} Ⅱ,35 家的达到了 IRII^{NK} Ⅲ,IRII^{NK} Ⅳ 的比重较高。四川省 59 家样本公司中,有 13 家达到了 IRII^{NK} Ⅲ,44 家处于 IRII^{NK} Ⅳ 的水平,2 家属于 IRII^{NK} Ⅴ。注册地在西藏的 8 家上市公司中,有 6 家处于 IRII^{NK} Ⅳ,2 家处于 IRII^{NK} Ⅴ。辽宁省的 47 家上市公司中,3 家达到了 IRII^{NK} Ⅲ,有 32 家属于 IRII^{NK} Ⅳ,12 家处于 IRII^{NK} Ⅴ 的水平。这两个省份的投资者关系互动指数的平均值最低,并且较少样本公司达到 IRII^{NK} Ⅲ 的水平,详见表 4-30。

表 4-30　按地区分组的主板上市公司 IRII^{NK} 等级分布

省份	IRII^{NK} Ⅱ		IRII^{NK} Ⅲ		IRII^{NK} Ⅳ		IRII^{NK} Ⅴ	
	公司数	比例(%)	公司数	比例(%)	公司数	比例(%)	公司数	比例(%)
安徽	—	—	10	0.73	31	2.25	3	0.22
北京	3	0.22	20	1.45	76	5.53	13	0.95
福建	—	—	8	0.58	31	2.25	3	0.22
甘肃	—	—	2	0.15	14	1.02	2	0.15
广东	1	0.07	35	2.55	95	6.91	9	0.65
广西	—	—	5	0.36	17	1.24	1	0.07
贵州	—	—	1	0.07	13	0.95	1	0.07
海南	—	—	3	0.22	15	1.09	3	0.22
河北	—	—	6	0.44	21	1.53	4	0.29
河南	—	—	6	0.44	24	1.75	7	0.51
黑龙江	—	—	2	0.15	24	1.75	3	0.22
湖北	—	—	4	0.29	50	3.64	6	0.44
湖南	—	—	8	0.58	33	2.40	2	0.15
吉林	—	—	4	0.29	21	1.53	5	0.36
江苏	3	0.22	9	0.65	71	5.16	13	0.95
江西	—	—	1	0.07	20	1.45	2	0.15
辽宁	—	—	3	0.22	32	2.33	12	0.87
内蒙古	—	—	—	—	16	1.16	2	0.15
宁夏	—	—	3	0.22	7	0.51	1	0.07
青海	—	—	3	0.22	6	0.44	—	—

(续表)

省份	IRII^{NK} II		IRII^{NK} III		IRII^{NK} IV		IRII^{NK} V	
	公司数	比例(%)	公司数	比例(%)	公司数	比例(%)	公司数	比例(%)
山东	—	—	10	0.73	61	4.44	4	0.29
山西	—	—	2	0.15	26	1.89	1	0.07
陕西	—	—	3	0.22	24	1.75	2	0.15
上海	1	0.07	6	0.44	119	8.65	11	0.80
四川	—	—	13	0.95	44	3.20	2	0.15
天津	—	—	3	0.22	23	1.67	1	0.07
西藏	—	—	—	—	6	0.44	2	0.15
新疆	—	—	8	0.58	15	1.09	3	0.22
云南	—	—	—	—	19	1.38	—	—
浙江	2	0.15	16	1.16	65	4.73	4	0.29
重庆	—	—	2	0.15	25	1.82	3	0.22
合计	10	0.73	196	14.25	1044	75.93	125	9.09

资料来源:南开大学中国公司治理研究院数据库。

3.4 主板上市公司沟通保障评价

3.4.1 沟通保障总体状况描述

2013年度 1 375 家主板上市公司评价样本沟通保障指数的平均值为 53.25，中值为 57.27，最小值为 0，最大值为 100，标准差为 23.85。$IRII_{CG}^{NK}$ III（40—60）的频数为571，占总频数的41.53%，沟通保障指数基本服从正态分布。

从沟通保障指数的四个主要因素来看，主板上市公司评价样本的董秘兼职情况、有无获奖、董秘专业背景以及有无 IR 部门的平均值分别为 14.38、0.62、13.98 和 24.28，其中有无获奖指标值最低，仅为 0.62。沟通保障指数及其四项分指标的描述性统计情况如表 4-31 所示。

表 4-31 主板上市公司沟通保障指数描述性统计

项目	平均值	中值	最小值	最大值	极差	标准差
沟通保障指数	53.25	57.27	0	100	100	23.85
董秘兼职	14.38	28.61	0	28.61	28.61	14.31
获奖情况	0.62	0	0	14.12	14.12	2.89
董秘专业背景	13.98	26.81	0	26.81	26.81	13.15
设置 IR 部门	24.28	30.46	0	30.46	30.46	12.25

资料来源:南开大学中国公司治理研究院数据库。

按照南开大学投资者关系沟通指数等级划分标准,1 375家主板上市公司评价样本的沟通保障等级状况如表4-32所示。

表4-32 主板上市公司沟通保障指数的等级分布

沟通保障评级	频数	比例(%)	平均值	中值	标准差
$IRII_{CG}^{NK}$ I (80—100)	293	21.31	86.70	85.88	3.31
$IRII_{CG}^{NK}$ II (60—80)	52	3.78	72.18	72.47	0.81
$IRII_{CG}^{NK}$ III (40—60)	571	41.53	57.05	57.27	3.30
$IRII_{CG}^{NK}$ IV (20—40)	386	28.07	29.55	30.46	1.39
$IRII_{CG}^{NK}$ V (0—20)	73	5.31	1.11	0	3.74

资料来源:南开大学中国公司治理研究院数据库。

从表4-32可以看出,共有293家上市公司的沟通保障指数超过80,即$IRII_{CG}^{NK}$ I (80—100),占全部样本的21.31%;有52家公司的沟通保障指数达到了$IRII_{CG}^{NK}$ II (60—80),占全部样本的3.78%;有571家公司的沟通保障指数达到了$IRII_{CG}^{NK}$ III (40—60),占全部样本的41.53%;有386家公司的沟通保障指数达到了$IRII_{CG}^{NK}$ IV (20—40),占全部样本的28.07%;有73家公司的沟通保障指数小于20,占全部样本的5.31%。从表中可以看出大部分公司的沟通保障指数位于20—60之间。

3.4.2 沟通保障年度比较评价

经与2012年的数据对比,由于新上市挂牌的原因,2013年纳入样本的上市公司数量增加了29家。上市公司沟通保障指数($IRII_{CG}^{NK}$)的平均值由46.38上升到了53.25,上升了6.87,上升率为14.81%,说明上市公司沟通保障指数改善明显。从沟通保障指数的四个主要因素对比来看,其平均值变化情况是:设置IR部门项上升最大,由12.95上升到了24.28;获奖情况项尽管由0.55上升为0.62,但仍在极低位运行;董秘兼职项由15.58微降为14.38;而下滑最多的是董秘专业背景项,从17.31下滑到了13.98,见表4-33。

表4-33 主板上市公司沟通保障指数年度比较

项目	平均值		中值		标准差	
	2012年	2013年	2012年	2013年	2012年	2013年
沟通保障指数	46.38	53.25	55.42	57.27	24.21	23.85
董秘兼职	15.58	14.38	28.61	28.61	14.25	14.31
获奖情况	0.55	0.62	0	0	2.72	2.89
董秘专业背景	17.31	13.98	26.81	26.81	11.82	13.15
设置IR部门	12.95	24.28	30.46	30.46	15.06	12.25

资料来源:南开大学中国公司治理研究院数据库。

3.4.3 分行业沟通保障评价分析

表 4-34 列出来各行业样本公司沟通保障指数的描述性统计结果。从行业分布状况可以看出,平均值居于前三位的分别是建筑业、农林牧渔业和木材家具业,平均值分别为 62.77、60.35、58.70。平均值最低的行业分别是造纸印刷业、社会服务业和机械设备仪表业,平均值分别为 41.38、49.38、50.62。建筑业的沟通保障指数平均值为 62.77;而沟通保障指数最低的造纸印刷业平均值为 41.38,相差 21.39。在 21 个分行业中有 17 个行业的平均值在 50 到 60 之间,说明各行业上市公司之间的沟通保障情况的差距并不大。

表 4-34 按行业分组的主板上市公司沟通保障指数描述性统计

行业	数目	比例(%)	平均值	中值	最小值	最大值	极差	标准差
农林牧渔业	26	1.89	60.35	58.17	0	85.88	85.88	24.65
采掘业	49	3.56	55.42	57.27	0	100	100	25.37
制造业	725	52.73	52.68	57.27	0	100	100	24.27
其中:食品、饮料	61	4.44	54.08	57.27	0	85.88	85.88	22.42
纺织、服装、皮毛	45	3.27	54.69	57.27	0	100	100	20.78
木材、家具	5	0.36	58.70	59.06	30.46	85.88	55.42	19.60
造纸、印刷	20	1.45	41.38	37.16	0	85.88	85.88	21.65
石油、化学、塑胶	130	9.45	54.65	57.27	0	100	100	25.37
电子	48	3.49	51.50	57.27	0	85.88	85.88	24.31
金属、非金属	113	8.22	52.88	57.27	0	100	100	23.55
机械设备仪表	210	15.27	50.62	57.27	0	100	100	24.44
医药、生物制品	86	6.25	55.26	59.06	0	85.88	85.88	25.91
其他制造业	7	0.51	53.68	59.06	0	85.88	85.88	34.61
电力、煤气及水的生产和供应业	71	5.16	52.35	57.27	0	100	100	23.69
建筑业	30	2.18	62.77	58.17	26.81	100	73.19	20.65
交通运输仓储业	68	4.95	51.79	57.27	0	100	100	24.07
信息技术业	63	4.58	52.83	57.27	0	100	100	24.22
批发和零售贸易	101	7.35	55.85	57.27	0	100	100	23.22
房地产业	122	8.87	52.38	57.27	0	100	100	21.83
社会服务业	46	3.35	49.38	57.27	0	85.88	85.88	25.29
传播与文化产业	24	1.75	55.87	57.27	0	85.88	85.88	21.93
综合类	50	3.64	53.02	57.27	0	85.88	85.88	22.12

资料来源:南开大学中国公司治理研究院数据库。

经与2012年的数据对比,从行业分布状况可以看出,平均值第一位由建筑业蝉联,第二位和第三位发生了变化,但平均值后三位都发生了变化。2012年平均值居于前三位的分别是建筑业、房地产业和采掘业;平均值最低的行业分别是传播文化产业、造纸印刷业和信息技术业。建筑业的沟通保障指数平均值为55.52;而沟通保障指数最低的传播文化产业平均值为39.03。在21个分行业中,2012年有17个行业的平均值在50以下,只有4个行业的平均值超过50,并且没有一个超过60;而2013年有19个行业的平均值在50以上,其中有2个超过了60,仅有两个低于50;21个行业均有不同程度的上升(绝对值上升最大的是农林牧渔业,从42.95上升到60.35),这说明大部分行业上市公司的沟通保障情况大大改善。

3.4.4 分控股股东性质沟通保障评价分析

表4-35给出了按控股股东性质分类的各组样本公司沟通保障指数统计指标。根据表4-35的描述性统计结果,从样本公司的沟通保障指数平均值来看,社会团体控股类型的样本公司沟通保障指数平均值最高,为85.88,但此类型公司仅有一家,并不具有代表性;除开此一家,应属集体控股的样本公司沟通保障指数平均值为最高,是67.96;职工持股样本公司沟通保障指数平均值最低,为45.78。我国上市公司的主体仍为国有控股和民营控股公司,两者相加占到了所有上市公司的95.34%。国有控股样本公司的沟通保障指数平均值为53.85,中值为57.27,标准差为23.80。民营控股公司的平均值为51.93,中值为57.27,标准差为23.81。国有控股上市公司的沟通保障指数的平均值略高于民营控股上市公司,差距是1.92,并不太显著。

表4-35 按控股股东性质分组的主板上市公司沟通保障指数描述性统计

大股东性质	数目	比例(%)	平均值	中值	最小值	最大值	极差	标准差
国有控股	877	63.78	53.85	57.27	0	100	100	23.80
民营控股	434	31.56	51.93	57.27	0	100	100	23.81
外资控股	27	1.96	53.58	57.27	0	85.88	85.88	22.20
集体控股	11	0.80	67.96	85.88	28.61	100	71.39	28.17
社会团体控股	1	0.07	85.88	85.88	85.88	85.88	0	—
职工持股会控股	7	0.51	45.78	57.27	30.46	57.27	26.81	14.33
其他	18	1.31	47.25	57.27	0	85.88	85.88	26.47

资料来源:南开大学中国公司治理研究院数据库。

经与2012年的数据对比,国有控股样本公司和民营控股公司的沟通保障指数均从2012年的低于50的46.72和45.33上升到50以上的53.85和51.93,国有控股上市公司依然高于民营控股上市公司。外资控股型公司从50.24上升为

53.58,只有微量上升,上升最多的是集体控股型公司由 57.41 上升到了 67.96,但集体控股型公司仅有 11 家不具有代表性。社会团体类型公司仅有一家,更不具有代表性。

3.4.5 分地区沟通保障评价分析

表 4-36 列出了各省份样本公司沟通保障指数的描述性统计。沟通保障指数平均值最高的 3 个省份分别是青海省、天津市和安徽省,其平均值分别为 62.81、60.44 和 60.44;沟通保障指数平均值最低的 3 个省份分别是西藏、河北省和重庆市,其平均值分别为 33.35、39.26 和 47.38,平均值最高的省份和平均值最低的省份相差 29.46。

表 4-36 按地区分组的主板上市公司沟通保障指数描述性统计

省份	公司数	比例(%)	平均值	中值	最小值	最大值	极差	标准差
安徽	44	3.20	60.44	59.06	0	100	100	24.60
北京	112	8.15	50.94	57.27	0	100	100	24.31
福建	42	3.05	52.01	57.27	0	85.88	85.88	23.32
甘肃	18	1.31	51.40	57.27	26.81	85.88	59.06	18.42
广东	140	10.18	57.22	57.27	0	100	100	21.92
广西	23	1.67	59.55	59.06	0	85.88	85.88	25.10
贵州	15	1.09	54.17	57.27	30.46	85.88	55.42	17.69
海南	21	1.53	56.07	57.27	28.61	100	71.39	20.84
河北	31	2.25	39.26	30.46	0	100	100	26.34
河南	37	2.69	50.67	57.27	0	100	100	27.72
黑龙江	29	2.11	56.45	57.27	0	85.88	85.88	26.44
湖北	60	4.36	50.69	57.27	0	85.88	85.88	24.81
湖南	43	3.13	55.26	57.27	0	85.88	85.88	24.66
吉林	30	2.18	49.72	57.27	0	85.88	85.88	25.39
江苏	96	6.98	53.03	57.27	0	85.88	85.88	25.01
江西	23	1.67	48.50	57.27	0	85.88	85.88	22.75
辽宁	47	3.42	47.86	55.42	0	85.88	85.88	26.05
内蒙古	18	1.31	50.69	55.42	26.81	85.88	59.06	18.50
宁夏	11	0.80	51.72	57.27	0	85.88	85.88	29.21
青海	9	0.65	62.81	59.06	28.61	85.88	57.27	22.30
山东	75	5.45	54.63	57.27	0	100	100	24.29
山西	29	2.11	53.71	57.27	0	100	100	24.59
陕西	29	2.11	57.24	57.27	0	85.88	85.88	22.18

（续表）

省份	公司数	比例(%)	平均值	中值	最小值	最大值	极差	标准差
上海	137	9.96	51.18	57.27	0	100	100	22.90
四川	59	4.29	59.39	59.06	0	85.88	85.88	20.58
天津	27	1.96	60.44	59.06	28.61	85.88	57.27	20.24
西藏	8	0.58	33.35	30.46	0	57.27	57.27	18.12
新疆	26	1.89	50.69	57.27	0	85.88	85.88	26.60
云南	19	1.38	60.27	59.06	26.81	85.88	59.06	22.39
浙江	87	6.33	53.12	57.27	0	100	100	23.63
重庆	30	2.18	47.38	55.42	0	85.88	85.88	22.09

资料来源：南开大学中国公司治理研究院数据库。

经与2012年的数据对比，沟通保障指数平均值最高的3个省份分别从青海省、海南省和广东省变成了青海省、天津市和安徽省，青海省蝉联第一；沟通保障指数平均值最低的3个省份分别从西藏、新疆和天津变成了西藏、河北省和重庆市，西藏连续两年最低。在31个省份中，有28个省份均有不同程度的上升，仅有广东省、海南省和河北省3个省份略有下降。

沟通保障是保证投资者关系活动顺利进行的基础，为公司的投资者关系活动创造条件，也是一切投资者关系活动开展的前提，在投资者关系日益受到重视的今天，各公司基本都设置了相应的部门、合格的董秘等必备条件来进行投资者关系活动，因此，2013年与2012年相比，该沟通保障指标值的差别并不是非常大，我们的统计结果也证实了这一点，基于此，我们不再对其进行100佳评价。

3.5 主板上市公司网络沟通评价

3.5.1 网络沟通总体状况描述

2013年度1 375家上市公司评价样本的网络沟通指数（$IRII_{NC}^{NK}$）的平均值为55.72，中值为57.02，最小值为7.48，最大值为96.11，标准差为14.48。网络沟通指数基本服从正态分布。

从网络沟通评价的12个主要因素来看，做的最好的3个方面分别为投资者互动平台、网站易达性以及投资者信箱，分别有95.56%、89.96%和89.31%的公司设立或改善了这3种投资者沟通方式，即多数上市公司设置了投资者信箱和投资者互动平台，且公司网站可以正常打开。做的最不好的3个方面分别为投资者订阅、投资者视频/音频信息和投资者FAQ，分别只有约4%、9%以及10%的上市公司提供了相关沟通方式。很多公司也没有提供投资者留言、网络路演、网络投票、搜索功能等一些网络沟通方式。网络沟通指数及其分指标的描述性统计情况如

表 4-37 所示。

表 4-37 主板上市公司网络沟通指数描述性统计

项目	平均值	中值	最小值	最大值	极差	标准差
网络沟通指数	55.72	57.02	7.48	96.11	88.64	14.48
网站易达性	16.41	18.25	0	18.25	18.25	5.48
IR 板块	7.20	9.84	0	9.84	9.84	4.36
投资者信箱	6.68	7.48	0	7.48	7.48	2.31
投资者留言	2.35	0	0	6.49	6.49	3.12
投资者 FAQ	0.54	0	0	5.38	5.38	1.62
网上路演	2.52	0	0	10.35	10.35	4.44
投资者订阅	0.15	0	0	3.89	3.89	0.74
投资者互动平台	14.30	14.96	0	14.96	14.96	3.08
搜索功能	1.38	2.71	0	2.71	2.71	1.36
相关链接	1.78	2.77	0	2.67	2.67	1.32
IR 视频/音频	0.37	0	0	4	4	1.16
网络投票	2.03	0	0	13.98	13.98	4.91

资料来源:南开大学中国公司治理研究院数据库。

按照南开大学投资者关系沟通指数等级划分标准,1 375 家上市公司样本的网络沟通评价等级状况如表 4-38 所示。

表 4-38 主板上市公司网络沟通指数的等级分布

网络沟通评级	公司数	比例(%)	平均值	中值	标准差
$IRII_{NC}^{NK}$ I (80—100)	38	2.76	84.86	84.03	4.72
$IRII_{NC}^{NK}$ II (60—80)	518	37.67	66.83	66.35	4.90
$IRII_{NC}^{NK}$ III (40—60)	661	48.07	52.60	53.30	5.42
$IRII_{NC}^{NK}$ IV (20—40)	139	10.11	26.91	22.44	5.74
$IRII_{NC}^{NK}$ V (0—20)	19	1.38	14.17	14.96	2.30

资料来源:南开大学中国公司治理研究院数据库。

从表 4-38 可以看出,共有 38 家上市公司的网络沟通评价指数超过 80,即 $IRII_{NC}^{NK}$ I (80—100),占全部样本的 2.76%;有 518 家公司的网络沟通评价指数达到了 $IRII_{NC}^{NK}$ II (60—80),占全部样本的 37.67%;有 661 家公司的网络沟通评价指数达到了 $IRII_{NC}^{NK}$ III (40—60),占全部样本的 48.07%;有 139 家公司的网络沟通评价指数达到了 $IRII_{NC}^{NK}$ IV (20—40),占全部样本的 10.11%;有 19 家公司的网络沟通指数小于 20,占全部样本的 1.38%。从表中可以看出大部分公司的网络沟通指数位于 20—80 之间。

3.5.2 网络沟通年度比较评价

表 4-39 是对近两年来网络沟通指数及其分指标的比较,通过分析发现,除了投资者信箱指标值有小幅下降,网络投票指标值和前一年基本持平以外,其他方面都有所提升,总体指数从前一年的 51.45 增加到 55.72,提升了 8.30%。

表 4-39 主板上市公司网络沟通指数年度比较

项目	平均值		中值		标准差	
	2012 年	2013 年	2012 年	2013 年	2012 年	2013 年
网络沟通指数	51.45	55.72	53.30	57.02	16.14	14.48
网站易达性	15.58	16.41	18.25	18.25	6.45	5.48
IR 板块	6.44	7.20	9.84	9.84	4.68	4.36
投资者信箱	6.82	6.68	7.48	7.48	2.12	2.31
投资者留言	1.86	2.35	0	0	2.94	3.12
投资者 FAQ	0.36	0.54	0	0	1.35	1.62
网上路演	2.32	2.52	0	0	4.32	4.44
投资者订阅	0.11	0.15	0	0	0.64	0.74
投资者互动平台	12.87	14.30	14.96	14.96	5.19	3.08
搜索功能	1.16	1.38	0	2.71	1.34	1.36
相关链接	1.57	1.78	2.77	2.77	1.37	1.32
IR 视频/音频	0.32	0.37	0	0	1.08	1.16
网络投票	2.03	2.03	0	0	4.91	4.91

资料来源:南开大学中国公司治理研究院数据库。

3.5.3 分行业网络沟通评价分析

表 4-40 列出来各行业样本公司网络沟通指数的描述性统计结果。从行业分布状况可以看出,平均值居于前三位的分别是交通运输仓储业、建筑业和电子业,平均值分别为 60.15,59.69 和 58.71;食品饮料业、金属非金属业、房地产业、农林牧渔业、石油化学、塑胶业等行业得分也较高。平均值最低的行业分别是其他制造业、综合类和纺织服装皮毛行业。该指数平均值最高为 60.15,而网络沟通指数最低的其他制造业平均值为 41.94,相差 18.21,说明各行业上市公司之间的网络沟通情况的差距并不大。

表 4-40 按行业分组的主板上市公司网络沟通指数描述性统计

行业	公司数	比例(%)	平均值	中值	最小值	最大值	极差	标准差
农、林、牧、渔业	26	1.89	56.39	59.79	22.44	80.25	57.81	13.93
采掘业	49	3.56	55.28	62.42	14.96	86.74	71.77	16.93
制造业	725	52.73	55.81	57.02	7.48	96.11	88.64	14.30
其中:食品、饮料	61	4.44	57.05	59.79	14.96	80.25	65.28	13.63
纺织、服装、皮毛	45	3.27	52.00	53.30	14.96	82.01	67.05	15.30
木材、家具	5	0.36	54.91	53.30	49.54	67.36	17.82	6.43
造纸、印刷	20	1.45	54.22	52.53	22.44	96.11	73.67	14.67
石油、化学、塑胶	130	9.45	56.22	58.01	7.48	89.51	82.03	13.43
电子	48	3.49	58.71	59.79	22.44	96.11	73.67	14.07
金属、非金属	113	8.22	56.99	58.67	14.96	89.35	74.39	13.05
机械、设备、仪表	210	15.27	55.38	56.01	14.96	86.74	71.77	14.64
医药、生物制品	86	6.25	55.76	56.01	14.96	96.11	81.15	15.29
其他制造业	7	0.51	41.94	43.45	14.96	62.65	47.69	16.18
电力、煤气及水的生产和供应业	71	5.16	54.18	59.79	7.48	84.03	76.55	17.67
建筑业	30	2.18	59.69	62.50	22.44	77.54	55.10	11.99
交通运输仓储业	68	4.95	60.15	61.94	22.44	88.64	66.19	14.49
信息技术业	63	4.58	55.34	56.01	20.96	81.77	60.81	12.71
批发和零售贸易	101	7.35	54.16	53.80	14.96	81.77	66.81	13.67
房地产业	122	8.87	56.69	57.02	14.96	91.86	76.89	14.51
社会服务业	46	3.35	54.76	53.94	22.44	88.02	65.58	11.92
传播与文化产业	24	1.75	53.75	56.01	22.44	71.58	49.14	12.63
综合类	50	3.64	51.38	54.90	22.44	75.51	53.07	15.18

资料来源:南开大学中国公司治理研究院数据库。

3.5.4 分控股股东性质网络沟通评价分析

表 4-41 给出了按控股股东性质分类的各组样本公司网络沟通指数统计指标。根据表 4-41 的描述性统计结果,从样本公司的网络沟通指数平均值来看,外资控股的样本公司网络沟通指数平均值最高,为 58.49;社会团体控股的样本公司网络沟通指数平均值最低,为 40.69。国有控股样本公司的网络沟通指数平均值为 56.02,中值为 56.91,标准差为 13.43。民营控股公司的平均值为 54.81,中值为 57.02,标准差为 16.17。国有控股上市公司与民营控股上市公司的网络沟通指数平均值低于外资持股类型的上市公司。我国上市公司的主体仍为国有控股和民营控股公司,两者相加占到了所有上市公司的 95.34%,国有控股上市公司的网络

沟通指数的平均值略高于民营控股上市公司,但差距只有 1.21,并不显著。

表 4-41　按控股股东性质分组的主板上市公司网络沟通指数描述性统计

控股股东性质	数量	比例(%)	平均值	中值	最小值	最大值	极差	标准差
国有控股	877	63.78	56.02	56.91	7.48	96.11	88.63	13.43
民营控股	434	31.56	54.81	57.02	14.96	96.11	81.15	16.17
外资控股	27	1.96	58.49	63.89	14.96	96.11	81.15	18.40
集体控股	11	0.80	54.30	56.01	22.44	76.29	53.85	16.86
社会团体控股	1	0.07	40.69	40.69	—	—	—	—
职工持股会控股	7	0.51	52.03	53.80	14.96	73.68	58.72	19.02
其他	18	1.31	60.58	60.44	40.69	80.25	39.56	8.99

资料来源:南开大学中国公司治理研究院数据库。

3.5.5　分地区网络沟通评价分析

表 4-42 列出了各省份样本公司网络沟通指数的描述性统计。网络沟通指数平均值最高的 3 个省份分别是青海、陕西和贵州,其平均值分别为 66.96、63.75 和 63.20;网络沟通指数平均值最低的 3 个省份分别是西藏、辽宁和甘肃,其平均值分别为 39.85、46.75 和 49.25,平均值最高的省份和平均值最低的省份相差 27.11。

表 4-42　按地区分组的主板上市公司网络沟通指数描述性统计

省份	公司数	比例(%)	平均值	中值	最小值	最大值	极差	标准差
安徽	44	3.20	54.89	56.01	22.44	80.39	57.95	12.48
北京	112	8.15	56.95	59.79	14.96	86.74	71.78	13.08
福建	42	3.05	60.86	62.50	22.44	85.77	63.33	13.29
甘肃	18	1.31	49.25	55.27	14.96	76.39	61.43	18.40
广东	140	10.18	57.54	59.76	14.96	96.11	81.15	15.38
广西	23	1.67	58.17	57.45	25.31	80.25	54.94	11.87
贵州	15	1.09	63.20	66.35	14.96	77.48	62.52	15.99
海南	21	1.53	56.49	59.79	25.31	84.03	58.72	17.87
河北	31	2.25	56.33	62.50	14.96	75.51	60.55	15.57
河南	37	2.69	54.60	56.01	22.44	78.22	55.78	12.13
黑龙江	29	2.11	49.89	53.30	7.48	71.76	64.28	14.25
湖北	60	4.36	57.66	59.79	22.44	80.39	57.95	10.82
湖南	43	3.13	57.22	57.52	22.44	80.39	57.81	10.50
吉林	30	2.18	54.14	53.55	22.44	78.22	55.78	16.78
江苏	96	6.98	52.74	54.90	14.96	76.39	61.43	12.32

(续表)

省份	公司数	比例(%)	平均值	中值	最小值	最大值	极差	标准差
江西	23	1.67	51.63	56.01	22.44	73.63	51.19	15.22
辽宁	47	3.42	46.75	50.53	22.44	78.22	55.78	15.53
内蒙古	18	1.31	54.99	58.20	14.96	82.01	67.05	18.40
宁夏	11	0.80	59.89	56.51	25.31	83.97	58.66	16.11
青海	9	0.65	66.96	66.35	38.26	96.11	57.85	17.10
山东	75	5.45	52.35	53.40	20.96	89.51	68.55	14.16
山西	29	2.11	53.87	58.87	14.96	72.84	57.88	15.14
陕西	29	2.11	63.75	66.35	22.44	86.74	64.3	14.71
上海	137	9.96	53.33	55.91	7.48	84.03	76.55	12.50
四川	59	4.29	58.06	59.79	14.96	92.11	77.15	16.57
天津	27	1.96	52.04	56.01	14.96	81.77	66.81	15.65
西藏	8	0.58	39.85	22.44	14.96	73.63	58.67	26.27
新疆	26	1.89	61.34	61.28	35.57	84.03	48.46	11.85
云南	19	1.38	52.77	52.91	22.44	82.89	60.45	14.48
浙江	87	6.33	61.24	62.50	22.44	88.64	66.2	12.08
重庆	30	2.18	55.96	60.00	22.44	76.84	54.4	16.11

资料来源：南开大学中国公司治理研究院数据库。

3.6 主板上市公司电话沟通评价

3.6.1 电话沟通总体状况描述

2013年中国上市公司主板市场非金融类公司评价样本数量为1 375家，电话沟通指数（$IRII_{TC}^{NK}$）的平均值为53.40，标准差为19.28，电话沟通指数基本符合正态分布。从标准差与中值之差来看，电话沟通总体水平较为集中，上市公司之间的电话沟通水平差距较小，但极差为100，电话沟通最好和最差的公司仍存在非常大的差距，具体见表4-43。

表4-43 主板上市公司电话沟通指数描述性统计

项目	平均值	中值	最小值	最大值	极差	标准差
电话沟通指数	53.40	45.85	0.00	100.00	100.00	19.28
专线电话	41.28	45.85	0.00	45.85	45.85	13.73
电话会议	3.65	0.00	0.00	29.70	29.70	9.75
电话咨询	8.47	0.00	0.00	24.46	24.46	11.64

资料来源：南开大学中国公司治理研究院数据库。

从电话沟通的三个主要因素来看,样本公司电话沟通的专线电话、电话会议和电话咨询的平均值依次是41.28、3.65和8.47,电话沟通指数的专线电话指标表现最好,电话会议指标表现最差,各个指标间的差异非常大;从标准差来看,专线电话的分散程度比较大,说明上市公司专线电话方面存在较大的差异;从极差来看,由于三项指标的最小值都为0,电话沟通最好和最差的公司在专线电话、电话会议、电话咨询方面都存在非常大的差距。

按照南开大学投资者关系沟通指数等级划分标准,1 375家上市公司样本的电话沟通等级状况如表4-44所示。

表4-44 主板上市公司电话沟通指数的等级分布

电话沟通评级	频数	比例(%)	平均值	中值	标准差
$IRII_{TC}^{NK}$ Ⅰ (80—100)	55	4.00	100	100	0
$IRII_{TC}^{NK}$ Ⅱ (60—80)	438	31.85	71.08	70.30	1.86
$IRII_{TC}^{NK}$ Ⅲ (40—60)	765	55.64	46.07	45.85	1.33
$IRII_{TC}^{NK}$ Ⅳ (20—40)	57	4.15	27.12	29.70	2.62
$IRII_{TC}^{NK}$ Ⅴ (0—20)	60	4.36	0	0	0

资料来源:南开大学中国公司治理研究院数据库。

从表4-44可以看出,只有55家上市公司的电话沟通指数超过80,即$IRII_{TC}^{NK}$ Ⅰ(80—100),占全部样本的4.00%;有438家公司的电话沟通指数达到了$IRII_{TC}^{NK}$ Ⅱ(60—80),占全部样本的31.85%;有765家公司的电话沟通指数达到了$IRII_{TC}^{NK}$ Ⅲ(40—60),占全部样本的大多数(55.64%);有57家公司的电话沟通指数达到了$IRII_{TC}^{NK}$ Ⅳ(20—40),占全部样本的4.15%;有60家公司的电话沟通指数值小于20,占全部样本的4.36%。从表中可以看出大部分公司的电话沟通指数值位于40—80之间,分布较为集中。

3.6.2 电话沟通年度比较评价

表4-45给出了2012年与2013年电话沟通各指标平均值与标准差的对比。从专线电话情况来讲,2013年电话沟通水平略低于2012年,同时,2013年的标准差大于2012年,说明2013年低水平电话沟通的上市公司增加了。与2012年相比,2013年电话会议和电话咨询水平显著优于2012年,并且标准差显著大于2012年两指标标准差,说明2013年电话会议和电话咨询表现优秀的上市公司数量有显著增加。

表 4-45 主板上市公司电话沟通指数年度比较

项目	平均值		中值		标准差	
	2012 年	2013 年	2012 年	2013 年	2012 年	2013 年
专线电话	44.11	41.28	45.85	45.85	8.76	13.73
电话会议	1.08	3.65	0	0	5.56	9.75
电话咨询	6.20	8.47	0	0	6.20	11.64

资料来源:南开大学中国公司治理研究院数据库。

3.6.3 分行业电话沟通评价分析

从行业分布情况可以看出,各行业电话沟通指数存在差异,但不十分明显。其中平均值位于前三位的分别为建筑业、采掘业及农林牧渔业;平均分最低的三个行业分别为木材家具业、其他制造业及交通运输业,具体见表 4-46。

表 4-46 按行业分组的主板上市公司电话沟通指数描述性统计表

行业	数目	比例(%)	平均值	中值	最小值	最大值	极差	标准差
农、林、牧、渔业	26	1.89	55.98	45.85	24.46	100	75.54	19.57
采掘业	49	3.56	56.04	45.85	0	100	100	20.58
制造业	725	52.73	53.37	45.85	0	100	100	19.13
其中:食品、饮料	61	4.44	55.12	45.85	0	100	100	17.69
纺织、服装	45	3.27	53.70	45.85	0	75.54	75.54	17.88
木材、家具	5	0.36	36.68	45.85	0	45.85	45.85	20.50
造纸、印刷	20	1.45	50.92	45.85	0	100	100	20.90
石油、化学	130	9.45	53.83	45.85	0	100	100	17.04
电子	48	3.49	53.89	45.85	0	100	100	20.15
金属、非金属	113	8.22	53.76	45.85	0	100	100	20.43
机械设备	210	15.27	53.28	45.85	0	100	100	18.58
医药生物	86	6.25	53.29	45.85	0	100	100	21.92
其他制造业	7	0.51	39.74	45.85	0	70.30	70.30	21.97
电力、煤气及水的生产和供应业	71	5.16	54.74	45.85	0	100	100	18.97
建筑业	30	2.18	60.49	45.85	29.70	100	70.30	19.98
交通运输业	68	4.95	49.61	45.85	0	100	100	20.27
信息技术业	63	4.58	52.05	45.85	0	100	100	22.86
批发零售业	101	7.35	50.33	45.85	0	100	100	17.04
房地产业	122	8.87	55.38	45.85	0	100	100	18.91
社会服务业	46	3.35	54.95	45.85	0	70.30	70.30	14.65
传播文化产业	24	1.75	54.44	45.85	45.85	100	54.15	14.80
综合类	50	3.64	49.97	45.85	0	100	100	23.59

资料来源:南开大学中国公司治理研究院数据库。

3.6.4 分控股股东性质电话沟通评价分析

控股股东性质为国有控股的上市公司电话沟通指数为 53.96、民营控股为 52.94、外资控股为 47.60、集体控股为 51.05、社会团体控股为 45.85、职工控股为 36.99、其他控股为 53.85。国有和民营上市公司所占比例最高,占总体的 90% 以上,国有控股的上市公司电话沟通指数高于民营上市公司的电话沟通水平,具体见表 4-47。

表 4-47 按控股股东性质分组的主板上市公司电话沟通指数描述性统计

控股股东性质	数目	比例(%)	平均值	中值	最小值	最大值	极差	标准差
国有控股	877	63.78	53.96	45.85	0	100	100	18.67
民营控股	434	31.56	52.94	45.85	0	100	100	19.78
外资控股	27	1.96	47.60	45.85	0	100	29.69	20.41
集体控股	11	0.80	51.05	45.85	0	75.54	75.54	20.18
社会团体控股	1	0.07	45.85	45.85	45.85	45.85	—	0
职工持股会控股	7	0.51	36.99	45.85	0	75.54	75.54	25.46
其他	18	1.31	53.85	45.85	0	100	100	26.02

资料来源:南开大学中国公司治理研究院数据库。

3.6.5 分地区电话沟通评价分析

上市公司电话沟通指数排在前三名的是新疆、青海省、四川省的上市公司,平均值分别为 61.60、59.43、59.34;指数排名后三位的是西藏(43.17)、内蒙古(43.47)、吉林(45.72)的上市公司,各地区上市公司电话沟通水平分布不平衡,但差距不大,具体见表 4-48。

表 4-48 按地区分组的主板上市公司电话沟通指数描述性统计

省份	公司数	比例(%)	平均值	中值	最小值	最大值	极差	标准差
安徽	44	3.20	59.23	45.85	29.70	100	70.30	19.41
北京	112	8.15	54.64	45.85	0	100	100	20.48
福建	42	3.05	51.87	45.85	0	100	100	18.18
甘肃	18	1.31	52.67	45.85	0	100	100	21.69
广东	140	10.18	54.67	70.30	0	100	100	24.05
广西	23	1.67	51.18	45.85	0	75.54	75.54	16.85
贵州	15	1.09	51.64	45.85	29.70	75.54	45.84	13.18
海南	21	1.53	47.70	45.85	0	75.54	75.54	17.63
河北	31	2.25	57.77	45.85	29.70	100	70.30	15.19
河南	37	2.69	53.70	45.85	29.70	100	70.30	14.98

(续表)

省份	公司数	比例(%)	平均值	中值	最小值	最大值	极差	标准差
黑龙江	29	2.11	51.22	45.85	0	70.30	70.30	19.28
湖北	60	4.36	51.12	45.85	0	100	100	17.89
湖南	43	3.13	57.08	45.85	29.70	100	70.30	17.48
吉林	30	2.18	45.72	45.85	0	70.30	70.30	18.96
江苏	96	6.98	54.31	45.85	0	100	100	21.44
江西	23	1.67	52.34	45.85	24.46	75.54	51.08	14.75
辽宁	47	3.42	50.82	45.85	24.46	100	75.54	12.60
内蒙古	18	1.31	43.47	45.85	0	70.30	24.45	17.65
宁夏	11	0.80	57.44	45.85	45.85	75.54	29.69	13.40
青海	9	0.65	59.43	45.85	45.85	70.30	24.45	12.89
山东	75	5.45	51.22	70.30	0	100	100	16.63
山西	29	2.11	51.21	45.85	0	75.54	75.54	19.86
陕西	29	2.11	48.32	45.85	0	100	70.30	25.13
上海	137	9.96	51.30	45.85	0	100	100	17.56
四川	59	4.29	59.34	45.85	0	100	100	20.16
天津	27	1.96	55.12	70.30	24.46	100	75.54	17.24
西藏	8	0.58	43.17	45.85	0	70.30	70.30	19.43
新疆	26	1.89	61.60	45.85	0	100	100	26.01
云南	19	1.38	48.45	70.30	29.70	70.30	40.60	11.205
浙江	87	6.33	54.29	45.85	0	100	54.15	18.55
重庆	30	2.18	57.07	45.85	0	100	100	18.19

资料来源：南开大学中国公司治理研究院数据库。

3.7 主板上市公司现场沟通评价

3.7.1 现场沟通总体状况描述

2013年1375家上市公司评价样本中，现场沟通指数的平均值为7.47，中值为0，最小值为0，最大值为100，标准差为12.60，现场沟通指数总体偏低，基本服从正态分布。

从现场沟通评价的七个主要因素来看，指标值最高的2个项目分别为现场参观及业绩说明会，分别为4.19和1.38，即很少有上市公司有现场参观及业绩说明会的行为。其余5个主要因素的指标值均很低，可见对于影响现场沟通评价的这5个指标，几乎没有上市公司采取相应行为。现场沟通指数及其分指标的描述性统计情况如表 4-49 所示。

表 4-49　主板上市公司现场沟通指数描述性统计

项目	平均值	中值	最小值	最大值	极差	标准差
现场沟通指数	7.47	0	0	100	100	12.60
业绩说明会	1.38	0	0	14.87	14.87	4.32
现场路演	0.55	0	0	17.86	17.86	3.07
分析师会议	0.60	0	0	14.36	14.36	2.86
媒体见面会	0.22	0	0	7.86	7.86	1.31
走访投资者	0.34	0	0	18.21	18.21	2.48
现场参观	4.19	0	0	11.66	11.66	55.99
反向路演	0.19	0	0	15.17	15.17	1.68

资料来源：南开大学中国公司治理研究院数据库。

按照南开大学投资者关系沟通指数等级划分标准，1 375 家上市公司样本的现场沟通等级状况如表 4-50 所示。

表 4-50　主板上市公司现场沟通指数的等级分布

现场沟通评级	频数	比例（%）	平均值	中值	标准差
$IRII_{FC}^{NK}$ Ⅰ（80—100）	5	0.36	86.39	84.83	7.85
$IRII_{FC}^{NK}$ Ⅱ（60—80）	9	0.65	69.73	69.96	5.35
$IRII_{FC}^{NK}$ Ⅲ（40—60）	39	2.84	47.74	48.25	6.16
$IRII_{FC}^{NK}$ Ⅳ（20—40）	67	4.87	28.36	26.54	2.92
$IRII_{FC}^{NK}$ Ⅴ（0—20）	1255	91.27	4.34	0	5.98

资料来源：南开大学中国公司治理研究院数据库。

从表 4-50 可以看出，有 5 家上市公司的现场沟通指标值超过 80，即 $IRII_{FC}^{NK}$ Ⅰ（80—100），占全部样本的 0.36%；有 9 家公司的现场沟通指标值达到了 $IRII_{FC}^{NK}$ Ⅱ（60—80），占全部样本的 0.65%；有 39 家公司的现场沟通指标值达到了 $IRII_{FC}^{NK}$ Ⅲ（40—60），占全部样本的 2.84%；有 67 家公司的现场沟通指标值达到了 $IRII_{FC}^{NK}$ Ⅳ（20—40），占全部样本的 4.87%；有 1 255 家公司的现场沟通指标值小于 20，占全部样本的 91.27%，占 1 375 家上市公司样本的绝大多数。从表中可以看出大部分公司的现场沟通指标值小于 20。

3.7.2　现场沟通年度比较评价

表 4-51 给出了 2013 年与 2012 年评价样本的现场沟通指数统计指标的比较分析。根据表 4-51 的统计结果，从样本公司的现场沟通指数平均值变动来看，2013 年相对于 2012 年有所增加，增幅为 0.99；从现场沟通评价的七个主要因素来

看,2013 年都比 2012 年有所增加,但总体增幅不大。现场参观指标的增幅达到最大,为 0.37;业绩说明会指标增幅最小,为 0.04。

表 4-51 主板上市公司现场沟通指数年度比较

$IRII_{FC}^{NK}$ 指数	平均值		中值		标准差	
	2012 年	2013 年	2012 年	2013 年	2012 年	2013 年
现场沟通指数	6.48	7.47	0	0	10.66	12.60
业绩说明会	1.34	1.38	0	0	4.26	4.32
现场路演	0.50	0.55	0	0	2.96	3.07
分析师会议	0.30	0.60	0	0	2.05	2.86
媒体见面会	0.13	0.22	0	0	1.00	1.31
走访投资者	0.27	0.34	0	0	2.20	2.48
现场参观	3.82	4.19	0	0	5.48	55.99
反向路演	0.12	0.19	0	0	1.37	1.68

资料来源:南开大学中国公司治理研究院数据库。

3.7.3 分行业现场沟通评价分析

表 4-52 列出来各行业样本公司现场沟通评价指数的描述性统计结果。从行业分布状况可以看出,平均值居于前四位的分别是建筑业、采掘业、医药生物业、信息技术业,分别为 15.40、12.61、9.47、8.99;平均值最低的行业分别是其他制造业、木材家具业。该指数平均值最高为 15.40,而现场沟通指数最低的其他制造业平均值为 0,相差 15.40,说明各行业上市公司之间的现场沟通情况的差距很大。

表 4-52 按行业分组的主板上市公司现场沟通指数描述性统计

行业	数目	比例(%)	平均数	中值	标准差	极差	最小值	最大值
农、林、牧、渔业	26	1.89	8.64	0	13.21	48.76	0	48.76
采掘业	49	3.56	12.61	0	19.87	80.47	0	80.47
制造业	725	52.73	5.68	0	11.75	81.79	0	81.79
其中:食品、饮料	61	4.44	6.11	0	9.16	43.89	0	43.89
纺织服装	45	3.27	5.75	0	10.81	55.31	0	55.31
木材家具	5	0.36	2.33	0	5.22	11.66	0	11.66
造纸印刷	20	1.45	6.96	0	11.01	44.40	0	44.40
石油化学	130	9.45	5.93	0	9.73	52.26	0	52.26
电子	48	3.49	5.09	0	9.07	40.90	0	40.90
金属、非金属	113	8.22	7.77	0	11.22	69.96	0	69.96
机械设备	210	15.27	7.35	0	13.29	81.79	0	81.79
医药生物	86	6.25	9.47	0	14.84	73.92	0	73.92

(续表)

行业	数目	比例(%)	平均数	中值	标准差	极差	最小值	最大值
其他制造业	7	0.51	0	0	0	0	0	0
电力、煤气及水的生产和供应业	71	5.16	8.31	0	13.21	62.61	0	62.61
建筑业	30	2.18	15.40	0	26.68	84.83	0	84.83
交通运输业	68	4.95	8.84	0	16.65	100	0	100
信息技术业	63	4.58	8.99	0	12.37	56.06	0	56.06
批发零售业	101	7.35	6.78	0	9.04	48.76	0	48.76
房地产业	122	8.87	7.51	0	10.36	50.95	0	50.95
社会服务业	46	3.35	4.81	0	7.17	34.69	0	34.69
传播文化产业	24	1.75	4.62	0	7.23	26.03	0	26.03
综合类	50	3.64	4.88	0	9.63	44.40	0	44.40

资料来源:南开大学中国公司治理研究院数据库。

3.7.4 分控股股东性质现场沟通评价分析

表4-53给出了按控股股东性质分类的各组样本公司现场沟通指数统计指标。根据表4-53的描述性统计结果,从样本公司的现场沟通指数平均值来看,国有控股样本公司现场沟通指数平均值最高,为7.82;集体控股样本公司现场沟通指数平均值最低,为4.24。除此之外,民营控股公司的平均值为7.03,中值为0,标准差为12.14。其他控股样本公司的现场沟通指数平均值为6.78,中值为0,标准差为8.55。职工控股公司的平均值为5.46,中值为0,标准差为6.89。外资控股公司的平均值为5.33,中值为0,标准差为7.83。我国上市公司的主体仍为国有控股和民营控股公司,两者相加占到了所有上市公司的95.34%,且其在现场沟通指数中的指标值均高于剩余的其他类型上市公司。而国有控股上市公司的现场沟通指数的平均值略高于民营控股上市公司,差距为0.79,并不显著。

表4-53 按控股股东性质分组的主板上市公司现场沟通指数描述性统计

控股股东性质	公司数	比例(%)	平均值	中值	标准差	极差	最小值	最大值
国有控股	877	63.78	7.82	0	13.09	100.00	0	100.00
民营控股	434	31.56	7.03	0	12.14	84.83	0	84.83
外资控股	27	1.96	5.33	0	7.83	29.23	0	29.23
集体控股	11	0.80	4.24	0	5.89	11.66	0	11.66
社会团体控股	1	0.07	14.87	14.87	0	0	14.87	14.87
职工持股会控股	7	0.51	5.46	0	6.89	14.87	0	14.87
其他	18	1.31	6.78	0	8.55	26.03	0	26.03

资料来源:南开大学中国公司治理研究院数据库。

3.7.5 分地区现场沟通评价分析

表4-54列出了各省份样本公司现场沟通指数的描述性统计。现场沟通指数平均值最高的2个省份分别是北京市和新疆,其平均值分别为11.78和11.76;现场沟通指数平均值最低的3个省份分别是内蒙古、西藏和辽宁省,其平均值分别为3.24、3.32和3.53,平均值最高的省份和平均值最低的省份相差8.54。

表4-54 按地区分组的主板上市公司现场沟通指数描述性统计

省份	公司数	比例(%)	平均值	中值	极差	标准差	最小值	最大值
安徽	44	3.20	8.07	0	43.89	11.10	0	43.89
北京	112	8.15	11.78	0	84.83	20.56	0	84.83
福建	42	3.05	6.94	0	55.31	10.81	0	55.31
甘肃	18	1.31	8.56	0	62.61	16.05	0	62.61
广东	140	10.18	9.54	11.66	100	13.29	0	100
广西	23	1.67	5.60	0	40.90	9.74	0	40.90
贵州	15	1.09	6.65	0	26.54	8.21	0	26.54
海南	21	1.53	5.81	0	33.89	8.84	0	33.89
河北	31	2.25	5.58	0	26.54	7.94	0	26.54
河南	37	2.69	7.40	0	59.05	13.54	0	59.05
黑龙江	29	2.11	3.85	0	29.88	7.11	0	29.88
湖北	60	4.36	5.16	0	29.52	7.21	0	29.52
湖南	43	3.13	7.16	11.66	29.88	7.59	0	29.88
吉林	30	2.18	7.36	0	26.54	8.95	0	26.54
江苏	96	6.98	6.95	0	66.62	14.25	0	66.62
江西	23	1.67	7.96	0	48.76	12.94	0	48.76
辽宁	47	3.42	3.53	0	26.03	6.12	0	26.03
内蒙古	18	1.31	3.24	0	11.66	5.38	0	11.66
宁夏	11	0.80	6.65	11.66	14.87	6.44	0	14.87
青海	9	0.65	11.74	11.66	26.54	10.35	0	26.54
山东	75	5.45	7.27	0	48.76	10.93	0	48.76
山西	29	2.11	8.72	11.66	29.52	9.14	0	29.52
陕西	29	2.11	6.53	0	34.40	8.02	0	34.40
上海	137	9.96	4.76	0	73.92	11.35	0	73.92
四川	59	4.29	8.04	0	55.31	11.69	0	55.31
天津	27	1.96	8.33	11.66	40.90	10.12	0	40.90
西藏	8	0.58	3.32	0	14.87	6.20	0	14.87
新疆	26	1.89	11.76	0	48.76	15.37	0	48.76
云南	19	1.38	8.49	11.66	26.54	7.46	0	26.54
浙江	87	6.33	9.86	0	84.83	17.37	0	84.83
重庆	30	2.18	4.20	0	29.52	7.23	0	29.52

资料来源:南开大学中国公司治理研究院数据库。

3.8 主板上市公司沟通反馈评价
3.8.1 沟通反馈总体状况描述

2013年评价样本中上市公司的沟通反馈指数($IRII_{CF}^{NK}$)最高值为75.07,最低值为0,最高值与最低值差距很大;平均值为7.19,标准差为12.59,指数服从正态分布。从沟通反馈的三个主要评价维度来看,样本公司邮件反馈平均值为2.23;电话频率的平均值为1.77;接待次数的平均值为3.19,都处在非常低的水平。三项指标的最小值均为0,最大值与最小值水平差距较大,具体见表4-55。

表4-55 主板上市公司沟通反馈指数描述性统计

项目	平均值	中值	最小值	最大值	极差	标准差
沟通反馈指数	7.19	0.00	0.00	75.07	75.07	12.59
邮件反馈	2.23	0.00	0.00	36.55	36.55	8.75
电话频率	1.77	0.00	0.00	24.93	24.93	4.38
接待次数	3.19	0.00	0.00	38.52	38.52	6.78

资料来源:南开大学中国公司治理研究院数据库。

按照南开大学投资者关系沟通指数等级划分标准,1 375家上市公司样本的沟通反馈等级状况如表4-56所示。

表4-56 主板上市公司沟通反馈指数的等级分布

沟通反馈评级	频数	比例(%)	平均值	中值	标准差
$IRII_{CF}^{NK}$ Ⅰ(80—100)	0	0	—	—	—
$IRII_{CF}^{NK}$ Ⅱ(60—80)	5	0.36	68.88	67.37	5.25
$IRII_{CF}^{NK}$ Ⅲ(40—60)	36	2.62	48.91	46.52	5.96
$IRII_{CF}^{NK}$ Ⅳ(20—40)	139	10.11	30.32	33.08	6.75
$IRII_{CF}^{NK}$ Ⅴ(0—20)	1195	86.91	2.98	0	5.25

资料来源:南开大学中国公司治理研究院数据库。

从表4-56可以看出,没有上市公司的沟通反馈指标值超过80,即$IRII_{CF}^{NK}$ Ⅰ(80—100);只有5家公司的沟通反馈指标值达到了$IRII_{CF}^{NK}$ Ⅱ(60—80),占全部样本的0.36%;有36家公司的沟通反馈指标值达到了$IRII_{CF}^{NK}$ Ⅲ(40—60),占全部样本的2.62%;有139家公司的沟通反馈指标值达到了$IRII_{CF}^{NK}$ Ⅳ(20—40),占全部样本的10.11%;有1 195家公司的沟通反馈指标值小于20,占全部样本的86.91%,占1 375家上市公司样本的绝大多数。从表中可以看出大部分公司的沟通反馈值小于20。

3.8.2 沟通反馈年度比较评价

表4-57给出了2013年与2012年评价样本上市公司沟通反馈具体指标的平

均值、标准差和中值的对比。整体来看，2013年邮件反馈、接待次数水平均低于2012年，但两年的平均值均处于很低的水平，两年指标没有明显差距；2013年电话频率水平显著高于2012年。2013年与2012年沟通反馈指数标准差没有明显差异。两年三个指标的中值均为0，没有变化。

表4-57　主板上市公司沟通反馈指数年度比较

项目	平均值		中值		标准差	
	2012年	2013年	2012年	2013年	2012年	2013年
邮件反馈	2.80	2.23	0.00	0.00	9.72	8.75
电话频率	1.12	1.77	0.00	0.00	3.65	4.38
接待次数	3.67	3.19	0.00	0.00	6.90	6.78

资料来源：南开大学中国公司治理研究院数据库。

3.8.3 分行业沟通反馈评价分析

表4-58显示样本公司在沟通反馈评价的行业分布情况。样本公司的平均值为7.19，制造业、建筑业、房地产业等均高于样本公司的平均值，平均值最低的三个行业为传播文化产业、采掘业与交通运输业。

其中，2013年评价样本沟通反馈评价指数平均值最高的行业大类的指数平均值为9.49（建筑业），处于非常低的水平；而沟通反馈评价指数平均值最低的行业大类的指数平均值为4.79（传播文化产业），与最高值相差不大。

表4-58　按行业分组的主板上市公司沟通反馈指数描述性统计

行业	数目	比例(%)	平均值	中值	最小值	最大值	极差	标准差
农、林、牧、渔业	26	1.89	7.09	0	0	36.55	36.55	10.92
采掘业	49	3.56	5.01	0	0	38.52	38.52	10.49
制造业	725	52.73	7.47	0	0	65.44	65.44	13.07
其中：食品饮料	61	4.44	9.49	0	0	51.51	51.51	14.13
纺织服装	45	3.27	4.83	0	0	44.25	44.25	10.40
木材家具	5	0.36	8.85	0	0	36.55	36.55	15.84
造纸印刷	20	1.45	3.90	0	0	17.68	17.68	6.50
石油化学	130	9.45	6.26	0	0	59.67	59.67	11.51
电子	48	3.49	11.47	0	0	56.94	56.94	15.91
金属、非金属	113	8.22	7.28	0	0	75.07	75.07	12.90
机械设备	210	15.27	8.23	0	0	67.37	67.37	14.12
医药生物	86	6.25	6.47	0	0	58.46	58.46	12.62
其他制造业	7	0.51	3.56	0	0	14.96	14.96	6.25

(续表)

行业	数目	比例(%)	平均值	中值	最小值	最大值	极差	标准差
电力、煤气及水的生产和供应业	71	5.16	5.96	0	0	36.55	36.55	9.03
建筑业	30	2.18	9.49	0	0	63.45	63.45	16.54
交通运输业	68	4.95	5.62	0	0	44.25	44.25	11.71
信息技术业	63	4.58	6.82	0	0	36.55	36.55	10.81
批发零售业	101	7.35	6.53	0	0	50.76	50.76	11.27
房地产业	122	8.87	9.03	0	0	75.07	75.07	14.19
社会服务	46	3.35	7.20	0	0	59.21	59.21	12.07
传播文化产业	24	1.75	4.79	0	0	36.55	36.55	9.36
综合类	50	3.64	6.32	0	0	54.22	54.22	13.48

资料来源：南开大学中国公司治理研究院数据库。

3.8.4 分控股股东性质沟通反馈评价分析

表4-59给出了按控股股东性质分类的2013年主板上市公司评价样本的沟通反馈指数统计指标。控股股东性质为集体所有的上市公司沟通反馈水平最高，为12.62，其次是控股股东性质为其他控股性质的上市公司，其沟通反馈水平为12.38。最低的为社会团体控股的上市公司，其平均值为0。控股股东性质为国有控股、外资控股和民营控股的上市公司的沟通反馈水平均值分别为6.80、8.91和7.62。

表4-59 按控股股东性质分组的主板上市公司沟通反馈指数描述性统计

控股股东性质	数目	比例(%)	平均值	中值	最小值	最大值	极差	标准差
国有控股	877	60.25	6.80	0	0	75.07	75.07	12.32
民营控股	434	37.22	7.62	0	0	67.37	67.37	12.97
外资控股	27	0.89	8.91	0	0	36.55	36.55	12.65
集体控股	11	0.82	12.62	7.70	0	36.55	36.55	14.26
社会团体控股	1	0.07	0	0	—	0	—	0
职工持股会控股	7	0.15	2.20	0	0	7.70	7.70	3.48
其他	18	0.59	12.38	3.85	0	40.79	40.79	14.87

资料来源：南开大学中国公司治理研究院数据库。

3.8.5 分地区沟通反馈评价分析

表4-60中沟通反馈水平排名前三名省市分别是广东省(13.61)、山西省(10.64)、广西(9.83)。上述省份的沟通反馈平均值均高于平均水平。沟通反馈指数平均值最低的3个省份分别是天津市、黑龙江省和贵州省，其平均值分别为

3.11、3.20 和 3.23。平均值最高的省份和平均值最低的省份指数值相差达 10.50。

表 4-60 按地区分组的主板上市公司沟通反馈指数描述性统计

省份	公司数	比例(%)	平均值	中值	最小值	最大值	极差	标准差
安徽	44	3.20	5.28	0	0	44.25	44.25	9.34
北京	112	8.15	8.65	0	0	75.07	75.07	14.94
福建	42	3.05	6.50	0	0	36.55	36.55	11.49
甘肃	18	1.31	4.68	0	0	23.11	23.11	7.58
广东	140	10.18	13.61	7.70	0	63.45	63.45	15.86
广西	23	1.67	9.83	0	0	59.66	59.66	17.16
贵州	15	1.09	3.23	0	0	15.41	15.41	5.06
海南	21	1.53	9.80	0	0	44.25	44.25	14.63
河北	31	2.25	7.70	4.99	0	36.55	36.55	11.30
河南	37	2.69	3.33	0	0	36.55	36.55	7.26
黑龙江	29	2.11	3.20	0	0	19.94	19.94	6.36
湖北	60	4.36	4.28	0	0	25.38	25.38	6.97
湖南	43	3.13	6.98	4.99	0	30.82	30.82	8.92
吉林	30	2.18	7.46	0	0	36.55	36.55	11.79
江苏	96	6.98	7.62	0	0	58.47	58.47	14.42
江西	23	1.67	3.67	0	0	20.39	20.39	6.38
辽宁	47	3.42	5.64	0	0	36.55	36.55	9.55
内蒙古	18	1.31	3.40	0	0	22.66	22.66	7.03
宁夏	11	0.80	5.97	7.70	0	14.96	14.96	5.64
青海	9	0.65	7.99	0	0	54.22	54.22	18.30
山东	75	5.45	7.69	0	0	46.52	46.52	11.43
山西	29	2.11	10.64	0	0	49.24	49.24	15.31
陕西	29	2.11	5.73	0	0	36.55	36.55	8.31
上海	137	9.96	4.01	0	0	75.07	75.07	12.28
四川	59	4.29	9.78	4.99	0.	48.04	48.04	12.99
天津	27	1.96	3.11	0	0	22.66	22.66	6.68
西藏	8	0.58	6.78	0	0	36.55	36.55	13.53
新疆	26	1.89	6.72	0	0	50.76	50.76	14.53
云南	19	1.38	5.39	0	0	25.38	25.38	8.43
浙江	87	6.33	7.023	0	0	56.94	56.94	13.37
重庆	30	2.18	7.51	0	0	67.37	67.37	15.12

资料来源:南开大学中国公司治理研究院数据库。

3.9 主要结论

从以上分析中不难发现我国上市公司 $IRII^{NK}$ 平均值还比较低,仅为 31.07,中位数为 30.22,最高值为 72.92,最低值是 4.33,极差较大;大部分样本指数值集中于 20—40 之间,这说明我国上市公司投资者关系互动不足,IRM 水平有待提升。

(1) 从行业比较分析来看,制造业、房地产业、批发和零售贸易业、电力业、煤气及水的生产和供应业的投资者关系管理水平相对较高;采掘业、建筑业、农林牧渔业和传播文化业上市公司投资者关系管理整体水平较低;投资者关系互动指数行业间的差异显著。从控股股东性质来看,国有控股的上市公司的投资者关系互动指数平均值最高,其次为民营控股、外资控股和集体控股。社会团体控股的上市公司的投资者关系互动指数平均值最低。从地区比较分析来看,广东省的投资者关系管理水平最高,其次是上海市和北京市,属于东部地区的江苏省、浙江省、山东省、湖北省排名也比较靠前,而属于中西部地区的西藏、青海省、宁夏、贵州省、内蒙古和甘肃省等排名比较靠后。从 $IRII^{NK}$ 100 佳的统计结果来看,金融业所占数量最多,入选比例也最高;控股股东性质为国有控股的占 46 家;北京的入选样本数量最高,入选比例也最高。

(2) 2013 年沟通保障指标总体水平明显提高。其平均值由 2012 年的 46.38 上升到 53.25,上升率为 14.81%。其上升的主要原因是设置 IR 部门指标由 2012 年的 12.95 上升到 24.28,上升幅度为 87.55%。这说明,上市公司愈来愈重视投资者关系,特别是近年来监管部门出台了一系列政策和措施来引导和促进上市公司把投资者关系的工作列为最重要工作之一,因此,大多数都在相对较短的时间内设置了专门的 IR 部门来处理与投资者关系相关的事务;可以说,这是过去一年样本公司发生变化的一大亮点。

(3) 2013 年度评价样本中的上市公司网络沟通指标总体值较低,平均值为 55.72,极差 96.11,说明样本公司之间的网络沟通差异较大,但是与 2012 年度评价样本相比,网络沟通整体上提升了 8.63%,且 2012 年样本中存在个别公司没有提供网络沟通的方式,而 2013 年样本中所有公司均提供了这种沟通方式,由此可见,网络沟通已经成为上市公司与投资者进行互动沟通的不可或缺的方式之一。此外,通过对比分析近两年来样本上市公司网络沟通评价等级状况,我们发现虽然在网络沟通方面做得好的公司数量增加了,产生了量变,但是在网络沟通质量方面还需要进一步提升,从而形成质变。

(4) 上市公司的电话沟通水平,因公司性质、行业和地区不同而呈现一定的差异。从股权性质来看,2013 年评价样本中国有控股上市公司电话沟通平均水平略高于民营上市公司。从行业分布情况来看,各行业电话沟通指数差异不明显。

其中,建筑业、采掘业及农林牧渔业位于前三位;木材家具业、其他制造业及交通运输业分别位于后三位。

(5) 2013年度我国上市公司评价样本的现场沟通指标总体指标值很低,平均值为7.47,现场沟通建设没有受到足够的重视,与投资者之间的现场沟通存在明显不足,极差达到了100,说明样本公司之间的现场沟通差异很大。但较2012年而言,现场沟通已有所改进。

(6) 2013年中国上市公司主板非金融类上市公司评价样本总量为1 375家,沟通反馈指数的平均值为7.19,标准差为12.59,沟通反馈指数基本服从正态分布。从标准差来看沟通反馈总体水平较为集中。从2012年评价样本与2013年评价样本沟通反馈指标对比来看,两年指标没有明显变化。在沟通反馈的三个维度中,2013年评价样本邮件反馈指标与接待次数指标均略低于2012年评价样本的指标;但电话频率指标略高于2012年。2013年沟通反馈整体水平接近于2012年,上市公司沟通反馈工作并没有实质进展。

4 上市金融机构 IRII^{NK} 总体状况评价

4.1 上市金融机构 IRII^{NK} 总体分析

4.1.1 上市金融机构 IRII^{NK} 总体描述

2013 年评价样本中有 42 家上市金融机构样本,其投资者关系互动指数的平均值是 47.05,中值是 46.25,最小值是 18.59,最大值是 79.37,极差是 60.78,标准差是 14.27。如表 4-61 所示。

从投资者关系互动评价的五个分指数来看,上市金融机构的沟通保障指数、网络沟通指数、电话沟通指数、现场沟通指数、沟通反馈指数的平均值分别为 64.48、67.57、68.71、31.21、21.44。沟通保障指数、网络沟通指数、电话沟通指数平均值均高于投资者关系互动指数平均值,其中电话沟通指数平均值最高,但现场沟通指数、沟通反馈指数平均值均低于投资者关系互动指数平均值,其中沟通反馈指数平均值最低,这表明 42 家上市金融机构在现场沟通、尤其是沟通反馈方面急需提升。同时,电话沟通指数的极差最大,为 100,这表明 42 家上市金融机构之间在电话沟通方面存在很大差异。

表 4-61 上市金融机构 IRII^{NK} 描述性统计

项目	平均值	中值	最小值	最大值	极差	标准差
IRII^{NK}总指数	47.05	46.25	18.59	79.37	60.78	14.27
沟通保障指数	64.48	58.17	26.81	100.00	73.19	22.77
网络沟通指数	67.57	66.35	22.44	96.00	73.56	13.32
电话沟通指数	68.71	70.30	0	100.00	100.00	20.91
现场沟通指数	31.21	24.38	0	88.34	88.34	25.74
沟通反馈指数	21.44	15.41	0	87.31	87.31	23.74

资料来源:南开大学中国公司治理研究院数据库。

4.1.2 沟通保障状况总体描述

从沟通保障评价的四个主要因素看,样本公司董秘兼职、有无 IRM 奖项、董秘专业背景、有无 IR 部门的平均值分别为 13.62、5.04、20.43、25.38。如表 4-62 所示。不难看出,沟通保障指数主要得益于有无 IR 部门的贡献。四个因素中,有无

IRM 奖项平均值最低,且中值为0,说明一半以上的上市金融机构未曾获得 IRM 奖项,具体见表4-62。

表 4-62 上市金融机构沟通保障指数描述性统计

项目	平均值	中值	最小值	最大值	极差	标准差
董秘兼职	13.62	0	0	28.61	28.61	14.46
有无 IRM 奖项	5.04	0	0	14.12	14.12	6.85
董秘专业背景	20.43	26.81	0	26.81	26.81	11.56
有无 IR 部门	25.38	30.46	0	30.46	30.46	11.49

资料来源:南开大学中国公司治理研究院数据库。

4.1.3 网络沟通状况总体描述

从网络沟通评价的12个主要因素看,样本公司网站能否打开、有无 IRM 板块、投资者信箱、投资者留言、投资者 FAQ、网上路演、投资者订阅、投资者互动平台、搜索功能、相关链接、视频\音频信息、网络投票的平均值分别为 17.81、9.37、7.12、2.78、2.82、4.19、0.28、14.96、1.61、2.50、1.14、2.98。如表4-63所示。其中公司网站能否打开、有无 IRM 板块、投资者信箱、投资者互动平台四个因素平均值较高,其他八个因素平均值都较低。并且投资者留言、网上路演、投资者订阅、视频\音频信息、网络投票五个因素的中值均为0,说明一半以上的上市金融机构在其网站上没有投资者留言、网上路演、投资者订阅、视频\音频信息、网络投票等服务。

表 4-63 上市金融机构网络沟通指数描述性统计

项目	平均值	中值	最小值	最大值	极差	标准差
网站能否打开	17.81	18.25	0	18.25	18.25	2.82
有无 IRM 板块	9.37	9.84	0	9.84	9.84	2.12
投资者信箱	7.12	7.48	0	7.48	7.48	1.61
投资者留言	2.78	0	0	6.49	6.49	3.25
投资者 FAQ	2.82	5.38	0	5.38	5.38	2.72
网上路演	4.19	0	0	10.35	10.35	5.14
投资者订阅	0.28	0	0	3.89	3.89	1.01
投资者互动平台	14.96	14.96	14.96	14.96	0	0
搜索功能	1.61	2.71	0	2.71	2.71	1.35
相关链接	2.50	2.77	0	2.77	2.77	0.82
视频\音频信息	1.14	0	0	4	4	1.83
网络投票	2.98	0	0	13.90	13.90	5.77

资料来源:南开大学中国公司治理研究院数据库。

4.1.4 电话沟通状况总体描述

从电话沟通评价的三个主要因素看,样本公司专线电话、电话会议、电话咨询的平均值分别为44.76、7.07、16.89。如表4-64所示。不难看出,电话沟通指数主要得益于公司设有投资者关系管理专线电话的贡献。电话会议的中值为0,说明一半以上的上市金融机构没有通过召开电话会议的形式与投资者沟通。

表4-64 上市金融机构电话沟通指数描述性统计

项目	平均值	中值	最小值	最大值	极差	标准差
专线电话	44.76	45.85	0	45.85	45.85	7.07
电话会议	7.07	0	0	29.70	29.70	12.80
电话咨询	16.89	24.46	0	24.46	24.46	11.44

资料来源:南开大学中国公司治理研究院数据库。

4.1.5 现场沟通状况总体描述

从现场沟通评价的七个主要因素看,样本公司业绩说明会、现场路演、分析师会议、媒体见面会、走访投资者、现场参观、反向路演的平均值分别为7.08、6.38、5.81、1.50、1.30、8.05、1.08。如表4-65所示。其中业绩说明会、现场参观两个因素的平均值较高。另外,从表中可以看出有六个因素的中值均为0,说明一半以上的样本上市金融机构投资者关系管理的现场沟通做的不到位,有很大的提升空间,这种情况恰好与"表4-61 上市金融机构投资者关系互动指数描述性统计"中"现场沟通指数"较低相吻合。

表4-65 上市金融机构现场沟通指数描述性统计

项目	平均值	中值	最小值	最大值	极差	标准差
业绩说明会	7.08	0	0	14.87	14.87	7.52
现场路演	6.38	0	0	17.86	17.86	8.66
分析师会议	5.81	0	0	14.36	14.36	7.13
媒体见面会	1.50	0	0	7.86	7.86	3.12
走访投资者	1.30	0	0	18.21	18.21	4.75
现场参观	8.05	11.66	0	11.66	11.66	5.46
反向路演	1.08	0	0	15.17	15.17	3.95

资料来源:南开大学中国公司治理研究院数据库。

4.1.6 沟通反馈状况总体描述

从沟通反馈评价的三个主要因素看,样本公司邮件反馈、接待电话次数、接待来访次数的平均值分别为4.35、4.99、12.11,如表4-66所示。其中邮件反馈的平均值最低,说明样本上市金融机构对投资者邮件不够重视或反馈不够及时。接待来访次数的平均值最高,但标准差和极差均最大,说明样本上市金融机构之间在接待投资者来访方面存在较大差距。另外,从表中可以看出邮件反馈和接待电话次数两个因素的中值均为0,说明样本中一半以上的上市金融机构投资者关系管理的沟通反馈做的很不到位,尚需大幅度改进,这种情况也与"表4-61 上市金融机构投资者关系互动指数描述性统计"中"沟通反馈指数"最低相吻合。

表4-66 上市金融机构沟通反馈指数描述性统计

项目	平均值	中值	最小值	最大值	极差	标准差
邮件反馈	4.35	0	0	36.55	36.55	11.98
接待电话次数	4.99	0	0	24.93	24.93	7.71
接待来访次数	12.11	7.70	0	38.52	38.52	13.63

资料来源:南开大学中国公司治理研究院数据库。

4.2 上市金融机构$IRII^{NK}$总体状况年度比较评价

从整体来看,2013年上市金融机构的投资者关系水平与2012年相比有较大提升,平均值由39.94提高到了47.05,最小值由16.02提高到了18.59,这在一定程度上反映了我国上市金融机构改革不断深化的同时,金融机构对投资者关系的重视程度也在提升。然而,从统计中不难发现,上市金融机构$IRII^{NK}$的最大值略有降低,虽然幅度较小,但足以说明其尚有较大的改进空间,具体见表4-67。

表4-67 上市金融机构$IRII^{NK}$年度比较

统计指标	$IRII^{NK}$—2012	$IRII^{NK}$—2013	差异(2013—2012)
平均值	39.94	47.05	7.11
中位数	38.53	46.25	7.72
最小值	16.02	18.59	2.57
最大值	79.44	79.37	-0.07
极差	63.42	60.78	-2.64
标准差	15.73	14.27	-1.46

资料来源:南开大学中国公司治理研究院数据库。

将2012年与2013年上市金融机构评价样本中$IRII^{NK}$各分指数对比分析,可知,在沟通保障、网络沟通、电话沟通、现场沟通、沟通反馈方面,相比2012年,上市金融机构的各分指数在2013年均有较大程度的提升。如表4-68所示。

表 4-68 上市金融机构 IRII^{NK} 分指数年度比较

项目	平均值		中值		标准差	
	2012 年	2013 年	2012 年	2013 年	2012 年	2013 年
IRII^{NK} 指数	39.94	47.05	38.53	46.25	15.85	14.27
沟通保障指数	55.31	64.48	57.27	58.17	20.13	22.77
网络沟通指数	59.90	67.57	60.00	66.35	17.71	13.32
电话沟通指数	60.80	68.71	70.30	70.30	100.00	20.91
现场沟通指数	27.24	31.21	70.30	24.38	26.47	25.74
沟通反馈指数	12.19	21.44	0	15.41	19.04	23.74

资料来源:南开大学中国公司治理研究院数据库。

4.3 上市金融机构 IRII^{NK} 分组统计

在对样本上市金融机构投资者关系管理状况作总体描述之后,为了进一步深入考察不同类型公司投资者关系管理状况的差异,我们分别对控股股东性质、金融机构性质、地区等不同类别进行了对比分析。

4.3.1 控股股东性质与 IRII^{NK}

42 家上市金融机构中,从其控股股东看,国有控股为 23 家,其投资者关系互动指数平均为 45.05;民营控股为 3 家,投资者关系互动指数平均为 34.76;集体控股为 1 家,投资者关系互动指数平均为 43.61;社团控股为 1 家,投资者关系互动指数为 18.59。如表 4-69 所示。在样本上市金融机构中,国有控股公司数量最多,其次是民营控股公司,集体控股公司仅有 1 家,社团控股公司仅有 1 家,其他性质的公司有 14 家。比较看出,样本上市金融机构中其他所有权性质公司投资者关系互动指数平均值最高,其次是国有控股公司。但是国有控股公司的标准差和极差均为最大,说明国有上市金融机构之间差距较大。

表 4-69 按控股股东性质分组的上市金融机构总指数描述性统计

控股股东性质	数目	比例(%)	平均值	中值	最小值	最大值	极差	标准差
国有控股	23	54.76	45.05	43.58	23.43	79.37	55.94	14.27
民营控股	3	7.14	34.76	33.08	32.24	38.96	6.72	3.66
集体控股	1	2.38	43.61	43.61	43.61	43.61	0	0
社会团体控股	1	2.38	18.59	18.59	18.59	18.59	0	0
其他	14	33.33	55.25	55.42	33.17	76.27	43.10	10.86

资料来源:南开大学中国公司治理研究院数据库。

不同控股股东各分指数统计特征见表 4-70。比较看出,国有控股公司、民营控股公司及其他所有权性质公司在沟通保障指数、网络沟通指数两个分指数上差别不大。在电话沟通方面，民营控股公司表现的比较差，在现场沟通方面，其他所有权性质公司做的比较好。由于集体控股公司和社团控股公司在样本中都只有1家，其分指数值不具有代表性。各个性质的控股公司在现场沟通和沟通反馈方面表现都相对较差，这种情况与"表4-61上市金融机构投资者关系互动指数描述性统计"中现场沟通指数和沟通反馈指数较低相吻合。

表4-70 按控股股东性质分组的上市金融机构分指数描述性统计

控股股东性质	沟通保障指数	网络沟通指数	电话沟通指数	现场沟通指数	沟通反馈指数
国有控股	64.04	67.76	67.32	28.40	16.66
民营控股	56.64	69.64	54.00	3.89	16.41
集体控股	100.00	63.64	70.30	11.66	0
社会团体控股	30.46	22.44	70.30	0	0
其他	66.76	70.31	73.92	45.31	33.45

资料来源：南开大学中国公司治理研究院数据库。

4.3.2 银行与非银行金融机构的 $IRII^{NK}$

42家上市金融机构中，从其机构性质看，银行金融机构为16家，其投资者关系互动指数平均为51.19；非银行金融机构为26家，其投资者关系互动指数平均为44.50。如表4-71所示。从平均值和中值都可以看出，银行金融机构的投资者关系管理水平高于非银行金融机构。非银行金融机构的标准差和极差均大于银行金融机构，说明非银行金融机构之间投资者关系管理水平存在较大差异。

表4-71 按金融机构性质分组的上市金融机构总指数描述性统计

金融机构性质	数量	比例(%)	平均值	中值	最小值	最大值	极差	标准差
非银行金融机构	26	61.90	44.50	42.43	18.59	79.37	60.78	15.75
银行金融机构	16	38.01	51.19	49.92	33.17	70.93	37.76	10.67

资料来源：南开大学中国公司治理研究院数据库。

银行与非银行金融机构各分指数统计特征见表4-72。比较看出，除了网络沟通之外，银行金融机构的四个分指数平均值都高于非银行金融机构，可见，银行金融机构在投资者关系管理各方面做的相对较好。现场沟通指数和沟通反馈指数仍是五个分指数得分中最低的，与"表4-61上市金融机构 $IRII^{NK}$ 描述性统计"中的结果相吻合。

表 4-72 按金融机构性质分组的上市金融机构分指数描述性统计

金融机构性质	沟通保障指数	网络沟通指数	电话沟通指数	现场沟通指数	沟通反馈指数
非银行金融机构	60.72	68.31	67.67	25.90	20.53
银行金融机构	70.57	66.37	70.41	39.84	22.92

资料来源:南开大学中国公司治理研究院数据库。

4.3.3 地区与 IRII^{NK}

从地区分布来看,42 家上市金融机构主要分布在北京、上海、广东、江苏和福建,分别为 12 家、7 家、5 家、3 家和 2 家,其他地区都分别只有 1 家金融上市机构。如表 4-73 所示。从 IRII^{NK} 总指数平均值水平来看,广东、北京较高,分别为 60.81、57.23;从沟通保障指数平均值水平来看,云南、湖南、重庆、福建、北京较高,分别为 100、85.88、85.88、78.63、72.47;从网络沟通指数平均值水平来看,重庆、山西、四川较高,分别为 96.00、93.40、86.74;从电话沟通指数平均值水平来看,山西、广东、北京较高,分别为 100.00、83.23、78.16;现场沟通指数平均值和沟通反馈指数平均值,总体来看都比较低。综上可知,广东和北京地区的上市金融机构投资者关系互动指数总指数及各分指数分值相对较高。

表 4-73 按地区分组的上市金融机构总指数描述性统计

省份	数量	IRII^{NK}	沟通保障指数	网络沟通指数	电话沟通指数	现场沟通指数	沟通反馈指数
安徽	1	40.53	57.27	67.64	70.30	19.53	12.69
北京	12	57.23	72.47	68.10	78.16	54.55	22.53
福建	2	33.87	78.63	69.57	45.85	0	0
广东	5	60.81	63.64	76.42	83.23	47.40	50.70
广西	1	44.10	57.27	76.77	70.30	19.53	22.66
湖北	1	49.94	59.06	70.35	70.30	44.40	17.68
湖南	1	41.24	85.88	66.35	70.30	11.66	0
吉林	1	31.51	30.46	66.35	70.30	11.66	7.70
江苏	3	31.04	38.16	60.39	63.90	7.78	12.84
山西	1	39.01	28.61	93.40	100.00	11.66	4.99
陕西	2	44.24	64.30	71.35	70.30	11.66	33.46
上海	7	42.95	63.63	55.95	64.06	28.05	19.75
四川	1	32.24	55.42	86.74	45.85	0	0
新疆	1	32.86	57.27	43.45	0	34.40	15.41
云南	1	43.61	100.00	63.64	70.30	11.66	0
浙江	1	33.17	57.27	53.30	45.85	11.66	15.41
重庆	1	47.15	85.88	96.00	45.85	0	36.55

资料来源:南开大学中国公司治理研究院数据库。

4.4 主要结论

与2012年评价样本相比,2013年上市金融机构IRII^{NK}总指数平均值由39.94上升到47.05,有较大幅度的提高。从各分指数来看,2013年沟通保障指数由上年的55.31上升到64.48;网络沟通指数由59.9上升到67.57;电话沟通指数由60.8上升到68.71;现场沟通指数由27.24上升到31.21;沟通反馈指数由12.19上升到21.44。可见上市金融机构投资者关系互动指数各分指标都有不同程度的提升,共同带来上市金融机构投资者关系管理的提升。本研究中,2013年上市金融机构投资者关系管理评价结果表明,上市金融机构投资者关系管理具有以下特征:

(1)上市金融机构投资者关系管理整体水平不高,投资者关系互动指数总指数平均值为47.05,较2012年的39.94有一定提升,投资者关系互动指数平均水平也从去年的四级上升到今年的三级。同时上市金融机构之间的投资者关系管理水平有很大差距,投资者关系互动指数总指数极差为60.78。

(2)从投资者关系管理评价的五个分指数来看,上市金融机构的沟通保障指数、网络沟通指数、电话沟通指数平均值比较高,其中电话沟通指数平均值最高;但现场沟通指数、沟通反馈指数平均值比较低,其中沟通反馈指数平均值最低。上市金融机构急需增强其现场沟通、尤其是沟通反馈方面的工作。

(3)在沟通保障方面,上市金融机构沟通保障指数主要得益于董秘情况,包括董秘是否在公司兼任其他职位和董秘的专业背景。在网络沟通方面,上市金融机构网络沟通指数主要得益于公司网站建设情况和投资者互动平台建设情况。在电话沟通方面,上市金融机构电话沟通指数主要得益于投资者专线电话情况。因此,上市金融机构要从董秘、公司网站、投资者互动平台、投资者专线电话等方面着手,提高公司投资者关系管理水平。

(4)不同控股股东性质投资者关系互动指数表明,样本上市金融机构中,国有控股公司数量最多;其他所有权性质的公司投资者关系互动指数平均值最高,国有控股公司投资者关系互动指数平均值位居其次。集体控股公司在沟通保障方面显著高于其他性质的上市金融机构。

(5)从金融机构性质来看,除了网络沟通之外,银行金融机构的四个分指数平均值都高于非银行金融机构,这表明银行金融机构的投资者关系管理水平相对较高。

(6)从地区分布来看,上市金融机构主要分布在北京、上海、广东、江苏、福建和陕西,其他地区都分别只有1家金融上市机构。投资者关系互动指数总指数及各分指数平均值水平表明,广东、北京地区的上市金融机构投资者关系管理水平较高。

5 中小企业板上市公司 IRII^{NK} 总体状况评价

5.1 中小企业板上市公司 IRII^{NK} 总体分析

5.1.1 中小企业板上市公司 IRII^{NK} 总体描述

2013年评价样本中有701家中小企业板上市公司,其投资者关系互动指数的平均值为38.73,中值为38.91,最小值为14.70,最大值为58.02,标准差为6.23,见表4-74。样本中没有居于第一(指标值为80—100)和第二(指标值为60—80)等级的公司;有296家上市公司的投资者关系互动指数居于第三等级(指标值为40—60),占样本总数的42.23%;有402家上市公司的投资者关系互动指数居于第四等级(指标值为20—40),占样本总数57.35%;有3家上市公司的投资者关系互动指数居于第五等级(指标值为0—20),占样本总数的0.43%。

从投资者关系互动评价的五个分指数来看,中小板上市公司的沟通保障指数、网络沟通指数、电话沟通指数、现场沟通指数和沟通反馈指数的平均值分别为67.54、64.29、54.90、11.88和15.22。其中,中小上市公司沟通保障指数和网络沟通指数值相对较高,而现场沟通指数和沟通反馈指数最低,沟通反馈成为中小上市公司投资者关系管理水平提升的短板。此外,样本公司中有9家上市公司沟通保障指数为0,占样本总数的1.28%;6家上市公司的电话沟通指数为0,占样本总数的0.86%,67家上市公司的现场沟通指数为0,占样本总数的9.56%,59家上市公司的沟通反馈指数值为0,占样本总数的8.42%。可见对中小上市公司而言,提升投资者关系管理水平任重道远。

表4-74 中小企业板上市公司 IRII^{NK} 描述性统计

项目	平均值	中值	最小值	最大值	极差	标准差
IRII^{NK}总指数	38.73	38.91	14.70	58.02	43.31	6.23
沟通保障指数	67.54	59.06	0	100.00	100.00	19.84
网络沟通指数	64.29	63.64	22.44	93.40	70.96	10.87
电话沟通指数	54.90	45.85	0	100.00	100.00	14.20
现场沟通指数	11.88	11.66	0	48.76	48.76	5.92
沟通反馈指数	15.22	7.70	0	90.03	90.03	13.48

资料来源:南开大学中国公司治理研究院数据库。

5.1.2 沟通保障状况总体描述

从沟通保障指数的四个主要因素来看,样本公司董秘兼职、获奖情况、董秘专业背景以及设置 IR 部门的平均值分别为 26.57、0.32、15.32 及 25.33。沟通保障指数主要得益于董秘兼职以及设置 IR 部门两项指数较高,但样本公司中仍有 50 家上市公司董秘兼职指数值为 0,即董事会秘书在公司中不担任其他职务,占样本总数的 7.13%;有 118 家上市公司尚未设置 IR 部门,占样本总数的 16.83%。样本公司董秘专业背景指数及获奖情况指数较低,其中有 685 家上市公司 2012 年度董事会秘书及投资者关系管理均未获奖,占样本总数的 97.72%,有 287 家上市公司的董秘专业背景指数值为 0,即董事会秘书专业背景不是经济类、管理类或法律类,占样本总数的 40.94%。沟通保障指数四项分指标的描述性统计情况如表 4-75 所示。

表 4-75　中小企业板上市公司沟通保障指数描述性统计

项目	平均值	中值	最小值	最大值	极差	标准差
董秘兼职	26.57	28.61	0	28.61	28.61	7.37
获奖情况	0.32	0.00	0	14.12	14.12	2.11
董秘专业背景	15.32	26.81	0	26.81	26.81	13.02
设置 IR 部门	25.33	30.46	0	30.46	30.46	11.40

资料来源:南开大学中国公司治理研究院数据库。

5.1.3 网络沟通状况总体描述

从网络沟通指数的 12 个主要因素来看,样本公司投资者互动平台建设在网络沟通中的表现最好,所有样本上市公司均开通了投资者互动平台,这也反映了中小上市公司的投资者互动平台已经发挥了一定的作用。大部分样本公司都建立了网站,仅有 23 家公司没有网站,占样本总数的 3.28%;但网站中的具体项目建设情况总体水平较差,有 95 家上市公司网站中没有设置 IR 板块,占样本总数的 13.55%;有 472 家上市公司网站中没有为投资者提供留言功能,占样本总数的 67.33%;有 616 家上市公司网站中没有为投资者提供常见问题解答,占样本总数的 87.87%;有 688 家上市公司网站中没有为投资者提供订阅功能,占样本总数的 98.15%;有 388 家上市公司网站中没有为投资者提供搜索功能,占样本总数的 55.35%;有 393 家上市公司网站中没有为投资者提供相关链接,占样本总数的 56.06%;有 674 家上市公司网站中没有为投资者提供相关的视频或音频信息,占样本总数的 96.15%;由此可见,对大部分中小上市公司而言,通过网站与投资者的沟通仍有很大的改进空间。此外,投资者信箱指数值也较高,平均为 7.44,仅有 4 家上市公司尚未设置专门的邮箱供投资者询问,占样本总数的 0.57%;有 236 家上市公司没有进行网上路演,占样本总数的 33.67%;网络投票指数值相对较低,平均仅为 3.45,有 527 家上市公司没有为投资者提供网络渠道进行投票,占样本总数的 75.18%。网络沟通指数 12 项分指标的描述性统计情况如表 4-76 所示。

表 4-76 中小企业板上市公司网络沟通指数描述性统计

项目	平均值	中值	最小值	最大值	极差	标准差
公司网站易达性	17.65	18.25	0	18.25	18.25	3.25
IR 板块	8.51	9.84	0	9.84	9.84	3.37
投资者信箱	7.44	7.48	0	7.48	7.48	0.56
投资者留言	2.12	0	0	6.49	6.49	3.05
投资者 FAQ	0.65	0	0	5.38	5.38	1.76
网上路演	6.86	10.35	0	10.35	10.35	4.89
投资者订阅	0.07	0	0	3.89	3.89	0.52
投资者互动平台	14.96	14.96	14.96	14.96	0	0
搜索功能	1.21	0	0	2.71	2.71	1.35
相关链接	1.22	0	0	2.77	2.77	1.37
IR 视频/音频	0.15	0	0	4.00	4.00	0.77
网络投票	3.45	0	0	13.90	13.90	6.01

资料来源:南开大学中国公司治理研究院数据库。

5.1.4 电话沟通状况总体描述

2013 年中小板上市公司评价样本电话沟通指数的三个分项情况见表 4-77。从电话沟通指数的三个主要因素来看,样本公司专线电话指数表现最好,平均值为 44.73,仅有 17 家上市公司尚未设置投资者专线电话,占样本总数的 2.43%,而电话会议指数和电话咨询指数较差,平均值仅为 0.85 和 9.32,其中 681 家上市公司没有召开投资者电话会议,占样本总数的 97.15%,有 434 家上市公司没有投资者来电咨询,占样本总数的 61.91%。

表 4-77 中小企业板上市公司电话沟通指数描述性统计

项目	平均值	中值	最小值	最大值	极差	标准差
专线电话	44.73	45.85	0	45.85	45.85	7.06
电话会议	0.85	0	0	29.70	29.70	4.95
电话咨询	9.32	0	0	24.46	24.46	11.89

资料来源:南开大学中国公司治理研究院数据库。

5.1.5 现场沟通状况总体描述

2013 年中小上市公司评价样本现场沟通指数的七个分项情况见表 4-78。从现场沟通指数的七个主要评价维度来看,相对较好的是现场参观指数,平均值为10.43,但仍有74家上市公司2013年度没有组织投资者进行现场参观,占样本总数的10.56%。其余六个分项指标值均较差,有650家上市公司没有组织业绩说明会或投资者见面会,占样本总数的92.72%。而表现最差的是分析师会议、媒体或记者见面会、反向路演、现场路演以及走访投资者这五项指标,仅有1家样本上市公司召开了分析师会议;仅有2家样本上市公司组织了媒体见面会或记者招待会;仅有3家样本上市公司实施了反向路演,仅10家样本上市公司开展了现场路演,而样本中尚未有一家上市公司开展了走访投资者活动。这五项指标是阻碍中小板上市公司提升现场沟通质量的最大障碍。

表4-78 中小企业板上市公司现场沟通指数描述性统计

项目	平均值	中值	最小值	最大值	极差	标准差
业绩说明会	1.08	0	0	14.87	14.87	3.87
现场路演	0	0	0	0	0	0
分析师会议	0.02	0	0	14.36	14.36	0.54
媒体见面会	0.02	0	0	7.86	7.86	0.42
走访投资者	0	0	0	0	0	0
现场参观	10.43	11.66	0	11.66	11.66	3.59
反向路演	0.06	0	0	15.17	15.17	0.99

资料来源:南开大学中国公司治理研究院数据库。

5.1.6 沟通反馈状况总体描述

从沟通反馈指数的三个分项指标来看,样本公司的邮件反馈状况、披露接待投资者电话的次数及披露接待投资者来访的次数的平均值分别为3.28、1.75和10.19。样本公司中有638家上市公司没有及时进行邮件反馈,占样本总数的91.01%;有586家上市公司没有披露接待投资者电话的次数,占样本总数的83.59%;有81家上市公司没有披露接待投资者来访的次数,占样本总数的11.55%。沟通反馈指数的三项分指标的描述性统计情况如表4-79所示。

表4-79 中小企业板上市公司沟通反馈指数描述性统计

项目	平均值	中值	最小值	最大值	极差	标准差
邮件反馈	3.28	0	0	36.55	36.55	10.46
电话频率	1.75	0	0	19.94	19.94	4.29
接待次数	10.19	7.70	0	38.52	38.52	6.69

资料来源:南开大学中国公司治理研究院数据库。

5.2 中小企业板上市公司 $IRII^{NK}$ 总体状况年度比较评价

对比2013年与2012年的评价指标,可以发现中小企业板上市公司评价样本2012年平均值为39.23,2013年平均值为38.73,整体水平较2012年有所降低,而且投资者关系管理良好的公司较少,$IRII^{NK}$最大值仅为58.02,比2012年的最大值65.71下降了7.69,而最小值仅为14.70,有405家上市公司的 $IRII^{NK}$ 指数值小于40,占全部样本的57.77%,比2012年的54.21%也有所增加,具体如表4-80所示。

表4-80 中小企业板上市公司 $IRII^{NK}$ 年度比较

统计指标	$IRII^{NK}$—2012	$IRII^{NK}$—2013	差异(2013—2012)
平均值	39.23	38.73	-0.50
中位数	39.16	38.91	-0.25
最小值	15.81	14.70	-1.11
最大值	65.71	58.02	-7.69
极差	49.90	43.31	-6.59
标准差	8.12	6.23	-1.89

资料来源:南开大学中国公司治理研究院数据库。

将2012年与2013年中小企业板上市公司评价样本中 $IRII^{NK}$ 各分指数对比分析,可知现场沟通指数值相比2012年有较大幅度的下降,沟通反馈指数也表现出一定程度的下降。但从沟通保障方面来看,相比2012年评价样本,2013年评价样本的表现有所改善,指标平均值达到了67.54,此外,网络沟通指数方面,2013年评价样本的指标值也略有提升。具体比较数据见表4-81。

表4-81 中小企业板上市公司 $IRII^{NK}$ 分指数年度比较

项目	平均值		中值		标准差	
	2012年	2013年	2012年	2013年	2012年	2013年
$IRII^{NK}$总指数	39.23	38.73	39.16	38.91	8.12	6.23
沟通保障指数	64.28	67.54	59.06	59.06	20.95	19.84
网络沟通指数	63.74	64.29	63.64	63.64	12.60	10.87
电话沟通指数	54.95	54.90	45.85	45.85	100.00	14.20
现场沟通指数	15.38	11.88	11.66	11.66	13.33	5.92
沟通反馈指数	15.75	15.22	9.63	7.70	17.81	13.48

资料来源:南开大学中国公司治理研究院数据库。

5.3 中小企业板上市公司 IRII^{NK} 分组统计

在对我国中小板上市公司的投资者关系管理状况作总体描述之后,为了进一步深入考察不同类型公司投资者关系管理状况的差异,我们分别对控股股东性质、地区等不同类别进行了对比分析。

5.3.1 控股股东性质与 IRII^{NK}

我们将样本中小上市公司,按照第一大股东最终控制人类型性质的不同,分为国有控股、民营控股、外资控股、集体控股、社会团体控股、职工控股及其他7种类型。通过分析控股股东性质不同的样本上市公司投资者关系互动指数的数字特征,进一步探讨控股股东性质不同的中小上市公司投资者关系管理状况的差异。701家中小板上市公司中,从控股股东性质来看,国有控股为106家,其投资者关系互动指数平均为39.02;民营控股567家,其投资者关系互动指数平均为38.66;外资控股15家,其投资者关系互动指数平均为39.12;集体控股5家,其投资者关系互动指数平均为36.01;社会团体控股1家,其投资者关系互动指数值为28.39;样本中没有职工控股的中小企业板上市公司,其他类别的公司共7家,其投资者关系互动指数平均为42.59。民营控股公司所占比重最高,其次为国有控股。由于社会团体控股的样本公司数量少,不具有可比性,所以我们只对其他几种分类进行比较。从投资者关系互动指数平均值看,外资控股最高,国有控股次之,社会团体控股较低。按股东性质分类,样本上市公司 IRII^{NK} 描述性统计情况如表4-82所示。

表 4-82 按控股股东性质分组的中小企业板上市公司总指数描述性统计

控股股东性质	数量	比例(%)	平均值	中值	最小值	最大值	极差	标准差
国有控股	106	15.12	39.02	39.58	18.26	51.20	32.93	5.62
民营控股	567	80.88	38.66	38.72	14.70	58.02	43.31	6.33
外资控股	15	2.14	39.12	37.43	30.24	48.97	18.73	5.48
集体控股	5	0.71	36.01	37.72	26.75	44.53	17.78	7.44
社会团体控股	1	0.14	28.39	28.39	28.39	28.39	0	0
其他	7	1.00	42.59	41.50	33.34	54.14	20.80	6.87

资料来源:南开大学中国公司治理研究院数据库。

不同控股股东各项分指数统计特征见表4-83。从五个分指数来看,国有控股和外资控股公司在沟通保障方面表现较好,集体控股和社会团体控股公司的沟通保障指数值相对较低。在网络沟通方面,集体控股公司指数值较高,国有控股、民营控股、外资控股以及社会团体公司表现相当,差异不大。在电话沟通方面,外资控股公司指标值最高,民营控股和国有控股差异不大,略低于外资控股公司,集体控股表现最差。在现场沟通方面,所有样本公司的表现均不佳,指标平均值尚未达到20,其中指标值最高的民营控股公司平均值仅为12分,国有控股、民营控股以及外资控股三类公司表现相差不大,但5家集体控股公司中有2家公司的现场沟通指数值为0,而唯一的1家社会团体控股公司现场沟通指标值也为0,表现均较差。在沟通反馈方面,表现最好的是集体控股公司,而国有控股、民营控股和外资控股公司表现差异不大。从整体来看,外资控股公司的表现相对于其他控股股东性质的公司略胜一筹;而国有控股公司、民营控股公司及集体控股公司在投资者关系管理的五项分指标中的表现相当,指标值差异不大。

表 4-83 按控股股东性质分组的中小企业板上市公司分指数统计

控股股东性质	沟通保障指数	网络沟通指数	电话沟通指数	现场沟通指数	沟通反馈指数
国有控股	71.32	63.45	53.82	11.60	14.80
民营控股	66.76	64.42	55.19	12.00	15.16
外资控股	67.40	62.51	57.61	11.66	17.58
集体控股	58.35	72.91	41.57	7.00	19.64
社会团体控股	57.27	62.40	45.85	0	0
其他	81.79	64.33	52.83	11.66	20.95

资料来源:南开大学中国公司治理研究院数据库。

5.3.2 地区与 IRII^{NK}

我们将 2013 年评价样本中的 701 家中小上市公司按照注册地的不同,分成 31 个省(直辖市、自治区)的分组样本,分析不同地区的样本公司投资者关系互动指数的分布特征,比较中小上市公司地区间投资者关系管理状况的差异。从地区分布来看,642 家中小企业板上市公司中,广东、浙江和江苏最多,分别有 145、118 和 92 家,而宁夏和青海最少,均只有 1 家中小板上市公司。从投资者关系互动指数平均值水平来看,宁夏和西藏 IRII^{NK} 指数值较高,分别为 43.63 和 41.64,甘肃和内蒙古较低,分别为 33.87 和 29.30,地区间投资者关系互动指数平均水平差异较大,极差达到 14.33,见表 4-84。

表 4-84 按地区分组的中小企业板上市公司描述性统计

省份	数量	IRII^{NK} 总指数	沟通保障指数	网络沟通指数	电话沟通指数	现场沟通指数	沟通反馈指数
安徽	25	38.42	66.41	65.87	55.84	11.45	13.74
北京	39	40.68	69.35	65.72	51.65	12.67	22.41

(续表)

省份	数量	IRII^{NK}总指数	沟通保障指数	网络沟通指数	电话沟通指数	现场沟通指数	沟通反馈指数
福建	31	38.45	71.14	63.19	52.95	11.87	12.07
甘肃	4	33.87	54.35	57.07	59.38	12.47	7.02
广东	145	39.43	68.73	64.93	52.66	12.58	17.17
广西	6	37.70	67.39	59.45	58.08	12.20	11.86
贵州	5	38.69	74.42	65.16	46.46	12.31	11.78
海南	3	38.72	66.79	68.52	62.15	11.66	8.46
河北	10	38.46	68.34	67.46	53.71	12.31	10.79
河南	22	38.73	72.37	64.65	55.85	10.07	11.84
黑龙江	2	34.07	57.24	55.70	58.08	11.66	7.70
湖北	10	40.66	71.38	63.69	55.94	13.15	18.70
湖南	19	36.68	68.79	60.55	51.16	9.82	11.83
吉林	6	39.04	62.32	68.49	62.15	12.70	13.14
江苏	92	38.36	67.20	65.60	55.86	10.93	13.36
江西	7	40.90	66.20	66.59	59.82	18.47	12.43
辽宁	12	37.85	61.11	62.44	56.04	14.14	15.77
内蒙古	2	29.30	28.63	43.43	58.08	11.66	25.98
宁夏	1	43.63	55.42	53.24	70.30	11.66	51.96
青海	1	34.81	55.42	46.16	45.85	26.54	7.70
山东	57	38.36	66.09	63.91	57.19	10.96	15.13
山西	3	39.86	47.70	72.37	72.05	11.66	24.87
陕西	4	36.48	58.15	61.76	51.96	11.66	18.09
上海	27	39.19	66.79	66.84	54.90	12.33	15.25
四川	23	39.12	68.26	60.48	63.09	11.94	14.80
天津	6	38.46	63.53	64.01	62.15	14.68	10.58
西藏	2	41.64	85.88	65.73	45.85	11.66	15.41
新疆	9	40.14	73.56	57.79	62.15	13.32	15.51
云南	7	36.86	77.70	58.88	45.85	6.67	12.93
浙江	118	38.28	66.13	64.41	54.18	11.56	15.31
重庆	3	38.40	68.00	57.55	62.15	16.62	7.70
合计	701	38.73	67.54	64.29	54.90	11.88	15.22

资料来源:南开大学中国公司治理研究院数据库。

5.4 主要结论

2013年中小上市公司评价样本的投资者关系互动指数的平均值为38.73,最大值58.02,最小值仅为14.70。有348家上市公司的投资者关系互动指数值小于40,占全部样本的57.78%。评价结果表明,中小上市公司具有以下特征:

(1) 2013年中小上市公司评价样本的投资者关系管理总体水平还比较低,样本公司中没有一家上市公司指数值超过60,相比2012年评价样本略有下降。从投资者关系管理评价的五个分指数来看,中小上市公司沟通保障指数和网络沟通指数值较高,而现场沟通和沟通反馈水平较低,相比2012年评价样本,仅有沟通保障和网络沟通的表现有所改善,而其他三个方面表现不如前一年。

(2) 在沟通保障方面,中小上市公司沟通保障指数主要得益于董秘兼职指数值较高,即董事会秘书同时担任其他职务,有利于投资者关系管理工作的顺利开展;而获奖情况指数最低,因此如何落实投资者关系管理工作,使各项工作日臻完善,并获得投资者、分析师以及媒体的认可,是中小上市公司提升沟通保障指数的关键。

(3) 在网络沟通方面,中小上市公司的网站易达性指数、投资者信箱指数及投资者互动平台指数表现较好,而网站中的具体项目,如投资者FAQ、投资者订阅、IR相关视频/音频等指数值较低,此外网络投票指标值也不高,这些因素都是制约中小上市公司与投资者顺利开展网络沟通的重要因素。由此,如何在已有网站的基础上,细化具体项目建设,为投资者提供更为便捷的服务,使其更方便地了解公司的信息,将是中小上市公司未来工作的重点之一。

(4) 在电话沟通方面,中小上市公司专线电话指数值较高,电话咨询指数次之,电话会议指数值最低。因此,中小上市公司应该开设投资者咨询专线电话,以方便投资者来电咨询,增加与投资者召开电话会议的次数,从而为投资者及时获取公司相关信息提供便利。

(5) 在现场沟通方面,中小上市公司现场沟通指数主要得益于现场参观指数表现较好,而其他指数值均不高,尤其是分析师会议、媒体或记者见面会、反向路演以及走访投资者这几项指数,事实上这些也是中小上市公司现场沟通水平提升的关键。因此,中小上市公司应在现有沟通方式和渠道的基础上,不断开拓新的与投资者面对面沟通的渠道,从而建立高效运作的现场沟通方式,提高公司的投资者关系管理水平。

(6) 在沟通反馈方面,中小上市公司邮件反馈指数、电话频率指数及接待次数指数值均不高,尤其是电话频率指数最低。因此对于中小上市公司而言,不断加强与投资者的互动沟通,并将沟通情况及时披露,也是中小上市公司未来工作的重点之一。

（7）不同控股股东性质公司投资者关系互动指数表明，外资控股公司的 $IRII^{NK}$ 最高，五项指标中有三项居于首位，国有控股略高于民营控股公司，总体来看差异不大。

（8）从中小上市公司的地区分布来看，广东、浙江和江苏最多，而宁夏和青海的公司数量最少。从投资者关系互动指数的平均值来看，宁夏和西藏 $IRII^{NK}$ 较高，甘肃和内蒙古较低，而且地区间的差异较大。

6 创业板上市公司 IRII^{NK} 总体状况评价

6.1 创业板上市公司 IRII^{NK} 总体分析
6.1.1 创业板上市公司 IRII^{NK} 总体描述

2013年评价样本中有355家创业板上市公司样本,其投资者关系互动总指数的平均值是34.88,中值是34.85,最小值是16.72,最大值是54.49,极差是37.77,标准差是6.83。如表4-85所示。

从投资者关系互动评价的五个分指数来看,创业板上市公司的沟通保障指数、网络沟通指数、电话沟通指数、现场沟通指数、沟通反馈指数的平均值分别为62.43、59.88、48.96、9.54、11.73。沟通保障指数、网络沟通指数、电话沟通指数平均值均高于 IRII^{NK} 总指数平均值,其中沟通保障指数平均值最高,但现场沟通指数、沟通反馈指数平均值均低于投资者关系互动指数总指数平均值,其中现场沟通指数平均值最低,这表明355家创业板上市公司在现场沟通和沟通反馈方面急需提升。

表4-85 创业板上市公司 IRII^{NK} 描述性统计

项目	平均值	中值	最小值	最大值	极差	标准差
IRII^{NK}总指数	34.88	34.85	16.72	54.49	37.77	6.83
沟通保障指数	62.43	59.06	0	100.00	100.00	22.00
网络沟通指数	59.88	60.87	25.15	89.35	64.20	8.74
电话沟通指数	48.96	45.85	0	100.00	100.00	13.82
现场沟通指数	9.54	11.66	0	44.40	44.40	7.23
沟通反馈指数	11.73	7.70	0	64.65	64.65	14.08

资料来源:南开大学中国公司治理研究院数据库。

6.1.2 沟通保障状况总体描述

从沟通保障评价的四个主要因素看,样本公司董秘兼职、有无IRM奖项、董秘专业背景、有无IR部门的平均值分别为25.22、0.32、13.29、23.59。如表4-86所示。不难看出,沟通保障指数主要得益于董秘兼职的贡献。四个因素中,有无IRM奖项平均值最低,且中值为0,说明一半以上的创业板上市公司未曾获得IRM

奖项。

表 4-86 创业板上市公司沟通保障指数描述性统计

项目	平均值	中值	最小值	最大值	极差	标准差
董秘兼职	25.22	28.61	0	28.61	28.61	9.25
获奖情况	0.32	0	0	14.12	14.12	2.10
董秘专业背景	13.29	13.41	0	26.81	26.81	13.04
设置 IR 部门	23.59	30.46	0	30.46	30.46	12.74

资料来源：南开大学中国公司治理研究院数据库。

6.1.3 网络沟通状况总体描述

从网络沟通评价的 12 个主要因素看，样本公司网站能否打开、有无 IRM 板块、投资者信箱、投资者留言、投资者 FAQ、网上路演、投资者订阅、投资者互动平台、搜索功能、相关链接、视频\音频信息、网络投票的平均值分别为 17.89、8.82、7.23、1.02、0.24、5.65、0.05、14.96、1.76、1.27、0.17、0.82。如表 4-87 所示。其中公司网站能否打开、有无 IRM 板块、投资者互动平台三个因素平均值较高，其他九个因素平均值都较低。并且投资者留言、投资者 FAQ、投资者订阅、相关链接、视频\音频信息、网络投票六个因素的中值均为 0，说明一半以上的创业板上市公司在其网站上没有投资者留言、投资者 FAQ、投资者订阅、相关链接、视频\音频信息、网络投票等服务。

表 4-87 创业板上市公司网络沟通指数描述性统计

项目	平均值	中值	最小值	最大值	极差	标准差
网站能否打开	17.89	18.25	0	18.25	18.25	2.54
有无 IRM 板块	8.82	9.84	0	9.84	9.84	3.01
投资者信箱	7.23	7.48	0	7.48	7.48	1.35
投资者留言	1.02	0	0	6.49	6.49	2.37
投资者 FAQ	0.24	0	0	5.38	5.38	1.12
网上路演	5.65	10.35	0	10.35	10.35	5.16
投资者订阅	0.05	0	0	3.89	3.89	0.46
投资者互动平台	14.96	14.96	14.96	14.96	0	0
搜索功能	1.76	2.71	0	2.71	2.71	1.30
相关链接	1.27	0	0	2.77	2.77	1.38
视频\音频信息	0.17	0	0	4.00	4.00	0.81
网络投票	0.82	0	0	13.90	13.90	3.28

资料来源：南开大学中国公司治理研究院数据库。

6.1.4 电话沟通状况总体描述

从电话沟通评价的三个主要因素看,样本公司专线电话、电话会议、电话咨询的平均值分别为 43.91、0.92、4.13。如表 4-88 所示。不难看出,电话沟通指数主要得益于公司设有投资者关系管理专线电话的贡献。电话会议、电话咨询两个因素的中值均为 0,说明一半以上的创业板上市公司没有召开电话会议、没有使用电话咨询与投资者沟通。

表 4-88 创业板上市公司电话沟通指数描述性统计

项目	平均值	中值	最小值	最大值	极差	标准差
专线电话	43.91	45.85	0	45.85	45.85	9.24
电话会议	0.92	0	0	29.70	29.70	5.15
电话咨询	4.13	0	0	24.46	24.46	9.18

资料来源:南开大学中国公司治理研究院数据库。

6.1.5 现场沟通状况总体描述

从现场沟通评价的七个主要因素看,样本公司业绩说明会、现场路演、分析师会议、媒体见面会、走访投资者、现场参观、反向路演的平均值分别为 0.59、0.75、0.20、0.09、0.31、7.43、0.17。如表 4-89 所示。其中现场参观的平均值最高,另外,从表中可以看出有六个因素的中值均为 0,说明一半以上的创业板上市公司投资者关系管理的现场沟通做的不到位,有很大的提升空间,这种情况恰好与"表 4-85 创业板上市公司投资者关系互动指数描述性统计"中现场沟通指数最低相吻合。

表 4-89 创业板上市公司现场沟通指数描述性统计

项目	平均值	中值	最小值	最大值	极差	标准差
业绩说明会	0.59	0	0	14.87	14.87	2.90
现场路演	0.75	0	0	17.86	17.86	3.60
分析师会议	0.20	0	0	14.36	14.36	1.69
媒体见面会	0.09	0	0	7.86	7.86	0.83
走访投资者	0.31	0	0	18.21	18.21	2.35
现场参观	7.43	11.66	0	11.66	11.66	5.62
反向路演	0.17	0	0	15.17	15.17	1.60

资料来源:南开大学中国公司治理研究院数据库。

6.1.6 沟通反馈状况总体描述

从沟通反馈评价的三个主要因素看,样本公司邮件反馈、接待电话次数、接待来访次数的平均值分别为 4.12、1.12、6.49。如表 4-90 所示。其中接待电话次数的平均值最低,说明创业板上市公司对投资者电话沟通不够重视。接待来访次数的平均值最高,但极差最大,说明创业板上市公司之间在投资者接待来访方面存在较大差距。另外,从表中可以看出两个因素的中值均为0,说明一半以上的创业板上市公司投资者关系管理的沟通反馈做的很不到位,尚需大幅度改进,这种情况也与"表4-85 创业板上市公司投资者关系互动指数描述性统计"中沟通反馈指数较低相吻合。

表4-90 创业板上市公司沟通反馈指数描述性统计

项目	平均值	中值	最小值	最大值	极差	标准差
邮件反馈	4.12	0	0	36.55	36.55	11.57
接待电话次数	1.12	0	0	24.93	24.93	3.57
接待来访次数	6.49	7.70	0	38.52	38.52	6.09

资料来源:南开大学中国公司治理研究院数据库。

6.2 创业板上市公司 $IRII^{NK}$ 总体状况年度比较评价

对比2013年与2012年的评价指标,可以发现创业板上市公司评价样本2012年平均值为30.71,2013年平均值为34.88,整体水平较2012年有较大提升。其中 $IRII^{NK}$ 最大值为54.49,比2012年的最大值65.63降低了11.14,可以反映出还有一些创业板上市公司对于投资者关系的认知不足,尚未真正重视股东等投资者,具体情况如表4-91所示。

表4-91 创业板上市公司 $IRII^{NK}$ 年度比较

统计指标	$IRII^{NK}$—2012	$IRII^{NK}$—2013	差异(2013—2012)
平均值	30.71	34.88	4.17
中位数	28.98	34.85	5.87
最小值	8.06	16.72	8.66
最大值	65.63	54.49	-11.14
极差	57.57	37.77	-19.80
标准差	8.98	6.83	-2.15

资料来源:南开大学中国公司治理研究院数据库。

将2012年评价样本与2013年评价样本中的创业板上市公司 $IRII^{NK}$ 各分指数对比分析,可知,2013年创业板上市公司在沟通保障、网络沟通、电话沟通、沟通反馈方面,相比2012年,有不同幅度的提升,尤其是沟通保障方面,其平均值由2012年的51.88大幅度上升为2013年的62.43,表明一年来,创业板上市公司在沟通保障方面取得长足进步。但是,在现场沟通方面创业板上市公司平均值有所下降,说明创业板上市公司应继续重视和加强与投资者现场沟通方面的工作。如表

4-92 所示。

表 4-92 创业板上市公司 IRII^{NK} 分指数年度对比

项目	平均值		中值		标准差	
	2012 年	2013 年	2012 年	2013 年	2012 年	2013 年
IRII^{NK} 指数	30.71	34.88	28.93	34.85	8.91	6.83
沟通保障指数	51.88	62.43	55.42	59.06	23.43	22.00
网络沟通指数	58.46	59.88	58.87	60.87	13.13	8.74
电话沟通指数	35.92	48.96	45.85	45.85	26.09	13.82
现场沟通指数	10.18	9.54	5.83	11.66	12.59	7.23
沟通反馈指数	9.92	11.73	0	7.70	14.79	14.08

资料来源：南开大学中国公司治理研究院数据库。

6.3 创业板上市公司 IRII^{NK} 分组统计

在对创业板上市公司样本的投资者关系管理状况作总体描述之后，为了进一步深入考察不同类型公司投资者关系管理状况的差异，我们分别对控股股东性质、地区等不同类别进行了对比分析。

6.3.1 控股股东性质与 IRII^{NK}

355 家创业板上市公司中，从其控股股东看，国有控股为 14 家，其投资者关系互动指数平均值为 37.56；民营控股为 323 家，投资者关系互动指数平均值为 34.23；外资控股为 7 家，投资者关系互动指数平均值为 36.18；社团控股为 2 家，投资者关系互动指数平均值为 39.78；其他所有权性质公司控股为 9 家，投资者关系互动指数为 33.32。如表 4-93 所示。在创业板上市公司样本中，民营控股公司数量最多，占样本总量的 90.99%。比较看出，创业板上市公司样本中国有控股公司投资者关系互动指数平均值最高，但不同股东性质公司之间，投资者关系互动指数平均值差别不大，说明不同性质创业板上市公司之间投资者关系管理平均水平相当。

表 4-93 按控股股东性质分组的创业板上市公司总指数描述性统计

控股股东性质	数量	比例(%)	平均值	中值	最小值	最大值	极差	标准差
国有控股	14	3.94	37.56	35.52	20.81	49.40	28.59	8.04
民营控股	323	90.99	34.23	34.07	16.68	54.48	37.81	6.55
外资控股	7	1.97	36.18	37.95	20.81	46.88	26.07	10.67
社会团体控股	2	0.56	39.78	39.78	33.40	46.15	12.76	9.02
其他	9	2.54	33.32	33.79	19.05	45.51	26.46	8.15

资料来源：南开大学中国公司治理研究院数据库。

不同控股股东各分指数统计特征见表4-94。比较看出,在沟通保障指数方面,集体控股公司平均值最高;在网络沟通指数方面,国有控股公司平均值最高;在电话沟通指数方面,集体控股公司平均值最高。各个性质的控股公司在现场沟通和沟通反馈方面表现都相对较差,这种情况与"表4-85 创业板上市公司投资者关系互动指数描述性统计"中现场沟通指数和沟通反馈指数较低相吻合。

表4-94 按控股股东性质分组的创业板上市公司分指数描述性统计

控股股东性质	沟通保障指数	网络沟通指数	电话沟通指数	现场沟通指数	沟通反馈指数
国有控股	58.03	63.82	51.31	10.23	26.47
民营控股	62.44	59.74	48.79	9.50	11.10
外资控股	70.03	60.46	45.85	9.22	14.84
集体控股	72.47	63.61	58.08	11.66	16.54
其他	60.83	57.43	51.86	9.73	7.96

资料来源:南开大学中国公司治理研究院数据库。

6.3.2 地区与 IRII^{NK}

从地区分布来看,355家创业板上市公司主要分布在广东、北京、江苏、重庆、上海、山东,分别为77家、52家、42家、36家、28家、18家。如表4-95所示。从投资者关系互动指数总指数平均值水平来看,甘肃、浙江较高,分别为39.73、38.00,但总体来看,各地区IRM总指数平均值都不高,且各地区投资者关系互动指数总指数平均值差异不明显。从沟通保障指数平均值水平来看,海南、甘肃较高,分别为85.88、79.17;从网络沟通指数平均值水平来看,浙江最高,为80.25;从电话沟通指数平均值水平来看,吉林最高,为70.30;现场沟通指数平均值和沟通反馈指数平均值,总体来看都比较低。综上可知,甘肃、浙江地区的创业板上市公司投资者关系互动指数总指数及各分指数分值相对较高。

表4-95 按地区分组的创业板上市公司指数描述性统计表

省份	数量	IRII^{NK}总指数	沟通保障指数	网络沟通指数	电话沟通指数	现场沟通指数	沟通反馈指数
安徽	7	33.68	65.53	57.20	42.79	8.33	12.93
北京	52	35.53	66.56	61.47	50.46	8.72	12.14
福建	11	36.54	64.33	61.61	48.07	12.52	15.05
甘肃	2	39.73	79.17	61.18	58.08	11.66	11.56
广东	77	36.27	65.86	61.34	51.00	9.95	14.51
贵州	1	28.98	59.06	64.42	45.85	0	0

（续表）

省份	数量	IRII^{NK} 总指数	沟通保障指数	网络沟通指数	电话沟通指数	现场沟通指数	沟通反馈指数
海南	2	29.52	85.88	53.60	0	5.83	3.85
河北	5	37.91	75.15	59.51	45.85	12.90	13.47
河南	8	33.30	66.53	58.16	51.96	5.83	7.31
黑龙江	1	31.30	55.42	53.30	45.85	11.66	7.70
湖北	11	32.93	55.31	60.04	48.07	10.15	10.99
湖南	11	29.43	47.50	61.14	48.07	6.36	6.06
吉林	1	28.17	59.06	32.79	70.30	0	9.97
江苏	42	31.83	53.69	56.59	50.12	9.49	9.99
江西	3	37.22	66.79	60.70	54.00	7.78	20.64
辽宁	8	37.50	70.34	62.14	58.73	8.75	12.56
内蒙古	3	35.01	66.79	53.06	45.85	19.68	2.57
山东	18	32.22	52.88	59.47	42.11	13.37	9
山西	2	30.44	59.06	58.44	45.85	5.83	3.85
陕西	6	32.74	55.62	59.20	45.85	9.72	12.51
上海	28	33.76	63.10	57.15	47.89	8.00	13.33
四川	7	35.75	69.51	57.23	52.83	10.00	10.62
天津	5	31.55	49.20	59.47	45.85	9.33	13.47
新疆	3	33.94	58.47	65.74	48.62	7.78	11.03
浙江	1	38.00	57.27	80.25	45.85	11.66	15.41
重庆	36	34.16	62.84	61.05	48.03	9.13	10.18

资料来源：南开大学中国公司治理研究院数据库。

6.4 主要结论

与 2012 年相比，2013 年创业板上市公司 IRII^{NK} 总指数值由 30.71 上升到 34.88，有一定幅度的提高。从各分指数来看，2013 年沟通保障指数由上年的 51.88 上升到 62.43；网络沟通指数由 58.46 上升到 59.88；电话沟通指数由 35.92 上升到 48.96；现场沟通指数由 10.18 下降到 9.54；沟通反馈指数由 9.92 上升到 11.73。可见创业板上市公司投资者关系互动指数总体上虽有提升，各分指标值却升降不一，现场沟通指数有所下降。因此，创业板上市公司需要继续加强现场沟通工作。本研究中，2013 年创业板上市公司投资者关系互动评价结果表明，创业板上市公司投资者关系管理具有以下特征：

（1）创业板上市公司投资者关系管理整体水平不高，投资者关系互动指数总指数平均值仅为34.88,平均水平仅为4级。同时创业板上市公司之间的投资者关系管理水平有很大差距,投资者关系互动指数总指数极差为37.77。

(2) 从投资者关系互动评价的五个分指数来看,创业板上市公司的沟通保障指数、网络沟通指数、电话沟通指数平均值比较高,其中沟通保障指数平均值最高;但现场沟通指数、沟通反馈指数平均值比较低,其中现场沟通指数平均值最低。创业板上市公司急需增强其现场沟通方面的工作。

(3) 在沟通保障方面,创业板上市公司沟通保障指数主要得益于董秘兼职情况和IR部门的设置情况。在网络沟通方面,创业板上市公司网络沟通指数主要得益于公司网站建设情况和投资者互动平台建设情况。在电话沟通方面,创业板上市公司电话沟通指数主要得益于投资者专线电话情况。因此,创业板上市公司要从董秘、IR部门、公司网站、投资者互动平台、投资者专线电话等方面着手,提高公司投资者关系管理水平。

(4) 不同控股股东性质投资者关系互动指数表明,创业板上市公司样本中,民营控股公司数量最多,占样本总量的90.99%;国有控股公司投资者关系互动指数平均值最高,但不同股东性质的创业板上市公司之间投资者关系管理平均水平差别不大。外资控股公司在沟通保障方面显著高于其他性质的创业板上市公司。

(5) 从地区分布来看,创业板上市公司主要分布在广东、北京、江苏、重庆、上海、山东。投资者关系互动指数总指数及各分指数平均值水平表明,甘肃、浙江地区的创业板上市公司投资者关系管理水平相对较高,但总体来看,各地区投资者关系管理平均水平都不高,且地区差异不明显。

7 投资者关系管理存在的问题与政策建议

7.1 投资者关系管理现状

（1）从2013年投资者关系互动指数的分板块情况来看，金融板块投资者关系互动水平（平均值47.05）最高；其次是中小企业板（平均值38.73）；再次是创业板（平均值34.88）；投资者关系互动水平最差的为主板上市公司，平均值仅为31.07。我们认为，四板块投资者关系互动水平产生显著差异的原因与监管水平、控股股东性质存在直接关系。金融板由于其行业特殊性，受到政府部门、行业协会的多方监管，投资者关系互动水平最高；中小企业板、创业板公司多为民营企业，相比国有企业获得资源的难度较大，需通过较高的投资者关系水平吸引投资者，获得投资者认同；而主板上市公司数量众多，质量参差不齐，整体水平最差。

（2）2013年上市公司的投资者关系互动水平整体优于2012年。具体表现为主板上市公司投资者关系水平2013年评价样本水平较2012年平均值提高了2.51；上市金融机构投资者关系整体水平2013年评价样本水平较2012年平均值提高了7.10；中小企业板上市公司投资者关系整体水平2013年评价样本水平与2012年水平持平；创业板上市公司投资者关系整体水平2013年评价样本水平较2012年平均值提高了4.17。整体来看，2013年上市公司整体投资者关系互动水平较2012年有较大幅度提升。

（3）从投资者关系互动指数维度来看，上市公司沟通保障指数较高，主要得益于董秘兼职指数值较高，即董事会秘书同时担任其他职务，有利于投资者关系管理工作的顺利开展；而获奖情况指数最低，因此如何落实投资者关系管理工作，使各项工作日臻完善，并获得投资者、分析师以及媒体的认可，是上市公司提升沟通保障指数的关键；网络沟通水平较高，其中上市公司的网站易达性指数、投资者信箱指数及投资者互动平台指数表现较好，而网站中的具体项目，如投资者FAQ、投资者订阅、IR相关视频/音频等指数值较低，此外网络投票指标值也不高，这些因素都是制约上市公司与投资者顺利开展网络沟通的重要因素；电话沟通水平仅次于网络沟通，其中上市公司专线电话指数值较高，电话咨询指数次之，电话会议指数值最低；上市公司现场沟通与沟通反馈水平较差，分析师会议、媒体或记者见面会、反向路演以及走访投资者、邮件反馈指数、电话频率指数及接待投资者次数得分极低,上市公司与投资者沟通的渠道仍有待拓展。

7.2 存在的问题

7.2.1 投资者关系互动水平略有提升,但仍缺乏"高标准"

根据以上统计结果,在1 375家主板非金融上市公司中,投资者关系互动指数平均值为31.07,较2012年的28.56略有提升,但整体水平依旧较低,能够开展高水平互动沟通的公司数量依然不多。因为投资者关系管理工作的回报无法得到准确的衡量,而各项投资者关系管理活动的开展又需要上市公司人力、物力和财力等方面的投入,这就导致大部分上市公司仅是被动开展法律法规框架下的相关活动,而高水平高质量的沟通活动依旧没有得到拓展执行。约90%的上市公司投资者关系互动指数统计值集中于20—60区间内;60—80之间的仅有10家,虽然样本量不多,但相比2012年,数量上还是有了一定的增加;低于20的公司有126家,占总样本的9.16%,与2012年相比,无论从绝对量还是相对量上都有了较大幅度的减少。但所有样本中投资者关系互动指数值最高仅72.92,而且最高值与最低值之间的极差达到了68.59,这也在一定程度上反映了我国上市公司投资者关系互动水平差异依旧很大,很多公司依然存在较大的提升空间。此外,从分析中不难发现,大部分公司均以符合监管单位的要求为出发点开展投资者关系管理活动,如董秘的兼职情况、IR部门的设立、投资者关系互动平台建设情况等;而那些法律法规并未作出明确规定的项目表现就相对较差,例如路演、反向路演、走访投资者、沟通反馈等。

7.2.2 网络沟通最为普遍,现场沟通亟待提升

投资者关系管理的主要目标就是促进投资者与上市公司之间的互动沟通,因此,成本较低、技术先进的网络沟通方式成为投资者关系管理的重要沟通渠道,同时也是公司与投资者之间进行互动沟通的最方便、最经济的媒介。根据统计结果,在公司与投资者沟通的三种主要方式中,网络沟通指数最高,达到了55.72,高于电话沟通指数53.40以及现场沟通指数的7.47。不难发现,网络媒介已经成为投资者关系管理人员开展各项工作的必备工具,但与网络沟通方式相比,电话沟通对投资者疑惑的回答更直接,更清晰,同时也更注重互动;而现场沟通与上述两种方式相比,更能贴近资本市场的实际,可以更有效直接地解决投资者诉求,进而拓宽投资者的信息获取渠道,保障投资者知情权。但由于成本等方面的原因,这种最为直接的方式还未得到充分应用,根据统计结果,现场沟通指数远远低于网络沟通和电话沟通指数,在现场沟通各分指标中,表现最好的是现场参观指标,但也仅有494家公司披露了投资者到公司实地参观情况,仅占样本总数的35.93%,其余指标表现都不佳,表现最差的是反向路演,仅有12家上市公司在

2012年度实施了反向路演。因此,现场沟通成为上市公司投资者关系互动水平提升的关键因素。

7.2.3 沟通反馈尚未得到应有的重视

我国上市公司正在由以信息披露为主的单向沟通向双向互动沟通转变,沟通反馈正是这种互动沟通的重要体现。虽然大部分上市公司都重视投资者关系管理相关制度的建设,并在年报、网站或其他规定的信息披露媒体中披露相关制度,但对投资者的信息反馈并未重视。据统计,共有1 228家上市公司设立了投资者专用咨询邮箱,但仅有6.11%的上市公司及时回复了投资者的邮件咨询;共有1 238家上市公司设立了投资者专线咨询电话,但仅有34.62%的上市公司披露了投资者来电咨询情况。证监会在《上市公司与投资者关系工作指引》中强调了互动沟通原则,指出"公司应主动听取投资者的意见、建议,实现公司与投资者的双向沟通,形成良性互动"。而资本市场中的投资者,尤其是中小投资者在投资者决策过程中经常会遇到获取信息不充足、资本市场中的传言与消息得不到证实的难题,从而导致投资者的疑问得不到解答,也就很难在上市公司与投资者间形成良性互动,进而导致投资者的利益很难得到保护。而且在统计的过程中,我们发现即使沟通反馈较好的公司,其沟通对象大部分也都是机构投资者,中小投资者并未得到充分的重视,因此,上市公司的中小投资者沟通反馈工作任重而道远。

7.3 政策建议

7.3.1 真正落实责任主体,建立并完善公司投资者关系管理制度

目前我国大多数公司对投资者关系的认识还不深入,重视程度也还不足,仅仅满足法律法规等监管的硬性要求,缺乏开展投资者关系管理活动的自主性和积极性,因此公司高层管理者必须改变传统的观念,重视投资者关系管理活动,并为其提供保障和支持。对公司而言,首先应该制定相关的投资者关系管理制度,设置相应的投资者关系管理部门,真正落实责任主体,使得投资者关系管理活动有法可依、有章可循。其次,持续开展投资者关系管理活动。很多公司只是将投资者关系管理作为公司危机管理活动的一部分,只在需要融资以及出现危机的时候才急切地采用各种沟通形式与投资者进行交流,而其余时间却疏于联络,这种临时抱佛脚的急功近利行为并不能获得投资者的信任,只有通过持续地进行互动沟通和维护,才能在关键时刻发挥投资者关系管理的作用。最后,公司高管在一定意义上是公司形象的代言人,他们的支持、承诺与行动是投资者关系管理活动真正有效的关键,如果投资者可以近距离与公司高管进行沟通,那么就更有可能赢得投资者等利益相关者的信心与信赖。

7.3.2 建立投资者关系管理团队,保障投资者关系管理顺利开展

我国大多数上市公司目前没有设立独立的投资者关系管理职能部门和配备专业的投资者关系管理人员,而只是指定相关职能部门或指定专门人员负责信息披露工作。国外投资者关系管理已经发展成为结合金融、市场营销、沟通、公司治理等在内的战略管理行为,投资者关系管理工作需要具备财务、营销、协调沟通能力等复合型人才。复合型人才能够确保给予资本市场上投资者高质量的信息披露和接待服务,有利于树立上市公司的良好形象,提高上市公司的资本市场价值。随着投资者对信息披露的要求提高,由一人负责投资者关系管理已经无法满足工作需要,成立专业互补的投资者关系管理团队成为必然趋势。投资者关系管理是一项专业性极强、与投资者联系紧密的管理工作,对投资者关系从业人员的专业胜任能力、人际沟通能力、协调协作能力及危机处理等能力要求很高,因此,上市公司建立一支专业性强的投资者关系管理队伍对提升公司的投资者关系管理整体水平具有重要作用。国外多数公司有投资者关系管理团队专门负责投资者关系管理工作,团队工作无疑较我国的个人工作更具专业性。我国上市公司投资者关系管理的不足在于还没有认识到投资者关系管理的重要性,并没有从投资者关系管理的高度来看待和处理信息披露工作,因此,建立甚至雇用专业的投资者关系管理团队成为我国投资者关系管理的必然趋势。

7.3.3 转变传统的信息披露观念,建立以投资者信息需求为导向的新理念

随着上市公司之间的竞争逐渐激烈,越来越多的上市公司意识到要保持畅通的融资渠道和公司可持续发展,公司需要在资本市场上拥有长期忠诚的投资者。投资者关系管理的职能从公司单向的信息披露上升到以了解投资者信息需求为导向的信息披露。以投资者信息需求为导向的信息披露通过了解投资者的信息需求,制定针对性更强的信息披露内容,使投资者在全面了解公司的基础上作出投资决策;消除投资者对公司的困惑和疑虑,增强投资者的信心,在资本市场上吸引更多的投资者,实现投资者与公司的双赢。以投资者信息需求为导向要求公司除了按照相关法律、法规和章程的明确规定进行财务信息披露外,公司更多的非财务信息也需要披露。非财务信息是财务信息的先行指标,非财务信息披露是对财务信息披露的扩展和补充,能够展示公司未来的盈利能力、增长潜力(公司核心竞争力)、公司治理、社会责任等方面的信息,减少了公司管理层和外部投资者间的信息不对称,是投资者作出投资决策的基础。

7.3.4 加强投资者关系管理评价,引导公司完善投资者关系管理工作

国外投资者关系管理中最重要的一环就是评级机构的投资者关系管理评级,如国际金融研究所(Institute of International Finance,IIF)的评级等。这些评级机构根据专业化的计量模型,对上市公司投资者关系管理活动给予评价,能够让投资

者较为直观地看到某一上市公司的投资者关系管理水平,并且,上市公司也能清楚自己在整个资本市场以及同行中的地位。

将投资者关系管理作为一项长期的战略来贯彻实施,应将评价指标体系在战略层面加以展开,引入评价指标体系,带动企业的投资者关系管理战略意识构建与延伸。我国证券监管部门应出台引导和推动上市公司投资者关系建设的相关法律法规,把投资者关系管理评价作为完善公司治理的重要辅助内容;交易所应加大推动上市公司投资者关系建设及评价活动的力度;有关单位应联合成立中国投资者关系管理协会,加强行业引导。同时,监管部门要积极引进新的评价体系,及时更新认知、提升方法的可适性与完整性。以提升我国投资者关系管理研究的整体水平,为投资者关系管理实践提供有力的理论支持与理论导向。

7.3.5 强化外部监管,健全相关法律法规

外部监管的目标主要是保持证券市场的公平、公正与公开,进而保护投资者的利益,而这也正是公司开展投资者关系管理的重要目标之一。因此,实现与投资者的双向互动沟通,强化外部监管也是一个必不可少的措施。监管作为重要的外部机制推动了上市公司投资者关系互动水平的提升,但如何使监管真正发挥作用,还须进一步转变观念,将监管落到实处。目前,我国实行的政府主导型监管模式在对上市公司投资者关系管理活动的监管中并不尽如人意,监管当局监管权力不足,监管能力不平衡,关于投资者关系管理的直接行政法规尚未出台,大多数上市公司仍是按照证券交易所的章程指引进行。因此,政府监管部门有必要建立健全监督管理体制,尽快制定出专门的投资者关系管理法规及其配套规范,并落实问责制,从而提升我国上市公司投资者关系管理相关规范的层次,促进上市公司投资者关系管理的发展与完善。

7.3.6 开展投资者教育,强化投资者风险意识

从境外成熟资本市场来看,投资者教育工作受到了普遍的重视,而投资者教育制度也被公认为是投资者保护制度中最为基础,也是最重要的部分。而我国资本市场中的投资者大部分教育水平较低,没有受过正规的培训,缺乏相关的证券知识,在投资决策时缺乏专业的判断和理性的思考,投资者较为盲目,容易受到"小道消息"的影响,因此我国的投资者教育工作迫在眉睫。目前,上海证券交易所和深圳证券交易所均成立了投资者教育中心,在网站上对投资者进行风险教育以及投资者维权教育,提供多种服务热线、视频课堂帮助投资者获取知识和信息,但总体而言对投资者教育工作的立法级别较低,不利于投资者教育工作的制度化、长期化,因此完善投资者教育相关的法律制度是未来工作的重中之重。对投资者进行分类也是开展投资者教育工作的前提和基础,只有确定了投资者的类型,才能为其提供合适的投资者教育服务。此外,投资者教育服务不仅要关注现

有投资者,更应将潜在投资者纳入投资者教育对象中,普及金融证券知识、投资者理财理论以及证券市场法律法规等方面的知识,从而使其具备相应的风险意识,在做投资决策时也更为理性。随着资本市场的不断发展,以及金融产品的不断创新,投资者教育工作面临的困难也会不断增加,所以投资者教育工作仍需要进行长期深入的探索。

第五篇 内部控制篇
——企业内部控制评价与上市公司内控质量

1 内部控制评价与评价指数

1.1 企业内部控制评价问题的提出

21世纪初,美国爆发了一连串的财务舞弊事件。从安然到世通,从施乐、时代华纳到默克制药、甲骨文软件,再到世界最大的会计师事务所之一的安达信,这一系列财务舞弊事件给广大的投资者带来巨大恐慌,对美国的证券市场造成沉重打击。为重振投资者对资本市场的信心,美国国会以压倒性多数紧急通过了被誉为自富兰克林·罗斯福总统时代以来"最彻底的公司改革法案"——萨班斯—奥克斯利(Sarbanes-Oxley,简称SOX法案),该法案不仅对美国1933年和1934年通过的《证券法》、《证券交易法》这两部证券监管的重要法律做了修改和补充,而且还对会计行业的监管、公司责任、审计的独立性、证券师行为、财务信息披露、证券委员会的权利和责任等诸多方面作了新的规定,其中,对上市公司治理和内部控制提出的严格要求和限制格外引人关注。按照法案中的302和404条款的规定,所有在美国上市的公司必须出具管理层和外部审计师签发的内部控制认证。为配合该法案的实施,美国证券交易委员会(SEC)在2003年8月发布了最终规则,对内部控制报告的具体内容和形式进行了详细的规定;美国反欺诈财务报告委员会(即Treadway委员会)下属的"发起组织委员会"(Committee of Sponsoring Organization the Treadway Commission,简称COSO委员会)在原有内部控制整体框架基础上,于2004年9月正式发布了新的研究报告——《企业风险管理——整合框架》(Enterprise Risk Management—Integrated Framework,简称ERM框架)。受美国萨班斯法案实施和COSO新报告发布的影响,企业内部控制、内部控制评价再次成为人们关注的焦点和研究的热点,世界其他各国的监管部门也开始逐渐认识到内部控制对于企业自身及资本市场健康稳定发展的重要性,并纷纷修改和完善各自的内部控制框架,以加强对企业内部控制质量的评价和监督。

在我国,随着"琼民源"、"蓝田股份"、"银广厦"、"郑百文"、"中信泰富"、"中航油"等一系列财务舞弊和内控失效事件的频频发生,企业内部控制也成为社会各界尤其是政府监管部门日益关注的重点。借鉴美国COSO内部控制5要素框架形式,在内容上体现其风险管理8要素框架实质,我国财政部等五部委于2008年6月28日联合发布了被誉为中国版的"萨班斯—奥克斯利法案"——《企业内部控制基本规范》(简称《基本规范》),并于2010年4月26日发布《企业内部控制配套指引》。该配套指引由《企业内部控制应用指引》、《企业内部控制评价指引》和《企业内部控制审计指引》组成,其中《企业内部控制评价指引》和《企业内部控制审计指引》对内部控制有效性的内部评价主体(企业董事会)及评价依据、评价范围、外部评价主体(注册会计师)及审计范围、相关责任等都进行了明确的规定。为加强上市公司内部控制体系建设,我国还提出了"通过三至五年的努力,基本建立以监管部门为主导、各单位具体实施为基础、会计师事务所等中介机构咨询服务为支撑、政府监管和社会评价相结合的内部控制实施体系"目标,制订了企业内部控制规范体系实施时间表:自2011年1月1日起首先在境内外同时上市的公司施行,自2012年1月1日起扩大到在上海证券交易所、深圳证券交易所主板上市的公司施行;在此基础上,择机在中小板和创业板上市公司施行。

自2006年以来,上交所、深交所陆续要求我国上市金融和非金融公司对内部控制的完整性、合理性、有效性进行评价并出具自评报告,但由于缺乏客观评价标准以及量化评分标准和方法,内部控制自我评价及其报告的披露流于形式已是不争的事实(杨雄胜等,2007)。按照深圳迪博公司对2010年沪、深两市披露内部控制审计报告和自我评价报告的上市公司所进行的统计,在875家聘请中介机构对内部控制进行审计的上市公司中,99.78%的上市公司其内部控制被中介机构认为有效,仅有两家上市公司的内部控制体系被中介机构出具了保留意见和否定意见;在1618家披露内部控制自我评价报告的上市公司中,99.2%的上市公司自认为内部控制体系有效,自愿披露内部控制缺陷的比例不足1%。上述数据似乎表明我国上市公司的内部控制质量要远远高于美国上市公司的内部控制质量(美国自愿披露内部控制缺陷的比例为13.8%),但问题是社会各界对企业和注册会计师的内部控制评价结果并不认同,而且评价结果也确实与实际情况存在较大差异。

独立性、客观性、公正性、权威性是外部审计所具有的重要特性。然而,由于越来越多的会计师事务所在为客户提供审计服务的同时还为其提供咨询服务,这种"不务正业"的做法使外部审计的独立性大打折扣。会计师事务所是具有公共性和企业性双重属性的单位,它一方面为股东、债权人、潜在投资者等提供企业审计报告,承担着重大的社会责任;另一方面它又是独立经营、自负盈亏的企业,这就使其难以完全保持客观性、公正性。近年来,随着会计师事务所逐渐增多,行业竞争日趋激烈,一些会计师事务所采用了低价收费、拉关系、给回扣等不正当手段抢夺市场份额,使审计质量开始下降,审计报告的可信度降低。另外,按照《基本规范》,企业内部控制要实现五个目标,但注册会计师只对企业财务报告内部控制进行审计,而对内部控制审计过程中注意到的非财务报告内部控制重大缺陷是在内部控制审计报告中增加"非财务报告内部控制重大缺陷描述段"进行披露,这不仅算不上是真正意义上的内部控制评价,而且由于注册会计师审计责任的降低,有可能导致其对企业非财务报告内部控制重视不够,从而使内部控制审计存在较大缺陷和不足。

内部控制五要素及其范围主要是基于提供给企业管理者的自我评估模型需要而归纳出(Kelley,1993)。企业实施内部控制的目的是保证内部控制目标的实现,企业内部控制评价应对企业内部控制合理保证目标的实现程度进行评价(陈汉文和张宜霞,2008)。但实践中的企业内部控制自我评价和注册会计师的内部控制审计主要是依照内部控制五要素对企业内部控制设计和运行的有效性发表定性意见,基本不涉及上市公司内部控制水平的量化,评价结果既不利于企业内部控制状况纵向、横向之间的比较和分析,也对企业利益相关者进行正确的决策缺少重要价值(张先治和戴文涛,2010)。

我国大多数上市公司是由国有企业改制而来,公司治理水平比较低,相关的法律法规不健全,要对企业内部控制质量进行独立、客观、公正的评价,并使评价结果有利于利益相关者的相关决策,就应当根据我国内部控制监督评价体系目标,基于政府监管部门或外部非盈利性组织评价企业内部控制目标实现程度的角度,建立一套反映企业内部控制评价本质特征和目标要求的评价指标体系,然后采用科学的方法对评价指标体系的评价结果进行综合、量化。

1.2 企业内部控制评价研究价值

1.2.1 企业内部控制评价研究理论价值

企业内部控制综合评价既是一项方法论研究,也是一项基础理论研究。从方法论的角度来说,企业内部控制综合评价涉及评价指标体系、评价指数构建模型、评价标准等,但是如果只专注于从实践的角度研究上述内容,就会使内部控制评价研究仅仅成为应用层面上的方法论研究,难以形成理论的体系,定量研究的基础必须由一个科学、合理的理论框架作为支撑。之前的研究已对内部控制综合评价的一些内容如评价模式、评价模型(含评价指标体系、评价指数构建模型、评价标准)等进行了研究,但都没有建立一个科学、合理的内部控制综合评价基础理论框架。

本研究通过对现代企业理论的回顾和梳理，阐释企业内部控制综合评价的经济学本质；依据内部控制理论，归纳总结企业内部控制综合评价的内涵和目标；在对比分析国际上占主流地位的美英内部控制评价模式、形成原因以及我国上市公司制度背景、治理水平、法律环境基础上，提出中国上市公司内部控制评价模式、内部控制评价主体与客体、评价方法等，从而建立了企业内部控制综合评价基础理论框架；基于该框架，本研究按照系统评价理论、内部控制理论、《基本规范》及配套指引建立评价指标体系，采用层次分析法和模糊综合评价模型对评价结果进行量化，建立可比较、易操作且直观、综合反映企业内部控制水平和风险控制能力的评价指数，从而创新了企业内部控制评价理论模型。

1.2.2 企业内部控制评价研究应用价值

本研究的综合评价理论模型具有重要的应用价值。利用该模型可以定期（比如一年）编制和发布中国上市公司内部控制质量报告。企业内部控制质量的公开，可以对上市公司形成强有力的声誉制约，促进上市公司加强和改善内部控制，保护投资者利益；企业内部控制评价结果的推出还可以为课题、著作、文章等相关研究提供平台，为政府监管部门制定有效的监管政策和措施提供支持；为其他外部利益相关者的正确决策提供参考信息。研究意义总结见图 5-1。

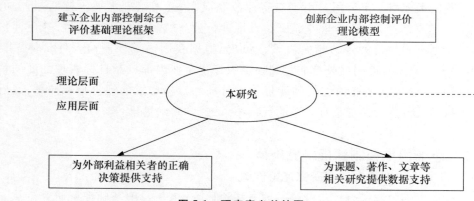

图 5-1　研究意义总结图

1.3　内部控制评价历史演进、研究综述

1.3.1　内部控制评价历史演进

虽然早在 1912 年，罗伯特·蒙哥马利就初步意识到内部控制的重要性，主张将资产负债表审计的必要范围与评价委托人的内部控制系统联系起来，但内部控制评价真正受到关注并得以发展，外部审计功不可没。外部审计师在长期的理论

研究和实践观察的基础上最终确信:内部控制与会计信息的可靠性之间存在着必然的联系,将内部牵制系统的评价与审计范围、重点等的确定联系起来,利用这种评价可以减少工作量,提高审计效率。正是由于这种认识,审计方式从此发生了根本的变化,即由原来账项导向审计演变为制度导向审计,也就是现在所说的"制度基础审计"。

20 世纪中期,环境的剧烈变化、不确定因素的增加、竞争的激烈等导致了被审计单位面临的风险越来越大。财务舞弊开始盛行,审计人员面临的审计风险日益扩大,制度基础审计已不再适应于审计需要,风险导向审计随之产生。风险导向审计把审计风险化分为固有风险、检查风险和控制风险,以控制风险作为评价风险的核心。此时内部控制评价的重点转向控制风险的评价,其目标主要是控制审计风险。

20 世纪 70 年代以后,美国爆发了新一轮的财务舞弊和财务失败事件,促使美国采取了一系列措施,强化董事会和管理层对内部控制的责任,内部控制评价开始影响管理领域。1977 年,美国国会通过了一项立法——《反国外贿赂法》(FCPA),该法案引用《审计准则公告第 1 号》中关于内部控制的定义,将未能保持充分内部会计控制系统的情形视为违法,并使内部控制不再隶属于会计部门,而是由董事会负责。作为上市公司的管理人员和董事,不论知情与否都会因内部会计控制不健全而遭到罚款和监禁。该法案的颁布对内部控制及其评价来说是一次巨大的飞跃,因为它使董事会和管理层开始意识到内部控制及其评价的重要性。在董事会和管理层的关注下,内部控制的范围得到拓展,内部控制评价目标更多地适应管理部门需要。

21 世纪初,随着安然、世通等一系列会计丑闻的出现,美国前总统布什签署了萨班斯—奥克斯利(Sarbanes-Oxley,SOX)法案。法案中的 302 和 404 条款要求所有在美国上市的公司必须出具管理层和外部审计师签发的内部控制认证。为执行该法案,美国反欺诈财务报告委员会随后重新审视了 1994 年发布的内部控制整体框架所存在的问题。并在原有内部控制整体框架的基础上,根据萨班斯法案和 SEC 规则的要求,于 2004 年 9 月正式发布了《企业风险管理——整合框架》。该框架指出,一个有效的风险管理程序必须与企业的战略设定结合起来实施,它从组织的顶层开始,支持组织的主要任务。《企业风险管理——整合框架》拓展了内部控制,内部控制评价于是开始转向企业风险管理这一更加宽泛的领域。

从上述内部控制评价发展历程可以看出:内部控制评价的产生最初是源于审计的需求,之后是源于法律法规的需求。这些外在因素一方面促使了内部控制评价不断发展,另一方面也促使了内部控制评价被日益受到重视(尤其受到监管部门的重视)。但内部控制不仅仅是审计角度的内部控制、法律法规要求的内部控制,而且还应是投资者及其他利益相关者需求的内部控制(张先治和戴文涛,2011)。随着企业理论的进一步发展,企业内部控制评价将进入一个新的、更加重要的发展阶段,即内部控制评价除了满足外部审计、企业管理需求外,还要满足企业外部利益相关者如监管部门、投资者、债权人等的需求,企业内部控制综合评价已成为企业内部控制评价的发展趋势和研究方向。

1.3.2 内部控制评价研究述评

1. 内部控制评价理论研究述评

(1) 内部控制评价判断标准

对企业内部控制状况进行评价,首先应当对内部控制有效性的判断标准进行定义。按照 Maijoor(2000)的观点:内部控制理论在发展过程中对内部控制范围的定义主要基于三种视角——外部审计视角、组织管理视角和经济学视角,那么内部控制有效性的判断标准应该主要存在三种。实际上,有代表性的内部控制有效性判断标准远不止三种。

① 基于审计视角的内部控制有效性标准

现代意义上的内部控制理论是由内部牵制发展而来的。虽然内部控制活动的产生由来已久、内部控制制度的事实早已存在于企业的生产经营管理中,但首先积极提出内部控制概念并加以系统化、理论化的却不是内部管理者,而是外部审计师。外部审计师在长期的审计实践中发现,将内部牵制系统的评价与审计范围、重点联系起来,可以减少工作量,提高审计效率。从外部审计来看,内部控制有效性判断标准是对财务报告的可靠性提供合理保证的程度和水平(Nichols,1987)。

② 基于组织管理视角的内部控制有效性标准

控制是管理的一项重要职能,作为五个管理要素之一,对其他四个要素(计划、组织、指挥、协调)起到综合的作用。管理控制的目的是使战略被执行,确保组织目标的实现(张先治,2004)。有效的内部控制系统应当与企业战略紧密结合,应当是企业成功的关键。更多的学者从内部控制系统使用的方法对有效的内部控制进行研究,认为有效的内部控制应当是不同控制方法的结合,如产出控制和行为控制(Ouchi,1977)、人事控制和组织结构控制(Edstom 和 Galbraith,1977)、市场、层级和家族控制(Ouchi,1977)、人事控制和文化控制(Balliga 和 Jaeger,1984)、行动控制、结果控制、人员控制及文化控制(Merchant,1998)、正式控制和非正式控制(Anthony 等,1998;Kranias,2001)等。

③ 基于经济学视角的内部控制有效性标准

股份有限公司的出现,形成了企业出资者和企业内部运作相分离的态势。所有者在公司中只拥有剩余索取权,企业的经营管理交给了专职的经营管理者,公司股东与经营者之间形成了一种委托代理关系。但由于股东数量较多,只能由股东大会来决定公司的事项,并选出一个董事会来代替股东行使自己的权利,由此股东和经理人员之间又多了一层委托代理关系,即股东和董事会的委托代理关系。这样就构成了双重委托代理链条,即股东—董事会—经理,前者是经营权的委托代理链条,后者是管理权的委托代理链条。要使这一委托代理链条不发生断裂,关键的是要完善委托者对受托者之间的约束与激励机制,这一机制便是内部控制(即公司治理)。它是维系委托人和受托人之间信任关系的一种保障机制。在外部投资者看来,内部控制的有效性取决于公司治理的有效性(Cadbury, 1993)。

④ 基于企业整体系统的内部控制有效性标准

契约经济学认为,企业是一系列不完备契约的组合,是个人之间交易产权的一种方式。为了弥补企业契约的不完备性和取得低交易成本所带来收益,也为了规范公司各利益相关者的关系、约束和激励他们之间的交易以实现公司交易成本的比较优势,企业需要建立一个控制机制和约束激励机制,这种控制机制和约束激励机制就是企业内部控制。这种企业内部控制关注企业这个系统的整体有效,即在企业这个契约集合中,参与这个系统的股东、管理者、员工及其他利益相关者的投入是否有效以及是否得到了有效回报。在基于这种观点推出《内部控制——整合框架》的美国 COSO 委员会看来,内部控制有效性的判断标准是董事会了解企业经营目标的实现程度;公布的财务报告的编制是可信赖的;使用的法律法规得到了遵循。

关于内部控制有效性标准,尽管是众说纷纭,但总体而言,各国的研究机构和越来越多的学者认可 COSO 委员会的内部控制定义,但对其内部控制有效性判断标准非议较多,认为其判断标准过于原则和抽象化,即使是加拿大 CoCo 委员会制定的用于评价各项内部控制目标的 20 条具体标准,也是不能有效地指导内部控制评价实践。

(2) 内部控制评价理论模型研究述评

为避免内部控制评价的主观性,许多的研究者提出了内部控制评价理论模型。Yu 和 Neter(1973)建立了一个随机模型,以便于审计师从数量上客观评价内部控制系统的可靠性。Nichols(1983)从一个执行审计任务的办事处获得工作文件并把工作文件上的数据作为输入,用判别分析构建描述性的基本评价判断模型。结果显示模型预测了 80% 的个人审计判断,远远高于一个概率模型的准确度。Houghton(1993)建立了一个描述审计师是如何做出内部控制判断的内部控制模型。该模型不仅追踪谁执行了一项任务,而且追踪这个人的上级和上级的上级。Srivastava(1985)的理论模型对内部控制是否有效提出以下三个标准：控制程序(活动)被执行的概率、对输入的正确信息进行正确决策的概率、对输入的错误信息进行正确决策的概率。此外，Cooley 和 Hicks(1983)还提出了汇总内部控制判断的模糊集模型；Rayman 等(1986)提出了审查内部控制进程的计算模型；Mohammad(1999)提出了一个描述结构和评价内部控制的模型。

在国内，王立勇(2004)运用可靠性理论及数理统计方法构建了内部控制系统评价定量分析的数学模型，并结合内部控制案例加以评述。利用该模型可计算程序的可靠度和系统可靠度，从而判断内部控制的效果。

由于审计师的评价行为受到执业经验、判断等多种因素的影响、内部控制评价行为具有很大的主观性，所以学者们才提出了一系列评价内部控制的数学模型，但这些模型或者是因为纯数学上的理论模型，在实际中无法找到可行的替代变量，或者是因为模型的假设难以被接受、模型的使用成本较高等，在内部控制评价实践中并没有发挥真正的作用。

（3）内控框架、评价指标体系及指数研究述评

① 内部控制框架研究

为整合各种各样的内部控制概念和解释，也为公司评价其内部控制系统的有效性提供一个参照标准，1992 年，美国的 COSO 提出了著名的内部控制评价标准模型——《内部控制——整体框架》。该框架将内部控制定义为"由企业的董事会、管理层和其他人员完成的过程，其目的是对运营的效率效果、财务报告的可靠性和法律法规的遵循提供合理保证"；内部控制包括三个目标和五个要素；三个目标分别是合理保证经营活动的效率和效果、合理保证财务报告的可靠性、适度保证对现有法律法规的遵循；五个要素分别是控制环境、风险评估、控制活动、信息与沟通及监督。为便于企业管理层进行内部控制自我评估和审计师鉴证，该框架还提出了判断内部控制有效性的三个标准，即董事会了解企业经营目标的实现程度；公布的财务报告的编制是可信赖的；使用的法律法规得到了遵循。

借鉴美国 COSO 的内部控制框架，世界其他各国纷纷推出各自的内部控制框架，比较著名的内部控制框架见表 5-1。

表 5-1 国内外著名的内部控制框架

发布部门、报告名称及发布时间	内部控制目标	内控要素(或框架内容)及评价标准	主要特点
美国 COSO 委员会:《企业内部控制整体框架》(1992)	(1)合理保证财务报告的可靠性;(2)经营活动的效率、效果;(3)相关法律、法规的遵循	内控要素:控制环境、风险评估、控制活动、信息与沟通、监督 评价标准:见基于企业整体系统的内部控制有效性标准	强调管理层对内部控制的责任;侧重于财务报告内部控制;对内部控制规定采取具体规则形式
加拿大 CoCo 委员会:《控制指南》(1995)	(1)经营的效率和效果;(2)内部和外部报告的可靠性;(3)遵循适用的法律、规章及内部政策	内控要素:目标、承诺、能力、监督和学习	是一种更为广泛的概念化方法,管理和控制的界限更为模糊
英国财务报告委员会(FRC):《特恩布尔指南》(1999)	(1)发现并控制企业风险,保护企业资产,明确和落实责任;(2)提高会计信息质量,防止财务欺诈;(3)遵循法律规章	内控要素:控制环境、控制活动、信息与沟通、监督检查。	强调董事会对内部控制的责任;以公司治理为导向;采取原则导向的方式
法国金融市场监管局:《内部控制系统框架》(2007)	(1)法律和规定的遵守;(2)由执行管理层或管理委员会所制定的规则和方向性指南被正确应用;(3)公司内部过程正确地发挥作用(特别在保护资产安全方面);(4)财务信息的可靠	内控要素:权责分明的架构系统、相关和可靠信息的内部沟通系统、风险识别和分析系统、控制活动、对内部控制程序的持续监督检查系统	以财务报告内部控制为主,框架的适用范围与对外披露财务报表的范围相配套
南非 King 委员会: King III 报告 (2009)	降低财务报告的实质性风险,并为可靠的财务报告提供坚实的基础	内控要素:控制活动、控制环境、风险评估、信息与沟通、监控	关注内部财务控制,并把审计委员会放在极其重要的位置
我国财政部等五部门:《企业内部控制基本规范》(2008)	(1)保证企业经营管理合法合规、资产安全、财务报告及相关信息真实完整;(2)提高经营效率和效果;(3)促进企业实现发展战略	内控要素:内部环境、风险评估、控制活动、信息与沟通、内部监督	在形式上借鉴了 COSO 报告 5 要素框架,在内容上体现了其《企业风险管理》8 要素的框架(朱荣恩,2009)

（续表）

发布部门、报告名称及发布时间	内部控制目标	内控要素（或框架内容）及评价标准	主要特点
巴塞尔银行监管委员会（BCBC）：《银行组织内部控制系统框架》（1998）	（1）操作性目标：各种活动的效率和效果；（2）信息性目标：财务和管理目标的可靠性、完整性和及时性；（3）合规性目标：遵从现行的法律和规章制度	内控要素：控制环境、风险评估、控制活动、信息与交流、监督评审	强调管理层的督促和控制文化，将风险的识别和风险的评估并举；突出职责分离的重要性
内部审计研究基金机构：《电子系统保证和控制》（ESAC,2001）	运营目标、报告目标、合规性目标、资产安全保障目标	内控要素：控制环境、人工和自动系统、控制程序	从COSO模型出发，将系统的目标和商业目标结合起来
信息系统审计和控制联合会（ISACA）：《信息及相关技术控制目标》（COBIT,1996）	利用信息技术来达到企业的目标和实施内部控制	内控要素：执行概要、框架、应用工具集、管理指南、控制目标和审计指南	商业导向、过程导向、以控制为基础、计量驱动
日本企业会计审议会：《内部控制评价与审计准则》（2007）	经营的有效和效率、财务报告的可靠性、营业活动遵循相关法律、资产保全	内控要素：控制环境、风险的评估与应对、控制活动、信息与沟通、监控、信息技术的应对	拓展了COSO内部控制框架，强调了信息控制和资产安全的重要性

资料来源：作者依据有关资料整理。

COSO的内部控制框架自发布以来逐渐获得了监管者、管理者的广泛认可，但学者们却普遍认为内部控制整体框架存在着一些缺陷。朱荣恩（2009）认为，内部控制框架仅仅提供了一些原则，并没有为管理层提供诸如如何建立控制文档、如何进行内部控制测试等方面的指南，也没有为管理层提供如何识别出控制缺陷方面的指南。Kelley（1993）认为，COSO报告的评估标准主要是基于提供给企业管理者的自我评估模型需要而归纳出内部控制的五要素及其范围，评价结果主要是满足企业自我评估需要。张先治和戴文涛（2010）认为，企业按照内部控制五要素评价内部控制状况，评价结果主要是满足企业管理需要，对利益相关者的决策缺少重要价值。

② 内控评价指标体系和指数研究

与各国研究机构的做法不同，学者们对内部控制评价的研究主要集中在评价指标体系和指数方面。

EI Paso(2002)以 COSO 报告为依据,提出了包含 5 级量度、93 个指标的内部控制评价指标体系。Huang 等(2004)按照 COSO 报告分解出 56 个指标作为特征属性,建立基于案例推理的内部控制风险评估系统。Leone(2007)总结 Ashbaugh-Skaife et al. (2006)和 Doyle et al. (2005)的研究,提出了可能会带来内部控制缺陷的评价指标体系。Hwang 等(2008)等按照 COSO 报告构建了 ERP 环境下的内部控制评价体系,该体系由 5 个维度、28 个评价指标组成。王煜宇和温涛(2005)从内部控制环境、风险评估、内部会计控制、内部管理控制、监督控制五个方面构建了由 35 个具体指标组成的企业内部控制评价指标体系。骆良彬和王河流(2008)依据内部控制"五要素"建立一个包含 42 个指标的评价指标体系。Tseng(2007)基于战略目标、经营目标、报告目标和合规目标实现程度构建了企业风险管理指数。张先治和戴文涛(2011)以内部控制的企业战略、财务报告的可靠性、经营活动效率效果和法律法规的遵循作为评价对象,采用基于 AHP 法的模糊综合评价模型构建内部控制指数。张兆国等(2011)以内部控制目标实现程度作为评价对象,构建由销售额、销售增长率等 25 个评价指标组成的评价指标体系,采用层次分析法和功效系数法建立评价指数。

学者们虽然依据内部控制要素建立了多种评价指标体系和评价指数,但并没有(有些根本无法)根据这些评价指标体系对企业内部控制状况进行测评。另外,我国学者在对内部控制评价指标体系研究时,《基本规范》以及配套指引尚未发布,所设计的评价指标体系并不适用于中国企业内部控制状况评价。

2. 内部控制评价实证研究述评

内部控制评价实证研究主要集中在以下两个方面:一是企业内部控制信息自愿披露;二是企业内部控制体系建设。Botosan(1997)借鉴 AIMA(The Association for Investment Management and Reaearch 的简称)的公司报告排名,研究了 122 家制造企业内部控制信息自愿披露情况。Moerland(2007)以实现内部控制目标为基础,构建内部控制披露指数,并对芬兰、挪威、瑞典、荷兰、英国等北欧国家 2002—2005 年的内部报告影响因素进行了研究。陈汉文(2010)以内部环境、风险评估、控制活动、信息与沟通、内部监督作为评价对象,基于过程的完善程度构建由四级评价指标组成的评价指标体系,采用评价指数的形式对中国上市公司内部控制体系建设情况进行了评价。此外,王宏等(2011)建立市场占有率变量、净利润变量、审计意见变量等组成的内部控制基本指数体系,将内部控制重大缺陷作为修正指标对中国上市公司内部控制五大目标实现程度进行了评价。

尽管国内外多位学者对上市公司内部控制状况进行了实证研究,但这些研究基本上是以内部控制要素和内部控制信息披露作为评价对象,评价结果主要反映企业的内部控制体系建设和信息披露情况,并不代表企业的内部控制水平或风险控制能力。王宏等(2011)的研究,评价指标体系中多数是财务会计指标,没有依据内部控制相关理论选择评价指标。另外,内部控制评价标准是内部控制综合评价模型的重要组成部分,但上述成果对此均缺乏研究。

1.4 中国上市公司内部控制评价理论框架
1.4.1 内部控制评价理论的逻辑起点
内部控制评价理论框架涉及内部控制评价研究的最基本的概念和理论要素,这些概念和理论要素按照一定的逻辑关系连接成一个具有整体性、系统性和有序性的基本理论结构,决定着内部控制评价研究对象的性质、功能和范围。要建立起内部控制评价理论框架,其首要问题就是要从诸多基本概念或理论要素中选择一个能够充当构建内部控制评价理论框架的逻辑起点。参照内部控制评价的相关学科如内部控制、公司理财、财务会计的概念框架都是目标起点的做法,国内很多学者认为内部控制评价概念框架的逻辑起点是内部控制评价目标,但我们认为,一项事物,在没有对它"定性"(本质)之前,是不可能有所谓的"目标"定位的(李心合,2010)。内部控制评价理论框架的逻辑起点应是内部控制评价本质。

1.4.2 内部控制评价理论框架内容及其逻辑关系
内部控制评价理论框架应该包括哪些基本概念或理论要素,并不取决于人们的主观臆断,而是取决于内部控制评价实践的一般性质(即本质)和要素结构。张兆国等(2010)、李心合(2010)、杨清香(2010)等人认为,理论框架主要包括本质、对象、主体、目标、方法、规范(标准)和环境。基于上述观点,内部控制评价理论框架主要包括以下内容:

1. 内部控制评价本质——内部控制评价是什么

在过去的理论研究和实际操作中,为了一定的实践目的而进行的内部控制评价最为典型,也最为常见。如早期的基于审计目的的内部控制评价、基于企业战略的控制自我评价(Control Self-Assessment,简称CSA)。这种基于实践目的的内部控制评价具有很强的针对性,其本质是作为审计人员和企业的一种审计方法和管理手段而存在,是现代企业内部控制评价的一个测度环节,为具体的实践目标服务。

将内部控制评价作为实践中的一个环节来认识,确实可以有效地指导实践。但这种认识往往存在较大的局限性,这就给构建一般的企业内部控制评价理论框架带来了巨大困难,甚至会出现较大的分歧和争议。原因是针对企业内部控制评价本质的认识不同,就会出现完全不同的内部控制概念框架和实践体系。因此,要构建一个一般的内部控制评价概念框架就必须撇开具体的评价实践活动,上升到企业经济本质的高度。按照现代企业理论,企业的经济性质是一个企业与其利益相关者制定的关系契约集合,只要企业同其利益相关者能够建立一个较为合理的契约,并能够有效地加以履行,企业的经营目标就必然能够实现,即企业的经营目标保证了企业与其利益相关者制定的关系契约得以有效的制定和执行。但是由于人的有限理性、信息不对称以及投机倾向的客观存在,使得企业同利益相关者之间最优契约的建立和履行常常存在较大的交易成本。为降低企业同其利益相关者之间的信息不对称,减少企业利益相关者的有限理性和投机倾向给企业经营带来的危害,进而保证各利益相关者能够制定和履行最优契约,保证企业的可持续发展,就必须通过有效的内部控制信息披露。

因此,从经济学的角度看,内部控制评价的目的是满足企业利益相关者在制定和履行契约时对企业经营、资产安全、法规遵守等方面的信息需求,内部控制评价的本质是一种信息披露形式,它不直接作用于企业的经营活动,主要为企业外部利益相关者的正确决策提供支持。

2. 内部控制评价环境——在何种制度安排下实施评价

对任何事物进行评价总要基于一定的制度环境。内部控制评价环境是指实施内部控制评价所基于的制度安排。由于各国企业制度背景、法律环境、公司治理状况、资本市场发展水平存在着较大差异,所以内部控制评价环境也存在着显著的不一致。美国基于其企业制度主要形式是公司制、股权较分散、公司法只存在于州的层面、公司治理及资本市场较为完善等特点,建立了"管理层财务报告内部控制有效性评价+注册会计师对管理层财务报告内部控制有效性发表意见+注册会计师对财务报告内部控制进行审计"这样一种制度安排(见图5-2),其目的是通过财务报告内部控制评价强制要求确保财务报告的可靠性,维护市场秩序和市场的有效性。与美国的内部控制评价制度安排不同,英国根据其实行自由企业制度、机构投资者持股比重较大以及独特的内部控制法律框架等因素,建立了"董事会内部控制有效性评价+注册会计师对董事会内部控制声明进行审查"这样一种制度安排(见图5-3),内部控制评价范围不仅包括财务报告内部控制,而且涵盖了所有类型的控制,尤其是强调了企业内部控制与企业风险的关系,主要目的是满足企业经营管理需要。

中国存在特殊制度环境如股权结构较特殊、投资者法律保护不健全、资本市场发展不完善、公司治理机制有缺陷等,一方面使得中国不可能完全照搬美国的内部控制评价制度安排,另一方面也决定了中国企业内部控制评价的视角也必须是规制或监管。按照财政部等五部委发布的《基本规范》及其配套指引的相关规定,结合我国提出的企业内部控制制度体系建立目标,即通过三至五年的努力,基本建立以监管部门为主导、各单位具体实施为基础、会计师事务所等中介机构咨询服务为支撑、政府监管和社会评价相结合的内部控制实施体系,我们认为,张先治和戴文涛(2010)提出的"董事会内部控制评价＋注册会计师财务报告内部控制审计＋政府监管部门(或非盈利性机构)内部控制综合评价"模式是较适合我国制度环境的内部控制评价制度安排(见图5-4)。

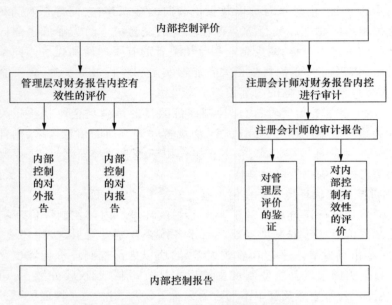

图 5-2　美国上市公司内部控制评价制度安排

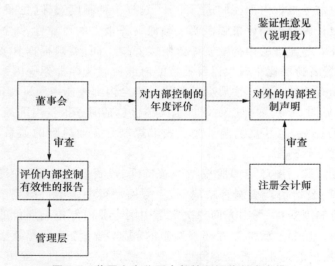

图 5-3　英国上市公司内部控制评价制度安排

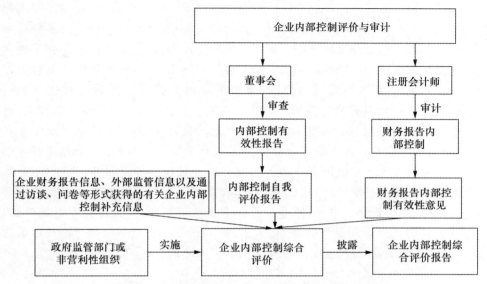

图 5-4 中国上市公司三位一体的内部控制评价体系

3. 内部控制评价主体——内部控制评价由谁来实施

企业内部控制评价活动按照评价主体的不同可以分为两类：一类是内部评价主体进行的评价活动，另一类是外部评价主体进行的评价活动。在内部控制评价本质确定为一种信息披露形式、并不直接作用于企业的经营活动、仅仅是企业各个利益相关者决策支持系统的情况下，企业内部控制评价主体主要是指内部控制外部评价主体，而且最好由政府监管部门和外部评价机构（比如科研机构或类似于美国的标普、穆迪和惠誉等评级机构）组成。在我国，政府监管部门要对相关企业施行内部控制规范体系的情况进行监督检查（刘玉廷，2010），要建立以"政府监管部门为主导的，各企业、会计师事务所和中介机构等共同参与的内外部监督评价体系"，所以，我国内部控制评价外部评价主体主要是政府监管部门或外部非营利性机构（比如科研机构）。

在我国，注册会计师不能充当主要的外部评价主体基于以下四种原因：（1）注册会计师评价视角主要基于企业内部，从评价的功能看，仍然是基于企业的自我评估。（2）按照《审计指引》，注册会计师仅对企业财务报告内部控制有效性进行评价，而对内部控制审计过程中注意到的非财务报告内部控制重大缺陷是在内部控制审计报告中增加"非财务报告内部控制重大缺陷描述段"予以披露。这在一定程度上降低了注册会计师的责任，有可能导致注册会计师对企业非财务报告内部控制缺陷重视不够，忽视影响内部控制目标实现的其他重要控制活动的评价（即注册会计师内部控制评价范围不包括企业所有重要的控制）。（3）注册会计师的内部控制评价缺乏综合性。企业内部控制影响因素较多,要对企业内部控制质量作出独立、客观和公正的评价,并指导利益相关者进行决策,就不能仅由注册会计师对企业财务报告内部控制状况作出定性评价,而应当建立一套反映企业内部控制评价本质特征和目标要求的评价指标体系,然后利用科学的方法对评价指标体系的评价结果进行综合,以便对企业内部控制状况进行对比、分析。
(4) 会计师事务所具有公共性和企业性双重属性。它一方面为股东、债权人、潜在投资者等提供企业审计报告,承担着重大的社会责任;另一方面它又是独立经营、自负盈亏的企业。这就使其难以完全保持公正性。近年来,由于越来越多的会计师事务所在为客户提供审计服务的同时还为其提供咨询服务,这种"不务正业"的收入结构已经使会计师事务所实际蜕变成了兼营审计业务的管理咨询公司,其独立性大打折扣。另外,随着会计师事务所逐渐增多,行业竞争日趋激烈,一些会计师事务所采用低价收费、拉关系、给回扣等不正当手段抢夺市场份额的做法,也使审计质量下降,注册会计师的信誉大大降低。

4. 内部控制评价客体——内部控制评价什么

在实务界和理论界看来,在美国 COSO 内部控制整体框架逐渐获得公众认可、越来越多的美国公司按照内部控制五要素评价企业内部控制状况以及我国的《企业内部控制评价指引》和《企业内部控制审计指引》已经正式发布的情况下,内部控制五要素是董事会(或管理层)和注册会计师的评价对象、是内部控制评价的客体是无需再探讨的问题,但实际上并非如此。内部控制五要素及其范围主要是基于企业管理者的自我评估模型需要而归纳出(Thomas,1993),评价结果主要满足企业自身的经营管理需要。所以,在内部控制评价本质被界定为一种信息披露形式,并不直接作用于企业的经营活动,仅仅是企业各个利益相关者决策支持系统以及内部控制评价主体主要由政府监管部门或外部非营利性机构(比如科研机构)组成的情况下,将内部控制五要素作为内部控制评价对象是不合适的。企业实施内部控制的目的是合理保证内部控制目标的实现,企业内部控制的有效性源自企业内部控制目标的实现程度,内部控制的有效性应当是内部控制为内部控制有关目标提供合理保证的程度和水平;有效的内部控制是为企业内部控制目标的实现提供合理保证的内部控制(陈汉文和张宜霞,2008)。因此,内部控制评价是对企业内部控制的有效性进行的评价活动,更进一步地,就是指内部控制评价主体根据一定的内部控制评价标准对企业在一定时期内(通常是一个财务年度)的内部控制合理保证内部控制目标的实现程度或水平所进行的评价活动(张先治和戴文涛,2010),内部控制评价的客体是企业内部控制目标的实现程度和水平。

5. 内部控制评价目标——内部控制评价要达到什么目标

任何概念框架一般都有目标,如财务概念框架、内部控制概念框架、公司财概念框架，内部控制评价概念框架也不例外。内部控制评价是对企业内部控制进行的评价活动，是对企业内部控制的再控制，所以，内部控制评价目标应当与内部控制目标相适应，内部控制评价目标的确定应当依据内部控制目标。

美国的 COSO 把内部控制界定为合理保证财务报告的可靠性，经营活动的效率、效果以及法律法规的遵循等三个目标的实现，我国的《基本规范》把企业内部控制设定为五大方面的目标，即合规性目标、安全目标、报告目标、经营目标和战略目标。但是我们认为：企业除了内部控制目标之外，还存在着企业目标；由于企业总目标在企业所有目标中处于核心和支配地位，因此，内部控制目标必须服从或服务于企业目标，企业内部控制目标应分为整体目标（或基本目标）和具体目标两个层次，以解决和企业目标的协调问题。

当今企业是在一个经济全球化、市场竞争日趋激烈的环境中经营，风险是每一个企业面临的最大危险，生存即企业可持续是企业最基本的需求，其次是发展和盈利。发展是企业可持续的重要保证，而盈利则是企业的最根本目的。按照一般公认的观点：企业目标是企业价值最大化，所以企业内部控制的整体目标（或基本目标）是实现企业的可持续发展和企业价值的最大化。在该目标下，可以将其细分为保证财务报告的真实可靠，防止错误和舞弊的发生；加强企业的经营管理，提高经营的效率和效果；保障企业资产的安全和完整；遵守现行的法律和法规以及促进企业战略目标的实现等具体目标（企业目标与内部控制总体目标、具体目标的关系见图 5-5）。

内部控制评价是对企业内部控制活动的再控制，其目标要与内部控制目标相适应，在企业内部控制整体目标（或基本目标）确定为实现企业的可持续发展和企业价值最大化的情况下，内部控制评价目标就是降低或规避企业风险、增加企业价值。

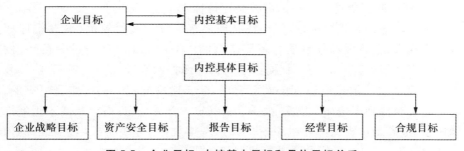

图 5-5　企业目标、内控基本目标和具体目标关系

6. 内部控制评价方法——如何实施内部控制评价

企业内部控制评价方法按照评价结果表现形式的不同可以分为两类，一类是

定性评价方法,另一类是定量评价方法。

定性评价方法与内部控制评价程序(或步骤)相联系,通常根据评价步骤的不同又可选择不同的评价方法。内部控制评价步骤一般包括调查了解、健全性测试、符合性测试和综合评价四个阶段。在制度调查阶段,可供选择的评价方法主要有查阅法、询问法、观察法和调查表法等;在健全性测试阶段,通常使用记述法(文字说明法)、调查表法和流程图法等评价方法;在符合性测试阶段,证据检查法、穿行试验法和实地观察法等是常用的评价方法;而在综合评价阶段,对比分析法、资料汇总法、逐项列举法等较为常用。

定量评价方法是在一套反映企业内部控制评价本质特征和目标要求的评价指标体系基础上,通过一定的评价模型,将企业内部控制状况评价结果转化成一个具体分值(通常称作内部控制指数)的评价方法。定量评价方法按照权数产生方法的不同大致可以分为两类,即主观法和客观法。所谓主观法,即根据经验和重要程度人为给出权数大小,再对指标进行综合评价。主观定权的方法有层次分析法、综合评分法、功效系数法、指数加权法和模糊评价法等。所谓客观法,即根据指标自身的作用和影响确定权数再进行综合评价。这类方法有熵值法、主成分分析法、变异系数法、聚类分析、判别分析等多元分析方法。由于上述综合评价方法各有所长,人们往往根据评价指标性质和评价目的选择配合使用。将层次分析法(即 AHP 方法)与模糊综合评价方法相结合构造多层模糊综合评价模型是一种综合运用两种方法优点的科学方法,非常适合企业内部控制综合量化评价。对此,国内外很多学者(Hwang 等,2008;张先治和戴文涛,2010;韩传模和汪士果,2009;骆良彬和王河流,2008;周春喜,2002)已经进行了相关研究。内部控制综合评价是一种定量评价,内部控制评价方法应当选择基于 AHP 的模糊综合评价方法。

7. 内部控制评价规范——内部控制评价标准

对企业内部控制状况进行评价,还必须要有一定的评价规范(或评价标准),没有评价标准,企业内部控制质量就无法判断。美国的 COSO 委员会在其《内部控制——整体框架》发布不久,就提出了判断内部控制有效性的三项标准,即公司董事会和管理层了解经营目标的实现程度,公布的财务报告的编制是可靠的,使用的法律法规得到了遵循。随后,加拿大的 CoCo 委员会、英格兰和威尔士特许会计师协会、最高审计机关国际组织、我国的《基本规范》等纷纷推出了自己的内部控制评价标准。但总的来说,这些标准过于原则和抽象化(虽然加拿大的 CoCo 制定了用于评价各项内部控制目标的 20 条具体标准),还不能有效地指导内部控制评价实践。

内部控制评价方法有定性评价方法和定量评价方法,与之相对应,内部控制评价标准也存在定性评价标准和定量评价标准。定性评价标准是对评价对象做出定性结论的价值判断标准,可分为一般标准和具体标准。内部控制评价的一般标准是应用于内部控制评价的各个方面的标准,是企业内部控制系统整体运行应遵循和达到的目标;内部控制评价具体标准是应用于内部控制评价具体方面的标准,是具体的内部控制系统运行应遵循和达到的目标。内部控制评价一般标准和具体标准之间存在密切的关系,内部控制评价具体标准是一般标准的基础,一般标准是具体标准的升华。

定量评价标准是对评价对象做出定量结果的价值判断标准。由于内部控制综合评价结果常常依据评价方法的不同表现为不同的形式(有的是百分数,有的是分值),因此,定量评价标准不存在一个统一的评价标准。以内部控制评价结果表现为评价分值而言,由于不同的分值分别代表着不同的内部控制质量(即使是相同的分值其内部控制质量也不一定相同),所以,必须对评价结果进行分等,以直观地显示企业内部控制质量的优劣。此种情况下,定量评价标准一般采用等级制的形式,如张先治和戴文涛(2010)在《中国企业内部控制评价系统研究》一文中制定的内部控制综合评价标准就采取了这种形式。

上述七个基本概念或理论要素中,第一个要素决定了内部控制评价实践的一般性质,第二至第七个要素决定了内部控制评价实践必须具备的要素,它们共同构成了内部控制评价的概念框架和基本理论结构。其逻辑关系可以表述为:以内部控制评价本质为逻辑起点,根据内部控制评价环境确定内部控制评价主体,内部控制评价主体运用内部控制评价方法,依据内部控制评价标准对企业内部控制评价对象进行评价,达到内部控制评价目标。

1.5 中国上市公司内部控制评价特点及原则

1.5.1 中国上市公司内部控制评价特点

中国上市公司内部控制评价是在企业内部控制信息披露以及注册会计师内部控制审计披露的基础上,结合其他相关信息,基于政府监管部门或外部非营利性组织(比如科研机构)评价企业内部控制目标实现程度视角而对企业内部控制质量进行的一种综合、量化评价。这种综合、量化评价的本质是一种为企业外部利益相关者的正确决策提供支持的内部控制信息披露,它作为企业的一种信息披露形式和内容,并不直接作用于企业的生产经营和管理活动,主要为企业外部利益相关者的正确决策提供支持。

1.5.2 中国上市公司内部控制评价原则

为保证企业内部控制评价结果的客观性,提高社会公众对内部控制评价质量的可接受性,本研究在构建内部控制评价系统时遵循了以下原则:

（1）科学性原则。评价指标体系设计、评价指标及指数构建模型选择等都应有一定的理论依据和理论分析，符合内部控制理论、系统评价理论、《基本规范》及配套指引等要求。

（2）系统性。内部控制评价指标体系是由相互联系、相互依存的多个评价指标组成的具有一定结构和功能的整体，应具有整体性、层次性、相关性和动态性的特点。

（3）可比性原则。内部控制评价既要考虑评价结果全面反映企业的内部控制情况，又要考虑不同企业之间评价指标、评价结果的可比性。

（4）可操作性原则。内部控制评价指标多数来自于企业的公开信息披露，不同企业之间的差别有可能较大，评价指标的选取要切合实际，具有可操作性。

（5）定性与定量相结合。企业内部控制质量影响因素较多，内部控制评价中既要考虑到内部控制评价的主观性，又要使内部控制评价具有客观性，做到定性评价和定量评价相结合。

1.6 中国上市公司内部控制评价指标体系

企业内部控制综合评价属于多指标的综合评价范畴。多指标综合评价要求按一定规则建立一套相互联系、相互依存的评价指标体系。内部控制评价指标体系是内部控制指数构建的基础，也是内部控制指数构建的最关键环节，关系到评价结果的科学性和可接受性。本研究首先根据内部控制理论、系统评价理论、《基本规范》及其配套指引等选择评价指标，初步建立评价指标体系。考虑到定量评价指标之间有可能存在较大的相关性，本研究在采取了Pearson相关系数对初选的22个定量评价指标进行净化处理后，保留定量评价指标15个，最终确立企业内部控制评价指标体系。

1.6.1 内部控制评价指标选择

1. 结果层指标

企业内部控制评价是对企业在一定时期内（通常是一个财务年度）的内部控制合理保证内部控制目标的实现程度或水平所进行的评价活动（张先治和戴文涛，2010），这一评价活动的综合量化结果就是企业内部控制指数，也即企业内部控制评价的结果层指标。它是在一套综合反映企业内部控制评价本质特征和目标要求的评价指标体系基础上，采用基于AHP的模糊综合评价模型计算出来的具体分值，代表企业内部控制目标实现程度的数量表示，可用于评价企业内部控制有效性情况，也可用于不同企业、不同行业内部控制质量的比较。

2. 目标层指标

我国的《基本规范》把内部控制目标定为五个，但实际上可以归为四个。企业资产不安全,企业的经营活动就谈不上有效率和效果,企业经营活动的效率、效果目标可以代表资产安全目标(张先治,2004)。因此,本研究设置企业战略目标、财务报告可靠性目标、经营活动的效率和效果目标及法律法规遵循目标,美国COSO的《风险管理整合框架》也是设置了此四个目标。

3. 一级指标层指标

一级指标层指标是用来评价目标层指标的,它们是目标层指标的进一步扩展,代表评价目标层指标应当考虑的具体内容或维度,共设置战略目标制定和实施过程、战略目标实施结果、企业总体层面控制、业务活动层面控制等10个一级指标层指标。

(1)通过战略目标制定和实施过程、战略目标实施结果两个指标评价企业战略目标实现程度。企业的内部控制应符合一定的原则,成本效益原则是企业战略目标控制应遵守的原则。为避免企业过分注重战略目标的实现而不考虑资源消耗、控制成本等因素,大多数学者如张先治(2004)、杨雄胜等(2007)、朱荣恩(2009)、杨有红等(2010)认为,企业战略目标的评价应从结果和过程两个方面进行评价。为此,本研究设置战略目标制定和实施过程、战略目标实施结果指标评价企业目标实现程度。

(2)通过企业层面控制和业务活动层面控制两个指标评价财务报告可靠性目标实现程度。我国《企业内部控制审计指引》规定,注册会计师对企业财务报告内部控制审计应从企业层面的控制和业务活动层面的控制测试入手。由于注册会计师对企业财务报告内部控制进行审计的主要目的是保证财务报告的可靠性,所以,企业财务报告可靠性目标实现程度可以根据这两个评价指标进行评价。

(3)通过盈利能力、营运能力、偿债能力和发展能力四个指标评价企业经营活动效率和效果目标实现程度。资产的所有者把资产委托给管理者经营,目的是追求资产的保值、增值。管理者只有有效运用各种资产运营策略,建立合理的资本结构、处理好债权债务关系、不断发展壮大,才能更好地履行好受托责任。从这层意义上说,企业的效率效果目标实现程度应从经营效果、资产运营、偿债能力和发展能力进行考察。另外,现在使用的绝大多数财务分析教科书基本上都是从这四个方面对企业经营活动的效率效果进行分析和评价。

(4)通过监管者监督和注册会计师监督两个指标评价法律法规遵循目标实现程度。证监会、交易所、财政部及其派出机构、工商、税务等部门是国家法定的监督管理部门,他们对企业遵守国家政策和法律的情况起着监督、检查的作用,企业一旦违法,将会受到有关部门的处罚。另外,从国内外发生的财务舞弊事件看,多数企业财务舞弊行为的发生源于管理层的故意行为,而且这些故意违法行为一般很难通过企业自身得到暴露,常常是由外部审计机构或注册会计师揭露出来。

因此，企业遵守法律法规情况可以用监管者监督和注册会计师监督这两个评价指标进行评价。

4. 二级指标层指标

二级指标层指标是用来评价一级指标层指标的，它们是一级指标层指标的进一步扩展，代表评价一级指标层指标应当考虑的具体内容或维度，共设置战略目标制定和实施的内部环境、公司内部治理的有效性等二级指标层指标。

（1）通过"战略目标制定准备"、"战略目标制定过程"、"战略目标实施准备"、"战略目标实施过程"、"市场目标"、"盈利目标"、"创新目标"、"社会责任目标"八个指标反映战略目标制定、战略目标实施过程和实施结果。按照企业战略管理理论和实践，企业要制定出科学合理的战略目标，应首先成立机构，选择合适的人员，拨付一定的经费，然后对企业面临的内外环境进行全面的调查和分析，依据自身的资源和能力确定企业战略。因此"战略目标制定准备"、"战略目标制定过程"通过"企业战略机构的设立、职权、议事规则和办事程序"、"企业战略成员的素质、经验、任职资格和选任程序"、"企业对目标实现与现有资源状况之间的匹配程度进行的评估"、"企业对目标实现与现有资源状况之间的匹配程度进行的评估"等指标进行评价。为确保战略目标的实现，企业战略目标确立之后，企业要识别出影响企业战略目标实现的重要目标，制定出年度工作计划、年度经营预算，还要对影响战略实施的各种因素进行识别和评估，对影响企业战略实施的各项重要风险因素开展控制活动等，因此，"战略目标实施准备"、"战略目标实施过程"通过"对实现企业战略目标来说较重要目标的识别以及完成每个阶段的目标和任务的路径、方式和方法"、"根据战略目标，企业管理层年度工作计划、年度经营预算、绩效考核等方面的制定"、"企业对影响发展战略实施的各种因素所进行的识别和评估"、"企业对影响企业战略实施的各项重要风险因素进行的控制活动"、"企业战略委员会及战略管理部门对发展战略实施进行的持续监控"等进行评价。战略目标是企业使命和功能的具体化，尽管不同的企业可能存在不同的战略目标，相同的企业其战略目标也可能并不相同，而且企业的战略目标还有可能是多元的，但从战略目标的实施结果看，一般表现在市场目标、创新目标、盈利目标和社会责任目标四个方面（刘平等，2011）。为此，本研究设置市场目标、创新目标、盈利目标和社会责任目标评价企业战略目标实施结果。

（2）通过公司内部治理的有效性、企业组织机构及权责履行、管理层的经营理念和经营风格、管理层的诚信道德和价值观念等9个指标反映企业层面总体控制。《企业内部控制评价指引》第十一条规定，注册会计师测试企业层面的控制至少应当关注与内部控制环境相关的控制；针对管理层凌驾于内部控制之上的风险而设计的控制；企业的风险评估过程；对内部信息传递和财务报告流程的控制；对控制有效性的内部监督和自我评价。《基本规范》第五条规定,企业内部环境一般包括治理结构、机构设置与权责分配、内部审计、人力资源政策、企业文化等内容,因此,在二级指标层设置公司内部治理有效性、企业组织机构及权责履行、管理层的经营理念和经营风格、管理层的诚信道德和价值观念、企业内部审计、企业文化建设、企业人力资源政策、企业风险评估、内部监督和自我评价9个指标。

（3）通过货币资金控制、采购与付款控制、存货与仓储控制、成本费用控制等12个指标反映业务活动层面控制。《基本规范》指出,业务层面的控制是指企业控制活动方面的控制,它是企业根据风险评估结果,采用相应的控制措施,将风险控制在可承受的程度之内。按照《企业内部控制应用指引》中的具体控制内容以及企业经营活动控制方面的实际情况,设置货币资金控制、采购与付款控制、存货与仓储控制、成本费用控制、销售与收款控制、固定资产控制、关联交易控制、对外担保控制、企业投资控制、企业融资控制、对子公司的控制、企业信息披露控制12个评价指标。

（4）通过净资产收益率、总资产报酬率等6个指标反映企业"盈利能力"。张先治(2004)认为,企业的经营分为资本经营、资产经营、商品经营和产品经营,资本经营是企业经营的最高层次。因此,选择净资产收益率、总资产报酬率、营业收入利润率、盈利现金保障倍数、股本收益率、每股收益6个评价指标分别从资本经营能力、资产经营能力、商品经营能力等角度对企业盈利能力进行评价。

（5）通过流动资产周转率、应收账款周转率等4个指标反映企业"营运能力"。企业营运能力是企业利用现有资源创造社会财富的能力,主要表现在营运资产的效率和效益上。营运资产的效率通常是指资产的周转速度,营运资产的效益是营运资产的利用效果,通过其投入和产出相比较来体现。由于企业的经营过程是利用各项资产以形成产品和销售的过程,或简单地说,就是资产转换,而这一过程的状况和效率主要受资产存量、各种资产组合所形成的资源配置、资产的变动情况、资产的利用状态、资产的利用效率等因素的影响。因此,企业营运能力评价指标选择流动资产周转率、应收账款周转率、总资产周转率和存货周转率四个指标。

（6）通过资产负债率、流动比率等6个指标反映企业"偿债能力"。对于多数企业来说,资金来源除了所有者权益外,还有相当一部分来自对外负债。由于任何一笔债务都负有支付利息和到期偿还本金的责任,而企业全部资产中,除现金（指货币资金和其等价物）外,其他资产常常不是现时的直接偿付能力,因此要考虑资产的变现力问题。企业偿债能力的强弱除了取决于企业资产的流动性外,还取决于企业负债的规模和负债的流动性,所以,企业偿债能力评价还必须考虑企业负债与所有者权益的比例关系以及各项负债占负债总额的比例关系。为此,对企业偿债能力的评价设置资产负债率、流动比率、速动比率、利息保障倍数、债务股权比和到期债务本息偿付比率6个指标。

(7) 通过营业收入增长率、利润总额增长率等6个指标反映企业"发展能力"。随着市场经济的发展和竞争的进一步加剧，人们对企业发展的关注不仅停留在发展的现状上，而是越来越注重企业发展的态势、潜能和成长性，尤其是从动态上把握企业的发展过程和发展趋势。因此，设置营业收入增长率、利润总额增长率、资本扩张率、净资产增长率、总资产增长率、股利增长率6个评价指标分别从营业活动、资本营运、资产规模及股东收益角度对企业发展能力进行评价。

(8) 通过"证监会、财政、审计等部门监督"、"企业财务报告监督"、"企业内部控制监督"等5个指标评价监管者监督和注册会计师监督。按照国家相关法律法规，上市公司财务报告披露前必须经过注册会计师审计，企业财务报告内部控制的有效性必须经过审计。因此，注册会计师如果能忠实地履行自己的职责，就能够凭借其丰富的专业知识和实践经验发现企业的违法违规事件。美国著名的Treadway委员会1987年提出的一个著名的反舞弊四层次机制理论，其中就包含了外部独立审计。我国的陈关亭(2007)、陈国欣等(2007)也认为，根据注册会计师出具的审计意见类型，就可以判断上市公司是否有财务舞弊嫌疑。所以，注册会计师监督可通过"企业财务报告监督"和"企业内部控制监督"这两个指标进行反映。中国的证监会、财政、审计、法院及其他有关部门是维护资本市场稳定的监督和管理部门，它们对企业经营活动的合规性负有监督、检查的责任，企业受到这些部门的警告、谴责、处罚意味着企业没有很好地遵循有关的法律法规，因此，选择"证监会、财政、审计等部门监督"、"环保、卫生、税务、工商等部门监督"、"公安、检察院、法院等部门监督"3个指标评价监管部门监督。

1.6.2 评价指标净化和筛选

在构建内部控制评价指标体系时，考虑更多的是用尽可能多的评价指标涵盖企业内部控制的内容，而没有考虑评价指标之间的相关性，这样有可能造成评价指标所反映的内容、信息重叠。如果对评价指标体系不做统计分析就用来评价企业内部控制状况，不仅会因指标过多给数据收集和计算带来很大困难，而且评价结果也会因指标过多而对企业之间的内部控制状况差异不灵敏；另外，在评价指标体系中，各指标对总体方差的贡献不相同，有些评价指标贡献大，有些评价指标贡献小，不剔除贡献小的评价指标，就会使指标体系有较大的冗余。因此，本研究对评价指标体系中的评价指标进行了净化和筛选。净化和筛选的对象是定量评价指标，即企业效率效果评价指标，采用的方法是先计算评价指标的Pearson相关系数，然后进行相关分析。

1.6.3 评价指标体系建立

在对结果层指标、目标层指标、一级指标层指标、二级指标层指标分析的基础上,经过定量评价指标净化和筛选,本研究确立由 1 个结果层指标、4 个目标层指标、10 个一级指标、53 个二级指标组成的企业内部控制评价指标体系(见表 5-2)。

表 5-2 企业内部控制评价指标体系

结果层指标	目标层指标	一级指标层指标	二级指标层指标	评价内容(略)
企业内部控制指数	企业战略目标(X1)(29%)	战略目标制定和实施过程(X11)(48%)	战略目标制定准备(X111)(25%) 战略目标制定过程(X112)(25%) 战略目标实施准备(X113)(25%) 战略目标实施过程(X114)(25%)	
		战略目标实施结果(X12)(52%)	市场目标(X121)(25%) 创新目标(X122)(25%) 盈利目标(X123)(25%) 社会目标(X124)(25%)	
	财务报告可靠性(X2)(25.45%)	企业总体层面控制(X21)(53%)	公司内部治理有效性(X211)(30.29%) 企业组织机构及权责履行(X212)(14.91%) 管理层的经营理念和经营风格(X213)(7.56%) 管理层的诚信道德和价值观念(X214)(18.24%) 企业内部审计(X215)(2.8%) 企业文化建设(X216)(4.03%) 企业人力资源政策(X217)(2.17%) 企业风险评估(X218)(10%) 内部监督和自我评价(X219)(10%)	
		业务活动层面控制(X22)(47%)	货币资金控制(X221)(3.52%) 采购与付款控制(X222)(11.08%) 存货与仓储控制(X223)(11.08%) 成本费用控制(X224)(11.08%) 销售与收款控制(X225)(11.08%) 固定资产控制(X226)(3.52%) 关联方交易控制(X227)(11.08%) 对外担保控制(X228)(11.08%) 企业投资控制(X229)(11.08%) 企业融资控制(X230)(5.95%) 对子公司的控制(X231)(3.52%) 企业信息披露控制(X232)(5.93%)	

(续表)

结果层指标	目标层指标	一级指标层指标	二级指标层指标	评价内容（略）
企业内部控制指数	资产安全、效率和效果(X3)(27.82%)	盈利能力(X31)(39.24%)	净资产收益率(X311)(41.33%) 总资产报酬率(X312)(29.22%) 业务收入利润率(X313)(10.78%) 盈利现金保障倍数(X314)(18.67%)	
		营运能力(X32)(16.5%)	流动资产周转率(X321)(31.08%) 应收账款周转率(X322)(49.34%) 存货周转率(X323)(19.28%)	
		偿债能力(X33)(16.5%)	资产负债率(X331)(44.34%) 流动比率(X332)(16.92%) 利息保障倍数(X333)(38.74%)	
		发展能力(X34)(27.76%)	业务收入增长率(X341)(31.64%) 利润总额增长率(X342)(10.55%) 资本扩张率(X343)(29.17%) 净资产增长率(X344)(9.39%) 总资产增长率(X345)(19.25%)	
	法律法规遵循(X4)(17.73%)	监管者监督(X41)(51%)	证监会、交易所、财政、审计等部门监督(X411)(42.86%) 环保、卫生、税务、工商等部门监督(X412)(42.86%) 公安、检察院、法院等部门监督(X413)(14.28%)	
		注册会计师监督(X42)(49%)	企业财务报告监督(X421)(42.86%) 会计师事务所的变更情况(X422)(14.28%) 企业内部控制监督(X423)(42.86%)	

1.7 中国上市公司内部控制指数

中国上市公司内部控制状况是评价指标体系中各个评价指标加权合成的结果。由于评价体系中各指标的重要程度不同,如果各指标被赋予等权,评价结果不合理。因此,企业内部控制指数构建首先确定评价指标权重,然后选用科学的评价模型构建指数。

1.7.1 评价指标权重确定方法选择及确定过程

1. 权重确定方法选择

目前权重确定方法大致可分为主观法和客观法两类。所谓主观法,即评价人员根据自己的经验和知识人为给出评价指标的权重,主要有层次分析法、专家意见法、综合评分法、功效系数法等。所谓客观法,即根据评价指标自身的作用和影响确定权重,主要有变异系数法、熵值法以及主成分分析法、聚类分析、判别分析等多元分析方法。由于主观赋权法存在缺乏一定的理论依据、容易受到测评人员素质影响等缺陷,客观赋权法存在通用性和可参与性差,有时候确定的权重会与指标的实际重要程度相差较大等不足,所以,本研究在确定评价指标权重时的做法是兼顾主客观两种赋权方法的优点,按照主、客观相结合的思想,采用组合赋权方法确定目标层评价指标最优权重(其他评价指标权重不采用该方法)。

层次分析法(即 AHP 法)是美国运筹学家、匹兹堡大学萨迪教授在 20 世纪 70 年代提出的一种定性和定量相结合的、系统化、层次化的分析方法。在目前所有主观赋权的方法中,AHP 法因为科学合理、简单易行而被广泛使用。变异系数法是根据各个评价指标在所有被评价对象上观察值的变异程度大小来对其赋权,观察值变异程度大的指标被赋予较大的权重,观察值变异程度小的指标被赋予较小的权重。由于该方法是直接对指标数据进行数学处理,充分考虑了指标数据的相对变化程度,实现了指标的动态赋权,因此是一种较好的客观赋权方法。本研究首先采用主观赋权的 AHP 法,在构造的判断矩阵全部通过一致性检验的基础上确定评价指标体系中各评价指标的权重,然后采用客观赋权的变异系数法对目标层评价指标权重进行修正。

2. 权重的确定过程

(1) AHP 法求评价指标权重

① 构造比较判断矩阵

设定指标两两比较的标度值(见表 5-3),请专家根据标度值判断某一个指标相对于另一个指标的重要性程度,构成判断矩阵 D,其形式如下:

C_k	D_1	D_2	…	D_n
D_1	d_{11}	d_{12}	…	d_{1n}
D_2	d_{21}	d_{22}	…	d_{2n}
⋮	⋮	⋮		⋮
D_n	d_{n1}	d_{n2}	…	d_{nn}

其中 C_k 是上层次中的一个元素,它是 $D_1, D_2, \cdots D_n$ 诸元素两两比较、判断的准

则,$D_1,D_2,\cdots D_n$是下层次中与C_k有关的诸元素,d_{ij}是元素D_i与元素D_j相对重要性比较、判断的标度值。

表5-3　判断矩阵标度值及其含义

标度d_{ij}	含义
1	D_i与D_j同样重要
3	D_i比D_j稍微重要
5	D_i比D_j明显重要
7	D_i比D_j重要得多
9	D_i比D_j绝对重要
2,4,6,8	D_i与D_j的影响之比介于上述两个相邻等级之间
$1/2,\cdots,1/9$	D_i与D_j的影响之比为上面d_{ij}的互反数

② 确定评价指标权重

运用9标度法构造判断矩阵,对判断矩阵中每行所有元素求几何平均值$\bar{v}_i$,并将$\bar{v}_i$归一化计算v_i:

$$\bar{v}_i = \sqrt[n]{\prod_{j=1}^{n} d_{ij}}$$

($i=1,2,\cdots n$,d_{ij}为元素D_i与元素D_j相对重要性比较、判断的标度值),同时令$\bar{v}=(\bar{v}_1,\bar{v}_2,\ldots \bar{v}_n)^T$,$v_i = \bar{v}_i / \sum_{i=1}^{n} \bar{v}_i$,$V=(v_1,v_2,\ldots v_n)^T$,$V$即为所求特征向量的近似值,也即各元素的相对权重。

对结果进行一致性检验,当一致性检验比率$CR<0.1$时,构建的判断矩阵具有满意的一致性。否则,重新构造判断矩阵求权重。

(2) 变异系数法求评价指标权重(仅对目标层指标求权重)

设u_k是第K个指标由变异系数法求得的权重,m为目标层指标的个数,n为样本单位数,则

$$u_k = \frac{\sqrt{\sum_{i=1}^{n}(V_k-\bar{V}_k)^2/n}}{\bar{V}_k} \Bigg/ \sum_{k=1}^{m} \frac{\sqrt{\sum_{i=1}^{n}(V_k-\bar{V}_k)^2/n}}{\bar{V}_k}$$

其中,V_{ki}为第i个被评价单位评价指标的值,$\bar{V}_k$为第k个评价指标所有被评价单位指标值的平均值。

(3) 目标层指标权重的确定

若w_k为两种赋权方法的组合权重、W为目标层指标权重组成的权重向

量。则

$$w_k = 0.5v_i + 0.5u_k, \quad W = (w_1, w_2, \ldots, w_n)^T$$

1.7.2 控制指数构建

1. 指数构建模型选择

企业内部控制评价涉及较多的定性指标,由于缺少客观的评价标准,对这些定性指标属于某一等级的判断很难用数字表示,只能用一些模糊语言如"优、良、中、差"、"高、中、低"等来描述,此种情况下,利用AHP综合评价法就受到了限制。模糊综合评价方法善于处理不确定的、模糊的信息,能够在定性与定量之间建立联系,能够模拟人的综合判断能力,但对于评估模型的各指标权重却不能通过学习获得(孙元,2007)。企业内部控制评价的模糊性特点决定了内部控制评价指数构建可以使用该方法,但是模糊评价法的不足又决定了在使用该方法时必须与其他方法配合使用。将AHP方法与模糊综合评价方法相结合构造多层模糊综合评价模型是一种综合运用两种方法优点的模型,两者结合能够取长补短,珠联璧合,使模型更具科学性,更具应用价值。因此,本研究的内部控制评价指数构建模型选择基于AHP的模糊综合评价模型。

2. 内部控制分指数构建

企业内部控制评价不仅要对比分析企业总体内部控制状况,而且要对比分析其构成要素或组成部分的情况,因此,企业内部控制指数构建包括两个环节:一是首先计算其构成要素或组成部分分指数,二是将各个分指数合成为企业内部控制总指数。由于各分指数的计算方法大致相同,下面以财务报告可靠性目标分指数为例说明其构建过程。

① 建立目标集

设目标集为 $X = (X_1, X_2)$,其中 X 是评价企业财务报告的可靠性的指标集,X_1, X_2 分别代表企业层面控制、业务活动层面控制,其权重集为 $W = (W_1, W_2)$,$W_k(k=1,2)$ 表示指标 X_k 在 X 中的比重且 $\sum_{k=1}^{2} W_k = 1$。

② 确立因素集

设因素集为 $X_k = (X_{k1}, X_{k2} \ldots X_{kp})$,其对应权重集为 $W_k = (W_{k1}, W_{k2} \ldots W_{ki})$,$W_{ki}(i=1,2\ldots p)$ 表示 X_{ki} 在 X_k 中的比重,且 $\sum_{i=1}^{p} W_{ki} = 1$。

③ 构造评语集

设评语集为 $V = (V_1, V_2 \ldots V_n)$,$V_j(j=1,2,\cdots n)$ 表示指标因素由好到差的各级评语。各指标的评分采用专家评分法,设"优"、"良"、"中"、"差"、"劣"五个等级。本研究中 $n=5$,V_1, V_2, V_3, V_4, V_5 分别表示评语为优、良、中、差、劣。

④ 确定模糊评价矩阵

设 $R_k = \begin{bmatrix} r_{11} r_{12} \cdots r_{1n} \\ r_{21} r_{22} \cdots r_{2n} \\ r_{p1} r_{p2} \cdots r_{pn} \end{bmatrix}$ 表示从 X_k 到 V 的模糊评价矩阵,其中 $r_{ij}(i=1,2;j=1,2,\cdots n)$ 表示评价指标 X_{ki} 对于第 j 级评语 V_j 的隶属度。r_{ij} 的取值方法为:通过对各专家的评分结果进行统计整理,得到指标 X_{ki} 有 V_{i1} 个 V_1 评语, V_{i2} 个 V_2 评语,$\cdots$,V_{in} 个 V_n 评语,则对于 $i=1,2,\cdots p$ 有

$$r_{ij} = v_{vj} \Big/ \sum_{j=1}^{n} v_{vj} \quad (j=1,2,\ldots n)$$

⑤ 计算对评语集 V 的隶属向量

首先运用加权平均算子对因素层指标 X_{ki} 的评价矩阵 R_k 进行模糊矩阵运算,得到因素层 X_k 对评语集 V 的隶属向量 A_k

$$A_k = W_k \sigma R_k = (a_{k1}, a_{k2}, \ldots a_{kp}), \quad 且令 R = \begin{bmatrix} A_1 \\ A_2 \end{bmatrix} = \begin{bmatrix} a_{11} a_{12} \cdots a_{1n} \\ a_{21} a_{22} \cdots a_{2n} \end{bmatrix}$$

然后计算目标层 X 对评语集 V 的隶属向量 A

$$A = W \sigma R = [W_1, W_2] \begin{bmatrix} A_1 \\ A_2 \end{bmatrix} = (a_1, a_2, a_3, a_4, a_5)$$

当 $\sum_{j=1}^{n} a_j \neq 1$ 时,做归一化处理,令 $\tilde{a}_j = a_j \Big/ \sum_{j=1}^{n} a_j$,得目标 X 集对于评语集 V 的隶属向量 $\tilde{A} = (\tilde{a}_1, \tilde{a}_2, \ldots, \tilde{a}_n)$,其中 $\tilde{a}_1, \tilde{a}_2, \ldots, \tilde{a}_n$ 分别表示 X 对于评语 V_1,$V_2, \ldots, V_n$ 的隶属度。

⑥ 计算分指数

若"优,良,中,差,劣"五种状态下的得分矩阵为 [100 80 60 40 20],则企业财务报告可靠性评价分指数为 F:

$$F = (\tilde{a}_1, \tilde{a}_2, \tilde{a}_3, \tilde{a}_4, \tilde{a}_5) \begin{bmatrix} 100 \\ 80 \\ 60 \\ 40 \\ 20 \end{bmatrix} \quad (F \text{ 为一个分值})$$

3. 总指数的合成

若以近似相同方法计算出的战略目标指数为 S,效率、效果目标指数为 E,法律、法规遵循指数为 L,则中国企业内部控制指数(Internal Control Index for Chinese Enterprise,简称 CEICI):

$$CEICI = 0.29S + 0.2545F + 0.2782E + 0.1773L = T(T\text{ 为一个分值})$$

1.8 中国上市公司内部控制评价标准

企业内部控制评价标准是企业内部控制评价模型的重要组成部分,缺乏科学的评价标准,就无法对企业内部控制状况做出正确的判断。由于企业内部控制指数常常依据评价方法的不同表现为不同的形式,有的表现为百分数,有的表现为具体分值,因此,企业内部控制评价标准并不存在一个统一的形式。鉴于本研究的内部控制指数表现为具体的分值,而不同的分值又代表着不同的内部控制质量(即使是相同的分值其内部控制质量也不一定相同),所以,本研究在建立内部控制评价标准时采取了等级制的形式,以直观地显示企业内部控制质量的优劣,也方便投资者、监管者以及其他利益相关者对企业内部控制状况进行判断。企业内部控制评价标准见表5-4。

表5-4 企业内部控制质量评价标准

企业内控质量等级	评价标准	控制质量	说明
A级	内部控制指数80分及以上、各分指数不低于60分	控制较好	各分指数中,有一个分指数达不到60分,企业内控质量降为B级
B级	内部控制指数在70—80分之间(含70分),各分指数不低于60分	控制正常	各分指数中,有一个分指数达不到60分,企业内控质量降为C级
C级	内部控制指数在60—70分之间(含60分),各分指数不低于60分	控制较弱	各分指数中,有一个分指数达不到60分,企业内控质量降为D级
D级	内部控制指数60分以下	控制较差	

2 中国上市公司内部控制评价结果与分析

2.1 样本选择及数据来源

本研究以2012年沪、深上市公司作为初选样本,并按以下原则进行了筛选:(1)不考虑金融类上市公司。这是由于金融类公司的特性与一般上市公司存在较大差异而将之剔除。(2)剔除近三年上市的公司(2010年以后上市的公司)。企业的内部控制是一个不断完善的过程,期限太短,无法合理地作出评价。(3)剔除创业板和中小板上市公司。《基本规范》及配套指引首先在境内外上市公司和主板上市公司强制施行,对创业板和中小板上市公司则是择机施行,导致创业板和中小板上市公司内控信息披露较少。最终获得研究样本1 281个。本研究使用的数据来源于国泰安CSMAR交易数据库、RESSET金融研究数据库,上交所、深交所公布的年报,巨潮资讯网以及对企业中高层管理人员、注册会计师、财务分析师等所做的问卷调查,电话访谈和直接调查等。

2.2 中国上市公司整体内部控制状况

以建立的企业内部控制评价指标体系为基础,按照内部控制指数构建方法,计算2012年1 281家沪、深上市公司内部控制指数,依据内部控制指数评价标准评价中国上市公司内部控制总体情况,评价结果见表5-5、表5-6、图5-6、图5-7。

表5-5 2012年沪、深1 281家样本公司内部控制指数描述性统计

	观测值	均值	最小值	最大值	标准差
内部控制指数	1 281	64.77	40.35	88.84	8.71
其中:战略目标分指数	1 281	66.78	39.24	91.62	9.36
财务报告可靠目标分指数	1 281	73.07	47.28	88.99	6.41
资产、经营效率效果目标分指数	1 281	49.46	18.28	89.21	13.21
法律法规遵循目标分指数	1 281	73.65	44.89	92.43	8.53

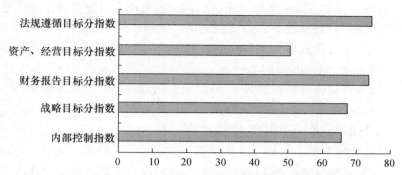

图 5-6 2012 年 1 281 家沪深样本公司内部控制整体状况

表 5-6 2012 年沪、深 1 281 家样本公司内部控制质量分布

	公司数（个）	比重（%）
控制较好	41	3.20
控制正常	196	15.30
控制较弱	138	10.77
控制较差	906	70.73
合计	1 281	100

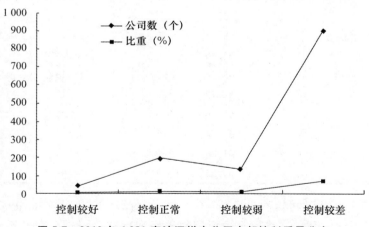

图 5-7 2012 年 1 281 家沪深样本公司内部控制质量分布

从表 5-5、表 5-6、图 5-6、图 5-7 可以看出，2012 年沪、深样本公司内部控制指数最大值为 88.84，最小值为 40.35，均值为 64.77，按照内部控制质量评价标准，属于内部控制状况的 C 类，企业内部控制水平较差；1 281 家样本公司的内部控制指数标准差为 8.71，其中，经营活动效率效果指数标准差为 13.21，公司间内部控

制水平差异较大;1 281家样本公司中,仅有41家上市公司的内部控制质量达到A类(即内部控制运行质量较好),内部控制运行质量正常型(即内部控制水平一般)公司为196家,所占比重为15.30%,内部控制较弱型、较差型上市公司分别为138家、906家,两类上市公司共计1 044家,占样本公司的比重高达81.50%。总体来看,中国上市公司整体内部控制水平不高,企业内部控制质量亟待加强。

2.3 中国上市公司行业内部控制状况

按照证监会发布的《上市公司行业指引(2001)》对样本公司进行行业分类,1 281家样本公司被分划归到12个不同的行业。以建立的内部控制评价指标体系为基础,按照内部控制指数构建方法,计算2012年1 281家沪、深上市公司内部控制指数,评价结果见表5-7、图5-8。

表5-7 2012年不同行业的沪、深样本公司内部控制状况

主营行业	内部控制指数	单位数	控制较好	控制正常	控制较弱	控制较差
A 农、林、牧、渔业	61.19	25			2	23
B 采掘业	72.96	45	8	19	4	14
C 制造业	64.50	682	23	98	61	500
D 电力、煤气及水的生产和供应业	65.60	63	1	12	10	40
E 建筑业	66.48	23	1	4	4	14
F 交通运输、仓储业	68.88	60	3	17	12	28
G 信息技术业	62.40	64		4	7	53
H 批发、零售贸易	65.38	95	1	13	15	66
J 房地产业	62.79	121	4	13	14	90
K 社会服务	65.76	38		9	2	27
L 传播与文化	67.01	17		6	3	8
M 综合类	61.29	48		1	4	43
合计	65.35	1 281	41	196	138	906

从表5-7、图5-8可以看出,12个行业中,按内部控制状况较好、正常、较弱、较差四种类型分类,没有一类行业达到控制较好型标准;采掘业、交通运输仓储业、传播与文化业的内部控制指数分别为72.96分、68.88分、67.01分,较全部样本公司指数均值分别高出8.19分、4.11分、2.24分,比行业内部控制指数均值分别高出7.61分、3.53分、1.66分,在12大行业中内部控制水平较高,按照内部控制质量评价标准,属内部控制正常或近似正常型行业;农、林、牧、渔业,综合类,信息技术业,房地产业内部控制指数分别为61.19分、61.29分、62.40分、62.79分,较全

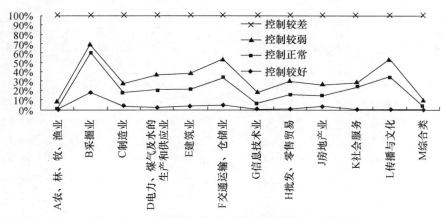

图 5-8　2012 年不同行业的沪深样本公司内部控制状况分布

部样本公司评价指数均值分别低 3.58 分、3.48 分、2.37 分、1.98 分,比行业内部控制指数均值分别低 4.16 分、4.06 分、2.95 分、2.56 分,在 12 大行业中属内部控制较差行业,其内部控制水平属较弱型;建筑业,社会服务业,批发、零售贸易业,电力、煤气及水的生产供应业,制造业的内部控制指数相差不是太大,虽然其值略高于前三类行业的内部控制指数,但还没有达到内部控制正常型标准,这五个行业的内部控制水平也属较弱型。从行业内部控制状况看,中国上市公司内部控制水平差异较大,行业运行存在一定风险,特别是农、林、牧、渔业,综合类及信息技术业存在较大风险。

2.4　中国上市公司内部控制百强和百弱状况

以建立的企业内部控制评价指标体系为基础,按照内部控制指数构建方法,计算 2012 年 1 281 家沪、深上市公司内部控制指数,依据内部控制指数评价标准评价中国上市公司个体内部控制情况,最终得出了 2012 年度中国上市公司内部控制状况排名顺序(见附录附表一至四),其中,"中国上市公司内部控制百强和百弱"的评价结果见表 5-8、表 5-9。

表 5-8　2012 年沪、深 1 281 家样本公司内部控制质量排名前 100 位企业

股票代码	股票简称	排名	内部控制指数	战略目标分指数	财务报告可靠目标分指数	资产、效率效果目标分指数	法律法规遵循目标分指数
600690	青岛海尔	1	88.84	91.39	87.48	85.81	91.39
601006	大秦铁路	2	86.89	90.57	88.84	80.00	88.88
600104	上海汽车	3	86.84	88.82	86.81	83.69	88.62

(续表)

股票代码	股票简称	排名	内部控制指数	战略目标分指数	财务报告可靠目标分指数	资产、效率效果目标分指数	法律法规遵循目标分指数
601111	中国国航	4	85.59	91.64	88.99	71.83	92.43
600741	华域汽车	5	85.38	88.69	86.61	78.66	88.77
000651	格力电器	6	85.30	85.33	83.62	89.22	81.52
600547	山东黄金	7	84.12	85.75	83.65	79.43	89.50
600600	青岛啤酒	8	83.39	85.76	82.55	78.47	88.42
600519	贵州茅台	9	83.32	85.38	78.71	84.20	85.19
601088	中国神华	10	83.25	84.13	83.46	80.67	85.56
000538	云南白药	11	83.25	83.96	83.74	79.53	87.22
600309	烟台万华	12	83.12	80.55	84.02	83.94	84.76
000568	泸州老窖	13	83.02	84.64	80.29	80.82	87.73
600971	恒源煤电	14	82.93	86.79	85.27	72.46	89.69
600489	中金黄金	15	82.36	83.36	80.03	81.20	85.87
000937	冀中能源	16	81.66	85.15	83.96	72.34	87.30
600809	山西汾酒	17	81.43	82.90	78.65	79.85	85.47
000425	徐工机械	18	81.34	88.17	79.81	71.14	88.39
000002	万科A	19	81.24	85.15	81.53	77.73	79.95
601857	中国石油	20	81.20	85.96	83.12	74.10	81.82
600166	福田汽车	21	81.19	87.16	84.77	67.84	87.22
000157	中联重科	22	81.14	84.56	81.46	78.41	79.40
600863	内蒙华电	23	81.11	85.08	82.14	76.09	81.04
600115	东方航空	24	80.93	85.79	79.88	72.09	88.36
000671	阳光城	25	80.89	85.29	85.25	68.97	86.16
600563	法拉电子	26	80.88	84.99	83.44	70.48	86.83
000858	五粮液	27	80.83	85.67	79.23	81.22	74.58
000536	华映科技	28	80.75	86.28	81.59	69.24	88.57
600658	电子城	29	80.72	79.79	80.47	78.70	85.80
000012	南玻A	30	80.68	87.32	80.15	69.33	88.36
000527	美的电器	31	80.66	85.23	80.03	72.80	86.39
600970	中材国际	32	80.63	85.47	81.74	69.38	88.78
000895	双汇发展	33	80.54	82.96	82.40	78.68	76.84
000780	平庄能源	34	80.50	82.86	85.98	70.75	84.07

（续表）

股票代码	股票简称	排名	内部控制指数	战略目标分指数	财务报告可靠目标分指数	资产、效率效果目标分指数	法律法规遵循目标分指数
000877	天山股份	35	80.48	83.26	83.94	70.84	86.09
000625	长安汽车	36	80.35	85.14	83.46	67.01	88.98
000042	深长城	37	80.33	85.32	77.37	77.00	81.64
000581	威孚高科	38	80.21	84.65	81.17	70.35	87.07
000417	合肥百货	39	80.15	82.52	83.02	70.27	87.66
601666	平煤股份	40	80.09	84.32	80.83	70.78	86.69
000786	北新建材	41	80.00	78.19	85.43	76.26	81.06
600028	中国石化	42	79.94	82.60	81.36	75.21	80.98
000069	华侨城A	43	79.86	82.22	80.45	76.70	80.14
600348	国阳新能	44	79.86	84.02	80.57	73.27	82.38
000655	金岭矿业	45	79.85	84.66	79.75	71.78	84.77
600754	锦江股份	46	79.79	82.45	85.93	66.44	87.56
600383	金地集团	47	79.72	80.60	79.39	75.41	85.53
600039	四川路桥	48	79.71	86.32	78.56	76.29	75.92
000791	甘肃电投	49	79.68	81.38	80.40	78.26	78.11
000528	柳工	50	79.67	86.18	78.68	68.78	87.51
000639	西王食品	51	79.66	83.99	83.73	68.67	83.98
600271	航天信息	52	79.65	85.45	81.66	70.75	81.23
601001	大同煤业	53	79.43	83.63	80.67	69.27	86.72
000423	东阿阿胶	54	79.41	83.31	81.53	72.87	80.23
000933	神火股份	55	79.35	82.75	81.39	70.25	85.12
600315	上海家化	56	79.33	79.53	81.66	74.24	83.65
000778	新兴铸管	57	79.21	81.34	84.39	68.87	84.52
600418	江淮汽车	58	79.21	84.15	81.25	67.26	86.92
000680	山推股份	59	79.09	84.61	81.83	65.81	86.99
600508	上海能源	60	79.07	83.59	78.45	71.60	84.29
601808	中海油服	61	78.91	81.78	82.11	72.11	80.30
600582	天地科技	62	78.89	80.99	81.37	70.07	85.71
000888	峨眉山A	63	78.85	79.84	81.19	74.54	80.62
600900	长江电力	64	78.80	80.55	77.46	74.81	84.15
000008	宝利来	65	78.73	81.32	82.34	72.75	78.68

(续表)

股票代码	股票简称	排名	内部控制指数	战略目标分指数	财务报告可靠目标分指数	资产、效率效果目标分指数	法律法规遵循目标分指数
600897	厦门空港	66	78.71	80.64	81.39	71.69	82.70
000800	一汽轿车	67	78.67	84.38	85.07	62.30	85.84
600585	海螺水泥	68	78.57	82.74	80.51	72.82	78.02
000039	中集集团	69	78.55	82.00	81.01	68.35	85.40
000708	大冶特钢	70	78.55	82.23	79.33	69.71	85.27
000880	潍柴重机	71	78.53	83.27	80.13	67.42	85.90
600395	盘江股份	72	78.48	82.82	76.97	73.84	80.85
000596	古井贡酒	73	78.48	79.59	82.94	70.37	83.00
600750	江中药业	74	78.45	82.83	79.32	70.69	82.19
000539	粤电力A	75	78.43	77.83	78.70	75.51	83.59
000887	中鼎股份	76	78.40	81.99	82.26	66.11	86.30
600742	一汽富维	77	78.36	81.94	82.36	68.36	82.44
600188	兖州煤业	78	78.36	85.06	83.15	62.03	86.16
600436	片仔癀	79	78.28	80.22	82.47	66.60	87.42
600195	中牧股份	80	78.19	80.57	81.84	67.78	85.43
600375	星马汽车	81	78.18	81.77	80.20	67.82	85.64
600873	梅花集团	82	78.17	83.05	78.87	67.96	85.24
600048	保利地产	83	78.12	77.48	77.77	75.26	84.18
000552	靖远煤电	84	78.12	80.92	78.96	71.97	81.98
000006	深振业A	85	78.04	74.99	77.25	81.91	78.11
600763	通策医疗	86	77.93	82.65	79.59	70.61	79.31
600612	老凤祥	87	77.86	79.77	81.76	66.35	87.18
000401	冀东水泥	88	77.77	81.57	78.25	69.31	84.14
000999	华润三九	89	77.72	78.37	76.09	75.20	82.95
600535	天士力	90	77.67	79.98	79.01	68.94	85.65
000650	仁和药业	91	77.66	79.86	83.58	68.37	80.14
600815	厦工股份	92	77.64	82.08	81.50	65.25	84.29
600880	博瑞传播	93	77.60	80.92	77.59	70.53	83.28
600350	山东高速	94	77.58	79.49	79.73	68.69	85.34
600085	同仁堂	95	77.55	75.60	80.19	74.56	81.65
600761	安徽合力	96	77.55	81.08	79.45	67.53	84.76

(续表)

股票代码	股票简称	排名	内部控制指数	战略目标分指数	财务报告可靠目标分指数	资产、效率效果目标分指数	法律法规遵循目标分指数
000883	湖北能源	97	77.47	82.48	83.17	62.40	84.73
600199	金种子酒	98	77.41	78.83	76.05	73.80	82.74
600660	福耀玻璃	99	77.41	80.43	79.19	67.73	85.13
600216	浙江医药	100	77.36	81.07	76.91	71.59	80.98
均值			80.05	83.14	81.44	72.77	84.44

表 5-9　2012 年沪、深 1 281 家样本公司内部控制质量排名后 100 位企业

股票代码	股票简称	排名	内部控制指数	战略目标分指数	财务报告可靠目标分指数	资产、效率效果目标分指数	法律法规遵循目标分指数
000409	ST 泰复	1 182	51.78	61.20	58.39	36.23	51.28
600228	ST 昌九	1 183	51.72	51.06	58.31	37.91	65.04
600640	中卫国脉	1 184	51.71	50.57	72.64	22.87	68.80
600848	自仪股份	1 185	51.66	56.27	63.26	21.17	75.32
000031	中粮地产	1 186	51.52	51.23	67.03	33.04	58.71
600312	平高电气	1 187	51.51	49.87	68.14	24.78	72.26
600319	亚星化学	1 188	51.32	56.64	62.40	30.11	60.01
000155	*ST 川化	1 189	51.25	58.01	68.82	24.18	57.46
600766	*ST 园城	1 190	51.23	55.13	68.52	29.31	54.43
000909	数源科技	1 191	51.17	49.92	69.99	30.36	58.88
000875	吉电股份	1 192	51.12	50.87	68.27	31.75	58.32
000420	吉林化纤	1 193	51.11	51.90	72.18	25.05	60.49
000033	新都酒店	1 194	51.09	54.09	61.63	26.95	68.92
000803	金宇车城	1 195	50.91	50.60	66.90	31.97	58.20
600877	*ST 嘉陵	1 196	50.90	47.07	68.64	29.29	65.64
000413	宝石 A	1 197	50.85	54.10	65.95	32.02	53.43
600083	ST 博信	1 198	50.83	51.39	63.68	28.55	66.42
000727	华东科技	1 199	50.82	53.81	68.55	26.23	59.08
600358	国旅联合	1 200	50.81	50.94	66.05	26.26	67.23
000520	长航凤凰	1 201	50.65	51.63	67.55	28.26	59.89
600191	华资实业	1 202	50.63	49.65	69.33	23.74	67.58
600680	上海普天	1 203	50.59	49.42	71.84	26.76	59.39

（续表）

股票代码	股票简称	排名	内部控制指数	战略目标分指数	财务报告可靠目标分指数	资产、效率效果目标分指数	法律法规遵循目标分指数
600790	轻纺城	1 204	50.55	50.44	65.62	30.81	60.06
600306	商业城	1 205	50.32	50.72	63.42	26.94	67.54
600421	*ST 国药	1 206	50.30	57.43	62.66	23.62	62.79
600538	*ST 国发	1 207	50.23	54.62	59.21	31.13	60.11
000958	*ST 东热	1 208	50.16	49.40	65.52	35.34	52.60
600715	ST 松辽	1 209	50.08	56.47	66.53	20.15	63.00
600091	ST 明科	1 210	49.95	54.20	55.39	28.62	68.68
600777	新潮实业	1 211	49.89	51.31	71.65	19.64	63.81
000025	特力 A	1 212	49.83	50.72	66.62	28.48	57.76
600346	大橡塑	1 213	49.68	49.27	70.67	24.33	59.98
600146	大元股份	1 214	49.55	50.50	66.98	24.83	61.75
600671	ST 天目	1 215	49.53	49.26	62.06	29.48	63.45
600331	宏达股份	1 216	49.43	57.23	59.56	20.69	67.21
600381	*ST 贤成	1 217	49.17	58.87	47.28	40.19	50.14
600287	江苏舜天	1 218	49.12	49.56	62.95	24.29	67.52
600250	*ST 南纺	1 219	49.02	57.75	61.37	27.60	50.64
000720	*ST 能山	1 220	48.96	50.53	66.51	25.15	58.58
600844	丹化科技	1 221	48.88	48.70	68.85	24.92	58.10
000061	农产品	1 222	48.87	53.87	52.78	38.19	51.84
000035	*ST 科健	1 223	48.84	50.22	63.02	25.71	62.52
000504	ST 传媒	1 224	48.83	51.48	63.32	25.89	59.69
600074	ST 中达	1 225	48.75	50.22	59.74	26.20	65.95
600696	多伦股份	1 226	48.67	49.62	61.72	29.93	57.79
000509	S*ST 华塑	1 227	48.60	57.55	52.21	31.96	54.90
000972	*S 新中基	1 228	48.48	53.01	66.87	23.26	54.25
000503	海虹控股	1 229	48.47	50.57	68.00	21.68	59.02
600555	九龙山	1 230	48.30	52.83	53.69	32.07	58.64
600532	华阳科技	1 231	48.30	47.82	63.70	22.50	67.46
600579	*ST 黄海	1 232	48.26	49.01	65.68	24.06	60.03
600737	中粮屯河	1 233	48.20	46.05	71.05	23.50	57.66
600186	莲花味精	1 234	48.16	53.60	57.46	26.08	60.57

(续表)

股票代码	股票简称	排名	内部控制指数	战略目标分指数	财务报告可靠目标分指数	资产、效率效果目标分指数	法律法规遵循目标分指数
600733	*ST 前锋	1 235	48.03	46.35	67.13	26.63	56.93
000676	*ST 思达	1 236	48.01	51.30	60.99	30.07	52.17
000912	泸天化	1 237	47.98	54.50	59.64	25.12	56.48
000502	绿景地产	1 238	47.92	44.38	66.62	29.03	56.51
600385	*ST 金泰	1 239	47.81	49.62	63.41	21.53	63.70
600320	振华重工	1 240	47.68	46.47	63.46	20.70	69.35
000815	*ST 美利	1 241	47.66	45.67	63.78	28.95	57.12
600882	*ST 大成	1 242	47.61	51.72	68.09	18.33	57.45
000662	*S 索芙特	1 243	47.57	50.34	62.11	23.55	59.86
000892	星美联合	1 244	47.57	42.99	55.20	43.49	50.49
000511	银基发展	1 245	47.52	45.44	71.64	20.80	58.22
600301	*ST 南化	1 246	47.52	49.91	62.66	22.63	60.92
000838	*ST 国兴	1 247	47.43	43.86	67.48	27.56	55.67
000150	宜华地产	1 248	47.26	45.18	70.74	21.20	57.83
600087	*ST 长航	1 249	47.19	50.76	58.99	24.65	59.80
600392	*ST 太工	1 250	47.08	46.41	59.44	27.46	61.21
600732	上海新梅	1 251	46.95	45.08	68.69	22.34	57.43
000806	*ST 银河	1 252	46.90	54.23	57.90	27.46	49.63
000751	*ST 锌业	1 253	46.89	50.04	60.18	23.53	59.29
000767	*ST 漳泽	1 254	46.36	54.34	59.28	20.04	56.08
600692	亚通股份	1 255	45.98	44.32	69.31	19.68	56.45
600747	大连控股	1 256	45.87	43.91	68.01	21.40	55.70
000725	京东方 A	1 257	45.81	45.29	63.71	23.93	55.31
000037	深南电 A	1 258	45.74	43.71	66.21	22.97	55.39
000576	*ST 甘化	1 259	45.60	47.94	59.24	22.77	58.00
000408	金谷源	1 260	45.56	57.66	52.42	20.69	54.96
000693	S*ST 聚友	1 261	45.53	49.87	56.29	26.91	52.18
000805	*ST 炎黄	1 262	45.52	47.82	53.14	32.80	50.79
000046	泛海建设	1 263	45.46	43.75	64.58	23.38	55.45
000545	*ST 吉药	1 264	45.45	50.25	55.44	25.97	53.84
000617	石油济柴	1 265	45.29	46.23	63.07	21.04	56.30

（续表）

股票代码	股票简称	排名	内部控制指数	战略目标分指数	财务报告可靠目标分指数	资产、效率效果目标分指数	法律法规遵循目标分指数
000677	*ST 海龙	1 266	45.22	51.90	55.86	22.25	55.05
000681	*ST 远东	1 267	45.05	48.20	57.01	26.70	51.53
000663	永安林业	1 268	44.90	44.19	56.36	28.28	55.66
000615	湖北金环	1 269	44.37	44.25	63.93	19.35	55.75
000585	*ST 东北	1 270	44.27	48.36	57.94	21.95	52.99
000908	*ST 天一	1 271	43.89	50.70	54.52	19.10	56.42
000953	*ST 河北	1 272	43.89	50.38	51.76	22.09	56.19
000605	*ST 四环	1 273	43.73	51.15	58.65	20.01	47.41
000899	*ST 赣能	1 274	43.09	47.36	50.55	22.54	57.66
600698	ST 轻骑	1 275	43.08	41.97	58.98	19.85	58.50
000017	*S 中华 A	1 276	42.63	45.86	50.55	23.74	55.64
000005	世纪星源	1 277	42.22	45.66	55.24	24.68	45.45
000056	*ST 国商	1 278	41.81	45.85	52.59	23.65	48.25
600076	*ST 青鸟	1 279	41.76	47.47	49.87	18.28	57.62
000557	*ST 广夏	1 280	40.47	46.08	50.05	22.42	45.90
000787	*ST 创智	1 281	40.35	39.24	57.23	23.17	44.89
	均值		47.92	50.05	62.30	25.89	58.36

资料来源：国泰安 CSMAR 交易数据库、RESSET 金融研究数据库，上交所、深交所公布的年报，巨潮资讯网，监管部门和媒体披露的信息以及问卷调查，电话访谈，直接调查等。

从表 5-8 可以看出，2012 年沪、深样本公司内部控制水平排名前 100 位的公司，其内部控制指数均值为 80.05 分，比全部样本公司指数均值 65.92 分高出 15.28 分，高出平均水平 23.59%；各公司内部控制指数均在 75 分以上，内部控制各分指数都在 60 分以上，按照内部控制质量评价标准，内部控制水平排名前 100 位公司的内部控制质量均属控制较好型或控制正常型；其中，内部控制质量属控制较好型（总得分在 80 分及以上，各分指数不低于 60 分）的上市公司内部控制各分指数得分相对比较均衡，大多都在 70 分以上，且企业战略、资产安全、经营活动效率效果分指数得分相对较高。

从表 5-9 可以看出，内部控制水平排名后 100 位上市公司，其内部控制指数均值都在 60 分以下，不但显著低于排名前 100 位公司的内部控制指数，而且也显著低于全部样本公司内部控制指数；各公司内部控制分指数绝大多数都在 60 分以下，分指数间的差异较大，按照内部控制质量评价标准，其内部控制质量均属控制较差型;相比于财务报告可靠性目标分指数以及法律法规遵循目标分指数,内部控制状况排名后100位上市公司在企业战略、资产安全、经营活动效率效果方面得分显著较低。由于企业战略、资产安全、经营活动效率效果评价不但是企业内部控制评价的核心,权重较高,而且还决定了企业的成败和未来(一般公认为,财务报告的可靠性与否不会决定企业的命运),所以,内部控制水平排名后100位的上市公司运行存在非常大的风险。

2.5 不同控股方性质的上市公司内部控制状况

以建立的企业内部控制评价指标体系为基础,按照内部控制指数构建方法,计算2012年1281家沪、深上市公司内部控制指数,并依据上市公司产权性质(国有控股、民营控股、外资控股、无控股股东)进行分类,根据内部控制指数评价标准对不同控股方性质的上市公司内部控制状况进行评价,评价结果见表5-10、表5-11、图5-9。

表 5-10 2012 年不同控股方性质的上市公司内部控制状况

	内部控制指数	战略目标分指数	财务报告可靠目标分指数	资产、效率效果目标分指数	法律法规遵循目标分指数
国有控股上市公司	65.68	67.60	73.90	50.34	74.78
民营控股上市公司	62.78	64.88	71.27	47.36	71.35
外资控股上市公司	65.55	68.24	73.62	50.86	72.60
无控股股东上市公司	76.95	79.04	77.24	74.02	77.69

表 5-11 2012 年不同控股方性质的上市公司内部控制质量分布

	单位数	控制较好	控制正常	控制较弱	控制较差
国有控股上市公司	847	37	150	92	568
民营控股上市公司	408	2	42	42	322
外资控股上市公司	23	2	1	4	16
无控股股东上市公司	3		3		
合计	1281	41	196	138	906

从表5-10、表5-11、图5-9可以看出,2012年不同控股方性质的上市公司内部控制状况最好的是无控股股东上市公司,其内部控制指数为76.95,各分指数均在70分以上,内部控制状况没有控制较差型,内部控制质量整体上属于控制正常型,但公司数相对太少,对中国上市公司内部控制整体状况影响不大。国有控股上市公司是中国上市公司的主体,所选样本中有一半以上的公司来自于国有控股上市

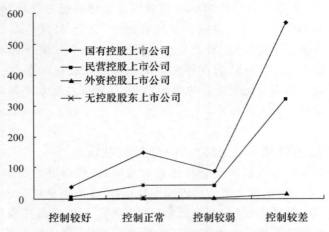

图 5-9 不同控股方性质的沪深上市公司内部控制状况及分布

公司,国有控股上市公司内部控制质量决定着中国上市公司整体内部控制质量。从内部控制指数均值看,国有控股上市公司内部控制质量高于民营控股上市公司内部控制质量,但由于在资产安全、经营活动效率效果方面的得分没有达到 60 分,按照内部控制质量评价标准,其内部控制质量等级应下降一级,即由 C 级(控制较弱型)降为 D 级(控制较差型)。另外内部控制状况较好的 41 家上市公司中,国有控股上市公司虽然占据了绝大多数席位,但由于总体中超过一半以上的企业(568 家)的内部控制质量属控制较差型,整体来看,国有控股上市公司内部控制质量不高,大多数企业的运行存在一定风险。民营控股上市公司整体内部控制指数均值为 62.78,在 2012 年不同控股方性质的上市公司中不仅内部控制指数得分最低,其企业战略、财务报告、资产安全、经营活动效率效果分指数得分也最低,总体内部控制质量属控制较差型,而且控制较差型企业占其样本总体比重高达 78.92%。总体来看,民营控股上市公司内部控制质量相对最差,大多数企业的运行存在较大风险,内部控制质量亟待提高。

2.6 中国制造业上市公司内部控制状况

中国正在成为世界的"制造工厂",制造业企业是我国上市公司的主体。本次按照一定的标准选取的 1 281 家上市公司中,制造业上市公司占了一大半,对中国制造业上市公司内部控制状况进行评价十分必要。依据建立的内部控制评价指标体系和评价标准,按照内部控制指数构建方法,对中国制造业上市公司内部控制状况进行评价,评价结果见表 5-12、图 5-10。

表 5-12　2012 年沪、深 682 家制造业上市公司内部控制状况

	观测值	均值	最小值	最大值	标准差
内部控制指数	682	64.50	40.47	88.84	8.70
其中:战略目标分指数	682	66.67	41.97	91.40	9.27
财务报告可靠目标分指数	682	72.76	50.05	87.48	6.46
资产、经营效率效果目标分指数	682	48.90	18.33	89.22	13.26
法律法规遵循目标分指数	682	73.57	45.90	91.39	8.42

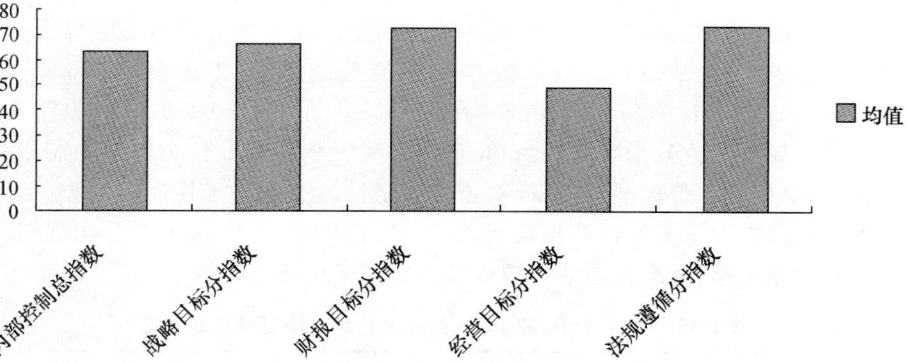

图 5-10　沪深制造业上市公司内部控制状况

由表 5-12、图 5-10 可以看出,682 家制造业上市公司内部控制指数均值为 64.50 分,与全部样本公司内部控制指数均值基本持平,比行业内部控制指数均值低 0.85 分,按照内部控制评价标准,中国制造业上市公司内部控制水平应属控制较弱型,但由于其资产、经营效率效果目标分指数没有达到 60 分,所以中国制造业上市公司内部控制质量等级由 C 级(控制较弱型)降为 D 级(控制较差型)。682 家上市公司中尽管有 23 家上市公司内部控制水平达到控制较好型标准,占控制较好型企业数量的一半还多,但由于其控制较差型企业数量比较多,导致行业指数均值不高,离控制正常型行业标准还有较大差距。从制造业上市公司内部控制各分指数看,公司间的分指数差异较大,尤其是资产安全、经营活动效率效果目标分指数差异最大;被选取的 682 家上市公司,其经营活动效率效果指数均值为 48.90,大大低于企业战略目标分指数,更远远低于财务报告可靠性目标分指数及法律法规遵循目标分指数。企业内部控制的关键在于经营活动效率效果的提高,沪深制造业上市公司效率效果不高,表明中国制造业上市公司竞争力不强,企业面临较大的经营风险。从评价结果看,影响中国制造业上市公司内部控制质量的主要因素在于经营活动效率效果不佳。产生问题的原因可能是由于制造业产品

比较成熟、行业竞争比较激烈、市场化程度较高等。中国制造业上市公司只有快速提高管理水平、加大技术创新力度,才有可能在竞争日趋激烈的市场中获得较高的效益,从而不断提高制造业内部控制的质量和水平,最终使中国由"制造业大国"向"制造业强国"迈进。

2.7 中国上市公司战略目标实现状况

表 5-13、图 5-11 显示了 2012 年沪、深 1 281 家样本公司战略目标实现状况。从表 5-13、图 5-11 可以看出,1 281 家样本公司中,战略目标实现程度较好(战略目标分指数在 80 分及以上)的上市公司有 97 家,占所有样本公司的比重为 7.57%,实现程度一般(战略目标分指数在 70—80 分之间)的上市公司有 378 家,占比为 29.51%,基本实现(战略目标分指数在 60—70 分之间)的上市公司 506 家,占比为 39.50%,三项合计为 981 家,占比为 76.58%。另外,表 5-5 的结果表明,1 281 家上市公司战略目标分指数均值为 66.78 分,高于全部样本公司内部控制指数均值,按照内部控制评价标准,沪深样本公司战略目标控制属于控制较弱型,但由于分指数均值离控制正常型标准相差不大,所以,整体来看,中国上市公司战略目标实现程度总体不错,大多数企业实现或基本实现了企业战略目标。

表 5-13 2012 年沪、深 1 281 家样本公司战略目标实现状况

	公司数(个)	比重(%)
实现较好	97	7.57
实现一般	378	29.51
基本实现	506	39.50
实现较差	300	23.42
合计	1 281	100

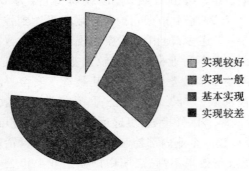

图 5-11 2012 年沪、深 1 281 家样本公司战略目标实现状况

2.8 中国上市公司财务报告目标实现状况

表 5-14、图 5-12 显示了 2012 年沪、深 1 281 家样本公司财务报告目标实现状况。从表 5-14、图 5-12 可以看出,1 281 家样本公司中,财务报告目标实现程度较好(财务报告目标分指数在 80 分及以上)的上市公司有 163 家,占所有样本公司的比重为 12.72%,实现程度一般(财务报告目标分指数在 70—80 分之间)的上市公司有 739 家,占比为 57.69%,基本实现(财务报告目标分指数在 60—70 分之间)的上市公司有 337 家,占比为 26.31%,实现较差的上市公司为 42 家,占比为 3.28%。另外,表 5-5 的结果表明,1 281 家上市公司战略目标分指数均值为 73.07 分,远远高于全部上市公司内部控制指数均值,也远远高于资产安全、经营效率效果分指数和战略目标分指数,按照内部控制评价标准,沪深上市公司财务报告目标控制属控制正常型。整体来看,中国上市公司财务报告可靠性目标实现程度不错,绝大多数上市公司披露的财务报告真实、可信。

表 5-14　2012 年沪、深 1 281 家样本公司财务报告目标实现状况

	公司数(个)	比重(%)
实现较好	163	12.72
实现一般	739	57.69
基本实现	337	26.31
实现较差	42	3.28
合计	1 281	100

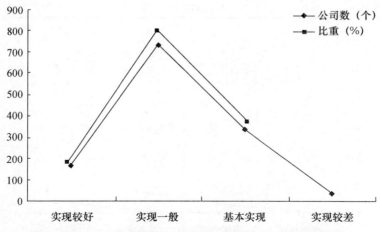

图 5-12　2012 年沪、深 1 281 家样本公司财务报告目标实现状况

2.9 中国上市公司效率效果目标实现状况

表 5-14、图 5-13 显示了 2012 年沪、深 1 281 家样本公司效率效果目标实现状况。从表 5-14、图 5-13 可以看出,1 281 家样本公司中,效率效果目标实现程度较好(效率效果目标分指数在 80 分及以上)的上市公司有 12 家,占所有样本公司的比重不到 1%,实现程度一般(效率效果目标分指数在 70—80 分之间)的上市公司有 75 家,占比为 5.85%,基本实现(效率效果目标分指数在 60—70 分之间)的上市公司为 156 家,占比为 12.18%,三项合计共 243 家,占比 18.97%,实现较差的上市公司有 1 038 家,占比高达 81.03%。另外,表 5-5 的结果表明,1 281 家上市公司效率效果目标分指数均值为 49.46 分,远远低于全部上市公司内部控制指数均值,也远远低于其他内部控制分指数均值,按照内部控制评价标准,沪深上市公司效率效果目标控制属于控制较差型。企业内部控制的经营目标是保证企业战略实现的最重要目标,是企业内部控制的核心(张先治,2004)。沪深上市公司经营活动效率效果目标实现程度不好,严重影响了沪深上市公司内部控制整体质量。中国上市公司要进一步提高内部控制质量,关键是要提高经营活动的效率效果。

表 5-15 2012 年沪、深 1 281 家样本公司效率效果目标实现状况

	公司数(个)	比重(%)
实现较好	12	0.94
实现一般	75	5.85
基本实现	156	12.18
实现较差	1 038	81.03
合计	1 281	100

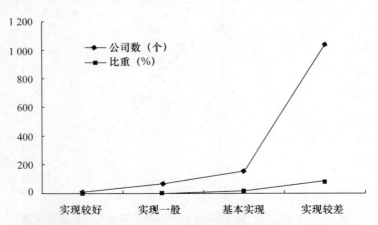

图 5-13 2012 年沪、深 1 281 家样本公司效率效果目标实现状况

2.10 中国上市公司法律法规遵循目标实现状况

表 5-16、图 5-14 显示了 2012 年沪、深 1 281 家样本公司法律法规遵循目标实现状况。从表 5-16、图 5-14 中可以看出,1 281 家样本公司中,法律法规遵循目标实现程度较好(法律法规遵循目标分指数在 80 分及以上)的上市公司有 340 家,占所有样本公司的比重为 26.54%,实现程度一般(法律法规遵循目标分指数在 70—80 分之间)的上市公司有 551 家,占比为 43.01%,基本实现(法律法规遵循目标分指数在 60—70 分之间)的上市公司有 294 家,占比为 22.95%,三项合计为 1 185 家,占比为 92.50%。另外,表 5-5 的结果表明,1 281 家上市公司法律法规遵循目标分指数均值为 73.65 分,在四个分指数中分值最高,远远高于全部上市公司内部控制指数均值,按照内部控制评价标准,沪深上市公司法律法规遵循目标控制属于控制正常型。整体来看,中国上市公司法律法规遵循目标实现程度较好,绝大多数上市公司能够遵循国家发布的相关法律法规。

表 5-16　2012 年沪、深 1 281 家样本公司法律法规遵循目标实现状况

	公司数(个)	比重(%)
实现较好	340	26.54
实现一般	551	43.01
基本实现	294	22.95
实现较差	96	7.50
合计	1 281	100

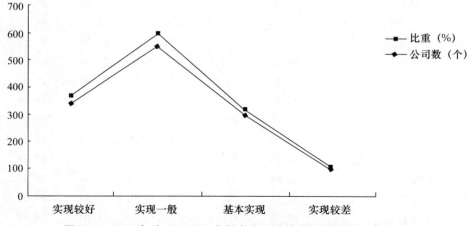

图 5-14　2012 年沪、深 1 281 家样本公司法律法规遵循目标实现状况

附 录

附表一　2012年沪、深1 281家样本公司内部控制状况排序

股票代码	股票简称	排名	内部控制指数	战略目标分指数	财务报告可靠目标分指数	资产、效率效果目标分指数	法律法规遵循目标分指数
600690	青岛海尔	1	88.84	91.39	87.48	85.81	91.39
601006	大秦铁路	2	86.89	90.57	88.84	80.00	88.88
600104	上海汽车	3	86.84	88.82	86.81	83.69	88.62
601111	中国国航	4	85.59	91.64	88.99	71.83	92.43
600741	华域汽车	5	85.38	88.69	86.61	78.66	88.77
000651	格力电器	6	85.30	85.33	83.62	89.22	81.52
600547	山东黄金	7	84.12	85.75	83.65	79.43	89.50
600600	青岛啤酒	8	83.39	85.76	82.55	78.47	88.42
600519	贵州茅台	9	83.32	85.38	78.71	84.20	85.19
601088	中国神华	10	83.25	84.13	83.46	80.67	85.56
000538	云南白药	11	83.25	83.96	83.74	79.53	87.22
600309	烟台万华	12	83.12	80.55	84.02	83.94	84.76
000568	泸州老窖	13	83.02	84.64	80.29	80.82	87.73
600971	恒源煤电	14	82.93	86.79	85.27	72.46	89.69
600489	中金黄金	15	82.36	83.36	80.03	81.20	85.87
000937	冀中能源	16	81.66	85.15	83.96	72.34	87.30
600809	山西汾酒	17	81.43	82.90	78.65	79.85	85.47
000425	徐工机械	18	81.34	88.17	79.81	71.14	88.39
000002	万科A	19	81.24	85.15	81.53	77.73	79.95
601857	中国石油	20	81.20	85.96	83.12	74.10	81.82
600166	福田汽车	21	81.19	87.16	84.77	67.84	87.22
000157	中联重科	22	81.14	84.56	81.46	78.41	79.40
600863	内蒙华电	23	81.11	85.08	82.14	76.09	81.04
600115	东方航空	24	80.93	85.79	79.88	72.09	88.36
000671	阳光城	25	80.89	85.29	85.25	68.97	86.16

(续表)

股票代码	股票简称	排名	内部控制指数	战略目标分指数	财务报告可靠目标分指数	资产、效率效果目标分指数	法律法规遵循目标分指数
600563	法拉电子	26	80.88	84.99	83.44	70.48	86.83
000858	五粮液	27	80.83	85.67	79.23	81.22	74.58
000536	华映科技	28	80.75	86.28	81.59	69.24	88.57
600658	电子城	29	80.72	79.79	80.47	78.70	85.80
000012	南玻A	30	80.68	87.32	80.15	69.33	88.36
000527	美的电器	31	80.66	85.23	80.03	72.80	86.39
600970	中材国际	32	80.63	85.47	81.74	69.38	88.78
000895	双汇发展	33	80.54	82.96	82.40	78.68	76.84
000780	平庄能源	34	80.50	82.86	85.98	70.75	84.07
000877	天山股份	35	80.48	83.26	83.94	70.84	86.09
000625	长安汽车	36	80.35	85.14	83.46	67.01	88.98
000042	深长城	37	80.33	85.32	77.37	77.00	81.64
000581	威孚高科	38	80.21	84.65	81.17	70.35	87.07
000417	合肥百货	39	80.15	82.52	83.02	70.27	87.66
601666	平煤股份	40	80.09	84.32	80.83	70.78	86.69
000786	北新建材	41	80.00	78.19	85.43	76.26	81.06
600028	中国石化	42	79.94	82.60	81.36	75.21	80.98
000069	华侨城A	43	79.86	82.22	80.45	76.70	80.14
600348	国阳新能	44	79.86	84.02	80.57	73.27	82.38
000655	金岭矿业	45	79.85	84.66	79.75	71.78	84.77
600754	锦江股份	46	79.79	82.45	85.93	66.44	87.56
600383	金地集团	47	79.72	80.60	79.39	75.41	85.53
600039	四川路桥	48	79.71	86.32	78.56	76.29	75.92
000791	甘肃电投	49	79.71	81.38	80.40	78.26	78.11
000528	柳工	50	79.67	86.18	78.68	68.78	87.51
000639	西王食品	51	79.66	83.99	83.73	68.67	83.98
600271	航天信息	52	79.65	85.45	81.66	70.75	81.23
601001	大同煤业	53	79.43	83.63	80.67	69.27	86.72
000423	东阿阿胶	54	79.41	83.31	81.53	72.87	80.23
000933	神火股份	55	79.35	82.75	81.39	70.25	85.12
600315	上海家化	56	79.33	79.53	81.66	74.24	83.65

(续表)

股票代码	股票简称	排名	内部控制指数	战略目标分指数	财务报告可靠目标分指数	资产、效率效果目标分指数	法律法规遵循目标分指数
000778	新兴铸管	57	79.21	81.34	84.39	68.87	84.52
600418	江淮汽车	58	79.21	84.15	81.25	67.26	86.92
000680	山推股份	59	79.09	84.61	81.83	65.81	86.99
600508	上海能源	60	79.07	83.59	78.45	71.60	84.29
601808	中海油服	61	78.91	81.78	82.11	72.11	80.30
600582	天地科技	62	78.89	80.99	81.37	70.07	85.71
000888	峨眉山A	63	78.85	79.84	81.19	74.54	80.62
600900	长江电力	64	78.80	80.55	77.46	74.81	84.15
000008	宝利来	65	78.73	81.32	82.34	72.75	78.68
600897	厦门空港	66	78.71	80.64	81.39	71.69	82.70
000800	一汽轿车	67	78.67	84.38	85.07	62.30	85.84
600585	海螺水泥	68	78.57	82.74	80.51	72.82	78.02
000039	中集集团	69	78.55	82.00	81.01	68.35	85.40
000708	大冶特钢	70	78.55	82.23	79.33	69.71	85.27
000880	潍柴重机	71	78.53	83.27	80.13	67.42	85.90
600395	盘江股份	72	78.48	82.82	76.97	73.84	80.85
000596	古井贡酒	73	78.48	79.59	82.94	70.37	83.00
600750	江中药业	74	78.45	82.83	79.32	70.69	82.19
000539	粤电力A	75	78.43	77.83	78.70	75.51	83.59
000887	中鼎股份	76	78.40	81.99	82.26	66.11	86.30
600742	一汽富维	77	78.36	81.94	82.36	68.36	82.44
600188	兖州煤业	78	78.36	85.06	83.15	62.03	86.16
600436	片仔癀	79	78.28	80.22	82.47	66.60	87.42
600195	中牧股份	80	78.19	80.57	81.84	67.78	85.43
600375	星马汽车	81	78.18	81.77	80.20	67.82	85.64
600873	梅花集团	82	78.17	83.05	78.87	67.96	85.24
600048	保利地产	83	78.12	77.48	77.77	75.26	84.18
000552	靖远煤电	84	78.12	80.92	78.96	71.97	81.98
000006	深振业A	85	78.04	74.99	77.25	81.91	78.11
600763	通策医疗	86	77.93	82.65	79.59	70.61	79.31
600612	老凤祥	87	77.86	79.77	81.76	66.35	87.18

（续表）

股票代码	股票简称	排名	内部控制指数	战略目标分指数	财务报告可靠目标分指数	资产、效率效果目标分指数	法律法规遵循目标分指数
000401	冀东水泥	88	77.77	81.57	78.25	69.31	84.14
000999	华润三九	89	77.72	78.37	76.09	75.20	82.95
600535	天士力	90	77.67	79.98	79.01	68.94	85.65
000650	仁和药业	91	77.66	79.86	83.58	68.37	80.14
600815	厦工股份	92	77.64	82.08	81.50	65.25	84.29
600880	博瑞传播	93	77.60	80.92	77.59	70.53	83.28
600350	山东高速	94	77.58	79.49	79.73	68.69	85.34
600085	同仁堂	95	77.55	75.60	80.19	74.56	81.65
600761	安徽合力	96	77.55	81.08	79.45	67.53	84.76
000883	湖北能源	97	77.47	82.48	83.17	62.40	84.73
600199	金种子酒	98	77.41	78.83	76.05	73.80	82.74
600660	福耀玻璃	99	77.41	80.43	79.19	67.73	85.13
600216	浙江医药	100	77.36	81.07	76.91	71.59	80.98
600125	铁龙物流	101	77.22	80.49	76.51	70.55	83.37
600578	京能热电	102	77.21	71.31	75.63	83.60	79.10
600637	广电信息	103	77.18	74.27	77.62	74.04	86.25
600561	江西长运	104	77.10	79.36	80.43	67.33	83.96
600004	白云机场	105	77.08	74.10	79.59	74.09	83.06
600859	王府井	106	77.08	79.26	80.34	68.65	82.06
000789	江西水泥	107	77.06	78.23	83.59	66.57	82.24
600340	华夏幸福	108	76.98	76.97	78.84	73.13	80.36
600887	伊利股份	109	76.94	79.28	80.47	73.04	74.15
601898	中煤能源	110	76.92	77.87	81.85	66.81	84.15
600150	中国船舶	111	76.88	80.74	80.16	64.65	85.07
600406	国电南瑞	112	76.86	80.04	78.25	68.15	83.32
000869	张裕A	113	76.84	80.60	80.53	67.76	79.63
600377	宁沪高速	114	76.82	78.31	81.82	65.77	84.54
000792	盐湖钾肥	115	76.58	79.86	79.04	68.49	80.36
600098	广州控股	116	76.54	75.16	78.13	73.08	81.93
000987	广州友谊	117	76.49	79.03	78.53	67.60	83.37
000848	承德露露	118	76.47	79.88	81.18	66.75	79.37

（续表）

股票代码	股票简称	排名	内部控制指数	战略目标分指数	财务报告可靠目标分指数	资产、效率效果目标分指数	法律法规遵循目标分指数
000422	湖北宜化	119	76.38	78.21	77.74	69.06	82.92
600983	合肥三洋	120	76.28	80.00	77.69	66.23	83.94
000863	三湘股份	121	76.25	76.94	78.03	75.66	73.51
600794	保税科技	122	76.23	78.16	80.85	69.18	77.51
600362	江西铜业	123	76.22	80.73	77.14	75.05	69.36
601918	国投新集	124	76.22	77.54	79.72	68.92	80.50
600060	海信电器	125	76.15	75.64	78.44	71.41	81.16
000669	领先科技	126	76.09	77.79	76.06	74.58	75.71
600310	桂东电力	127	76.06	80.33	78.18	64.56	84.05
600153	建发股份	128	76.00	79.01	76.89	67.88	82.54
600123	兰花科创	129	75.96	77.80	76.74	69.87	81.36
600425	青松建化	130	75.88	78.48	80.59	63.96	83.60
600785	新华百货	131	75.88	76.61	84.72	64.40	80.00
600295	鄂尔多斯	132	75.71	78.57	80.20	63.23	84.20
600684	珠江实业	133	75.70	70.53	79.95	75.60	78.19
600054	黄山旅游	134	75.60	78.15	78.10	65.53	83.66
600829	三精制药	135	75.55	76.85	82.99	62.21	83.70
000513	丽珠集团	136	75.55	78.78	79.08	63.98	83.35
000979	中弘地产	137	75.49	78.04	73.01	78.19	70.65
600221	海南航空	138	75.48	79.76	75.93	65.98	82.74
000666	经纬纺机	139	75.43	76.61	79.78	65.17	83.35
600835	上海电气	140	75.41	77.56	80.27	63.18	84.08
000826	桑德环境	141	75.39	76.45	82.99	63.61	81.23
600505	西昌电力	142	75.37	76.86	81.05	63.05	84.09
600170	上海建工	143	75.29	78.91	77.48	63.77	84.29
601333	广深铁路	144	75.26	76.46	79.35	64.18	84.81
000043	中航地产	145	75.22	77.31	79.69	63.51	83.73
600233	大杨创世	146	75.18	78.56	78.83	63.72	82.40
600875	东方电气	147	75.13	77.54	79.94	62.75	83.70
000917	电广传媒	148	75.11	79.52	77.72	64.32	81.07
600987	航民股份	149	75.11	78.33	75.58	66.93	81.99

（续表）

股票代码	股票简称	排名	内部控制指数	战略目标分指数	财务报告可靠目标分指数	资产、效率效果目标分指数	法律法规遵循目标分指数
600208	新湖中宝	150	74.95	79.92	78.59	60.51	84.24
600795	国电电力	151	74.95	76.95	79.48	63.70	82.81
000537	广宇发展	152	74.94	78.56	74.19	71.60	75.35
600997	开滦股份	153	74.89	77.46	78.63	64.06	82.34
000876	新希望	154	74.82	75.62	75.82	69.82	79.93
600458	时代新材	155	74.77	79.08	77.47	63.20	81.97
600160	巨化股份	156	74.72	80.62	77.84	60.49	82.89
600594	益佰制药	157	74.71	77.09	75.69	66.89	81.70
600688	S上石化	158	74.67	78.42	79.65	63.43	79.05
000726	鲁泰A	159	74.54	78.44	78.60	67.61	73.20
600686	金龙汽车	160	74.36	76.64	80.14	61.47	82.53
600276	恒瑞医药	161	74.31	71.92	73.17	75.66	77.73
601607	上海医药	162	74.27	75.93	76.16	68.88	77.30
601766	中国南车	163	74.23	76.73	79.13	61.61	82.95
600636	三爱富	164	74.23	74.37	80.44	62.20	83.95
600518	康美药业	165	74.21	76.13	76.84	64.30	82.85
600113	浙江东日	166	74.20	77.39	77.00	62.24	83.74
000861	海印股份	167	74.19	75.13	80.18	63.06	81.51
600985	雷鸣科技	168	74.19	77.34	81.00	62.48	77.63
600694	大商股份	169	74.18	77.24	71.87	73.61	73.39
600784	鲁银投资	170	74.17	74.40	82.71	61.53	81.37
000598	兴蓉投资	171	74.15	74.53	79.43	64.75	80.68
601899	紫金矿业	172	74.11	72.14	75.94	75.40	72.67
600138	中青旅	173	74.09	74.73	78.92	63.42	82.81
600062	双鹤药业	174	74.08	76.99	76.89	62.57	83.35
000060	中金岭南	175	73.95	75.94	79.13	62.23	81.64
000501	鄂武商A	176	73.94	75.30	77.78	64.80	80.58
600831	广电网络	177	73.93	75.69	79.35	61.71	82.46
600739	辽宁成大	178	73.90	74.73	79.03	62.78	82.64
600141	兴发集团	179	73.83	75.72	77.69	63.16	81.93
000900	现代投资	180	73.77	76.93	78.51	63.07	78.61

（续表）

股票代码	股票简称	排名	内部控制指数	战略目标分指数	财务报告可靠目标分指数	资产、效率效果目标分指数	法律法规遵循目标分指数
600461	洪城水业	181	73.77	77.20	77.21	61.86	81.90
600029	南方航空	182	73.70	79.59	78.21	64.41	72.13
000885	同力水泥	183	73.65	74.25	82.46	60.68	80.39
000630	铜陵有色	184	73.63	75.07	82.03	60.88	79.21
600650	锦江投资	185	73.59	75.21	78.05	63.08	81.04
600081	东风科技	186	73.58	76.30	78.14	61.44	81.63
600805	悦达投资	187	73.58	74.94	78.86	62.69	80.85
600480	凌云股份	188	73.57	77.95	76.33	60.71	82.62
600012	皖通高速	189	73.56	75.46	76.48	63.75	81.65
600258	首旅股份	190	73.55	78.03	74.82	62.78	81.33
600697	欧亚集团	191	73.49	74.41	81.11	61.79	79.39
600642	申能股份	192	73.46	74.56	78.97	62.63	80.75
600298	安琪酵母	193	73.35	76.58	75.16	63.59	80.81
600869	三普药业	194	73.32	76.67	78.83	61.71	78.13
600502	安徽水利	195	73.28	75.04	76.71	64.15	79.82
600066	宇通客车	196	73.28	72.07	70.72	79.28	69.51
000418	小天鹅A	197	73.24	78.21	73.92	66.02	75.48
600197	伊力特	198	73.24	75.40	78.30	60.74	82.04
600323	南海发展	199	73.18	75.94	78.38	60.40	81.26
600507	放大特钢	200	73.15	74.17	78.62	60.63	83.31
600266	北京城建	201	73.03	74.51	78.00	60.12	83.75
600801	华新水泥	202	73.01	73.61	79.49	63.35	77.90
600587	新华医疗	203	72.98	74.12	78.81	61.00	81.56
600018	上港集团	204	72.86	74.19	78.70	61.47	80.16
000089	深圳机场	205	72.85	74.91	77.61	61.51	80.46
600546	山煤国际	206	72.70	75.78	77.10	65.62	72.46
600067	冠城大通	207	72.69	74.04	78.02	61.88	79.81
600183	生益科技	208	72.58	75.57	75.63	61.45	80.76
600888	新疆众和	209	72.58	75.23	76.74	61.00	80.44
600111	包钢稀土	210	72.57	74.48	78.60	60.61	79.60
600871	S仪化	211	72.56	77.82	78.41	63.42	69.91

(续表)

股票代码	股票简称	排名	内部控制指数	战略目标分指数	财务报告可靠目标分指数	资产、效率效果目标分指数	法律法规遵循目标分指数
000729	燕京啤酒	212	72.55	74.89	77.56	60.14	81.01
600729	重庆百货	213	72.50	72.58	80.21	61.16	79.11
600089	特变电工	214	72.50	76.69	74.35	61.02	80.98
600380	健康元	215	72.49	77.08	73.33	60.87	82.01
600019	宝钢股份	216	72.42	76.04	73.86	62.20	80.48
600009	上海机场	217	72.32	72.95	77.16	61.73	80.97
000011	深物业A	218	72.21	68.39	73.81	78.23	66.71
600248	延长化建	219	72.18	75.10	75.77	60.47	80.61
600386	北巴传媒	220	72.17	72.69	76.33	61.52	82.06
000983	西山煤电	221	72.15	74.41	78.63	65.65	69.35
600143	金发科技	222	72.12	72.92	76.78	61.36	80.99
600827	友谊股份	223	72.11	73.17	75.33	63.43	79.39
600409	三友化工	224	72.09	72.52	77.62	61.83	79.54
600139	西部资源	225	71.95	75.46	77.32	60.85	75.91
600982	宁波热电	226	71.95	73.87	76.42	60.69	80.07
000970	中科三环	227	71.90	72.62	75.66	61.78	81.21
600079	人福医药	228	71.79	72.81	77.02	61.31	79.08
000022	深赤湾A	229	71.70	76.16	77.52	61.96	71.30
600403	大有能源	230	71.61	61.18	73.20	79.01	74.77
600960	渤海活塞	231	71.51	76.27	75.81	60.06	75.53
600252	中恒集团	232	71.12	78.67	74.68	60.32	70.61
600588	用友软件	233	71.12	71.05	76.73	60.63	79.64
000811	烟台冰轮	234	71.10	73.00	74.63	60.61	79.40
600256	广汇股份	235	71.04	77.39	71.03	62.29	74.43
600551	时代出版	236	70.65	72.65	73.55	61.10	78.22
000572	海马股份	237	70.26	78.00	70.14	60.44	73.19
600267	海正药业	238	69.71	72.21	76.96	60.49	69.66
600527	江南高纤	239	69.69	71.38	75.61	60.53	72.78
000661	长春高新	240	69.32	77.94	71.01	61.80	64.58
600366	宁波韵升	241	69.20	70.78	68.47	62.03	78.91
600157	永泰能源	242	69.17	73.83	71.13	63.15	68.15

（续表）

股票代码	股票简称	排名	内部控制指数	战略目标分指数	财务报告可靠目标分指数	资产、效率效果目标分指数	法律法规遵循目标分指数
000049	德赛电池	243	68.37	71.09	68.09	63.93	71.30
000550	江铃汽车	244	77.17	88.33	84.27	56.88	80.54
601866	中海集运	245	75.82	81.99	82.67	56.97	85.47
600664	哈药股份	246	75.15	79.30	81.17	59.93	83.61
600173	卧龙地产	247	74.56	81.17	78.53	58.38	83.43
600449	赛马置业	248	74.49	77.97	80.31	59.98	83.25
000338	潍柴动力	249	74.36	82.88	80.55	56.61	79.40
600720	祁连山	250	74.23	77.66	82.08	59.97	79.73
600759	正和股份	251	74.04	75.27	81.30	59.28	84.80
600031	三一重工	252	74.01	81.15	83.67	58.22	73.25
600710	常林股份	253	74.01	77.35	80.66	58.38	83.51
000540	中天城投	254	73.84	77.81	79.78	57.74	84.09
600068	葛洲坝	255	73.72	75.76	80.19	59.63	83.19
000961	中南建设	256	73.66	74.66	81.82	57.91	85.06
600460	士兰微	257	73.63	78.17	78.74	58.25	83.01
601699	潞安环能	258	73.57	79.91	77.73	58.22	81.35
600327	大东方	259	73.54	75.93	80.65	58.92	82.37
000713	丰乐种业	260	73.46	76.16	84.33	56.31	80.33
600667	太极实业	261	73.32	75.84	80.42	58.39	82.45
000608	阳光股份	262	73.27	79.17	77.85	56.49	83.36
600522	中天科技	263	73.27	75.42	81.10	58.31	81.95
600525	长园集团	264	73.18	75.66	79.49	59.11	82.15
000559	万向钱潮	265	73.16	76.19	78.66	59.49	81.77
600101	明星电力	266	73.13	74.20	80.54	58.44	83.81
000558	莱茵置业	267	73.08	78.35	80.81	53.24	84.52
000881	大连国际	268	72.98	74.81	81.16	56.09	84.76
600581	八一钢铁	269	72.88	74.54	80.22	58.63	81.98
600620	天宸股份	270	72.87	79.78	76.46	55.58	83.55
000926	福星股份	271	72.77	76.80	79.85	55.81	82.61
600231	凌钢股份	272	72.71	75.55	80.25	57.05	81.78
600121	郑州煤电	273	72.58	73.53	76.97	59.63	85.04

（续表）

股票代码	股票简称	排名	内部控制指数	战略目标分指数	财务报告可靠目标分指数	资产、效率效果目标分指数	法律法规遵循目标分指数
600167	联美控股	274	72.57	73.75	78.44	58.01	85.08
600779	水井坊	275	72.56	72.06	80.92	58.16	83.96
000915	山大华特	276	72.53	74.08	78.85	59.62	81.18
600597	光明乳业	277	72.49	73.45	80.27	57.16	83.80
000963	华东医药	278	72.47	73.07	79.70	59.49	81.48
600969	郴电国际	279	72.42	72.87	79.93	58.50	82.75
601007	金陵饭店	280	72.31	73.49	76.17	57.59	87.91
000951	中国重汽	281	72.28	76.84	76.97	56.76	82.44
600373	中文传媒	282	72.25	75.96	77.18	58.18	81.20
000759	武汉中百	283	72.18	73.92	79.29	58.50	80.60
600071	凤凰光学	284	72.12	75.44	79.75	54.80	82.91
600517	置信电气	285	72.11	74.22	79.90	57.32	80.69
600807	天业股份	286	72.08	75.37	79.88	55.27	81.86
600823	世茂股份	287	72.07	73.43	82.83	56.15	79.37
000636	风华高科	288	72.00	75.46	78.81	55.92	81.82
600500	中化国际	289	71.99	73.78	79.04	56.58	83.15
600993	马应龙	290	71.98	72.65	80.21	59.22	79.11
600841	上柴股份	291	71.98	73.29	81.22	58.08	78.40
000544	中原环保	292	71.89	73.76	78.33	57.97	81.45
000798	中水渔业	293	71.89	73.89	85.20	53.15	78.91
600712	南宁百货	294	71.89	74.01	77.24	59.56	80.08
000793	华闻传媒	295	71.88	70.82	85.17	57.18	77.60
600303	曙光股份	296	71.86	75.05	75.92	59.15	80.77
600845	宝信软件	297	71.86	73.94	76.66	59.49	80.97
600270	外运发展	298	71.82	74.57	77.13	58.68	80.31
600770	综艺股份	299	71.81	74.47	78.28	58.00	79.86
600511	国药股份	300	71.78	74.60	78.45	56.96	80.84
600778	友好集团	301	71.74	72.38	81.79	56.02	80.96
000905	厦门港务	302	71.73	71.76	82.06	53.78	85.00
600676	交运股份	303	71.69	73.78	79.04	56.89	80.92
000698	沈阳化工	304	71.68	75.31	78.06	56.74	80.01

(续表)

股票代码	股票简称	排名	内部控制指数	战略目标分指数	财务报告可靠目标分指数	资产、效率效果目标分指数	法律法规遵循目标分指数
600006	东风汽车	305	71.62	73.69	78.61	55.93	82.84
000939	凯迪电力	306	71.60	74.27	78.27	56.58	81.22
600828	成商集团	307	71.57	73.46	77.05	59.02	80.31
000028	一致药业	308	71.52	72.72	79.56	57.51	80.00
000850	华茂股份	309	71.49	73.47	81.70	54.50	80.25
600673	东阳光铝	310	71.49	74.03	78.10	55.04	83.65
600329	中新药业	311	71.48	72.92	78.93	56.40	82.08
600126	杭钢股份	312	71.47	72.49	79.08	57.59	80.63
600529	山东药玻	313	71.41	73.21	78.43	56.35	82.02
600169	太原重工	314	71.40	75.08	78.06	55.17	81.29
600693	东百集团	315	71.37	73.47	76.58	59.32	79.37
000623	吉林敖东	316	71.36	71.95	79.16	58.21	79.82
000679	大连友谊	317	71.34	75.25	77.23	55.68	81.06
600976	武汉健民	318	71.34	73.70	78.98	54.66	82.66
600548	深高速	319	71.34	72.42	77.06	59.04	80.64
000529	广弘控股	320	71.33	72.21	79.16	59.44	77.30
600557	康缘药业	321	71.32	73.37	76.71	58.68	80.08
000906	南方建材	322	71.32	72.36	80.92	53.02	84.56
000637	茂华实业	323	71.31	75.55	80.45	55.49	76.11
600685	广船国际	324	71.29	77.39	74.00	58.86	76.91
000021	长城开发	325	71.18	75.22	81.35	52.14	79.84
600035	楚天高速	326	71.14	74.03	77.10	56.57	80.73
600668	尖峰集团	327	71.12	71.25	80.73	57.99	77.72
600655	豫园商城	328	71.11	73.07	76.14	58.82	79.98
000989	九芝堂	329	71.10	72.70	76.22	59.87	78.76
600339	天利高新	330	71.09	74.42	76.00	57.49	79.95
000059	辽通化工	331	71.09	72.54	75.85	59.68	79.78
600648	外高桥	332	71.08	73.63	77.18	57.44	79.54
600088	中视传媒	333	71.06	72.73	75.68	59.83	79.30
600011	华能国际	334	71.05	72.68	78.17	55.93	81.92
600995	文山电力	335	71.03	73.12	76.57	58.46	79.41

（续表）

股票代码	股票简称	排名	内部控制指数	战略目标分指数	财务报告可靠目标分指数	资产、效率效果目标分指数	法律法规遵循目标分指数
601958	金钼股份	336	71.01	74.21	77.39	55.35	81.20
600570	恒生电子	337	71.00	73.06	75.16	59.96	78.96
600780	通宝能源	338	70.98	70.77	80.87	57.47	78.30
000936	华西村	339	70.95	74.41	75.54	56.81	80.91
600122	宏图高科	340	70.94	73.12	78.26	54.59	82.49
000828	东莞控股	341	70.91	71.59	79.22	54.46	83.69
601991	大唐发电	342	70.87	71.50	80.49	56.05	79.31
600760	中航黑豹	343	70.87	74.64	80.34	48.65	85.98
600017	日照港	344	70.86	71.93	76.69	57.96	80.97
600787	中储股份	345	70.84	72.38	77.67	58.55	77.79
600498	烽火通讯	346	70.84	71.99	78.34	57.76	78.70
000652	泰达股份	347	70.81	75.09	81.51	48.97	82.73
601919	中国远洋	348	70.73	75.96	80.20	49.49	81.90
000878	云南铜业	349	70.72	70.61	81.66	52.58	83.68
600246	万通地产	350	70.71	71.68	77.07	56.86	81.72
000799	酒鬼酒	351	70.65	69.51	80.15	58.71	77.59
000567	海德股份	352	70.60	79.69	68.51	54.22	84.45
600496	精工钢构	353	70.58	71.75	77.16	56.80	80.86
600639	浦东金桥	354	70.58	71.79	72.57	57.75	85.89
000919	金陵药业	355	70.58	72.46	75.95	57.14	80.88
600586	金晶科技	356	70.58	72.26	74.12	56.26	85.20
600626	申达股份	357	70.54	72.14	76.27	58.40	78.72
600619	海立股份	358	70.52	71.75	77.18	55.90	81.89
600269	赣粤高速	359	70.48	72.05	74.44	56.97	83.43
000985	大庆华科	360	70.47	71.73	75.97	58.19	79.80
600814	杭州解百	361	70.42	71.70	79.72	56.97	76.10
600572	康恩贝	362	70.41	73.60	73.05	59.52	78.49
600528	中铁二局	363	70.39	74.35	75.19	56.10	79.44
600717	天津港	364	70.37	70.81	78.85	56.96	78.52
600718	东软集团	365	70.36	72.31	80.56	53.16	79.54
600783	鲁信创投	366	70.36	72.12	76.46	57.57	78.79

(续表)

股票代码	股票简称	排名	内部控制指数	战略目标分指数	财务报告可靠目标分指数	资产、效率效果目标分指数	法律法规遵循目标分指数
000066	长城电脑	367	70.33	74.08	78.07	53.09	80.12
600806	昆明机床	368	70.30	71.96	82.65	50.42	81.07
000920	南方汇通	369	70.29	71.05	79.12	54.31	81.47
600325	华发股份	370	70.29	72.73	76.93	55.03	80.69
000690	宝新能源	371	70.28	72.09	83.28	52.02	77.29
600131	岷江水电	372	70.23	72.21	75.00	55.96	82.56
600026	中海发展	373	70.12	71.29	76.03	54.08	84.93
000823	超声电子	374	70.12	72.12	78.47	54.33	79.65
000968	煤气化	375	70.08	71.21	76.83	52.24	86.55
600723	西单商场	376	69.99	69.31	79.99	55.47	79.53
600516	方大碳素	377	69.99	70.96	74.07	58.94	79.87
601727	上海电气	378	69.97	71.04	78.44	55.26	79.12
600606	金丰投资	379	69.96	73.14	78.33	51.81	81.23
600592	龙溪股份	380	69.96	71.86	77.26	54.86	80.03
000782	美达股份	381	69.91	74.99	72.29	59.52	74.49
000901	航天科技	382	69.91	77.54	71.49	58.86	72.50
600318	巢东股份	383	69.90	69.32	76.03	58.56	79.85
600644	乐山电力	384	69.87	71.39	75.22	54.83	83.31
600187	国中水务	385	69.87	72.17	74.57	57.65	78.53
600662	强生控股	386	69.86	69.40	82.94	55.80	73.94
000916	华北高速	387	69.83	70.21	82.16	49.34	83.65
600118	中国卫星	388	69.80	71.50	73.50	58.44	79.53
000801	四川九州	389	69.74	74.00	74.32	54.39	80.27
600352	浙江龙盛	390	69.74	74.49	76.75	56.89	72.05
600857	工大首创	391	69.73	74.96	72.49	58.04	75.56
600372	中航电子	392	69.72	71.02	74.85	59.41	76.42
600219	南山铝业	393	69.66	70.70	76.67	59.19	74.33
600422	昆明制药	394	69.65	70.39	75.92	58.89	76.30
600161	天坛生物	395	69.64	71.20	74.87	57.38	78.83
600874	创业环保	396	69.62	69.48	79.59	52.64	82.20
000566	海南海药	397	69.62	69.24	82.21	53.24	77.84

（续表）

股票代码	股票简称	排名	内部控制指数	战略目标分指数	财务报告可靠目标分指数	资产、效率效果目标分指数	法律法规遵循目标分指数
000582	北海港	398	69.58	73.99	74.55	58.59	72.50
600105	永鼎股份	399	69.56	73.48	78.22	49.09	82.86
600277	亿利能源	400	69.52	70.83	75.06	56.06	80.54
600467	好当家	401	69.51	70.94	76.15	56.79	77.62
600728	佳都新太	402	69.48	70.94	76.32	57.97	75.34
000521	美菱电器	403	69.42	73.50	76.35	52.30	79.69
000721	西安饮食	404	69.41	69.63	80.33	54.72	76.44
600337	美克股份	405	69.40	70.08	75.51	53.66	84.23
000761	本钢板材	406	69.40	71.30	77.00	54.66	78.52
600261	阳光照明	407	69.37	70.91	73.38	56.50	81.30
600120	浙江东方	408	69.28	71.86	76.70	56.79	73.99
600470	六国化工	409	69.26	70.37	76.37	54.95	79.72
600486	扬农化工	410	69.26	70.08	77.64	54.74	78.64
000522	白云山 A	411	69.23	70.81	74.23	58.02	77.04
000516	开元控股	412	69.22	70.64	75.26	56.99	77.42
000918	嘉凯城	413	69.21	75.35	75.03	51.08	79.29
600708	海博股份	414	69.19	71.25	77.40	54.16	77.65
000998	隆平高科	415	69.16	70.35	74.96	57.87	76.60
601168	西部矿业	416	69.14	71.47	76.23	53.50	79.70
000893	东凌粮油	417	69.12	72.29	82.90	45.70	80.87
000860	顺鑫农业	418	69.11	70.39	77.62	54.38	77.90
000911	南宁糖业	419	69.07	70.00	82.45	46.65	83.50
000788	西南合成	420	69.07	74.94	69.21	59.01	75.02
600580	卧龙电气	421	69.06	72.92	75.56	52.70	79.10
000027	深圳能源	422	69.04	70.51	73.90	58.02	76.97
600428	中远航运	423	69.04	71.32	76.98	49.90	83.95
000988	华工科技	424	69.04	71.09	74.23	55.20	79.93
000886	海南高速	425	68.99	70.50	81.74	47.14	82.51
600307	酒钢宏兴	426	68.95	68.16	75.70	56.34	80.34
600647	同达创业	427	68.91	71.57	75.11	54.77	77.87
601002	晋亿实业	428	68.90	73.99	78.47	49.29	77.64

（续表）

股票代码	股票简称	排名	内部控制指数	战略目标分指数	财务报告可靠目标分指数	资产、效率效果目标分指数	法律法规遵循目标分指数
000810	华润锦华	429	68.87	75.25	69.70	59.33	72.20
600975	新五丰	430	68.86	71.50	77.51	54.33	74.92
600584	长电国际	431	68.85	72.51	75.80	51.41	80.27
600196	复星医药	432	68.85	70.58	72.30	59.07	76.41
600674	川投能源	433	68.83	69.86	77.05	54.77	77.43
600615	丰华股份	434	68.83	73.47	76.79	49.42	80.25
000819	岳阳兴长	435	68.81	72.47	75.44	57.83	70.52
000063	中兴通讯	436	68.80	71.96	75.11	58.40	70.89
600704	中大股份	437	68.80	69.02	77.17	53.12	81.03
600746	江苏索普	438	68.77	69.41	78.21	53.73	77.75
600410	华胜天成	439	68.76	69.96	75.84	55.17	77.97
600613	永生投资	440	68.75	68.66	77.08	52.51	82.46
000960	锡业股份	441	68.75	69.75	75.07	56.41	77.41
600866	星湖科技	442	68.75	74.95	78.70	51.33	71.63
600148	长春一东	443	68.73	70.05	75.78	52.14	82.46
000564	西安民生	444	68.70	70.61	77.72	52.53	78.01
600523	贵航股份	445	68.68	70.67	76.33	51.30	81.74
000969	安泰科技	446	68.67	69.51	74.40	56.02	78.93
600743	华远地产	447	68.67	69.38	80.35	51.70	77.36
601003	柳钢股份	448	68.63	68.74	76.37	51.72	83.91
600618	氯碱化工	449	68.63	68.65	77.81	53.32	79.43
600479	千金药业	450	68.61	69.07	76.82	54.15	78.73
000973	佛塑科技	451	68.58	70.57	73.93	53.07	81.99
600967	北方创业	452	68.55	69.61	74.22	57.40	76.15
000732	泰禾集团	453	68.53	71.79	73.00	57.14	74.67
000159	国际实业	454	68.53	70.39	75.44	54.92	76.96
000833	贵糖股份	455	68.51	73.46	72.02	56.25	74.58
600388	龙净环保	456	68.51	69.11	75.24	51.66	84.29
000825	太钢不锈	457	68.49	68.42	80.66	51.74	77.44
600651	飞乐音响	458	68.48	72.11	76.33	52.21	76.82
601390	中国中铁	459	68.44	70.24	75.37	51.12	82.74

（续表）

股票代码	股票简称	排名	内部控制指数	战略目标分指数	财务报告可靠目标分指数	资产、效率效果目标分指数	法律法规遵循目标分指数
600193	创兴置业	460	68.44	77.63	70.23	54.54	72.62
000665	武汉塑料	461	68.35	70.02	75.06	55.36	76.38
600100	同方股份	462	68.30	70.30	75.29	51.14	81.91
601186	中国铁建	463	68.29	68.86	75.29	51.29	83.96
600116	三峡水利	464	68.28	70.33	73.70	53.44	80.44
600152	维科精华	465	68.25	69.23	74.16	55.08	78.82
000978	桂林旅游	466	68.24	71.69	73.76	53.25	78.17
600765	中航重机	467	68.23	70.41	79.28	49.39	78.37
600137	浪莎股份	468	68.19	69.02	75.36	52.33	81.42
000638	万房地产	469	68.19	70.03	75.35	54.56	76.28
600433	冠豪高新	470	68.14	68.42	74.89	52.71	82.20
000541	佛山照明	471	68.13	71.98	77.20	58.37	64.12
000837	秦川发展	472	68.12	71.24	77.08	54.45	71.58
600446	金证股份	473	68.10	68.17	76.83	54.51	76.74
000758	中色股份	474	68.09	68.57	79.31	52.36	75.85
000910	大亚科技	475	68.08	68.60	80.84	47.41	81.36
000551	创元科技	476	68.05	70.91	75.00	52.86	77.23
600533	栖霞建设	477	68.03	71.96	74.47	49.91	80.81
600973	宝胜股份	478	68.02	70.02	77.02	50.08	80.00
000852	江钻股份	479	68.00	68.97	76.70	53.65	76.43
000957	中通客车	480	67.96	68.14	74.24	52.50	82.90
600979	广安爱众	481	67.93	70.52	73.19	54.80	76.72
600616	金枫酒业	482	67.91	69.00	73.69	55.91	76.64
000868	安凯客车	483	67.88	69.18	75.10	54.20	76.86
600791	京能置业	484	67.81	68.65	73.28	57.77	74.36
600531	豫光金铅	485	67.80	70.16	75.57	51.01	79.16
000584	友利控股	486	67.80	71.60	76.65	48.97	78.42
600210	资金企业	487	67.78	70.30	68.94	57.89	77.52
600703	三安光电	488	67.77	79.34	74.40	53.11	62.31
000790	华神集团	489	67.77	67.83	79.04	46.84	84.31
600601	方正科技	490	67.76	70.01	74.86	50.87	80.41

(续表)

股票代码	股票简称	排名	内部控制指数	战略目标分指数	财务报告可靠目标分指数	资产、效率效果目标分指数	法律法规遵循目标分指数
600475	华光股份	491	67.76	69.35	76.64	50.04	80.18
600499	科达机电	492	67.74	69.71	69.26	59.17	75.79
000683	远兴能源	493	67.74	67.12	81.30	51.76	74.36
600808	马钢股份	494	67.73	68.40	80.22	49.04	78.03
600059	古越龙山	495	67.70	69.20	73.70	54.71	77.00
000830	鲁西化工	496	67.69	67.86	76.09	55.78	74.02
600238	海南椰岛	497	67.65	72.65	75.76	50.56	74.68
600114	东睦股份	498	67.65	68.66	75.74	52.27	78.49
600990	四创电子	499	67.64	69.22	74.08	49.87	83.72
000816	江淮动力	500	67.64	67.79	77.00	49.27	82.78
600226	升华拜克	501	67.62	68.89	75.03	51.34	80.44
600862	南通科技	502	67.61	68.98	78.13	50.92	76.46
600268	国电南自	503	67.60	69.09	72.95	52.27	81.54
600858	银座股份	504	67.58	69.31	75.84	52.23	76.96
600966	博汇纸业	505	67.57	67.82	80.08	49.25	77.93
600491	龙元建设	506	67.56	67.45	77.64	51.60	78.32
600483	福建南纺	507	67.56	68.09	76.55	50.25	80.92
600725	云维股份	508	67.55	69.05	78.75	48.38	79.12
000616	亿城股份	509	67.52	70.95	74.76	50.84	77.71
000756	新华职业	510	67.51	68.04	80.07	50.67	75.05
600132	重庆啤酒	511	67.49	71.13	72.70	54.89	73.84
600090	啤酒花	512	67.48	69.38	72.03	55.67	76.36
600891	秋林集团	513	67.47	70.62	72.61	57.78	70.16
600893	航空动力	514	67.45	68.46	73.61	51.07	82.65
000822	山东海化	515	67.45	66.62	82.07	50.49	74.42
600426	华鲁恒升	516	67.44	67.82	75.40	53.31	77.57
600820	隧道股份	517	67.43	68.28	80.06	49.38	76.25
000898	鞍钢股份	518	67.42	69.02	82.14	43.11	81.85
000045	深纺织A	519	67.41	70.13	74.33	52.15	76.93
600635	大众公用	520	67.38	67.76	74.38	53.23	78.90
600242	中昌海运	521	67.37	69.51	73.62	51.39	79.99

（续表）

股票代码	股票简称	排名	内部控制指数	战略目标分指数	财务报告可靠目标分指数	资产、效率效果目标分指数	法律法规遵循目标分指数
600005	武钢股份	522	67.34	68.65	73.52	53.00	78.83
600738	兰州民百	523	67.34	68.21	76.07	52.53	76.62
600332	广州药业	524	67.32	70.76	69.66	53.95	79.33
000796	易食股份	525	67.30	68.38	80.96	50.60	72.14
600571	信雅达	526	67.30	68.19	75.43	52.40	77.56
600282	南钢股份	527	67.27	70.13	71.66	54.24	76.73
600354	敦煌种业	528	67.26	71.72	75.04	54.10	69.47
600652	爱使股份	529	67.24	68.04	76.19	49.42	81.02
600382	广东明珠	530	67.23	69.37	72.41	51.45	81.06
600559	老白干酒	531	67.23	68.25	74.73	54.66	74.51
600804	鹏博士	532	67.21	68.65	76.09	52.30	75.51
601008	连云港	533	67.20	67.99	75.36	52.32	77.55
600701	工大高新	534	67.20	68.50	77.49	50.20	76.96
600883	博闻科技	535	67.18	67.17	75.38	49.13	83.75
000715	中兴商业	536	67.18	68.53	77.03	52.84	73.34
600398	凯诺科技	537	67.17	68.40	71.96	53.76	79.34
000507	珠海港	538	67.16	68.80	74.09	54.26	74.73
600850	华东电脑	539	67.15	67.63	77.54	49.23	79.57
600789	鲁抗医药	540	67.12	69.52	77.67	48.45	77.33
600549	厦门钨业	541	67.11	66.69	74.67	54.17	77.26
600558	大西洋	542	67.11	69.63	73.65	50.45	79.73
600497	驰宏锌锗	543	67.09	68.25	75.26	51.45	78.01
600503	华丽家族	544	67.07	69.00	72.91	52.95	77.71
600711	雄震矿业	545	67.07	68.60	78.32	50.94	73.73
600345	长江通信	546	67.06	68.71	73.48	51.86	79.01
600415	小商品城	547	67.03	68.56	76.60	50.31	77.04
600521	华海药业	548	66.99	66.97	74.04	54.78	76.06
000007	零七股份	549	66.97	78.18	70.70	51.93	66.89
600543	莫高股份	550	66.97	67.89	74.77	50.54	80.04
000659	珠海中富	551	66.95	69.07	77.93	49.76	74.69
600755	厦门国贸	552	66.93	68.09	78.39	49.71	75.62

（续表）

股票代码	股票简称	排名	内部控制指数	战略目标分指数	财务报告可靠目标分指数	资产、效率效果目标分指数	法律法规遵循目标分指数
000701	厦门信达	553	66.90	71.61	69.35	56.66	71.75
600481	双良节能	554	66.88	68.45	75.95	48.68	79.83
600513	联环药业	555	66.85	68.17	75.24	50.16	78.85
600736	苏州高新	556	66.84	68.32	76.49	46.64	82.24
000429	粤高速A	557	66.81	69.00	73.12	53.33	75.34
600487	亨通光电	558	66.77	67.77	72.81	54.11	76.31
600176	中国玻纤	559	66.76	69.13	72.53	51.16	79.05
600653	申华控股	560	66.75	66.79	76.87	49.15	79.79
600158	中体产业	561	66.74	67.89	74.73	51.53	77.28
000571	新大洲A	562	66.73	68.62	70.68	56.33	74.29
600051	宁波联合	563	66.71	67.51	74.07	51.77	78.27
600439	瑞贝卡	564	66.70	69.44	72.52	51.89	77.09
600218	全柴动力	565	66.70	69.79	72.11	49.66	80.60
600333	长春燃气	566	66.69	68.21	72.25	50.31	81.94
600621	上海金陵	567	66.66	68.60	75.64	48.59	78.99
600378	天科股份	568	66.64	68.21	73.34	51.55	78.14
600435	中兵光电	569	66.64	69.79	76.44	44.91	81.52
600201	金宇集团	570	66.62	67.54	72.25	52.31	79.51
600824	益民集团	571	66.60	66.90	77.96	48.89	77.59
000635	英力特	572	66.59	68.19	76.15	51.61	73.77
000785	武汉中商	573	66.59	68.37	76.34	50.11	75.50
600834	申通地铁	574	66.58	68.56	75.19	51.46	74.72
600812	华北制药	575	66.53	69.31	76.91	46.90	77.89
000959	首钢股份	576	66.51	68.34	77.88	43.24	83.71
600240	华业地产	577	66.46	68.62	72.32	52.45	76.52
600370	三房巷	578	66.46	67.88	71.63	52.86	78.04
600288	大恒科技	579	66.44	68.85	71.14	50.94	80.07
000712	锦龙股份	580	66.42	68.39	79.82	48.26	72.44
600469	风神股份	581	66.42	66.46	75.94	51.07	76.75
600577	精达股份	582	66.40	68.58	70.76	54.49	75.26
000026	飞亚达A	583	66.39	67.87	75.81	51.50	73.83

（续表）

股票代码	股票简称	排名	内部控制指数	战略目标分指数	财务报告可靠目标分指数	资产、效率效果目标分指数	法律法规遵循目标分指数
600819	耀皮玻璃	584	66.34	67.86	74.78	46.44	82.98
000400	许继电气	585	66.34	68.33	73.06	52.19	75.64
600468	百利电气	586	66.33	67.31	76.66	45.94	81.93
000099	中信海直	587	66.31	68.41	74.12	51.45	74.96
000731	四川美丰	588	66.29	66.41	78.94	54.97	65.69
600867	通化东宝	589	66.27	71.49	74.30	50.01	71.70
000050	深天马A	590	66.25	68.22	75.83	49.94	74.86
600070	浙江富润	591	66.21	68.77	69.17	54.11	76.79
000685	中山公用	592	66.20	70.87	71.15	54.39	69.96
600595	中孚实业	593	66.18	68.63	75.89	49.88	73.81
000927	一汽夏利	594	66.17	67.89	73.72	50.43	77.23
600279	重庆港九	595	66.13	68.80	71.39	51.56	77.09
600172	黄河旋风	596	66.10	67.43	72.09	52.60	76.53
000949	新乡化纤	597	66.05	67.99	74.70	48.23	78.45
000829	天音控股	598	66.05	72.23	77.97	46.15	70.05
600898	三联商社	599	66.00	68.36	70.42	56.68	70.41
000629	攀钢钒钛	600	65.99	69.56	72.95	48.68	77.32
600881	亚泰集团	601	65.98	67.22	76.25	51.38	72.14
000488	晨鸣纸业	602	65.96	68.50	73.57	50.87	74.60
600575	芜湖港	603	65.96	66.06	72.87	53.83	74.91
000812	陕西金叶	604	65.93	66.84	73.64	50.94	76.90
600757	长江传媒	605	65.93	67.08	71.08	58.34	68.54
600416	湘电股份	606	65.93	69.78	76.97	44.44	77.49
000835	四川圣达	607	65.89	68.28	78.88	46.44	73.82
600477	杭萧钢构	608	65.88	67.81	74.30	49.25	76.71
600509	天富热电	609	65.85	66.53	73.84	48.57	80.41
000716	南方食品	610	65.85	72.90	71.59	53.13	66.07
600459	贵研铂业	611	65.80	67.09	77.30	48.86	73.78
600021	上海电力	612	65.77	66.61	71.33	48.88	82.90
600682	南京新百	613	65.76	69.09	77.19	44.04	78.01
600861	北京城乡	614	65.73	67.31	77.99	46.56	75.61

（续表）

股票代码	股票简称	排名	内部控制指数	战略目标分指数	财务报告可靠目标分指数	资产、效率效果目标分指数	法律法规遵循目标分指数
600963	岳阳纸业	615	65.73	67.85	78.64	45.97	74.71
600756	浪潮软件	616	65.65	69.16	80.58	43.71	72.95
000777	中核科技	617	65.65	68.34	77.42	47.24	73.23
000723	美锦能源	618	65.61	65.51	80.14	48.46	71.85
600463	空港股份	619	65.60	66.68	75.30	48.47	76.80
000672	上峰水泥	620	65.58	68.33	71.18	57.38	65.89
600317	营口港	621	65.55	67.01	70.98	51.71	77.06
600075	新疆天业	622	65.53	67.84	72.51	50.97	74.59
600810	神马股份	623	65.49	66.93	77.22	46.76	75.70
600387	海越股份	624	65.49	66.95	70.16	50.33	80.21
600007	中国国贸	625	65.49	65.89	72.90	52.52	74.53
600988	赤峰黄金	626	65.47	67.17	70.88	56.38	69.18
600832	东方明珠	627	65.46	66.47	78.37	47.45	73.55
600466	迪康药业	628	65.41	67.72	73.21	50.43	73.95
000411	英特集团	629	65.38	67.05	70.11	54.56	72.85
600255	鑫科材料	630	65.37	68.09	68.80	51.26	78.15
600223	鲁商置业	631	65.37	67.85	74.53	46.05	78.46
000930	丰原生化	632	65.37	67.02	70.44	52.27	75.92
600833	第一医药	633	65.37	67.15	72.89	49.87	75.97
600184	光电股份	634	65.37	69.99	68.40	51.65	74.96
000965	天保基建	635	65.36	67.01	74.35	48.51	76.22
000897	津滨发展	636	65.36	70.16	78.80	42.06	74.81
600190	锦州港	637	65.34	66.51	71.32	50.80	77.66
000506	中润投资	638	65.33	67.91	73.69	49.68	73.65
000859	国风塑业	639	65.32	66.77	78.93	44.57	75.99
600550	天威保变	640	65.32	67.92	76.15	44.14	78.75
600117	西宁特钢	641	65.29	68.36	69.39	53.59	72.73
000531	穗恒运A	642	65.29	67.05	77.30	47.01	73.81
600037	歌华有线	643	65.26	68.20	71.45	48.70	77.53
600846	同济科技	644	65.26	67.13	72.87	48.60	77.40
600628	新世界	645	65.23	67.24	70.53	49.20	79.50

（续表）

股票代码	股票简称	排名	内部控制指数	战略目标分指数	财务报告可靠目标分指数	资产、效率效果目标分指数	法律法规遵循目标分指数
600782	新钢股份	646	65.21	66.52	73.13	49.50	76.34
000626	如意集团	647	65.19	67.94	72.10	50.78	73.38
600050	中国联通	648	65.17	64.69	75.56	46.15	80.87
000004	国农科技	649	65.16	69.72	71.50	53.97	66.17
600992	贵绳股份	650	65.14	66.55	76.57	46.19	76.18
600008	首创股份	651	65.14	66.62	72.68	50.35	75.10
600230	沧州大化	652	65.09	67.16	72.66	46.86	79.43
600501	航天晨光	653	65.08	66.23	75.51	45.39	79.10
600758	红阳能源	654	65.07	66.91	74.39	51.34	70.23
600573	惠泉啤酒	655	65.05	70.38	69.94	51.51	70.55
600259	广晟有色	656	65.05	66.44	69.46	50.97	78.52
600495	晋西车轴	657	65.05	66.63	75.51	48.68	73.11
000153	丰原药业	658	65.00	67.08	75.57	47.65	73.64
000821	京山轻机	659	64.97	66.85	80.37	42.07	75.73
000428	华天酒店	660	64.96	70.31	71.96	50.61	68.66
600175	美都控股	661	64.95	67.43	71.63	48.96	76.36
601872	招商轮船	662	64.93	66.90	73.89	45.52	79.31
000976	春晖股份	663	64.89	68.45	73.29	47.87	73.72
600872	中矩高新	664	64.87	67.08	75.62	49.71	69.61
600796	钱江生化	665	64.85	66.75	75.98	44.89	77.07
000523	广州浪奇	666	64.84	67.20	71.14	51.31	73.14
000737	南风化工	667	64.82	66.69	70.00	56.71	67.06
600510	黑牡丹	668	64.82	67.18	73.60	45.87	78.09
600033	福建高速	669	64.81	68.72	72.97	49.84	70.19
600061	中纺投资	670	64.80	67.90	72.79	48.90	73.22
600360	华微电子	671	64.80	66.78	73.14	45.88	79.27
600211	西藏药业	672	64.80	66.95	74.14	46.76	76.16
600096	云天化	673	64.79	66.38	73.43	47.44	77.01
000938	紫光股份	674	64.69	65.80	71.45	49.32	77.30
600397	安源股份	675	64.65	67.26	68.87	49.72	77.77
600714	金瑞矿业	676	64.62	65.08	74.89	53.25	67.00

（续表）

股票代码	股票简称	排名	内部控制指数	战略目标分指数	财务报告可靠目标分指数	资产、效率效果目标分指数	法律法规遵循目标分指数
600136	道博股份	677	64.61	66.61	70.97	47.95	78.37
600552	方兴科技	678	64.58	64.91	72.46	50.57	74.73
600666	西南药业	679	64.58	69.24	70.40	50.05	71.40
600734	实达集团	680	64.55	68.30	73.38	47.85	71.93
600545	新疆城建	681	64.51	67.46	76.49	46.83	70.23
000722	湖南发展	682	64.47	66.74	73.53	50.67	69.41
600273	华芳纺织	683	64.47	69.06	71.67	47.59	73.10
000982	中银绒业	684	64.45	65.78	68.87	50.87	77.21
600623	双钱股份	685	64.39	65.72	75.70	45.82	75.12
000038	深大通	686	64.37	67.31	75.87	44.53	74.22
000935	四川双马	687	64.33	65.61	72.21	52.49	69.51
600133	东湖高新	688	64.32	66.88	72.10	45.58	78.35
600681	万鸿集团	689	64.30	66.02	70.52	57.38	63.40
600978	宜华木业	690	64.24	67.27	73.03	48.42	71.52
600702	沱牌曲酒	691	64.23	63.58	77.40	46.71	73.91
600776	东方通讯	692	64.20	67.08	70.10	50.01	73.28
600371	万向德农	693	64.14	64.64	69.06	51.51	76.07
600290	华仪电气	694	64.13	67.71	68.93	49.21	74.81
000929	兰州黄河	695	64.03	67.79	71.69	45.42	76.08
600722	金牛化工	696	64.00	67.60	69.85	51.61	69.14
600336	澳柯玛	697	63.99	67.30	67.72	47.27	79.43
000889	渤海物流	698	63.98	66.35	76.04	44.61	73.17
000967	上风高科	699	63.97	64.21	75.60	46.36	74.51
600740	山西焦化	700	63.97	63.15	72.73	53.23	69.55
000678	襄阳轴承	701	63.96	71.53	70.86	46.38	69.28
600493	凤竹纺织	702	63.95	72.46	70.49	45.92	68.94
000633	合金投资	703	63.94	68.21	68.07	56.43	62.82
000530	大冷股份	704	63.93	66.42	71.90	49.22	71.52
000971	蓝鼎控股	705	63.92	63.22	70.19	55.31	69.57
600278	东方创业	706	63.90	64.70	70.48	50.10	74.82
600010	宝钢股份	707	63.89	62.48	77.61	41.09	82.30

（续表）

股票代码	股票简称	排名	内部控制指数	战略目标分指数	财务报告可靠目标分指数	资产、效率效果目标分指数	法律法规遵循目标分指数
000797	中国武夷	708	63.89	65.27	80.40	40.77	74.22
600886	国投电力	709	63.89	64.08	75.41	46.71	74.00
600330	天通股份	710	63.89	67.81	70.47	44.18	78.93
600056	中国医药	711	63.87	64.70	67.64	51.93	75.83
000962	东方钽业	712	63.86	65.45	72.89	50.32	69.54
600058	五矿发展	713	63.82	65.45	70.29	46.68	78.78
600299	蓝星新材	714	63.79	65.52	69.85	54.96	66.13
600889	南京化纤	715	63.79	64.38	77.27	43.67	75.05
600629	棱光实业	716	63.79	66.27	72.74	41.68	81.57
000703	恒逸石化	717	63.78	68.02	70.59	53.75	62.78
600773	西藏城投	718	63.75	63.77	75.50	47.48	72.41
600488	天药股份	719	63.66	66.10	71.40	46.75	75.13
600063	皖维高新	720	63.59	63.18	76.46	46.21	73.09
600485	中创信测	721	63.57	67.93	72.39	45.64	71.93
601999	出版传媒	722	63.56	66.18	69.53	48.47	74.41
600614	鼎立股份	723	63.56	65.21	72.87	46.01	75.02
600177	雅戈尔	724	63.54	67.21	67.78	48.00	75.84
000719	大地传媒	725	63.54	64.95	68.13	55.42	67.38
600567	山鹰纸业	726	63.51	66.53	70.24	47.12	74.66
600609	金杯汽车	727	63.47	66.64	67.47	57.30	62.23
600826	兰生股份	728	63.46	66.28	79.10	39.30	74.32
600540	新赛股份	729	63.45	66.60	73.49	42.21	77.20
600038	哈飞股份	730	63.31	70.11	66.84	49.07	69.50
600683	京投银泰	731	63.30	65.51	78.26	40.60	73.80
600560	金自天正	732	63.28	64.16	70.81	49.04	73.34
600237	铜峰电子	733	63.25	65.70	67.98	47.21	77.62
000430	张家界	734	63.24	67.99	68.57	50.99	67.07
000903	云内动力	735	63.22	63.79	84.47	35.61	75.14
000407	胜利股份	736	63.18	72.82	66.87	50.79	61.52
000619	海螺型材	737	63.17	66.37	70.25	48.36	71.05
000622	岳阳恒力	738	63.16	69.85	66.35	53.11	63.43

(续表)

股票代码	股票简称	排名	内部控制指数	战略目标分指数	财务报告可靠目标分指数	资产、效率效果目标分指数	法律法规遵循目标分指数
600981	江苏开元	739	63.15	64.49	72.55	44.01	77.53
600797	浙大网新	740	63.15	64.65	72.31	45.65	74.99
600356	恒丰纸业	741	63.14	67.00	64.58	50.81	74.12
600080	金花股份	742	63.12	66.73	63.47	52.61	73.24
000948	南天信息	743	63.07	66.64	70.73	47.44	70.76
600825	新华传媒	744	63.05	64.07	75.95	43.65	73.30
000611	时代科技	745	63.03	67.78	70.16	45.02	73.27
600405	动力源	746	63.01	66.88	72.21	41.56	77.14
600367	红星发展	747	63.00	65.08	65.43	50.33	75.98
000603	盛达矿业	748	62.99	67.81	67.88	53.91	62.34
600645	中源协和	749	62.97	65.73	68.47	49.84	71.19
601600	中国铝业	750	62.96	64.48	72.31	46.33	73.17
600748	上实发展	751	62.96	64.21	75.76	45.61	69.74
600530	交大昂立	752	62.92	64.90	71.15	44.72	76.45
600884	杉杉股份	753	62.89	65.38	73.23	43.63	74.22
000419	通程控股	754	62.87	70.22	64.00	51.86	66.49
600351	亚宝药业	755	62.85	65.99	66.37	50.95	71.34
600811	东方集团	756	62.83	61.87	75.95	45.78	72.31
000762	西藏矿业	757	62.80	66.70	73.24	45.48	68.64
600077	宋都股份	758	62.80	63.61	74.39	51.22	62.99
600020	中原高速	759	62.79	65.05	70.73	46.32	73.55
600864	哈投股份	760	62.73	66.00	70.20	48.86	68.41
000014	沙河股份	761	62.69	67.53	68.85	45.66	72.66
600326	西藏天路	762	62.67	64.94	66.18	48.45	76.23
600608	上海科技	763	62.67	62.90	65.90	55.23	69.33
600576	万好万家	764	62.66	62.94	75.05	38.99	81.58
000601	韶能股份	765	62.65	63.39	75.66	42.28	74.73
600353	旭光股份	766	62.64	66.31	65.31	46.83	77.59
600830	香溢融通	767	62.60	62.57	74.10	45.87	72.37
600119	长江投资	768	62.58	61.56	75.46	40.39	80.59
000753	漳州发展	769	62.56	63.58	76.49	47.00	65.30

(续表)

股票代码	股票简称	排名	内部控制指数	战略目标分指数	财务报告可靠目标分指数	资产、效率效果目标分指数	法律法规遵循目标分指数
600622	嘉宝集团	770	62.56	63.85	71.08	43.79	77.65
600086	东方金珏	771	62.53	64.36	69.01	46.23	75.81
600721	百花村	772	62.50	66.27	72.37	48.68	63.87
600094	大名城	773	62.49	65.87	66.93	50.07	70.07
600589	广东榕泰	774	62.48	65.84	70.65	47.01	69.52
000738	中航动控	775	62.45	63.32	73.91	47.30	68.35
000682	东方电子	776	62.45	63.14	78.75	40.41	72.49
600482	风帆股份	777	62.44	64.44	71.68	44.71	73.75
600293	三峡新材	778	62.36	66.07	65.59	45.92	77.48
600879	航天电子	779	62.36	63.82	72.18	45.53	72.27
600055	万东医疗	780	62.35	64.15	71.50	45.58	72.59
000600	建投能源	781	62.35	62.93	76.52	40.87	74.77
600781	上海辅仁	782	62.34	62.95	72.61	46.06	72.15
600724	宁波富达	783	62.30	64.65	71.49	46.05	70.76
600376	首开股份	784	62.29	64.61	65.54	48.53	75.43
000612	焦作万方	785	62.28	64.75	66.63	51.51	68.93
600598	北大荒	786	62.27	67.01	63.45	51.65	69.51
600084	中葡股份	787	62.21	62.92	64.91	54.03	69.98
600236	桂冠电力	788	62.19	71.74	67.38	43.55	68.36
000752	西藏发展	789	62.14	63.78	71.67	50.12	64.66
600108	亚盛集团	790	62.10	62.08	72.83	42.53	77.44
600868	梅雁吉祥	791	62.08	64.94	69.91	49.24	66.29
600241	时代万恒	792	62.05	63.93	69.15	44.30	76.62
600839	四川长虹	793	62.03	62.54	76.77	42.68	70.38
600822	上海物贸	794	61.97	62.52	75.79	42.63	71.57
600604	市北高新	795	61.94	65.60	72.49	43.52	69.74
600490	中科合臣	796	61.94	64.30	66.97	54.86	62.00
600657	信达地产	797	61.94	62.49	74.97	40.50	75.98
600506	香梨股份	798	61.93	61.36	71.64	48.65	69.78
000718	苏宁环球	799	61.93	64.41	71.00	48.58	65.81
600590	泰豪科技	800	61.92	64.35	70.97	41.91	76.38

（续表）

股票代码	股票简称	排名	内部控制指数	战略目标分指数	财务报告可靠目标分指数	资产、效率效果目标分指数	法律法规遵循目标分指数
600536	中国软件	801	61.92	64.28	68.87	46.10	72.93
600689	上海三毛	802	61.89	62.43	77.49	39.13	74.33
600343	航天动力	803	61.82	64.54	66.35	45.93	75.82
600478	科力远	804	61.80	63.84	71.70	43.87	72.38
600749	西藏旅游	805	61.77	62.77	72.36	45.02	71.22
600151	航天机电	806	61.76	64.12	73.89	35.41	81.86
600335	国机汽车	807	61.76	66.10	63.00	54.49	64.28
000748	长城信息	808	61.76	62.23	76.28	42.28	70.70
000610	西安旅游	809	61.75	64.20	67.45	49.78	68.36
000710	天兴仪表	810	61.72	64.22	77.61	41.63	66.36
600217	秦岭水泥	811	61.70	62.33	68.78	50.79	67.63
600876	洛阳玻璃	812	61.69	65.47	73.97	40.42	71.28
000498	山东路桥	813	61.69	63.96	68.86	52.53	62.04
600313	中农资源	814	61.67	65.26	65.72	54.45	61.29
600611	大众交通	815	61.64	63.95	69.32	45.69	71.86
600289	亿阳信通	816	61.56	65.12	62.27	48.50	75.20
600624	复旦复华	817	61.54	63.82	71.47	43.68	71.59
600677	航天通讯	818	61.52	64.03	69.06	49.64	65.22
600235	民丰特纸	819	61.48	64.95	66.26	43.96	76.45
600649	城投控股	820	61.47	61.47	73.47	41.60	75.41
000565	渝三峡A	821	61.44	63.70	68.62	47.02	70.06
600300	维维股份	822	61.38	63.76	63.41	48.61	74.59
000709	河北钢铁	823	61.36	62.66	70.86	49.75	63.83
000058	深赛格	824	61.34	62.69	68.96	49.78	66.34
600097	开创国际	825	61.33	61.94	69.37	45.71	73.33
600602	广电电子	826	61.31	60.16	76.08	36.90	80.30
600284	浦东建设	827	61.29	64.84	67.17	43.47	75.00
000673	当代东方	828	61.25	64.08	66.19	49.76	67.59
600207	安彩高科	829	61.25	64.27	67.29	50.03	65.23
000032	深桑达A	830	61.19	64.56	66.53	47.61	69.30
000415	渤海租赁	831	61.15	64.87	65.14	50.46	66.14

（续表）

股票代码	股票简称	排名	内部控制指数	战略目标分指数	财务报告可靠目标分指数	资产、效率效果目标分指数	法律法规遵循目标分指数
000851	高鸿股份	832	61.13	62.07	73.67	41.47	72.45
600520	三佳科技	833	61.10	62.39	73.77	41.49	71.58
600168	武汉控股	834	61.06	63.04	70.80	42.41	73.09
000977	浪潮信息	835	61.04	63.14	68.57	47.61	67.87
000158	常山股份	836	60.98	62.10	76.64	39.94	69.69
600984	建设机械	837	60.95	64.60	63.03	54.84	61.59
000931	中关村	838	60.95	63.16	74.82	37.04	74.95
000700	模塑科技	839	60.95	60.74	77.10	41.73	68.26
600706	曲江文旅	840	60.95	64.10	68.46	47.40	66.25
600774	汉商集团	841	60.94	61.13	75.80	39.84	72.44
600316	洪都航空	842	60.88	64.00	68.47	40.67	76.59
000090	深天健	843	60.86	63.72	69.60	45.27	68.11
000705	浙江震元	844	60.84	62.53	72.91	46.50	63.27
000602	金马集团	845	60.80	65.77	63.84	51.49	62.94
600365	通葡股份	846	60.77	60.08	65.72	55.31	63.40
000862	银星能源	847	60.77	61.00	75.66	41.03	70.00
600130	波导股份	848	60.73	63.57	63.03	50.27	69.21
000156	华数传媒	849	60.72	61.70	68.83	50.60	63.38
600798	宁波海运	850	60.71	61.04	75.43	40.93	70.10
000702	正虹科技	851	60.70	62.99	73.43	44.12	64.70
600112	长征电器	852	60.67	64.32	70.67	40.59	71.88
000510	金路集团	853	60.67	64.26	70.47	43.17	68.20
600771	东盛科技	854	60.67	64.19	61.24	52.74	66.53
000760	博盈投资	855	60.66	61.20	71.16	45.46	68.53
600110	中科英华	856	60.64	63.27	74.02	33.66	79.47
000768	西飞国际	857	60.61	63.22	76.65	38.78	67.56
600656	博元投资	858	60.60	62.03	67.78	50.56	63.70
000034	深信泰丰	859	60.60	64.72	64.04	51.18	63.71
600099	林海股份	860	60.53	62.64	71.40	40.49	72.92
600400	红豆股份	861	60.50	63.48	70.21	41.07	72.15
000902	中国服装	862	60.49	63.83	74.18	41.18	65.66

（续表）

股票代码	股票简称	排名	内部控制指数	战略目标分指数	财务报告可靠目标分指数	资产、效率效果目标分指数	法律法规遵循目标分指数
000922	佳电股份	863	60.48	60.09	66.87	49.95	68.47
600633	浙报传媒	864	60.47	60.51	69.03	52.07	61.33
000570	苏常柴A	865	60.47	63.40	73.64	42.92	64.34
600229	青岛碱业	866	60.45	60.17	73.69	38.93	75.68
000036	华联控股	867	60.45	67.17	63.79	47.06	65.66
000088	盐田港	868	60.44	62.67	67.60	47.67	66.58
600253	天方药业	869	60.43	61.65	69.33	42.66	73.57
600448	华纺股份	870	60.39	62.43	72.04	40.25	71.91
600292	九龙电力	871	60.38	60.52	69.95	41.33	76.33
000739	普洛股份	872	60.36	62.49	71.80	41.42	70.17
000736	重庆实业	873	60.35	61.46	75.88	39.63	68.74
600605	汇通能源	874	60.34	62.34	71.18	40.73	72.26
600699	均胜电子	875	60.33	66.49	64.64	48.15	63.19
600145	国创能源	876	60.33	65.36	68.24	47.92	60.23
600222	太龙药业	877	60.30	62.67	67.85	43.15	72.48
000980	金马股份	878	60.26	62.53	66.22	43.34	74.54
600285	羚锐制药	879	60.25	61.46	68.40	41.35	76.21
600198	大唐电信	880	60.24	63.41	69.90	37.94	76.20
600069	银鸽投资	881	60.23	61.67	73.31	36.24	76.75
000587	金叶珠宝	882	60.18	63.84	67.22	47.39	64.19
000831	五矿稀土	883	60.15	65.76	60.55	51.65	63.73
000009	中国宝安	884	60.13	64.05	64.07	48.70	66.02
600283	钱江水利	885	60.09	63.06	67.42	42.65	72.08
600103	青山纸业	886	60.09	62.58	67.66	41.34	74.57
600106	重庆路桥	887	60.07	60.30	68.75	44.36	71.87
600865	百大集团	888	60.05	60.18	77.37	36.98	71.16
600854	春兰股份	889	60.04	62.27	65.26	50.52	63.86
000020	深华发A	890	60.04	62.50	67.64	46.75	65.96
600515	海岛建设	891	62.87	59.42	71.88	51.24	73.79
000691	亚太实业	892	62.07	64.91	66.44	56.99	59.13
000818	方大化工	893	61.83	67.28	68.12	51.93	59.47

（续表）

股票代码	股票简称	排名	内部控制指数	战略目标分指数	财务报告可靠目标分指数	资产、效率效果目标分指数	法律法规遵循目标分指数
600452	涪陵电力	894	61.51	59.86	76.05	38.67	79.17
600691	阳煤化工	895	61.24	59.38	68.65	53.93	65.11
600803	威远生化	896	61.16	58.68	76.55	43.78	70.38
600423	柳化股份	897	60.84	63.91	73.64	46.49	59.98
000802	北京旅游	898	60.82	59.95	77.93	38.63	72.53
600716	凤凰股份	899	60.63	59.51	72.63	42.33	73.96
000620	新华联	900	60.32	59.09	64.10	56.46	62.97
600251	冠农股份	901	60.25	59.88	69.72	40.45	78.32
600280	南京中商	902	60.23	59.79	71.37	41.39	74.50
600569	安阳钢铁	903	60.12	58.45	74.81	36.63	78.65
000609	绵世股份	904	60.07	59.85	72.09	40.20	74.34
600200	江苏吴中	905	59.99	62.21	67.75	42.61	72.51
600361	华联综超	906	59.96	61.19	67.73	41.37	75.95
000921	海信科龙	907	59.96	62.22	61.41	50.72	68.68
600429	三元股份	908	59.93	60.37	73.87	36.89	75.38
600171	上海贝岭	909	59.93	62.03	68.52	38.97	77.05
000070	特发信息	910	59.93	63.23	64.77	47.79	66.64
000613	大东海A	911	59.92	60.50	68.69	45.90	68.40
600583	海油工程	912	59.90	56.69	78.98	34.41	77.79
600818	中路股份	913	59.89	59.70	77.23	36.64	71.77
000627	天茂集团	914	59.89	62.88	76.15	38.92	64.55
600220	江苏阳光	915	59.88	62.31	66.54	42.14	74.17
600027	华电国际	916	59.87	58.15	76.01	35.85	77.24
600843	上工申贝	917	59.86	59.57	78.12	36.85	70.22
600189	吉林森工	918	59.86	62.00	66.08	43.98	72.34
600379	宝光股份	919	59.83	63.10	63.44	44.09	73.98
600630	龙头股份	920	59.81	59.82	69.58	38.75	78.82
000632	三木集团	921	59.81	62.71	72.96	42.30	63.68
600262	北方股份	922	59.80	60.79	65.83	45.06	72.65
600272	开开实业	923	59.76	62.40	65.22	43.89	72.51
600322	天房发展	924	59.74	60.87	67.71	43.14	72.52

（续表）

股票代码	股票简称	排名	内部控制指数	战略目标分指数	财务报告可靠目标分指数	资产、效率效果目标分指数	法律法规遵循目标分指数
600870	厦华电子	925	59.73	59.94	64.43	53.41	62.58
000592	中福实业	926	59.73	63.85	71.13	42.39	63.83
600679	金山开发	927	59.71	61.45	76.14	33.98	73.65
000890	法尔胜	928	59.71	60.75	76.97	34.56	72.68
600731	湖南海利	929	59.68	61.31	73.78	36.96	72.45
600179	黑化股份	930	59.68	64.66	64.59	48.66	61.79
000656	ST东源	931	59.68	58.45	74.57	44.31	64.44
000950	建峰化工	932	59.67	59.98	69.20	41.01	74.75
000595	西北轴承	933	59.65	66.51	64.88	43.03	67.01
600390	金瑞科技	934	59.62	64.50	65.14	39.14	75.83
000955	欣龙控股	935	59.59	59.64	64.55	54.20	60.81
000993	闽东电力	936	59.58	63.14	66.88	39.62	74.63
000590	紫光古汉	937	59.55	64.62	55.53	56.75	61.42
000692	惠天热电	938	59.54	61.79	73.03	42.21	63.71
000514	渝开发	939	59.52	60.66	75.39	38.30	68.19
000913	钱江摩托	940	59.49	64.63	74.20	38.02	63.68
600182	S佳通	941	59.48	62.41	65.57	48.78	62.71
600730	中国高科	942	59.48	61.22	78.67	33.17	70.35
000667	名流置业	943	59.47	61.14	70.96	36.62	76.10
600596	新安股份	944	59.40	61.61	72.35	36.63	72.93
600206	有研硅股	945	59.40	59.92	72.69	36.37	75.59
600853	龙建股份	946	59.39	58.91	76.92	36.31	71.20
600135	乐凯胶片	947	59.38	59.93	69.89	34.91	81.81
600792	云煤能源	948	59.37	61.19	61.60	50.95	66.42
600855	航天长峰	949	59.37	58.87	73.69	39.72	70.44
600438	通威股份	950	59.37	62.55	69.83	44.52	62.44
600192	长城电工	951	59.35	60.47	71.64	39.62	70.83
000024	招商地产	952	59.34	61.09	62.83	51.69	63.44
000416	民生投资	953	59.32	61.35	66.04	47.85	64.36
600057	象屿股份	954	59.31	63.52	64.12	45.37	67.37
600355	精伦电子	955	59.31	60.13	66.49	48.25	64.98

(续表)

股票代码	股票简称	排名	内部控制指数	战略目标分指数	财务报告可靠目标分指数	资产、效率效果目标分指数	法律法规遵循目标分指数
000707	双环科技	956	59.22	59.00	70.36	46.07	64.24
600368	五洲交通	957	59.21	60.82	62.95	46.81	70.68
600980	北矿磁材	958	59.15	61.98	72.31	36.56	71.06
600562	高淳陶瓷	959	59.15	60.88	64.44	48.72	65.08
600641	万业企业	960	59.14	61.16	71.99	35.33	74.72
600078	澄星股份	961	59.11	60.74	66.98	40.77	73.92
600885	宏发股份	962	59.10	59.72	67.56	49.33	61.25
600526	菲达环保	963	59.08	57.95	75.57	33.95	76.68
600302	标准股份	964	59.03	61.66	66.50	41.36	71.75
000410	沈阳机床	965	59.03	67.82	67.66	39.19	63.39
000055	方大集团	966	59.02	62.49	64.74	45.78	65.88
600802	福建水泥	967	59.02	56.13	76.79	38.59	70.27
000402	金融街	968	59.01	61.35	64.50	48.02	64.55
000547	闽福发A	969	59.00	61.56	66.86	45.65	64.48
600128	弘业股份	970	58.99	59.30	68.16	40.68	74.05
600420	*ST现代	971	58.90	66.65	67.04	40.89	62.81
600212	江泉实业	972	58.88	59.40	69.58	39.22	73.51
600064	南京高科	973	58.82	58.89	72.81	32.90	79.26
600895	张江高科	974	58.81	58.63	71.57	38.30	72.98
600209	罗顿发展	975	58.67	60.51	63.22	47.52	66.61
600227	赤天化	976	58.67	59.27	69.46	37.51	75.38
600678	四川金顶	977	58.66	58.53	64.61	50.53	63.08
600399	抚顺特钢	978	58.64	59.56	69.39	36.86	75.89
000068	华控赛格	979	58.61	62.46	64.58	44.07	66.54
600391	成发科技	980	58.57	62.51	63.50	47.38	62.63
600419	新疆天宏	981	58.57	59.18	67.25	46.23	64.51
600072	中船股份	982	58.55	59.23	67.40	40.96	72.34
600178	东安动力	983	58.55	61.62	68.14	38.23	71.65
600817	*ST宏盛	984	58.52	63.50	67.18	42.04	63.83
000995	皇台酒业	985	58.48	58.70	68.32	42.53	69.01
600022	济南钢铁	986	58.47	57.01	72.36	32.95	80.97

(续表)

股票代码	股票简称	排名	内部控制指数	战略目标分指数	财务报告可靠目标分指数	资产、效率效果目标分指数	法律法规遵循目标分指数
600896	中海海盛	987	58.46	60.09	71.35	34.59	74.73
600663	陆家嘴	988	58.44	58.08	74.16	40.25	65.03
000040	深鸿基	989	58.39	61.22	61.03	51.66	60.57
600675	中华企业	990	58.36	58.33	72.98	37.94	69.49
000997	新大陆	991	58.36	60.30	71.75	42.09	61.50
000670	S舜元	992	58.34	61.96	66.55	42.73	65.12
600661	新南洋	993	58.31	59.67	73.49	40.83	61.71
600393	东华实业	994	58.30	61.67	69.79	36.54	70.45
600476	湘邮科技	995	58.30	57.88	73.92	31.37	78.82
600257	大湖股份	996	58.26	61.44	65.71	45.17	62.94
000018	ST中冠	997	58.24	62.55	61.93	43.73	68.65
600775	南京熊猫	998	58.22	57.69	72.53	37.88	70.47
600599	熊猫烟花	999	58.21	60.97	70.41	36.01	71.01
000421	南京中北	1 000	58.21	60.82	67.16	45.89	60.41
600328	兰太实业	1 001	58.17	60.41	63.28	42.57	71.65
600363	联创光电	1 002	58.17	60.08	66.68	40.65	70.33
000593	大通燃气	1 003	58.11	58.76	68.70	46.29	60.41
600565	迪马股份	1 004	58.07	59.40	68.74	37.85	72.31
000096	广聚能源	1 005	58.05	61.53	61.84	47.25	63.86
600163	福建南纸	1 006	58.04	59.70	74.83	30.09	75.07
600593	大连圣亚	1 007	58.03	57.33	75.35	29.69	78.80
600156	华升股份	1 008	58.02	57.92	69.10	34.60	79.04
600305	恒顺醋业	1 009	58.00	60.16	70.14	33.93	74.82
600311	荣华实业	1 010	58.00	60.97	65.06	40.98	69.70
600727	鲁北化工	1 011	57.99	63.99	65.07	43.87	60.18
000925	众合机电	1 012	57.94	59.80	68.62	37.56	71.54
600082	海泰发展	1 013	57.91	57.76	66.35	41.61	71.60
000404	华意压缩	1 014	57.90	62.83	64.17	43.16	63.99
600073	上海梅林	1 015	57.90	55.44	68.70	37.16	78.96
000586	汇源通讯	1 016	57.90	66.92	60.35	43.45	62.29
600243	青海华鼎	1 017	57.85	61.63	71.52	36.14	66.12

（续表）

股票代码	股票简称	排名	内部控制指数	战略目标分指数	财务报告可靠目标分指数	资产、效率效果目标分指数	法律法规遵循目标分指数
000599	青岛双星	1 018	57.85	56.06	77.05	33.41	71.54
600432	吉恩镍业	1 019	57.80	60.29	69.72	34.03	73.92
600851	海欣股份	1 020	57.74	56.35	75.38	30.12	78.04
600705	ST中航	1 021	57.66	60.86	65.35	42.80	64.71
600745	中茵股份	1 022	57.66	58.89	71.07	38.45	66.52
600751	天津海运	1 023	57.62	60.16	66.70	45.72	59.11
000882	华联股份	1 024	57.62	56.95	77.14	32.44	70.20
600093	禾嘉股份	1 025	57.61	58.57	70.98	39.74	64.90
000697	炼石有色	1 026	57.61	65.81	59.62	45.11	60.91
600260	凯乐科技	1 027	57.59	59.82	64.13	40.61	71.17
000733	振华科技	1 028	57.56	58.19	72.47	39.13	64.06
000029	深深房A	1 029	57.53	58.58	70.77	39.39	65.27
600744	华银电力	1 030	57.51	57.05	76.51	33.06	69.38
600247	成城股份	1 031	57.50	58.14	69.20	32.94	78.20
000695	滨海能源	1 032	57.46	58.50	72.76	34.70	69.48
000668	荣丰控股	1 033	57.42	59.38	70.29	32.95	74.13
000809	中汇医药	1 034	57.37	54.25	72.07	44.20	62.06
000981	银亿股份	1 035	57.35	50.29	71.62	46.66	65.21
600566	洪都股份	1 036	57.35	58.26	69.71	35.49	72.44
600202	哈空调	1 037	57.35	59.73	70.40	30.41	76.99
600713	南京医药	1 038	57.31	58.67	73.43	31.63	72.25
600308	华泰股份	1 039	57.26	55.60	70.51	34.79	76.21
000560	昆百大A	1 040	57.22	56.84	72.43	39.12	64.43
000518	四环生物	1 041	57.18	59.55	69.94	37.97	65.13
000524	东方宾馆	1 042	57.14	59.72	60.46	48.48	61.77
600719	大连热电	1 043	57.12	58.23	74.51	31.83	70.05
000755	山西三维	1 044	57.11	60.05	67.10	39.13	66.17
600961	株冶集团	1 045	57.09	60.56	74.23	28.16	72.19
600462	石岘纸业	1 046	57.08	56.43	68.08	42.81	64.75
600185	格力地产	1 047	57.07	63.22	66.64	39.56	60.78
000533	万家乐	1 048	57.07	64.73	67.56	36.99	60.99

(续表)

股票代码	股票简称	排名	内部控制指数	战略目标分指数	财务报告可靠目标分指数	资产、效率效果目标分指数	法律法规遵循目标分指数
600225	天津松江	1 049	57.03	57.52	67.78	39.65	68.06
000807	云铝股份	1 050	56.94	56.23	77.16	36.64	60.95
000543	皖能电力	1 051	56.94	59.11	71.83	35.66	65.38
600568	中珠控股	1 052	56.89	54.54	72.92	35.73	70.92
000301	东方市场	1 053	56.86	56.61	72.37	38.71	63.49
600107	美尔雅	1 054	56.80	56.12	71.98	33.79	72.23
600512	腾达建设	1 055	56.79	58.97	72.56	29.73	73.03
000688	建新矿业	1 056	56.76	58.72	64.52	49.40	53.99
600203	ST 福日	1 057	56.69	53.51	64.69	46.50	66.39
000923	河北宣工	1 058	56.68	61.86	67.39	34.08	68.30
000548	湖南投资	1 059	56.56	58.26	70.14	37.90	63.56
600275	武昌鱼	1 060	56.55	55.39	64.38	46.09	63.61
000839	中信国安	1 061	56.52	57.63	72.20	36.46	63.66
600768	宁波富邦	1 062	56.48	61.14	64.93	37.47	66.53
000573	粤宏远 A	1 063	56.44	53.79	72.77	40.90	61.72
000553	沙隆达 A	1 064	56.44	58.74	63.28	43.83	62.65
600232	金鹰股份	1 065	56.40	54.72	69.98	32.87	76.56
600213	亚星客车	1 066	56.35	58.11	75.68	28.47	69.46
600396	金山股份	1 067	56.34	54.40	67.66	39.28	70.06
600665	天地源	1 068	56.33	56.73	69.54	39.57	63.03
600321	国栋建设	1 069	56.32	59.48	71.29	31.60	68.48
000151	中成股份	1 070	56.31	57.22	71.74	35.90	64.69
000607	华智控股	1 071	56.27	55.20	69.36	44.40	57.84
000631	顺发恒业	1 072	56.22	58.37	61.08	43.89	65.10
000628	高新发展	1 073	56.15	60.48	72.37	32.68	62.66
000589	黔轮胎 A	1 074	56.10	58.25	64.30	42.20	62.64
000952	广济药业	1 075	56.08	56.72	69.95	31.42	73.82
000687	保定天鹅	1 076	56.07	55.52	72.73	37.26	62.59
600654	飞乐股份	1 077	55.99	57.58	62.14	41.09	67.92
600338	ST 珠峰	1 078	55.95	51.60	64.94	47.26	63.80
600127	金健米业	1 079	55.89	56.70	66.50	30.81	78.67

(续表)

股票代码	股票简称	排名	内部控制指数	战略目标分指数	财务报告可靠目标分指数	资产、效率效果目标分指数	法律法规遵循目标分指数
000554	泰山石油	1 080	55.87	59.98	56.70	45.78	63.76
000990	诚志股份	1 081	55.86	64.70	65.47	30.32	67.70
600537	海通科技	1 082	55.85	52.70	69.49	33.28	76.83
000757	浩物股份	1 083	55.82	54.51	64.20	48.08	58.09
601588	北辰实业	1 084	55.81	53.98	72.88	30.17	74.55
000711	天伦置业	1 085	55.77	60.54	70.72	33.67	61.20
600847	万里股份	1 086	55.72	54.87	67.89	44.45	57.32
000010	SST 华新	1 087	55.67	59.17	67.89	42.52	53.01
600297	美罗药业	1 088	55.62	55.72	67.08	30.30	78.71
000996	中国中期	1 089	55.45	58.38	70.34	30.31	68.73
600695	大江股份	1 090	55.45	53.99	74.91	34.24	63.20
000555	*ST 太光	1 091	55.44	57.64	63.63	42.03	61.12
000966	长源电力	1 092	55.40	53.62	71.80	28.33	77.22
600965	福成五丰	1 093	55.29	52.36	76.51	33.52	63.77
600890	中房股份	1 094	55.23	58.66	63.46	42.86	57.23
000856	冀东装备	1 095	55.13	52.62	65.49	49.11	53.80
600455	ST 博通	1 096	55.12	49.76	65.09	45.80	64.21
600838	上海九百	1 097	55.10	53.12	75.24	31.35	66.70
601005	重庆钢铁	1 098	55.08	53.10	74.33	26.35	75.74
000591	桐君阁	1 099	55.04	61.08	66.92	34.10	61.00
000023	深天地 A	1 100	55.02	58.99	60.41	40.91	62.93
000065	北方国际	1 101	54.97	58.55	54.60	47.37	61.59
600539	狮头股份	1 102	54.95	57.09	67.70	28.66	74.42
000100	TCL 集团	1 103	54.93	53.48	69.50	39.37	60.79
000030	富奥股份	1 104	54.89	60.75	62.98	35.78	63.65
600860	北人股份	1 105	54.87	52.58	60.14	48.49	61.08
600638	新黄浦	1 106	54.85	56.03	67.62	34.02	67.29
000078	海王生物	1 107	54.71	57.52	61.74	42.01	59.95
000975	科学城	1 108	54.70	52.54	67.21	33.13	74.14
600389	江山股份	1 109	54.69	52.75	73.78	28.55	71.47
600821	津劝业	1 110	54.67	57.28	66.54	29.55	72.74

(续表)

股票代码	股票简称	排名	内部控制指数	战略目标分指数	财务报告可靠目标分指数	资产、效率效果目标分指数	法律法规遵循目标分指数
600165	宁夏恒力	1 111	54.62	51.75	71.89	30.33	72.64
600726	华电能源	1 112	54.58	53.28	73.94	33.50	62.02
000928	中钢吉炭	1 113	54.58	56.17	70.05	29.77	68.71
000836	鑫茂科技	1 114	54.56	58.97	74.07	28.99	59.50
000766	通化金马	1 115	54.55	54.20	72.11	30.95	66.96
600456	宝钛股份	1 116	54.54	53.23	68.22	34.63	68.29
600052	浙江广厦	1 117	54.54	52.01	71.61	27.82	76.08
600265	ST 景谷	1 118	54.51	57.76	58.88	42.25	62.16
600986	科达股份	1 119	54.45	58.89	68.16	31.63	63.30
000062	深圳华强	1 120	54.39	56.42	66.53	35.69	63.00
600180	瑞茂通	1 121	54.25	50.43	63.62	43.67	63.64
600215	长春经开	1 122	54.24	54.28	67.33	26.96	78.20
600155	*ST 宝硕	1 123	54.21	55.58	61.10	39.81	64.70
600892	*ST 宝城	1 124	54.20	58.33	61.12	40.08	59.69
600634	ST 澄海	1 125	54.19	57.76	61.59	40.35	59.44
000606	青海明胶	1 126	54.14	55.75	70.73	32.35	61.89
000735	罗牛山	1 127	54.11	53.01	60.44	45.87	59.78
600856	长百集团	1 128	54.11	50.74	73.79	25.73	75.88
600401	ST 海润	1 129	54.06	50.96	67.10	41.53	60.06
600159	大龙地产	1 130	54.02	54.71	69.81	31.03	66.34
000048	康达尔	1 131	53.97	55.32	60.78	41.05	62.25
600962	国投中鲁	1 132	53.96	50.87	75.49	29.74	66.13
600281	ST 太化	1 133	53.91	49.62	65.69	40.23	65.52
600603	*ST 兴业	1 134	53.80	51.37	68.76	38.08	61.01
000016	深康佳A	1 135	53.77	54.97	70.86	30.81	63.30
000795	太原刚玉	1 136	53.70	51.35	73.79	33.43	60.50
000519	江南红箭	1 137	53.67	55.16	70.29	31.94	61.48
000594	国恒铁路	1 138	53.64	56.20	67.85	32.48	62.23
600556	*ST 北生	1 139	53.61	53.94	68.96	30.78	66.87
600894	广钢股份	1 140	53.44	52.28	76.48	24.32	67.93
000657	*ST 中钨	1 141	53.43	52.36	60.02	48.48	53.48

（续表）

股票代码	股票简称	排名	内部控制指数	战略目标分指数	财务报告可靠目标分指数	资产、效率效果目标分指数	法律法规遵循目标分指数
000517	荣安地产	1 142	53.40	52.25	68.89	35.63	60.94
600162	香江控股	1 143	53.37	55.82	67.25	30.17	65.82
600408	安泰集团	1 144	53.35	53.72	67.80	30.02	68.61
000932	华凌钢铁	1 145	53.28	53.91	68.51	25.39	74.17
000403	*ST 生化	1 146	53.24	53.57	64.02	40.14	57.80
600239	云南城投	1 147	53.20	53.53	68.55	27.24	71.39
600610	S 中纺机	1 148	53.19	57.33	62.37	31.19	67.73
600764	中电广通	1 149	53.15	51.56	75.59	30.41	59.23
600149	ST 廊坊	1 150	53.15	50.95	66.85	38.18	60.58
000019	深深宝 A	1 151	53.13	53.51	66.19	36.71	59.55
600053	中江地产	1 152	53.02	51.33	67.71	26.30	76.60
600836	界龙实业	1 153	52.96	57.12	72.25	25.63	61.34
600753	东方银星	1 154	52.96	57.69	63.69	29.70	66.28
600234	ST 天龙	1 155	52.87	51.59	67.17	34.96	62.52
000813	天山纺织	1 156	52.85	53.06	71.58	30.33	60.94
600291	西水股份	1 157	52.81	54.92	62.46	30.16	71.07
000526	旭飞投资	1 158	52.66	58.03	60.01	38.12	56.11
600767	运盛实业	1 159	52.56	48.33	74.09	28.86	65.74
000505	*ST 珠江	1 160	52.36	51.69	62.94	37.89	60.95
000597	东北制药	1 161	52.36	53.15	72.18	27.61	61.43
000779	三毛派神	1 162	52.36	52.79	67.59	32.79	60.48
600793	ST 宜纸	1 163	52.26	55.97	61.99	34.81	59.63
600359	*ST 新农	1 164	52.25	55.10	63.89	30.18	65.51
600095	哈高科	1 165	52.20	52.56	69.06	24.72	70.51
000820	金城股份	1 166	52.12	57.13	61.89	36.26	54.78
000525	红太阳	1 167	52.11	49.52	69.19	35.67	57.63
600707	彩虹股份	1 168	52.08	56.27	64.51	29.38	63.00
600769	*ST 祥龙	1 169	52.08	54.88	65.89	30.33	61.78
000546	光华控股	1 170	52.03	50.69	68.79	34.27	58.06
600249	两面针	1 171	52.03	53.82	69.06	24.22	68.28
600735	新华锦	1 172	52.01	49.92	69.83	28.29	67.06

(续表)

股票代码	股票简称	排名	内部控制指数	战略目标分指数	财务报告可靠目标分指数	资产、效率效果目标分指数	法律法规遵循目标分指数
600687	刚泰控股	1 173	51.96	46.95	70.22	37.20	57.08
600617	*ST 联华	1 174	51.95	54.82	60.37	32.42	65.79
600444	*ST 国通	1 175	51.87	56.91	64.11	29.56	61.06
000426	富龙热电	1 176	51.85	50.69	74.17	26.46	61.59
000534	万泽股份	1 177	51.85	52.76	69.30	29.60	60.24
000717	韶钢松山	1 178	51.83	52.47	69.63	28.81	61.37
600800	天津磁卡	1 179	51.82	46.96	65.57	42.06	55.38
000532	*ST 力合	1 180	51.82	50.07	61.27	39.13	61.03
600129	太极集团	1 181	51.81	50.89	69.35	26.10	68.50
000409	ST 泰复	1 182	51.78	61.20	58.39	36.23	51.28
600228	ST 昌九	1 183	51.72	51.06	58.31	37.91	65.04
600640	中卫国脉	1 184	51.71	50.57	72.64	22.87	68.80
600848	自仪股份	1 185	51.66	56.27	63.26	21.17	75.32
000031	中粮地产	1 186	51.52	51.23	67.03	33.04	58.71
600312	平高电气	1 187	51.51	49.87	68.14	24.78	72.26
600319	亚星化学	1 188	51.32	56.64	62.40	30.11	60.01
000155	*ST 川化	1 189	51.25	58.01	68.82	24.18	57.46
600766	*ST 园城	1 190	51.23	55.13	68.52	29.31	54.43
000909	数源科技	1 191	51.17	49.92	69.99	30.36	58.88
000875	吉电股份	1 192	51.12	50.25	68.27	31.75	58.32
000420	吉林化纤	1 193	51.11	51.90	72.18	25.05	60.49
000033	新都酒店	1 194	51.09	54.09	61.63	26.95	68.92
000803	金宇车城	1 195	50.91	50.60	66.90	31.97	58.20
600877	*ST 嘉陵	1 196	50.90	47.07	68.64	29.29	65.64
000413	宝石 A	1 197	50.85	54.10	65.95	32.02	53.43
600083	ST 博信	1 198	50.83	51.39	63.68	28.55	66.42
000727	华东科技	1 199	50.82	53.81	68.55	26.23	59.08
600358	国旅联合	1 200	50.81	50.94	66.05	26.26	67.23
000520	长航凤凰	1 201	50.65	51.63	67.55	28.26	59.89
600191	华资实业	1 202	50.63	49.65	69.33	23.74	67.58
600680	上海普天	1 203	50.59	49.42	71.84	26.76	59.39

（续表）

股票代码	股票简称	排名	内部控制指数	战略目标分指数	财务报告可靠目标分指数	资产、效率效果目标分指数	法律法规遵循目标分指数
600790	轻纺城	1 204	50.55	50.44	65.62	30.81	60.06
600306	商业城	1 205	50.32	50.72	63.42	26.94	67.54
600421	*ST 国药	1 206	50.30	57.43	62.66	23.62	62.79
600538	*ST 国发	1 207	50.23	54.62	59.21	31.13	60.11
000958	*ST 东热	1 208	50.16	49.40	65.52	35.34	52.60
600715	ST 松辽	1 209	50.08	56.47	66.53	20.15	63.00
600091	ST 明科	1 210	49.95	54.20	55.39	28.62	68.68
600777	新潮实业	1 211	49.89	51.31	71.65	19.64	63.81
000025	特力 A	1 212	49.83	50.72	66.62	28.48	57.76
600346	大橡塑	1 213	49.68	49.27	70.67	24.33	59.98
600146	大元股份	1 214	49.55	50.50	66.98	24.83	61.75
600671	ST 天目	1 215	49.53	49.26	62.06	29.48	63.45
600331	宏达股份	1 216	49.43	57.23	59.56	20.69	67.21
600381	*ST 贤成	1 217	49.17	58.87	47.28	40.19	50.14
600287	江苏舜天	1 218	49.12	49.56	62.95	24.29	67.52
600250	*ST 南纺	1 219	49.02	57.75	61.37	27.60	50.64
000720	*ST 能山	1 220	48.96	50.53	66.51	25.15	58.58
600844	丹化科技	1 221	48.88	48.70	68.85	24.92	58.10
000061	农产品	1 222	48.87	53.87	52.78	38.19	51.84
000035	*ST 科健	1 223	48.84	50.22	63.02	25.71	62.52
000504	ST 传媒	1 224	48.83	51.48	63.32	25.89	59.69
600074	ST 中达	1 225	48.75	50.22	59.74	26.20	65.95
600696	多伦股份	1 226	48.67	49.62	61.72	29.93	57.79
000509	S*ST 华塑	1 227	48.60	57.55	52.21	31.96	54.90
000972	*ST 中基	1 228	48.48	53.01	66.87	23.26	54.25
000503	海虹控股	1 229	48.47	50.57	68.00	21.68	59.02
600555	九龙山	1 230	48.30	52.83	53.69	32.07	58.64
600532	华阳科技	1 231	48.30	47.82	63.70	22.50	67.46
600579	*ST 黄海	1 232	48.26	49.01	65.68	24.06	60.03
600737	中粮屯河	1 233	48.20	46.05	71.05	23.50	57.66
600186	莲花味精	1 234	48.16	53.60	57.46	26.08	60.57

(续表)

股票代码	股票简称	排名	内部控制指数	战略目标分指数	财务报告可靠目标分指数	资产、效率效果目标分指数	法律法规遵循目标分指数
600733	*ST 前锋	1235	48.03	46.35	67.13	26.63	56.93
000676	*ST 思达	1236	48.01	51.30	60.99	30.07	52.17
000912	泸天化	1237	47.98	54.50	59.64	25.12	56.48
000502	绿景地产	1238	47.92	44.38	66.62	29.03	56.51
600385	*ST 金泰	1239	47.81	49.62	63.41	21.53	63.70
600320	振华重工	1240	47.68	46.47	63.46	20.70	69.35
000815	*ST 美利	1241	47.66	45.67	63.78	28.95	57.12
600882	*ST 大成	1242	47.61	51.72	68.09	18.33	57.45
000662	*ST 索芙	1243	47.57	50.34	62.11	23.55	59.86
000892	星美联合	1244	47.57	42.99	55.20	43.49	50.49
000511	银基发展	1245	47.52	45.44	71.64	20.80	58.22
600301	*ST 南化	1246	47.52	49.91	62.66	22.63	60.92
000838	*ST 国兴	1247	47.43	43.86	67.48	27.56	55.67
000150	宜华地产	1248	47.26	45.18	70.74	21.20	57.83
600087	*ST 长航	1249	47.19	50.76	58.99	24.65	59.80
600392	*ST 太工	1250	47.08	46.41	59.44	27.46	61.21
600732	上海新梅	1251	46.95	45.08	68.69	22.34	57.43
000806	*ST 银河	1252	46.90	54.23	57.90	27.46	49.63
000751	*ST 锌业	1253	46.89	50.04	60.18	23.53	59.29
000767	*ST 漳泽	1254	46.36	54.34	59.28	20.04	56.08
600692	亚通股份	1255	45.98	44.32	69.31	19.68	56.45
600747	大连控股	1256	45.87	43.91	68.01	21.40	55.70
000725	京东方 A	1257	45.81	45.29	63.71	23.93	55.31
000037	深南电 A	1258	45.74	43.71	66.21	22.97	55.39
000576	*ST 甘化	1259	45.60	47.94	59.24	22.77	58.00
000408	金谷源	1260	45.56	57.66	52.42	20.69	54.96
000693	S*ST 聚友	1261	45.53	49.87	56.29	26.91	52.18
000805	*ST 炎黄	1262	45.52	47.82	53.14	32.80	50.79
000046	泛海建设	1263	45.46	43.75	64.58	23.38	55.45
000545	*ST 吉药	1264	45.45	50.25	55.44	25.97	53.84
000617	石油济柴	1265	45.29	46.23	63.07	21.04	56.30

（续表）

股票代码	股票简称	排名	内部控制指数	战略目标分指数	财务报告可靠目标分指数	资产、效率效果目标分指数	法律法规遵循目标分指数
000677	*ST 海龙	1 266	45.22	51.90	55.86	22.25	55.05
000681	*ST 远东	1 267	45.05	48.20	57.01	26.70	51.53
000663	永安林业	1 268	44.90	44.19	56.36	28.28	55.66
000615	湖北金环	1 269	44.37	44.25	63.93	19.35	55.75
000585	*ST 东北	1 270	44.27	48.36	57.94	21.95	52.99
000908	*ST 天一	1 271	43.89	50.70	54.52	19.10	56.42
000953	*ST 河北	1 272	43.89	50.38	51.76	22.09	56.19
000605	*ST 四环	1 273	43.73	51.15	58.65	20.01	47.41
000899	*ST 赣能	1 274	43.09	47.36	50.55	22.54	57.66
600698	ST 轻骑	1 275	43.08	41.97	58.98	19.85	58.50
000017	*ST 中华 A	1 276	42.63	45.86	50.55	23.74	55.64
000005	世纪星源	1 277	42.22	45.66	55.24	24.68	45.45
000056	*ST 国商	1 278	41.81	45.85	52.59	23.65	48.25
600076	*ST 青鸟	1 279	41.76	47.47	49.87	18.28	57.62
000557	*ST 广夏	1 280	40.47	46.08	50.05	22.42	45.90
000787	*ST 创智	1 281	40.35	39.24	57.23	23.17	44.89

附表二　2012 年国有控股上市公司内部控制状况排序

股票代码	股票简称	排名	内部控制指数	战略目标分指数	财务报告可靠目标分指数	资产、效率效果目标分指数	法律法规遵循目标分指数
600690	青岛海尔	1	88.84	91.39	87.48	85.81	91.39
601006	大秦铁路	2	86.89	90.57	88.84	80.00	88.88
600104	上海汽车	3	86.84	88.82	86.81	83.69	88.62
601111	中国国航	4	85.59	91.64	88.99	71.83	92.43
600741	华域汽车	5	85.38	88.69	86.61	78.66	88.77
000651	格力电器	6	85.30	85.33	83.62	89.22	81.52
600547	山东黄金	7	84.12	85.75	83.65	79.43	89.50
600600	青岛啤酒	8	83.39	85.76	82.55	78.47	88.42
600519	贵州茅台	9	83.32	85.38	78.71	84.20	85.19
601088	中国神华	10	83.25	84.13	83.46	80.67	85.56
000538	云南白药	11	83.25	83.96	83.74	79.53	87.22

（续表）

股票代码	股票简称	排名	内部控制指数	战略目标分指数	财务报告可靠目标分指数	资产、效率效果目标分指数	法律法规遵循目标分指数
600309	烟台万华	12	83.12	80.55	84.02	83.94	84.76
000568	泸州老窖	13	83.02	84.64	80.29	80.82	87.73
600971	恒源煤电	14	82.93	86.79	85.27	72.46	89.69
600489	中金黄金	15	82.36	83.36	80.03	81.20	85.87
000937	冀中能源	16	81.66	85.15	83.96	72.34	87.30
600809	山西汾酒	17	81.43	82.90	78.65	79.85	85.47
000425	徐工机械	18	81.34	88.17	79.81	71.14	88.39
000002	万科A	19	81.24	85.15	81.53	77.73	79.95
601857	中国石油	20	81.20	85.96	83.12	74.10	81.82
600166	福田汽车	21	81.19	87.16	84.77	67.84	87.22
000157	中联重科	22	81.14	84.56	81.46	78.41	79.40
600863	内蒙华电	23	81.11	85.08	82.14	76.09	81.04
600115	东方航空	24	80.93	85.79	79.88	72.09	88.36
600563	法拉电子	25	80.88	84.99	83.44	70.48	86.83
000858	五粮液	26	80.83	85.67	79.23	81.22	74.58
600658	电子城	27	80.72	79.79	80.47	78.70	85.80
000012	南玻A	28	80.68	87.32	80.15	69.33	88.36
600970	中材国际	29	80.63	85.47	81.74	69.38	88.78
000780	平庄能源	30	80.50	82.86	85.98	70.75	84.07
000877	天山股份	31	80.48	83.26	83.94	70.84	86.09
000625	长安汽车	32	80.35	85.14	83.46	67.01	88.98
000042	深长城	33	80.33	85.32	77.37	77.00	81.64
000581	威孚高科	34	80.21	84.65	81.17	70.35	87.07
000417	合肥百货	35	80.15	82.52	83.02	70.27	87.66
601666	平煤股份	36	80.09	84.32	80.83	70.78	86.69
000786	北新建材	37	80.00	78.19	85.43	76.26	81.06
600028	中国石化	38	79.94	82.60	81.36	75.21	80.98
000069	华侨城A	39	79.86	82.22	80.45	76.70	80.14
600348	国阳新能	40	79.86	84.02	80.57	73.27	82.38
000655	金岭矿业	41	79.85	84.66	79.75	71.78	84.77
600754	锦江股份	42	79.79	82.45	85.93	66.44	87.56

（续表）

股票代码	股票简称	排名	内部控制指数	战略目标分指数	财务报告可靠目标分指数	资产、效率效果目标分指数	法律法规遵循目标分指数
600039	四川路桥	43	79.71	86.32	78.56	76.29	75.92
000791	甘肃电投	44	79.68	81.38	80.40	78.26	78.11
000528	柳工	45	79.67	86.18	78.68	68.78	87.51
600271	航天信息	46	79.65	85.45	81.66	70.75	81.23
601001	大同煤业	47	79.43	83.63	80.67	69.27	86.72
000423	东阿阿胶	48	79.41	83.31	81.53	72.87	80.23
000933	神火股份	49	79.35	82.75	81.39	70.25	85.12
600315	上海家化	50	79.33	79.53	81.66	74.24	83.65
000778	新兴铸管	51	79.21	81.34	84.39	68.87	84.52
600418	江淮汽车	52	79.21	84.15	81.25	67.26	86.92
000680	山推股份	53	79.09	84.61	81.83	65.81	86.99
600508	上海能源	54	79.07	83.59	78.45	71.60	84.29
601808	中海油服	55	78.91	81.78	82.11	72.11	80.30
600582	天地科技	56	78.89	80.99	81.37	70.07	85.71
000888	峨眉山A	57	78.85	79.84	81.19	74.54	80.62
600900	长江电力	58	78.80	80.55	77.46	74.81	84.15
600897	厦门空港	59	78.71	80.64	81.39	71.69	82.70
000800	一汽轿车	60	78.67	84.38	85.07	62.30	85.84
600585	海螺水泥	61	78.57	82.74	80.51	72.82	78.02
000039	中集集团	62	78.55	82.00	81.01	68.35	85.40
000708	大冶特钢	63	78.55	82.23	79.33	69.71	85.27
000880	潍柴重机	64	78.53	83.27	80.13	67.42	85.90
600395	盘江股份	65	78.48	82.82	76.97	73.84	80.85
000596	古井贡酒	66	78.48	79.59	82.94	70.37	83.00
600750	江中药业	67	78.45	82.83	79.32	70.69	82.19
000539	粤电力A	68	78.43	77.83	78.70	75.51	83.59
600742	一汽富维	69	78.36	81.94	82.36	68.36	82.44
600188	兖州煤业	70	78.36	85.06	83.15	62.03	86.16
600436	片仔癀	71	78.28	80.22	82.47	66.60	87.42
600195	中牧股份	72	78.19	80.57	81.84	67.78	85.43
600375	星马汽车	73	78.18	81.77	80.20	67.82	85.64

（续表）

股票代码	股票简称	排名	内部控制指数	战略目标分指数	财务报告可靠目标分指数	资产、效率效果目标分指数	法律法规遵循目标分指数
600048	保利地产	74	78.12	77.48	77.77	75.26	84.18
000552	靖远煤电	75	78.12	80.92	78.96	71.97	81.98
000006	深振业A	76	78.04	74.99	77.25	81.91	78.11
600612	老凤祥	77	77.86	79.77	81.76	66.35	87.18
000401	冀东水泥	78	77.77	81.57	78.25	69.31	84.14
000999	华润三九	79	77.72	78.37	76.09	75.20	82.95
600815	厦工股份	80	77.64	82.08	81.50	65.25	84.29
600880	博瑞传播	81	77.60	80.92	77.59	70.53	83.28
600350	山东高速	82	77.58	79.49	79.73	68.69	85.34
600085	同仁堂	83	77.55	75.60	80.19	74.56	81.65
600761	安徽合力	84	77.55	81.08	79.45	67.53	84.76
000883	湖北能源	85	77.47	82.48	83.17	62.40	84.73
600199	金种子酒	86	77.41	78.83	76.05	73.80	82.74
600125	铁龙物流	87	77.22	80.49	76.51	70.55	83.37
600578	京能热电	88	77.21	71.31	75.63	83.60	79.10
600637	广电信息	89	77.18	74.27	77.62	74.04	86.25
600561	江西长运	90	77.10	79.36	80.43	67.33	83.96
600004	白云机场	91	77.03	74.10	79.59	74.09	83.06
600859	王府井	92	77.03	79.26	80.34	68.65	82.06
000789	江西水泥	93	77.05	78.23	83.59	66.57	82.24
601898	中煤能源	94	76.92	77.87	81.85	66.81	84.15
600150	中国船舶	95	76.88	80.74	80.16	64.65	85.07
600406	国电南瑞	96	76.86	80.04	78.25	68.15	83.32
600377	宁沪高速	97	76.82	78.31	81.82	65.77	84.54
000792	盐湖钾肥	98	76.58	79.86	79.04	68.49	80.36
600098	广州控股	99	76.54	75.16	78.13	73.08	81.93
000987	广州友谊	100	76.49	79.03	78.53	67.60	83.37
000422	湖北宜化	101	76.38	78.21	77.74	69.06	82.92
600983	合肥三洋	102	76.28	80.00	77.69	66.23	83.94
600794	保税科技	103	76.23	78.16	80.85	69.18	77.51
600362	江西铜业	104	76.22	80.73	77.14	75.05	69.36

（续表）

股票代码	股票简称	排名	内部控制指数	战略目标分指数	财务报告可靠目标分指数	资产、效率效果目标分指数	法律法规遵循目标分指数
601918	国投新集	105	76.22	77.54	79.72	68.92	80.50
600060	海信电器	106	76.15	75.64	78.44	71.41	81.16
600310	桂东电力	107	76.06	80.33	78.18	64.56	84.05
600153	建发股份	108	76.00	79.01	76.89	67.88	82.54
600123	兰花科创	109	75.96	77.80	76.74	69.87	81.36
600425	青松建化	110	75.88	78.48	80.59	63.96	83.60
600684	珠江实业	111	75.70	70.53	79.95	75.60	78.19
600054	黄山旅游	112	75.60	78.15	78.10	65.53	83.66
600829	三精制药	113	75.55	76.85	82.99	62.21	83.70
600221	海南航空	114	75.48	79.76	75.93	65.98	82.74
000666	经纬纺机	115	75.43	76.61	79.78	65.17	83.35
600835	上海电气	116	75.41	77.56	80.27	63.18	84.08
600505	西昌电力	117	75.37	76.86	81.05	63.05	84.09
600170	上海建工	118	75.29	78.91	77.48	63.77	84.29
601333	广深铁路	119	75.26	76.46	79.35	64.18	84.81
000043	中航地产	120	75.22	77.31	79.69	63.51	83.73
600875	东方电气	121	75.13	77.54	79.94	62.75	83.70
000917	电广传媒	122	75.11	79.52	77.72	64.32	81.07
600987	航民股份	123	75.11	78.33	75.58	66.93	81.99
600795	国电电力	124	74.95	76.95	79.48	63.70	82.81
000537	广宇发展	125	74.94	78.56	74.19	71.60	75.35
600997	开滦股份	126	74.89	77.46	78.63	64.06	82.34
600458	时代新材	127	74.77	79.08	77.47	63.20	81.97
600160	巨化股份	128	74.72	80.62	77.84	60.49	82.89
600688	S上石化	129	74.67	78.42	79.65	63.43	79.05
600686	金龙汽车	130	74.36	76.64	80.14	61.47	82.53
601607	上海医药	131	74.27	75.93	76.16	68.88	77.30
601766	中国南车	132	74.23	76.73	79.13	61.61	82.95
600636	三爱富	133	74.23	74.37	80.44	62.20	83.95
600113	浙江东日	134	74.20	77.39	77.00	62.24	83.74
600985	雷鸣科技	135	74.19	77.34	81.00	62.48	77.63

(续表)

股票代码	股票简称	排名	内部控制指数	战略目标分指数	财务报告可靠目标分指数	资产、效率效果目标分指数	法律法规遵循目标分指数
600784	鲁银投资	136	74.17	74.40	82.71	61.53	81.37
000598	兴蓉投资	137	74.15	74.53	79.43	64.75	80.68
601899	紫金矿业	138	74.11	72.14	75.94	75.40	72.67
600138	中青旅	139	74.09	74.73	78.92	63.42	82.81
600062	双鹤药业	140	74.08	76.99	76.89	62.57	83.35
000060	中金岭南	141	73.95	75.94	79.13	62.23	81.64
000501	鄂武商A	142	73.94	75.30	77.78	64.80	80.58
600831	广电网络	143	73.93	75.69	79.35	61.71	82.46
600739	辽宁成大	144	73.90	74.73	79.03	62.78	82.64
600141	兴发集团	145	73.83	75.72	77.69	63.16	81.93
000900	现代投资	146	73.77	76.93	78.51	63.07	78.61
600461	洪城水业	147	73.77	77.20	77.21	61.86	81.90
600029	南方航空	148	73.70	79.59	78.21	64.41	72.13
000885	同力水泥	149	73.65	74.25	82.46	60.68	80.39
000630	铜陵有色	150	73.63	75.07	82.03	60.88	79.21
600650	锦江投资	151	73.59	75.21	78.05	63.08	81.04
600081	东风科技	152	73.58	76.30	78.14	61.44	81.63
600805	悦达投资	153	73.58	74.94	78.86	62.69	80.85
600480	凌云股份	154	73.57	77.95	76.33	60.71	82.62
600012	皖通高速	155	73.56	75.46	76.48	63.75	81.65
600258	首旅股份	156	73.55	78.03	74.82	62.78	81.33
600697	欧亚集团	157	73.49	74.41	81.11	61.79	79.39
600642	申能股份	158	73.45	74.56	78.97	62.63	80.75
600298	安琪酵母	159	73.35	76.58	75.16	63.59	80.81
600502	安徽水利	160	73.28	75.04	76.71	64.15	79.82
600197	伊力特	161	73.24	75.40	78.30	60.74	82.04
600323	南海发展	162	73.18	75.94	78.38	60.40	81.26
600266	北京城建	163	73.03	74.51	78.00	60.12	83.75
600587	新华医疗	164	72.98	74.12	78.81	61.00	81.56
600018	上港集团	165	72.86	74.19	78.70	61.47	80.16
000089	深圳机场	166	72.85	74.91	77.61	61.51	80.46

（续表）

股票代码	股票简称	排名	内部控制指数	战略目标分指数	财务报告可靠目标分指数	资产、效率效果目标分指数	法律法规遵循目标分指数
600546	山煤国际	167	72.70	75.78	77.10	65.62	72.46
600183	生益科技	168	72.58	75.57	75.63	61.45	80.76
600111	包钢稀土	169	72.57	74.48	78.60	60.61	79.60
600871	S仪化	170	72.56	77.82	78.41	63.42	69.91
000729	燕京啤酒	171	72.55	74.89	77.56	60.14	81.01
600729	重庆百货	172	72.50	72.58	80.21	61.16	79.11
600019	宝钢股份	173	72.42	76.04	73.86	62.20	80.48
600009	上海机场	174	72.32	72.95	77.16	61.73	80.97
000011	深物业A	175	72.21	68.39	73.81	78.23	66.71
600248	延长化建	176	72.18	75.10	75.77	60.47	80.61
600386	北巴传媒	177	72.17	72.69	76.33	61.52	82.06
000983	西山煤电	178	72.15	74.41	78.63	65.65	69.35
600827	友谊股份	179	72.11	73.17	75.33	63.43	79.39
600409	三友化工	180	72.09	72.52	77.62	61.83	79.54
600982	宁波热电	181	71.95	73.87	76.42	60.69	80.07
000970	中科三环	182	71.90	72.62	75.66	61.78	81.21
000022	深赤湾A	183	71.70	76.16	77.52	61.96	71.30
600403	大有能源	184	71.61	61.18	73.20	79.01	74.77
600960	渤海活塞	185	71.51	76.27	75.81	60.06	75.53
000811	烟台冰轮	186	71.10	73.00	74.63	60.61	79.40
600551	时代出版	187	70.65	72.65	73.55	61.10	78.22
600267	海正药业	188	69.71	72.21	76.96	60.49	69.66
000661	长春高新	189	69.32	77.94	71.01	61.80	64.58
000049	德赛电池	190	68.37	71.09	68.09	63.93	71.30
000550	江铃汽车	191	77.17	88.33	84.27	56.88	80.54
601866	中海集运	192	75.82	81.99	82.67	56.97	85.47
600664	哈药股份	193	75.15	79.30	81.17	59.93	83.61
600449	赛马置业	194	74.49	77.97	80.31	59.98	83.25
000338	潍柴动力	195	74.36	82.88	80.55	56.61	79.40
600720	祁连山	196	74.23	77.66	82.08	59.97	79.73
600710	常林股份	197	74.01	77.35	80.66	58.38	83.51

（续表）

股票代码	股票简称	排名	内部控制指数	战略目标分指数	财务报告可靠目标分指数	资产、效率效果目标分指数	法律法规遵循目标分指数
600068	葛洲坝	198	73.72	75.76	80.19	59.63	83.19
601699	潞安环能	199	73.57	79.91	77.73	58.22	81.35
000713	丰乐种业	200	73.46	76.16	84.33	56.31	80.33
600667	太极实业	201	73.32	75.84	80.42	58.39	82.45
600101	明星电力	202	73.13	74.20	80.54	58.44	83.81
000881	大连国际	203	72.98	74.81	81.16	56.09	84.76
600581	八一钢铁	204	72.88	74.54	80.22	58.63	81.98
000926	福星股份	205	72.77	76.80	79.85	55.81	82.61
600231	凌钢股份	206	72.71	75.55	80.25	57.05	81.78
600121	郑州煤电	207	72.58	73.53	76.97	59.63	85.04
000915	山大华特	208	72.53	74.08	78.85	59.62	81.18
600597	光明乳业	209	72.49	73.45	80.27	57.16	83.80
600969	郴电国际	210	72.42	72.87	79.93	58.50	82.75
601007	金陵饭店	211	72.31	73.49	76.17	57.59	87.91
000951	中国重汽	212	72.28	76.84	76.97	56.76	82.44
600373	中文传媒	213	72.25	75.96	77.18	58.18	81.20
000759	武汉中百	214	72.18	73.92	79.29	58.50	80.60
600071	凤凰光学	215	72.12	75.44	79.75	54.80	82.91
000636	风华高科	216	72.00	75.46	78.81	55.92	81.82
600500	中化国际	217	71.99	73.78	79.04	56.58	83.15
600841	上柴股份	218	71.98	73.29	81.22	58.08	78.40
000544	中原环保	219	71.89	73.76	78.33	57.97	81.45
000798	中水渔业	220	71.89	73.89	85.20	53.15	78.91
600712	南宁百货	221	71.89	74.01	77.24	59.56	80.08
000793	华闻传媒	222	71.88	70.82	85.17	57.18	77.60
600845	宝信软件	223	71.86	73.94	76.66	59.49	80.97
600270	外运发展	224	71.82	74.57	77.13	58.68	80.31
600511	国药股份	225	71.78	74.60	78.45	56.96	80.84
600778	友好集团	226	71.74	72.38	81.79	56.02	80.96
000905	厦门港务	227	71.73	71.76	82.06	53.78	85.00
600676	交运股份	228	71.69	73.78	79.04	56.89	80.92

(续表)

股票代码	股票简称	排名	内部控制指数	战略目标分指数	财务报告可靠目标分指数	资产、效率效果目标分指数	法律法规遵循目标分指数
000698	沈阳化工	229	71.68	75.31	78.06	56.74	80.01
600006	东风汽车	230	71.62	73.69	78.61	55.93	82.84
000028	一致药业	231	71.52	72.72	79.56	57.51	80.00
000850	华茂股份	232	71.49	73.47	81.70	54.50	80.25
600329	中新药业	233	71.48	72.92	78.93	56.40	82.08
600126	杭钢股份	234	71.47	72.49	79.08	57.59	80.63
600529	山东药玻	235	71.41	73.21	78.43	56.35	82.02
600169	太原重工	236	71.40	75.08	78.06	55.17	81.29
600548	深高速	237	71.34	72.42	77.06	59.04	80.64
000529	广弘控股	238	71.33	72.21	79.16	59.44	77.30
000906	南方建材	239	71.32	72.36	80.92	53.02	84.56
600685	广船国际	240	71.29	77.39	74.00	58.86	76.91
000021	长城开发	241	71.18	75.22	81.35	52.14	79.84
600035	楚天高速	242	71.14	74.03	77.10	56.57	80.73
600668	尖峰集团	243	71.12	71.25	80.73	57.99	77.72
600339	天利高新	244	71.09	74.42	76.00	57.49	79.95
000059	辽通化工	245	71.09	72.54	75.85	59.68	79.78
600648	外高桥	246	71.08	73.63	77.18	57.44	79.54
600088	中视传媒	247	71.06	72.73	75.68	59.83	79.30
600011	华能国际	248	71.05	72.68	78.17	55.93	81.92
600995	文山电力	249	71.03	73.12	76.57	58.46	79.41
601958	金钼股份	250	71.01	74.21	77.39	55.35	81.20
600780	通宝能源	251	70.98	70.77	80.87	57.47	78.30
000828	东莞控股	252	70.91	71.59	79.22	54.46	83.69
601991	大唐发电	253	70.87	71.50	80.49	56.05	79.31
600760	中航黑豹	254	70.87	74.64	80.34	48.65	85.98
600017	日照港	255	70.86	71.93	76.69	57.96	80.97
600787	中储股份	256	70.84	72.38	77.67	58.55	77.79
600498	烽火通讯	257	70.84	71.99	78.34	57.76	78.70
000652	泰达股份	258	70.81	75.09	81.51	48.97	82.73
601919	中国远洋	259	70.73	75.96	80.20	49.49	81.90

(续表)

股票代码	股票简称	排名	内部控制指数	战略目标分指数	财务报告可靠目标分指数	资产、效率效果目标分指数	法律法规遵循目标分指数
000878	云南铜业	260	70.72	70.61	81.66	52.58	83.68
600639	浦东金桥	261	70.58	71.79	72.57	57.75	85.89
000919	金陵药业	262	70.58	72.46	75.95	57.14	80.88
600626	申达股份	263	70.54	72.14	76.27	58.40	78.72
600619	海立股份	264	70.52	71.75	77.18	55.90	81.89
600269	赣粤高速	265	70.48	72.05	74.44	56.97	83.43
000985	大庆华科	266	70.47	71.73	75.97	58.19	79.80
600814	杭州解百	267	70.42	71.70	79.72	56.97	76.10
600528	中铁二局	268	70.39	74.35	75.19	56.10	79.44
600717	天津港	269	70.37	70.81	78.85	56.96	78.52
600718	东软集团	270	70.36	72.31	80.56	53.16	79.54
600783	鲁信创投	271	70.36	72.12	76.46	57.57	78.79
000066	长城电脑	272	70.33	74.08	78.07	53.09	80.12
600806	昆明机床	273	70.30	71.96	82.65	50.42	81.07
000920	南方汇通	274	70.29	71.05	79.12	54.31	81.47
600325	华发股份	275	70.29	72.73	76.93	55.03	80.69
600131	岷江水电	276	70.23	72.21	75.00	55.96	82.56
600026	中海发展	277	70.12	71.29	76.03	54.08	84.93
000823	超声电子	278	70.12	72.12	78.47	54.33	79.65
000968	煤气化	279	70.08	71.21	76.83	52.24	86.55
600723	西单商场	280	69.99	69.31	79.99	55.47	79.53
601727	上海电气	281	69.97	71.04	78.44	55.26	79.12
600606	金丰投资	282	69.96	73.14	78.33	51.81	81.23
600592	龙溪股份	283	69.96	71.86	77.26	54.86	80.03
000901	航天科技	284	69.91	77.54	71.49	58.86	72.50
600644	乐山电力	285	69.87	71.39	75.22	54.83	83.31
600662	强生控股	286	69.86	69.40	82.94	55.80	73.94
000916	华北高速	287	69.83	70.21	82.16	49.34	83.65
600118	中国卫星	288	69.80	71.50	73.50	58.44	79.53
000801	四川九州	289	69.74	74.00	74.32	54.39	80.27
600372	中航电子	290	69.72	71.02	74.85	59.41	76.42

（续表）

股票代码	股票简称	排名	内部控制指数	战略目标分指数	财务报告可靠目标分指数	资产、效率效果目标分指数	法律法规遵循目标分指数
600161	天坛生物	291	69.64	71.20	74.87	57.38	78.83
600874	创业环保	292	69.62	69.48	79.59	52.64	82.20
000582	北海港	293	69.58	73.99	74.55	58.59	72.50
000521	美菱电器	294	69.42	73.50	76.35	52.30	79.69
000721	西安饮食	295	69.41	69.63	80.33	54.72	76.44
000761	本钢板材	296	69.40	71.30	77.00	54.66	78.52
600120	浙江东方	297	69.28	71.86	76.70	56.79	73.99
600470	六国化工	298	69.26	70.37	76.37	54.95	79.72
600486	扬农化工	299	69.26	70.08	77.64	54.74	78.64
000522	白云山A	300	69.23	70.81	74.23	58.02	77.04
000918	嘉凯城	301	69.21	75.35	75.03	51.08	79.29
600708	海博股份	302	69.19	71.25	77.40	54.16	77.65
601168	西部矿业	303	69.14	71.47	76.23	53.50	79.70
000860	顺鑫农业	304	69.11	70.39	77.62	54.38	77.90
000911	南宁糖业	305	69.07	70.00	82.45	46.65	83.50
000788	西南合成	306	69.07	74.94	69.21	59.01	75.02
000027	深圳能源	307	69.04	70.51	73.90	58.02	76.97
600428	中远航运	308	69.04	71.32	76.98	49.90	83.95
000988	华工科技	309	69.04	71.09	74.23	55.20	79.93
000886	海南高速	310	68.99	70.50	81.74	47.14	82.51
600307	酒钢宏兴	311	68.95	68.16	75.70	56.34	80.34
600647	同达创业	312	68.91	71.57	75.11	54.77	77.87
000810	华润锦华	313	68.87	75.25	69.70	59.33	72.20
600975	新五丰	314	68.86	71.50	77.51	54.33	74.92
600674	川投能源	315	68.83	69.86	77.05	54.77	77.43
000819	岳阳兴长	316	68.81	72.47	75.44	57.83	70.52
600704	中大股份	317	68.80	69.02	77.17	53.12	81.03
600746	江苏索普	318	68.77	69.41	78.21	53.73	77.75
000960	锡业股份	319	68.75	69.75	75.07	56.41	77.41
600866	星湖科技	320	68.75	74.95	78.70	51.33	71.63
600148	长春一东	321	68.73	70.05	75.78	52.14	82.46

（续表）

股票代码	股票简称	排名	内部控制指数	战略目标分指数	财务报告可靠目标分指数	资产、效率效果目标分指数	法律法规遵循目标分指数
600523	贵航股份	322	68.68	70.67	76.33	51.30	81.74
000969	安泰科技	323	68.67	69.51	74.40	56.02	78.93
600743	华远地产	324	68.67	69.38	80.35	51.70	77.36
601003	柳钢股份	325	68.63	68.74	76.37	51.72	83.91
600618	氯碱化工	326	68.63	68.65	77.81	53.32	79.43
600479	千金药业	327	68.61	69.07	76.82	54.15	78.73
000973	佛塑科技	328	68.58	70.57	73.93	53.07	81.99
600967	北方创业	329	68.55	69.61	74.22	57.40	76.15
000833	贵糖股份	330	68.51	73.46	72.02	56.25	74.58
000825	太钢不锈	331	68.49	68.42	80.66	51.74	77.44
600651	飞乐音响	332	68.48	72.11	76.33	52.21	76.82
601390	中国中铁	333	68.44	70.24	75.37	51.12	82.74
000665	武汉塑料	334	68.35	70.02	75.06	55.36	76.38
600100	同方股份	335	68.30	70.30	75.29	51.14	81.91
601186	中国铁建	336	68.29	68.86	75.29	51.29	83.96
600116	三峡水利	337	68.28	70.33	73.70	53.44	80.44
000978	桂林旅游	338	68.24	71.69	73.76	53.25	78.17
600765	中航重机	339	68.23	70.41	79.28	49.39	78.37
600433	冠豪高新	340	68.14	68.42	74.89	52.71	82.20
000837	秦川发展	341	68.12	71.24	77.08	54.45	71.58
000758	中色股份	342	68.09	68.57	79.31	52.36	75.85
000551	创元科技	343	68.05	70.91	75.00	52.86	77.23
600533	栖霞建设	344	68.03	71.96	74.47	49.91	80.81
600973	宝胜股份	345	68.02	70.02	77.02	50.08	80.00
000852	江钻股份	346	68.00	68.97	76.70	53.65	76.43
000957	中通客车	347	67.96	68.14	74.24	52.50	82.90
600979	广安爱众	348	67.93	70.52	73.19	54.80	76.72
600616	金枫酒业	349	67.91	69.00	73.69	55.91	76.64
000868	安凯客车	350	67.88	69.18	75.10	54.20	76.86
600791	京能置业	351	67.81	68.65	73.28	57.77	74.36
600531	豫光金铅	352	67.80	70.16	75.57	51.01	79.16

（续表）

股票代码	股票简称	排名	内部控制指数	战略目标分指数	财务报告可靠目标分指数	资产、效率效果目标分指数	法律法规遵循目标分指数
600601	方正科技	353	67.76	70.01	74.86	50.87	80.41
600475	华光股份	354	67.76	69.35	76.64	50.04	80.18
600808	马钢股份	355	67.73	68.40	80.22	49.04	78.03
600059	古越龙山	356	67.70	69.20	73.70	54.71	77.00
000830	鲁西化工	357	67.69	67.86	76.09	55.78	74.02
600238	海南椰岛	358	67.65	72.65	75.76	50.56	74.68
600990	四创电子	359	67.64	69.22	74.08	49.87	83.72
600226	升华拜克	360	67.62	68.89	75.03	51.34	80.44
600862	南通科技	361	67.61	68.98	78.13	50.92	76.46
600268	国电南自	362	67.60	69.09	72.95	52.27	81.54
600858	银座股份	363	67.58	69.31	75.84	52.23	76.96
600483	福建南纺	364	67.56	68.09	76.55	50.25	80.92
600725	云维股份	365	67.55	69.05	78.75	48.38	79.12
000756	新华职业	366	67.51	68.04	80.07	50.67	75.05
600090	啤酒花	367	67.48	69.38	72.03	55.67	76.36
600893	航空动力	368	67.45	68.46	73.61	51.07	82.65
000822	山东海化	369	67.45	66.62	82.07	50.49	74.42
600426	华鲁恒升	370	67.44	67.82	75.40	53.31	77.57
600820	隧道股份	371	67.43	68.28	80.06	49.38	76.25
000898	鞍钢股份	372	67.42	69.02	82.14	43.11	81.85
000045	深纺织A	373	67.41	70.13	74.33	52.15	76.93
600005	武钢股份	374	67.34	68.65	73.52	53.00	78.83
600332	广州药业	375	67.32	70.76	69.66	53.95	79.33
600354	敦煌种业	376	67.26	71.72	75.04	54.10	69.47
600559	老白干酒	377	67.23	68.25	74.73	54.66	74.51
601008	连云港	378	67.20	67.99	75.36	52.32	77.55
600701	工大高新	379	67.20	68.50	77.49	50.20	76.96
000715	中兴商业	380	67.18	68.53	77.03	52.84	73.34
600398	凯诺科技	381	67.17	68.40	71.96	53.76	79.34
000507	珠海港	382	67.16	68.80	74.09	54.26	74.73
600850	华东电脑	383	67.15	67.63	77.54	49.23	79.57

（续表）

股票代码	股票简称	排名	内部控制指数	战略目标分指数	财务报告可靠目标分指数	资产、效率效果目标分指数	法律法规遵循目标分指数
600789	鲁抗医药	384	67.12	69.52	77.67	48.45	77.33
600549	厦门钨业	385	67.11	66.69	74.67	54.17	77.26
600558	大西洋	386	67.11	69.63	73.65	50.45	79.73
600497	驰宏锌锗	387	67.09	68.25	75.26	51.45	78.01
600345	长江通信	388	67.06	68.71	73.48	51.86	79.01
600415	小商品城	389	67.03	68.56	76.60	50.31	77.04
600543	莫高股份	390	66.97	67.89	74.77	50.54	80.04
600755	厦门国贸	391	66.93	68.09	78.39	49.71	75.62
000701	厦门信达	392	66.90	71.61	69.35	56.66	71.75
600513	联环药业	393	66.85	68.17	75.24	50.16	78.85
600736	苏州高新	394	66.84	68.32	76.49	46.64	82.24
000429	粤高速A	395	66.81	69.00	73.12	53.33	75.34
600176	中国玻纤	396	66.76	69.13	72.53	51.16	79.05
600653	申华控股	397	66.75	66.79	76.87	49.15	79.79
600158	中体产业	398	66.74	67.89	74.73	51.53	77.28
600218	全柴动力	399	66.70	69.79	72.11	49.66	80.60
600333	长春燃气	400	66.69	68.21	72.25	50.31	81.94
600621	上海金陵	401	66.66	68.60	75.64	48.59	78.99
600378	天科股份	402	66.64	68.21	73.34	51.55	78.14
600435	中兵光电	403	66.64	69.79	76.44	44.91	81.52
600824	益民集团	404	66.60	66.90	77.96	48.89	77.59
000635	英力特	405	66.59	68.19	76.15	51.61	73.77
000785	武汉中商	406	66.59	68.37	76.34	50.11	75.50
600834	申通地铁	407	66.58	68.56	75.19	51.46	74.72
600812	华北制药	408	66.53	69.31	76.91	46.90	77.89
000959	首钢股份	409	66.51	68.34	77.88	43.24	83.71
600469	风神股份	410	66.42	66.46	75.94	51.07	76.75
000026	飞亚达A	411	66.39	67.87	75.81	51.50	73.83
600819	耀皮玻璃	412	66.34	67.86	74.78	46.44	82.98
000400	许继电气	413	66.34	68.33	73.06	52.19	75.64
600468	百利电气	414	66.33	67.31	76.66	45.94	81.93

(续表)

股票代码	股票简称	排名	内部控制指数	战略目标分指数	财务报告可靠目标分指数	资产、效率效果目标分指数	法律法规遵循目标分指数
000099	中信海直	415	66.31	68.41	74.12	51.45	74.96
000731	四川美丰	416	66.29	66.41	78.94	54.97	65.69
000050	深天马 A	417	66.25	68.22	75.83	49.94	74.86
000685	中山公用	418	66.20	70.87	71.15	54.39	69.96
000927	一汽夏利	419	66.17	67.89	73.72	50.43	77.23
600279	重庆港九	420	66.13	68.80	71.39	51.56	77.09
000949	新乡化纤	421	66.05	67.99	74.70	48.23	78.45
000829	天音控股	422	66.05	72.23	77.97	46.15	70.05
000629	攀钢钒钛	423	65.99	69.56	72.95	48.68	77.32
600881	亚泰集团	424	65.98	67.22	76.25	51.38	72.14
000488	晨鸣纸业	425	65.96	68.50	73.57	50.87	74.60
600575	芜湖港	426	65.96	66.06	72.87	53.83	74.91
600757	长江传媒	427	65.93	67.08	71.08	58.34	68.54
600416	湘电股份	428	65.93	69.78	76.97	44.44	77.49
600509	天富热电	429	65.85	66.53	73.84	48.57	80.41
600459	贵研铂业	430	65.80	67.09	77.30	48.86	73.78
600021	上海电力	431	65.77	66.61	71.33	48.88	82.90
600861	北京城乡	432	65.73	67.31	77.99	46.56	75.61
600963	岳阳纸业	433	65.73	67.85	78.64	45.97	74.71
600756	浪潮软件	434	65.66	69.16	80.58	43.71	72.95
000777	中核科技	435	65.65	68.34	77.42	47.24	73.23
600463	空港股份	436	65.60	66.68	75.30	48.47	76.80
600317	营口港	437	65.55	67.01	70.98	51.71	77.06
600075	新疆天业	438	65.53	67.84	72.51	50.97	74.59
600810	神马股份	439	65.49	66.93	77.22	46.76	75.70
600007	中国国贸	440	65.49	65.89	72.90	52.52	74.53
600832	东方明珠	441	65.46	66.47	78.37	47.45	73.55
000411	英特集团	442	65.38	67.05	70.11	54.56	72.85
600223	鲁商置业	443	65.37	67.85	74.53	46.05	78.46
000930	丰原生化	444	65.37	67.02	70.44	52.27	75.92
600833	第一医药	445	65.37	67.15	72.89	49.87	75.97

(续表)

股票代码	股票简称	排名	内部控制指数	战略目标分指数	财务报告可靠目标分指数	资产、效率效果目标分指数	法律法规遵循目标分指数
600184	光电股份	446	65.37	69.99	68.40	51.65	74.96
000965	天保基建	447	65.36	67.01	74.35	48.51	76.22
000897	津滨发展	448	65.36	70.16	78.80	42.06	74.81
000859	国风塑业	449	65.32	66.77	78.93	44.57	75.99
600550	天威保变	450	65.32	67.92	76.15	44.14	78.75
600117	西宁特钢	451	65.29	68.36	69.39	53.59	72.73
000531	穗恒运A	452	65.29	67.05	77.30	47.01	73.81
600037	歌华有线	453	65.26	68.20	71.45	48.70	77.53
600846	同济科技	454	65.26	67.13	72.87	48.60	77.40
600628	新世界	455	65.23	67.24	70.53	49.20	79.50
600782	新钢股份	456	65.21	66.52	73.13	49.50	76.34
600050	中国联通	457	65.17	64.69	75.56	46.15	80.87
600992	贵绳股份	458	65.14	66.55	76.57	46.19	76.18
600008	首创股份	459	65.14	66.62	72.68	50.35	75.10
600230	沧州大化	460	65.09	67.16	72.66	46.86	79.43
600501	航天晨光	461	65.08	66.23	75.51	45.39	79.10
600758	红阳能源	462	65.07	66.91	74.39	51.34	70.23
600573	惠泉啤酒	463	65.05	70.38	69.94	51.51	70.55
600259	广晟有色	464	65.05	66.44	69.46	50.97	78.52
600495	晋西车轴	465	65.05	66.63	75.51	48.68	73.11
000428	华天酒店	466	64.96	70.31	71.96	50.61	68.66
601872	招商轮船	467	64.93	66.90	73.89	45.52	79.31
000976	春晖股份	468	64.89	68.45	73.29	47.87	73.72
600872	中矩高新	469	64.87	67.08	75.62	49.71	69.61
600796	钱江生化	470	64.85	66.75	75.98	44.89	77.07
000523	广州浪奇	471	64.84	67.20	71.14	51.31	73.14
000737	南风化工	472	64.82	66.69	70.00	56.71	67.06
600510	黑牡丹	473	64.82	67.18	73.60	45.87	78.09
600033	福建高速	474	64.81	68.72	72.97	49.84	70.19
600061	中纺投资	475	64.80	67.90	72.79	48.90	73.22
600096	云天化	476	64.79	66.38	73.43	47.44	77.01

（续表）

股票代码	股票简称	排名	内部控制指数	战略目标分指数	财务报告可靠目标分指数	资产、效率效果目标分指数	法律法规遵循目标分指数
000938	紫光股份	477	64.69	65.80	71.45	49.32	77.30
600397	安源股份	478	64.65	67.26	68.87	49.72	77.77
600714	金瑞矿业	479	64.62	65.08	74.89	53.25	67.00
600552	方兴科技	480	64.58	64.91	72.46	50.57	74.73
600666	西南药业	481	64.58	69.24	70.40	50.05	71.40
600545	新疆城建	482	64.51	67.46	76.49	46.83	70.23
000722	湖南发展	483	64.47	66.74	73.53	50.67	69.41
600623	双钱股份	484	64.39	65.72	75.70	45.82	75.12
600133	东湖高新	485	64.32	66.88	72.10	45.58	78.35
600702	沱牌曲酒	486	64.23	63.58	77.40	46.71	73.91
600776	东方通讯	487	64.20	67.08	70.10	50.01	73.28
600722	金牛化工	488	64.00	67.60	69.85	51.61	69.14
600336	澳柯玛	489	63.99	67.30	67.72	47.27	79.43
600740	山西焦化	490	63.97	63.15	72.73	53.23	69.55
000678	襄阳轴承	491	63.96	71.53	70.86	46.38	69.28
000530	大冷股份	492	63.93	66.42	71.90	49.22	71.52
600278	东方创业	493	63.90	64.70	70.48	50.10	74.82
600010	宝钢股份	494	63.89	62.48	77.61	41.09	82.30
000797	中国武夷	495	63.89	65.27	80.40	40.77	74.22
600886	国投电力	496	63.89	64.08	75.41	46.71	74.00
600056	中国医药	497	63.87	64.70	67.64	51.93	75.83
000962	东方钽业	498	63.86	65.45	72.89	50.32	69.54
600058	五矿发展	499	63.82	65.45	70.29	46.68	78.78
600299	蓝星新材	500	63.79	65.52	69.85	54.96	66.13
600889	南京化纤	501	63.79	64.38	77.27	43.67	75.05
600629	棱光实业	502	63.79	66.27	72.74	41.68	81.57
600773	西藏城投	503	63.75	63.77	75.50	47.48	72.41
600488	天药股份	504	63.66	66.10	71.40	46.75	75.13
600063	皖维高新	505	63.59	63.18	76.46	46.21	73.09
601999	出版传媒	506	63.56	66.18	69.53	48.47	74.41
000719	大地传媒	507	63.54	64.95	68.13	55.42	67.38

（续表）

股票代码	股票简称	排名	内部控制指数	战略目标分指数	财务报告可靠目标分指数	资产、效率效果目标分指数	法律法规遵循目标分指数
600567	山鹰纸业	508	63.51	66.53	70.24	47.12	74.66
600609	金杯汽车	509	63.47	66.64	67.47	57.30	62.23
600826	兰生股份	510	63.46	66.28	79.10	39.30	74.32
600540	新赛股份	511	63.45	66.60	73.49	42.21	77.20
600038	哈飞股份	512	63.31	70.11	66.84	49.07	69.50
600683	京投银泰	513	63.30	65.51	78.26	40.60	73.80
600560	金自天正	514	63.28	64.16	70.81	49.04	73.34
000430	张家界	515	63.24	67.99	68.57	50.99	67.07
000903	云内动力	516	63.22	63.79	84.47	35.61	75.14
000619	海螺型材	517	63.17	66.37	70.25	48.36	71.05
600981	江苏开元	518	63.15	64.49	72.55	44.01	77.53
600797	浙大网新	519	63.15	64.65	72.31	45.65	74.99
600356	恒丰纸业	520	63.14	67.00	64.58	50.81	74.12
000948	南天信息	521	63.07	66.64	70.73	47.44	70.76
600825	新华传媒	522	63.05	64.07	75.95	43.65	73.30
600367	红星发展	523	63.00	65.08	65.43	50.33	75.98
601600	中国铝业	524	62.96	64.48	72.31	46.33	73.17
600748	上实发展	525	62.96	64.21	75.76	45.61	69.74
600530	交大昂立	526	62.92	64.90	71.15	44.72	76.45
000419	通程控股	527	62.87	70.22	64.00	51.86	66.49
600351	亚宝药业	528	62.85	65.99	66.37	50.95	71.34
000762	西藏矿业	529	62.80	66.70	73.24	45.48	68.64
600020	中原高速	530	62.79	65.05	70.73	46.32	73.55
600864	哈投股份	531	62.73	66.00	70.20	48.86	68.41
000014	沙河股份	532	62.69	67.53	68.85	45.66	72.66
600326	西藏天路	533	62.67	64.94	66.18	48.45	76.23
000601	韶能股份	534	62.65	63.39	75.66	42.28	74.73
600830	香溢融通	535	62.60	62.57	74.10	45.87	72.37
600119	长江投资	536	62.58	61.56	75.46	40.39	80.59
000753	漳州发展	537	62.56	63.58	76.49	47.00	65.30
600622	嘉宝集团	538	62.56	63.85	71.08	43.79	77.65

（续表）

股票代码	股票简称	排名	内部控制指数	战略目标分指数	财务报告可靠目标分指数	资产、效率效果目标分指数	法律法规遵循目标分指数
600721	百花村	539	62.50	66.27	72.37	48.68	63.87
000738	中航动控	540	62.45	63.32	73.91	47.30	68.35
000682	东方电子	541	62.45	63.14	78.75	40.41	72.49
600482	凤帆股份	542	62.44	64.44	71.68	44.71	73.75
600879	航天电子	543	62.36	63.82	72.18	45.53	72.27
600055	万东医疗	544	62.35	64.15	71.50	45.58	72.59
000600	建投能源	545	62.35	62.93	76.52	40.87	74.77
600724	宁波富达	546	62.30	64.65	71.49	46.05	70.76
600376	首开股份	547	62.29	64.61	65.54	48.53	75.43
000612	焦作万方	548	62.28	64.75	66.63	51.51	68.93
600598	北大荒	549	62.27	67.01	63.45	51.65	69.51
600084	中葡股份	550	62.21	62.92	64.91	54.03	69.98
600236	桂冠电力	551	62.19	71.74	67.38	43.55	68.36
600108	亚盛集团	552	62.10	62.08	72.83	42.53	77.44
600241	时代万恒	553	62.05	63.93	69.15	44.30	76.62
600839	四川长虹	554	62.03	62.54	76.77	42.68	70.38
600822	上海物贸	555	61.97	62.52	75.79	42.63	71.57
600604	市北高新	556	61.94	65.60	72.49	43.52	69.74
600657	信达地产	557	61.94	62.49	74.97	40.50	75.98
600506	香梨股份	558	61.93	61.36	71.64	48.65	69.78
600590	泰豪科技	559	61.92	64.35	70.97	41.91	76.38
600536	中国软件	560	61.92	64.28	68.87	46.10	72.93
600689	上海三毛	561	61.89	62.43	77.49	39.13	74.33
600343	航天动力	562	61.82	64.54	66.35	45.93	75.82
600151	航天机电	563	61.76	64.12	73.89	35.41	81.86
600335	国机汽车	564	61.76	66.10	63.00	54.49	64.28
000748	长城信息	565	61.76	62.23	76.28	42.28	70.70
000610	西安旅游	566	61.75	64.20	67.45	49.78	68.36
000710	天兴仪表	567	61.72	64.22	77.61	41.63	66.36
600217	秦岭水泥	568	61.70	62.33	68.78	50.79	67.63
600876	洛阳玻璃	569	61.69	65.47	73.97	40.42	71.28

（续表）

股票代码	股票简称	排名	内部控制指数	战略目标分指数	财务报告可靠目标分指数	资产、效率效果目标分指数	法律法规遵循目标分指数
600313	中农资源	570	61.67	65.26	65.72	54.45	61.29
600624	复旦复华	571	61.54	63.82	71.47	43.68	71.59
600677	航天通讯	572	61.52	64.03	69.06	49.64	65.22
600235	民丰特纸	573	61.48	64.95	66.26	43.96	76.45
600649	城投控股	574	61.47	61.47	73.47	41.60	75.41
000565	渝三峡A	575	61.44	63.70	68.62	47.02	70.06
000709	河北钢铁	576	61.36	62.66	70.86	49.75	63.83
000058	深赛格	577	61.34	62.69	68.96	49.78	66.34
600097	开创国际	578	61.33	61.94	69.37	45.71	73.33
600602	广电电子	579	61.31	60.16	76.08	36.90	80.30
600284	浦东建设	580	61.29	64.84	67.17	43.47	75.00
600207	安彩高科	581	61.25	64.27	67.29	50.03	65.23
000032	深桑达A	582	61.19	64.56	66.53	47.61	69.30
000851	高鸿股份	583	61.13	62.07	73.67	41.47	72.45
600168	武汉控股	584	61.06	63.04	70.80	42.41	73.09
000977	浪潮信息	585	61.04	63.14	68.57	47.61	67.87
000158	常山股份	586	60.98	62.10	76.64	39.94	69.69
600984	建设机械	587	60.95	64.60	63.03	54.84	61.59
600774	汉商集团	588	60.94	61.13	75.80	39.84	72.44
600316	洪都航空	589	60.88	64.00	68.47	40.67	76.59
000090	深天健	590	60.86	63.72	69.60	45.27	68.11
000705	浙江震元	591	60.84	62.53	72.91	46.50	63.27
000602	金马集团	592	60.80	65.77	63.84	51.49	62.94
000862	银星能源	593	60.77	61.00	75.66	41.03	70.00
600798	宁波海运	594	60.71	61.04	75.43	40.93	70.10
000702	正虹科技	595	60.70	62.99	73.43	44.12	64.70
000768	西飞国际	596	60.61	63.22	76.65	38.78	67.56
600099	林海股份	597	60.53	62.64	71.40	40.49	72.92
000902	中国服装	598	60.49	63.83	74.18	41.18	65.66
000922	佳电股份	599	60.48	60.09	66.87	49.95	68.47
600633	浙报传媒	600	60.47	60.51	69.03	52.07	61.33

(续表)

股票代码	股票简称	排名	内部控制指数	战略目标分指数	财务报告可靠目标分指数	资产、效率效果目标分指数	法律法规遵循目标分指数
000570	苏常柴A	601	60.47	63.40	73.64	42.92	64.34
600229	青岛碱业	602	60.45	60.17	73.69	38.93	75.68
000088	盐田港	603	60.44	62.67	67.60	47.67	66.58
600253	天方药业	604	60.43	61.65	69.33	42.66	73.57
600448	华纺股份	605	60.39	62.43	72.04	40.25	71.91
600292	九龙电力	606	60.38	60.52	69.95	41.33	76.33
000736	重庆实业	607	60.35	61.46	75.88	39.63	68.74
600222	太龙药业	608	60.30	62.67	67.85	43.15	72.48
600198	大唐电信	609	60.24	63.41	69.90	37.94	76.20
600069	银鸽投资	610	60.23	61.67	73.31	36.24	76.75
000831	五矿稀土	611	60.15	65.76	60.55	51.65	63.73
600283	钱江水利	612	60.09	63.06	67.42	42.65	72.08
600103	青山纸业	613	60.09	62.58	67.66	41.34	74.57
600106	重庆路桥	614	60.07	60.30	68.75	44.36	71.87
600854	春兰股份	615	60.04	62.27	65.26	50.52	63.86
600452	涪陵电力	616	61.51	59.86	76.05	38.67	79.17
600423	柳化股份	617	60.84	63.91	73.64	46.49	59.98
600716	凤凰股份	618	60.63	59.51	72.63	42.33	73.96
600251	冠农股份	619	60.25	59.88	69.72	40.45	78.32
600569	安阳钢铁	620	60.12	58.45	74.81	36.63	78.65
600361	华联综超	621	59.96	61.19	67.73	41.37	75.95
000921	海信科龙	622	59.96	62.22	61.41	50.72	68.68
600429	三元股份	623	59.93	60.37	73.87	36.89	75.38
600171	上海贝岭	624	59.93	62.03	68.52	38.97	77.05
000070	特发信息	625	59.93	63.23	64.77	47.79	66.64
600583	海油工程	626	59.90	56.69	78.98	34.41	77.79
600027	华电国际	627	59.87	58.15	76.01	35.85	77.24
600843	上工申贝	628	59.86	59.57	78.12	36.85	70.22
600189	吉林森工	629	59.86	62.00	66.08	43.98	72.34
600379	宝光股份	630	59.83	63.10	63.44	44.09	73.98
600630	龙头股份	631	59.81	59.82	69.58	38.75	78.82

(续表)

股票代码	股票简称	排名	内部控制指数	战略目标分指数	财务报告可靠目标分指数	资产、效率效果目标分指数	法律法规遵循目标分指数
000632	三木集团	632	59.81	62.71	72.96	42.30	63.68
600262	北方股份	633	59.80	60.79	65.83	45.06	72.65
600272	开开实业	634	59.76	62.40	65.22	43.89	72.51
600322	天房发展	635	59.74	60.87	67.71	43.14	72.52
600679	金山开发	636	59.71	61.45	76.14	33.98	73.65
600731	湖南海利	637	59.68	61.31	73.78	36.96	72.45
600179	黑化股份	638	59.68	64.66	64.59	48.66	61.79
000950	建峰化工	639	59.67	59.98	69.20	41.01	74.75
600390	金瑞科技	640	59.62	64.50	65.14	39.14	75.83
000993	闽东电力	641	59.58	63.14	66.88	39.62	74.63
000590	紫光古汉	642	59.55	64.62	55.53	56.75	61.42
000692	惠天热电	643	59.54	61.79	73.03	42.21	63.71
000514	渝开发	644	59.52	60.66	75.39	38.30	68.19
000913	钱江摩托	645	59.49	64.63	74.20	38.02	63.68
600730	中国高科	646	59.48	61.22	78.67	33.17	70.35
600206	有研硅股	647	59.40	59.92	72.69	36.37	75.59
600853	龙建股份	648	59.39	58.91	76.92	36.31	71.20
600135	乐凯胶片	649	59.38	59.93	69.89	34.91	81.81
600792	云煤能源	650	59.37	61.19	61.60	50.95	66.42
600855	航天长峰	651	59.37	58.87	73.69	39.72	70.44
600192	长城电工	652	59.35	60.47	71.64	39.62	70.83
000024	招商地产	653	59.34	61.09	62.83	51.69	63.44
600057	象屿股份	654	59.31	63.52	64.12	45.37	67.37
000707	双环科技	655	59.22	59.00	70.36	46.07	64.24
600368	五洲交通	656	59.21	60.82	62.95	46.81	70.68
600980	北矿磁材	657	59.15	61.98	72.31	36.56	71.06
600562	高淳陶瓷	658	59.15	60.88	64.44	48.72	65.08
600526	菲达环保	659	59.08	57.95	75.57	33.95	76.68
600302	标准股份	660	59.03	61.66	66.50	41.36	71.75
000410	沈阳机床	661	59.03	67.82	67.66	39.19	63.39
600802	福建水泥	662	59.02	56.13	76.79	38.59	70.27

（续表）

股票代码	股票简称	排名	内部控制指数	战略目标分指数	财务报告可靠目标分指数	资产、效率效果目标分指数	法律法规遵循目标分指数
000402	金融街	663	59.01	61.35	64.50	48.02	64.55
600128	弘业股份	664	58.99	59.30	68.16	40.68	74.05
600420	*ST现代	665	58.90	66.65	67.04	40.89	62.81
600064	南京高科	666	58.82	58.89	72.81	32.90	79.26
600895	张江高科	667	58.81	58.63	71.57	38.30	72.98
600227	赤天化	668	58.67	59.27	69.46	37.51	75.38
600399	抚顺特钢	669	58.64	59.56	69.39	36.86	75.89
000068	华控赛格	670	58.61	62.46	64.58	44.07	66.54
600391	成发科技	671	58.57	62.51	63.50	47.38	62.63
600419	新疆天宏	672	58.57	59.18	67.25	46.23	64.51
600072	中船股份	673	58.55	59.23	67.40	40.96	72.34
600178	东安动力	674	58.55	61.62	68.14	38.23	71.65
600022	济南钢铁	675	58.47	57.01	72.36	32.95	80.97
600896	中海海盛	676	58.46	60.09	71.35	34.59	74.73
600663	陆家嘴	677	58.44	58.08	74.16	40.25	65.03
600675	中华企业	678	58.36	58.33	72.98	37.94	69.49
600661	新南洋	679	58.31	59.67	73.49	40.83	61.71
600476	湘邮科技	680	58.30	57.88	73.92	31.37	78.82
600775	南京熊猫	681	58.22	57.69	72.53	37.88	70.47
000421	南京中北	682	58.21	60.82	67.16	45.89	60.41
600328	兰太实业	683	58.17	60.41	63.28	42.57	71.65
000096	广聚能源	684	58.05	61.53	61.84	47.25	63.86
600163	福建南纸	685	58.04	59.70	74.83	30.09	75.07
600593	大连圣亚	686	58.03	57.33	75.35	29.69	78.80
600156	华升股份	687	58.02	57.92	69.10	34.60	79.04
600305	恒顺醋业	688	58.00	60.16	70.14	33.93	74.82
600727	鲁北化工	689	57.99	63.99	65.07	43.87	60.18
000925	众合机电	690	57.94	59.80	68.62	37.56	71.54
600082	海泰发展	691	57.91	57.76	66.35	41.61	71.60
000404	华意压缩	692	57.90	62.83	64.17	43.16	63.99
600073	上海梅林	693	57.90	55.44	68.70	37.16	78.96

(续表)

股票代码	股票简称	排名	内部控制指数	战略目标分指数	财务报告可靠目标分指数	资产、效率效果目标分指数	法律法规遵循目标分指数
600243	青海华鼎	694	57.85	61.63	71.52	36.14	66.12
000599	青岛双星	695	57.85	56.06	77.05	33.41	71.54
600432	吉恩镍业	696	57.80	60.29	69.72	34.03	73.92
600851	海欣股份	697	57.74	56.35	75.38	30.12	78.04
600705	ST中航	698	57.66	60.86	65.35	42.80	64.71
600751	天津海运	699	57.62	60.16	66.70	45.72	59.11
000882	华联股份	700	57.62	56.95	77.14	32.44	70.20
000697	炼石有色	701	57.61	65.81	59.62	45.11	60.91
000733	振华科技	702	57.56	58.19	72.47	39.13	64.06
000029	深深房A	703	57.53	58.58	70.77	39.39	65.27
600744	华银电力	704	57.51	57.05	76.51	33.06	69.38
000695	滨海能源	705	57.46	58.50	72.76	34.70	69.48
000809	中汇医药	706	57.37	54.25	72.07	44.20	62.06
600202	哈空调	707	57.35	59.73	70.40	30.41	76.99
600713	南京医药	708	57.31	58.67	73.43	31.63	72.25
000524	东方宾馆	709	57.14	59.72	60.46	48.48	61.77
600719	大连热电	710	57.12	58.23	74.51	31.83	70.05
000755	山西三维	711	57.11	60.05	67.10	39.13	66.17
600961	株冶集团	712	57.09	60.56	74.23	28.16	72.19
600462	石岘纸业	713	57.08	56.43	68.08	42.81	64.75
600185	格力地产	714	57.07	63.22	66.64	39.56	60.78
600225	天津松江	715	57.03	57.52	67.78	39.65	68.06
000807	云铝股份	716	56.94	56.23	77.16	36.64	60.95
000543	皖能电力	717	56.94	59.11	71.83	35.66	65.38
000301	东方市场	718	56.86	56.61	72.37	38.71	63.49
600107	美尔雅	719	56.80	56.12	71.98	33.79	72.23
600203	ST福日	720	56.69	53.51	64.69	46.50	66.39
000923	河北宣工	721	56.68	61.86	67.39	34.08	68.30
000548	湖南投资	722	56.56	58.26	70.14	37.90	63.56
000839	中信国安	723	56.52	57.63	72.20	36.46	63.66
000553	沙隆达A	724	56.44	58.74	63.28	43.83	62.65

（续表）

股票代码	股票简称	排名	内部控制指数	战略目标分指数	财务报告可靠目标分指数	资产、效率效果目标分指数	法律法规遵循目标分指数
600213	亚星客车	725	56.35	58.11	75.68	28.47	69.46
600396	金山股份	726	56.34	54.40	67.66	39.28	70.06
600665	天地源	727	56.33	56.73	69.54	39.57	63.03
000151	中成股份	728	56.31	57.22	71.74	35.90	64.69
000628	高新发展	729	56.16	60.48	72.37	32.68	62.66
000589	黔轮胎A	730	56.10	58.25	64.30	42.20	62.64
000952	广济药业	731	56.08	56.72	69.95	31.42	73.82
000687	保定天鹅	732	56.07	55.52	72.73	37.26	62.59
600654	飞乐股份	733	55.99	57.58	62.14	41.09	67.92
600127	金健米业	734	55.89	56.70	66.50	30.81	78.67
000554	泰山石油	735	55.87	59.98	56.70	45.78	63.76
000990	诚志股份	736	55.86	64.70	65.47	30.32	67.70
000757	浩物股份	737	55.82	54.51	64.20	48.08	58.09
601588	北辰实业	738	55.81	53.98	72.88	30.17	74.55
000555	*ST太光	739	55.44	57.64	63.63	42.03	61.12
000966	长源电力	740	55.40	53.62	71.80	28.33	77.22
600890	中房股份	741	55.23	58.66	63.46	42.86	57.23
000856	冀东装备	742	55.13	52.62	65.49	49.11	53.80
600455	ST博通	743	55.12	49.76	65.09	45.80	64.21
600838	上海九百	744	55.10	53.12	75.24	31.35	66.70
601005	重庆钢铁	745	55.08	53.10	74.33	26.35	75.74
000591	桐君阁	746	55.04	61.08	66.92	34.10	61.00
000065	北方国际	747	54.97	58.55	54.60	47.37	61.59
600539	狮头股份	748	54.95	57.09	67.70	28.66	74.42
000100	TCL集团	749	54.93	53.48	69.50	39.37	60.79
600860	北人股份	750	54.87	52.58	60.14	48.49	61.08
600638	新黄浦	751	54.85	56.03	67.62	34.02	67.29
600389	江山股份	752	54.69	52.75	73.78	28.55	71.47
600821	津劝业	753	54.67	57.28	66.54	29.55	72.74
600726	华电能源	754	54.58	53.28	73.94	33.50	62.02
000928	中钢吉炭	755	54.58	56.17	70.05	29.77	68.71

（续表）

股票代码	股票简称	排名	内部控制指数	战略目标分指数	财务报告可靠目标分指数	资产、效率效果目标分指数	法律法规遵循目标分指数
000766	通化金马	756	54.55	54.20	72.11	30.95	66.96
600456	宝钛股份	757	54.54	53.23	68.22	34.63	68.29
600265	ST 景谷	758	54.51	57.76	58.88	42.25	62.16
600215	长春经开	759	54.24	54.28	67.33	26.96	78.20
000606	青海明胶	760	54.14	55.75	70.73	32.35	61.89
600159	大龙地产	761	54.02	54.71	69.81	31.03	66.34
600962	国投中鲁	762	53.96	50.87	75.49	29.74	66.13
600281	ST 太化	763	53.91	49.62	65.69	40.23	65.52
000016	深康佳 A	764	53.77	54.97	70.86	30.81	63.30
000519	江南红箭	765	53.67	55.16	70.29	31.94	61.48
600894	广钢股份	766	53.44	52.28	76.48	24.32	67.93
000657	*ST 中钨	767	53.43	52.36	60.02	48.48	53.48
000932	华凌钢铁	768	53.28	53.91	68.51	25.39	74.17
600239	云南城投	769	53.20	53.53	68.55	27.24	71.39
600610	S 中纺机	770	53.19	57.33	62.37	31.19	67.73
600764	中电广通	771	53.15	51.56	75.59	30.41	59.23
600149	ST 廊坊	772	53.15	50.95	66.85	38.18	60.58
000019	深深宝 A	773	53.13	53.51	66.19	36.71	59.55
600053	中江地产	774	53.02	51.33	67.71	26.30	76.60
000813	天山纺织	775	52.85	53.06	71.58	30.33	60.94
600291	西水股份	776	52.81	54.92	62.46	30.16	71.07
000505	*ST 珠江	777	52.36	51.69	62.94	37.89	60.95
000597	东北制药	778	52.35	53.15	72.18	27.61	61.43
000779	三毛派神	779	52.36	52.79	67.59	32.79	60.48
600793	ST 宜纸	780	52.26	55.97	61.99	34.81	59.63
600359	*ST 新农	781	52.25	55.10	63.89	30.18	65.51
600707	彩虹股份	782	52.08	56.27	64.51	29.38	63.00
600769	*ST 祥龙	783	52.08	54.88	65.89	30.33	61.78
000546	光华控股	784	52.03	50.69	68.79	34.27	58.06
600249	两面针	785	52.03	53.82	69.06	24.22	68.28
600444	*ST 国通	786	51.87	56.91	64.11	29.56	61.06

（续表）

股票代码	股票简称	排名	内部控制指数	战略目标分指数	财务报告可靠目标分指数	资产、效率效果目标分指数	法律法规遵循目标分指数
000717	韶钢松山	787	51.83	52.47	69.63	28.81	61.37
600800	天津磁卡	788	51.82	46.96	65.57	42.06	55.38
000532	*ST 力合	789	51.82	50.07	61.27	39.13	61.03
600129	太极集团	790	51.81	50.89	69.35	26.10	68.50
000409	ST 泰复	791	51.78	61.20	58.39	36.23	51.28
600228	ST 昌九	792	51.72	51.06	58.31	37.91	65.04
600640	中卫国脉	793	51.71	50.57	72.64	22.87	68.80
600848	自仪股份	794	51.66	56.27	63.26	21.17	75.32
000031	中粮地产	795	51.52	51.23	67.03	33.04	58.71
600312	平高电气	796	51.51	49.87	68.14	24.78	72.26
600319	亚星化学	797	51.32	56.64	62.40	30.11	60.01
000155	*ST 川化	798	51.25	58.01	68.82	24.18	57.46
000909	数源科技	799	51.17	49.92	69.99	30.36	58.88
000875	吉电股份	800	51.12	50.25	68.27	31.75	58.32
000420	吉林化纤	801	51.11	51.90	72.18	25.05	60.49
600877	*ST 嘉陵	802	50.90	47.07	68.64	29.29	65.64
000727	华东科技	803	50.82	53.81	68.55	26.23	59.08
600358	国旅联合	804	50.81	50.94	66.05	26.26	67.23
000520	长航凤凰	805	50.65	51.63	67.55	28.26	59.89
600191	华资实业	806	50.63	49.65	69.33	23.74	67.58
600680	上海普天	807	50.59	49.42	71.84	26.76	59.39
600790	轻纺城	808	50.55	50.44	65.62	30.81	60.06
000958	*ST 东热	809	50.16	49.40	65.52	35.34	52.60
600715	ST 松辽	810	50.08	56.47	66.53	20.15	63.00
600091	ST 明科	811	49.95	54.20	55.39	28.62	68.68
000025	特力 A	812	49.83	50.72	66.62	28.48	57.76
600346	大橡塑	813	49.68	49.27	70.67	24.33	59.98
600287	江苏舜天	814	49.12	49.56	62.95	24.29	67.52
600250	*ST 南纺	815	49.02	57.75	61.37	27.60	50.64
000720	*ST 能山	816	48.96	50.53	66.51	25.15	58.58
600844	丹化科技	817	48.88	48.70	68.85	24.92	58.10

（续表）

股票代码	股票简称	排名	内部控制指数	战略目标分指数	财务报告可靠目标分指数	资产、效率效果目标分指数	法律法规遵循目标分指数
000061	农产品	818	48.87	53.87	52.78	38.19	51.84
000504	ST 传媒	819	48.83	51.48	63.32	25.89	59.69
000509	S*S 华塑	820	48.60	57.55	52.21	31.96	54.90
000972	*ST 中基	821	48.48	53.01	66.87	23.26	54.25
600579	*ST 黄海	822	48.26	49.01	65.68	24.06	60.03
600737	中粮屯河	823	48.20	46.05	71.05	23.50	57.66
600186	莲花味精	824	48.16	53.60	57.46	26.08	60.57
600733	*ST 前锋	825	48.03	46.35	67.13	26.63	56.93
000912	泸天化	826	47.98	54.50	59.64	25.12	56.48
600320	振华重工	827	47.68	46.47	63.46	20.70	69.35
000815	*ST 美利	828	47.66	45.67	63.78	28.95	57.12
600882	*ST 大成	829	47.61	51.72	68.09	18.33	57.45
600301	*ST 南化	830	47.52	49.91	62.66	22.63	60.92
000838	*ST 国兴	831	47.43	43.86	67.48	27.56	55.67
600087	*ST 长航	832	47.19	50.76	58.99	24.65	59.80
600392	*ST 太工	833	47.08	46.41	59.44	27.46	61.21
000751	*ST 锌业	834	46.89	50.04	60.18	23.53	59.29
000767	*ST 漳泽	835	46.36	54.34	59.28	20.04	56.08
600692	亚通股份	836	45.98	44.32	69.31	19.68	56.45
000725	京东方 A	837	45.81	45.29	63.71	23.93	55.31
000037	深南电 A	838	45.74	43.71	66.21	22.97	55.39
000545	*ST 吉药	839	45.45	50.25	55.44	25.97	53.84
000617	石油济柴	840	45.29	46.23	63.07	21.04	56.30
000677	*ST 海龙	841	45.22	51.90	55.86	22.25	55.05
000663	永安林业	842	44.90	44.19	56.36	28.28	55.66
000908	*ST 天一	843	43.89	50.70	54.52	19.10	56.42
000953	*ST 河北	844	43.89	50.38	51.76	22.09	56.19
000605	*ST 四环	845	43.73	51.15	58.65	20.01	47.41
000899	*ST 赣能	846	43.09	47.36	50.55	22.54	57.66
600698	ST 轻骑	847	43.08	41.97	58.98	19.85	58.50

附表三 2012年民营控股上市公司内部控制状况排序

股票代码	股票简称	排名	内部控制指数	战略目标分指数	财务报告可靠目标分指数	资产、效率效果目标分指数	法律法规遵循目标分指数
000671	阳光城	1	80.89	85.29	85.25	68.97	86.16
000527	美的电器	2	80.66	85.23	80.03	72.80	86.39
000639	西王食品	3	79.66	83.99	83.73	68.67	83.98
000008	宝利来	4	78.73	81.32	82.34	72.75	78.68
000887	中鼎股份	5	78.40	81.99	82.26	66.11	86.30
600873	梅花集团	6	78.17	83.05	78.87	67.96	85.24
600763	通策医疗	7	77.93	82.65	79.59	70.61	79.31
600535	天士力	8	77.67	79.98	79.01	68.94	85.65
000650	仁和药业	9	77.66	79.86	83.58	68.37	80.14
600660	福耀玻璃	10	77.41	80.43	79.19	67.73	85.13
600216	浙江医药	11	77.36	81.07	76.91	71.59	80.98
600340	华夏幸福	12	76.98	76.97	78.84	73.13	80.36
000869	张裕A	13	76.84	80.60	80.53	67.76	79.63
000848	承德露露	14	76.47	79.88	81.18	66.75	79.37
000863	三湘股份	15	76.25	76.94	78.03	75.66	73.51
000669	领先科技	16	76.09	77.79	76.06	74.58	75.71
600785	新华百货	17	75.88	76.61	84.72	64.40	80.00
600295	鄂尔多斯	18	75.71	78.57	80.20	63.23	84.20
000513	丽珠集团	19	75.55	78.78	79.08	63.98	83.35
000979	中弘地产	20	75.49	78.04	73.01	78.19	70.65
000826	桑德环境	21	75.39	76.45	82.99	63.61	81.23
600233	大杨创世	22	75.18	78.56	78.83	63.72	82.40
600208	新湖中宝	23	74.95	79.92	78.59	60.51	84.24
000876	新希望	24	74.82	75.62	75.82	69.82	79.93
600594	益佰制药	25	74.71	77.09	75.69	66.89	81.70
000726	鲁泰A	26	74.54	78.44	78.60	67.61	73.20
600276	恒瑞医药	27	74.31	71.92	73.17	75.66	77.73
600518	康美药业	28	74.21	76.13	76.84	64.30	82.85
000861	海印股份	29	74.19	75.13	80.18	63.06	81.51
600869	三普药业	30	73.32	76.67	78.83	61.71	78.13
600066	宇通客车	31	73.28	72.07	70.72	79.28	69.51

（续表）

股票代码	股票简称	排名	内部控制指数	战略目标分指数	财务报告可靠目标分指数	资产、效率效果目标分指数	法律法规遵循目标分指数
000418	小天鹅A	32	73.24	78.21	73.92	66.02	75.48
600507	放大特钢	33	73.15	74.17	78.62	60.63	83.31
600067	冠城大通	34	72.69	74.04	78.02	61.88	79.81
600888	新疆众和	35	72.58	75.23	76.74	61.00	80.44
600089	特变电工	36	72.50	76.69	74.35	61.02	80.98
600380	健康元	37	72.49	77.08	73.33	60.87	82.01
600143	金发科技	38	72.12	72.92	76.78	61.36	80.99
600139	西部资源	39	71.95	75.46	77.32	60.85	75.91
600079	人福医药	40	71.79	72.81	77.02	61.31	79.08
600252	中恒集团	41	71.12	78.67	74.68	60.32	70.61
600588	用友软件	42	71.12	71.05	76.73	60.63	79.64
600256	广汇股份	43	71.04	77.39	71.03	62.29	74.43
000572	海马股份	44	70.26	78.00	70.14	60.44	73.19
600157	永泰能源	45	69.17	73.83	71.13	63.15	68.15
600366	宁波韵升	46	69.20	70.78	68.47	62.03	78.91
600527	江南高纤	47	69.69	71.38	75.61	60.53	72.78
600173	卧龙地产	48	74.56	81.17	78.53	58.38	83.43
600759	正和股份	49	74.04	75.27	81.30	59.28	84.80
600031	三一重工	50	74.01	81.15	83.67	58.22	73.25
000540	中天城投	51	73.84	77.81	79.78	57.74	84.09
000961	中南建设	52	73.66	74.66	81.82	57.91	85.06
600460	士兰微	53	73.63	78.17	78.74	58.25	83.01
600327	大东方	54	73.54	75.93	80.65	58.92	82.37
600522	中天科技	55	73.27	75.42	81.10	58.31	81.95
600525	长园集团	56	73.18	75.66	79.49	59.11	82.15
000559	万向钱潮	57	73.16	76.19	78.66	59.49	81.77
000558	莱茵置业	58	73.08	78.35	80.81	53.24	84.52
600167	联美控股	59	72.57	73.75	78.44	58.01	85.08
000963	华东医药	60	72.47	73.07	79.70	59.49	81.48
600517	置信电气	61	72.11	74.22	79.90	57.32	80.69
600807	天业股份	62	72.08	75.37	79.88	55.27	81.86

(续表)

股票代码	股票简称	排名	内部控制指数	战略目标分指数	财务报告可靠目标分指数	资产、效率效果目标分指数	法律法规遵循目标分指数
600823	世茂股份	63	72.07	73.43	82.83	56.15	79.37
600993	马应龙	64	71.98	72.65	80.21	59.22	79.11
600303	曙光股份	65	71.86	75.05	75.92	59.15	80.77
600770	综艺股份	66	71.81	74.47	78.28	58.00	79.86
000939	凯迪电力	67	71.60	74.27	78.27	56.58	81.22
600673	东阳光铝	68	71.49	74.03	78.10	55.04	83.65
600693	东百集团	69	71.37	73.47	76.58	59.32	79.37
000623	吉林敖东	70	71.36	71.95	79.16	58.21	79.82
000679	大连友谊	71	71.34	75.25	77.23	55.68	81.06
600976	武汉健民	72	71.34	73.70	78.98	54.66	82.66
600557	康缘药业	73	71.32	73.37	76.71	58.68	80.08
000637	茂华实业	74	71.31	75.55	80.45	55.49	76.11
600655	豫园商城	75	71.11	73.07	76.14	58.82	79.98
000989	九芝堂	76	71.10	72.70	76.22	59.87	78.76
600570	恒生电子	77	71.00	73.06	75.16	59.96	78.96
000936	华西村	78	70.95	74.41	75.54	56.81	80.91
600122	宏图高科	79	70.94	73.12	78.26	54.59	82.49
600246	万通地产	80	70.71	71.68	77.07	56.86	81.72
000799	酒鬼酒	81	70.65	69.51	80.15	58.71	77.59
000567	海德股份	82	70.60	79.69	68.51	54.22	84.45
600496	精工钢构	83	70.58	71.75	77.16	56.80	80.86
600586	金晶科技	84	70.58	72.26	74.12	56.26	85.20
600572	康恩贝	85	70.41	73.60	73.05	59.52	78.49
000690	宝新能源	86	70.28	72.09	83.28	52.02	77.29
600516	方大碳素	87	69.99	70.96	74.07	58.94	79.87
000782	美达股份	88	69.91	74.99	72.29	59.52	74.49
600318	巢东股份	89	69.90	69.32	76.03	58.56	79.85
600187	国中水务	90	69.87	72.17	74.57	57.65	78.53
600352	浙江龙盛	91	69.74	74.49	76.75	56.89	72.05
600857	工大首创	92	69.73	74.96	72.49	58.04	75.56
600219	南山铝业	93	69.66	70.70	76.67	59.19	74.33

（续表）

股票代码	股票简称	排名	内部控制指数	战略目标分指数	财务报告可靠目标分指数	资产、效率效果目标分指数	法律法规遵循目标分指数
600422	昆明制药	94	69.65	70.39	75.92	58.89	76.30
000566	海南海药	95	69.62	69.24	82.21	53.24	77.84
600105	永鼎股份	96	69.56	73.48	78.22	49.09	82.86
600277	亿利能源	97	69.52	70.83	75.06	56.06	80.54
600467	好当家	98	69.51	70.94	76.15	56.79	77.62
600728	佳都新太	99	69.48	70.94	76.32	57.97	75.34
600337	美克股份	100	69.40	70.08	75.51	53.66	84.23
600261	阳光照明	101	69.37	70.91	73.38	56.50	81.30
000516	开元控股	102	69.22	70.64	75.26	56.99	77.42
000998	隆平高科	103	69.16	70.35	74.96	57.87	76.60
000893	东凌粮油	104	69.12	72.29	82.90	45.70	80.87
600580	卧龙电气	105	69.06	72.92	75.56	52.70	79.10
601002	晋亿实业	106	68.90	73.99	78.47	49.29	77.64
600584	长电国际	107	68.85	72.51	75.80	51.41	80.27
600196	复星医药	108	68.85	70.58	72.30	59.07	76.41
600615	丰华股份	109	68.83	73.47	76.79	49.42	80.25
000063	中兴通讯	110	68.80	71.96	75.11	58.40	70.89
600410	华胜天成	111	68.76	69.96	75.84	55.17	77.97
600613	永生投资	112	68.75	68.66	77.08	52.51	82.46
000564	西安民生	113	68.70	70.61	77.72	52.53	78.01
000732	泰禾集团	114	68.53	71.79	73.00	57.14	74.67
000159	国际实业	115	68.53	70.39	75.44	54.92	76.96
600388	龙净环保	116	68.51	69.11	75.24	51.66	84.29
600152	维科精华	117	68.25	69.23	74.16	55.08	78.82
600137	浪莎股份	118	68.19	69.02	75.36	52.33	81.42
000638	万房地产	119	68.19	70.03	75.35	54.56	76.28
600446	金证股份	120	68.10	68.17	76.83	54.51	76.74
000910	大亚科技	121	68.08	68.60	80.84	47.41	81.36
000584	友利控股	122	67.80	71.60	76.65	48.97	78.42
600210	资金企业	123	67.78	70.30	68.94	57.89	77.52
600703	三安光电	124	67.77	79.34	74.40	53.11	62.31

(续表)

股票代码	股票简称	排名	内部控制指数	战略目标分指数	财务报告可靠目标分指数	资产、效率效果目标分指数	法律法规遵循目标分指数
000790	华神集团	125	67.77	67.83	79.04	46.84	84.31
600499	科达机电	126	67.74	69.71	69.26	59.17	75.79
000683	远兴能源	127	67.74	67.12	81.30	51.76	74.36
000816	江淮动力	128	67.64	67.79	77.00	49.27	82.78
600966	博汇纸业	129	67.57	67.82	80.08	49.25	77.93
600491	龙元建设	130	67.56	67.45	77.64	51.60	78.32
000616	亿城股份	131	67.52	70.95	74.76	50.84	77.71
600891	秋林集团	132	67.47	70.62	72.61	57.78	70.16
600635	大众公用	133	67.38	67.76	74.38	53.23	78.90
600242	中昌海运	134	67.37	69.51	73.62	51.39	79.99
600738	兰州民百	135	67.34	68.21	76.07	52.53	76.62
000796	易食股份	136	67.30	68.38	80.96	50.60	72.14
600571	信雅达	137	67.30	68.19	75.43	52.40	77.56
600282	南钢股份	138	67.27	70.13	71.66	54.24	76.73
600652	爱使股份	139	67.24	68.04	76.19	49.42	81.02
600382	广东明珠	140	67.23	69.37	72.41	51.45	81.06
600804	鹏博士	141	67.21	68.65	76.09	52.30	75.51
600883	博闻科技	142	67.18	67.17	75.38	49.13	83.75
600503	华丽家族	143	67.07	69.00	72.91	52.95	77.71
600711	雄震矿业	144	67.07	68.60	78.32	50.94	73.73
600521	华海药业	145	66.99	66.97	74.04	54.78	76.06
000007	零七股份	146	66.97	78.18	70.70	51.93	66.89
600481	双良节能	147	66.88	68.45	75.95	48.68	79.83
600487	亨通光电	148	66.77	67.77	72.81	54.11	76.31
000571	新大洲A	149	66.73	68.62	70.68	56.33	74.29
600051	宁波联合	150	66.71	67.51	74.07	51.77	78.27
600439	瑞贝卡	151	66.70	69.44	72.52	51.89	77.09
600201	金宇集团	152	66.62	67.54	72.25	52.31	79.51
600370	三房巷	153	66.46	67.88	71.63	52.86	78.04
600288	大恒科技	154	66.44	68.85	71.14	50.94	80.07
000712	锦龙股份	155	66.42	68.39	79.82	48.26	72.44

（续表）

股票代码	股票简称	排名	内部控制指数	战略目标分指数	财务报告可靠目标分指数	资产、效率效果目标分指数	法律法规遵循目标分指数
600577	精达股份	156	66.40	68.58	70.76	54.49	75.26
600867	通化东宝	157	66.27	71.49	74.30	50.01	71.70
600070	浙江富润	158	66.21	68.77	69.17	54.11	76.79
600172	黄河旋风	159	66.10	67.43	72.09	52.60	76.53
600898	三联商社	160	66.00	68.36	70.42	56.68	70.41
000812	陕西金叶	161	65.93	66.84	73.64	50.94	76.90
000835	四川圣达	162	65.89	68.28	78.88	46.44	73.82
600477	杭萧钢构	163	65.88	67.81	74.30	49.25	76.71
000716	南方食品	164	65.85	72.90	71.59	53.13	66.07
600682	南京新百	165	65.76	69.09	77.19	44.04	78.01
000723	美锦能源	166	65.61	65.51	80.14	48.46	71.85
000672	上峰水泥	167	65.58	68.33	71.18	57.38	65.89
600387	海越股份	168	65.49	66.95	70.16	50.33	80.21
600988	赤峰黄金	169	65.47	67.17	70.88	56.38	69.18
600466	迪康药业	170	65.41	67.72	73.21	50.43	73.95
600255	鑫科材料	171	65.37	68.09	68.80	51.26	78.15
600190	锦州港	172	65.34	66.51	71.32	50.80	77.66
000506	中润投资	173	65.33	67.91	73.69	49.68	73.65
000626	如意集团	174	65.19	67.94	72.10	50.78	73.38
000004	国农科技	175	65.16	69.72	71.50	53.97	66.17
000153	丰原药业	176	65.00	67.08	75.57	47.65	73.64
000821	京山轻机	177	64.97	66.85	80.37	42.07	75.73
600175	美都控股	178	64.95	67.43	71.63	48.96	76.36
600360	华微电子	179	64.80	66.78	73.14	45.88	79.27
600211	西藏药业	180	64.80	66.95	74.14	46.76	76.16
600136	道博股份	181	64.61	66.61	70.97	47.95	78.37
600734	实达集团	182	64.55	68.30	73.38	47.85	71.93
600273	华芳纺织	183	64.47	69.06	71.67	47.59	73.10
000982	中银绒业	184	64.45	65.78	68.87	50.82	77.21
000038	深大通	185	64.37	67.31	75.87	44.53	74.22
600681	万鸿集团	186	64.30	66.02	70.52	57.38	63.40

（续表）

股票代码	股票简称	排名	内部控制指数	战略目标分指数	财务报告可靠目标分指数	资产、效率效果目标分指数	法律法规遵循目标分指数
600978	宜华木业	187	64.24	67.27	73.03	48.42	71.52
600371	万向德农	188	64.14	64.64	69.06	51.51	76.07
600290	华仪电气	189	64.13	67.71	68.93	49.21	74.81
000929	兰州黄河	190	64.03	67.79	71.69	45.42	76.08
000967	上风高科	191	63.97	64.21	75.60	46.36	74.51
600493	凤竹纺织	192	63.95	72.46	70.49	45.92	68.94
000633	合金投资	193	63.94	68.21	68.07	56.43	62.82
000971	蓝鼎控股	194	63.92	63.22	70.19	55.31	69.57
600330	天通股份	195	63.89	67.81	70.47	44.18	78.93
000703	恒逸石化	196	63.78	68.02	70.59	53.75	62.78
600485	中创信测	197	63.57	67.93	72.39	45.64	71.93
600614	鼎立股份	198	63.56	65.21	72.87	46.01	75.02
600177	雅戈尔	199	63.54	67.21	67.78	48.00	75.84
600237	铜峰电子	200	63.25	65.70	67.98	47.21	77.62
000407	胜利股份	201	63.18	72.82	66.87	50.79	61.52
000622	岳阳恒力	202	63.16	69.85	66.35	53.11	63.43
600080	金花股份	203	63.12	66.73	63.47	52.61	73.24
000611	时代科技	204	63.03	67.78	70.16	45.02	73.27
600405	动力源	205	63.01	66.88	72.21	41.56	77.14
000603	盛达矿业	206	62.99	67.81	67.88	53.91	62.34
600645	中源协和	207	62.97	65.73	68.47	49.84	71.19
600884	杉杉股份	208	62.89	65.38	73.23	43.63	74.22
600811	东方集团	209	62.83	61.87	75.95	45.78	72.31
600077	宋都股份	210	62.80	63.61	74.39	51.22	62.99
600608	上海科技	211	62.67	62.90	65.90	55.23	69.33
600576	万好万家	212	62.66	62.94	75.05	38.99	81.58
600353	旭光股份	213	62.64	66.31	65.31	46.83	77.59
600086	东方金钰	214	62.53	64.36	69.01	46.23	75.81
600094	大名城	215	62.49	65.87	66.93	50.07	70.07
600589	广东榕泰	216	62.48	65.84	70.65	47.01	69.52
600293	三峡新材	217	62.36	66.07	65.59	45.92	77.48

(续表)

股票代码	股票简称	排名	内部控制指数	战略目标分指数	财务报告可靠目标分指数	资产、效率效果目标分指数	法律法规遵循目标分指数
600781	上海辅仁	218	62.34	62.95	72.61	46.06	72.15
000752	西藏发展	219	62.14	63.78	71.67	50.12	64.66
600868	梅雁吉祥	220	62.08	64.94	69.91	49.24	66.29
600490	中科合臣	221	61.94	64.30	66.97	54.86	62.00
000718	苏宁环球	222	61.93	64.41	71.00	48.58	65.81
600478	科力远	223	61.80	63.84	71.70	43.87	72.38
600749	西藏旅游	224	61.77	62.77	72.36	45.02	71.22
000498	山东路桥	225	61.69	63.96	68.86	52.53	62.04
600611	大众交通	226	61.64	63.95	69.32	45.69	71.86
600289	亿阳信通	227	61.56	65.12	62.27	48.50	75.20
600300	维维股份	228	61.38	63.76	63.41	48.61	74.59
000673	当代东方	229	61.25	64.08	66.19	49.76	67.59
000415	渤海租赁	230	61.15	64.87	65.14	50.46	66.14
600520	三佳科技	231	61.10	62.39	73.77	41.49	71.58
000931	中关村	232	60.95	63.16	74.82	37.04	74.95
000700	模塑科技	233	60.95	60.74	77.10	41.73	68.26
600706	曲江文旅	234	60.95	64.10	68.46	47.40	66.25
600365	通葡股份	235	60.77	60.08	65.72	55.31	63.40
600130	波导股份	236	60.73	63.57	63.03	50.27	69.21
000156	华数传媒	237	60.72	61.70	68.83	50.60	63.38
600112	长征电器	238	60.67	64.32	70.67	40.59	71.88
000510	金路集团	239	60.67	64.26	70.47	43.17	68.20
600771	东盛科技	240	60.67	64.19	61.24	52.74	66.53
000760	博盈投资	241	60.66	61.20	71.16	45.46	68.53
600110	中科英华	242	60.64	63.27	74.02	33.66	79.47
600656	博元投资	243	60.60	62.03	67.78	50.56	63.70
000034	深信泰丰	244	60.60	64.72	64.04	51.18	63.71
600400	红豆股份	245	60.50	63.48	70.21	41.07	72.15
000036	华联控股	246	60.45	67.17	63.79	47.06	65.66
000739	普洛股份	247	60.36	62.49	71.80	41.42	70.17
600605	汇通能源	248	60.34	62.34	71.18	40.73	72.26

(续表)

股票代码	股票简称	排名	内部控制指数	战略目标分指数	财务报告可靠目标分指数	资产、效率效果目标分指数	法律法规遵循目标分指数
600699	均胜电子	249	60.33	66.49	64.64	48.15	63.19
600145	国创能源	250	60.33	65.36	68.24	47.92	60.23
000980	金马股份	251	60.26	62.53	66.22	43.34	74.54
600285	羚锐制药	252	60.25	61.46	68.40	41.35	76.21
000587	金叶珠宝	253	60.18	63.84	67.22	47.39	64.19
000009	中国宝安	254	60.13	64.05	64.07	48.70	66.02
600865	百大集团	255	60.05	60.18	77.37	36.98	71.16
000020	深华发A	256	60.04	62.50	67.64	46.75	65.96
600515	海岛建设	257	62.87	59.42	71.88	51.24	73.79
000691	亚太实业	258	62.07	64.91	66.44	56.99	59.13
000818	方大化工	259	61.83	67.28	68.12	51.93	59.47
600691	阳煤化工	260	61.24	59.38	68.65	53.93	65.11
600803	威远生化	261	61.16	58.68	76.55	43.78	70.38
000802	北京旅游	262	60.82	59.95	77.93	38.63	72.53
000620	新华联	263	60.32	59.09	64.10	56.46	62.97
600280	南京中商	264	60.23	59.79	71.37	41.39	74.50
600609	绵世股份	265	60.07	59.85	72.09	40.20	74.34
600200	江苏吴中	266	59.99	62.21	67.75	42.61	72.51
000613	大东海A	267	59.92	60.50	68.69	45.90	68.40
600818	中路股份	268	59.89	59.70	77.23	36.64	71.77
000627	天茂集团	269	59.89	62.88	76.15	38.92	64.55
600220	江苏阳光	270	59.88	62.31	66.54	42.14	74.17
000592	中福实业	271	59.73	63.85	71.13	42.39	63.83
000890	法尔胜	272	59.71	60.75	76.97	34.56	72.68
000656	ST东源	273	59.68	58.45	74.57	44.31	64.44
000595	西北轴承	274	59.65	66.51	64.88	43.03	67.01
000955	欣龙控股	275	59.59	59.64	64.55	54.20	60.81
000667	名流置业	276	59.47	61.14	70.96	36.62	76.10
600596	新安股份	277	59.40	61.61	72.35	36.63	72.93
600438	通威股份	278	59.37	62.55	69.83	44.52	62.44
000416	民生投资	279	59.32	61.35	66.04	47.85	64.36

（续表）

股票代码	股票简称	排名	内部控制指数	战略目标分指数	财务报告可靠目标分指数	资产、效率效果目标分指数	法律法规遵循目标分指数
600355	精伦电子	280	59.31	60.13	66.49	48.25	64.98
600078	澄星股份	281	59.11	60.74	66.98	40.77	73.92
600885	宏发股份	282	59.10	59.72	67.56	49.33	61.25
000055	方大集团	283	59.02	62.49	64.74	45.78	65.88
000547	闽福发A	284	59.00	61.56	66.86	45.65	64.48
600212	江泉实业	285	58.88	59.40	69.58	39.22	73.51
600209	罗顿发展	286	58.67	60.51	63.22	47.52	66.61
600678	四川金顶	287	58.66	58.53	64.61	50.53	63.08
600817	*ST 宏盛	288	58.52	63.50	67.18	42.04	63.83
000995	皇台酒业	289	58.48	58.70	68.32	42.53	69.01
000040	深鸿基	290	58.39	61.22	61.03	51.66	60.57
000997	新大陆	291	58.36	60.30	71.75	42.09	61.50
000670	S 舜元	292	58.34	61.96	66.55	42.73	65.12
600393	东华实业	293	58.30	61.67	69.79	36.54	70.45
600257	大湖股份	294	58.26	61.44	65.71	45.17	62.94
000018	ST 中冠	295	58.24	62.55	61.93	43.73	68.65
600599	熊猫烟花	296	58.21	60.97	70.41	36.01	71.01
600363	联创光电	297	58.17	60.08	66.68	40.65	70.33
000593	大通燃气	298	58.11	58.76	68.70	46.29	60.41
600565	迪马股份	299	58.07	59.40	68.74	37.85	72.31
600311	荣华实业	300	58.00	60.97	65.06	40.98	69.70
000586	汇源通讯	301	57.90	66.92	60.35	43.45	62.29
600745	中茵股份	302	57.66	58.89	71.07	38.45	66.52
600093	禾嘉股份	303	57.61	58.57	70.98	39.74	64.90
600260	凯乐科技	304	57.59	59.82	64.13	40.61	71.17
600247	成城股份	305	57.50	58.14	69.20	32.94	78.20
000668	荣丰控股	306	57.42	59.38	70.29	32.95	74.13
000981	银亿股份	307	57.35	50.29	71.62	46.66	65.21
600566	洪都股份	308	57.35	58.26	69.71	35.49	72.44
600308	华泰股份	309	57.26	55.60	70.51	34.79	76.21
000560	昆百大A	310	57.22	56.84	72.43	39.12	64.43

（续表）

股票代码	股票简称	排名	内部控制指数	战略目标分指数	财务报告可靠目标分指数	资产、效率效果目标分指数	法律法规遵循目标分指数
000518	四环生物	311	57.18	59.55	69.94	37.97	65.13
000533	万家乐	312	57.07	64.73	67.56	36.99	60.99
600568	中珠控股	313	56.89	54.54	72.92	35.73	70.92
600512	腾达建设	314	56.79	58.97	72.56	29.73	73.03
000688	建新矿业	315	56.76	58.72	64.52	49.40	53.99
600275	武昌鱼	316	56.55	55.39	64.38	46.09	63.61
600768	宁波富邦	317	56.48	61.14	64.93	37.47	66.53
000573	粤宏远A	318	56.44	53.79	72.77	40.90	61.72
600232	金鹰股份	319	56.40	54.72	69.98	32.87	76.56
600321	国栋建设	320	56.32	59.48	71.29	31.60	68.48
000607	华智控股	321	56.27	55.20	69.36	44.40	57.84
000631	顺发恒业	322	56.22	58.37	61.08	43.89	65.10
600338	ST珠峰	323	55.95	51.60	64.94	47.26	63.80
600537	海通科技	324	55.85	52.70	69.49	33.28	76.83
000711	天伦置业	325	55.77	60.54	70.72	33.67	61.20
600847	万里股份	326	55.72	54.87	67.89	44.45	57.32
000010	SST华新	327	55.67	59.17	67.89	42.52	53.01
600297	美罗药业	328	55.62	55.72	67.08	30.30	78.71
000996	中国中期	329	55.45	58.38	70.34	30.31	68.73
600965	福成五丰	330	55.29	52.36	76.51	33.52	63.77
000023	深天地A	331	55.02	58.99	60.41	40.91	62.93
000030	富奥股份	332	54.89	60.75	62.98	35.78	63.65
000975	科学城	333	54.70	52.54	67.21	33.13	74.14
600165	宁夏恒力	334	54.62	51.75	71.89	30.33	72.64
000836	鑫茂科技	335	54.56	58.97	74.07	28.99	59.50
600052	浙江广厦	336	54.54	52.01	71.61	27.82	76.08
600986	科达股份	337	54.45	58.89	68.16	31.63	63.30
000062	深圳华强	338	54.39	56.42	66.53	35.69	63.00
600180	瑞茂通	339	54.25	50.43	63.62	43.67	63.64
600155	*ST宝硕	340	54.21	55.58	61.10	39.81	64.70
600892	*ST宝城	341	54.20	58.33	61.12	40.08	59.69

（续表）

股票代码	股票简称	排名	内部控制指数	战略目标分指数	财务报告可靠目标分指数	资产、效率效果目标分指数	法律法规遵循目标分指数
600634	ST 澄海	342	54.19	57.76	61.59	40.35	59.44
000735	罗牛山	343	54.11	53.01	60.44	45.87	59.78
600856	长百集团	344	54.11	50.74	73.79	25.73	75.88
600401	ST 海润	345	54.06	50.96	67.10	41.53	60.06
000048	康达尔	346	53.97	55.32	60.78	41.05	62.25
600603	*ST 兴业	347	53.80	51.37	68.76	38.08	61.01
000795	太原刚玉	348	53.70	51.35	73.79	33.43	60.50
000594	国恒铁路	349	53.64	56.20	67.85	32.48	62.23
600556	*ST 北生	350	53.61	53.94	68.96	30.78	66.87
000517	荣安地产	351	53.40	52.25	68.89	35.63	60.94
600162	香江控股	352	53.37	55.82	67.25	30.17	65.82
600408	安泰集团	353	53.35	53.72	67.80	30.02	68.61
000403	*ST 生化	354	53.24	53.57	64.02	40.14	57.80
600836	界龙实业	355	52.96	57.12	72.25	25.63	61.34
600753	东方银星	356	52.96	57.69	63.69	29.70	66.28
600234	ST 天龙	357	52.87	51.59	67.17	34.96	62.52
000526	旭飞投资	358	52.66	58.03	60.01	38.12	56.11
600767	运盛实业	359	52.56	48.33	74.09	28.86	65.74
600095	哈高科	360	52.20	52.56	69.06	24.72	70.51
000820	金城股份	361	52.12	57.13	61.89	36.26	54.78
000525	红太阳	362	52.11	49.52	69.19	35.67	57.63
600735	新华锦	363	52.01	49.92	69.83	28.29	67.06
600687	刚泰控股	364	51.96	46.95	70.22	37.20	57.08
600617	*ST 联华	365	51.95	54.82	60.37	32.42	65.79
000426	富龙热电	366	51.85	50.69	74.17	26.46	61.59
000534	万泽股份	367	51.85	52.76	69.30	29.60	60.24
600766	*ST 园城	368	51.23	55.13	68.52	29.31	54.43
000033	新都酒店	369	51.09	54.09	61.63	26.95	68.92
000803	金宇车城	370	50.91	50.60	66.90	31.97	58.20
000413	宝石 A	371	50.85	54.10	65.95	32.02	53.43
600083	ST 博信	372	50.83	51.39	63.68	28.55	66.42

（续表）

股票代码	股票简称	排名	内部控制指数	战略目标分指数	财务报告可靠目标分指数	资产、效率效果目标分指数	法律法规遵循目标分指数
600306	商业城	373	50.32	50.72	63.42	26.94	67.54
600421	*ST 国药	374	50.30	57.43	62.66	23.62	62.79
600538	*ST 国发	375	50.23	54.62	59.21	31.13	60.11
600146	大元股份	376	49.55	50.50	66.98	24.83	61.75
600671	ST 天目	377	49.53	49.26	62.06	29.48	63.45
600331	宏达股份	378	49.43	57.23	59.56	20.69	67.21
600381	*ST 贤成	379	49.17	58.87	47.28	40.19	50.14
000035	*ST 科健	380	48.84	50.22	63.02	25.71	62.52
600074	ST 中达	381	48.75	50.22	59.74	26.20	65.95
600696	多伦股份	382	48.67	49.62	61.72	29.93	57.79
000503	海虹控股	383	48.47	50.57	68.00	21.68	59.02
600555	九龙山	384	48.30	52.83	53.69	32.07	58.64
600532	华阳科技	385	48.30	47.82	63.70	22.50	67.46
000676	*ST 思达	386	48.01	51.30	60.99	30.07	52.17
000502	绿景地产	387	47.92	44.38	66.62	29.03	56.51
600385	*ST 金泰	388	47.81	49.62	63.41	21.53	63.70
000662	*ST 索芙	389	47.57	50.34	62.11	23.55	59.86
000892	星美联合	390	47.57	42.99	55.20	43.49	50.49
000511	银基发展	391	47.52	45.44	71.64	20.80	58.22
000150	宜华地产	392	47.26	45.18	70.74	21.20	57.83
600732	上海新梅	393	46.95	45.08	68.69	22.34	57.43
000806	*ST 银河	394	46.90	54.23	57.90	27.46	49.63
600747	大连控股	395	45.87	43.91	68.01	21.40	55.70
000576	*ST 甘化	396	45.60	47.94	59.24	22.77	58.00
000408	金谷源	397	45.56	57.66	52.42	20.69	54.96
000693	S*S 聚友	398	45.53	49.87	56.29	26.91	52.18
000805	*ST 炎黄	399	45.52	47.82	53.14	32.80	50.79
000046	泛海建设	400	45.46	43.75	64.58	23.38	55.45
000615	湖北金环	401	44.37	44.25	63.93	19.35	55.75
000585	*ST 东北	402	44.27	48.36	57.94	21.95	52.99
000017	*S 中华 A	403	42.63	45.86	50.55	23.74	55.64

（续表）

股票代码	股票简称	排名	内部控制指数	战略目标分指数	财务报告可靠目标分指数	资产、效率效果目标分指数	法律法规遵循目标分指数
000005	世纪星源	404	42.22	45.66	55.24	24.68	45.45
000056	*ST 国商	405	41.81	45.85	52.59	23.65	48.25
600076	*ST 青鸟	406	41.76	47.47	49.87	18.28	57.62
000557	*ST 广夏	407	40.47	46.08	50.05	22.42	45.90
000787	*ST 创智	408	40.35	39.24	57.23	23.17	44.89

附表四　2012 年外商控股上市公司内部控制状况排序

股票代码	股票简称	排名	内部控制指数	战略目标分指数	财务报告可靠目标分指数	资产、效率效果目标分指数	法律法规遵循目标分指数
000536	华映科技	1	80.75	86.28	81.59	69.24	88.57
000895	双汇发展	2	80.54	82.96	82.40	78.68	76.84
000608	阳光股份	3	73.27	79.17	77.85	56.49	83.36
600801	华新水泥	4	73.01	73.61	79.49	63.35	77.90
600620	天寰股份	5	72.87	79.78	76.46	55.58	83.55
600779	水井坊	6	72.56	72.06	80.92	58.16	83.96
600828	成商集团	7	71.57	73.46	77.05	59.02	80.31
600193	创兴置业	8	68.44	77.63	70.23	54.54	72.62
000541	佛山照明	9	68.13	71.98	77.20	58.37	64.12
600114	东睦股份	10	67.65	68.66	75.74	52.27	78.49
600132	重庆啤酒	11	67.49	71.13	72.70	54.89	73.84
000659	珠海中富	12	66.95	69.07	77.93	49.76	74.69
600240	华业地产	13	66.46	68.62	72.32	52.45	76.52
600595	中孚实业	14	66.13	68.63	75.89	49.88	73.81
000935	四川双马	15	64.33	65.61	72.21	52.49	69.51
000889	渤海物流	16	63.98	66.35	76.04	44.61	73.17
600870	厦华电子	17	59.73	59.94	64.43	53.41	62.58
600182	S 佳通	18	59.48	62.41	65.57	48.78	62.71
600641	万业企业	19	59.14	61.16	71.99	35.33	74.72
600695	大江股份	20	55.45	53.99	74.91	34.24	63.20
000078	海王生物	21	54.71	57.52	61.74	42.01	59.95
600777	新潮实业	22	49.89	51.31	71.65	19.64	63.81
000681	*ST 远东	23	45.05	48.20	57.01	26.70	51.53

附表五　目标层各目标相对重要性判断矩阵及权重

X	X1	X2	X3	X4	Wi
X1	1	3	2	4	0.4500
X2	1/3	1	1/3	3	0.1545
X3	1/2	3	1	4	0.3182
X4	1/4	1/3	1/4	1	0.0773
合计					1.0000

$CR = 0.0483 < 0.1$，通过一致性检验。

附表六　盈利能力、营运能力等评价指标相对重要性判断矩阵及权重

X	X31	X32	X33	X34	Wi
X31	1	2	2	2	0.3924
X32	1/2	1	1	1/2	0.1650
X33	1/2	1	1	1/2	0.1650
X34	1/2	2	2	1	0.2776
合计					1.0000

$CR = 0.022 < 0.1$，通过一致性检验。

附表七　监管者监督评价指标相对重要性判断矩阵及权重

X	X411	X412	X413	Wi
X411	1	3	5	0.5662
X412	1/3	1	3	0.2877
X413	1//5	1/3	1	0.1461
合计				1.0000

$CR = 0.0708 < 0.1$，通过一致性检验。

附表八　企业总体层面控制评价指标相对重要性判断矩阵及权重

	X211	X212	X213	X214	X215	X216	X217	X218	X219	Wi
X211	1	3	5	2	7	6	7	4	4	0.3029
X212	1/3	1	3	1	4	3	5	2	2	0.1491
X213	1/5	1/3	1	1/3	3	2	4	1	1	0.0756
X214	1/2	1	3	1	7	5	7	2	2	0.1824
X215	1/7	1/4	1/3	1/7	1	1	1	1/5	1/5	0.0280
X216	1/6	1/3	1/2	1/5	1	1	3	1/3	1/3	0.0403
X217	1/7	1/5	1/4	1/7	1	1/3	1	1/7	1/7	0.0217
X218	1/4	1/2	1	1/2	5	3	7	1	1	0.1000
X219	1/4	1/2	1	1/2	5	3	7	1	1	0.1000
合计										1.0000

$CR = 0.0438 < 0.1$，通过一致性检验。

附表九 业务活动层面控制评价指标相对重要性判断矩阵及权重

	X221	X222	X223	X224	X225	X226	X227	X228	X229	X230	X231	X232	Wi
X221	1	1/3	1/3	1/3	1/3	1	1/3	1/3	1/3	1/2	1	1/2	0.0352
X222	3	1	1	1	1	3	1	1	1	2	3	2	0.1108
X223	3	1	1	1	1	3	1	1	1	2	3	2	0.1108
X224	3	1	1	1	1	3	1	1	1	2	3	2	0.1108
X225	3	1	1	1	1	3	1	1	1	2	3	2	0.1108
X226	1	1/3	1/3	1/3	1/3	1	1/3	1/3	1/3	1/2	1	1/2	0.0352
X227	3	1	1	1	1	3	1	1	1	2	3	2	0.1108
X228	3	1	1	1	1	3	1	1	1	2	3	2	0.1108
X229	3	1	1	1	1	3	1	1	1	2	3	2	0.1108
X230	2	1/2	1/2	1/2	1/2	2	1/2	1/2	1/2	1	2	1	0.0595
X231	1	1/3	1/3	1/3	1/3	1	1/3	1/3	1/3	1/2	1	1/2	0.0352
X232	2	1/2	1/2	1/2	1/2	2	1/2	1/2	1/2	1	2	1	0.0593
合计													1.0000

CR = 0.0602 < 0.1,通过一致性检验。

附表十 盈利能力评价指标相对重要性判断矩阵及权重

	B1	B2	B3	B4	Wi
B1	1	2	3	2	0.4133
B2	1/2	1	3	2	0.2922
B3	1/3	1/3	1	1/2	0.1078
B4	1/2	1/2	2	1	0.1867
合计					1.0000

CR = 0.0263 < 0.1,通过一致性检验。

附表十一 营运能力评价指标相对重要性判断矩阵及权重

	B5	B6	B7	Wi
B5	1	1/2	2	0.3108
B6	2	1	2	0.4934
B7	1/2	1/2	1	0.1958
合计				1.0000

CR = 0.046 < 0.1,通过一致性检验。

附表十二 偿债能力评价指标相对重要性判断矩阵及权重

	B8	B9	B10	Wi
B8	1	3	1	0.4434
B9	1/3	1	1/2	0.1692
B10	1	2	1	0.3874
合计				1.0000

CR = 0.016 < 0.1,通过一致性检验。

附表十三 发展能力评价指标相对重要性判断矩阵及权重

	B11	B12	B13	B14	B15	Wi
B11	1	3	1	3	2	0.3164
B12	1/3	1	1/3	2	1/3	0.1055
B13	1	3	1	2	2	0.2917
B14	1/3	1/2	1/2	1	1/2	0.0939
B15	1/2	3	1/2	2	1	0.1925
合计						1.0000

CR = 0.042 < 0.1,通过一致性检验。

附表十四 二级指标层指标评价内容

二级指标层指标	评价维度
战略目标制定准备	1 企业战略机构的设立、职权、议事规则和办事程序 2 企业战略成员的素质、经验、任职资格和选任程序 3 战略经费保障程度与战略委员会主任的重视程度
战略目标制定过程	1 企业制定战略时对内外环境所做的调查研究及分析 2 企业对目标实现与现有资源状况之间的匹配程度进行的评估 3 战略目标设定后的沟通情况
战略目标实施准备	1 对实现企业战略目标来说较重要目标的识别以及完成每个阶段的目标和任务的路径、方式和方法 2 根据战略目标,企业管理层年度工作计划、年度经营预算、绩效考核等方面的制定 3 企业高层管理人员在战略制定和实施中的作用发挥以及通过内部会议、培训、讲座等方式把企业战略及分解落实内容传递到内部各管理层级及全体员工的情况 4 与战略实施相配套的资源的充足程度、组织机构、人员、流程等方面的情况

（续表）

二级指标层指标	评价维度
战略目标实施过程	1 企业对影响发展战略实施的各种因素所进行的识别和评估 2 企业对影响企业战略实施的各项重要风险因素进行的控制活动 3 企业战略委员会及战略管理部门对发展战略实施进行的持续监控 4 企业收集和沟通内外环境信息对战略计划所做的调整 5 企业将发展战略作为评价内部控制有效性标准判断内控缺陷情况 6 企业战略管理机构（或指定的相关管理机构）的职责履行
公司内部治理有效性	1 公司章程对股东会、董事会、监事会及公司规章对审计委员会的地位、职能和责任的明晰及制衡情况 2 股东大会、董事会及审计委员会的规范、有效运作 3 董事会及下属的审计委员会成员公司治理及管理经验、声望、胜任能力、勤勉态度 4 董事会及下属审计委员会对经理层经营管理活动、财务收支等活动的监督 5 董事会及下属审计委员会、监事会对道德指南及独立性规则的公开承诺及遵守情况 6. 董事会成员及经理人员相互兼任及在关联企业的兼职 7 董事会独立于经理层、大股东的情况 8 监事会人员组成及充分的独立性情况 9 监事会的规范、有效运作及职责履行 10 独立董事在董事会、审计委员会中所占比例、成员构成及作用发挥 11 企业与控股股东在资产、财务、人员方面的独立情况 12 与控股股东相关的信息，根据规定及时完整地披露情况
企业组织机构及权责履行	1 公司组织结构与公司发展战略、经营规模、业务性质的相匹配情况 2 公司组织机构设置的合理性和完整性 3 公司通过组织结构图、业务流程图或岗位说明书和权限指引所进行的岗位职责描述及所具有的权利规定及履行 4 公司根据不相容职务相分离、权责对等、职责赋予与绩效考核相配套等原则赋予员工完成职责所需的充分职权 5 决策的责任与其授权和职责的对应情况 6 根据公司目标、经营职能和监管要求分配职责和授权 7 公司组织结构设置对信息的上传、下达及在各业务活动间的流动中所起作用 8 子公司发展战略、年度财务预决算、重大投融资、重大担保等重要事项向总公司所作的报告情况及总公司的审核和批准

（续表）

二级指标层指标	评价维度
管理层的经营理念经营风格	1 管理层承担风险的态度、方式以及为防范风险制定的内部措施 2 依靠文件化的政策、业绩指标以及报告体系等与关键经理人员的沟通 3 管理层对信息流程以及会计职能部门和人员的重视程度 4 管理层在选择会计政策和作出会计估计时的稳健性 5 管理层对待内部控制建设的关注程度 6 对于重大的内部控制事项，管理层征询注册会计师的意见情况
管理层的诚信道德和价值观念	1 董事、监事、经理及其他高级管理人员对诚信与道德价值观的遵守及表现情况 2 管理层对道德价值观的明确、清晰表达程度，以使组织中所有层级的人员所了解 3 管理层对坚持良好的诚信和道德价值观情况进行的控制活动 4 管理层对违反良好的诚信和道德价值观的行为进行的处理和纠正
企业内部审计	1 内部审计机构的职权、独立性及职责履行 2 内部审计人员的数量、资质及职业能力 3 内部审计人员的地位及董事会、审计委员会的沟通 4 内部审计组织结构以及经费预算方面的保障
企业文化建设	1 企业高级管理人员在积极向上的价值观、诚实守信的经营理念以及开拓创新的企业精神等方面发挥作用和垂范情况 2 企业文化建设的目标和内容转化为企业文化规范、组织成员遵守员工行为守则情况 3 企业通过宣传、培训、会议、奖励、惩罚等措施维护和强化企业文化情况 4 企业文化与经营管理行为的一致性及企业员工对企业核心价值观的理解和认同感 5 公司管理层之间、员工之间以及管理者和员工之间的交流
企业人力资源政策	1 保证员工具有良好道德价值观和充分胜任能力的标准和制度的建立和不断完善 2 企业采用的招聘标准、招聘程序、录用培训等方式和内容的合规性、有效性 3 公司招聘、培训、考核、晋升、薪酬、奖惩等政策、制度与程序合理性、执行力 4 企业定期进行培训需求分析、制定培训计划、保证培训效果情况 5 企业定期对员工的品德和胜任能力进行考核，并以此作为员工薪酬、晋升、聘用、培训、奖惩、辞退等重要依据情况

（续表）

二级指标层指标	评价维度
企业风险评估	1 参与评估的人员、机构和专业能力满足相关要求情况 2 与公司员工会谈，定期对企业存在的风险进行的分析和评估 3 风险识别技术及过程对目标导向原则的遵循 4 风险分析所需要的资料、信息、流程等资源的获得及风险分析方法运用 5 风险应对策略建立的合理性、可行性 6 企业未进行控制风险的存在及所导致后果的评估情况
内部监督和自我评价	1 董事会内部控制有效性自我评价的恰当性 2 董事会及其审计委员督促经理层对内部控制有效性进行的监督和评价 3 监事会对董事会及其审计委员、管理层履行内部控制职责所进行的监督 4 总经理和最高管理层对建设和运行有效内部控制系统的职责履行
货币资金控制	1 职责分工与授权批准控制 2 现金和银行存款的控制 3 票据和有关印章的管理
采购和付款控制	1 职责分工与授权批准控制 2 请购和审批控制 3 采购和验收控制 4 付款控制
存货与仓储控制	1 岗位分工及授权批准控制 2 请购与采购控制 3 验收与保管控制 4 领用与发出控制
成本费用控制	1 岗位分工及授权批准控制 2 成本费用预测、决策与预算控制 3 成本费用执行控制 4 成本费用核算控制 5 成本费用分析与考核
销售与收款控制	1 职责分工与授权批准控制 2 销售与发货控制 3 收款控制
固定资产控制	1 职责分工与授权批准控制 2 取得及验收控制 3 使用与维护控制 4 处置与转移控制

（续表）

二级指标层指标	评价维度
关联方交易控制	1 关联方的界定情况 2 关联交易分级授权审批制度的建立与执行 3 关联交易事项回避审议制度的建立与执行 4 独立董事对重大关联交易的审核制度的建立与执行 5 关联交易定价的合理性
对外担保控制	1 职责分工与授权批准控制 2 担保评估与审批控制 3 担保执行控制
企业投资控制	1 职责分工与授权批准控制 2 投资可行性研究、评估与决策控制 3 投资执行控制 4 投资处置控制
企业融资控制	1 岗位分工与授权批准控制 2 筹资决策控制 3 筹资执行控制 4 筹资偿付控制
对子公司的控制	1 对子公司的组织及人员控制 2 对子公司业务层面的控制 3 母子公司合并财务报表及其控制
企业信息披露控制	1 岗位分工与职责安排控制 2 财务报告编制准备及其控制 3 财务报告编制及其控制 4 财务报告的报送与披露及控制
证、财、审或交易所监督	1 企业违规类型的种类和严重程度 2 企业受到处罚的对象和种类 3 企业受到处罚的类型和严重程度
环保等部门的监督	1 企业社会责任的履行 2 企业法律法规责任的履行
检察院等部门的监督	1 企业涉及的重大诉讼案件受到的处罚 2 企业涉及的重大未决案件和或有责任
企业财务报告监督	1 注册会计师对财务报告的审计意见 2 会计师事务所的变更情况
企业内部控制监督	1 注册会计师对财务报告内部控制审计意见 2 注册会计师注意到的非财务报告内部控制缺陷

第六篇 创新篇
——企业创新分析报告

企业创新能力是构筑国家创新能力的基础,也是提高国家竞争力的核心环节。在改革开放的三十多年里,由于我国社会主义市场经济体制的确立和企业改革的深化,国内的一些企业如海尔、联想、华为、中兴等,积极开展创新活动,使自主创新成为他们占有市场、巩固市场和创造利润的基础。这些企业在获得了企业效益持续增长和竞争优势的同时,也成为我国创新的重要依靠力量。

企业创新活动的开展离不开创新环境,创新环境可以为企业创新行为提供开展的平台。一般来讲,企业创新环境可分为内部环境和外部环境。企业创新的内部环境主要要素包含内部资源要素、能力要素以及内部治理要素(股权结构、董事会、经理层等)。内部治理要素是创新的内部环境之一,其中的股权结构、董事会特征、董事和高管的特征都影响企业创新行为。内部治理结构越完善,越能够推动企业的创新。企业外部创新环境的主要要素包括市场竞争、政府与立法、基础科学与技术、金融资源以及外部治理要素(资本市场、经理人市场、相关法律等)。外部治理要素作为企业外部创新环境的一部分,资本市场、经理人市场、相关法律等都会对企业的创新行为产生影响。完善的证券市场可以为企业的创新行为提供资金支持并对企业创新行为给予积极的反馈,活跃的控制权市场、健全的劳动力市场督促经理人员保持企业的持续发展能力和创新能力,国家法律则在法律层面向投资者利益提供保护,重塑证券市场的价值投资理念,有助于鼓励企业的创新行为。

内部治理和外部治理作为企业创新环境内部环境和外部环境的重要组成部分,会对企业的创新行为产生影响,对公司治理与创新的关系进行分析,可以更全面地把握公司治理影响企业创新行为的作用机理。除内部治理要素和外部治理要素外,企业创新内部环境中的内部资源要素、能力要素和企业外部创新环境中的市场竞争、政府与立法、基础科学与技术、金融资源要素也会对企业的创新行为产生影响。因此在创新的评价体系中,我们从企业创新环境(内部环境和外部环境)的角度对创新予以评价并将创新的投入与产出纳入评价体系。

1　企业创新理论概述

定义企业创新,应该涵盖以下几重含义:第一,企业的创新可以整体上划分为制度创新和技术创新,制度创新与技术创新都是具有巨大作用的创新,在研究中要等同地重视。第二,对技术创新一般强调新技术的采用和商业化过程,在定义新技术时应该考虑技术的新颖性和对企业及其背景而言的新颖性、实用性。技术创新也不能仅仅视为一个投入行为,或一个个环节的组合,而应该视为相互联系的过程,重视企业创新的系统观,将技术创新视为一个完整的系统。第三,制度创新和技术创新是各具特点又紧密联系的,技术创新会要求进行相应的制度创新,而制度创新本身又给技术创新提供了组织保障和运作空间,二者是相互促进、相互依赖的。

从创新的定义,我们可以将企业创新的内涵概括为三个方面:首先是制度与技术的创新。制度创新是指人们在现有的生产和生活环境条件下,通过创设新的、更能有效激励人们行为的制度体系以实现社会的持续发展和变革的创新。所有创新活动都有赖于制度创新的积淀和持续激励,通过制度创新得以固化,并以制度化的方式持续发挥着自己的作用。技术创新的新颖性要相对于具体企业、行业、时代而言,要考虑其适用性。一些技术虽然不处于技术前沿,但推进了特定背景下特定企业的生产力,也可以称之为技术创新。对新产品、新技术的模仿、逆向测绘等也是技术创新的一部分。其次,企业创新包含了创造、模仿和采用某一新制度、新管理模式或新技术的整个过程。创新在时间的纵向维度上表现为渐次推进的过程,其中虽然有反复,但总体保持从设想到实现(或部分实现)的过程。创新在行动的横向维度上表现为网络,它是企业内外多个集体和个人互动协作的结晶。再次,企业创新包含了从采用到产生实际结果的整个过程,实际结果既可以包括产品的商业化运用,也可以包括新型商业模式的使用或新组织的运行,还可以包括创新的中止与失败。在上述三个方面中,我们都贯彻了一个基本思想,即创新意味着考虑适用性前提下的"与前不同"。一切能推动企业提升其生产效率或经济效益的、与过去业内普遍做法有所不同的、必需的技术或管理举措,均应该被视为企业的创新。

1.1 创新相关理论

对企业创新的早期研究可以追溯到亚当·斯密,在《道德情操论》和《国富论》中,亚当·斯密认为,人的天性具有创造和追求财富的欲望,人天生具有创造性,或具有发明与革新的"迷恋"。亚当·斯密还认为,经济增长源于技术进步,而技术进步又依赖于市场的扩大和分工协作的加强。他还为国家设置专利权等暂时的垄断利益作了解释,认为这是促进创新的必要举措。马克思使用"发明"、"技术"等指代技术创新,他认为技术创新是推动生产关系变革的重要力量,正所谓"手推磨产生的是封建主为首的社会,蒸汽机产生的是工业资本家",他还从追求剩余价值的角度,率先为企业技术创新的动因机制提供了理论说明。马克思认为经理是"工厂制度的灵魂",说明他对企业管理创新给予了关注。

在边际革命以后的时代,奥地利学派经济学家熊彼特对企业创新给予了充分的重视,对创新的内涵和动力做出了影响深远的理论解释,构成了后世关于企业技术创新研究的主要理论基础。熊彼特首先将创新定义为"创造一种新的生产函数",创新意味着把前所未有的新生产要素与生产条件引入到企业的生产体系中去,形成一种新的生产组合。同时,创新意味着"毁灭",创新与创造性破坏不可分离,创新会创造性地破坏市场的均衡,不断从经济体内部革新经济结构,打破旧的结构,创造新的结构。他认为创新主要有五种形式,第一是产品创新,这是创造一种新的特性或者新的产品;第二是工艺创新,即采用新的生产方法或在制造部门中尚未被检验过的工艺,这不一定是某种建立在科学发展基础上的新技术,也有可能是新的商业模式;第三是市场创新,即开辟新的市场,不仅要进入过去未曾销售的市场,而且要创造新的市场;第四是原料创新,即取得和控制新的原材料,取得原材料的新来源;第五是组织创新,即采用一种新的产业组织方式或企业形式,建立和打破垄断地位。熊彼特认为,企业家是创新的承担者,是实现经济要素重新组合的主体,是经济发展的带头人和企业的灵魂。创新的根本目的是追逐利润,最大限度获得超额利润。创新的模式可以分为两类,一类是企业家创新,一类则是大企业创新。企业家创新使一部分企业家意识到,在最新的科学发展到技术应用的期间,存在着潜在的需求或满足潜在需求的机会,他们进行了冒险的创造性活动,成功者获得了额外的增长速度和暂时的垄断利润,但随着进入者的竞争、模仿,这些利润削弱;大企业创新则是大企业内部的创新部门进行研发创新,创新强化了大企业的竞争地位并使之获得垄断利润,但随后也会被削弱。熊彼特也论述了创新的影响和意义。在他看来,创新具有根本性的价值,它不仅是经济增长的源泉,而且是经济周期的动因:一波又一波的创新带来了不断的经济波动,创新还是资本主义发展的根本动力,创新逐渐消减将导致资本主义进入"社会主义"。

熊彼特对创新的内涵、类型、动因、影响等做出了全面的论述,他所研究的创新是以企业和企业家为主要视角,主要指技术创新,也涉及制度创新和管理创新。

在熊彼特之后,创新理论朝着两个不同的方向发展:一是技术创新,二是制度创新(陈文化等,1998)。前者主要是美国经济学家爱德华·曼斯菲尔德和比尔·科克等经济学家对技术创新的内涵做出了进一步的解说。从技术推广、扩散和转移以及技术创新与市场结构之间的关系等方面对技术创新进行了深入研究,并形成了技术创新经济学这一新的分支学科。后者主要是兰斯·戴维斯和道格拉斯·诺斯等人,把熊彼特的"创新"理论与制度派的"制度"结合起来,研究了制度创新的原因和过程,通过研究制度的变革与企业经济效益之间的关系,发展了熊彼特理论,并由此创立了制度创新经济学这样一门新学科,从而丰富了"创新理论"。

1.1.1 制度创新

在制度创新方面,制度经济学家科斯和诺斯对制度创新进行了深入研究。科斯于1937年发表了《企业的性质》一文,他首次提出了交易费用的概念,并用来解释企业作为一种制度存在的理由。随后在1960年科斯又发表了《社会成本问题》一文,进一步阐述了在交易费用为零的情况下生产的制度结构存在的重要性。科斯的两篇论文奠定了制度创新理论的基石。自20世纪70年代以来,以诺斯为代表的新制度经济学家就制度创新的问题展开了深入的研究。诺斯与罗伯斯·托马斯在1973年出版的《西方世界的兴起》一书中提出了经济增长贡献的全新观点,他认为对经济增长起决定性作用的不是技术创新而是制度创新,正是由于制度的建立和创新,才能使技术得以创新,交易成本得以减少,个人和组织从事生产性活动的动力得以提高,资本得以积累,教育得以发展,也才会导致经济的增长,同时认为,制度创新决定技术创新,而不是技术创新决定制度创新。诺斯还从史实上列举了为什么现代意义上的经济增长首先发生在英国和荷兰而非其他国家,除科技因素外,主要原因还在于这两国较早地形成了较为完善的产权制度和专利制度,可以有效地发挥个人积极性,保证把资本和精力都用于对社会最有益的活动。制度创新之所以能够推动经济增长,其原因就在于:建立一个效率较高的制度,能够减少交易成本,减少个人收益与社会收益之间的差异,激励个人和组织从事生产活动,从而极大地提高生产效率和实现经济增长。新制度经济学认为好的制度选择会促进技术创新,不好的制度选择会将技术创新引离经济发展的轨迹,或扼制技术创新。从某种意义上来说,制度创新是实现技术创新和经济可持续发展的基本保证。在经济发展过程中,技术创新和制度创新是密不可分、相互促进、相互依赖的。

企业制度是一个多层次制度体系,它包含企业产权结构、组织结构和管理结构。根据诺斯的制度定义，不难发现企业的组织方式、产权结构、管理体制、市场规则等都属于制度范围。制度创新包括产权制度创新、管理体制创新和利益分配体制创新三方面的内容。企业制度创新有狭义和广义之分：狭义的制度创新，是指随着生产的不断发展而产生的新的企业组织形式，即公司治理创新；广义的制度创新不仅包括公司治理创新，而且还包括管理创新。

1. 狭义制度创新：公司治理创新

公司治理作为企业制度创新的核心组成部分，通过内部治理机制和外部治理机制对企业技术创新从根本上产生影响。自现代企业制度建立以来，伴随着公司治理模式、结构、机制等各个方面问题的不断涌现，公司治理制度一直处于不断的完善和创新的过程中。对于内部治理机制包含的股东大会、董事会、监事会和经理层，其所涉及的每一部分的相关制度规范都在不断地完善和发展。例如"安然事件"促使美国公司内部治理机制中的独立董事制度更加完善，极大程度地增加了独立董事的独立性，促使他们对自己工作负责。随着市场的全球化，尽管外部控制主导型公司治理以外部监管为主，内部控制主导型公司治理以关系治理为主，但各种治理模式出现了趋同的趋势。具体表现为机构投资者作用的加强，相对控股模式出现；利益相关者日益受到重视，比如德国的立法已经将决策过程的控制权倾向于股东；美英等国家也变得更加容忍"关系型"投资者且开始重视银行持股的作用。公司治理制度的创新为企业技术创新提供了前提条件，具体地说，公司治理制度安排规定了技术创新激励和技术创新空间，并为技术创新提供保险和约束机制、信息机制、整合机制。

2. 管理创新

虽然技术创新被认为是创新研究的主流，但管理创新研究也成为企业创新研究的一个重要方向。美国学者 Ray Stata 于 1989 年首次将管理创新思想与技术创新理论分离出来，强调管理创新与产品创新、流程创新有所区别，管理创新是日本企业的主要优势所在，但他并未提出具体的定义。芮明杰将管理创新定义为创造一种更有效的资源整合方式，整合既可以是过程管理，也可以是细节管理，涵盖了战略规划、战略执行、资源整合、目标制定等过程。他还进一步将管理创新划分为五类，即确立新的经营思路并加以实施、提出新的管理方式、进行制度创新、创设新的组织机构、设计新的管理模式等。常修泽则把管理创新视为组织创新的一部分，管理创新是新的管理方法的引入，目的是降低交易费用。赵登华把技术创新以外的企业创新都算作管理创新，主要内涵是营销模式和组织架构的再造。管理创新一般包括组织结构的创新、商业模式的创新、战略与规划的创新、内部日常管理机制的创新等。技术创新包括新技术的开发、新产品的研发、新工艺的创制与改良、新设备的采用、新材料的使用等。

1.1.2 技术创新

从发展经济学家罗斯托开始,技术创新逐渐变为创新的主导。经济增长理论的巨擘索洛在其对技术创新的专论《在资本化过程中的创新:对熊彼特理论的评论》中提出,技术创新需要两个条件,即新思想的来源和后阶段的发展与实现,此即技术创新理论中的"两步论"。1962年,伊诺斯发表的专著《石油加工业中的发明与创新》中论述道:"技术创新是几种行为综合的结果,这些行为包括发明的选择、资本投入保证、组织建立、制订计划、招用工人和开辟市场等。"这一定义被认为是西方学界对技术创新的最早的正式定义。而同时代的林恩则认为技术创新是"始于对技术的商业潜力的认识而终于将其完全转化为商业化产品的整个行为过程"。厄特巴克在其著作《产业创新与技术扩散》中认为:"创新就是技术的实际采用或首次应用。"事实上,在20世纪60—70年代,对技术创新内涵定义的共同特点就是将某种新技术或新产品、新服务引入市场的过程,即技术变革以及新技术的采用过程,以及与这一过程相配套的所有企业活动。但在这个时代,技术创新的内涵已经在逐步深化和扩大,创新活动的复杂性和系统性逐渐得到认识,学界开始认同技术创新是一种从新思想到其商业化运用的过程。弗里曼认为技术创新是指首次引进某种新的产品或工艺的企业活动的集合,这些活动可以包括研发、设计、工艺改进乃至财务和营销等;他也从商业转化角度定义技术创新,其在1973年的专著《工业创新中的成功与失败研究》和1982年的著作《工业创新经济学》中都认为,技术创新是一种新工艺、新技术、新系统、新服务的商业化过程,特别是首次的商业化过程,要突出全过程的思想和注重商业化应用的思想。弗里曼进一步把技术创新分为四类,即渐进型创新、根本性创新、新技术体系和技术革命。基于这些思想,一些机构在定义技术创新时也分为两类,一类是将技术创新定义为技术市场化运用的过程;另一类则将技术创新仅视为新技术、新工艺的创造和采用过程。90年代以来,企业创新理论特别是技术创新理论进入一个新的阶段,开始进入系统论和演化理论并举的时代。在系统论和演化理论的视角下,技术创新被视为一种系统的活动,这个系统内融合了知识、学习能力等多重要素,特别是"默会(tacit)知识",技术创新被看作知识的吸收、重组、传承、扩散等全过程,而不仅仅是投入产出过程。我国对技术创新理论的研究始于20世纪80年代。傅家骥(1995)先生是较早明确定义技术创新的国内学者。他认为技术创新是企业家抓住市场机遇,为获得商业利益而重新组织生产条件和生产要素,从而创新产品或服务,采用新材料,或建立新的企业组织,进而开拓市场的全过程。史世鹏(1999)区分了狭义的技术创新和广义的技术创新定义,狭义技术创新就是新技术的发明和采用,广义的技术创新则包括狭义技术创新、新技术商业化应用、技术扩散、高技术体制、商流信息流等构成。技术创新的官方定义见于《辞海》和1999年颁布的《中共中央国务院关于加强技术创新、发展高科技、实现产业化的决定》。在此《决定》中，我国将技术创新定义为"企业应用创新的知识和新技术、新工艺，采用新的生产方式和经营管理模式，提高产品质量，开发生产新的产品，提供新的服务，占据市场并实现市场价值。企业是技术创新的主体。技术创新是发展高科技、实现产业化的重要前提"。

1.2 公司治理对创新的影响及模式比较

1.2.1 公司治理同创新的关系概述

公司治理是通过一套包括正式或非正式的、内部的或外部的制度或机制来协调公司与所有利益相关者之间的利益关系，以保证公司决策的科学化，从而最终维护公司各方面的利益的一种制度安排。公司治理在架构上依据公司法所规定的法人治理结构可分为内部治理和外部治理，公司的内部治理主要通过《公司法》确定的"三会四权"来实现，由股东大会、董事会、监事会和经理层等内部权力分配及其相互制衡机制构成；公司的外部治理主要是指外在市场的倒逼机制，市场的竞争逼迫公司要有适应市场压力的治理制度安排，外部治理活动场所主要体现在资本市场、劳动力市场、国家法律等。

公司治理与创新的关系主要是围绕着技术创新和研究投入来开展的，内容涉及治理结构、董事会、经理层、利益相关者等四个维度，这四个维度与技术创新的关联性较强。这四个维度都属于公司内部治理研究的范围，属于内部治理对内部创新的关联研究，没有涉及公司外部治理的研究内容，而Sapra等（2008）从公司外部治理的角度出发，研究政治、文化、法律等外部环境对公司治理和技术创新的影响，属于外部治理对创新的关联研究。公司外部治理对创新的影响是从与公司治理息息相关的外部环境入手，探讨外部治理机制对创新的影响。资本市场、劳动力市场、国家法律等外部治理的构成部分影响着公司的创新行为。图6-1对内部治理与外部治理对创新的影响给予了清晰的描绘。技术创新是生产力的范畴，而公司治理是生产关系的范畴，即技术创新决定公司治理结构，而公司治理结构对技术创新有反作用，公司治理结构必须适应技术创新的要求，否则会妨碍技术创新的进行。企业进行技术创新活动的同时，在管理者、投入、成果分配以及创新模式等方面都受到公司治理结构的影响。徐金发和刘翌（2002）在研究中发现企业治理结构与技术创新密切相关，企业经营者持股水平的提高、具有强烈支持企业创新意愿的机构投资者的引入、董事会规模的缩小、外部董事数量的增加、董事会专业委员会的设立以及董事长与总经理职责的分离都有助于提高企业技术创新水平。公司治理作为一种制度框架，对企业的技术活动具有根本性的决定作用，只有对公司治理的重要性有足够认识，并将其变革纳入与技术创新协调进行的轨道,才能推动技术创新。综上所述,我们分别从内部治理和外部治理的角度出发,梳理公司治理同创新之间的关系。

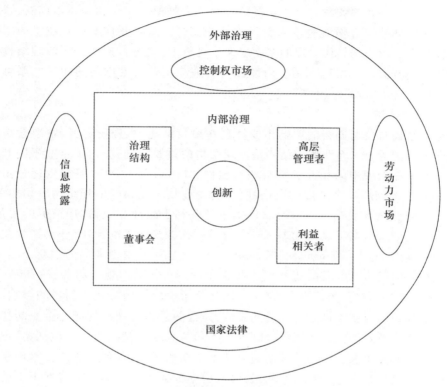

图 6-1 公司治理与技术创新关系框架

1.2.2 内部治理对创新的影响

一家公司能够良好运营,首先需要一个基本的科层组织架构,在这个架构中,信息畅通、指挥到位、上下步调一致才有可能实现组织的整体目标。科层组织是公司良好运营的必要条件,主要表现为包括股东、董事会、经理层及员工等之间的委托—代理关系。经理层处于直接对股东/董事会的第一层委托—代理链上,直接贯彻股东意图,控制公司的营运,这一层次上的公司治理主要是寻找能够让经营者像股东一样思想和行为的制度安排。公司员工是科层框架中最末一层的代理人,直接面对经理层,在资本雇用劳动的前提下,由于雇员的初始持有约束,更多选择服从或辞职。而公司内部治理是公司法所确认的一种正式的制度安排,构成公司治理的基础,主要是指股东(会)、董事会、监事会和经理之间的博弈均衡安排及博弈均衡路径。内部治理主要通过公司法确定的"三会四权"来实现,主要特征表现为两个方面:第一,自我实现性,主要是通过董事会、监事会和股东来实现;

第二,在所有者和经营者博弈中注重设计理性,即从股东角度出发设计制度安排来激励约束经营者。近年来,实业界和学者都十分关注公司治理与创新的关系,尤其是与技术创新的关系。企业获得核心竞争力的根本途径就是技术创新,这就要求公司治理结构必须适应技术创新活动的实行。而企业技术创新战略的制定与实施是在公司治理结构设定的制度框架下进行的,完善合理的公司治理结构对实现技术创新活动有促进作用。内部公司治理与企业技术创新的相互关系可以体现在以下几个方面。

1. 治理结构

治理结构对公司创新的影响主要体现在股权结构、机构投资者、董事会结构和独立董事配置上。企业股权结构是治理结构的重要基础,决定了企业不同利益相关者在企业治理中的相互关系与相对地位。Lehrer 等(1999)研究发现公司治理对企业技术创新具有高度的决定性作用,企业技术创新与治理结构密切相关。Stein(1988)认为大股东和适当的股权集中度有利于减轻企业 R&D 投资的不足。绝大部分实证文献都发现所有权集中(包括机构投资者)和 R&D 呈现正相关关系。Aghion,Reenen 和 Zingales(2009)调查了机构投资者对企业层面创新的影响,发现上市公司机构投资者的持股比例和企业创新正相关。魏锋和刘星(2004)从股权结构、董事会结构和负债结构方面研究公司治理结构对技术创新的影响,发现公司治理结构对技术创新有显著的影响,完善的公司治理结构能对企业的技术创新活动起到较好的促进作用。陈隆等(2005)从公司治理结构的股权结构、董事会结构角度研究了我国公司治理结构对技术创新的影响,发现企业的技术创新与股权的集中度呈现出"U"形的关系,股权的适度分散和绝对集中都有利于企业的技术创新,这表明上市企业可以通过增加第一大股东持股比例或者降低国有股持股比例加强技术创新活动;总经理在董事会中任职,有利于企业技术创新;独立董事没有发挥对企业应有的指导作用。杨勇等(2007)发现所有权集中度、董事会规模、资本结构和管理层激励等公司治理中几个关键的特征对企业创新活动均有影响。企业的治理结构也有赖于企业内部的创新。治理结构和技术创新的互动关系主要表现在不同治理结构代表不同的利益结构,不同治理结构产生不同的公司目标结构,不同的目标结构导致企业的技术创新行为选择不同。

2. 经营者

高层管理人员在技术创新中的权利主要体现在决策权和创新管理权方面。从企业技术创新的角度看,影响企业经营者从事技术创新活动积极性的因素主要有两个:一是经营者持股水平;二是企业大股东对技术创新的支持。现有有关高管激励与技术创新的分析主要是基于直接关联观、动态权变观与系统整合观三种视角(徐宁和王帅,2013)。在直接关联观方面,Jensen 和 Meckling(1976)认为通过激励机制安排可以使经营者和所有者的利益保持一致,从而提高经营者对技术创新的支持力度。Cho(1992)研究发现股权激励与技术创新投入之间存在正相关关系,因为股权激励不仅能使高管利益与股东利益趋于一致,而且还能赋予高管保证自己继续在公司任职的投票权。徐宁和徐向艺(2012)则认为高管控制权激励与技术创新投入能力、产出能力和转化能力之间均存在倒"U"形关系,即当控制权激励力度加大到一定程度时,企业的技术创新能力趋向于递减。基于动态权变观,Balkin 等(2000)研究高技术企业中 CEO 的报酬与创新的关系,发现对经营者的激励越强,经营者就越有动力进行技术创新投资。李春涛和宋敏(2010)认为CEO 激励能够促进技术创新,但国有股会降低高管激励对技术创新的促进作用。基于系统整合观,Hoskisson 等(2009)认为单一治理机制边际效用递减,甚至会因使用过度而导致负面影响,而且只能达到次优的经济效率,不同治理机制的组合才是更优的治理机制。

在企业大股东对技术创新的支持方面,股东和经理之间不适当的关系将导致企业短视行为,将对技术创新产生限制作用。经营者一般不愿对长期性的研发项目冒险投资,因为这种投资往往意味着较高的失败率(Holmstrom,1989),从而经营者必须面对所带来的职业风险(Alchian 和 Demsetz,1972)。在一定风险条件下,经营者对企业技术创新的支持不仅取决于其胆略及掌握的相关知识,更为重要的是取决于对经营者的激励。除此之外,企业家精神对企业创新也有影响。朱春玲(2011)认为我国企业经营管理者的创新精神与企业创新成果有很强的内在关系。企业经营管理者的变革求新倾向越强,企业创新成果越好;而企业经营管理者的冒险性倾向对创新成果数量和质量的提升无密切相关性。

3. 董事会

在现代公司中,董事会作为以股东为主导的利益相关者的代表来实施公司治理,激励与保证经理认真履行代理职责,包括通过技术创新增加企业长期价值。因此,董事会的规模、结构及董事长与经理兼任情况等都会影响企业对技术创新的态度及有关决策。董事会的规模、结构及独立董事的比例等,对一个具体的创新行为的影响可能是间接的,但它们对企业创新战略的影响则可能是直接的。通常情况下,将董事会规模分为小规模和大规模。董事会规模的扩大表现为有不同背景、经历以及专业知识的人士进入董事会,根据代理理论和组织行为学理论,对于一定规模的公司而言,扩大的董事会能发挥最大的功效。因为董事会规模的扩大,会使实现企业技术创新所必需的专业技术知识、管理知识以及财务知识等在董事会内部更好地实现互补,有利于在技术创新决策过程中吸收不同的意见,减少企业技术创新风险。而规模较小的董事会更容易应对飞速变化的环境。Yermack(1996)认为董事会的规模与技术创新之间存在倒"U"形关系,即当董事会规模扩大时，技术创新水平不断增加，当董事会达到一定规模后企业技术创新水平最高，随后，随着董事会规模的扩大，企业技术创新呈下降趋势。在董事会结构方面，John 和 Zahra（1991）认为，企业总是在不确定的环境中运营，通过引入与外部环境相联系的董事，企业可以有效地处理这种不确定性，帮助公司在很大程度上化解面临的各种危机，增加企业组织的生存可能性，配置更多的资源于创新活动和创造有利于技术创新的社会关系。冯根福和温军（2008）认为独立董事制度与技术创新正相关。董红星（2010）认为董事会成员结构对企业技术创新具有多元影响，这是由内部董事和外部董事不同的特点决定的。在两职合一方面，领导权结构指的是董事和总经理的两职合一的问题。Wright 等（1996）认为，代理问题的存在导致经营者主要关心个人财富、职位安全、权力威望以及个人效用最大化，因而会严重影响和削弱他们对创新的追求。董事和经营者的目标不一致，就会导致公司在重大决策时产生利益冲突。通过对经营者实行股权、股票期权以及其他与当期业绩挂钩的激励机制安排可以使经营者与所有者的利益保持一致，可有效提高经营者对技术创新的支持力度。Lane 等（1998）发现两职合一的领导权设置更利于做出灵活的创新决策。如果总经理担任董事长，他对技术创新的态度直接影响企业技术创新项目的选择（杨建君等，2002）。所以，董事长与总经理的两职合一有助于企业技术创新和经营绩效的提高（Zahara 等，2000）。

4．利益相关者

利益相关者是指那些影响组织目标的实现或被组织目标的实现影响的个人或团体（Freeman，1984）。企业的技术创新收益实现最优的配置和最大化，可以激励技术创新过程中的各利益相关者，对技术创新做出积极的反应（盛亚和吴蓓，2007）。盛亚和单航英（2008）在对浙江民营企业的研究中发现客户是企业最重要的利益相关者之一，对企业绩效的贡献是显而易见的，顾客购买产品或服务为企业带来了直接的市场绩效。

5．小结

由上述梳理可知，内部治理同创新的关系具体体现在治理结构、经营层、董事会、利益相关者等对创新的影响。在治理结构方面，治理结构同企业技术创新密切相关，企业的公司治理结构不同，需要特有的创新模式与之匹配。公司治理结构越完善，越能够推动企业的创新。反之，完善公司治理结构也有赖于企业内部的创新，不同的治理结构代表不同的利益结构，并产生不同的公司目标结构，进而不同的目标结构导致企业的内部创新行为选择不同。在经营层方面，从企业技术创新的角度看，影响企业经营者从事技术创新活动积极性的因素主要有三个：一个是经营者持股水平。实施激励机制可以使经营者和所有者的利益保持一致，从而提高经营者对技术创新的支持力度，对经营者的激励越强，经营者就越有动力进行技术创新投资。但控制权激励力度加大到一定程度,企业的技术创新能力趋向于递减。二是企业大股东对技术创新的支持。股东和经理之间不适当的关系会导致企业短视行为,会限制技术创新。在一定风险条件下,经营者对企业技术创新的支持不仅取决于其胆略及掌握的相关知识,更为重要的是取决于大股东对经营者的支持。三是企业家精神。企业经营管理者的变革求新倾向越强,企业创新成果越好,但变革求新并不等同于冒险性倾向,后者对创新的成果数量和质量没有明显影响。在董事会方面,董事会的规模、结构及董事长与经理兼任情况等都会影响企业经理对技术创新的态度及其有关决策。董事会规模的大小会对技术创新产生不同的影响,当董事会规模扩大时,技术创新水平会不断增加,当董事会达到一定规模后,企业技术创新水平达到最高点,董事会规模随后的继续扩大会使企业技术创新呈下降趋势。董事会结构不同,企业的创新水平不同,即董事会内部董事和外部董事的比例不同,企业的创新处于不同的层次。而且,引入独立董事制度有利于企业的创新行为。随着外部董事比例的增加,企业的创新水平也会随之提升,但也存在一个顶点界限,超过该界限,创新水平将会下降。而对于两职合一情况与创新的关系,研究一致认为董事长与总经理两职合一有助于企业技术创新和经营绩效的提高。最后在利益相关者方面,企业的技术创新,不仅仅要考虑公司董事会、经理层等主体的影响,还要将客户、员工等其他利益相关者考虑在内,这样才能使得企业的技术创新收益实现最优的配置和最大化,也可以激励技术创新过程中的各利益相关者,对技术创新做出积极的反应。公司内部治理同企业创新之间有着紧密联系,内部治理的水平越高,企业的创新水平也就越好。

1.2.3 外部治理对创新的影响

如公司内部治理对创新的影响一样,公司外部治理对创新的影响是从公司所处外部环境角度切入,探讨与公司治理息息相关的外部环境对创新的影响。资本市场、劳动力市场、国家法律等外部治理的构成部分影响着公司的创新行为。完善的证券市场可以为公司的创新提供资金支持并对企业的创新行为给予积极的反馈,活跃的控制权市场、健全的劳动力市场督促经理人员保持企业的持续发展能力和创新能力,国家法律则在法律层面向投资者利益提供保护,重塑证券市场的价值投资理念,有助于鼓励公司的创新行为。

1. 资本市场

资本市场是指证券融资和经营一年以上、中长期资金借贷的金融市场,包括股票市场、债券市场、基金市场和中长期信贷市场等,其融通的资金主要作为扩大再生产的资本使用,因此称为资本市场。公司可以通过资本市场融通资金支持公司的创新活动。证券市场作为资本市场的重要组成部分,具有通过发行股票和债券的形式吸收中长期资金的巨大能力,公开发行的股票和债券还可在二级市场自由买卖和流通,有着很强的灵活性。证券市场是资金调节和分配的枢纽之一,它集社会上的闲散资金于市场,使得资金所有者能根据有关信息和规则进行证券投资。在一个有效的证券市场,经营业绩优良的企业能够吸引较多的资金发展企业,提高企业的价值;而经营业绩较差的企业难以吸收更多的资金,企业的价值将随经营业绩的下降而下跌。上市公司可以从证券市场获得创新资金,也会在创新活动取得成效后获得市场的认可。具体而言,公司控制权市场、信息披露要求影响着公司的创新行为。

首先,控制权市场是公司买卖股权的市场,也被称作并购市场,是公司通过并购、剥离和其他控制权转移机制将对公司的控制权转移至其他资金供应者手中。在控制权市场上,各种不同的管理团队为了相互争夺公司资源的管理权或控制权,并谋求自己所控制的资源发挥最大的效用,通过各种有效机制或方式,以实现公司控制权的转移。控制权配置是以市场为依托而进行的产权交易,其本身也是一种资本运动,它的完成必须借助于证券市场。发达完善的证券市场是企业控制权有效配置的必要条件,国外企业并购浪潮之所以一浪高过一浪,并对经济发展产生重大影响,正是因为发达的证券市场发挥了重要的推动作用。在发达的证券市场背景下,控制权市场里频繁发生的接管活动可能会给经营者施加压力,使经营管理不善的企业有被收购的压力从而迫使企业注重新产品的开发,促使它们加大研发投入的力度,通过自主创新来获取竞争优势,提高企业技术创新能力。职业经理人如果在执行过程中不以企业长期发展为目的,而一味为自己谋利,那么公司的发展就会受到影响。公司股价的下跌会导致部分股东抛售股票,一些有经济实力的公司可通过收购股票来获得对目标公司的控制权,以获得的股权对管理层进行重组,替换不合格的职业经理人。职业经理人不仅会失去自己的职位与薪水,还会导致自己的职业声誉受损。因此,控制权市场的压力监督机制使职业经理人更加关注企业的发展,更能从长远的角度考虑公司的发展,促使公司在创新上下功夫。

控制权市场通过接管压力对企业创新施加影响。控制权市场的接管压力将对管理层施加压力,促使他们加大研发力度,不断提高技术水平,保证在同行业的竞争优势,提升企业的长期价值(Holmstrom,1989)。Atanassov(2007)则用两种理论描述接管压力与经理创新态度的关系,分别是"安逸生活观"和"短视观",前者指若没有接管压力,经理倾向于过安逸的生活,对新技术关注乏力,不利于创新;后者指接管压力使经理只关注短期项目,不注重对长期项目的投资,也不利于创新,其研究发现接管压力和企业创新呈现正相关关系。Sapra 和 Subramanian(2011)在研究中发现:公司的创新活动与外部接管压力之间存在"U"形曲线关系,这是因为来自股东的监管促进了企业的创新行为,而更高的监管强度降低了创新对接管压力的敏感性。他们认为,创新来源于完善的控制权市场和严格的反接管法。

其次,信号理论(signaling theory)认为,在信息不对称情况下,质量较好的公司有较高标准的公司治理信息,而公司治理好的公司,将及时披露该公司与绩效相关的信息。管理层为减少股东和债权人的疑虑,会主动披露信息作为信号,以传递其并未产生支出偏好或偷懒行为而降低公司价值的信息,进而解除代理责任或获得市场资源。信号功能在于从多个方面向信息使用者提供公司状况的信息,通过直接披露的信息,了解公司治理结构、资本结构、股利政策、会计政策选择等,判断公司价值、公司破产可能性、会计政策稳健性等。如果经营者提供的反映公司价值的信息存在虚假成分,信号的显示功能就会对公众发出警告。信息透明度的核心是完整性、真实性、及时性。但一般而言,公司并没有进行信息披露的动力。原因有二:(1)公司管理层缺乏主动披露的激励。公司的信息公布会使竞争对手、供应商、客户等了解公司的运营情况,使潜在收购者更容易对公司进行评估,选择适合的收购时机,减少收购风险和收购成本。如果披露的信息是公司的坏消息,会影响管理层在经理市场的形象,也会影响企业的产品销售,甚至导致股价大幅度下跌,使公司被恶意并购。(2)信息披露是有成本的。在信息披露公开化的情况下,还容易出现争执和分歧,甚至引起股东诉讼,这就是信息披露的外部性。因此,各国大多采用强制性信息披露方式(部分国家辅以自愿性披露)。但是,即使是在强制性披露的情况下,上市公司还是有一定的披露弹性,如披露程度的详略、披露时间的迟早、表外披露还是表内披露等。公司披露信息的动力在于获得资源的低成本,真实、完整、及时的信息可以增强投资者的信心。良好的信息披露有利于公司的创新活动,田元飞等(2009)研究认为信息披露透明度与研发强度呈显著正相关,表明信息披露透明度高的企业公司治理状况也较好,股东和外界潜在的投资者能够从企业得到更多有效的信息,更有利于监督公司行为,从而促使企业更多地考虑长远发展,愿意增加研发投入。

2. 劳动力市场

一个完善发达的经理人市场对企业的创新有着积极意义,在现代两权分离的治理结构下,职业经理人作为企业的管理者,其对创新的发展有着最直接的影响。公司治理的一个重要方面就是通过有效的激励机制对职业经理人进行激励,使职业经理人的个人目标与股东目标一致。一个完善发达的职业经理人市场可以在为企业提供充足的职业经理人智力的同时,也为企业提供强大的替换市场。经理人为维护自身在经理人市场上的声望和价值,就不得不使自己与所有者的利益保持高度的一致,这就证明了完备市场机制下的经理人市场这一隐性激励可以作为显性激励的一个不完备替代,对企业的技术创新活动产生重大影响。自由的选聘淘汰体系使不合格的职业经理人有可能被替换,这给职业经理人群体带来了强大的潜在替代压力。经理人为了能够被公司持续聘用或维持自己在公司的地位,往往也倾向于选择一定程度的创新。这些压力迫使经理人修正自身行为,努力改善和提高企业长期经营绩效,而长期经营绩效的改善和提高从根本上依赖于企业的技术创新活动。如果职业经理人因为工作业绩不好而被辞退,这就成为其职业生涯中的不良记录,对以后的聘用产生负面影响,且这种不良记录是终身伴随的,这就迫使职业经理人为自己的职业生涯发展而致力于企业发展。由于创新对于企业具有强大的推动作用,职业经理人会重视企业的创新发展。职业经理人必须着眼于企业的创新发展,才能在激烈的产品竞争中获得消费者的青睐,只有这样才能在同质的产品中为自己的产品赢得竞争优势,从而在市场中获得消费者的认可。正是经理人市场的存在,才使企业经理人倾向于做出创新决策,而经理人市场发展得越成熟,经理人的这种倾向越强。

3. 国家法律

自20世纪90年代以来,我国证券市场发展取得了举世瞩目的成就,大量企业通过上市融资、改制,获得了长足的发展空间,逐步成为我国经济发展的中流砥柱。与此同时,股票投资逐步成为一种常见的理财工具。然而由于我国证券市场发展时间较短,市场秩序不太规范,上市公司治理质量总体不高,违规违法行为时有发生,证券市场上个人投资者行为严重短期化,投机氛围浓厚。尽管出台了《公司法》和《证券法》两部规范公司治理和证券市场发展的基本法律,但由于相关法律制度不尽完善,缺乏对投资者、公司信息披露等方面的法律保护,使投资者在对公司的投资上过度投机,忽视了证券市场上的价值投资理念,对增加公司价值的创新活动不甚关注,从而打击了公司对创新活动的热情。虽然我国《公司法》和《证券法》在2005年经过了全面修订并在投资者利益保护方面取得了较大的进展,对中小投资者利益的保护力度有所改善,特别是信息披露制度,但在立法导向上仍偏重于信息披露。法律对投资者的保护可以重树投资者对公司价值投资的理念,使偏离的方向回到正轨。创新作为一项系统工程,其各个环节都需要相应的法律规范和保护,产权保护的法律规则一直被认为是法律和秩序的惯例(也就是合法性)。La Porta 等(1997)通过整合法律和金融,比较研究了公司关注投资者的法律权利的情况及其缘由,用法律路径理解公司治理。La Porta,Lopez-de-Silanes 和 Shleifer(2006)从立法和执法的角度实证分析了证券法中发挥作用的重要因素,发现以监管为中心的主动式执法活动对证券市场发展影响甚微,但强制性信息披露和以投资者诉讼为中心的私人执法活动则有显著影响。

1.2.4 公司治理模式对创新活动的影响

鉴于各国经济制度、历史传统、市场环境、法律观念及其他环境的不同,公司治理模式的出现和发展也出现不同情形。目前有三种比较典型的公司治理模式：一是外部控制主导型公司治理模式；二是内部控制主导型公司治理模式；三是家族控制主导型公司治理模式。以美国和英国为代表的外部控制主导型公司治理模式的特征具体表现为：公司董事会中独立董事比例较大；公司控制权市场在外部约束中居于核心地位；经理市场发育健全，经理报酬中股票期权的比例较大。以德国和日本为代表的内部控制主导型公司治理模式的特征具体表现为：董事会与监事会分立；企业与银行共同治理；公司之间交叉持股。以东南亚国家为代表的家族控制主导型公司治理模式的特征具体表现为：所有权主要由家族控制；企业决策家长化；来自银行的外部监督弱。

企业创新受到公司治理模式和治理水平的制约，并且在一定情况下，反作用于治理模式和治理水平。创新的成败和效率在很大程度上依赖于一定的制度安排，不同的制度安排会导致不同的创新效率和创新方向。公司治理模式对创新的影响主要表现为不同的公司治理模式代表不同的股权结构和治理结构，不同的公司治理模式将产生不同的创新目标，进而引起创新战略和类型的选择不同。正如各种公司治理模式都有存在的合理性，从对创新的影响来看，它们不存在绝对的优劣之分。我们基于股权结构和资本市场的差别，探讨外部控制主导型模式、内部控制主导型模式和家族控制主导型模式这三种类型的公司治理模式的特征及给创新所带来的差异性影响，并探索中国式公司治理模式的特征，以及对中国公司的创新所产生的诸多影响。

1. 外部控制主导型公司治理模式对创新的影响

外部控制主导型公司治理又称市场导向型公司治理，是指外部市场在公司治理中起着主要作用。这种治理以大型流通性资本市场为基本特征，公司大都在股票交易所上市。美国和英国是这种模式的典型代表国家。

股东人数众多和股份过于分散使股东无法对公司实施日常控制，他们只能把日常的控制权授予董事会，董事会又授权给经理人员，即存在所有权和控制权的分离。同时，每个股东都希望其他股东进行监督，而自己则通过"搭便车"获得其他股东监督所引起的公司绩效改善，遗憾的是，所有股东的想法相同，结果是监督没有发生。另一方面，机构投资者常被视为"消极投资者"，即机构投资者主要关心的是公司能付给它们多高的股息和红利，而不是企业经营的好坏和实力的强弱。一旦发现公司绩效不佳而使所持股票收益率下降，它们的反应是迅速改变自己的投资组合，而无意插手改组公司经营班子或帮助公司改善经营。美国公司治理的重心便放在了其发达的市场上，即通过股票市场、经理市场和产品市场等在内的市场体系对经营者进行约束，同时通过对经营者给予必要的激励以促使经营者加强自我约束。

该治理模式具有三个特征:(1) 公司董事会中独立董事比例较大。董事会是公司治理的核心。美、英等国的公司多采用单层制董事会,不设监事会,董事会兼有决策和监督双重职能。董事会的监督职能主要由独立的非执行董事承担,美、英等国家的公司独立董事在董事会中的比例多在半数以上。独立董事可以独立地对公司的经营做出客观的判断和科学的决策,在独立董事比例占绝对优势的公司中,经营者所感受到的来自外部的压力明显高于公司的压力,这就增强了管理的科学性和有效性,并最大限度地维护了各种利益相关者的利益。(2) 公司控制权市场在外部约束中居于核心地位。公司控制权市场主要是指通过收购兼并等方式获取公司的控制权,从而实现对公司的资产重组或公司股东及高层管理人员的更换。收购接管机制不仅可以作为事后控制的手段,而且在事前对经营者也可以形成很强的威慑力。研究表明,当公司股票收益大大低于行业水平时,公司被善意接管以及董事会撤换最高管理人员的可能性大大提高;而当全行业都发展不好时,则公司被恶意接管以及管理层完全变动的可能性大大增加。这种机制是来自外部的对企业经营者约束和激励的核心。(3) 经理市场发育健全,经理报酬中股票期权的比例较大。成熟和健全的经理市场使每位经理人倾尽全力经营公司以维护自己的信誉。因此,如果在其任职期间,公司出现经营业绩欠佳,甚至被收购的情况,经理人的信誉就会大大下降,进而面临被解雇的危险。股票期权相对于效益工资而言是一种长期的激励机制。1998 年,全美 1 000 家公司管理人员的薪酬中,有 53% 来自股票期权。根据美国《商业周刊》(2000) 的统计,1999 年度美国收入最高的前 20 位首席执行官获得的收入中,来自股票升值的部分平均占总收入的 90% 以上。经营者来自股票期权收益的多少完全取决于股票二级市场的升值,升值的大小与经营者长期的经营业绩直接相关,这为管理者的努力带来更大动力。

　　在外部控制主导型公司治理模式下,美国和英国是现代市场经济发展最为成熟的两个国家,在企业发展中特别强调市场的作用。高度分散的公司股权和发达的外部资本市场促使企业创新活动的持续发生。该公司治理模式对创新的影响具体表现:(1) 对公司技术创新活动来说,高度分散的股权结构是一把双刃剑。在英美治理模式下,企业所有权比较分散,市场发达,企业和市场的透明机制完善,这就使经营者具有更大的创新空间和创新冲动。经营者具有风险偏好性,这对企业技术创新产生着关键的影响作用。委托—代理理论认为经营者与所有者之间的利益越一致,经营者就越有动力为企业长期价值最大化努力工作,从而会提高对技术创新的支持力度(Jensen 和 Meckling,1976)。另一方面,高度分散的股权结构给公司经营者的创新意识也造成巨大压力。作为一项长期的企业活动,技术创新的成效一般在短期内无法充分实现,而公司的技术创新活动很大程度上受到股东的这种短期投资行为的制约。分散的个人股东和部分机构投资者容易使得股东只关注企业短期利益,不注重企业的长期发展(毕克新和高岩,2008)。(2)公司倾向于选择产品创新类型。产品创新是指技术上有变化的产品的商业化,英美企业文化对产品创新有促进作用,这是因为英美都是发达的市场经济国家,公司对顾客需求和消费变化非常关注,树立了强烈的市场导向,因而公司非常看重直接增加市场消费者使用价值的产品创新。通过技术创新,企业可以开发或引入新产品,或降低产品成本,更好地满足顾客需求,提高产品的市场竞争力;也可以率先进入新的业务领域,抢先占领新市场。(3)公司倾向于选择根本性创新和基础创新项目。英美公司人才流动率较高,公司容易引进创新型人才,因而容易从公司外部获得新技术和新知识;较高的人才流动率也使技术创新人员不容易受到固有技术思路的禁锢,有利于创新思维和新技术、新知识的开发。英美治理模式下的企业为了保持技术领先地位,掌握核心技术,增强核心竞争力,都较为关注原创性的、核心的、带有突破性的基础研究及应用基础研究。美英国家由于具有发达的资本市场和完善的风险投资市场,风险高的创新投资项目较多地借力于风投基金,这样为解决高风险技术创新的融资问题提供了便利条件。股东利益至上的英美公司治理模式是有利于根本性技术创新的,英美模式以股东利益最大化为首要目标,而股东具有相对风险偏好性,因此在技术创新趋向上偏好高风险、高收益的根本性技术创新,英美国家的金融环境和公司治理模式造成了这些国家企业技术创新决策中的偏好风险(王昌林,2007)。(4)公司倾向于选择短期创新项目。外部控制主导型治理模式下股东追求短期财富最大化以及"用脚投票"容易导致经理最大化追求短期利益,而不是从事长期技术创新,因为技术创新需要大量的投资,而且投资期限长,投资收益不确定。因此英美企业相对偏向短期项目和机会,善于抓住快速见效的新技术机会。

2. 内部控制主导型公司治理模式对创新的影响

内部控制主导型公司治理又称为网络导向型公司治理,是指股东(法人股东)、银行(一般也是股东)和内部经理人员的流动在公司治理中起着主要作用,而资本流通性则相对较弱,证券市场不十分活跃。这种模式以后起的工业化国家为代表,如德国、日本和其他欧洲大陆国家。

受第二次世界大战的重创,企业一时间无法获得发展壮大所需的大量资金,证券市场又不发达,民众也没有太多的资金投资,因此企业只能向银行等金融机构融资。德、日政府在政策上也支持银行等金融机构向企业投资,从而逐渐形成了德、日企业资产负债率较高的局面。日本政府推行资本自由化政策,开展"稳定股东活动",从市场购进股份再出售给稳定的股东,从而大大促进了持股的法人化。法人股份制成为日本占主导地位的企业制度。由于对企业直接融资的严格监管,使得德日证券市场与英美证券市场相比,发展比较落后。

该治理模式具有三个特征:(1)董事会与监事会分立。德、日企业多采用双层制董事会。在德国模式中,股东大会直接选举出监事会,监事会由非执行董事构成,行使监督职能;董事会由执行董事组成,行使执行职能;监事会决定董事会的人选和政策目标。股东大会、监事会和执行董事会分设,决策者与执行者相互独立,有利于发挥监事会对公司经营者的有效监督作用。在日本模式中,董事会和监事会均由股东大会选举产生,监事会独立于董事会而存在。董事会和高层经营人员组成的执行机构合二为一,决策者与执行人员合二为一。在以德、日为代表的内部控制主导型公司治理模式中,证券市场不发达,公司经营者在企业中居于主导地位。(2)企业与银行共同治理。日本与德国企业的融资途径多是通过银行,债权比例相对股权较高。银行不仅是企业的主要债权人,同时还与企业相互持股,从而兼有债权人和股东双重身份,由此在银行和企业之间存在着一种特殊的关系——主银行关系。通过相互持股为基础的主银行关系,形成了银行与企业共同治理的模式。银行作为企业的债权人和股东,既可以通过直接管理来控制经营者,也可以运用信贷控制这一有力武器实施有效的监控。(3)公司之间交叉持股。在德、日等国家的企业集团中,公司之间的交叉持股现象十分普遍。以德国为例,1994年最大100家公司之间的资本关联关系为11.7%。安联保险公司、拜尔·裕宝银行、贴现银行和慕切纳·拉克公司这4家公司相互持股达到28%—42%。日本的情况与德国相似,据日本商事法务研究会1990年的一项调查,在日本的实业法人中,存在相互持股关系的公司占92%,其中,相互持股率达到10%以上的公司占70.3%。交叉持股意味着可以持有自己的股份,这不仅可以增强其现有大额所有权力量,还容易形成表决卡特尔。如果一方在另一方的股东大会上采取不合作态度,另一方也会在这一方的股东大会中进行抵制,这无疑会损害相互持股关系的信赖基础,因此,大企业股东一般都不随意干预持股公司的经营决策。再者,法人大股东持股的主要动机不在于获取股票投资收益,而在于加强企业间的业务联系,通过稳定经营增加企业的利润。

在以德国和日本为代表的内部控制主导型公司治理模式下,更加强调群体意识,形成了法人(包括银行)在公司融资中的核心作用。德、日法人持股的目的相对于个人而言更长远,更重视企业的长期发展和长远利益。法人股换手率低,流通性差,比例高,更易于对企业的经营管理产生影响和加以控制。

该公司治理模式对创新的影响具体表现:(1)公司之间交叉持股有利于企业进行技术创新。交叉持股的主要动机不在于获取股票投资收益,而在于加强企业间的业务联系,通过稳定经营增加企业的利润。法人相互持股增强了企业资本积累能力,使企业获得充足的资金用以开展技术创新活动。相对集中且较为稳定的股权结构有助于克服经理的短期行为,在长期利益的驱使下,所有者和经营者更有精力和意愿选择技术创新活动。(2)公司注重选择过程创新类型。工艺创新是指产品的生产技术的变革,它包括新工艺、新设备和新的组织管理方式。它强调通过提高内部效率而获取产品成本优势。在德日治理模式下,企业往往采用模仿先进技术的策略提升自己的技术竞争力,不大重视基础研究和原始创新,更关注应用研究。(3)有利于公司进行长期项目。在日本模式中,董事会和监事会均由股东大会选举产生,监事会独立于董事会而存在,有利于充分发挥监事会对公司经营的监督作用,促使经营者更加关注公司的长期目标,更多考虑企业的长远利益,重视重大创新项目。德国的公司治理由于采用的是共同治理制,企业同员工及其他利益相关者保持着较密切的关系,有利于企业专用技术经验的积累。而日本公司的董事会通常是经过本企业长期考察和选拔,大多数董事由公司各事业部或分厂的领导兼任,他们对公司的情况比较熟悉,注重公司的长远发展。公司习惯保持长远的战略眼光,不过分追究短期利润问题,对经营者的分红要求也较小,因此经营者可以把更多的资金投入周期性较长的研发项目。

3. 家族控制主导型公司治理模式对创新的影响

家族控制主导型公司治理是指家族占有公司股权的相对多数,企业所有权与经营权不分离,家族在公司中起着主导作用的一种治理模式。与此相适应,资本流动性也相对较弱。这种治理以东亚的韩国,东南亚的新加坡、马来西亚、泰国、印度尼西亚、菲律宾和中国香港等国家和地区为代表。

儒家文化是韩国和东南亚国家家族式公司治理模式形成的共同原因。儒家文化重视家庭亲缘关系,注重"和谐",谋求"和为贵"、"家和万事兴","仁者爱人"等思想观念,对韩国人和东南亚华人有较强的影响。这种家族观念引入到企业,便形成了企业的家族性,并在企业运营过程中形成了由家族成员共同治理企业的家族治理模式。同时,韩国在朝鲜战争之后国贫民穷,资金短缺,因此,在家族企业的创业期,由家族成员共同出资,共同创业,共同经营管理企业,便成为创办企业所需资金的主要来源。东南亚家族治理模式的形成也有其特殊原因。华人长期受西方殖民主义者的歧视,独立后作为少数民族又受到所在国土著人的歧视。在这种情况下,华人只能借助家族成员的力量来谋求企业发展并保持对企业的控制权。

该治理模式具有以下特征:(1)所有权主要由家族控制。所有权集中于家族成员是韩国和东南亚国家公司的普遍现象。在韩国和东南亚的家族企业中,家族成员控制企业的所有权大致有以下三种情况。一是由企业初始创业者单独或共同拥有,待其退休后,交由他或他们的子女、第三代或家族成员共同拥有;二是由家族创业者与家族外的人或企业合资创办的企业,若是由家族创业者或家族企控股的,待企业股权传至第二代或第三代时,形成家族成员联合控股的情况;三是迫于企业公开化或社会化的压力而进行改造公开上市的,虽然形成家族企业产权多元化的格局,但是其所有权仍主要由家族成员控制。(2)企业决策家长化。家族成员控制企业经营管理权主要有两种情况。一是企业经营管理权主要由有血缘关系的家族成员控制;二是企业经营管理权主要由有血缘关系的家庭成员和有亲缘、姻缘关系的家族成员共同控制。由于受儒家伦理道德准则的影响,在韩国和东南亚家族企业中,企业的决策被纳入了家族内部序列,企业的重大决策如创办新企业、人事任免、决定企业的接班人等都由作为企业创办人的家长一人做出,家族中其他成员做出的决策也必须得到家长的首肯。即使这些家长已经退居二线,但由家族第二代成员做出重大决策时,也必须征询家长的意见或征得其首肯。(3)来自银行的外部监督弱。在东南亚,银行只是家族的系列企业之一,与其他系列企业一样,都是实现家族利益的工具,银行必须服从于家族的整体利益。因此,来自银行的约束基本上是软约束。而没有涉足银行业的家族企业一般都采取由下属的系列企业之间相互担保的形式向银行融资,这也使银行对家族企业的监督力度受到了削弱。在韩国,银行是由政府控制的,家族企业都是围绕政府的政策指向创办企业和从事经营的。在这种情况下,银行只是一个发放贷款的工具,对企业的监督和约束力度很小。

韩国和东南亚国家家族控制主导型公司治理模式产生于特定的历史条件,又立足于儒家文化的土壤,因此其引起了与上述两种治理模式截然不同的创新情形。该公司治理模式对创新的影响具体表现:(1)公司注重选择模仿创新策略。东南亚地区长期受西方列强的殖民统治,经济落后,缺乏技术经验和人才能力,没有能力进行领先创新。同时,受儒家传统家族主义的影响,企业的活动重视人治和关系治理,自主创新意识较弱。因此,东南亚治理模式下的企业创新更多采用的是一种模仿和跟踪策略,具体就是利用自身的劳动力优势和政策优势等资源,吸引发达国家的企业到本国或者本地区生产,从而对先进技术和管理经验进行吸收和模仿。(2)公司注重选择营销创新。家族作为长期稳定的最大股东,家族成员共同出资,共同经营管理企业,经营者受到家族利益和亲情的双重约束,使得家族企业像家庭一样存在并保持较高的稳定程度,因此难免具有较大的创新惰性,因而在东南亚企业治理模式下家族企业较少进行创新。东南亚国家几乎不进行基础领域的创新,而多在应用领域与市场联系较为紧密的产品和工艺上进行创新,这在一定程度上阻碍了家族企业的长远发展。

4. 中国公司治理模式对创新的影响

转轨经济阶段的中国经济增长强劲,公司治理结构得到了全面完善,完善公司治理结构是我国国有企业建立现代企业制度的重要环节,也是深化改革的重点。我国所有的上市公司已经建立起了现代公司的治理架构,诸如"独立董事"这一治理工具,也正在监管部门的推动下全面引入。但是依然存在着"行政干预下的内部人控制"的突出问题,妨碍国有企业的创新与发展。

在"行政型治理"向"经济型治理"转变的大背景下,中国式公司治理模式呈现出三个突出特点:(1)国有股"一股独大"。国有及国有控股企业是我国目前的上市公司的主体,中国的上市公司绝大多数都是国有企业,非国有企业的数目只占7%,这其实是政府政策的结果,政府当初建立股票市场的初衷就是为国有企业改革和融资创造条件(林毅夫和李志赟,2005)。在这些公司中,国家股东和法人股东占据着控股股东的位置,而相当一部分法人股东又是国家控股的。因此,对国有上市公司而言,股权分割以及国有股的"一股独大"格局,至今仍未发生大的改变。最突出的就是大股东操纵和大股东"掠夺"。在大股东操纵情况下,大股东凭借自己的股权优势,根据"一股一票"的原则控制了股东大会,使股东大会变成大股东"一票否决"的场所和合法转移上市公司利润的工具。大股东控制了股东大会以后,选举"自己人"直接进入董事会,顺理成章地控制董事会和监事会,使之成为听命于大股东的"影子"。作为大股东的母公司将上市公司视为自己的"提款机",通过关联交易,大量侵占上市公司资源。(2)行政干预下的"内部人控制"。企业"内部人控制"是指企业内部人员(主要是经理)掌握了企业剩余控制权或者同时掌握企业的剩余控制权和剩余索取权。我国的国有企业目前正处在由"行政型治理"向"经济型治理"的转变过程当中(李维安等,2010),在这一过程中,尽管国家在大多方面放松甚至完全取消了行政控制(如市场、投资、外贸等),但在某些方面仍然保留着行政干预的权力(如人事任命)。董事会功能弱化,监事会监督功能不足。美国斯坦福大学的青木昌彦教授(1995)在研究了东欧和独联体国家经济体制转轨过程中企业的情况后认为它是"转轨过程中所固有的一种潜在可能现象"。(3)政治干预严重阻碍国有企业的发展。政府有通过干预公司活动来履行其社会职能的动机,可以通过两种途径。一是通过对贷款、土地等重要资源的配置影响公司决策;二是通过国有企业的党组织干预公司决策。这些因素使国有企业的经营目标制定掺杂着个人因素和政治色彩,背离市场轨道,并带有一定盲目性(郑德程等,2002)。中国国有企业问题的根源在于国有企业普遍都承担着政策性负担,并由之带来了企业的预算软约束问题和企业的自生能力问题。所以,国有企业的根本问题就是企业的政策性负担问题,只有消除国有企业的政策性负担,让企业具备自生能力,国有企业改革才有可能取得真正的成功。

创新是生产者之间相互竞争的最主要手段,治理结构作为一种契约结果,随着契约方的谈判能力或者在组织中相对重要性的改变而改变,进而影响企业的技术创新。随着确立"以企业为主体、市场为导向、产学研相结合的技术创新体系"

的提出,中国式公司治理模式对创新的影响有以下表现:(1)治理转型有助于解决国有企业创新动力不足的问题。行政型治理下,国有企业受传统体制影响,至今仍存在授权不足和动力不够并存的问题。尤其是国有大型企业集团的研发投入水平与国外标杆企业相比,还有很大差距,创新动力普遍不足。主要表现为"官僚主义",不愿冒险,不愿进行原始性、突破性创新,而愿意进行风险小、"政绩"明显的模仿创新。其根本原因在于行政型治理模式下对高管的"官员制"选聘与激励机制,以及由此造成的"官本位"而非"企业家本位"管理模式。这种体制直接影响着技术人员和员工创新的积极性。研发投入直接影响企业的创新产出水平,并且严重影响企业创新能力的培养。政府对企业在人事、决策、管理上的过多干预以及产权结构不清、责权利关系不明确严重影响了创新活动的展开。而经济型治理强调"企业家本位",重视激发企业家精神,建立以企业家精神为导向的高管人才招聘制度,加强以创新能力建设为导向的绩效考核,重视人才引进与技术学习,充分发挥国有企业资源优势和规模优势,具有很强的创新动力。(2)治理转型有助于解决国有企业创新效率低下的问题。长期以来在行政型治理模式下,国有企业十分缺乏创新动力和企业家精神。一种可能的解释是国有企业长期以来形成的观念、分配机制、管理模式等不能满足技术创新所要求的决策及时性、经营者权责对等性、行动迅速性。国有大企业尽管占有较多的技术创新资源,但由于其技术创新的激励不足和存在激励扭曲,其技术创新的效率却非常低。经济型治理确立企业集团的市场主体地位,减少政府的行政干预,在企业经营方面追求满足股东与客户要求的经济型目标,以经济手段进行资源配置,优化高管聘任与激励制度,以增强企业竞争力和有利于长远发展为目标,构筑宽容失败的企业家文化,促使国有企业向平台技术层次迈进。(3)民营体制下的企业创新积极性较高、创新效率较高。自改革开放以来,国内民营工业企业已经成为中国工业经济持续、快速增长的主要带动力量。由于避免了计划式的行政干预,民营企业在解决责任和激励方面要优于国企。这种机制强化了企业的责任意识,又刺激了企业开展技术创新的积极性,从而使企业的技术创新工作规范化、经常化。对企业负责即对自身负责的强烈责任感,使他们自觉地走上了依靠技术创新,并同时开展制度创新的道路。

2 企业创新评价体系

企业创新活动虽受内部治理要素和外部治理要素的影响,但企业创新内部环境中的内部资源要素、能力要素和企业外部创新环境中的市场竞争、政府与立法、基础科学与技术、金融资源要素也是影响企业创新行为的重要因素。

2.1 创新要素

企业创新要素可以围绕五个问题展开:第一,企业为何要创新?第二,什么因素影响企业的创新决策?第三,企业如何创新?第四,企业创新的绩效如何?第五,什么因素影响企业创新的绩效?前两个问题强调企业创新的动因,第三个问题关注企业的创新举措,后两个问题考察企业创新的绩效及其影响因素。

企业是一个完整的系统,它从外界获得资源,在内部进行加工,输出到外界获得进一步的资源反馈。因此,外部环境的多种变化都可能引发企业创新。这些外部因素包括来自企业外部的技术创新和基础科学进步、竞争对手的投资、进入壁垒、原材料的枯竭与改变、金融资源的获取、市场状况的转变、政府的推动与阻碍、立法的改变、战争、气候等。企业创新的根本目的是获得利润,但也不排除出于某种偏好或文化而创新,即为某种技术理想而创新。因此,企业内具有创新意图的力量,或关注企业的盈利能力、市场地位与竞争力的力量,原则上都具有影响创新决策的可能。企业内部的力量一方面通过观察外界变化对企业的影响而做出创新的决策,另一方面通过自身的偏好和预测来开展创新活动。企业内部影响创新的因素包括企业家的才能与偏好、股权结构与股东的意志、企业的财务状况与市场预期、企业的人才离职与引进、企业内的持续研发、企业文化等。

在外部因素中,目前研究得较多的主要是四类因素:竞争者、政府与立法、基础科学与技术、金融资源。以竞争者为代表的市场因素,由于直接影响企业的盈利能力和竞争地位,因而是推动企业创新的最直接和最重要的动因。关于企业创新的需求牵引论和市场推动论认为,企业技术创新的一个重要动因是市场需求的推动。关于外国直接投资(FDI)的技术溢出效应的文献表明,外国直接投资对本国企业技术创新有一定的提升作用。外国直接投资给本国企业做出了技术示范,同时带来了强有力的竞争冲击,外国企业技术优势带来的垄断利润吸引着本国企业的进入,推动了本国企业进行技术模仿、技术引进和研发。外国直接投资为本国企业培育了一批人才,人才的流动和自主创业带来了企业的技术创新。外资企业与本国企业存在技术关联、供应关系和合作研发,也提高了整个产业的技术水平。但是,外国直接投资也可能抑制本国企业技术创新。例如,外资企业可以垄断市场,通过收购和竞争排挤本土企业,外资技术进步带来了对本国技术的替代,等等。

政府与立法通过投入和保护等推动企业创新。政府的诱导与牵引是企业技术创新的一个重要动因。诺斯认为,17世纪以来的专利法的发展,是西方国家技术创新快速发展的重要保障,正是产权制度的变迁改变了发明的激励。一个地方市场化水平的提高、交易成本的降低、法制的完善等都有利于企业开展创新。技术和基础科学的发展,也推动了企业创新。新技术提高了企业可能达到的生产率,降低了企业的成本,克服了研发的难题,自然能推动企业主动采用新技术。金融资源的可得性不能直接推动企业的创新,企业并非因为有更多现金流和更低融资成本就进行研发,但当企业受其他因素驱动而试图进行创新时,金融资源就成为制约或推动企业创新的重要力量。

企业常见的创新举措包括投资研发、技术革新、技术引进、产品仿制、生产流程创新、组织架构调整、财务和会计手段创新、战略转型、营销模式变革等。企业的创新过程则包括初始的创意与设计、需求的调查与分析、初始的投入、持续的研发或组织再造过程、企业内各方的支持、反复的讨论、产品试制或组织试运行、市场策略的制定、产品发布与组织再造完成、市场与企业内反应评估等。企业的创新绩效受到一系列内外部因素影响,外部因素包括了企业可以获得的各类资源,如核心技术、资金、人才、政策支持、政治与法律环境等。而企业内部可控的、主动性的因素,直接决定了创新绩效。总体来看,影响企业创新绩效的内部因素,可以划分为组织因素和个人因素两部分。在组织因素中,现有研究考虑了董事会和董事特征、股权特征、股东行为、人力资本投资、企业文化、知识整合、战略导向、财务与资金等多种因素的影响,例如,提倡创新的文化和进取的企业文化有利于技术创新,在技术人才上的人力资本投入有利于提高创新绩效,高技术企业往往采用更扁平的组织架构,等等。而在个人因素中,考虑了企业家精神、高管知识背景、员工知识等因素。例如,高管年龄与研发投入被认为是负相关的,而高管具有较高的知识背景则与研发投入是正相关的。事实上,企业内的可度量、可运用和可改变的各项资源,以及有形和无形的组织结构与精神,都可能是创新绩效的潜在影响因素。

企业创新能力则是企业运用、获取、维系和创造有利于创新的资源的"能力"。1957年Selnick提出企业能力的概念,认为能力是企业做得比其他企业更好的一种特质。能力理论逐步发展为企业核心能力或核心竞争力的概念。企业创新能力概念由Cohen和Levinthal(1990)提出,他们还发展出吸收能力概念。吸收能力是企业吸收新知识的能力,它能决定一个企业研发的能力、研发的深度与广度、对竞争对手的敏感性、后发技术创新的追赶能力以及技术优势积累的能力等。但是,这一概念存在两个问题。首先它是一个静态的概念,其次它过于狭窄,主要关注技术研发,而且更多聚焦于后发企业对已有知识的吸收,不重视原创的可能性。有鉴于此,基于动态和柔性能力以及资源基础观的企业创新能力理论也得到了发展。动态能力意味着企业在创新过程中能感知新技术的发展和市场需求对技术进步的要求,并能灵活地整合和配置资源进行创新,保持竞争优势。一些学者因此提出了企业的创新能力体现在创新管理的组织要素和职能要素方面的能力上,强调其高层人才等组织要素。从战略柔性和权变的观点出发,部分学者强调企业进行各个层次的创新战略协调的能力,以及知识发现、资源整合等方面的能力。基于资源基础观,一些学者提出企业的创新能力在于独特的资源和运用、获得资源的能力。

以下,我们对企业创新要素及其作用机理进行分析。上述研究涵盖的内容基本在于企业创新的动因、绩效和影响因素。我们认为,企业创新具有四个特点:第一,企业创新的动力来自两个方面,企业的内部和企业的外部。两方面因素的影响路径则较为复杂,总体上可以归类为对企业创新的推力与阻力。这样,就可以从内部—外部、推力—阻力两个维度,分析有利于或不利于企业创新的因素。这些因素可以归结为企业创新的环境,即企业处在何种境地之中,内外部影响因素是否能有效促使企业进行创新活动。第二,从静态、比较静态和动态来看待企业创新。从静态看,企业创新是一个投入或重组的行为;从比较静态看,企业创新是投入或重组到产出或组织重构的跳跃;而从动态和网络的视角看,企业创新是一个持续的过程和各部门协作的结果。第三,企业创新最终要形成一个绩效,绩效不仅包括产出或组织重构的结果,而且包括对绩效的评估。同时,影响绩效的因素,特别是内部资源和能力的影响,是在从投入到产出的过程中发挥作用的。第四,影响企业创新动力、创新行为、创新过程以及创新绩效的要素可以整合为统一框架,如图6-2所示。

在图6-2中,企业创新环境分为外部环境和内部环境。企业外部创新环境的

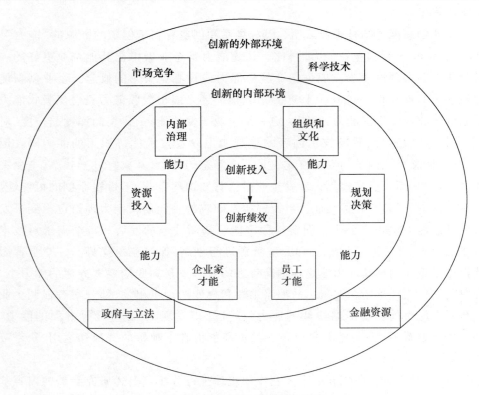

图6-2 企业创新活动的诸要素

主要要素包括市场竞争、政府与立法、基础科学与技术以及金融资源。企业创新内部环境的主要要素,按其内涵,可以分为资源和能力两部分,按其归属,可分为组织和个人两部分。属于组织的内部资源包括:内部治理机制、企业组织架构与文化、企业内部资源储备和投入(包括企业的财务、营销、人力和技术资源)、企业的规划与决策。属于组织的能力包括组织层面的战略柔性能力、战略协同能力、知识整合能力和组织学习能力等。属于个人的资源包括企业家才能和员工才能(如技术人员的知识背景、技术人员的创意、销售人员的人脉网络、财务人员的资质等)。属于个人的能力包括个人的学习能力、知识传承能力、创新能力等。

创新环境首先影响企业创新的动力。从外部环境来看,如果企业处在知识产权保护薄弱、政府支持力度较低、风险投资和长期融资稀缺的环境中,企业就难以进行创新。市场竞争的作用则较为复杂,高度的竞争有可能构成企业创新的压力和动力,垄断一定程度上会使得企业安享垄断利润,而挤出创新。但只有通过一定程度的垄断,企业才能获取足够的利润,才有创新动力,过度的低效竞争使得企业盈利能力太低,缺乏创新投资。从内部环境来看,企业的创新意愿受到企业家或高管的个人特质影响,组织文化和治理机制也与创新动力相关。如果企业内创业家或高管创新意识薄弱、知识背景不足,或组织架构过于臃肿和官僚化,或战略导向过于注重低成本、大力销售和扩张的增长模式,则企业也缺乏创新动力。

企业创新投入到企业创新绩效之间的中介变量,是企业创新内部环境,即企业创新的"资源"和"能力"。而企业创新外部环境在投入到绩效过程中发挥调节变量作用。但企业内外环境要素之间存在联系,因而会出现"投入—环境—绩效"的多重路径。这一关系如图6-3所示。

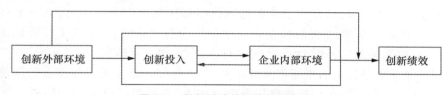

图6-3　创新活动的要素作用机理

企业的治理机制是其创新的内部环境之一,企业内部治理机制中的股东行为、董事会特征、董事和高管特征,都影响企业创新行为,但这三类要素又与外部环境相关联。第一,就股东而言,企业中的政府股东,给企业带来了较强的外部政治资源,可能为企业争取到政府的创新支持政策甚至投入。政府股东为实现提升产业结构、转变经济增长方式的政府目标,采用任免高管、干预战略决策等股东行为,推动企业进行创新。因此政府股东改善了企业的内外部创新环境。机构投资者一般是基金、银行和投行,它们也改善了企业的外部金融资源环境,能为企业带来信贷投资或风险投资。从对创新绩效的影响而言,仅由股权结构不足以解释企业创新绩效,但不同股权结构下企业的组织文化、管理机制均有差异,二者的协同作用可能影响创新绩效。例如,国有控股企业的研发投入较大,但研发效率可能较低,研发成果主要来源于投入而非原创性创意。第二,在董事会特征方面,虽然现有研究认为独立董事比例、董事会规模等对企业研发投入没有显著影响,但董事会战略决策仍然是企业创新的主要决策因素。因此,董事会结构需要与董事或高管的个人特质结合起来解释企业创新动力和绩效。第三,就个人特质而言,高管或董事的技术背景、教育与知识背景、创业经历影响了其创新决策。而从个人社会资本而言,企业可能通过技术董事、技术高管来获得信息和技术资源,董事或高管还可以从外部获得财务、营销等资源支持企业的创新,例如他们可以通过渠道开拓和融资来支持商业模式创新,这样内部的治理机制就与外部的基础科学和技术资源、金融资源发生了关联。董事或高管还可能在其他公司内担任董事或曾经在其他公司担任高管，这样具有连锁董事或其他公司任职（同行业或不同行业）经历的董事比例，就可能是影响企业创新动力的一个因素。董事和高管的技术背景并不能直接解释企业的创新绩效，他们带来的知识需要企业的整合与吸收，企业获得的资金需要内部财务良好的理财能力去运用，因而知识整合能力、组织学习能力、企业内部知识网络、企业理财能力等都可以作为董事背景与企业创新绩效的调节变量。

2.2 创新评价体系
2.2.1 相关研究

根据评价的内容，已有的企业创新评价指标体系可以分为三类，第一类仅评价企业的创新行为，第二类评价企业的创新行为与创新绩效，第三类评价企业的创新行为、创新绩效以及影响因素，包括创新能力、创新资源等。

评价企业创新行为的指标体系研究中，常玉等（2002）主要关注企业的研发投入、研发能力、制造能力、创新战略以及营销能力；向刚和汪应洛（2004）提出了包含创新能力、创新基本能力、机遇以及环境等要素的企业持续创新能力模型，其评价指标包括了机遇捕捉能力、"新组合"实施能力和持续效益实现能力等；钱燕云（2003）比较了中德企业样本的技术创新投入与产出效率；孙凯和鞠晓峰（2008）考虑企业在研发、人员、营销、激励等方面的创新投入；陈骑兵和马铁丰（2012）评价了四川省高技术企业的创新研发投入与创新研发产出。

在评价企业的创新行为与绩效的指标体系研究中，单红梅（2002）关注企业的技术创新经济效益和社会效益；孙冰和刘希宋（2002）关注创新的效果、创新的投入以及创新的管理；陈劲和陈钰芬（2006）主要关注创新效率，区分了产品创新和工艺技术的创新；郑春东等（1999）、陆菊春和韩国文（2003）、杨忠敏（2004）从研发投入、管理、制造、营销等环节评价企业技术创新能力；马胜杰（2002）、吴永林等（2002）从创新投入、创新管理、创新实施能力、营销能力、创新产出能力、创新核心能力（实质上是企业家创新意向）等评价企业技术创新能力；朱利民（2004）从创新的决策、投入、实施、管理和实现等环节评价创新能力；李向波和李叔涛（2007）、白俊红等（2008）也是从创新的投入、研发、企业管理水平、营销、生产和产出能力等指标来衡量企业创新能力。

另外，赵国杰和赵全超（2004）从技术、成本、管理、财务、市场、政策、自然条件和产出等方面强调企业的技术创新优势；曹洪军等（2009）提出一个从创新需求到创新意向、从创新方式和创新投入到创新产出的受管理变量调节的模型，并构建了评价体系；2005年国家统计局发布的《中国企业自主创新能力分析报告》是从创新资源、创新活动、创新产出、创新环境等维度考察企业创新能力。

已有企业创新评价体系存在一些共同的特征。第一,基本都关注技术创新,对管理创新未能关注。第二,大部分缺乏理论模型,都是从创新的过程来评价的,少数能从创新环境等进行评价。第三,较少考虑创新过程中影响因素与绩效的因果关系,选取的影响因素集中于企业内的营销和一般管理,对公司治理、财务、外部资源等关注不足。

2.2.2 指标体系构建

在已有研究的基础上,根据企业创新的理论逻辑,构建较为系统的企业创新指标体系。本体系从环境和活动两方面评价创新。在创新活动方面,从创新效率、创新市场表现与经济效益、创新的科技进步和社会价值三个方面评价创新绩效,评价时考虑创新的难易程度、时代背景,绝对评价与相对评价相结合。在创新环境方面评价外部和内部环境,分别从政治、产业、技术、社会四个方面和企业家、治理、组织、人力、财务、技术、营销、能力八个方面进行评价。本指标体系综合了定性与定量指标,既有直接数据,也有专家和自主评分,运用模糊和层次评价法、因子分析法、DEA方法等获得最终得分。具体指标体系如下所示。

表6-1评价企业创新的内外部环境。关于政府与立法,秉持与企业关系密切度层层递进的原则,围绕着政府对创新的支持力度来考察,主要衡量我国整体的知识产权保护水平、对相关企业技术创新的扶持程度以及地方政府对相关产业技术创新的态度与实际政策。特别关注政府与企业创新的关系,即政府是否认定该企业,进行扶持,或要求其进行技术创新。在基础科学与技术方面,从全球和我国两个层次,关注企业的技术创新所依赖的基础科学、技术和装备在整体上最近有无重大进展,如果有,则企业更有可能进行技术创新,同时关注我国在该产业中的技术水平,若技术水平较高,则企业技术创新更为顺利。值得注意的是,这里所说的"技术",不仅仅指产品,也可以包括管理方式、管理理念、商业模式等管理创新内容。产业发展、金融资源是企业创新的至关重要的两个推动因素。本指标综合考虑了现有文献的成果,着重从市场结构、市场势力和FDI企业的技术水平,来衡量竞争带来的创新压力,从关键资源、竞争模式,来衡量本产业主要的竞争方式,如果竞争方式停留在低端化水平(如主要依靠低成本或争夺垄断某种资源来盈利),则技术创新的动力就不足。金融资源的衡量关注宏观层面和本企业层面,特别关注本企业所在区域的金融便利性和金融企业对创新的支持力度,这样设计是因为本区域的金融企业是企业创新活动所能获得的最直接金融支持。在社会文化方面,主要考察本区域民众的创新思维,一个创新思维相对缺乏的地区,较难支持有重大突破的企业创新。

表 6-1 企业创新环境评价指标体系

一级指标	二级指标	三级指标	指标解释与测度
外部环境	政府与立法	国家的产业创新政策	对本产业国家的创新扶持政策与规划
		国家的知识产权立法	我国知识产权立法的整体指数
		区域创新扶持政策	本省或本市创新或创业扶持计划的力度
		区域产业发展规划	本省或本市的产业发展规划状况
		政府对本企业创新的资金扶持力度	政府的资金和税费支持力度
		政府对本企业创新的政策扶持力度	对创新的技术或战略对口支援安排
		政府对本企业的创新的股东行为	政府为国家政策而要求本企业技术研发
	基础科学与技术	本企业所依赖的基础科学的最新进展	基础科学的重大改变
		本企业所依赖的工艺技术的最新进展	工艺技术的重大改变
		本企业所依赖的技术装备的最新进展	主要装备的重大改变
		本企业所在行业的技术发展	我国该行业技术的先进性
		本企业所在行业的装备发展	我国该行业装备的先进性
	产业发展	产业结构	产业集中度
		产业的技术水平	产业平均技术水平
		产业的 FDI 技术差距	本国企业平均技术水平与外资主要企业技术水平差异
		产业的关键资源	产业竞争的关键资源
		产业的所有制分布	产业内国有企业的重要性
		产业的竞争模式	产业的竞争战略:低成本或差异化
		产业的利润水平	产业的平均利润率
	金融资源	区域金融发展水平	区域金融或资本市场发展指数
		行业融资能力	行业内上市公司融资额
		企业的融资便利	企业的银行贷款和资本市场融资总额
	社会文化	区域创业精神	区域的创业企业数量
		区域的创新创意精神	区域的创新创意精神得分

（续表）

一级指标	二级指标	三级指标	指标解释与测度
内部环境	企业家特征	企业家或高管平均年龄	年龄
		企业家或高管平均知识水平	教育年限
		企业家或高管知识背景与知识结构	不同背景的高管的比例
		企业家或高管创新意向	创新意向评价
		企业家或高管的社会资本	企业家能从社会联系中获得的资源以及能力
	治理机制	董事会结构	有技术背景的董事和外部董事的比重
		股权结构	国有股比重和股权集中度
		高管薪酬激励	高管平均薪酬和股权激励
		内部控制	内部风险控制机制评价
		政治联系	企业的政治联系
	组织架构与文化	组织特征	组织形态
		组织文化	企业文化对创新的鼓励
	技术资源	技术储备	技术储备量
		核心技术	企业具有先进性的核心技术
		技术先进性	与行业或国际先进水平的差距
	财力资源	融资渠道	现金流或融资渠道状况
		资金存量	企业资金存量
	人力资源	技术人员数量	技术人员数量
		技术人员技能水平	技术人员的技术水平指数
	营销资源	营销品牌	自有品牌或销售渠道
		营销力度	营销投入
	知识能力	知识整合能力	企业整合相关知识的能力
		组织学习能力	企业学习新知识的相关能力
		知识传播能力	知识在组织内的横向传播与纵向传承能力
	战略能力	战略规划能力	企业进行战略规划的部门设置与决策机制
		战略协同能力	各部门或子公司协同实施战略的能力
		战略柔性能力	企业根据需要更改战略与执行以及配置的能力

在内部环境方面,首要因素是企业家的个人因素和创新意愿,从个人角度考虑,企业家或高管的个人眼光、知识背景、创新意识,都是关键因素。年轻一代的企业家,可能比老一代企业家整体上更具有技术创新的意识与魄力。例如,苏泊尔的新一代掌门人,就将企业从扩张战略转型为核心技术取胜的战略。企业的组织架构与文化,决定了那些有创新意愿的员工,是否能发挥自身的作用,是否能将创新的意愿在企业的支持下转化为实际的行动。因此本指标体系注重考察企业的组织架构与企业文化,体现组织行为与创新的关系。本指标体系还将评价企业创新绩效的内部资源和能力,相比已有的"企业创新能力"评价体系,本指标体系有四方面拓展。第一,将治理机制作为一种资源和能力纳入评价。第二,兼顾管理创新和技术创新。第三,现存指标在创新能力的名下,涵盖了资源、组织设置、"能力"等多重内容。根据我们的框架,能力与资源有所区分,能力在于有效而独特的行动或思想,是企业运营和保持资源的可能性或有效性。而资源则是可量化的人、财、物以及不可量化的关系网络。第四,在评价中体现了网络、系统的思想,例如考察了企业家的社会资本,考察了企业的政治联系,考察了企业内部管理创新与技术创新的关联以及各部门对创新的综合支持等。

表6-2 的评价指标,综合考虑企业的创新投入与绩效。相比现存的指标体系而言,我们的指标体系对管理创新给予了更多的关注,并在指标中体现了管理创新与技术创新的关联。对创新及其支持活动,从投入和行为两个方面予以考察,特别对员工的行为努力给予了重视。在技术创新方面,主要考虑创新本身的人、财、物(技术)投入。基于我们提出的框架的动态综合观,我们考虑了财务、营销和管理方面的支持,特别是财务和营销方面,体现了技术创新的一个系统化观点。在管理创新方面,关注了组织、战略、文化、治理和商业模式的创新,首要关注的则是治理的创新和日常管理(如考核制度)的变革,力争在全面涵盖中突出重点。由于管理创新本身往往就是财务、营销等部分的创新,因此其支持活动重视与技术创新的关联性,突出了生产流程的再造、由于战略转型而进行的研发活动。管理创新过程的一个核心环节是更新激励机制,通过激励与约束制度改革以及说服劝导的非正式渠道,消除改革障碍,推进管理创新。因此这一方面是一个重要的评价指标。

表 6-2　企业创新的投入产出评价指标体系

一级指标	二级指标	三级指标	指标解释
创新投入	技术创新	研发投资	研究开发相关费用
		研发人力投入	技术人员工时薪酬与人才招募
		研发技术投入	研发购入设备与专利
	技术创新营销支持	设计沟通	营销人员与设计人员就产品开发方案进行前期有效沟通
		渠道支持	在专卖店、加盟店、电子商务上的投入
		广告支持	广告投入
	技术创新财务支持	融资支持	为研发获得风险投资或银行贷款的努力
		投资支持	财务在研发投资上的赞同
		财务风险控制	对研发失败的风险基金建设
	管理创新	治理机制的创新	治理机制创新
		日常管理的革新	日常管理制度的创造性变革
		企业文化的改变	企业文化重建
		组织架构的重组	组织重构
		商业模式的再造	创新商业模式
	管理创新支持活动	流程再造	生产服务流程再造
		产品研发	新产品或服务的研发
		人力资源	员工激励与说服
创新绩效	技术创新效率	研发产出	研发产品和专利数量、成功率、难易程度、市场与社会价值
		研发投入产出比	投入与产出比,DEA 相对效率差距
		研发的单位时间与资金消耗	时间与资金消耗
	技术创新价值	技术价值	技术先进性,填补了国内或全球空白
		社会价值	对社会生活贡献程度
		产业价值	对产业水平或结构升级的帮助
	技术创新效益	利润增量	利润增量
		市场份额增量	市场份额增量
		成本减少	成本减少量
	管理创新产出	管理创新效率	管理创新耗费的时间、资金
		管理创新成功率	管理创新完成度
	管理创新效益	管理创新创造的利润和竞争优势	利润和市场占有率的增加,成本降低
		管理创新的社会价值	管理创新示范作用,同行采用率

创新绩效方面，突出了两个特点：第一是兼顾了技术与管理创新，尝试对管理创新的绩效进行衡量；第二，现存评价体系对绩效本身并没有做深入内涵的思考，分别将绩效等同于产出、效率和经济收益。我们则明确从三个维度来衡量企业创新的绩效，首先考虑创新的效率，重视创新所耗费的资金以外的投入，然后考虑创新对于企业而言的市场价值，进而考虑创新对于产业、社会乃至人类进步的"正外部性"，这样方可全面评价企业创新的价值，并在此基础上，根据创新的难度与意义，更准确地衡量企业创新的效率。例如，若一个企业开发出治愈癌症的药物，它可能投入极高、耗时很长，然而研发出的技术最后溢出到整个制药行业，也没有实现完全垄断。如果仅从投入产出来衡量，可能是低效率的，但是考虑到创新的难度和对整个社会的价值，与投入小、难度小但市场价值高的项目相比，仍然可以说是同样高效率的。

3 我国企业创新现状、问题、对策

3.1 我国企业创新现状

创新能力不足的问题已经成为困扰我国企业进一步发展的障碍,这其中既有政策环境、制度机制等企业外部的原因,也有企业内部管理、动力机制的内部问题。所以,梳理我国企业创新的现状,认真研究如何提高我国企业的创新能力,对增强我国企业竞争力、实现我国自主创新战略具有重要意义。

3.1.1 创新环境现状

自1985年推行科技体制改革以来,我国企业创新环境发生了根本变化。最为突出的变化是:产业部门开始成为研发的主导力量,目前研发总量的2/3是由产业部门完成的,该比例在20世纪90年代初还不足40%。与此同时,公共科研机构的研发所占份额由约50%降至不足1/4,高等教育机构占研发的份额变化不大。

1978年以来,中国开始了从计划经济向发展市场经济的转换,实行改革开放。改革开放三十多年来中国的经济日新月异,GDP平均年增长率达到10%。在经济体制改革的同时,我国的科技体制也发生着重大的变革,其变革的核心便是促进科学技术和经济相结合,加快科技成果转换为商品成果的过程,充分发挥科技作为第一生产力的作用。在市场为导向的驱动下,民间创新活动得到了大力的发展,大学与研究机构的技术创新活动得到了激发。政府为了全面推动科学技术和经济结合,接近国际先进的高新技术研究,从80年代开始制订了大量的政策计划,包括以重大基础科学研究为重点的"973计划",以高技术研究为目标的"863计划",以促进技术产业化为目标的"火炬计划"。同时还设立了国家科技型中小企业创新基金。创新政策的演变源于我国政府审时度势,在经济、技术全球化背景下,借助国家的力量,加大创新系统的构建,大力培养创新型人才,不断积累自主创新的能力,力求获得长远的国际竞争优势。

自邓小平同志于1978年召开的全国科学技术大会上提出"科学技术是第一生产力"以后,此论断便成为我国政府制定新时期科技创新政策的指导思想。近年来,我国企业的创新政策体系日趋完善,这些政策有力地支持了企业的创新,为企业的技术进步提供了良好的环境条件。《1978—1985年全国科技发展规划纲要》要求在一切可以使用机器操作的地方使用机器操作,实现电气化、自动化,提高社会劳动生产率。《1986—2000年科技发展规划》中制定了"科学技术工作必须要面向经济建设,经济建设必须要依靠科学技术"的基本方针,根据我国国情发展具有中国特色的科学技术体系,推广科学技术的应用。1994年国务院公布了《90年代国家产业政策纲要》,创造性地提出了以市场换技术的技术政策思路。《1991—2000年科学技术发展十年规划和"八五"计划纲要》的制定标志着我国服务于经济建设的科技创新战略的正式形成。

1995年,国务院正式提出"科教兴国"战略方针,同期,中央颁布了《关于加速科学技术进步的决定》,确立了科学技术创新在当今社会经济发展中的重要地位,明确指出技术创新是现代产业发展的动力。《全国科技发展"九五"计划和到2010年长期规划纲要》进一步强调了全面实施科教兴国的战略,指出经济建设必须要依靠科学技术,科学技术的发展必须要配合经济建设。此外,最新修订的《科学技术进步法》、为确保以上规划纲要的实施而制定的60条配套政策以及我国中央和地方政府之前陆续出台的大量有关自主创新的政策措施,在制度上解决了企业创新投入不高等我国在自主创新中凸显出来的问题。

此外,改革开放三十多年以来,我国政府在创新政策实践领域制定了一系列促进经济增长的产业政策和技术政策,使得我国经济在短时期内发生了翻天覆地的变化,如今我国的经济总量已经超过日本跃居世界第二位。具体来讲,我国的产业政策实践可以分为三个阶段。第一阶段是试点时期,在改革开放期初,先在全国经济改革试点的经济特区进行推广,以点带面,带动周围经济共同增长。这一时期我国主要使用的产业政策包括逐步放开产品市场的管制,扩大市场的竞争范围;用优惠的政策条件来吸引外资到经济特区进行投资等手段使我国从计划经济体制逐渐向市场经济过渡。第二阶段是全面发展时期,在特区经济试点成功之后,全国各地全面开放,各地竞相使用各种优惠政策来吸引资本投资,同时,国家越来越重视高新技术产业的发展,于是高新技术开发区项目在全国各个地方轰轰烈烈地开展起来。出口导向也是这个阶段非常重要的一个产业政策,不但消化了国内的产能,也使得我国外汇储备不断增加。第三阶段是可持续发展时期,在上一个阶段的迅猛发展之后,我们发现经济的过快增长使得我们忽视了一些其他的因素,资源与环境问题接踵而至,由于发展的不平衡,导致全国各区域之间差距不断扩大,贫富差距严重。为了协调社会全面发展,国家制定了一系列重大的产业政策,全面推进中部崛起、西部大开发以及东北老工业基地振兴计划。在发展模式上,产业政策的制定与实施开始注重可持续发展、经济循环发展等理念。在加入WTO后,面对经济全国化以及技术知识产权的约束,政府适时制定新的产业政策,引导自主创新的发展。

我国目前的产业政策主要是结合国内外有利形势,加快推进产业升级,尽快实现工业化、信息化。技术政策作为与产业政策相辅相成的政策,在制定和实施上必定也会围绕这一目标服务。我国在1994年的《90年代国家产业政策纲要》中首次使用了"产业技术政策"一词,该政策的主要重点就是促进国家产业技术的进步。最新颁布的《国家产业技术政策》以推进我国工业化和信息化为核心,促进相关产业的自主创新能力提高,实现产业结构优化和产业技术升级。力图"提升我国产业的国际竞争力,加大以自主创新为主的产业技术研发力度,实现产业技术升级,推动产业结构优化;满足国民经济和社会发展需要。加强引进技术的消化吸收再创新,重点研究产业发展的核心、关键共性技术,着力实现重大技术装备的国产化,满足国民经济发展的需要,满足国家工程建设的需要,保障国家经济安全;加快淘汰高消耗、高污染的落后工艺技术和生产能力,大力发展循环经济,逐步构建节约型的产业结构和消费结构,形成绿色产业技术体系;增强企业创新能力,发挥企业技术创新主体作用。落实财税、投资、金融、政府采购等政策,引导和支持企业加大技术创新的投入,加快形成以企业为主体、市场为导向、产学研相结合的技术创新体系"。

2012年9月11日,第六届夏季达沃斯论坛发布的《全球竞争力报告》显示,在亚洲新兴经济体中,中国排名第29位,在金砖国家中保持领先地位。报告称,中国宏观经济环境非常良好且非常稳定,主权债务评级优于一些发达国家。受益于自己庞大的国内市场,与同处一个发展阶段的国家相比,中国的创新能力也比较高。此外,一些指标的排名对中国比较有利:国内市场规模指数排名第2位,国外市场规模指数排名第1位,全国储蓄占GDP的比重排名第5位,宏观经济地位排名第11位,报酬和生产力排名第16位,国家信用等级排名第22位,风险投资收益排名第22位,创新能力排名第23位,企业的研发投入排名第24位。位于瑞士洛桑的独立的非营利机构瑞士洛桑国际管理学院(IMD)发布的《世界竞争力年鉴2013》中,最新公布了2013年全球经济竞争力排名,中国内地位列第21位,比2012年提升两个位次,2013年中国香港地区排位第三,比2012年下降两个位次。2013年7月22日,中国知识产权指数研究课题组在北京发布《中国知识产权指数报告2013》,按知识产权综合实力指数进行排名,显示前十名依次是北京、江苏、上海、广东、浙江、山东、天津、福建、辽宁、重庆。与2012年相比,北京、上海依然位居前三,而广州则跌出前三甲。报告以综合排名靠前省市近三年实施的知识产权政策、措施为落脚点,同时结合官方第一手数据信息以及实地考察资料,在对上述素材进行梳理、分析、研究的基础上结合指标数据,直观地展现了促进上述省市知识产权发展的政策原因及现实原因。

此外,我国在新能源、新材料领域中不断实现重大技术突破,在一些领域已达到国际领先水平。例如,在风能利用方面,形成了兆瓦级风电机组的自主研发和规模化制造能力,2012年总装机容量超过7500万千瓦;在太阳能光伏发电方面,形成了高性能晶体硅、太阳能光伏电池的规模化制造和生产能力,2012年光伏发电装机容量超过500万千瓦,取得了一批重大成果;通信光纤、钽铌铍合金等新材料生产技术已达到国际先进水平,为相关产业发展提供了重要支撑。伴随着"十二五"规划的出台,七大战略性新兴产业破茧而出。"十二五"规划清晰界定了特种金属功能材料等六大新材料发展领域,提出"十二五"期间新材料产业总产值将达2万亿元,年复合增长率超过25%的目标。《国务院关于加快培育和发展战略性新兴产业的决定》指出,到2020年,节能环保、新一代信息技术、生物、高端装备制造产业成为国民经济的支柱产业,新能源、新材料、新能源汽车产业等新兴产业成为国民经济的先导产业。

新兴产业的崛起离不开资金的支持。参与起草《加快培育战略性新兴产业指导意见》的社科院数量经济与技术经济研究所副所长齐建国表示,"十二五"期间,财政金融支持将加大对战略新兴产业的投入,包括鼓励金融机构加大信贷支持;加快相关企业上市进程;引导社会资金投向新兴产业。在产业政策扶持和巨额资金支持下,战略性新兴产业将面临快速发展机会。据中信证券的研究报告可知,目前在科技领域,全国研发投入约占GDP的1.5%;今后5年将扩大到2%—2.5%。值得注意的是,在调整产业结构的背景下,"中国制造"亟待升级,新兴产业中的高端装备制造业可能成为新兴产业的重中之重,而国家为装备制造业发展指定的重点任务之一便是不断推进产业创新能力建设。

3.1.2 技术创新现状

技术创新作为企业创新活动的核心内容,为组织目标的实现提供必要的支撑和保障,越来越多的公司认识到技术创新的重要性。企业的技术创新投入和技术创新产出是对企业技术创新活动的两个主要评判依据。

1. 创新投入

创新经费投入是衡量企业创新投入情况的重要指标之一。2010年,国家财政科技支出稳步增加,科技经费投入继续保持稳定增长,全国研究与试验发展(Research and Development,R&D)经费投入力度加大,R&D经费投入强度进一步提高。

R&D经费是衡量国家R&D活动规模、评价国家科技实力和创新能力的重要指标。大中型工业企业是我国工业企业技术创新的骨干力量,在提升我国自主创新能力、推进创新型国家建设方面发挥着不可替代的作用。大中型工业企业开展R&D活动的投入、产出和技术获取情况,在很大程度上体现着我国的整体技术实力和创新能力。下面,将重点对国内大中型企业R&D经费投入情况进行分析。

2011年我国R&D经费规模超过8 687亿元,按2011年平均汇率折算为1 344亿美元(1美元兑6.461元)。R&D经费规模继续保持高速增长,2008—2011年平均增长速度达到29.1%(可比价),是全球增长速度最快的国家。与此同时,受国际金融危机和欧洲主权债务危机的影响,发达国家放慢甚至减少了对国内R&D活动的经费投入。按可比价计算,2008年前3年,美国和英国R&D经费年增长率曾经高达10%以上;但2008—2011年间美国R&D经费年均增长速度只有2.1%,英国约3.9%;法国和德国R&D经费年均增长速度分别为4.1%和4.5%;2010年与2008年相比,日本R&D经费下降约12%,我国R&D经费赶美超日的速度加快。

从全国范围来看,"十一五"期间,国家加大了科技投入力度。2011年,国家财政科技支出为4 902亿元,占财政支出的比例达到4.49%。尽管较2010年的4.58%有所回落,但财政科技拨款占财政支出的比例已经连续6年保持在4%以上的水平。但全社会R&D总经费中来自政府的比重(不足26.0%)仍偏低,不仅低于绝大多数OECD国家,而且低于一些发展中国家。[①] 2000—2010年全社会R&D经费总额见图6-4。

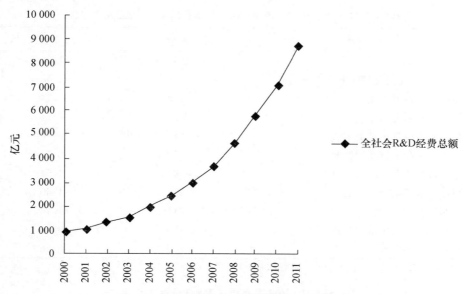

图6-4　2000—2010年全社会R&D经费总额

资料来源:根据"中国科技统计"数据整理。

---

① 数据来源:中国科技统计网站 http://www.sts.org.cn,国家统计局网站 http://www.stats.gov.cn/,中国科技统计年鉴,色诺芬CCER数据库,国泰安CSMAR数据库,OECD相关统计报告和中国政府官方公布的统计数据。

分活动类型看,全国用于基础研究的经费支出为 411.8 亿元,比上年增长 26.9%;应用研究经费支出 1 028.4 亿元,增长 15.1%;试验发展经费支出 7 246.8 亿元,增长 24%。基础研究、应用研究和试验发展占研究与试验发展(R&D)经费总支出的比重分别为 4.7%、11.8% 和 83.5%。分执行部门看,各类企业经费支出为 6 579.3 亿元,比上年增长 26.9%;政府属研究机构经费支出 1 306.7 亿元,增长 10.1%;高等学校经费支出 688.9 亿元,增长 15.3%。企业、政府属研究机构、高等学校经费支出所占比重分别为 75.7%、15.0% 和 7.9%。分产业部门看,如表 6-3 所示,R&D 经费投入强度(企业 R&D 经费与主营业务收入之比)最高的行业是通信设备、计算机及其他电子设备制造业,为 1.48%;投入强度最高的前 5 个行业,分别是通信设备、计算机及其他电子设备制造业(1.48%)、医药制造业(1.46%)、专用设备制造业(1.40%)、交通运输设备制造业(1.24%)、电气机械及器材制造业(1.24%)。分地区看,如表 6-4 所示,R&D 经费超过 300 亿元的有江苏、广东、山东、浙江和上海 5 个省(市),共投入经费 3 366.1 亿元,占全国经费投入总量的 56.16%。R&D 经费投入强度(与地区生产总值之比)达到或超过全国水平的有辽宁、上海、天津、山东、江苏、浙江和广东 7 个省(市)。

表 6-3 2011 年大中型企业 R&D 经费最多的 10 个行业及其强度

行业	R&D 经费(亿元)	R&D 经费强度(%)
总计	4651.9	1.03
通信设备、计算机及其他电子设备制造业	941.1	1.48
交通运输设备制造业	785.3	1.24
电气机械及器材制造业	624.0	1.24
黑色金属冶炼及压延加工业	512.6	0.78
化学原料及化学制品制造业	470.0	0.78
通用设备制造业	406.7	1.01
专用设备制造业	365.7	1.40
医药制造业	211.2	1.46
有色金属冶炼及压延加工业	190.2	0.52
煤炭开采和洗选业	145.1	0.46

资料来源:根据"中国科技统计"数据整理。

表 6-4 2011 年各地区 R&D 经费情况

地区	R&D 经费(亿元)	R&D 经费投入强度(%)
全国	5993.8	1.15
北京	164.9	1.01
天津	210.8	1.86

(续表)

地区	R&D经费(亿元)	R&D经费投入强度(%)
河北	158.6	0.65
山西	89.6	0.80
内蒙古	70.2	0.49
辽宁	274.7	1.24
吉林	48.9	0.46
黑龙江	83.8	0.67
上海	343.8	1.79
江苏	899.9	1.83
浙江	479.9	1.48
安徽	162.8	1.06
福建	194.4	1.11
江西	77.0	0.66
山东	743.1	1.64
河南	213.7	0.79
湖北	210.8	1.07
湖南	181.8	0.92
广东	899.4	1.69
广西	58.7	0.50
海南	5.8	0.23
重庆	94.4	0.94
四川	104.5	0.50
贵州	27.5	0.48
云南	29.9	0.34
西藏	0.2	0.03
陕西	96.7	0.77
甘肃	25.8	0.51
青海	8.2	0.49
宁夏	11.9	0.57
新疆	22.3	0.34

资料来源:根据"中国科技统计"数据整理。

对国内大中型工业企业R&D经费投入情况进行分析得出,2011年,全国开展R&D活动的大中型工业企业共37 467个,R&D经费支出共计5 993.8亿元,R&D经费投入强度为0.71%。R&D经费投入强度在很大程度上反映了行业的技术密集度情况。2011年,大中型工业企业R&D经费强度最高的是仪器仪表及文化、办公机械制造业(1.62%),其次是通信设备、计算机及其他电子设备制造业(1.48%)。超过大中型工业企业R&D经费强度国家水平的行业还有化学原料及化学制品制造业、医药制造业、专用设备制造业、通用设备制造业、电气机械及器材制造业、化学纤维制造业、交通运输设备制造业、黑色金属冶炼及压延加工业和橡胶制品业;从行业角度来看,不同行业对R&D活动投入的力度存在很大差别,新兴行业和技术密集度高的行业R&D经费投入规模明显高于传统行业,导致大中型工业企业R&D经费带有明显的行业集中分布特征。13个行业的大中型工业企业R&D经费超过了100亿元。通信设备、计算机及其他电子设备制造业一直是我国大中型工业企业R&D经费最高的行业,2011年其R&D经费总额为941.1亿元,占当年大中型工业企业全部R&D经费的16.8%。R&D经费在300亿元以上的行业还有交通运输设备制造业、电气机械及器材制造业、黑色金属冶炼及压延加工业、化学原料及化学制品制造业、通用设备制造业、专用设备制造业这7个行业,这7个行业R&D经费总额占当年大中型工业企业全部R&D经费的68.4%。

从东、中、西三大地区的角度看,如图6-5所示,我国的大中型工业企业R&D经费主要集中在东部地区。2011年,东、中、西三大地区大中型工业企业R&D经费分别为4532.3亿元、997.4亿元和550.2亿元,所占比重分别为71.7%、18.5%和9.8%。从具体的省市分布看,广东、江苏和山东的大中型工业企业R&D经费位居全国前三名,这三地的R&D经费之和占到企业R&D经费总额的42.5%。

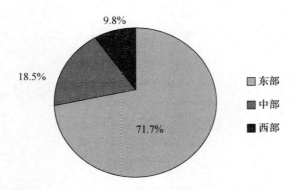

图6-5 2011年东、中、西三大地区大中型工业企业R&D经费比重

2. 创新产出

(1)高技术产业及高技术产品。高技术产业是国民经济的战略性先导产业,发展高技术产业对于加强科技对经济的支撑作用,推进产业结构调整和转变经济

发展方式意义重大。2011年,我国高技术产业总产值达到88 434亿元,比上年增长18.37%。高技术产品出口额达到5 488亿美元,比上年增长11.5%,占商品出口总额的28.91%。2011年,我国高技术产业总产值创历史新高,突破了8万亿元,达到88 434亿元。在高技术产品的进出口方面,2011年我国高技术产品进出口总额共计10 211亿美元,较上年增长11.8%。其中出口额为5 488亿美元,较上年增长11.5%;进口额为4 632亿美元,较上年增长12.2%。同时,高技术产品贸易顺差进一步扩大,达到856亿美元,再次创出历史新高。从行业角度来看,在我国高技术产品出口的各类技术领域中,计算机与通信技术仍居绝对主导地位,出口额达到3 929.4亿美元,占高技术产品出口总额的71.6%;电子技术出口额居第二位,为865.8亿美元,占15.8%。8个主要技术领域的高技术产品出口额较2009年表现出较好的恢复和增长势头,特别是电子技术、计算机集成制造技术和材料技术,增长率达到50%左右;在高技术产品进口的各类技术领域分布中,电子技术仍居首位,进口金额达2 139.8亿美元,占高技术产品进口总额的46.2%。位居第二的是计算机与通信技术,进口金额为1 056.4亿美元,占进口总额的22.8%。

(2)专利。近年来,我国专利申请量和授权量呈逐年上升趋势。据国家知识产权局的统计资料显示,2011年国家知识产权局受理发明专利申请52.6万件,同比增长34.6%。其中,国内发明专利申请(含港澳台,下同)为41.6万件,占总量的79.0%,同比增长41.9%;国外申请为11.1万件,占总量的21.0%,同比增长12.7%。2011年,我国的专利申请总量为163.3万件,同比增长33.6%。在2011年的三类专利申请中,发明专利申请52.6万件,较上年增长34.6%,占专利申请总量的32.2%;实用新型专利申请58.5万件,较上年增长42.9%,占专利申请总量的35.8%;外观设计专利申请52.1万件,较上年增长23.8%,占专利申请总量的31.9%。

对于国内大中型企业而言,通过申请专利对科研成果进行保护是市场经济体制下企业获得创新收益的重要手段。企业申请专利数量的多少标志着创新活跃程度的高低。企业拥有专利数量的多少,尤其是技术含量相对较高的发明专利数量的多少,在很大程度上能体现其技术力量的强弱和市场竞争优势的高低。

2011年,我国大中型工业企业申请专利38.6万件,较上年增长94.1%;其中发明专利13.5万件,较上年增长85.9%。发明专利占专利申请总量的比重由2000年的23.6%提高到2005年的33.1%,到2011年进一步提高到34.9%,这表明大中型工业企业专利申请的质量在不断提高;此外,发明专利拥有量主要反映企业的技术储备和市场竞争潜力。2011年,全部大中型工业企业发明专利拥有量为20.1万件,比上年增长77.8%。在三种登记注册类型企业中,内资企业所占份额虽占主导地位,但自"十五"以来一直在缓慢下降,从 2000 年的 81.0% 降至 2005 年的 74.9%,到 2011 年则占 73.9%。

(3) 国家高新技术产业开发区。2011 年,全国范围内 88 家国家高新技术产业开发区(简称"高新区")继续吸纳国内外大批高素质优秀人才,不断加强研发投入,进一步汇集创新资源,产生了一批具有国内外先进水平的科技创新成果,高新区创新能力稳步提升,创新成果丰硕。一方面,高新区始终突出自身智力资源的优势,不断丰富区域内企业创新活动,继续加强对科研机构和大专院校的聚集和扶持,为园区经济发展创造知识载体和创新源头。截至 2011 年,88 家高新区内共聚集各类研究院所 1 305 个;企业技术中心 4 132 个,其中国家级 251 个;国家重点实验室 381 个;博士后科研工作站 726 个,其中国家级 358 个;各类大学 474 个;国家工程研究中心 186 个,国家工程技术研究中心 237 个。研究机构与企业间形成了良好的产学研合作关系,加速了高新技术成果的产业化。2011 年,高新区积极拓展企业参与创新活动的渠道和方式,鼓励企业通过开发新工艺、研制新产品、承担政府科技计划项目、参与产品标准制定等形式多样的活动,不断提升创新能力和市场竞争力。统计显示,2011 年高新区企业参与的科技项目数量达到 19.6 万项,其中 R&D 项目达 5.5 万项。同时,共有 175 家企业参与各类国际标准的制定,其中 1 660 家企业参与制定并形成若干国家标准或者行业标准,显示出较强的技术实力和行业竞争力。另一方面,高新区不断开拓创新,科技创新成果丰硕。2011 年,在科技创新活动中,国家高新区企业加大对知识产权的认证和保护,专利申请和授权量持续增长,进一步激发了企业的创新活力,提高了企业的经营业绩。统计显示,当年高新区专利申请量达到 169 161 件,同比增长 35.4%,占全国总申请量的 10.2%,其中发明专利申请 79 693 件,同比增长 25.0%,发明专利申请量占全国总量的 15.2%。2011 年国家高新区企业共获得授权专利 88 238 件,同比增长 25.4%,授权专利数量占全国总量 4.4%,其中发明专利授权 29 438 件,同比增长 23.1%,发明专利授权占全国总量的 50.7%。高新区企业拥有有效专利 305 223 件,其中有效发明专利 104 436 件,同比增长 51.0%。高新区内每万人拥有发明专利数量为 97 件。在活跃的创新氛围里,高新区企业 2011 年开发生产新产品销售收入达到 34 581.5 亿元,占产品销售收入的 32.7%。

3.1.3 中国公司治理制度创新现状

现代企业制度建立以来,从公司治理的模式、治理结构到治理机制,公司治理的各个方面都随着经济的发展和问题的涌现,一直在不断地完善和创新。中国的治理模式,既不同于以外部监管为长的英美式市场导向型公司治理,也不同于以关系治理为主的德日式银行导向型公司治理,更不同于东南亚的家族式公司治理,而是具有自己所独有的一系列本土特征。在企业改革和市场化进程不断深化的过程中,中国的公司治理模式也在不断地转变,李维安将其概括为"以政府行政干预为特色的治理模式,正在逐步实现从'行政型治理'向'经济型治理'的转型"。

中国上市公司治理结构包括股东大会、董事会、监事会和经理层,其中每一部分的相关制度规范都在不断地完善和发展。股东作为公司的所有者和公司治理的主体,根据《公司法》的规定,享有剩余收益请求权、监督决策权、股票转让权等权利,并通过股东大会行使决定公司重大问题的权力。在中国,由于企业改革的路径依赖,"一股独大"普遍存在,不可避免地会出现大股东侵害中小股东利益的情况。针对这一现象,我国证券监管部门在制度上进行了创新,出台了一系列相关规定对大股东的行为进行约束,保障中小股东的权益。例如2002年,证监会颁布的《上市公司治理准则》中规定:"控股股东控股比例在30%以上的上市公司,应当采取累积投票制。"为强化中小股东对股东大会的请求权、召集权和提案权,《公司法》规定,单独或合计持有公司10%以上股票的股东请求时,应在2个月内召开临时股东大会。2004年颁布的《关于加强社会公众股股东权益保护的若干规定》要求我国上市公司建立和完善社会公众股股东对重大事项的表决制度,主要包括类别股东表决制度。此外我国还建立了有效的股东民事赔偿制度、表决权排除制度,完善了中小股东的委托投票制度,引入了异议股东价值评估权制度,并建立了中小股东维权组织。

在董事会建设方面,董事会是公司治理的核心,董事的有效设置和运作也受到政策规制者和公司的高度重视。为完善董事会治理,证监会要求公司引入独立董事和建立专业委员会。2002年《上市公司治理准则》发布,开始强制实行独立董事制度。《关于在上市公司建立独立董事制度的指导意见》规定在2002年6月30日之前上市公司独立董事人数不少于两人,在2003年6月30日之前上市公司独立董事人数应占到公司董事人数的1/3以上。《上市公司治理准则》第52条规定:上市公司董事会可以按照股东大会的有关决议,设立审计、战略、提名、薪酬与考核委员会等专业委员会。近年来,设置提名、薪酬、战略和审计委员会的上市公司的比例逐年增加,到2012年已经都达到90%以上。

在监事会的设置与运作方面,中国的监事会与日本较为相似,同时兼备了德国监事会中职工参与这一理念,但对于职工参与的权限不同。2002年又借鉴英、美等发达国家的经验,在原来治理机制的基础上,将独立董事制度引入中国上市公司治理结构中,形成了兼具监事会制度和独立董事制度的治理结构。《公司法》规定,有限责任公司设置监事会,其成员不得少于三人,股东人数较少或者规模较小的有限责任公司可以设置一至二名监事,不设监事会。股份有限公司设监事会,其成员不得少于三人。应当包括股东代表和适当比例的公司职工代表,其中职工代表的比例不得少于1/3。针对我国国有企业的监事会治理,国务院2000年颁布了《国有企业监事会暂行条例》,规定国有重点企业监事会由国务院派出,对国务院负责,代表国家对国有重点大型企业的国有资产保值状况实施监督。而且,各地在《国有企业监事会暂行条例》的框架下对国有企业监事会的人员有各自不同的要求。

在高管激励方面,高层管理者的激励和约束机制作为公司治理制度的核心内容之一越来越受重视。目前,我国上市公司对高管实行的激励包括物质和非物质两部分,其中薪酬激励除了年薪制外,还在逐步推行股票期权激励;非物质激励主要是指控制权激励、晋升激励、地位荣誉激励、解雇聘任激励和教育培训激励。而且,董事会建立了专门的薪酬委员会设计制定高管薪酬,对高管进行激励。同时,董事会和监事会等对高管的经营结果、行为或决策进行一系列审核、监察和督导行动,具体包括对高管的监督问责制、业绩考核安排、罢免安排以及重大事项的决策机制等,这些都作为法律法规确认的正式安排激励和约束高管行为。在我国,行政上级或国有资产管理部门对国有企业高管的选拔、任免、业绩考核和监督形成对高管的直接激励和约束,也是符合我国转轨时期行政型治理特点的激励约束安排。

3.2 我国企业创新存在的主要问题及成因

由于缺少拥有自主知识产权的核心技术,我国不少行业存在产业技术空心化的危险。企业创新能力的不足,已成为制约我国经济社会发展的瓶颈,核心技术的缺乏使得国产品牌产品的市场份额逐年下降,企业生存陷入窘境。若没有创新的核心技术和知识产权,企业发展将难以突破发达国家及其跨国公司的技术垄断,难以获得有利的贸易地位。我国企业必须深刻地认识到没有自主知识产权的技术基础,就不可能具有真正意义的持久的国际竞争力。创新是增长和获利的关键驱动力,创新是企业发展的灵魂,没有了灵魂,企业将难以生存。

3.2.1 研发经费问题

近年来,我国不断加大对于R&D经费的投入力度,R&D经费支出每年以20%的速度增长,超过了GDP的增长速度。2008年,我国全社会R&D经费支出达到GDP的1.54%,但是发达国家平均水平为2.5%左右。尽管投入力度有所加大,但与发达国家相比仍偏低。以国有企业为例,我国国有企业技术创新经费投入水平与国外同类领先企业相比还有相当大的差距。如我国中央企业2009年的研发集中度为1.05%。然而,美国企业2009年的研发集中度到了3%,欧盟1 000强企业2009年的研发集中度为2.4%。据英国商业、创新和技能部(BIS)2010年发布的全球1 000强企业研发投入报告显示,中国内地21家进入排名的企业其研发集中度为1.2%,中国香港8家进入排名的企业其研发集中度为1.7%,分别比非欧盟国家1000强企业平均研发集中度低2.7和2.2个百分点。丰田汽车的研发投入超过73亿英镑,大众汽车的投入超过57亿英镑,而唯一上榜的中国中央企业东风汽车投入仅为1.47亿英镑,与丰田、大众的研发投入相距甚远。

从R&D经费的融资来源看,我国企业R&D经费2/3来自企业,1/4来自政府。基础研究经费占全部研究经费的比例长期低于5%,而发达国家一般都在10%以上,甚至超过20%;而就企业的研发投入而言,我国国内只有极少数企业如中兴、华为等的研发投入支出可以占到营业收入的10%左右,绝大多数公司对于研发的投入力度仍然过小。而一些国际知名公司如韩国三星电子,其每年的研发投入均高于25亿美元,占据主营业务收入比例的10%以上。相比较之下,我国企业的创新投入显得不足,国家对R&D经费投入力度仍有较大增长空间。此外,我国企业用于研发、创新活动的资金主要来源渠道是自身筹集,其他渠道的融资比例很小。国家统计局发布的"企业创新专项调查"结果显示,企业75%以上的创新经费来自企业内部筹资,贷款资金为12%,而政府资金、合伙资金、资本市场资金合计不到5%。

3.2.2 核心技术问题

我国企业虽在航空航天、大型计算机、电子通信等技术领域有一定优势,但我国企业的创新总体能力仍十分低下。据统计,我国80%以上的高技术产品还是要依靠进口,普遍存在有制造、无创新,有创新、无产权,有产权、无应用,有应用、无保护的状况。我国对外国技术的依存度高达50%,而美国、日本仅为5%左右。我国企业的关键技术自给率比较低,有高科技含量的关键装备基本依赖进口,科技进步贡献率仅有39%左右。以中央企业较为集中的制造业为例,随着全球制造业不断向中国转移,2009年中国制造业在全球制造业总产值中所占比例已经达到15.6%,成为仅次于美国的第二大工业制造大国。然而,我们的企业只是在一些中低端甚至低端的产品与产业上赢得了国际竞争力,由于缺乏核心技术和高端产品的创新、研发能力,我们的企业难以进入产业链的顶端。此外,尽管我国已有数百种产品产量雄踞世界第一,但是真正具有国际竞争力的品牌少之又少;尽管我国是贸易大国,但是在出口产品中拥有自主知识产权和自主品牌的只占约10%左右。

在专利获取方面,2009年中央企业总计获得中国发明专利授权489项,而同一年美国IBM公司获得美国专利授权4843项,微软公司获得3157项美国专利授权,韩国三星电子公司获得4049项美国专利授权。然而,当年我国中央企业申请发明专利的冠军企业不及一家外国公司在中国的申请量,而我国中央企业发明授权的冠军企业还不及一家外国公司在中国获发明授权量的1/4。

3.2.3 人力资本问题

研发队伍的规模直接影响着自主创新的能力,扩大自主创新的研发队伍,不仅可以提高企业研发的效率,缩短研发周期,而且还可以使企业的自主创新步入良性循环,有效地提升企业的自主创新能力。我国企业的研发人员比例从2000年的5%增加到2011年的10%左右,得到了较大的提高,说明企业不断加大对自主研发人才队伍的投入。但与国外优秀的创新型企业相比,仍显不足。高层次人才严重短缺和人才大量浪费并存。中国高层次人才十分短缺,特别是科技人才队伍的结构性矛盾造成了人才严重短缺和人才大量浪费并存的现象。近年来,虽然我国创新企业开始重视员工培训工作,但投入力度仍显不够,缺乏企业整体层次上对员工进行培训的战略性设计,有待进一步加大人才队伍建设。

3.2.4 政策体系问题

我国的国家创新体系建设虽取得一定成绩,但仍存在一些问题和不足,主要表现在以下几个方面。(1)市场竞争。产品市场竞争是创新的重要动力。目前,中国市场机制的诸多缺陷使竞争发生扭曲,许多不必要的行政干预扰乱了市场的正常功能,不当甚至是违法行为以及相当程度的地方保护主义妨碍或损害了竞争。中国的市场机制尚不完善,这直接导致其创新活动无法获得充分的回报。实现经济增长向基于有效知识产权保护的、以创新为主导的增长方式转变还需要新的、具有强制力的反垄断法律的支撑。(2)企业管理。整体提升中国企业创新能力和效能是中国发展战略的核心所在。由于中国大多数企业并不熟悉现代企业创新活动,因而这一任务十分艰巨。决定发展目标及进行内部决策等企业管理方法对其创新能力有重大影响。目前中国的企业管理,特别是国有企业,对长期研发及风险投资缺乏充分有效的激励机制。同时,由于严重缺乏具有研发项目管理经验的专业人员,中国企业在这方面存在巨大障碍,国有企业现行的由政府指导的自上而下的研发与创新机制不可能产生预期效应。相反,这样可能会导致研发效率低下,无法满足需求。已有证据显示,目前的国有企业尚不具备有效创造和利用知识的能力,政府政策集中向国有企业倾斜意味着排挤并削弱对非国有企业的支持。既然允许其他所有制企业与国有企业并存,那么国有企业自身就必须进行结构调整以迎合市场机制,只有这样其研发投入与创新动机才会同市场信号吻合。当经济更加市场化时,则需要与之相适应的能够及时应对市场失灵的先进研发资助体系,为企业研发投资提供激励机制。(3)金融改革。国有银行是中国金融体系的主要支撑,其业务大部分集中于面向大型国有企业的贷款资助,而大多数国有企业长期处于背负大量"坏账"的亏损经营状态。因此,中国金融体系改革面临两大紧迫任务:一是降低企业不良贷款水平;二是革新银行系统监管机制(以避免今后新的不良信贷的增加)。中国在金融制度方面的许多特殊限制影响了企业创新活动的开展。首先,中国的金融制度不能满足私营企业,特别是中小企业的资金需求。资本市场发展不充分,并且由于银行放贷主要面向大型企业,尤其是国有企业,这使得中小企业寻求安全信贷的难度加大,只能主要依赖自我投资。其次,中国严重缺乏对新风险投资的金融资本支持,而新风险投资是创新的主要来源。在此方面,中国不但缺少专门知识和技术后盾,而且也缺少完善的经营性风险资本体系所必需的法制条件。在国家和省级层次,中国风险资本企业均是由政府成立并由政府官员负责管理,而这些人员通常并不精通相关技术、商业及管理。最后,缺乏具备高风险投资经验的企业及专业人员,同时面向收益回报周期较长的高技术领域(如生物技术)的投入很少。(4)知识产权保护。自从中国加入WTO并签署了贸易相关知识产权协定(TRIPS),中国专利体系已经同国际标准和国际惯例接轨,中国专利局受理的专利申请显著增加。尽管如此,中国国内及国外创新企业的需求仍然不能得到有效满足。侵犯知识产权,特别是侵犯版权与商标权的现象仍然存在。鉴于知识产权制度的复杂性,目前对侵犯知识产权处理的执行力度不够。由于缺乏与之相匹配的组织机制以及人力资源,无论在法律方面还是在行政管理决策方面知识产权制度的贯彻和执行都有很大难度。(5)公共采购。公共采购同样有助于促进创新和加速创新产品及服务的传播。中国市场的规模、活力以及中央政府和各级政府在经济中的主导作用使基于公共需求的创新力提升潜力巨大。政府采购比例迅速扩大,已经占到GDP的2%,但仍远远低于发达国家水平。中国政府已经认识到并开始尝试利用这种潜力,中国科技发展中长期规划首次将满足公共需求与推动创新置于经济发展的重要位置。就中国政府传统所依赖的刺激科技发展的税收优惠政策而言,这无疑代表了一种政策创新。为防止新政策违反WTO"政府采购协定"(GPA),中国政府已就此于2007年同WTO国家展开谈判。加入WTO GPA不仅仅意味着中国必须将公共采购市场向国外企业开放,而且,依据WTO成员国互惠原则,这意味着中国企业也相应获得了进入国外公共采购市场的新机遇。

3.2.5 创新问题的成因

对于企业创新中存在的问题,我们认为其形成原因主要有以下几个方面:(1)企业体制约束,动力不足。由于产权制度改革和现代企业制度培育的不到位,在企业中还普遍缺乏进行创新的内在机制,缺少自觉从事创新的内在动力和激励机制。多年来,一些企业未能妥善处理好技术引进与消化、吸收创新的关系,对消化、吸收引进技术和创新方面的投入严重不足,以致出现了无休止的"引进、引进、再引进"现象,有的甚至陷入"引进—落伍—再引进—更落伍"的恶性循环。此外,鼓励科技创新的经济政策体系还有待完善。技术政策是经济政策的重要组成部分,但是在具体的实践中,各部门的政策措施上还存在不少不明确、不协调、不配套的问题,使企业的创新行为无所适从。(2)企业缺乏创新的社会环境。应该承认,我国整体的社会环境自改革开放以来越来越向好的方向发展,推动创新的基本社会环境是具备的。但目前的社会环境还不完善,在许多方面还制约着创新的有效展开。首先是缺少一部有关国家创新体系和企业创新的基本法,目前的科技进步法已经不能适应创新活动对法律的需求。一些相关法律法规不能适应创新的需求,如政府采购法中没有体现政府采购对创新的促进作用。其次,市场经济体制还不完善,如市场运行规则、价格体系和调节机制、市场准入和退出机制以及为企业创新提供服务的市场中介组织等还远没有形成。再次,法律保证制度明显不足。创新的一个核心问题是有效保护知识产权,世界经济发展的历程表明,没有一个以知识产权保护法为核心的支持企业创新的法律体系,任何创新活动都是难以进行和持久的。最后,国际经济中的产业壁垒和技术封锁仍然存在,发达国家利用自己的技术优势继续寻求在竞争中的垄断地位,对关键技术和核心技术采取严格的保护措施。某些行业和技术领域因为存在严重的垄断而导致竞争不足等创新环境问题,已经成为影响企业创新内在动力最大的问题。(3)财税制度、金融制度、共性技术制度等制度的束缚和约束。这些制度也是国家迫切需要解决的问题。首先,税收制度不合理。目前,我国合资企业的税率为15%,而且企业所得税是"两免三减半",即从盈利之日起,两年内免缴所得税,第三年到第五年缴纳7.5%的所得税,如第六年再增加投资,接着享受"两免三减半"的优惠政策;而国产自主品牌的企业,从盈利之日起,就必须缴纳33%的所得税。其次,缺少规范的融资制度。一项自主的技术创新,从最初的构想开始到形成产业,是一个风险很大的过程,银行通常不愿提供贷款,一般投资者也不愿出资支持。目前我国科技研究成果转化率低的原因,除了不符合生产需要或技术不成熟外,主要是缺乏风险投资的支持,融资难的问题始终缺少化解的良方。相对而言,西方发达国家多年来通过立法和改革金融、证券市场制度,为高科技企业融资创造了各种便利条件,诸如政府担保贷款、初级股票市场融资、代理融通公司融资、租赁融资以及各种风险投资机构的投资等。再次,共性技术的研究需要很多的资金投入,不是企业能完成的,而且共性技术可能会失败,所以就要求由政府来做共性技术的研究。对不同层次的共性技术研究,政府的支持力度、组织方式和资金比例应各不相同。要以满足企业需求为目标、服务于产业为原则,政府应建立能够调动企业积极性和有利于成果扩散的组织形式,从而更有效地利用政府资金,最大程度促进共性技术的研究、扩散和应用。

我国总体研发投入比例远低于工业化国家,但政府科技计划涉及的领域和深度远远超过总体研发投入。由此导致的矛盾是:一方面,政府大量资助竞争性领域的产品开发和生产项目;另一方面,一些关键性技术由于资金不足一直不能突破,关键产业的竞争力长期得不到根本提升。制度的改革从经济角度讲,原来主要由政府来配置资源,今后应该由市场来配置资源。

3.3 我国企业创新能力的培育策略

针对创新存在的上述问题,总结国内外企业的一些成功经验,可以从社会和企业两个方面来考虑培育我国企业创新能力的一些基本对策。

3.3.1 社会策略

1. 强化政府行为

政府引导创新方向。政府在推动创新的过程中,应采取有力措施,突出企业的创新主体地位,为企业创新营造良好的社会环境,使企业真正成为研发投入、技术创新活动和创新成果应用的主体,并根据国际变化的具体情况,紧密结合当前的科技发展态势,科学地制定符合中国国情的科学技术发展战略,引领企业技术创新活动。同时,政府应通过选择不同时期的重点产业领域,制定与国家经济发展阶段相适应的创新战略,有针对性地加大科技创新力度,提高关键行业和关键领域的创新能力,从而推动相关企业创新能力的培育。

创造良好的法制环境。企业创新有赖于良好的法制环境作支撑。首先,政府要加强立法,抓紧制定和完善维护创新秩序、健全创新保障机制、促进科技进步等方面的法律法规。尤其要加强反垄断、商业秘密、产权激励方式方面的立法,弥补法律上的空白。其次,政府要尽快出台和完善有助于促进企业创新的政策措施,如财政、税收、信贷扶持政策,技术创新奖励政策,加快企业科技人才培养政策,知识产权保护政策,技术引进政策,公平竞争政策,官产学研结合政策以及加速高新技术产业化等政策,用政策推动企业创新快速发展,促进企业创新能力提高。

通过政府采购促进企业创新。政府采购是影响创新方向和速度的重要政策工作,它可以有效地降低创新企业进入市场的风险。实施政府采购向创新产品倾斜政策,制定有利于企业创新的政府采购政策,优先采购拥有自主知识产权的产品,引导公共消费、培育市场,推动技术创新产品广泛使用。通过政府采购扶持本国企业和本国产业是国际通行的做法,几乎所有发达国家和后起工业化国家都实行相关政策。例如,美国1933年颁布的《购买美国产品法》明确规定以"扶持和保护美国工业、美国人和美国投资资本"为宗旨,要求联邦各政府机构除特殊情况外,所购买的产品、工程和服务必须由美国投资商提供,这一规定一直沿袭至今。美国政府还对本土企业的高新技术产业产品定出远高于国外产品的补贴性价格,实行大份额采购,有效降低了产品进入市场的风险,刺激了厂商研发新技术的积极性。中国政府可以借鉴发达国家的经验,在法律中明确规定政府根据实际需要购买中国本土企业拥有核心技术自主知识产权的产品,以激励中国企业创新。

大力推进自主民族品牌战略。面对严峻的竞争形势,我国政府要通过科技政策、经济政策、政府采购等政策,培育和壮大具有强大国际竞争力的自主品牌。通过调整经济结构,规范竞争秩序,优化自主品牌成长机制,支持自主民族品牌发展。同时,通过政府的舆论导向,营造一个有利于自主品牌发育、成长、壮大的良好社会环境,提升公众的认同度,为具备比较优势的产业和企业发展自主品牌提供群众基础。

2. 开辟多种融资渠道

投入不足是企业创新中的一个普遍性问题。要提高企业创新能力,必须开辟多种融资渠道,逐步加大全社会对企业创新的投入。首先,应建立财政科技投入稳定增长机制。我国政府要把科技投入作为重要的公共战略性投资,通过政策引导、考核监督等多种手段,加快建立多元化科技投、融资长效机制,为企业科技创新提供强有力的经费保障。在政府直接投入部分要体现"加大力度、适度超前、重点支持"的方针,重点支持基础研究、前沿技术研究和社会公益研究。政府财政在用于科技发展经费落实的基础上,仍需进一步加大财政拨款力度,增加科技经费额度,使创新企业得到应有的支持。其次,建立风险投资机制。风险投资是把资本投向蕴藏着失败风险的高新技术及其产品的研究开发领域,旨在促使高新技术成果尽快商品化、产业化,以取得高资本收益的一种投资过程。在国外,风险投资业对促进创新和高新技术产业发展发挥了极为重要的作用,许多高科技大型企业都是依靠风险投资资金由小到大,由弱到强迅速发展起来的。要促进企业创新,必须大力发展风险投资基金。我国政府应出面组织成立风险投资公司和风险担保公司,采取信用担保、贷款贴息、资本金投入、种子基金和参股等多种方式,形成以企业为主体,地方政府、风险投资机构、金融机构、民间资本共同投资的风险投、融资体系,设立风险投资基金和风险担保基金,满足科技型企业吸纳资金的需要。再次,加强金融界与科技企业界的合作。金融界要加强与科技企业界的沟通和合作,要在现有银行信贷中加大科技贷款的额度,建立授信制度,完善资金管理办法,增加信贷品种,积极发展订单贷款业务,推行权利质押和动产质押担保业务。可质押的专利权和动产,有较强的流动性和变现能力,对银行而言较为安全可靠,对科技企业来说较为灵活方便,因此权利质押和动产质押担保业务是一种较为理想的融资方式,对银行和企业双方均为有利。同时,应积极引导商业银行进入科技投融资体系,为企业创新提供资金支持。政策银行可通过提供贴息贷款或低息贷款,直接支持科技开发和产业化项目。最后,引进外资发展高科技企业。在我国现有的科技企业中,外商投资的企业所占比例并不高,因此,利用外资进行创新,潜力巨大。政府应制定更加优惠的政策和措施,积极鼓励外国金融资本开办外资金融机构,引导外国金融资本投向我国科技创新型企业。同时,通过制定和实施"科技创新企业海外融资行动计划",在境外试行创办科技投资顾问公司,直接引进境外风险投资,为外资参与创新能力建设提供服务。

3. 重视知识产权保护

企业进行创新,根本宗旨是获取自主知识产权,掌握核心技术。创新不仅意味着大量投入,而且要承受巨大风险。政府应加快完善有关法律法规,加大知识产权保护的执法力度,促进企业公平竞争,以提高企业创新的积极性。首先,完善知识产权法律体系。知识产权法律法规的制定和修订应以鼓励创新、优化创新环境、建立和维护良好的贸易投资环境和公平竞争环境为宗旨,进一步形成既与国际接轨,又符合我国国情的知识产权法律法规体系。为了有效维护企业合法利益,保护企业创新成果,政府应抓紧修订《专利法》《商标法》《著作权法》以及《专利法实施细则》《商标法实施条例》《著作权法实施条例》。尽快制定和完善有关知识产权行政执法的规章和知识产权侵权判断标准,不断加强与知识产权法律法规相配套的政策研究和制定工作,特别是制定扶持自主知识产权成果产业化的政策,增强法律法规的可操作性。其次,进一步加强知识产权涉外工作,开拓知识产权对外合作新局面。知识产权国际合作工作要本着为我国知识产权事业发展服务的宗旨,注重收集、整理和研究国际知识产权发展动向和科技发达国家的有关信息,提高制定应对预案的水平,提升应对突发事件的能力。加强政府主管部门之间以及政府主管部门与国内企业之间的沟通与合作,建立和完善企业知识产权涉外纠纷的解决机制。加强与世界知识产权组织、世界贸易组织等国际组织的联系,积极参与国际规则的制定和修订,扩大我国在国际知识产权合作中的影响。再次,提高全社会知识产权意识。根据知识产权工作发展的国内和国际态势,通过报刊、广播和举办学术讲座、知识竞赛等形式,提高我国社会各界的知识产权意识,努力营造良好的知识产权保护环境,为我国进一步扩大对外开放、实现跨越式发展提供有力保障。同时,政府应加大知识产权工作高层次人才培养的力度,全面提升知识产权工作水平,造就一支包括各类专业人才和管理人才在内的规模宏大的知识产权人才队伍。

4. 建立官产学研联动机制

官产学研结合是一项复杂的系统工程,需要政府、企业、高校、科研院所等多方面共同努力、通力合作。目前由于体制等因素的制约,造成我国官产学研结合不够紧密的状况,要借鉴发达国家的做法,发挥政府的协调组织功能,通过政策法规,鼓励企业增加对科技的投入,规范和保障官产学研合作各方的利益,形成以企业为主体,企业、国内外高校和科研院所共建研发的技术创新体系,联合开发关键、核心技术,共同解决企业发展中的重大技术问题,促进科技成果产业化。在具体组织实施上,可以考虑高校和研究机构与企业共建科技创新中心等机构,帮助企业进行技术咨询、技术诊断，共同实施科技开发，以促进企业的技术创新，也可以由企业委托科研机构和高等院校进行科技开发。实施以企业为主导的官产学研联合工程，应该按照政府推动、企业为主、公平竞争、自主联合的原则，选择若干重点领域建立官产学研联合研发基地，稳定持续地开展技术研发活动。政府通过财政引导、税收优惠和产权激励政策，鼓励企业建立健全研究开发机构或组建产学研联盟，在关系产业竞争力的重点领域联合研发，形成具有自主知识产权的专利和标准。

5. 构建创新人才培养与引进机制

建立和完善有利于促进创新的人才开发和培养体系。在经济全球化条件下，随着国际竞争的加剧，无论是发达国家还是发展中国家，都把人力资源视为战略资源和提升竞争力的核心因素。我国应进一步加强高级创新人才、研发人才的后备队伍建设，有针对性地遴选一批重点学科的年轻技术骨干，采取多种方式，诸如出国学习、专项培训等，鼓励其参与重大科研项目或重点工程工作等，大力培养创新领头人。有条件的企业都应建立科技研发中心，做到研发人员数量足，素质高，有规划，有项目，有研发成果。同时，要加大引进人才工作的力度，吸引优秀留学人才回国工作，重点吸引高层次人才和紧缺人才，采取多种方式，建立符合留学人员特点的引才机制。采取团队整体引进、核心人才带动引进、高科技项目开发引进等切实有效、灵活多样的人才政策，吸引海外高层次创新人才到国内创业，鼓励他们回国转化科技成果，领衔创办高科技企业。例如，日本通过制定《外国科技人员招聘制度》等法规，增加对外国科技创新型人才的吸引力度。日本还通过提供优惠条件吸引留学生、在国外建立研究所来利用全球人才、对高技术人才高薪聘请并委以重任等措施来广泛吸引外籍科技创新人才。英国为提高创新能力，在人才战略上，一方面出资改善在校博士生的生活条件，同时大力吸引外国留学生和科研人员到英国学习和工作，放宽对他们的入境限制，在学习、工作、生活方面给他们创造必要条件。

6. 完善科技中介服务体系

在计划经济条件下，科技活动的机制是政府安排项目、科研机构组织研发，再把科技成果转给国有企业，可以不需要中介机构。在市场经济条件下，政府的触角不可能延伸到每个中小企业，科技中介服务体系就成为实现创新的重要环节。首先，鼓励创办各类中介服务机构。科技中介服务机构是知识和技术流动、扩散、转移的桥梁。发展科技中介服务机构，是企业创新体系建设的重要组成部分，对于运用市场机制，有效配置科技资源，加速科技成果转化，全面提高企业科技创新能力，推动经济结构的战略性调整都具有十分重要的意义。按照政府引导、社会联办的原则，政府应鼓励高等院校、科研机构和科技企业设立科技中介服务机构，并引导科技中介服务业的布局和发展,重点培育一批技术和产权交易所、信息服务中心、专利事务所、商标事务所、资产评估事务所、律师事务所等中介服务组织,加快形成从创新、产业到市场各个链条紧密结合的、比较完善和高度诚信的中介服务体系,为企业在资本、人才、技术、信息等各个环节的创新需求提供保障。其次,加快科技企业孵化器建设。科技企业孵化器是以企业孵化工作场地和配套设施为依托,为科技人员和处于初创阶段的科技型中小企业提供必需的资源和服务,以降低创业成本,提高创业成功率,促进科技成果转化,培育科技型企业和企业家的一种经济实体。科技企业孵化器作为新兴的非营利性科技中介服务机构,其快速发展有赖于政府的正确引导和特殊的激励政策。科技企业孵化器在经营管理方面应建立严格的现代企业制度,确定合理的治理结构,实现产权清晰、政企分开、管理科学,使企业孵化器真正成为市场的主体,充分发挥孵化器、市场中介组织及政府部门三方的力量,强化人才积聚与培训,为孵化器的发展提供坚实的人才支撑。政府支持兴办科技企业孵化器,其目的就是培育新兴产业,形成区域经济新的增长点,推动区域经济结构优化和经济增长方式转型,促进高新技术科研成果的转化,提高区域内高校和科研院所的科技成果商品化率。因此,科技企业孵化器已经成为区域创新体系建设的重要一环,是加速科技成果转化和培育科技企业的有效途径,是促进高新技术产业发展的重要举措,是推进企业科技创新的一项前瞻性、基础性的工作。最后,加快公共技术服务平台建设。企业公共技术服务平台,是指依托企业集群或优势产业,专门为企业提供技术信息、咨询、开发、试验、推广以及产品研制、设计、加工、检测等公共技术支持服务的机构或实体。通过公共技术平台的建设,可以为企业集群优化升级和转型提供技术支撑,为集群内企业产品研发、解决共性技术难题提供服务,有效促进企业技术创新、企业集群和区域经济发展,提高企业的创新能力和市场竞争力。

3.3.2 企业策略

1. 创新企业文化

世界各国的优秀企业都十分重视企业文化这一创新"软环境"的建设,并以此来推动企业的创新活动。我国企业要增强企业创新能力,也必须着力塑造和培育有利于创新的企业文化。首先,要营造企业创新文化氛围。企业创新文化是指在一定的社会历史条件下,企业在创新及创新管理活动中所创造和形成的具有本企业特色的创新的物质形态以及创新精神财富的总和。创新文化孕育着创新事业,创新事业激励创新文化。营造创新文化氛围的真正意义在于,它能给予企业创新源源不断的精神动力和智力支持。企业营造创新文化氛围,需做好以下工作:第一,要尊重创新知识、尊重创新人才,在企业内形成尊重知识、尊重人才的浓厚气氛,建立有利于人才成长的机制。第二,要倡导企业创新精神。企业创新精神是一种人格化的企业员工群体的心理状态的外化,是企业基于自身的性质、任务、宗旨、时代要求和发展方向,为使企业获得更大的发展,经过长期精心培育而逐步形成和确立的思想成果和精神力量。发展企业创新精神并使之在员工中发扬光大,是企业文化建设的重要内容。第三,要提倡理性怀疑和批判,尊重个性,宽容失败,倡导学术自由和民主,鼓励敢于探索,大胆提出新的理论和学说。第四,要激发创新思维,活跃学术气氛,努力形成宽松和谐、健康向上的创新文化氛围。其次,构建完善的创新制度文化。创新制度文化是指企业在生产经营活动中所形成的与创新精神、创新价值观等意识形态相适应的企业制度、规章、条例、组织结构等。创新制度文化实际上是企业的一种强制性文化,良好的制度创新文化是企业创新的基本保证。如果企业只有创新的价值观和创新精神,而缺乏必要的制度安排和落实,企业的创新只能停留于观念上。

2. 提高研发经费投入力度

充足的资金投入是技术开发与创新成功的必要条件和保证。企业从事研发的资金主要来自企业的自有资金,这就要求企业清除不利于企业创新的制度障碍,保障研发资金的投入。按照国际上比较流行的观点,研发投入强度(研发经费投入占年销售额的比重)低于1%的企业通常难以生存,低于3%的企业就失去了竞争力。根据有关资料,我国企业研发投入在过去长达10年的时间里,一直徘徊在销售额的0.5%左右,而国际上该指标一般都在5%以上。参照国外企业的情况,基础性产业的研发投入应不低于年销售额的3%,新兴产业和产品更新较快的产业研发投入应不低于年销售额的5%。同时,企业要像筹措发展资金那样,多方筹集研发资金,在技术进步迅速的产业和有条件的企业,应当考虑进入资本市场,加快折旧,直接将研发投入摊入成本,以保证研发工作的实际需要。与此同时,不同的企业可以根据项目的不同特点,从多元化、多渠道的社会资金市场上寻求资金支持。

3. 建立高水平的企业研发机构

我国的大中型企业都应建立健全企业技术研发中心,有条件的小企业也要设置精干的研发机构。要加强企业研发机构建设,提高企业自主开发能力,切实把提高经济效益转移到依靠技术进步的轨道上来。建立健全技术开发准备金制度、技术及人才开发费税金减免制度以及新技术推广投资税金减免制度等,鼓励企业建立研发机构,重点支持对行业科技进步贡献大的研发机构建设。加强对研发机构的运行机制、资金投入、人员结构及开发成果等方面的建设和管理。

4. 健全企业创新激励机制

创新激励是激发企业员工的积极性和创造性的重要工具,也是自主创新氛围的一个组成因素。精心设计的加薪、晋升、授予荣誉称号等方式,都是对员工的成绩表示承认和鼓励的好方式。建立起长期的激励机制,将企业的技术人员同企业形成真正意义上的共同体,激励他们从长期发展的战略出发去不断地努力创新。企业内部要从改革分配制度入手,完善对技术创新人员的激励机制,重点要做好研发人员的激励。

5. 重视知识产权管理

目前,国家核心竞争力越来越表现为对智力资源和科技成果的培育、配置、调控能力和对知识产权的拥有、运用能力。知识产权战略已经成为各国企业谋求竞争主动权的重要手段。为了保证知识产权管理工作的正常运行,企业应充分认识到新形势下知识产权工作的重要性,提高掌握和运用知识产权制度的水平,建立健全知识产权管理机构,培养和配备专门的知识产权管理人才,将企业知识产权制度的运用贯穿于经营决策、技术创新、生产营销的全过程。

总之,我们应该大力完善社会环境,优化企业行为,从多方面、多层次来培育和提高我国企业的创新能力。培育和提高我国企业的创新能力,是一项复杂的系统工程,需要政府、企业高度重视,需要方方面面的努力与配合,是一项长期与艰巨的任务。我国企业创新能力培育在发展过程中会有一个逐步完善和成熟的过程,在发展初期不可避免地会出现一些困难、问题和矛盾。正确认识和总结这些问题和矛盾,找出解决办法,对于促进我国企业的健康发展具有十分重要的意义。

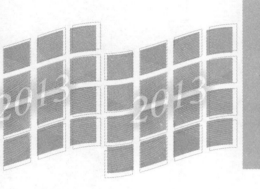

第七篇 社会责任篇
——对社会责任报告的分析

1 社会责任概述

1.1 企业社会责任

随着企业社会责任越来越成为公众关注的主题,企业社会责任被越来越深入地引入到公司治理问题中,成为公司治理领域内令人无法忽视的重要问题。无论是从利益相关者理论,还是股东至上理论出发,公司治理都与社会责任有着重要关联。社会责任披露因此也被纳入了上市公司信息披露的系统。本章通过对公司治理与社会责任相关研究的回顾,构建以中国上市公司为样本的社会责任信息披露评价指标体系,并运用该体系对2012—2013年中国上市公司社会责任披露进行了系统的评价。

企业社会责任是指企业在创造利润、对股东利益负责的同时,还要承担对员工、对消费者、对社区和环境的社会责任,包括遵守商业道德、生产安全、职业健康、保护劳动者的合法权益、保护环境、支持慈善事业、捐助社会公益、保护弱势群体等。它超越了以往企业只对股东负责的范畴,强调对包括股东、员工、消费者、社区、客户、政府在内的各种利益相关者的社会责任。

20世纪90年代以来,针对企业在扩大经营规模、追求股东利益最大化的过程中大量存在的对社会责任的忽视问题,如环境污染、职工工作条件恶化和生活无保障、恶意逃避债务、产品和服务质量低劣、偷税漏税等,在全球范围内掀起了一场企业社会责任运动。

在这过程中,部分优秀的国内外企业依法诚信经营,关心公益事业,开展扶贫救济等活动,赢得了社会和民众的理解、支持和信任,增加了企业的无形资产,提高了企业的社会美誉度,树立了负责任的企业的良好社会形象,极大提高了企业的影响力和市场竞争力。如宝洁通过自己以及和合作伙伴共同捐助希望小学拓展商业舞台;百事开办土豆农场使沙漠变绿洲;五粮液巨资为地震灾区捐款,积极参加发展订单农业、扶贫工作和各项公益事业,获得"中华慈善奖";万通地产打造中国首个绿色社区标准指标体系;等等,充分展现了公司的社会责任,提升了公司的社会形象和品牌竞争力。

但与此同时,因企业未具备企业伦理及社会责任的观念,而造成投资人及社会大众蒙受损失的事件也频频发生。如安然事件、NIKE血汗工厂事件、雀巢克扣奶农事件、三鹿集团"毒奶粉"事件、双汇瘦肉精事件、川化沱江污染事件、紫金矿业的"污染门"事件、美的紫砂锅事件、富士康跳楼事件、苹果iPhone手机的售后维修事件等，对股东、员工、消费者、社区、客户、政府等利益相关者的切身利益造成了严重的侵害和影响，引起了社会各界对企业社会责任问题的高度关注。

显然，随着社会对公司社会责任重视程度的不断提高，公司必须将"社会责任观"引入到公司治理机制中来，通过履行社会责任来解决公司与利益相关者的冲突。如果公司发现承担社会责任符合其利益，就会产生履行社会责任的主观意愿，并将其转变为有效的企业行为，这对于促进经济、社会和自然的可持续发展具有重要意义。

有鉴于此，我国政府近年来十分关注企业履行社会责任的情况，针对企业社会责任信息披露，陆续出台了一系列规定（见表7-1）：

表7-1 针对企业社会责任信息披露的法规汇总

时间	发布机构	法规名称	主要内容	关注重点
2006年1月1日	全国人民代表大会常务委员会	《中华人民共和国公司法》修正案	要求企业承担社会责任	社会责任承担
2006年9月25日	深圳证券交易所	《上市公司社会责任指引》	对企业披露社会责任信息进行了规范，鼓励企业在披露年报的同时自愿披露"社会责任报告"	上市公司在经营活动中应当遵纪守法，遵守商业道德，维护消费者的合法权益，保障劳动者的健康和安全，并积极承担保护环境和节约资源的责任，参与社会捐献、赞助等各种社会公益事业
2008年5月14日	上海证券交易所	《上海证券交易所上市公司环境信息披露指引》	要求企业公开环境信息，就上市公司环境信息披露提出了明确要求	引导上市公司积极履行保护环境的社会责任，促进上市公司重视并改进环境保护工作，加强对上市公司环境保护工作的社会监督
2010年4月26日	财政部、证监会、审计署、银监会、保监会	《企业内部控制应用指引——第4号 社会责任》	详细规范了企业在安全生产、产品质量等多个方面应当承担的社会责任，要求企业充分重视社会责任，切实做好相应的社会责任工作	企业在"内部控制评价报告"中应详细披露企业履行的社会责任，并聘请事务所出具相应的审计报告

(续表)

时间	发布机构	法规名称	主要内容	关注重点
2010年9月15日	环保部	《上市公司环境信息披露指南》（征求意见稿）	要求火电等16类重污染行业在A股市场上市的公司发布年度环境报告,定期披露污染物排放情况等方面的环境信息;发生突发环境事件的上市公司,及时发布临时环境报告,披露环境事件的发生时间、地点、主要污染物质和数量、事件对环境影响情况和人员伤害情况（如有）,及已采取的应急处理措施等	环境信息披露

此外,政府和相关机构还出台了如《企业社会责任标准》《国有企业社会责任指导性意见》《关于中央企业社会责任的指导性意见》《中国企业社会责任蓝皮书》等各类政策、标准与指导性意见,积极鼓励和引导企业社会责任的履行。

1.2 企业社会责任的治理效应

1.2.1 企业社会责任的理论基础

从利益相关者责任看,公司治理的目的在于实施恰当的责权利分配,从而保证科学的决策,使得利益相关各方的利益都得到有效的平衡和实现。因此,与社会责任披露联系最紧密的是利益相关者理论(何杰和曾朝夕,2010)。作为利益相关者,员工对企业有一定的期待,而社区需要企业在其中发挥建设性的作用,社会需要企业履行环保、产品质量甚至道德和价值观方面的责任。利益相关者视角下的公司治理需要满足上述要求,通过合理的股东行为和董事会决策,在其战略决策和日常经营中履行对员工、社区乃至社会的责任,实现公司价值的全面提升。

即使基于股东利益至上视角,社会责任也是不可忽视的问题。对于实现股东利益而言,需要解决的核心问题是委托代理问题,根本问题是实现股东利益的最大化。社会责任报告的披露可能能够引入更多的利益相关者进而实现公司治理结构的相互制衡,满足公司治理优化的需要。曹亚勇等(2012)解释了这一问题,其研究发现上市公司社会责任报告的披露能够带来投资效率的提升,尤其是遏制过度投资的现象。这一结论表明社会责任报告的披露确实在降低股东和管理者之间第一类委托代理冲突方面起到了实质性作用,通过更多利益相关者的引入为股东降低了管理者过度投资的可能性。另一方面,公司治理完善的企业也更倾向于进行更完善的社会责任披露,如更完整的公司治理结构在社会责任方面往往表现较好(梁建等,2010)。这一现象暗示了一个逻辑,即社会责任良好的企业可能具有更高的公司治理有效性,从而社会责任披露的良好表现给企业带来了更高的合法性,使得股东价值获得了更大的提升。因此,从提高公司价值进而提升股东投资回报的根本目的看,建立良好的治理机制确保社会责任的履行意义重大。

1.2.2 企业社会责任的披露动机与实效

既然公司治理与企业社会责任及其披露有着重要关联,一个问题就是,企业履行社会责任的行为和方式是出于何种动机,又实际起到了何种效果。这方面的研究构成目前企业社会责任研究的一个重要内容。大致而言,现有研究认为企业社会责任履行的动机和效果有如下几类。

履行社会责任首先是为了自身业务发展的需要,也的确起到了这种效果。事实上,一些民营企业通过企业捐赠来实施多元化策略(高勇强等,2012)。这类研究发现,企业通过社会责任的披露树立良好的形象,进而为企业的多元化战略铺路。

履行社会责任的第二个目的是缓解压力。对于一些员工薪酬水平较低、环境影响较大的企业,披露社会责任报告无疑是转移公众视线的最优选择,或者将社会责任报告的披露视作一种"保险",为企业所可能面临的问题作保(高勇强等,2012)。另一方面,媒体对公司的关注也会驱使公司披露社会责任报告(徐莉萍等,2011),公司通过社会责任报告的披露来缓解来自社会(费显政等,2010)、媒体的压力。

履行社会责任也有可能是为了迎合政策需要。事实上具有政治关联的企业更倾向于进行社会捐赠等社会责任,也更倾向于披露社会责任报告。尤其是在面临"5·12"汶川地震等巨灾情况时(贾明和张喆,2010),企业更加需要披露社会责任,以完成国家政策和社会期许所赋予的组织公民职责。

企业社会责任的履行,除了完成政策任务和缓解压力外,也切实起到了扩展业务、提升业绩的目标,从而证明企业社会责任的履行有助于企业价值的提升。例如,李海芹和张子刚(2010)的研究表明企业通过社会责任报告的披露,会提高顾客忠诚度,进而实现企业经济效益的提升(唐艳,2011;万寿义和刘正阳,2013)。

综上,企业社会责任对于社会和企业本身具有非常大的重要性,良好的治理机制要求并保证企业履行社会责任,而企业履行社会责任又反映了企业治理机制的有效性并影响企业价值。因此,我国上市公司开始被逐步要求披露社会责任信息,目前除部分特殊行业外,主要仍采用自愿披露的方式。通过对中国上市公司社会责任信息披露状况的分析与评价,我们可以对中国公司社会责任与公司治理、公司发展的状况作一概要性的评述。

2 我国上市公司社会责任评价

2.1 研究对象及方法

2.1.1 样本来源及样本选取

本次编制的中国上市公司社会责任报告指数样本始于2013年1月1日止于2013年10月1日公布的公开信息,样本来源于上海证券交易所和深圳证券交易所公布的公司2012年度社会责任发展报告,公司基本信息数据来源于CCER数据库,剔除信息不全的公司3家,最终得到2469家公司的基本信息。其中2012年披露社会责任发展报告的公司有626家。

从样本公司的行业构成来看,制造业中机械、设备、仪表类占比最高有487家,达到19.72%;而制造业中木材、家具类以13家公司在样本中占有最小比重,占有样本0.53%,也是唯一一个比例不足1%的样本行业分类(见表7-2)。

表7-2 样本公司的行业构成

行业代码	行业名称	公司数	比例(%)
A	农、林、牧、渔业	52	2.11
B	采掘业	52	2.11
C0	食品、饮料	93	3.77
C1	纺织、服装、皮毛	90	3.65
C2	木材、家具	13	0.53
C3	造纸、印刷	47	1.90
C4	石油、化学、塑胶、塑料	265	10.73
C5	电子	144	5.83
C6	金属、非金属	200	8.10
C7	机械、设备、仪表	487	19.72
C8	医药、生物制品	145	5.87
C9	其他制造业	29	1.17
D	电力、煤气及水的生产和供应业	72	2.92

(续表)

行业代码	行业名称	公司数	比例（%）
E	建筑业	52	2.11
F	交通运输、仓储业	77	3.12
G	信息技术业	213	8.63
H	批发和零售贸易	123	4.98
I	金融、保险业	42	1.70
J	房地产业	104	4.21
K	社会服务业	74	3.00
L	传播与文化产业	33	1.34
M	综合类	62	2.51
Total	合计	2 469	100

第一大股东性质的分类中，国有控股和民营控股两项就占了全部样本的93.52%，表明我国上市公司中还是以国有企业和民营企业为主。而随着创业板和中小企业板的推出，民营控股企业在上市公司中占有着越来越多的比重，占有率高达53.09%。在其他控股类型中，外资控股所占比例也较高，集体控股、社会团体控股、职工持股会控股的公司则都不足1%（见表7-3）。

表7-3 样本公司第一大股东构成

	最终控制人类型	公司数	比例（%）
0	国有控股	998	40.42
1	民营控股	1 311	53.09
2	外资控股	57	2.31
3	集体控股	17	0.69
4	社会团体控股	3	0.12
5	职工持股会控股	4	0.16
6	其他	79	3.20
Total	合计	2 469	100.00

在省份构成的样本分布中，广东省以366家上市公司14.82%的比例成为上市公司最集中的省份，浙江省以9.72%紧随其后成为上市公司次集中的省份，而江苏省以233家上市公司也迈入了省份集中地区的前三甲（见表7-4）。而在西部欠发达地区，宁夏、青海、西藏的上市公司比例较少，其中西藏只有10家上市公司，表明从公开股权融资的角度而言，东部地区的发展程度比西部地区要好。

表 7-4 样本公司省份构成

省份	公司数	比例(%)	省份	公司数	比例(%)
安徽	78	3.16	辽宁	66	2.67
北京	217	8.79	内蒙古	23	0.93
福建	86	3.48	宁夏	12	0.49
甘肃	24	0.97	青海	10	0.41
广东	366	14.82	山东	151	6.12
广西	30	1.22	山西	34	1.38
贵州	21	0.85	陕西	38	1.54
海南	26	1.05	上海	198	8.02
河北	47	1.90	四川	90	3.65
河南	66	2.67	天津	38	1.54
黑龙江	32	1.30	西藏	10	0.41
湖北	84	3.40	新疆	39	1.58
湖南	73	2.96	云南	28	1.13
吉林	38	1.54	浙江	240	9.72
江苏	233	9.44	重庆	38	1.54
江西	33	1.34	合计	2 469	100.00

2.1.2 指标选取

关于企业社会责任的衡量方法,已有文献主要分为直接衡量和间接衡量两种。直接衡量的方法,主要是指从已有公司公告、公司披露的文件中手动搜集关于企业社会责任项目及数额(梁建等,2010;高勇强等,2012;贾明和张喆,2010),抑或是通过量表进行问卷调查直接对企业的社会责任状况进行问讯(李海芹和张子刚,2010)。间接衡量又分为两类,一类是从专业评级机构获取关于企业社会责任的评价数据(曹亚勇等,2012;徐莉萍等,2011),另一类是将社会责任分为几类,分别衡量对员工、顾客、社会、债权人、政府、供应商的责任,进而分别用不同财务指标分别对其进行衡量作为替代变量(万寿义和刘正阳,2013)。

结合以上的分类方法,我们按照李正(2006)中的方法将企业社会责任分为六大类,进而通过手动搜集企业在深交所和上交所披露的社会责任报告,识别出该企业在该年度是否披露了企业社会责任报告,同时对已披露的社会责任报告进行人工阅读,分别识别出该企业是否对各子项目进行衡量。具体内容如表 7-5 所示:

表 7-5 企业社会责任指标体系设计

	二级指标	衡量方法
企业社会责任指数 CSR^{NK}	环境问题类(污染控制、环境恢复、节约能源或废旧原料回收、有利于环保的产品、其他环境披露)	若该公司当年的社会责任报告中披露了对环境的责任一项,则该项得分为1,否则为0
	员工问题类(员工的健康和安全、培训员工、员工的业绩考核、员工其他福利),社区问题类(考虑企业所在社区的利益)	若该公司当年的社会责任报告中披露了对员工的责任一项,则该项得分为1,否则为0
	社区问题类(考虑企业所在社区的利益)	若该公司当年的社会责任报告中披露了对社区的责任一项,则该项得分为1,否则为0
	一般社会问题类(考虑弱势群体的利益、关注犯罪失业公共安全等、公益或其他捐赠)	若该公司当年的社会责任报告中披露了对社会的责任一项,则该项得分为1,否则为0
	消费者类(产品的安全与质量提高)	若该公司当年的社会责任报告中披露了对消费者的责任一项,则该项得分为1,否则为0
	其他利益相关者类(债权人、银行等)	若该公司当年的社会责任报告中披露了对其他利益相关者的责任一项,则该项得分为1,否则为0

如果上市公司在年度报告中描述性地披露了上述六大类 CSR 活动中的某一类,则该项分值为1。若该公司公布了某一子项,则该子项分值为1,若未公布则为0。CSR^{NK}指标由各子项加总得到,最高值为6,最小值为0。若某公司当年并未公布社会责任报告,则该公司当年的 CSR^{NK}为0。

贾明和张喆(2010)表明不同大股东性质下社会责任披露状况呈现出不同的特点。徐莉萍等(2011)表明国有产权控股或垄断性行业的企业更不倾向于披露社会责任报告。但有政治参与的民营企业却更倾向于对社会责任进行报告(梁建等,2010)。不同的研究都从不同侧面表明,不同制度环境下不同的制度压力对社会责任影响迥异(李彬等,2011)。因此,本研究分别从行业、终极控制人性质和地区三个方面对社会责任进行了分析,分别探讨不同制度压力下社会责任是否呈现出不同的特点。

2.2 中国上市公司 CSR^{NK} 总体状况评价
2.2.1 中国上市公司 CSR^{NK} 总体状况描述

根据所构建的社会责任发展指数,基于总体样本的描述性统计结果如表7-6

所示。数字表明,在总体样本中披露社会责任的样本数量不足50%,仅有1/4的样本所关注社会责任维度的数量超过2个,平均所关注的社会责任的维度数量仅为1.23个。由此可以看出,从中国上市公司的整体来看,社会责任信息披露的详细程度以及发展状况还存在明显的不足以及提升的空间。接下来,本研究将采用比较的方法,从行业、地区以及控股股东性质三个方面分析上市公司社会责任发展状况的差异。

表7-6　样本公司社会责任发展指数描述性统计

统计指标	CSR^{NK}
均值	1.23
标准差	2.18
上分位数	0
中位数	0
下分位数	2
最小值	0
最大值	6

1. 我国上市公司分行业 CSR^{NK} 状况评价

表7-7为样本公司社会责任发展指数的分行业比较结果,数字表明我国上市公司社会责任发展指数平均值最高的行业为银行与保险等金融行业,其数值为4.14。金融是现代经济体系中的核心要素,与其他行业相比,金融类企业所面对的利益相关者更为庞大,企业的发展对利益相关者的依赖性最强,因此,金融类企业的社会责任对其生存与发展的重要作用更为突出,正如乔海曙和谭明(2009)针对金融类企业一项实证研究结果显示的那样:金融企业履行社会责任可以提高财务绩效。此外,全球金融危机爆发后社会对金融体系伦理行为更为关注,在经济与社会的压力下,企业为了进一步得到利益相关者的支持,社会责任便成为金融机构的重要发展战略。

此外,表中数字表明,我国上市公司社会责任发展指数排在后三位的行业是木材与家具行业,医药与生物制品行业和石油、化学、塑胶与塑料行业,它们的平均社会责任发展指数值分别为0.46、0.86和0.89。其中,处于最低水平的木材与家具行业是传统的制造型产业,其与利益相关者的关系相对明确与稳定,从而降低了企业对社会责任的关注,相应地,将社会责任导入至企业战略是传统制造型企业实现战略转型的思路;此外,医药与生物制品行业和石油、化学、塑胶与塑料行业是相对垄断性、技术性与资源性的行业,其市场中的强势地位通常会导致其"漠视"社会责任问题。

表 7-7　按行业分组的样本公司社会责任发展指数描述性统计

CSRC	行业名称	公司数	均值	标准差	上分位数	中位数	下分位数	最小值	最大值
A	农、林、牧、渔业	52	1.08	2.17	0	0	0	0	6
B	采掘业	52	2.50	2.71	0	0	5.5	0	6
C0	食品、饮料	93	1.56	2.45	0	0	5	0	6
C1	纺织、服装、皮毛	90	1.02	2.04	0	0	0	0	6
C2	木材、家具	13	0.46	1.66	0	0	0	0	6
C3	造纸、印刷	47	1.26	2.17	0	0	2	0	6
C4	石油、化学、塑胶、塑料	265	0.89	1.97	0	0	0	0	6
C5	电子	144	0.97	1.98	0	0	0	0	6
C6	金属、非金属	200	1.51	2.38	0	0	4	0	6
C7	机械、设备、仪表	486	0.98	2.02	0	0	0	0	6
C8	医药、生物制品	145	0.86	1.84	0	0	0	0	6
C9	其他制造业	29	1.38	2.32	0	0	4	0	6
D	电力、煤气及水的生产和供应业	72	1.78	2.42	0	0	4	0	6
E	建筑业	52	1.77	2.43	0	0	4.5	0	6
F	交通运输、仓储业	76	2.03	2.37	0	0	5	0	6
G	信息技术业	213	0.96	1.94	0	0	0	0	6
H	批发和零售贸易	123	1.01	2.05	0	0	0	0	6
I	金融、保险业	42	4.14	1.93	4	5	6	0	6
J	房地产业	104	1.31	2.28	0	0	2.5	0	6
K	社会服务业	74	0.97	2.00	0	0	0	0	6
L	传播与文化产业	33	1.03	2.07	0	0	0	0	6
M	综合类	62	1.61	2.34	0	0	4	0	6
Total	合计	2 467	1.23	2.18	0	0	2	0	6

2. 我国上市公司分终极控制人性质 CSR^{NK} 状况评价

表 7-8 为不同控股股东性质的样本公司,其社会责任发展指数的比较结果,数字显示民营控股的上市公司其社会责任指数仅为 0.76,是在所有控股类型中的最低值。而国有控股的上市公司其社会责任发展指数的平均值为 1.77,其结果意味着,民营上市公司的社会责任意识相对较低,其在追求经济利润的同时不愿意承担更多的社会成本。因此,通过伦理消费以及伦理投资等机制的构建,将经济利益与社会责任行为"对接"将是推动企业自发性承担社会责任的重要动力。此外,

由四家职工持股会控股的上市公司其社会责任发展指数最高,由此说明,加强股东以外的利益相关者参与公司治理的强度,将有助于推动公司的社会责任行为。

表 7-8　按终极控制人性质分组的样本公司社会责任发展指数描述性统计

	终极控制人性质	公司数	均值	标准差	上分位数	中位数	下分位数	最小值	最大值
0	国有控股	996	1.77	2.39	0	0	4	0	6
1	民营控股	1 311	0.76	1.86	0	0	0	0	6
2	外资控股	57	0.98	2.05	0	0	0	0	6
3	集体控股	17	1.82	2.60	0	0	4	0	6
4	社会团体控股	3	1.33	2.31	0	0	4	0	4
5	职工持股会控股	4	2.50	3.00	0	2	5	0	6
6	其他	79	2.04	2.49	0	0	5	0	6
Total	总计	2 467	1.23	2.18	0	0	2	0	6

3. 我国上市公司分地区 CSR^{NK} 状况评价

表 7-9 为样本公司社会责任发展指数的分地区比较结果。数字显示,社会责任发展指数平均值最高的地区为福建,其数值为 3.67,根据樊纲等所测算的市场化指数,福建地区的市场化程度在全国范围内也是处于相对较高的水平,而黑龙江、海南以及甘肃等地区的社会责任发展指数相对较低,其数值分别为 0.53、0.62 以及 0.63。此外,经济发展水平相对较好的北京、上海、天津、浙江等地区,其公司社会责任发展指数的平均值均超过 1,因此,整体上看,经济能力是推动我国上市公司承担社会责任的基础,进一步说明,提升社会责任的价值创造效应将是推动我国企业社会责任承担的重要手段之一。

表 7-9　按地区分组的样本公司社会责任发展指数描述性统计

地区	公司数	均值	标准差	上分位数	中位数	下分位数	最小值	最大值
安徽	78	1.54	2.39	0	0	4	0	6
北京	217	1.78	2.41	0	0	4	0	6
福建	86	3.67	2.49	0	5	6	0	6
甘肃	24	0.63	1.71	0	0	0	0	6
广东	366	0.97	2.02	0	0	0	0	6
广西	30	0.83	1.78	0	0	0	0	6
贵州	21	1.43	2.44	0	0	2	0	6
海南	26	0.62	1.75	0	0	0	0	6

（续表）

地区	公司数	均值	标准差	上分位数	中位数	下分位数	最小值	最大值
河北	47	1.06	2.13	0	0	0	0	6
河南	66	2.24	2.42	0	0	4	0	6
黑龙江	32	0.53	1.44	0	0	0	0	6
湖北	84	0.83	1.84	0	0	0	0	6
湖南	73	0.73	1.81	0	0	0	0	6
吉林	38	1.00	1.89	0	0	0	0	6
江苏	232	0.64	1.66	0	0	0	0	6
江西	33	1.33	2.26	0	0	3	0	6
辽宁	66	0.97	1.95	0	0	0	0	6
内蒙古	23	0.91	2.11	0	0	0	0	6
宁夏	12	1.42	2.57	0	0	2.5	0	6
青海	10	2.20	2.44	0	1.5	4	0	6
山东	150	0.94	1.93	0	0	0	0	6
山西	34	1.62	2.44	0	0	4	0	6
陕西	38	0.97	2.11	0	0	0	0	6
上海	198	1.34	2.22	0	0	3	0	6
四川	90	1.08	2.15	0	0	0	0	6
天津	38	1.29	1.96	0	0	3	0	6
西藏	10	2.20	2.86	0	0	5	0	6
新疆	39	1.49	2.43	0	0	5	0	6
云南	28	2.36	2.66	0	0	5	0	6
浙江	240	1.09	2.17	0	0	0	0	6
重庆	38	0.39	1.20	0	0	0	0	5
合计	2 467	1.23	2.18	0	0	2	0	6

2.2.2 我国上市公司社会责任报告披露状况评价

1. 社会责任报告披露的行业分布

表 7-10 列示了样本公司关于社会责任报告披露的行业分布情况，行业划分依据来自证监会的行业代码。可以看出，制造业的样本数量最多，达到 1 513 家，在整个样本中占比 61%，其中机械、设备、仪表制造行业公司达到 487 家，是上市公司中数量最多的行业。除制造业外，信息技术业、批发和零售贸易业、房地产业样本数量相对较多，均超过了 100 家。从社会责任报告披露的行业分布情况来看，披露公司比例较高的行业多为样本数量较少的行业，如采矿业，电力、煤气及水的

生产和供应业,建筑业,交通运输、仓储业,金融、保险业,综合类等行业中披露的公司占比均超过30%;而样本数量较多的行业,如石油、化学、塑胶、塑料业,电子业,机械、设备、仪表业,医药、生物制品业,信息技术业,批发和零售贸易业,房地产业等行业中披露的公司占比普遍集中在20%左右。从统计学角度分析,样本数量较少行业中的上市公司多为行业中的优秀公司,优秀公司普遍对社会责任的关注度较高,导致该行业中社会责任报告披露的公司占比较高;而样本数量较多的行业中因为有相对较差公司对样本量的"稀释",导致这些行业的披露公司比例偏低。从具体行业公司社会责任报告披露的情况来看,最低的是石油、化学、塑胶制造行业,为18%,其次是医药、生化制品行业和电子行业,为19%;而最高的为金融、保险业,高达86%,其余公司一般分布在20%—40%。其中的原因,我们认为主要源于两个方面。一方面是由于公司利益相关者监督制约力量的差异,石油、化学、塑胶制造行业及医药、生化制品行业和电子行业公司作为制造类企业,对于促进GDP增长及就业的作用突出,成为各地方政府招商引资的重点目标,易于受到地方政府的保护,而且公司分布多集中于远离社区的工业园区内,来自社区的监督约束压力较小。而金融、保险业则要受到"三会一行"等金融监管机构的严厉监管,机构分布深入社区,产品服务与消费者切身利益相关,而且受到媒体的普遍关注,因此面临社会责任披露的压力较大。另一方面原因是市场竞争压力的差异,石油、化学、塑胶制造行业及医药、生化制品行业和电子行业公司能够通过专利技术以及原材料、销售渠道控制等方式形成竞争优势,而金融、保险行业公司的产品及营销服务方式同质化特点突出,因此通过完善社会责任、提升公司的社会形象以增强消费者的信任度及忠诚度成为其获得竞争优势的重要手段之一。

表7-10　按行业分组的样本公司社会责任披露状况描述性统计

CSRC	行业名称	公司数	均值
A	农、林、牧、渔业	52	0.21
B	采掘业	52	0.48
C0	食品、饮料	93	0.30
C1	纺织、服装、皮毛	90	0.21
C2	木材、家具	13	0.08
C3	造纸、印刷	47	0.28
C4	石油、化学、塑胶、塑料	265	0.18
C5	电子	144	0.20
C6	金属、非金属	200	0.30

（续表）

CSRC	行业名称	公司数	均值
C7	机械、设备、仪表	487	0.20
C8	医药、生物制品	145	0.19
C9	其他制造业	29	0.28
D	电力、煤气及水的生产和供应业	72	0.38
E	建筑业	52	0.37
F	交通运输、仓储业	77	0.47
G	信息技术业	213	0.21
H	批发和零售贸易	123	0.20
I	金融、保险业	42	0.86
J	房地产业	104	0.27
K	社会服务业	74	0.20
L	传播与文化产业	33	0.21
M	综合类	62	0.34
Total	合计	2 469	0.25

2. 社会责任报告披露的终极控制人性质分布

表7-11列示了按照公司实际控制人性质分组样本公司的社会责任披露情况。第一大股东最终控制人类型分组样本中，国有控股和民营控股公司占据较大比例，合计比例为93.52%。其中，国有控股公司有998家，比例为40.42%；民营控股公司有1 311家，比例为53.10%。外资控股、集体控股、职工控股、其他类型、社会团体控股公司样本所占比例较小，均在4%以下。

可以看出，国有控股上市公司相比民营控股和外资控股更为关注社会责任。我们认为，这主要是由于国有控股股东为中央国资委、地方国资委以及地方政府，这些股东除了追求经济利益之外还要承担关注就业、民生、维护社会稳定等社会责任，而且国有控股公司在占据社会资源方面具有一定的优势，理应承担更多的社会责任。民营控股和外资控股企业的社会责任披露程度最低，主要是由于政府及社会对其承担社会责任的约束及引导力度不足，在承担社会责任方面缺乏足够的动力和压力。

表 7-11 按终极控制人性质分组的样本公司社会责任披露状况描述性统计

	终极控制人性质	公司数	均值
0	国有控股	998	0.38
1	民营控股	1 311	0.15
2	外资控股	57	0.19
3	集体控股	17	0.35
4	社会团体控股	3	0.33
5	职工持股会控股	4	0.50
6	其他	79	0.42
Total	总计	2 469	0.25

3. 社会责任报告披露的地区分布

表 7-12 呈现了样本公司按照地区分组对社会责任披露状况的统计结果。我们可以看出不同地区的上市公司对员工责任的关注程度是有明显差异的。按照《科学技术会议索引》以及全国人大六届四次会议通过的"七五"计划,东、西、中部的划分标准为:(1) 东部地区:北京,天津,河北,辽宁,上海,江苏,浙江,福建,山东,广东,海南;(2) 西部地区:重庆(1997 年全国人大八届五次会议定为直辖市),四川,贵州,云南,西藏,陕西,甘肃,青海,宁夏,新疆,内蒙古,广西;(3) 中部地区:山西,吉林,黑龙江,安徽,江西,河南,湖北,湖南。从不同地区占样本数量来看,属于东部经济发达地区的上市公司为 1 668 家,占比 67.56%,其中,超过 100 家上市公司的省市包括广东 366 家、浙江 240 家、江苏 233 家、北京 217 家、上海 198 家、山东 151 家。中部地区上市公司为 438 家,占比 17.74%。西部地区上市公司为 363 家,占比 14.7%。

表 7-12 按地区分组的样本公司社会责任披露状况描述性统计

地区	公司数	均值
安徽	78	0.31
北京	217	0.37
福建	86	0.71
甘肃	24	0.13
广东	366	0.20
广西	30	0.20
贵州	21	0.29
海南	26	0.12
河北	47	0.21

(续表)

地区	公司数	均值
河南	66	0.48
黑龙江	32	0.16
湖北	84	0.18
湖南	73	0.15
吉林	38	0.24
江苏	233	0.15
江西	33	0.27
辽宁	66	0.21
内蒙古	23	0.17
宁夏	12	0.25
青海	10	0.50
山东	151	0.21
山西	34	0.32
陕西	38	0.18
上海	198	0.28
四川	90	0.21
天津	38	0.34
西藏	10	0.40
新疆	39	0.28
云南	28	0.46
浙江	240	0.21
重庆	38	0.11
合计	2 469	0.25

从披露社会责任报告的地区分布情况看,东部地区披露社会责任上市公司平均比例为25.59%,中部地区为26.47%,西部地区为23.37%。披露公司比例超过30%的省市中,东部、中部、西部地区均有3家,最高为福建的71%,最低为重庆的11%。上述数据表明,公司对社会责任的关注程度与地区经济发达程度没有必然的联系,而是受不同地区环境差异的影响较大。

2.3 中国上市公司 CSR[NK] 分项评价

2.3.1 对员工的责任项目评价

员工是企业价值创造的主体,是企业创新性和竞争优势的来源,因而受到了各上市公司的重视。很多上市公司强调"以人为本"的理念,尊重员工,关心员工,致力于对员工利益的维护并努力提高员工的工作环境的质量和生活质量。这一方面有助于提高员工劳动积极性,提升企业生产效率;另一方面有助于维护稳定,促进社会和谐。

1. 总体状况描述

表 7-13 展示了整个样本公司有关员工责任项目的总体描述性统计的结果。可以看出在整个样本公司中,有 25% 的公司在社会责任的报告中着重强调了包括员工薪酬、福利和资助在内的相关内容。中位数为 0,这证明,在全样本公司中大多数公司还没有将员工责任列为其社会责任的核心内容加以关注。这说明,从总体来说,中国上市公司对员工利益和价值诉求的关注以及员工所发挥的价值创造主体的重要地位并不匹配,因而还需上市公司更为关注。

表 7-13　对员工的责任项目总体描述性统计

指标	对员工的责任
公司数	2 469
均值	0.25
标准差	0.43
上分位数	0
中位数	0
下分位数	1
最小值	0
最大值	1

2. 分行业评价分析

表 7-14 列示了样本公司关于员工责任披露内容的行业分布。行业划分依据证监会的行业代码进行了划分,可以看出在整个样本中,制造业公司占据了最大的比例,而制造业公司又按照证监会的二级代码进一步细分,可以看出机械、设备、仪表制造行业公司达到 487 家,是上市公司中数量最多的行业。从各个行业公司对员工责任项目披露的情况来看,最低的是石油、化学、塑胶制造行业,为 18%,其次是医药、生化制品行业和电子行业,为 19%,而最高的为金融、保险业,高达 86%,其余公司一般分布在 20%—40%。其中的原因,我们认为,主要在于员工的智力资本对于企业发展的重要程度,石油、化学制造企业的一线员工不同于核心研发人员,往往从事的是较为简单的基础性劳动,医药生化行业与电子制造业的情况也类似。这些行业一方面竞争优势依赖于研发能力因而行业中的较大企业对科研人员和创新投入较多,另一方面这一行业中的企业需要扩大规模产生

经济效益，因而在生产线上往往雇用知识层次较低的基层员工，而对这些基层员工的利益往往容易忽略，比如近两年著名电子产品制造企业富士康集团所发生的员工不幸事件。相反，在金融、保险业中，员工的智力资本和行业经验对企业的发展起着至关重要的作用。在金融保险行业中，员工普遍为高智力资本的从业人员，而且在长期业内的工作中积累了重要的经验和人脉关系网络，他们是公司能否提升价值、稳定发展的关键核心所在。因此，金融、保险业公司会重点强调员工的利益和福利，从而保持人力资源的稳定。

表 7-14 按照行业分组的对员工的责任项目描述性统计

CSRC	行业名称	公司数	均值	标准差	最小值	最大值
A	农、林、牧、渔业	52	0.21	0.41	0	1
B	采掘业	52	0.48	0.50	0	1
C0	食品、饮料	93	0.30	0.46	0	1
C1	纺织、服装、皮毛	90	0.20	0.40	0	1
C2	木材、家具	13	0.08	0.28	0	1
C3	造纸、印刷	47	0.26	0.44	0	1
C4	石油、化学、塑胶、塑料	265	0.18	0.39	0	1
C5	电子	144	0.19	0.40	0	1
C6	金属、非金属	200	0.29	0.46	0	1
C7	机械、设备、仪表	487	0.20	0.40	0	1
C8	医药、生物制品	145	0.19	0.40	0	1
C9	其他制造业	29	0.28	0.45	0	1
D	电力、煤气及水的生产和供应业	72	0.36	0.48	0	1
E	建筑业	52	0.37	0.49	0	1
F	交通运输、仓储业	77	0.45	0.50	0	1
G	信息技术业	213	0.20	0.40	0	1
H	批发和零售贸易	123	0.20	0.40	0	1
I	金融、保险业	42	0.86	0.35	0	1
J	房地产业	104	0.27	0.45	0	1
K	社会服务业	74	0.20	0.40	0	1
L	传播与文化产业	33	0.21	0.42	0	1
M	综合类	62	0.34	0.48	0	1
Total	合计	2 469	0.25	0.43	0	1

3. 分大股东性质评价分析

表 7-15 给出了按照公司实际控制人性质分组样本公司的员工责任披露情况统计描述。我们可以看出,除了员工持股会控股的企业之外,国有控股上市公司相比民营控股和外资控股更为关注员工责任。这并不难理解,国有控股股东为中央国资委、地方国资委以及地方政府,这些股东除了追求经济利益之外还要承担保证就业、社会稳定以及提升员工福利的社会责任,因此相比民营企业和外资企业更加关注员工责任。民营控股企业的员工责任披露程度最低,这意味着中国民营上市公司在员工责任方面做得还远远不够,未能在提升员工薪酬、福利和素质方面进行充分投入,而这会进一步加大与国有控股企业和外资控股企业之间的距离。同时,可以看出,外资控股企业对员工责任披露程度也并不尽如人意,这意味着在中国国内外资企业往往并没有对中国员工与其母国总部的员工给予平等的关注,依然将中国作为一个利润中心,通过降低生产成本和劳动力成本来获取利润。

表 7-15 按照大股东性质分组的对员工的责任项目描述性统计

	终极控制人性质	公司数	均值	标准差	最小值	最大值
0	国有控股	998	0.37	0.48	0	1
1	民营控股	1 311	0.15	0.36	0	1
2	外资控股	57	0.19	0.40	0	1
3	集体控股	17	0.35	0.49	0	1
4	社会团体控股	3	0.33	0.58	0	1
5	职工持股会控股	4	0.50	0.58	0	1
6	其他	79	0.41	0.49	0	1
Total	合计	2 469	0.25	0.43	0	1

4. 分地区评价分析

表 7-16 呈现了样本公司按照地区分组对员工责任项目的统计结果。我们可以看出,不同地区的上市公司对员工责任的关注程度是有明显差异的。由表中可以看出,东部地区的上市公司在员工责任项目上更为关注,福建最高,达到了71%,可见东部地区的公司对员工创造价值这一理念更为认可,更加关注员工的发展和幸福指数,而在这方面西部地区和中部地区的上市公司中,对员工责任的披露并不呈现显著的差异。

表 7-16　按照地区分组的对员工的责任项目描述性统计

地区	公司数	均值	标准差	最小值	最大值
安徽	78	0.31	0.46	0	1
北京	217	0.37	0.48	0	1
福建	86	0.71	0.46	0	1
甘肃	24	0.13	0.34	0	1
广东	366	0.19	0.39	0	1
广西	30	0.20	0.41	0	1
贵州	21	0.29	0.46	0	1
海南	26	0.12	0.33	0	1
河北	47	0.21	0.41	0	1
河南	66	0.47	0.50	0	1
黑龙江	32	0.13	0.34	0	1
湖北	84	0.18	0.39	0	1
湖南	73	0.15	0.36	0	1
吉林	38	0.24	0.43	0	1
江苏	233	0.14	0.35	0	1
江西	33	0.27	0.45	0	1
辽宁	66	0.20	0.40	0	1
内蒙古	23	0.17	0.39	0	1
宁夏	12	0.25	0.45	0	1
青海	10	0.50	0.53	0	1
山东	151	0.21	0.41	0	1
山西	34	0.32	0.47	0	1
陕西	38	0.18	0.39	0	1
上海	198	0.28	0.45	0	1
四川	90	0.21	0.41	0	1
天津	38	0.34	0.48	0	1
西藏	10	0.40	0.52	0	1
新疆	39	0.28	0.46	0	1
云南	28	0.46	0.51	0	1
浙江	240	0.21	0.41	0	1
重庆	38	0.11	0.31	0	1
总计	2 469	0.25	0.43	0	1

2.3.2 对消费者的责任项目评价

企业对消费者的社会责任主要表现为其将持续为顾客创造价值,与客户共同成长作为自身存在和发展的根本追求之一。具体来说,包括为客户提供卓越的产品和服务,满足客户的多样化需求,帮助客户获得更高的产品价值,成为顾客信赖的品牌。企业是否良好地履行了对消费者的责任是评价其是否良好地履行了社会责任的重要组成部分。企业在其社会责任报告中披露对消费者的责任项目在一定程度上代表着其对于消费者的负责程度。不同行业、股权性质以及区域的企业可能对于消费者责任项目的披露情况有所差异。

1. 总体状况描述

消费者是企业产品和服务的最终购买者,企业对消费者的社会责任主要体现在对产品安全的重视和产品质量的提高上。通过分析 2 469 家企业的社会责任报告,将披露有关消费者社会责任的企业赋值为 1,未披露的赋值为 0 的方式进行统计分析。从总体统计结果来看,如表 7-17 所示,2 469 家企业中,有 22% 的企业披露了对于消费者的责任。它们在企业社会责任报告中明确说明要提高产品质量,重视产品的安全生产,对消费者负责。但是从描述性统计结果看,上分位数、中位数和下分位数均为 0,则表明当前企业还没有将对消费者的社会责任作为核心披露内容之一。与企业在社会责任报告中披露的其他项目相比,披露比例偏低,这表明企业还应加强对于消费者责任的披露和重视程度。

表 7-17 对消费者的责任项目总体描述性统计

指标	对消费者的责任
公司数	2 469
均值	0.22
标准差	0.41
上分位数	0
中位数	0
下分位数	0
最小值	0
最大值	1

2. 分行业评价分析

表 7-18 分析了不同行业对于消费者责任的披露情况。从行业整体分布状况来看,金融保险行业披露对消费者责任的企业最多,达到了 79%,可能的原因是金融保险业等服务行业与消费者的接触最为直接,绝大多数都是通过面对面的形式提供服务或产品,因此在更大的程度上意识到对于消费者的责任。采掘业、建筑

业以及交通运输仓储业的披露情况在整体披露情况中处于领先地位,披露的企业数目全部达到了行业整体企业数目的30%以上,其中采掘业达到了42%。这些行业对消费者责任的披露程度较高可能是因为这些行业的消费者主要是企业,在交易过程中,消费者直接对产品进行验收,在一定程度上迫使企业注重产品质量和安全。食品、饮料行业的披露数达到了行业内企业总数的29%,也属于披露程度较高的行业,这可能是由于该行业直接关系到消费者身体健康以及国家对于食品安全的重视导致的。

表7-18 按照行业分组的对消费者的责任项目描述性统计

CSRC	行业名称	公司数	均值	标准差	最小值	最大值
A	农、林、牧、渔业	52	0.19	0.40	0	1
B	采掘业	52	0.42	0.50	0	1
C0	食品、饮料	93	0.29	0.46	0	1
C1	纺织、服装、皮毛	90	0.19	0.39	0	1
C2	木材、家具	13	0.08	0.28	0	1
C3	造纸、印刷	47	0.21	0.41	0	1
C4	石油、化学、塑胶、塑料	265	0.15	0.36	0	1
C5	电子	144	0.17	0.38	0	1
C6	金属、非金属	200	0.28	0.45	0	1
C7	机械、设备、仪表	487	0.18	0.39	0	1
C8	医药、生物制品	145	0.14	0.35	0	1
C9	其他制造业	29	0.28	0.45	0	1
D	电力、煤气及水的生产和供应业	72	0.26	0.44	0	1
E	建筑业	52	0.31	0.47	0	1
F	交通运输、仓储业	77	0.35	0.48	0	1
G	信息技术业	213	0.17	0.38	0	1
H	批发和零售贸易	123	0.20	0.40	0	1
I	金融、保险业	42	0.79	0.42	0	1
J	房地产业	104	0.21	0.41	0	1
K	社会服务业	74	0.18	0.38	0	1
L	传播与文化产业	33	0.18	0.39	0	1
M	综合类	62	0.24	0.43	0	1
Total	合计	2469	0.22	0.41	0	1

木材家具行业中仅有8%的企业对消费者责任进行了披露,是披露程度最低的行业。但是由于该行业的总企业数仅为13家,属于小样本,也无法由此说明该

行业对于消费者责任的重视程度不高。石油、化学、塑胶、塑料行业和信息技术行业中分别有15%和17%的企业对消费者责任进行了披露,从披露比例来看属于较低的行业,但是由于这两个行业包含的企业总数较多,其中,石油、化学、塑胶、塑料行业包含265家企业,信息技术行业包含213家企业,所以从这两个行业披露消费者责任的企业的绝对数来看还是较多的。传播与文化产业的33家企业中仅有18%对消费者责任进行了披露,可能是由于这类间接服务类的行业不直接涉及消费者人身安全,也无法通过最终顾客对其进行直接监督,导致其对于消费者责任的重视程度不足。

3. 分大股东性质评价分析

表7-19描述了按照大股东性质的不同进行分组的企业对消费者责任的披露情况。由描述性统计结果可以看到,国有控股的998家企业中有30%的企业都对消费者责任项目进行了披露,在绝对数和相对数上都是对消费者责任披露程度较高的一类企业主体。此外,还有集体控股、社会团体控股以及职工持股会控股的企业对消费者责任的披露程度都达到了30%以上。而统计的1311家民营企业中仅有14%的企业在其社会责任报告中对消费者责任项目进行了披露。外资控股的57家企业中也仅有19%的企业进行了披露。造成这种结果的原因可能是国有控股企业等规模较大的企业所涉及的很多行业都是国家控制的、关系国计民生的行业,因此相对于民营控股企业和外资企业对于产品质量和安全的重视程度更高。

表 7-19 按照大股东性质分组的对消费者的责任项目描述性统计

	终极控制人性质	公司数	均值	标准差	最小值	最大值
0	国有控股	998	0.30	0.46	0	1
1	民营控股	1 311	0.14	0.35	0	1
2	外资控股	57	0.19	0.40	0	1
3	集体控股	17	0.35	0.49	0	1
4	社会团体控股	3	0.33	0.58	0	1
5	职工持股会控股	4	0.50	0.58	0	1
6	其他	79	0.41	0.49	0	1
Total	总计	2 469	0.22	0.41	0	1

4. 分地区评价分析

表7-20是披露对消费者责任的企业的地区分布统计结果。从分布状况上来看,东中西的企业对于消费者责任的披露情况呈现从东南到西北依次递增的趋势。北京的217家企业中有32%的企业对消费者责任进行了披露。上海的198家企业中有25%的企业在其社会责任报告中披露了对消费者的责任。东南沿海

一些企业高密度地区,如广东、江苏、山东、浙江等披露对消费者责任的企业比例并不高,普遍在20%以下,但考虑到披露企业的绝对数,东南沿海地区企业对于消费者责任项目的披露程度还是较高的。中部地区的城市如河南、河北、湖南、湖北、山西、陕西等地的企业对消费者责任的披露比例情况整体来看略高于东南沿海地区,但是从披露企业的绝对数目来看远低于东南沿海地区。我国西部地区如甘肃、宁夏、西藏等披露比例较高,平均在30%左右,但是整体企业数目是三个区域中最少的。

表 7-20　按照地区分组的对消费者的责任项目描述性统计

地区	公司数	均值	标准差	最小值	最大值
安徽	78	0.23	0.42	0	1
北京	217	0.32	0.47	0	1
福建	86	0.65	0.48	0	1
甘肃	24	0.13	0.34	0	1
广东	366	0.18	0.38	0	1
广西	30	0.13	0.35	0	1
贵州	21	0.24	0.44	0	1
海南	26	0.12	0.33	0	1
河北	47	0.17	0.38	0	1
河南	66	0.45	0.50	0	1
黑龙江	32	0.06	0.25	0	1
湖北	84	0.18	0.39	0	1
湖南	73	0.14	0.35	0	1
吉林	38	0.18	0.39	0	1
江苏	233	0.10	0.30	0	1
江西	33	0.21	0.42	0	1
辽宁	66	0.18	0.39	0	1
内蒙古	23	0.13	0.34	0	1
宁夏	12	0.25	0.45	0	1
青海	10	0.40	0.52	0	1
山东	151	0.17	0.37	0	1
山西	34	0.24	0.43	0	1
陕西	38	0.18	0.39	0	1
上海	198	0.25	0.43	0	1
四川	90	0.20	0.40	0	1

(续表)

地区	公司数	均值	标准差	最小值	最大值
天津	38	0.16	0.37	0	1
西藏	10	0.40	0.52	0	1
新疆	39	0.28	0.46	0	1
云南	28	0.43	0.50	0	1
浙江	240	0.19	0.39	0	1
重庆	38	0.05	0.23	0	1
合计	2 469	0.22	0.41	0	1

2.3.3 对社区的责任项目评价

企业发展源于社会,回报企业所在的社区是企业应尽的责任。在企业社会责任报告中所披露的一项重要内容是企业对于社区的责任项目。社区责任包含很多方面,比如企业对于纳税的认识及完成情况,社区环境的改造和提高,社区福利的提供以及社区沟通等多个方面。是否披露社区责任项目代表了企业对于社区和谐和建设的关注以及自身长远发展的考虑。不同行业、不同股权结构和不同地区的披露情况在这一方面有所不同。

1. 总体状况描述

表7-21展示了上市公司是否披露对社区的责任项目的总体统计结果。公司应注重企业的自身价值体现,把建设社区创造繁荣和谐环境作为承担社会责任的一种承诺。从表7-21中可看出,由于2 468家上市企业中有14%的企业对社区责任项目进行了披露,与其他社会责任项目披露情况相比平均水平偏低,说明上市企业对于该子项目的重视度不高。这可能是由于目前企业仍集中在自身企业的发展而不愿把过多的精力投入到周边社区的建设和共同发展中。

表7-21 对社区的责任项目总体描述性统计

指标	对社区的责任
公司数	2 468
均值	0.14
标准差	0.35
上分位数	0
中位数	0
下分位数	0
最小值	0
最大值	1

2. 分行业评价分析

表 7-22 说明了按照行业分组的企业是否披露对社区责任项目的统计结果。不同行业对于是否披露社区责任项目的程度不同。按照国家行业分类标准，对上市公司所处的 12 个行业门类和制造业中的 10 个大类进行分组，对样本公司进行社区责任项目的披露进行分析。从统计结果可以看出，对于社区的责任项目披露程度最高的是金融保险业，达到了 57%，因为金融保险业与所在社区的居民接触最为广泛，同时与政府的互动度也很高，所以对于社区责任项目的披露尤为关注。其次为采掘业，达到了 29%，这是由于采掘业高度依赖于环境地理位置和水平，往往会远离市区，所以要关注员工、家属所处社区的建设。电力、煤气及水的生产和供应业，交通运输、仓储业有 24% 和 21% 披露了相关内容，因为这些行业与居民生活息息相关，属于基础性行业，一方面要从政府部门获得扶持，另一方面要大力发展社区建设，满足居民的需求。

对于社区的责任项目披露均值最低的行业为制造业中的医药、生物制品行业，仅有 7% 的企业选择披露。这可能由于制药行业通过分销商与医院、药店、消费者产生联系，不直接与社区环境沟通，所以对这方面关注较少。制造业中的木材家具行业披露程度也较低，为 8%，但这可能是由于样本数过少。制造业中的石油、化学、塑胶、塑料业和传播与文化产业的披露程度也相对较低，均只有 9% 的企业披露了对社区的责任项目。石油、化学、塑胶、塑料行业因为远离市区，社区环境单一，导致披露程度低；而传播与文化产业一方面样本数过少，另一方面也由于该行业的产品需要通过一定介质与社区发生互动，并不直接沟通，所以披露的企业数较少。总体说明就是否披露对于社区的责任项目而言，行业间存在一定的差异，并且这种差异主要源于企业与所处社区的互动程度高低。具体情况见表 7-22。

表 7-22　按照行业分组的对社区的责任项目描述性统计

CSRC	行业名称	公司数	均值	标准差	最小值	最大值
A	农、林、牧、渔业	52	0.12	0.32	0	1
B	采掘业	52	0.29	0.46	0	1
C0	食品、饮料	93	0.18	0.39	0	1
C1	纺织、服装、皮毛	90	0.12	0.33	0	1
C2	木材、家具	13	0.08	0.28	0	1
C3	造纸、印刷	47	0.11	0.31	0	1
C4	石油、化学、塑胶、塑料	265	0.09	0.29	0	1
C5	电子	144	0.10	0.30	0	1

（续表）

CSRC	行业名称	公司数	均值	标准差	最小值	最大值
C6	金属、非金属	200	0.19	0.39	0	1
C7	机械、设备、仪表	487	0.11	0.31	0	1
C8	医药、生物制品	145	0.07	0.25	0	1
C9	其他制造业	29	0.10	0.31	0	1
D	电力、煤气及水的生产和供应业	72	0.24	0.43	0	1
E	建筑业	52	0.19	0.40	0	1
F	交通运输、仓储业	76	0.21	0.41	0	1
G	信息技术业	213	0.11	0.31	0	1
H	批发和零售贸易	123	0.14	0.35	0	1
I	金融、保险业	42	0.57	0.50	0	1
J	房地产业	104	0.16	0.37	0	1
K	社会服务业	74	0.14	0.34	0	1
L	传播与文化产业	33	0.09	0.29	0	1
M	综合类	62	0.19	0.40	0	1
Total	合计	2 468	0.14	0.35	0	1

3. 分大股东性质评价分析

表7-23展示了不同大股东性质的企业对于是否披露社区责任项目的统计结果。样本上市公司按照公司第一大股东最终控制人类型性质的不同,将其分为国有控股、民营控股、外资控股、集体控股、社会团体控股、职工持股会控股和其他几种类型来分析第一大股东性质不同的样本上市公司是否披露对社区的责任项目中的差异情况。根据表7-23的统计结果,由于集体控股、社会团体控股和职工持股会控股的样本过少,为小样本,因此无法说明公司对于社区责任项目的重视程度,故不做分析。其余企业中,披露程度最高的为其他和国有控股公司,分别有25%和21%的企业选择披露该项目,但由于国有控股的样本数远远大于其他控股类公司,因此实质上国有控股公司中披露该项目的企业数居多。国有控股公司因为与政府组织互动频繁,并且多为垄断性行业中的企业,更需为社区的发展贡献力量以维护公司形象,所以大股东性质为国有控股的公司对于社区责任项目的关注度比较高。而重视度较低的外资控股和民营控股分别仅有11%和8%的企业选择披露社区责任项目,这说明外资控股和民营控股的社区服务意识还不够高,不能很好地承担起自己应负的责任。

表 7-23　按照大股东性质分组的对社区的责任项目描述性统计

	终极控制人性质	公司数	均值	标准差	最小值	最大值
0	国有控股	997	0.21	0.41	0	1
1	民营控股	1 311	0.08	0.27	0	1
2	外资控股	57	0.11	0.31	0	1
3	集体控股	17	0.29	0.47	0	1
4	社会团体控股	3	0.33	0.58	0	1
5	职工持股会控股	4	0.25	0.50	0	1
6	其他	79	0.25	0.44	0	1
Total	合计	2 468	0.14	0.35	0	1

4. 分地区评价分析

表 7-24 展示了不同地区企业对于社区责任项目的不同披露程度。样本公司按照注册地的不同分为 31 个省(直辖市、自治区)的分组样本，比较分析上市公司是否披露对社区的责任项目的地区差异。从统计结果可看出，福建、西藏和云南的企业中有超过 30% 的公司披露了该项目，其中福建最高，为 42%。共有 9 个地区的披露程度小于 10%，分别为甘肃、海南、广西、黑龙江、湖北、湖南、江苏、吉林和重庆，其中重庆最低，为 0。可看出发达直辖市和沿海省份对于社区责任项目的重视度较高，同时西藏、云南由于其少数民族聚集的特点，社区整体度很高，所以企业对于社区的责任重视度可能较高。而西北和东北省份的披露程度则相对较低，一方面由于样本数少，另一方面也说明这些地域的企业对于社区责任的认识还不够高。

表 7-24　按照地区分组的对社区的责任项目描述性统计

地区	公司数	均值	标准差	最小值	最大值
安徽	78	0.19	0.40	0	1
北京	217	0.18	0.38	0	1
福建	86	0.42	0.50	0	1
甘肃	24	0.04	0.20	0	1
广东	366	0.11	0.31	0	1
广西	30	0.07	0.25	0	1
贵州	21	0.24	0.44	0	1
海南	26	0.08	0.27	0	1
河北	47	0.13	0.34	0	1
河南	66	0.20	0.40	0	1

(续表)

地区	公司数	均值	标准差	最小值	最大值
黑龙江	32	0.06	0.25	0	1
湖北	84	0.07	0.26	0	1
湖南	73	0.08	0.28	0	1
吉林	38	0.03	0.16	0	1
江苏	233	0.09	0.28	0	1
江西	33	0.18	0.39	0	1
辽宁	66	0.11	0.31	0	1
内蒙古	23	0.13	0.34	0	1
宁夏	12	0.17	0.39	0	1
青海	10	0.20	0.42	0	1
山东	150	0.11	0.31	0	1
山西	34	0.24	0.43	0	1
陕西	38	0.13	0.34	0	1
上海	198	0.17	0.38	0	1
四川	90	0.16	0.36	0	1
天津	38	0.13	0.34	0	1
西藏	10	0.40	0.52	0	1
新疆	39	0.13	0.34	0	1
云南	28	0.36	0.49	0	1
浙江	240	0.13	0.34	0	1
重庆	38	0.00	0.00	0	0
合计	2 468	0.14	0.35	0	1

2.3.4 对环境的责任项目评价

1. 总体状况描述

企业作为最重要的市场主体,是环境资源的主要利用者和环境污染的主要制造者。因此企业承担环境责任,对环境保护具有重要意义。在企业社会责任报告中所披露的一项重要内容是企业对于环境的责任项目。通过分析2 469家企业的社会责任报告,将披露有关环境社会责任的企业赋值为1,未披露的赋值为0,进行统计分析。从总体统计结果来看,如表7-25所示,2 469家企业中,有24%的企业披露了对于环境的责任。这说明了在全样本公司中大多数公司还没有将环境责任列为其社会责任的核心内容加以关注。这说明,从总体来说,中国上市公司对环境诉求的关注还有待于进一步加强。

表 7-25 对环境的责任项目总体描述性统计

指标	对环境的责任
公司数	2 469
均值	0.24
标准差	0.43
上分位数	0
中位数	0
下分位数	0
最小值	0
最大值	1

2. 分行业评价分析

表7-26按照国家行业分类标准,对上市公司所处的12个行业门类和制造业中的10个大类进行分组,对样本公司进行环境责任项目的披露进行分析。金融保险业对于环境责任披露程度最高,达到了79%;其次为采掘业,披露程度为48%;交通运输、仓储业披露程度也比较高,达到43%。对于环境的责任项目披露均值最低的行业为制造业中的木材、家具行业,披露程度仅为8%;其次是制造业中的石油、化学、塑胶、塑料业,信息技术业,传播与文化产业,披露程度为18%。总体说明就是否披露对于环境的责任项目而言,行业间存在一定的差异。

表 7-26 按照行业分组的对环境的责任项目描述性统计

CSRC	行业名称	公司数	均值	标准差	最小值	最大值
A	农、林、牧、渔业	52	0.21	0.41	0	1
B	采掘业	52	0.48	0.50	0	1
C0	食品、饮料	93	0.29	0.46	0	1
C1	纺织、服装、皮毛	90	0.20	0.40	0	1
C2	木材、家具	13	0.08	0.28	0	1
C3	造纸、印刷	47	0.26	0.44	0	1
C4	石油、化学、塑胶、塑料	265	0.18	0.39	0	1
C5	电子	144	0.20	0.40	0	1
C6	金属、非金属	200	0.30	0.46	0	1
C7	机械、设备、仪表	487	0.20	0.40	0	1
C8	医药、生物制品	145	0.19	0.39	0	1
C9	其他制造业	29	0.24	0.44	0	1
D	电力、煤气及水的生产和供应业	72	0.38	0.49	0	1

（续表）

CSRC	行业名称	公司数	均值	标准差	最小值	最大值
E	建筑业	52	0.33	0.47	0	1
F	交通运输、仓储业	77	0.43	0.50	0	1
G	信息技术业	213	0.18	0.39	0	1
H	批发和零售贸易	123	0.19	0.39	0	1
I	金融、保险业	42	0.79	0.42	0	1
J	房地产业	104	0.23	0.42	0	1
K	社会服务业	74	0.19	0.39	0	1
L	传播与文化产业	33	0.18	0.39	0	1
M	综合类	62	0.34	0.48	0	1
Total	合计	2 469	0.24	0.43	0	1

3. 分大股东性质评价分析

表7-27中，样本上市公司按照公司第一大股东最终控制人类型性质的不同，将其分为国有控股、民营控股、外资控股、集体控股、社会团体控股、职工持股会控股和其他几种类型来分析第一大股东性质不同的样本上市公司是否披露对环境的责任项目中的差异情况。从描述性统计结果可以看到，职工持股会控股的公司对于披露环境责任项目的均值最高，达到了50%；国有控股的998家企业中有36%的企业都对环境的责任项目进行了披露，集体控股企业对于环境责任项目的披露达到了35%；民营控股的1 311家企业对于环境责任项目的披露程度仅为14%，而外资控股企业对于环境责任项目的披露程度也比较低，为18%。这可能是由于国有控股、集体控股等规模较大企业涉及的很多行业都是与国计民生关系密切的行业，因此相对于民营控股企业和外资企业来说，其对于环境责任的重视程度更高。

表7-27 按照大股东性质分组的对环境的责任项目描述性统计

	终极控制人性质	公司数	均值	标准差	最小值	最大值
0	国有控股	998	0.36	0.48	0	1
1	民营控股	1 311	0.14	0.35	0	1
2	外资控股	57	0.18	0.38	0	1
3	集体控股	17	0.35	0.49	0	1
4	社会团体控股	3	0.00	0.00	0	0
5	职工持股会控股	4	0.50	0.58	0	1
6	其他	79	0.41	0.49	0	1
Total	合计	2 469	0.24	0.43	0	1

4. 分地区评价分析

表 7-28 是样本公司按照注册地的不同分为 31 个省(直辖市、自治区)的分组样本,比较分析上市公司是否披露对环境责任项目的地区差异。北京 217 家企业中有 36% 的企业对环境责任项目进行了披露,上海 198 家企业中有 25% 的企业对环境责任项目进行了披露;安徽、福建、河南、山西、云南的环境责任项目披露程度均超过 30%,其中福建 86 家企业环境责任项目披露程度最高,达到了 69%;共有两个省的环境责任项目披露程度小于 10%,分别为甘肃、黑龙江,其中甘肃省的环境责任项目披露程度最低,为 8%。

表 7-28 按照地区分组的对环境的责任项目描述性统计

地区	公司数	均值	标准差	最小值	最大值
安徽	78	0.31	0.46	0	1
北京	217	0.35	0.48	0	1
福建	86	0.69	0.47	0	1
甘肃	24	0.08	0.28	0	1
广东	366	0.19	0.39	0	1
广西	30	0.17	0.38	0	1
贵州	21	0.29	0.46	0	1
海南	26	0.12	0.33	0	1
河北	47	0.21	0.41	0	1
河南	66	0.48	0.50	0	1
黑龙江	32	0.09	0.30	0	1
湖北	84	0.18	0.39	0	1
湖南	73	0.14	0.35	0	1
吉林	38	0.21	0.41	0	1
江苏	233	0.12	0.33	0	1
江西	33	0.27	0.45	0	1
辽宁	66	0.21	0.41	0	1
内蒙古	23	0.17	0.39	0	1
宁夏	12	0.25	0.45	0	1
青海	10	0.40	0.52	0	1
山东	151	0.21	0.41	0	1
山西	34	0.32	0.47	0	1
陕西	38	0.18	0.39	0	1
上海	198	0.25	0.44	0	1

(续表)

地区	公司数	均值	标准差	最小值	最大值
四川	90	0.21	0.41	0	1
天津	38	0.26	0.45	0	1
西藏	10	0.40	0.52	0	1
新疆	39	0.28	0.46	0	1
云南	28	0.46	0.51	0	1
浙江	240	0.21	0.41	0	1
重庆	38	0.11	0.31	0	1
合计	2 469	0.24	0.43	0	1

2.3.5 对社会的责任项目评价

1. 总体状况描述

表7-29列示的是是否披露对社会的责任项目的总体描述性统计。2 469家样本企业中,有22%的企业在其年报中披露了对社会的责任,进一步探究我们可以看出,上市公司针对社会的责任工作集中于公益事业和慈善捐赠等活动,如针对"希望小学"、红十字会以及各类慈善基金会的公益捐赠。《2012年度中国慈善捐助报告》公布的数据显示,2012年全国接受国内外社会各界的款物捐赠总额约817亿元,占我国GDP的0.16%,人均捐款60.4元;而且在各捐赠主体中,企业捐赠仍为主要力量。2012年来自各类企业的捐赠474.38亿元,贡献约58%的捐赠,其中,民营企业捐赠275.06亿元,占57.98%。自2007年有全国性的捐赠统计以来,民营企业的捐赠数额一直都占据企业捐赠总量的一半以上,但与欧美等发达国家慈善事业发展水平相比仍存在较大差距。2012年美国接受社会捐款约为3 162亿美元,占国内生产总值的2.0%。中国GDP约为美国的1/2,但是美国的慈善捐赠总量却是中国的近24倍(何杰和曾朝夕,2010)。

国内学者针对中国企业慈善动机的研究显示,企业慈善行为不仅要受到企业自身规模实力、财务状况等微观因素影响,也受到行业以及外部宏观因素影响。因此社会对企业慈善行为有更多的理解,不能用单一维度和标准统一企业的慈善行为(卢正文和刘春林,2011)。但国内外实践表明,企业家的慈善之心与财富多寡无关。如美国第一大财团洛克菲勒财团创始人约翰·洛克菲勒就在其16岁领取第一份17美元的薪水时,就立下重誓——将个人财富的十分之一捐献给社会。

表 7-29　对社会的责任项目总体描述性统计

指标	对社会的责任
公司数	2 469
均值	0.22
标准差	0.41
上分位数	0
中位数	0
下分位数	0
最小值	0
最大值	1

2. 分行业评价分析

从行业角度分析,76%的金融保险企业披露了对社会的责任,在各行业中这一比例最高,其次为采掘业(46%)、建筑业(35%)、电力、煤气及水的生产和供应业(32%)、交通运输、仓储业(31%)。而排名后5位的行业分别是医药、生物制品业(17%)、农、林、牧、渔业(15%)、石油、化学、塑胶、塑料业(15%)、社会服务业(15%)、木材、家具行业(8%)。由此可见,各行业之间对社会的责任的履行存在较大差距。

金融、保险业之所以在践行对社会的责任方面领跑其他行业,一方面是因为我国金融企业雄厚的资金实力和规模,能够有效支撑金融企业关注社会问题;另一方面我国多数金融企业特别是银行、保险等金融企业大多属于国有控股企业,其对社会问题的关注不仅是企业行为,更是政治行为,其在社会慈善捐赠等方面要发挥模范带头作用。同时,金融行业的特殊性也为其社会公益慈善事业的开展创造了条件,如银行业针对社会慈善捐赠免收手续费等,客观上也为金融企业社会责任的履行创造了条件。据有关资料统计,2012年4月20日四川雅安地震发生之后,中国以银行、证券、基金、保险为代表的金融行业迅速行动起来,短短几天就为灾区捐款总额超过2亿元。除此之外,多家银行和保险公司开通绿色通道,启动高级别的应急预案,积极组织救援活动。

另一方面,排名靠前的行业多属于垄断或高利润率行业,因此企业也有足够的资金和实力履行对社会的责任,如电力、煤气及水的生产和供应业(32%)。而排名后几位的行业多属于低盈利能力行业,如社会服务业。当然,医药、生物制品业,石油、化学、塑胶、塑料业虽然整体盈利能力或规模较大,但其社会责任的履行可能更倾向于环保、社区等责任履行。这也说明企业之间在社会责任履行方面受制于行业等宏观因素影响,存在一定的偏好或倾向性。

表 7-30　按照行业分组的对社会的责任项目描述性统计

CSRC	行业名称	公司数	均值	标准差	最小值	最大值
A	农、林、牧、渔业	52	0.15	0.36	0	1
B	采掘业	52	0.46	0.50	0	1
C0	食品、饮料	93	0.26	0.44	0	1
C1	纺织、服装、皮毛	90	0.19	0.39	0	1
C2	木材、家具	13	0.08	0.28	0	1
C3	造纸、印刷	47	0.26	0.44	0	1
C4	石油、化学、塑胶、塑料	265	0.15	0.36	0	1
C5	电子	144	0.17	0.38	0	1
C6	金属、非金属	200	0.24	0.43	0	1
C7	机械、设备、仪表	487	0.18	0.39	0	1
C8	医药、生物制品	145	0.17	0.37	0	1
C9	其他制造业	29	0.28	0.45	0	1
D	电力、煤气及水的生产和供应业	72	0.32	0.47	0	1
E	建筑业	52	0.35	0.48	0	1
F	交通运输、仓储业	77	0.31	0.47	0	1
G	信息技术业	213	0.19	0.40	0	1
H	批发和零售贸易	123	0.18	0.38	0	1
I	金融、保险业	42	0.76	0.43	0	1
J	房地产业	104	0.25	0.44	0	1
K	社会服务业	74	0.15	0.36	0	1
L	传播与文化产业	33	0.21	0.42	0	1
M	综合类	62	0.26	0.44	0	1
Total	合计	2 469	0.22	0.41	0	1

3. 分大股东性质评价分析

从股东性质来看，国有控股和民营控股企业数量占据绝对比例，而其他类型控制人的企业数量明显偏少，因此重点分析前两种控制类型企业对于社会的责任披露情况。表 7-31 显示，32% 的国有控股企业披露了对社会的责任，相比之下只有 14% 的民营控股企业披露了对社会的责任。这表明，在履行针对社会的责任方面国有控股企业担负着更多的责任和义务。

表 7-31 按照大股东性质分组的对社会的责任项目描述性统计

	终极控制人性质	公司数	均值	标准差	最小值	最大值
0	国有控股	998	0.32	0.46	0	1
1	民营控股	1 311	0.14	0.35	0	1
2	外资控股	57	0.14	0.35	0	1
3	集体控股	17	0.24	0.44	0	1
4	社会团体控股	3	0.33	0.58	0	1
5	职工持股会控股	4	0.25	0.50	0	1
6	其他	79	0.37	0.49	0	1
Total	总计	2 469	0.22	0.41	0	1

由于针对社会的责任涉及弱势群体的利益、关注犯罪失业、公共安全、公益或其他捐赠等事情，其中相当一部分内容属于政府及事业单位应该担负的职能范畴。而作为政府职能的延伸，国有企业在弱势群体帮扶、解决社会就业、参与公益事业方面担负着义不容辞的重任。

相比之下，民营企业在承担对社会的责任方面的积极性更为弱化，造成这种现象的原因主要有以下几个方面：

第一，相比对社会的责任，民营企业更关注经济利益和经济目标。与国有企业需要同时兼顾社会和经济责任不同的是，民营企业会将经济利益放在更为突出、更为重要的位置，这是任何民营企业生存和发展的基本前提。因此民营企业必须具备获取经济利益的前提才能践行其对社会的责任，而国有企业则无论是否盈利，必要时必须同时兼顾两者，甚至会将对社会的责任放在更为优先和突出的位置。如 2012 年四川雅安地震后，国内各大航空公司及时调整运力布局和安排，优先保障地震应急救援人员、救灾物资等运往灾区。

第二，相比国有企业与政府之间天然的纽带与联系，民营企业在承担社会的责任方面缺乏更为有效的约束力和压力。目前国有企业在履行社会责任的途径方面，很多情况下更多地来自政府的行政安排和政治任务需要，并非完全由国有企业自主决策确定。相反，民营企业对社会的责任履行更多地来自政府以及社会各界对弱势群体关爱、公益事业的呼吁方面，相比国有企业，民营企业对社会的责任履行缺乏更为强大的外在约束力和压力。

第三，民营企业难以获得政府的政策性青睐和偏爱，因此其在承担政府延伸的职能方面很自然地选择回避的态度。国有企业股权天然的产权属性，使得其更容易获得来自政府各方面的政策支持和资源保障，而且越来越多的"商而优则仕"表明国有企业领导人会更多地把国有企业作为进入党政机关的跳板和平台，而积极践行对社会的责任则可以为其从政加分。相反,民营企业常会遭遇现实制度环境的政策性歧视,因而会导致其在政府倡导社会关爱和公益事业时缺乏必要的积极性。

4. 分地区评价分析

表7-32显示,排名前10位的省市为福建、云南、河南、青海、北京、西藏、安徽、新疆、山西和宁夏,而排名后10位的省市为广西、内蒙古、山东、黑龙江、湖北、甘肃、陕西、湖南、江苏、海南和重庆。结合上述排名,我们可以发现如下特点:

第一,企业针对社会的慈善履行很大程度上受制于地区社会经济发展水平的影响。前10名中除北京市外,其他省市多属经济欠发达地区。这一方面是因为在经济欠发达地区,经济社会发展各方面比较薄弱,加之地方政府财力有限,社会公益事业发展需要政府整合社会各方力量才能加以解决。而上市公司作为地方企业的典型代表担负着促进地方经济发展,解决社会就业,发展地方教育事业的重任。

第二,央企相比其他类型企业在践行社会公益事业方面走在前列。我们可以发现,央企集中的北京市在履行针对社会的责任方面走在全国各省市前列(33%),远高于上海(23%)、天津(21%)和重庆(5%),乃至经济总量全国第一的广东(18%)。造成这种现象的重要原因就在于中央企业相比地方国企和其他类型企业,代表国家政府职能延伸,承担着更重的社会公益事业责任,这也是中央企业必须承担的政治责任,对于引导和推动整个社会践行社会公益责任具有重要的示范和带头作用。

第三,地方经济发展水平落后会严重制约企业践行社会公益的能力。排名后10位的省市除江苏、山东外基本上都属于经济较为落后的欠发达省份。尽管欠发达地区对于企业践行社会公益事业有更为强烈的需求和渴望,但是经济欠发达地区由于其基础设施落后、社会公益事业管理水平相对滞后,这一切都使得企业在践行社会公益等责任方面存在困难和顾虑。而且经济发展水平落后也会很大程度上影响企业经济效益水平和质量,其财务状况等微观因素也会制约其对社会的责任履行。

表7-32 按照地区分组的对社会的责任项目描述性统计

地区	公司数	均值	标准差	最小值	最大值
安徽	78	0.29	0.46	0	1
北京	217	0.33	0.47	0	1
福建	86	0.65	0.48	0	1
甘肃	24	0.13	0.34	0	1

（续表）

地区	公司数	均值	标准差	最小值	最大值
广东	366	0.18	0.38	0	1
广西	30	0.17	0.38	0	1
贵州	21	0.19	0.40	0	1
海南	26	0.08	0.27	0	1
河北	47	0.19	0.40	0	1
河南	66	0.41	0.50	0	1
黑龙江	32	0.16	0.37	0	1
湖北	84	0.14	0.35	0	1
湖南	73	0.12	0.33	0	1
吉林	38	0.21	0.41	0	1
江苏	233	0.12	0.33	0	1
江西	33	0.24	0.44	0	1
辽宁	66	0.18	0.39	0	1
内蒙古	23	0.17	0.39	0	1
宁夏	12	0.25	0.45	0	1
青海	10	0.40	0.52	0	1
山东	151	0.17	0.38	0	1
山西	34	0.26	0.45	0	1
陕西	38	0.13	0.34	0	1
上海	198	0.23	0.42	0	1
四川	90	0.18	0.38	0	1
天津	38	0.21	0.41	0	1
西藏	10	0.30	0.48	0	1
新疆	39	0.28	0.46	0	1
云南	28	0.43	0.50	0	1
浙江	240	0.18	0.38	0	1
重庆	38	0.05	0.23	0	1
合计	2 469	0.22	0.41	0	1

2.3.6 对其他利益相关者的责任项目评价

1. 总体状况描述

从整体上看，我国上市公司对其他利益相关者责任信息的披露相对不足，需要进一步加强和完善。下面,将从行业、大股东性质和地区分布三个方面,分析我国上市公司对其他利益相关者责任信息披露状况的差异。在我们选取的 2 468 家公司样本中,是否披露对其他利益相关者的责任项目总体状况描述如表 7-33 所示。

表 7-33 对其他利益相关者的责任项目总体描述性统计

指标	对其他利益相关者的责任
公司数	2 468
均值	0.16
标准差	0.37
上分位数	0
中位数	0
下分位数	0
最小值	0
最大值	1

下面,将按照样本的行业构成(表 7-34)、大股东的性质(表 7-35)和地区分布(表 7-36),分别进行具体分析。

2. 分行业评价分析

表 7-34 中的数字表明,我国企业披露对其他利益相关者责任平均值最高的行业为金融、保险行业,其数值为 0.38。这主要得益于金融、保险业对其他利益相关者的高度依赖性,同时相较于其他行业,此类企业所面对的其他利益相关者的庞大性和复杂性,进一步决定了其对金融、保险类企业生存与发展的突出作用。近年来,随着我国企业进一步地走出国门,在全球经济一体化的冲击下,企业要取得自身的可持续发展,必然需要进一步得到其他利益相关者的支持。因此,在经济与社会的双重压力下,其他利益相关者责任对企业的影响力日益凸显。

同时,表中数字也表明,我国企业披露对其他利益相关者责任平均值最低的是医药、生物制品业和信息技术业,数值均为 0.1。分析认为,这是由于此类行业的特殊性导致。医药、生物制品业和信息技术业都具备较强的技术性和市场垄断性,另一方面由于我国对专利技术的保护不足,导致此类行业集中力量于科研技术开发和市场拓展,而忽视了对其他利益相关者的责任。

表 7-34 按照行业分组的对其他利益相关者的责任项目描述性统计

CSRC	行业名称	公司数	均值	标准差	最小值	最大值
A	农、林、牧、渔业	52	0.19	0.40	0	1
B	采掘业	52	0.37	0.49	0	1
C0	食品、饮料	93	0.24	0.43	0	1
C1	纺织、服装、皮毛	90	0.12	0.33	0	1
C2	木材、家具	13	0.08	0.28	0	1
C3	造纸、印刷	47	0.17	0.38	0	1
C4	石油、化学、塑胶、塑料	265	0.13	0.34	0	1
C5	电子	144	0.13	0.33	0	1
C6	金属、非金属	200	0.21	0.41	0	1
C7	机械、设备、仪表	486	0.12	0.32	0	1
C8	医药、生物制品	145	0.10	0.30	0	1
C9	其他制造业	29	0.21	0.41	0	1
D	电力、煤气及水的生产和供应业	72	0.22	0.42	0	1
E	建筑业	52	0.23	0.43	0	1
F	交通运输、仓储业	77	0.31	0.47	0	1
G	信息技术业	213	0.10	0.31	0	1
H	批发和零售贸易	123	0.11	0.31	0	1
I	金融、保险业	42	0.38	0.49	0	1
J	房地产业	104	0.18	0.39	0	1
K	社会服务业	74	0.12	0.33	0	1
L	传播与文化产业	33	0.15	0.36	0	1
M	综合类	62	0.24	0.43	0	1
Total	合计	2 468	0.16	0.37	0	1

3. 分大股东性质评价分析

在按照大股东性质的分组统计中,如表7-35所示,集体控股公司平均值最大,为0.24,其次为国有控股公司的0.22。特别需要指出的是,在选取的所有3家社会团体控股公司中,都未披露对其他利益相关者的责任项目,因此其平均值为0,不具有参考性。而在全部2 468个样本中,占据着53%的最大比例的民营控股公司的平均值则最小,仅为0.11。

表 7-35 按照大股东性质分组的对其他利益相关者的责任项目描述性统计

	终极控制人性质	公司数	均值	标准差	最小值	最大值
0	国有控股	997	0.22	0.41	0	1
1	民营控股	1 311	0.11	0.31	0	1
2	外资控股	57	0.18	0.38	0	1
3	集体控股	17	0.24	0.44	0	1
4	社会团体控股	3	0.00	0.00	0	0
5	职工持股会控股	4	0.50	0.58	0	1
6	其他	79	0.20	0.40	0	1
Total	合计	2 468	0.16	0.37	0	1

数据结果表明,集体控股公司和国有控股公司在所有类型的分组中对其他利益相关者的信息披露情况较好。集体控股是长期历史的产物,国有控股公司则在我国的经济主体中占据着重要地位。由于这两类公司的大股东分别为劳动集体和国家,具有其他性质公司不可比拟的特殊性,因此其在经营过程中必然要承担更多的社会责任,同时兼顾各方的利益。目前而言,我国社会团体控股公司的数量相对有限,特别是相关法律不完善、监管不到位。而民营控股公司则更热衷于追求经济利润,因此对其他利益相关者责任信息披露意识相对淡薄和缺乏。

4. 分地区评价分析

表 7-36 中的数字表明,我国企业披露对其他利益相关者责任平均值最高的地区为市场化程度较高的福建,其数值为 0.56,远高于其他地区。最低的为黑龙江,其数值仅为 0.03。此外,还有 12 个地区的披露对其他利益相关者责任平均值高于平均水平,而作为四个直辖市之一的重庆,其数值仅为 0.08,与湖北、江苏并列倒数第二。值得注意的是,宁夏、新疆、西藏三地的企业披露对其他利益相关者责任的平均值,高于经济发展水平相对较好的北京、广东、上海、浙江等地区。因此,整体上看,经济能力和地区间经济发展的不平衡不能说明我国企业对披露其他利益相关者责任的程度,企业自身经营和管理发展的需要才是其承担对其他利益相关者责任的动力。

表 7-36 按照地区分组的对其他利益相关者的责任项目描述性统计

地区	公司数	均值	标准差	最小值	最大值
安徽	78	0.21	0.41	0	1
北京	217	0.22	0.41	0	1
福建	86	0.56	0.50	0	1
甘肃	24	0.13	0.34	0	1

（续表）

地区	公司数	均值	标准差	最小值	最大值
广东	366	0.13	0.34	0	1
广西	30	0.10	0.31	0	1
贵州	21	0.19	0.40	0	1
海南	26	0.12	0.33	0	1
河北	47	0.15	0.36	0	1
河南	66	0.23	0.42	0	1
黑龙江	32	0.03	0.18	0	1
湖北	84	0.08	0.28	0	1
湖南	73	0.10	0.30	0	1
吉林	38	0.13	0.34	0	1
江苏	232	0.08	0.27	0	1
江西	33	0.15	0.36	0	1
辽宁	66	0.09	0.29	0	1
内蒙古	23	0.13	0.34	0	1
宁夏	12	0.25	0.45	0	1
青海	10	0.30	0.48	0	1
山东	151	0.11	0.31	0	1
山西	34	0.24	0.43	0	1
陕西	38	0.16	0.37	0	1
上海	198	0.16	0.37	0	1
四川	90	0.12	0.33	0	1
天津	38	0.18	0.39	0	1
西藏	10	0.30	0.48	0	1
新疆	39	0.23	0.43	0	1
云南	28	0.21	0.42	0	1
浙江	240	0.17	0.38	0	1
重庆	38	0.08	0.27	0	1
合计	2 468	0.16	0.37	0	1

3 我国上市公司社会责任报告存在的问题与建议

3.1 CSR^{NK}总体评价问题与建议

传统观点认为,关注社会责任履行有助于企业营造良好的外部发展环境,从而有利于企业的持续健康发展,因此关注社会责任应当是企业的自发行为,尤其是当企业发展到一定程度后会自发地加大对履行社会责任的关注。但上述分析表明,企业履行社会责任的积极性更多来自外部环境的压力或影响,要么是股东或其他利益相关者的监督约束压力,要么是市场竞争的压力,或者受到外部经营环境的影响。

因此,要想提高企业对社会责任的关注力度,应当充分发挥政府的职能作用,加大对企业的监督约束力度,积极营造能够引致企业关注社会责任的市场环境。

3.2 CSR^{NK}分项评价问题与建议

1. 对员工的责任评价概况

众所周知,员工是企业价值创造和竞争优势塑造的主要践行者。很多企业意识到了员工在创造企业价值和塑造竞争优势中的重要作用,因而在企业社会责任报告中将企业对员工所负有的责任进行了强调,以提升员工的积极性。在社会责任报告中,很多企业在对员工责任方面的努力加以细化。总体来说,企业进行员工责任的具体举措可以分为以下三种途径。(1)提升员工薪酬。依据马斯洛的需求层次理论,人们首先要保证自己的生存和基本保障才会有动机去实现满足感和成就感。因此,大部分企业在报告中都强调了对员工薪酬水平的提升,并且以百分比呈现员工薪酬的提升,有部分企业员工薪酬增长达到10%以上。(2)多元化的员工福利。很多企业在员工责任部分明确了给员工的福利形式,包括为员工购买较为齐全的医疗和社会保险,帮助解决员工的实际困难等。同时,某些企业还提供了某些配套设施以供员工休闲、健身和娱乐。(3)加强员工培训和知识支持。通过加强员工的技能培训,一方面可以提升劳动生产效率,同时也营造了企业的学习氛围,促进企业成为学习型组织。而对员工知识素养的关注则会提升企业文化,丰富员工的精神生活,使企业成为员工的一种生活寄托,增强员工对企的归属感。

综上所述,企业关注员工责任,积极提升员工的薪酬福利和精神层次,不仅是一种提高员工劳动生产率以提升企业价值的有效手段,而且是打造"幸福"企业、形成企业文化,进而塑造企业核心软实力的一种重要方式。员工作为一线工作人员,他们的劳动积极性、创造性是一个企业能否保持活力、持续创新的关键。所以,中国上市公司必须将员工作为一个企业发展的核心加以关注,以有效的手段、多元的方式提升员工的工作技能、积极性和创造力,增强员工的幸福感,以求打造高效率、高产能、高幸福感的企业。

2. 对消费者的责任评价概况

我国披露对消费者责任的企业比例不高,仅为22%。从行业分布状况来看,除金融保险业等服务型行业的披露比例高达79%外,其他行业全部在50%以下。从股东性质可以看出,国有企业相对于民营企业和外资企业对于消费者责任的重视程度更高,这与政府的监管作用可能具有一定关系。从地域分布来看,东南沿海地区和中部地区的企业披露比例较低,但企业绝对数目较多,西部地区企业披露比例较高,但企业总数是三个地区中最少的。

3. 对社区的责任评价概况

不同行业、不同大股东性质、不同地区的上市公司对于是否披露对社区的责任项目的情况明显不同,但是对于该方面的社会责任披露过少,为六项披露内容中的第五位,对于该方面的重视不足将不利于企业与社区的协调共处,影响企业的长远发展,同时企业也没有承担起基本的回馈责任。尤其分地区情况中,披露情况与地区经济发展状况相反的现象引人注意。如重庆38家上市企业中竟然没有一家企业披露该方面的内容,而相反山西和陕西在企业总数大体一致的情况下分别有24%和13%的企业披露了对社区的责任项目。西藏仅有10家上市企业,其中有4家均对社区责任进行了披露,这说明对于社区的责任项目的认识在某种程度上不与经济发展水平成正比,经济发展程度高的地区的企业更应该重视回馈社区,建设社区,发展社区,承担起自身应有的责任,而不是只集中资源发展企业,这样将有损于企业的形象维护,更不利于企业的长远发展。

4. 对环境的责任评价概况

总体上,我国对于环境责任项目的披露企业比例不高,仅为24%。从行业分布状况来看,除金融保险业等服务型行业的环境责任项目披露比例高达79%外,其他行业全部在50%以下。从股东性质可以看出,国有企业相对于民营企业和外资企业对于环境责任项目的重视程度更高,这与企业性质、政府监管等可能具有一定的关系。从地域分布来看,北京、安徽、福建、河南、云南的环境责任项目披露程度较高,均超过30%,甘肃、黑龙江披露程度较低,为8%、9%,这可能与政府监管、企业数量、人口数量、自然环境等条件相关。

5. 对社会的责任评价概况

上市公司在履行对社会的责任方面整体处于发展初期,参与社会事业贡献的企业比例整体偏低,与欧美等发达国家相比仍存在较大努力空间。与此同时,我国企业对社会的责任贡献一方面会受到产权属性的影响,国有企业比其他类型企业更为主动和积极,特别是央企在践行社会公益事业方面更是走在全国各类型企业前列,发挥着重要的引导和示范作用;另一方面,地方社会责任发展水平也受到地区经济发展水平的制约,地方经济发展水平的落后会严重制约该区域的总体社会责任履行水平。

6. 对其他利益相关者的责任评价概况

我国企业在对利益相关者责任信息的披露方面,大体上呈现出以下几个特点:(1)整体状况较差,企业普遍不够重视对其他利益相关者信息的披露。我国企业对其他利益相关者信息披露的平均值仅为0.16,水平较低。(2)企业所处行业和大股东性质对披露对利益相关者责任的影响较大。从统计分析中,我们可以得出结论,当其他利益相关者对企业影响较大时,企业往往更倾向于披露对其他利益相关者的责任信息。如金融、保险行业,集体控股和国家控股企业,对其他利益相关者责任信息披露程度远高于医药、生物业和民营控股企业。(3)经济发展水平和地理分布对企业披露对利益相关者责任的影响不大。从数据中我们发现,传统意义上的经济发展不平衡和地理分布,不能从根本上说明企业披露对其他利益相关者信息的情况。如东南沿海和直辖市,并没有比内陆和西部地区表现得更好。

参 考 文 献

[1] 奥茨,刘承礼.财政联邦制述评[J].经济社会体制比较,2011(5):13—27.
[2] 奥尔森.权力与繁荣[M].上海:上海人民出版社,2005:1—20.
[3] 白重恩,陆俏,陆洲等.中国上市公司治理结构的实证研究[J].经济研究,2005(2):81—91.
[4] 白俊红,江可申,李婧,林雷芳.企业技术创新能力测度与评价的因子分析模型及其应用[J].中国软科学,2008(3):108—114.
[5] 毕克新,高岩.美日公司治理模式对技术创新的影响及对我国的启示[J].科技进步与对策,2008(6):185—189.
[6] 曹洪军,赵翔,黄少坚.企业自主创新能力评价体系研究[J].中国工业经济,2009(9):105—114.
[7] 曹亚勇,王建琼,于丽丽.公司社会责任信息披露与投资效率的实证研究[J].管理世界,2012(12):183—185.
[8] 常修泽,高明华.现代企业创新论[M].天津:天津人民出版社,1994.
[9] 常玉,刘显东.层次分析、模糊评价在企业技术创新能力评估中的应用[J].科技进步与对策,2002(9):125—127.
[10] 陈关亭.我国上市公司财务报告舞弊因素的实证分析[J].审计研究,2007(5):91—96.
[11] 陈国欣,吕占甲,何峰.财务报告舞弊识别的实证研究[J].审计研究,2007(3):88—93.
[12] 陈海声,卢丹.公司治理对R&D投入的影响研究综述[J].财会通讯,2011(8):46—48.
[13] 陈汉文,张宜霞.企业内部控制的有效性及其评价方法[J].审计研究,2008(3):48—54.
[14] 陈汉文.中国上市公司内部控制指数2009:制定,分析与评价[N].上海证券报,2010(6).
[15] 陈劲,陈钰芬.企业技术创新绩效评价指标体系研究[J].科学学与科学技术管理,2006(3):86—91.
[16] 陈力田,赵晓庆,魏致善.企业创新能力的内涵及其演变:一个系统化的文献

综述[J]. 科技进步与对策,2012(7):1—8.

[17] 陈隆,张宗益,杨雪松. 上市企业公司治理结构对技术创新的影响[J]. 科技管理研究,2005(9):137—141.

[18] 陈铭熏,刘坤亿等. 行政法人公司治理模式可行性[R]. 台湾:行政院人事行政局委托计划,2004.

[19] 陈骑兵,马铁丰. 基于DEA交叉评价的四川省高技术产业技术创新效率动态研究[J]. 科技管理研究,2012(16):57—60.

[20] 陈爽英,井润田,龙小宁,邵云飞. 民营企业家社会关系资本对研发投资决策影响的实证研究[J]. 管理世界,2010(1):88—97.

[21] 陈伟,张昊一,杨彩霞. 我国企业自主创新现状分析与对策研究[J]. 科技管理研究,2010(10):1—3.

[22] 池仁勇. 企业技术创新效率及其影响因素研究[J]. 数量经济技术经济研究,2003(6):105—108.

[23] 醋卫华,李培功. 媒体监督公司治理的实证研究[J]. 南开管理评论,2012,15(1):33—42.

[24] 戴文涛. 内部控制学科体系构建[J]. 审计与经济研究,2010(2):80—86.

[25] 戴文涛. 中国企业内部控制评价指标体系和评价指数研究[C]. 全国博士生学术论坛论文集. 清华大学编,2011.

[26] 戴彦. 企业内部控制评价体系的构建——基于A省电网公司的案例研究[J]. 会计研究,2006(1):69—76.

[27] 丁浩,尹丽萍. 不同企业治理模式下的企业创新比较及启示[J]. 特区经济,2007(11):232—234.

[28] 董红星. 公司治理与技术创新:一个文献综述[J]. 科学进步与对策,2010(12):157—160.

[29] 杜伟. 关于技术创新内涵的研究述评[J]. 西南民族大学学报(人文社科版),2004,25(2):257—259.

[30] 方红星,王宏. 企业风险管理整合框架[M]. 大连:东北财经大学出版社,2007.

[31] 费显政,李陈微,周舒华. 一损俱损还是因祸得福?——企业社会责任声誉溢出效应研究[J]. 管理世界,2010(4):74—82,98.

[32] 冯根福,温军. 中国上市公司治理与企业技术创新关系的实证分析[J]. 中国工业经济,2008(7):91—101.

[33] 冯阳、薛锋、孙进. 上市公司现金股利分配与公司成长性关系实证研究[J]. 经济纵横,2010(2):84—87.

[34] 弗里曼. 工业创新经济学[M]. 北京:北京大学出版社,2004.
[35] 傅家骥. 技术创新学[M]. 北京:清华大学出版社,1995.
[36] 高勇强,陈亚静,张云均."红领巾"还是"绿领巾":民营企业慈善捐赠动机研究[J]. 管理世界,2012(8):106—114,146.
[37] 葛家澍,陈朝琳. 财务报告概念框架的新篇章[J]. 会计研究,2011(3):3—8.
[38] 郭泽光,郭冰. 企业增长的财务问题探讨[J]. 会计研究,2002(7):11—15.
[39] 国务院发展研究中心课题组. 创新能力提升路径与前景的行业比较[J]. 中国发展观察,2012(8):27—29.
[40] 韩传模,汪士果. 基于 AHP 的企业内部控制模糊综合评价模型[J]. 会计研究,2009(4):55—61.
[41] 郝臣. 公司治理的价值相关性研究——来自沪深两市 2002—2005 的面板数据[J]. 证券市场导报,2009(3):40—46.
[42] 何杰,曾朝夕. 企业利益相关者理论与传统企业理论的冲突与整合——一个企业社会责任基本分析框架的建立[J]. 管理世界,2010(2):176—177.
[43] 贺荣兰. 我国中小企业自主创新的法制规范现状及瓶颈研究[J]. 法制与经济,2011(10):118—119.
[44] 胡汝银. 中国资本市场的发展与变迁[M]. 上海:格致出版社,2008:50—160.
[45] 胡新欣. 当前我国企业管理创新的基本趋势[J]. 企业管理,2010,19(4):1—3.
[46] 黄智丰,余自武. 上市公司投资者关系管理与经营绩效研究——基于 105 家国内上市公司实证[J]. 工业工程与管理,2012,17(3):129—134.
[47] 贾明,张喆. 高管的政治关联影响公司慈善行为吗?[J]. 管理世界,2010(4):99—112,187.
[48] 李彬,谷慧敏,高伟. 制度压力如何影响企业社会责任:基于旅游企业的实证研究[J]. 南开管理评论,2011,14(6):67—75.
[49] 李常青,熊艳. 媒体治理:角色、作用机理及效果[J]. 厦门大学学报(哲社版),2012(2):9—16.
[50] 李春涛,宋敏. 中国制造业企业的创新活动:所有制和 CEO 激励的作用[J]. 经济研究,2010(5):55—67.
[51] 李海芹,张子刚. CSR 对企业声誉及顾客忠诚影响的实证研究[J]. 南开管理评论,2010,13(1):90—98.
[52] 李桓,汪应洛. 企业技术创新动力机制构成要素的探讨[J]. 科学管理研究,1994(4):19—22.
[53] 李莉,高洪利,关宇航. 我国 AH 股上市银行投资者关系管理问题[J]. 中国流通经济,2012,26(9):123—127.

[54] 李明辉. 内部公司治理与内部控制[J]. 中国注册会计师,2003(11):22—23.
[55] 李培功,沈艺峰. 媒体的公司治理作用:中国的经验证据[J]. 经济研究,2010(4):14—27.
[56] 李铁映. 中国企业改革与发展[J]. 管理世界,1995(1):2—3.
[57] 李万福,林斌,宋璐. 内部控制在公司投资中的角色:效率促进还是抑制[J]. 管理世界,2011(2):81—99.
[58] 李维安. 公司治理学(第二版)[M]. 北京:高等教育出版社,2009.
[59] 李维安. 中国公司治理:从"违规"到"合规"[J]. 南开管理评论,2006(2):1.
[60] 李维安. 公司治理新阶段:合规、创新和发展[J]. 南开管理评论,2007(10):1.
[61] 李维安. 金融机构的治理改革:需配套顶层设计[J]. 南开管理评论,2012(3):1.
[62] 李维安. 完善官员治理:地方金融机构健康发展的关键[J]. 南开管理评论,2012(5):1.
[63] 李维安. 中国公司治理指数十年:瓶颈在于治理有效性[J]. 南开管理评论,2012(6):1.
[64] 李维安. 监督模式改革和治理的有效性[J]. 南开管理评论,2013(1):1.
[65] 李维安等. 公司治理评价与指数研究[M]. 北京:高等教育出版社,2005.
[66] 李维安,陈小洪,袁庆宏. 中国公司治理:转型与完善之路[M]. 北京:机械工业出版社,2013.
[67] 李维安,程新生等. 中国上市公司治理状况评价研究[J]. 管理世界,2010(1):142—151.
[68] 李维安. 企业履责,制度建设是关键[J]. 南开管理评论,2008(12):1.
[69] 李维安,郝臣. 中国公司治理转型:从行政型到经济型[J]. 资本市场,2009(9):112—114.
[70] 李维安,刘绪光,陈靖涵. 经理才能、公司治理与契约参照点——中国上市公司高管薪酬决定因素的理论与实证分析[J]. 南开管理评论,2010(4):4—15.
[71] 李维安,唐跃军. 上市公司利益相关者治理机制、指数治理与企业业绩[J]. 管理世界,2005(9):127—136.
[72] 李维安,唐跃军. 公司治理评价、治理指数与公司业绩——来自2003年中国上市公司的证据[J]. 中国工业经济,2006(4):98—107.
[73] 李维安,王世权. 中国上市公司监事会治理绩效评价与实证研究[J]. 南开管理评论,2005(1):4—9.

[74] 李维安,张国萍.经理层治理评价指数与相关绩效的实证研究——基于中国上市公司治理评价的研究[J].经济研究,2005(11):87—98.

[75] 李维安,张耀伟.中国上市公司董事会治理评价实证研究[J].当代经济科学,2005(1):17—23.

[76] 李向波,李叔涛.基于创新过程的企业技术创新能力评价研究[J].中国软科学,2007(2):139—142.

[77] 李小燕,田也壮.持续改进的企业内部财务控制有效性标准的研究[J].会计研究,2008(5):46—52.

[78] 李心合.论公司财务概念框架[J].会计研究,2010(7):32—39.

[79] 李政.我国国有企业自主创新能力现状与提升路径[J].哈尔滨工业大学学报(社会科学版),2012,14(1):105—110.

[80] 李正.企业社会责任与企业价值的相关性研究——来自沪市上市公司的经验证据[J].中国工业经济,2006(2):77—83.

[81] 李志辉.国际金融业风险管理发展的新趋势——综合风险管理[J].南开经济研究,2002(1):62—66.

[82] 梁建,陈爽英,盖庆恩.民营企业的政治参与、治理结构与慈善捐赠[J].管理世界,2010(7):109—118.

[83] 林毅夫,李志赟.中国的国有企业与金融体制改革[J].经济学(季刊),2005(11):913—935.

[84] 刘昌国.公司治理机制、自由现金流量与上市公司过度投资行为研究[J].经济科学,2006(4):50—58.

[85] 刘凤朝,孙玉涛.国家创新能力测度研究述评[J].科学学研究,2008,26(4):888—893.

[86] 刘丽颖,马连福.上市公司投资者关系管理对并购价值的影响研究——来自上海证券市场钢铁板块的证据[J].现代管理科学,2012(1):11.

[87] 刘明辉.内部控制鉴证:作用与选择[J].会计研究,2010(9):43—50.

[88] 诺斯.制度、制度变迁与经济绩效[M].上海:三联书店,1996:1—22.

[89] 刘伟,刘星.高管持股对高新企业R&D支出的影响研究[J].科学学与科学技术管理,2007(10):172—175.

[90] 刘玉廷.《企业内部控制基本规范》导读[J].会计研究,2010(5):3—16.

[91] 刘平等.企业战略管理:规划理论流程,方法与实践[M].北京:清华大学出版社,2011.

[92] 鲁传明.中国企业技术创新活动的现状与对策[J].科技资讯,2009(6):146—147.

[93] 骆良彬,王河流.基于 AHP 的上市公司内部控制质量模糊评价[J].审计研究,2008(6):84—96.

[94] 陆菊春,韩国文.企业技术创新能力评价的密切值法模型[J].科研管理,2003,23(1):54—57.

[95] 马克思.马克思恩格斯选集[M].北京:人民出版社,2012.

[96] 马胜杰.企业技术创新能力及其评价指标体系[J].数量经济技术经济研究,2002(12):5—8.

[97] 孟庆伟.制度创新在民营科技型企业技术创新中的作用及其对国有企业的借鉴意义[J].科研管理,2001(1):58—63.

[98] 诺斯.西方世界的兴起[M].北京:华夏出版社,1999.

[99] 钱燕云.中德企业技术创新效率的评价和比较研究[J].科学学与科学技术管理,2003(12):47—50.

[100] 钱先航,曹廷求,李维安.晋升压力、官员任期与城市商业银行的贷款行为[J].经济研究,2011(12):72—85.

[101] 乔海曙,谭明.金融企业社会责任与财务绩效关系的实证研究[J].财经理论与实践(双月刊),2009,30(162):18—21.

[102] 青木昌彦,钱颖一.转轨经济中的公司治理结构:内部人控制和银行的作用[M].北京:中国经济出版社,1995.

[103] 权小锋、吴世农.媒体关注、盈余操纵与应计误定价——基于我国股市媒体关注的治理效应及其治理机制探讨[R].厦门大学工作论文,2011.

[104] 任锦鸾,吕永波,郭晓林.提高我国创新政策水平的综合思考[J].科技进步与对策,2007,24(2):1—4.

[105] 芮明杰.管理创新[M].上海:上海译文出版社,1997.

[106] 单红梅.企业技术创新绩效的综合模糊评价及其应用[J].科研管理,2002,23(6):120—124.

[107] 盛亚,单航英.利益相关者与企业技术创新绩效关系:基于高度平衡型利益相关者的实证研究[J].科研管理,2008(6):30—35.

[108] 盛亚,吴蓓.基于利益相关者的企业技术创新产权问题诠释[J].科学学与科学技术管理,2007(9):70—73.

[109] 施莱佛,维什尼.掠夺之手:政府病及其治疗[M].北京:中信出版社,2004:1—39.

[110] 施涛等.企业内部控制自我评估研究[J].审计研究,2009(6):34—40.

[111] 史世鹏.高技术产品创新与流通[M].北京:经济管理出版社,1999.

[112] 宋军,吴冲锋.中国股评家预测行为的实证研究[J].数理统计与管理,2003

(5):3—27.
- [113] 孙冰,刘希宋.企业产品创新状况评价指标体系的构建[J].科研管理,2002,23(4):47—51.
- [114] 孙凯,鞠晓峰.基于改进DEA模型的工业企业技术创新能力评价[J].系统管理学报,2008,17(2):134—137.
- [115] 孙文杰.FDI与本国技术创新的研究述评[J].现代管理科学,2007(9):41—43.
- [116] 孙元.基于AHP和多级模糊综合评价的企业资源计划项目应用评价研究[J].技术经济,2007(2):10—12.
- [117] 唐艳.利益相关者导向下企业承担社会责任经济动因分析的实证研究综述[J].管理世界,2011(8):184—185.
- [118] 唐晓华,唐要家,苏梅梅.技术创新的资源与激励的不匹配性及其治理[J].中国工业经济,2004(11):25—31.
- [119] 田大伦,项文化,康文星.三层次开放实验室,培养学生创新能力[J].实验技术与管理,2002,19(4):1—3.
- [120] 万寿义,刘正阳.制度背景、公司价值与社会责任成本——来自沪深300指数上市公司的经验证据[J].南开管理评论,2013,16(1):83—91.
- [121] 王昌林.基于公司治理机制的企业技术创新行为研究[D].重庆大学,2007.
- [122] 王娟,丁森林.我国企业自主创新的现状、分析及评价[J].经营管理,2007,12(523):159.
- [123] 王利政,高昌林,李航.从主要科技指标看我国自主创新面临的内外部环境[J].中国科技论坛,2012(12):27—55.
- [124] 王世权.监事会的本原性质、作用机理与中国上市公司治理创新[J].管理科学,2011,23(4):47—53.
- [125] 王小鲁,樊纲,马光荣.中国市场化进程对经济增长的贡献[J].经济研究,2011(9):4—16.
- [126] 王秀丽、张新民.上市公司财务状况质量的综合分析[M].北京:中国财政经济出版社,2004.
- [127] 王中华.中国各省区市创业板上市公司分布与GDP的关系分析[J].经济研究导刊,2013(3):68—74.
- [128] 王竹泉,高芳.中国上市公司营运资金管理调查:2010[J].会计研究,2011(12):52—62.
- [129] 王竹泉,刘文静,王兴河,张欣怡,杨丽霏.中国上市公司营运资金管理调查:2007—2008[J].会计研究,2009(9):51—57.

[130] 王竹泉,孙建强.营运资金管理发展报告2011[M].北京:中国财政经济出版社,2011.

[131] 王海林.内部控制能力评价的IC-CMM模型研究[J].会计研究,2009(10):53—59.

[132] 王宏,蒋占华等.中国上市公司内部控制指数研究[M].北京:人民出版社,2011.

[133] 王立勇.内部控制系统评价的定量分析模型[J].财经研究,2004(9):93—102.

[134] 王素莲.企业内部控制评价指标体系研究[J].山西大学学报,2005(11):10—14.

[135] 王兴华.试论我国企业技术创新的现状与对策[J].科技与企业,2012(13):284.

[136] 王煜宇,温涛.企业内部控制评价模型及运用[J].统计与决策,2005(2):131—132.

[137] 魏锋,刘星.国有企业内部治理机制对企业技术创新的影响[J].重庆大学学报(自然科学版),2004,27(3):143—147.

[138] 魏江.完善企业技术创新动力机制的对策研究[J].科学管理研究,1998(6):1—3.

[139] 文芳,胡玉明.中国上市公司高管个人特质与R&D投资[J].管理评论,2009(21):84—91.

[140] 吴秋生,杨瑞平.内部控制评价整合研究[J].会计研究,2011(9):55—60.

[141] 吴晓求.中国资本市场:全球视野与跨越式发展[M].北京:中国人民大学出版社,2008:266—307.

[142] 吴焱,刘云彤,焦黎.现代企业管理创新初探[J].新疆师范大学学报(自然科学版),2011,30(1):33—36.

[143] 吴永林,高洪深,林晓言.企业技术创新能力的多级模糊综合评价[J].数量经济技术经济研究,2002(3):53—56.

[144] 吴志军.企业自主创新障碍与对策探析[J].科技管理研究,2008(6):6—7.

[145] 向刚,汪应洛.企业持续创新能力:要素构成与评价模型[J].中国管理科学,2004,12(6):137—142.

[146] 谢志华.会计报表的缺陷与重构[M].北京:人民出版社,2012.

[147] 熊彼特.经济发展理论[M].北京:中国社会科学出版社,2009.

[148] 熊彼特.资本主义、社会主义与民主[M].北京:商务印书馆,1999.

[149] 徐金发,刘翌.企业治理结构与技术创新[J].科研管理,2002(4):11—15.

[150] 徐宁,王帅.高管激励与技术创新关系研究前沿探析与未来展望[J].外国经济与管理,2013(6):23—32.
[151] 徐宁,徐向艺.控制权激励双重性与技术创新动态能力——基于高科技上市公司面板数据的实证研究[J].中国工业经济,2012(10):109—121.
[152] 徐莉萍,辛宇,祝继高.媒体关注与上市公司社会责任之履行——基于汶川地震捐款的实证研究.管理世界,2011(3):135—143,188.
[153] 亚当·斯密.国民财富的性质与原因的研究[M].北京:商务印书馆,1972.
[154] 亚当·斯密.道德情操论[M].北京:商务印书馆,1997.
[155] 杨朝峰,赵志耕.科技实力评估研究:综述与展望[J].中国软科学,2009(8):167—173.
[156] 杨建君,李垣,薛琦.基于公司治理的企业家技术创新行为特征分析[J].中国软科学,2002(12):124—127.
[157] 杨清香.试论内部控制概念框架的构建[J].会计研究,2010(11):29—32.
[158] 杨雄胜,李翔,邱冠华.中国内部控制的社会认同度研究[J].会计研究,2007(8):60—67.
[159] 杨雄胜.论中国企业内部控制评价制度的现实模式[J].会计研究,2010(6):51—61.
[160] 杨勇,达庆利,周勤.公司治理对企业技术创新投资影响的实证研究[J].科学学与科学技术管理,2007(11):61—65.
[161] 杨有红,李宇立.内部控制缺陷的识别、认定与报告[J].会计研究,2010(3):76—80.
[162] 杨有红,陈凌云.2007年沪市公司内部控制自我评价研究——数据分析与政策建议[J].会计研究,2009(6):58—64.
[163] 杨忠敏.企业技术创新能力评价的理论与方法综述[J].科技进步与对策,2004(3):138—140.
[164] 杨志江,罗掌华.我国各省市技术创新效率差异的比较研究[J].中国科技论坛,2012,1(1):18—22.
[165] 杨志江,罗掌华.我国科技经费投入与经济增长的协整分析[J].科学管理研究,2010,28(4):98—101.
[166] 姚洋.作为制度创新过程的经济改革[M].上海:格致出版社,2008:57—68.
[167] 于东智.公司治理[M].北京:中国人民大学出版社,2005.
[168] 俞立平.企业性质与创新效率——基于国家大中型工业企业的研究[J].数量经济技术经济研究,2007(5):108—115.

[169] 于增彪,王竞达. 企业内部控制评价体系的构建——基于亚新科工业技术有限公司的案例研究[J]. 审计研究,2007(3):47—52.

[170] 曾琼,玄兆辉. 从主要科技指标看我国地区科技发展特征[J]. 科技进步与对策,2012,29(6):26—30.

[171] 张天兵. 双刃多元化:董事会的挑战[J]. 董事会,2012(7):54—57.

[172] 张维迎. 企业的企业家——契约理论[M]. 上海:三联书店,2004:264—313.

[173] 张龙平,陈作习,宋浩. 美国内部控制审计的制度变迁及其启示[J]. 会计研究,2009(2):75—80.

[174] 张树良,马建华. 中国创新政策述评(Ⅰ)[J]. 科学观察,2009,4(1):1—27.

[175] 张先治,戴文涛. 中国企业内部控制评价系统研究[J]. 审计研究,2011(1):69—78.

[176] 张先治,戴文涛. 公司治理结构对内部控制影响程度的实证分析[J]. 财经问题研究,2010(7):89—95.

[177] 张先治. 内部管理控制论[M]. 北京:中国财政经济出版社,2004.

[178] 张泽一. 我国企业自主创新的现状及问题分析[J]. 现代管理科学,2012(4):106—108.

[179] 张兆国,尹开国,刘永丽. 试论现代财务学的学科性质、分析框架和研究方法[J]. 会计研究,2010(9):66—72.

[180] 张兆国,张旺锋等. 目标导向下的内部控制评价体系构建及实证检验[J]. 南开管理评论,2011(1):148—155.

[181] 赵鼎新. 社会与政治运动讲义[M]. 北京:社会科学文献出版社,2012:267—285.

[182] 赵国杰,赵全超. 企业技术创新优势测度与综合评价方法研究[J]. 科学学与科学技术管理,2004(9):16—18.

[183] 赵颖. 国外投资者关系管理价值效应研究前沿述评[J]. 华东经济管理,2012(9):143—148.

[184] 赵立新. 上市公司内部控制实务[M]. 北京:电子工业出版社,2010.

[185] 郑春东,和金生,陈通. 企业技术创新能力评价研究[J]. 中国软科学,1999(10):108—110.

[186] 郑友敬. 技术进步跟踪系统研究[M]. 北京:社会科学文献出版社,1994.

[187] 中国海洋大学企业营运资金管理研究课题组. 中国上市公司营运资金管理调查:2009[J]. 会计研究,2010(9):30—42.

[188] 中国民(私)营经济研究会家族企业研究课题组. 中国家族企业发展报告[M].

北京：中信出版社，2011.

[189] 中国证券监督管理委员会. 中国上市公司治理发展报告[M]. 北京：中国金融出版社，2008：4.

[190] 钟宏武. 中国企业2009年社会责任发展指数报告[M]. 北京：经济管理出版社，2009：1—217.

[191] 周杰，薛有志. 公司内部治理机制对R&D投入的影响——基于总经理持股与董事会结构的实证研究[J]. 研究与发展管理，2008(3)：1—9.

[192] 周黎安. 转型中的地方政府：官员激励与治理[M]. 上海：格致出版社，2008：1—64.

[193] 周天勇. 中国行政体制改革30年[M]. 上海：格致出版社，2008：1—52.

[194] 周春喜. 企业国际竞争力模糊综合评判[J]. 数量经济技术经济研究，2002(3)：57—60.

[195] 朱春玲. 我国企业经营管理者创新精神对创新成果影响的实证研究[J]. 经济理论与经济管理，2011(4)：72—79.

[196] 朱光华，李维安. 股份经济与国有制功能的耦合[C]. 全国高校社会主义经济理论与实践研讨会第2次会议，北京，1987.

[197] 朱利民. 企业技术创新能力的E—V模型评价[J]. 科学进步与对策，2004(6)：86—88.

[198] 朱荣恩. 企业内部控制规范与案例[M]. 北京：中国时代经济出版社，2009.

[199] Abdolmohammadi M. Discussion of modeling internal controls and their evaluation[J]. Auditing: A Journal of Practice & Theory. 1993, 12(2):130.

[200] Aggarwal R, Williamson R. Did new regulations target the relevant corporate governance attributes? [D]. Working Paper, 2006.

[201] Aghion P, Van Reenen J, Zingales L. Innovation and institutional ownership[R]. National Bureau of Economic Research, 2009.

[202] Albrecht W S, Wernz G W, Williams T L. Fraud: Bringing light to the dark side of business[M]. Irwin Professional Pub., 1995.

[203] Alchian A A, Demsetz H. Production, information costs and economic organization[J]. The American Economic Review, 1972(62): 777—795.

[204] Allen F, Qian J, Qian M. Law, finance and economic growth in China[J]. Journal of Financial Economics, 2005, 77(1): 57—116.

[205] Altamuro J, Beatty A. Do internal control reforms improve earnings quality[J]. The Ohio State Univer-sity Working Paper, 2006.

[206] Anthony R N, Govindarajan V, Dearden J. Management control systems[M]. New York: Irwin McGraw-Hill, 1998.

[207] Ashbaugh-Skaife H, Collins D W, LaFond R. The effects of corporate governance on firms' credit ratings[J]. Journal of Accounting and Economics, 2006, 42(1): 203—243.

[208] Ashton R H. An experimental study of internal control judgements[J]. Journal of Accounting Research, 1974: 143—157.

[209] Ashton R H, Brown P R. Descriptive modeling of auditors' internal control judgments: replication and extension [J]. Journal of Accounting Research, 1980: 269—277.

[210] Ashton R H, Kramer S S. Students as surrogates in behavioral accounting research: Some evidence[J]. Journal of Accounting Research, 1980: 1—15.

[211] Baliga B R, Jaeger A M. Multinational corporations: Control systems and delegation issues[J]. Journal of International Business Studies, 1984: 25—40.

[212] Balkin D B, Markman G D, Gomez-Mejia L R. Is CEO pay in high-technology firms related to innovation? [J]. Academy of Management Journal, 2000, 43(6): 1118—1129.

[213] Bebchuk L, Cohen A, Ferrell A. What matters in corporate governance? [J]. Review of Financial Studies, 2009, 22(2): 783—827.

[214] Bebchuk L, Cohen A, Wang C. Learning and the disappearing association between governance and returns [R]. NBER Working Paper, 2010.

[215] Blair M M. Ownership and control: Rethinking corporate governance for the twenty-first century[J]. Long Range Planning, 1996, 29(3).

[216] Botosan C A. Disclosure level and the cost of equity capital[J]. Accounting Review, 1997: 323—349.

[217] Brown L D, Caylor M L. Corporate governance and firm valuation[J]. Journal of Accounting and Public Policy, 2006, 25(4): 409—434.

[218] Cadbury S A. Thoughts on corporate governance[J]. Corporate Governance: An International Review, 1993, 1(1): 5—10.

[219] Caouette J B, Altman E I, Narayanan P. Managing credit risk: the next great financial challenge[M]. John Wiley & Sons, 1998.

[220] Chan K C, Farrell B R, Lee P. Earnings management and return-earnings association of firms reporting material internal control weaknesses under Section 404 of the Sarbanes-Oxley Act[J]. Available at SSRN 744806, 2005.

[221] Cho S. Agency costs, management stockholding, and research and development expenditures [J]. Seoul Journal of Economics, 1992, 5(2):127—152.

[222] Cohen W M, Levinthal D A. Absorptive capacity: a new perspective on learning and innovation[J]. Administrative Science Quarterly, 1990: 128—152.

[223] Coles J L, Daniel N D, Naveen L. Managerial incentives and risk-taking[J]. Journal of Financial Economics, 2006, 79(2): 431—468.

[224] Colquitt L L, Hoyt R E. Determinants of corporate hedging behavior: Evidence from the life insurance industry[J]. Journal of Risk and Insurance, 1997: 649—671.

[225] Cooley J W, Hicks Jr J O. A fuzzy set approach to aggregating internal control judgments[J]. Management Science, 1983, 29(3): 317—334.

[226] Core J E, Guay W, Larcker D F. The power of the pen and executive compensation[J]. Journal of Financial Economics, 2008, 88(1): 1—25.

[227] Cremers M, Ferrell A. Thirty years of corporate governance: Firm valuation & stock returns [R]. Yale School of Management Working Paper, 2009.

[228] Cummins J D. Risk management and the theory of the firm[J]. Journal of Risk and Insurance, 1976: 587—609.

[229] Davis J H, Schoorman F D, Donaldson L. Toward a stewardship theory of management[J]. Academy of Management Review, 1997, 22(1): 20—47.

[230] DeAngelo H, DeAngelo L, Douglas J. Reversal of fortune: dividend signaling and the disappearance of sustained earnings growth[J]. Journal of Financial Economics, 1996(40): 341—371.

[231] Derwall J, Verwijmeren P. Corporate governance and the cost of equity capital: Evidence from gmi's governance rating[J]. European Centre for Corporate Engagement Research Note, 2007: 01-06.

[232] Doherty N A. Integrated risk management: Techniques and strategies for managing corporate risk[M]. New York: McGraw-Hill, 2000.

[233] Doyle J, Ge W, McVay S. Determinants of weaknesses in internal control over financial reporting and the implications for earnings quality[J]. Ann Arbor, 2005, 1001: 48109.

[234] Doyle J T, Ge W, McVay S. Accruals quality and internal control over financial reporting[J]. The Accounting Review, 2007, 82(5): 1141—1170.

[235] Dyck A, Volchkova N, Zingales L. The corporate governance role of the media: evidence from Russia[J]. The Journal of Finance, 2008, 63(3):1093—1135.

[236] Edstom A, Galbraith J R. Transfer of managers as a coordination and control strategy in multinational organizations[J]. Administrative Science Quarterly, 1977: 248—263.

[237] FASB. Concepts Statements No. 8, 2010.

[238] Fazzari S, Hubbard R G, Petersen B. Financing constraints and corporate investment[J]. Brooking Papers on Economic Activity, 1988(1):141—195.

[239] Flanagan B, Managing working capital[J]. Business Credit, 2005(9): 26—29.

[240] Franklin M. Sarbanes Oxley Section 404: Can material weakness be predicted and modeled? An examination of the variables of the ZETA model in prediction of material weakness[M]. Walden University, 2007.

[241] Freeman R E. Strategic management: A stake holder approach[M]. Boston: Harper Collins, 1984.

[242] Froot K A, Scharfstein D S, Stein J C. Risk management: Coordinating corporate investment and financing policies[J]. the Journal of Finance, 1993, 48(5): 1629—1658.

[243] Gale D, Hellwig M. Incentive-compatible debt contracts: The one-period problem[J]. The Review of Economic Studies, 1985, 52(4): 647—663.

[244] Gervais S, Odean T. Learning to be overconfident[J]. Review of Financial Studies. 2001, 14(1): 1—27.

[245] Glaeser E, Shleifer A. Legal origins[J]. Quartly Journal of Economics, 2002, 117(4): 1193—1229.

[246] Goh B W. Internal control failures and corporate governance structures: A post Sarbanes-Oxley Act (SOX) analysis[D]. Georgia Institute of Technology, 2007.

[247] Gompers P, Ishii J, Metrick A. Corporate governance and equity prices[J]. Quarterly Journal of Economics, 118(1):107—156.

[248] Groth J. The operating cycle: risk, return and opportunities[J]. Management Decision, 1992, 30(4): 3—11.

[249] Guerrera F, Thal-Larsen P. Gone by the board: Why the directors of big banks failed to spot credit risks[J]. Financial Times, 2008, 26.

[250] Gupta P P. Management's evaluation of internal controls under Section 404 (a) using the COSO 1992 control framework: Evidence from practice[J]. International Journal of Disclosure and Governance, 2008, 5(1): 48—68.

[251] Hamel G, Prahalad C K. Competing for the future[M]. Boston: Harvard Busi-

ness School Press, 1994.

[252] Hamilton R E, Wright W F. Internal control judgments and effects of experience: Replications and extensions[J]. Journal of Accounting Research, 1982: 756—765.

[253] Hashagen J, Harman N, Conover M. Never again? Risk management in banking beyond the credit crisis[R]. KPMG International, 2009.

[254] Hayashi F. Tobin's marginal Q and average Q: A neoclassical interpretation[J]. Econometrica, 1982, 50(1):213—224.

[255] Hoffmann C, Fieseler C. Investor relations beyond financials: Non-financial factors and capital market image building[J]. Corporate Communications: An International Journal, 2012, 17(2): 138—155.

[256] Hoskisson R E, Castleton M W, Withers M C. Complementarity in monitoring and bonding: More intense monitoring leads to higher executive compensation[J]. The Academy of Management Perspectives, 2009, 23(2): 57—74.

[257] Houghton C W. Discussion of modeling internal controls and their evaluation[J]. A Journal of Practice&Theory, 1993,(12):135—136.

[258] Huang S M, Hsieh P G, Tsao H H, et al. A structural study of internal control for ERP system environments: a perspective from the Sarbanes-Oxley act[J]. International Journal of Management and Enterprise Development, 2008, 5(1): 102—121.

[259] Hwang S S, Shin T, Han I. CRAS—CBR: Internal control risk assessment system using case—based reasoning[J]. Expert Systems, 2004, 21(1): 22—33.

[260] Hyun-Han S, Soenen L. Efficiency of working capital management and corporate profitability[J]. Financial Practice & Education. 1998, 8(2):37—45.

[261] Jensen M C, Mecking W H. Theory of the firm: Managerial behavior, agency costs and ownership structure [J]. Journal of Financial Economics, 1976, 3(4):305—360.

[262] Joe J C, Louis H, Robinson D. Managers' and investors' responses to media exposure of board ineffectiveness[J]. Journal of Financial & Quantitative Analysis, 2009, 44(3):579—605.

[263] Jokipii A. Determinants and consequences of internal control in firms: a contingency theory based analysis[J]. Journal of Management & Governance, 2010, 14(2): 115—144.

[264] Judge W Q, Zeithaml C P. Institutional and strategic choice perspectives on

board involvement in the strategic decision process[J]. Academy of Management Journal, 1992, 35(4): 766—794.

[265] Kaplan S, Zingales L. Do investment cash flow sensitivities provide useful measures of financing constraints? [J]. Quarterly Journal of Economics, 1997 (112): 169—215.

[266] Kelley T P. The COSO report: challenge and counterchallenge[J]. Journal of Accountancy, 1993, 175(2): 10—18.

[267] Kelley T P. The COSO report: challenge and counterchallenge[J]. Journal of Accountancy, 1993, 175(2): 10—18.

[268] Kirkpatrick G. Corporate governance lessons from the financial crisis[M]. Financial Market Trends: OECD, 2009.

[269] Koch T, MacDonald S. Bank management[M]. Cengage Learning, 2009.

[270] Kranias D S. Formal control of the Japanese multinational companies to their subsidiaries in the UK[J]. Managerial Auditing Journal, 2001, 16(5): 297—306.

[271] Krishnan J. Audit committee quality and internal control: An empirical analysis[J]. The Accounting Review, 2005, 80(2): 649—675.

[272] Lane P J, Cannella A A, Lubatkin M H. Agency problems as antecedents to unrelated mergers and diversification: Amihud and Lev reconsidered[J]. Strategic Management Journal, 1998, 19(6): 555—578.

[273] La Porta R, Lopez-de-Silanes F, Shleifer A, et al. Corporate Governance[M]. Springer Berlin Heidelberg, 2001:26—68.

[274] Lehrer M, Tylecote A, Conesa E. Corporate governance, innovation systems and industrial performance [J]. Industry and Innovation, 1999, 6(1): 25—50.

[275] Leone A J. Factors related to internal control disclosure: A discussion of Ashbaugh, Collins, and Kinney (2007) and Doyle, Ge, and McVay (2007)[J]. Journal of Accounting and Economics, 2007, 44(1): 224—237.

[276] Lipton M, Lorsch J W. A modest proposal for improved corporate governance[J]. The Business Lawyer, 1992(1): 59—77.

[277] Lo A W. The three P's of total risk management[J]. Financial Analysts Journal, 1999: 13—26.

[278] Maijoor S. The internal control explosion[J]. International Journal of Auditing, 2000, 4(1): 101—109.

[279] Maijoor S. The internal control explosion[J]. International Journal of Auditing, 2000, 4(1): 101—109.

[280] Majluf S C M S. Corporate financing and investment decisions when firms have information that investors do not have [J]. Journal of Financial Economics, 1984(2):187—221.

[281] Mallette P, Fowler K L. Effects of board composition and stock ownership on the adoption of "poison pills"[J]. Academy of Management Journal, 1992, 35(5): 1010—1035.

[282] Margaret B. Ownership and control——rethinking corporate governance for the twenty-first century[M]. Washington D. C: Brookings Institution, 1995.

[283] McMullen D A, Ragahunandan K. Interal control reports and financial reporting problem[J]. Accounting Horizons, 1996(10):67—75.

[284] McMullen D, Raghunandan K, Rama D. Internal control reports and financial reporting problems[J]. Accounting Horizons, 1996, 10(4):67—75.

[285] Merchant F. Load balancing in spatial individual-based systems using autonomous objects[D]. University of California, Irvine, 1998.

[286] Meservy R D, Bailey A D, Johnson P E. Internal control evaluation: A computational model of the review process[M]. Division of Research, College of Administrative Science, Ohio State University, 1986.

[287] Metcalfe S. The economic foundations of technology policy: equilibrium and evolutionary perspectives [M]. Handbook of the Economics of Innovation and Technological Change, Oxford: Blackwell, 1995: 446.

[288] Moerland L. Incentives for reporting on internal control—A study of internal control reporting practices in Finland, Norway, Sweden, the Netherlands and United Kingdom[D]. Maastricht University, 2007.

[289] Mole V, Elliott D. Enterprising innovation: an alternative approach[M]. London: Frances Pinter, 1987.

[290] Nakahara T. Innovation in a borderless world economy[J]. Research Technology Management, 1997, 40(3): 7.

[291] Nelson R R. The evolution of comparative or competitive advantage: A preliminary report on a study[J]. Industrial and Corporate Change, 1996, 5(2): 597—617.

[292] Nichols D R. A model of auditors' preliminary evaluations of internal control from audit data[J]. Accounting Review, 1987: 183—190.

[293] Ouchi W G. A conceptual framework for the design of organizational control mechanisms[M]. New York: Springer US, 1992.

[294] Ouchi W G. The relationship between organizational structure and organizational control[J]. Administrative Science Quarterly, 1977: 95—113.

[295] Paso E I. Internal control assessment survey[R]. IIA. Research Foundtion, 2002.

[296] Pearce J A, Zahra S A. The relative power of CEOs and boards of directors: Associations with corporate performance[J]. Strategic Management Journal, 1991, 12(2): 135—153.

[297] Pfeffer J. Merger as a response to organizational interdependence[J]. Administrative Science Quarterly, 1972: 382—394.

[298] Pfeffer J, Nowak P. Joint ventures and interorganizational interdependence[J]. Administrative Science Quarterly, 1976(21): 398—418.

[299] Pfeffer J, Salancik G. The external control of organizations[M]. New York: Harper & Row, 1978: 1—22.

[300] Raghunandan K, Rama D V. Management reports after COSO[J]. Internal Auditor, 1994(51): 54—54.

[301] RE F R E R, Reed D L. Stockholders and stakeholders: A new perspective in corporate governance[J]. California Management Review, 1983(25): 88—106.

[302] Richardson S A. Over-investment of free cash flow[J]. Review of Accounting Studies, 2006(11):159—189.

[303] Salmon W. Crisis prevention: How to gear up your board[J]. Harvard Business Review, 1993, 71(1):68—75.

[304] Sapra H, Subramanian A, Subramanian K. Corporate governance and innovation: Theory and evidence[J]. SSRN eLibrary, 2008.

[305] Saunders A, Allen L. Credit risk measurement[M]. 2nd Ed. New York: John Wiley & Sons Inc., 2002.

[306] Smith C W, Wilford D S, Smithson C W, et al. Managing financial risk: a guide to derivative products, financial engineering, and value maximization[M]. New York: Mcgraw-Hill, 1994.

[307] Srivastava R P. A note on internal control systems with control components in series[J]. Accounting Review, 1985: 504—507.

[308] Stein J C. Takeover threats and managerial myopia[J]. The Journal of Political Economy, 1988: 61—80.

[309] Steyn W, Hamman W, Smit E. The danger of high growth combined with a large non-cash working capital base——a descriptive analysis[J]. South African Journal of Business Management, 2002, 33(1):41.

[310] Stiglitz J E, Weiss A. Credit rationing in markets with imperfect information[J]. The American Economic Review, 1981:393—410.

[311] Tseng C Y. Internal control, enterprise risk management, and firm performance[M]. Michigan:ProQuest, 2007.

[312] Utterback J M. Mastering the dynamics of innovation[M]. Cambridge:Harvard Business Press, 1996.

[313] Wright P, Ferris S P, Sarin A, et al. Impact of corporate insider, blockholder, and institutional equity ownership on firm risk taking[J]. Academy of Management Journal, 1996, 39(2):441—458.

[314] Yermack D. Higher market valuation of companies with a small board of directors[J]. Journal of Financial Economics, 1996, 40(2):185—211.

[315] Yu S, Neter J. A stochastic model of the internal control system[J]. Journal of Accounting Research, 1973:273—295.

[316] Zahra S A, Neubaum D O, Huse M. Entrepreneurship in medium-size companies: exploring the effects of ownership and governance systems[J]. Journal of Management, 2000, 26(5):947—976.